ひと目でわかる

実用 手話辞典

Dictionary of Sign Language

NPO手話技能検定協会・監修

【第2版】

手話技能検定対応!

新星出版社

●もくじ●

表現法 例文20

イラスト：瀬野静、上野千春(ASL)、渋谷アートスクールの皆さん
荒井孝昌(指文字)

はじめに

みなさん手話の世界へようこそ。

手話は耳の聴こえない人（ろう者や難聴者）の言葉です。耳の聴こえる人（聴者）が交わす日本語とは別の土壌で生まれ、育ってきた独自の言語です。そのため日本語とは違った言語文化を形成しています。そしてまた、日本国内で日本語や韓国語、中国語、アイヌ語、英語などさまざまな言葉が交わされているように、手話は日本で実際に使われている言葉です。

私たちは、いろいろな言葉やその言葉の背景にあるそれぞれの文化や考え方を理解しながら共に生きていくことの大切さを知っています。そこで、この辞書は日本語を話す人たちと手話で会話する人たちが結びつきを深めていかれることを願って編纂しました。社会には、いろいろな性格やさまざまな特徴を持った人々がいて、そうした人たちが交流し合うことで、新しい社会が拓け、未来へ発展すると信じるからです。

掲載の語彙は手話技能検定試験２級出題範囲の２千語を柱にしています。これは手話通訳をし、実際に手話によってコミュニケーションする監修者により選択されたものです。さらに実践で使うための参考となるよう見出し語の使い方を《例文》として紹介したほか、複数の単語を同時に覚えていただけるように解説を充実させました。資格試験の試験対策としてだけでなく、手話をこれから学び始める人、手話をもっと使いこなしたい人にもご活用いただけます。

手話を勉強されることで聴者の方は、さまざまな機会を通じて今後、より多くの耳の聞こえない人々と触れ合っていくことでしょう。そしてたくさんの人の生き方、考え方、耳の聞こえない人の文化を学ばれると思います。それはまた同時に、耳の聞こえない人にとっても同じく大切な経験となるでしょう。私たちは、この辞書を通してその交流の一助になりたいと考えています。

使い方と上手な利用法

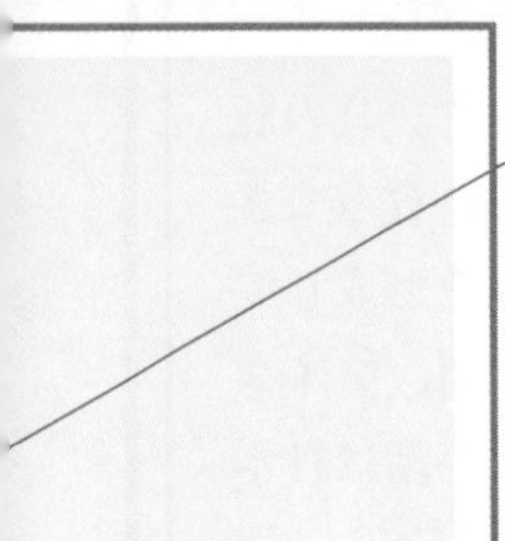

あい【愛】

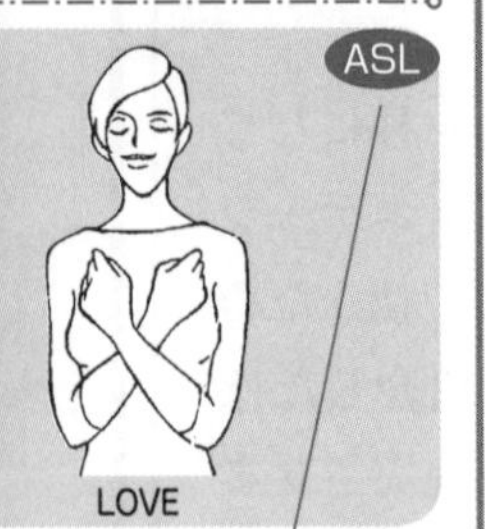

《表現》

①手話の形・動きの解説です。表現するときの表情などをあわせてアドバイスしています。
②２つ以上の単語で表現するものは ⇐ で並べ、それぞれの単語の意味を表記しました（右図「いきがい」参照）。
③単語が１つであっても動きのあるものは、イラストを２つに分け ⇐ で並べて紹介しました（右図「いきなり」参照）。
④別の表現ができるものについてはイラストｂとして紹介しています（下図「いきる」参照）。

いきがい【生き甲斐】

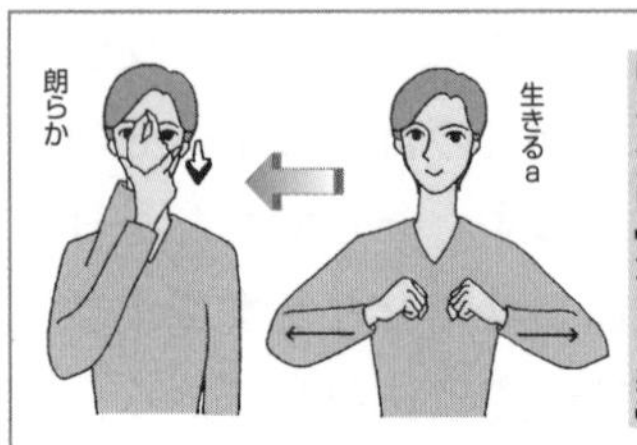

２つの単語で表現

いきなり

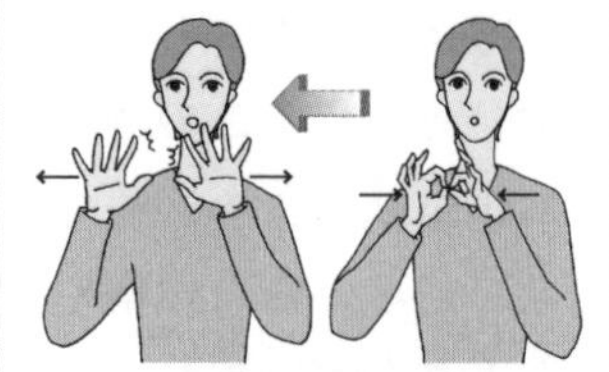

１つの単語の動き

いきる【生きる】

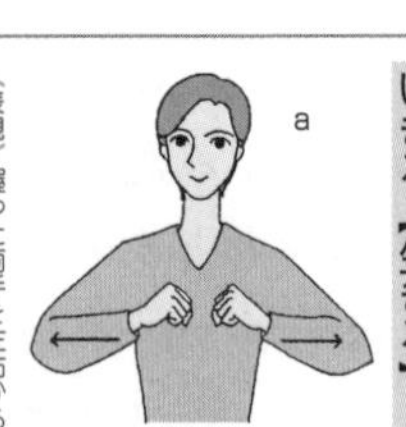

b

《表現》握った両手を左右から向かい合わせ両手同時にひじを左右に張り出す。2回でもよい。
《語源》元気に生きる表現。
《同形》元気（生きるｂ）
《別形》両手同時に力強く下へ2回ほど動かすｂ。
《例文》長生き＝「長い」＋「生きる」。元気？＝問いかけの表情で「元気（生きるｂ）」。

いっしょに勉強する友達

友達

佐々木静　20歳。趣味はテニス。手話技能検定2級の腕前。

加藤くん　21歳。佐々木静の友達。手話初心者。

加藤

槍で刺すように両手の人差し指を突き出す。槍の使い手の加藤清正から。

ASL

アメリカ手話(AMERICAN SIGN LANGUAGE)です。

いっしょに勉強する友達

ＡＳＬ担当、リンダ（右）とタッキー（下）。

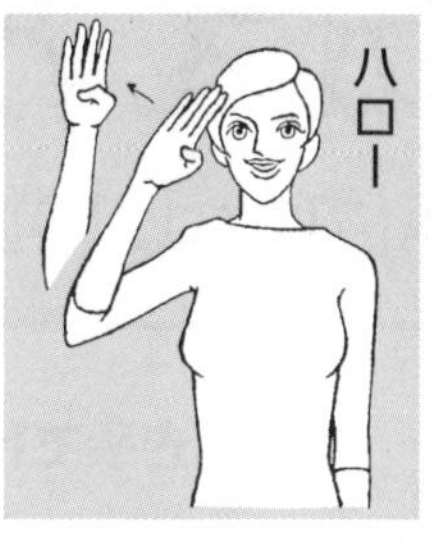

この本の

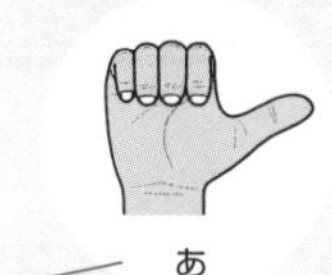

親指を伸ばして4指を握る。「a」と同形でも可。

《表現》左手のひらを下に向け、右手で左手の甲の上をなでるように2〜3回まわす。気持ちを込めて。

《語源》かわいい子供や人をなでるようす。

《同意》愛している・愛する

《同形》かわいい

《応用》左手親指を立て⇒**「男」の手話**、右手でなでると「男を愛する」、左手小指を立て⇒**「女」の手話**、右手でなでると「女を愛する」の手話になる。

《例文》あなたを愛している＝「あなた」＋「愛している」。

《参考》「男を愛する」は「愛知県」と、「女を愛する」は「愛媛県」と同形。

握った両手を胸の前で交差して抱きしめる。

I love you.

「i」「l」「y」の指文字を片手でまとめて表現したもの。人差し指と中指で「r」(Really)を強調して表現する場合もある。

指文字

相手側から見たものです。

《参考》

補足の説明とプラスαの知識です。また、間違いやすい手話の注意点等をあげています。

《例文》

別の単語と組み合わせてできる単語や構文の例です。手話を使う場合の参考にしてください。単語表記は、わかりやすさのため見出し語の単語で統一せず、《同意》や《同形》の単語を使用していることがあります。

《応用》

少し変えることで反対語や関連する別の手話になる例を紹介しています。見出し語の手話を確認するときに、同時に確認できます。なお、「⇒**「男」の手話**」と太字で表記してあるのは、前の文章がその手話を解説したものという意味です。

《別形》

同じ意味を持つ別の表現方法を解説しています。ただし、手話が違えばニュアンスが違う場合があります。

《同意》《同形》

《同意》は項目の日本語との同類語です。同じ手話で通じます。《同形》は同じ手話で通じる別の日本語です。

《語源》

手話の成り立ちや意味の解説です。語源には諸説あり断定はできませんが、手話を覚えるための参考にしてください。

手話の伝え方

〜ポイントと日本語にはない特徴〜

利き手で行う

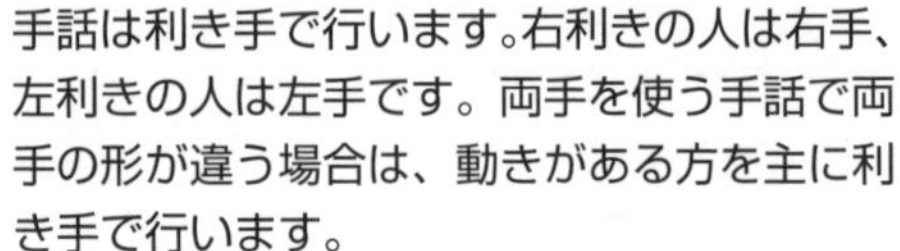

手話は利き手で行います。右利きの人は右手、左利きの人は左手です。両手を使う手話で両手の形が違う場合は、動きがある方を主に利き手で行います。

涼しそうな表情で行うと「涼しい秋」ですが、無表情で行うと単なる「秋」の手話になります。

表情を使う

「うれしい」「悲しい」などの気持ちや「暑い」「寒い」などの状況を手の動きだけでなく、表情を使って伝えます。手話における表情は音声語でのイントネーションのようなはたらきをし、重要な要素の１つです。

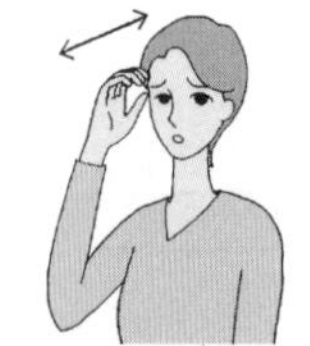

「こまる」と口を動かすことで分かりやすくなります。

口形

口の形や動きを見て言葉を判断する技術を『読話（どくわ）』といいますが、読話ができる相手に限らず、手話や指文字を示すと同時に発声した場合の口の形（口形＝こうけい）をはっきり表すことで手話がより分かりやすく伝わるでしょう。

日本手話と日本語対応手話

手話を日本手話と日本語対応手話に分けるという考え方が拡がっていますが、明確に二つに分類することはできません。それは、日本手話の文法を利用した折衷的な表現なども見られ、実際には境界がはっきりしないためです。また聾者の中には、その場の状況や話し相手に合わせて、さまざまな手話を使い分けている人もいます。

「意味」の手話です。

疑問の表情で行うと「なぜ？」の手話になります。

日本手話

日本手話には独自の文法があります。例えば、①疑問法では表情を利用します。疑問の表情で行うことで「意味」の単語が「なぜ？」に、「あなた」の単語が「あなたは？」になります（→『表現法④、⑱』参照）。②動作の中に数や人称が明示されます。人差し指１本で行う「行く」の単語を両手の人差し指を並べて行うと「(二人で) 一緒に行く」になります（→『表現法⑰』参照）。

複数の手話表現

１つの手話が１つの日本語に必ずしも対応するわけではありません（「勉強」は「学校」と同じ形）。また、１つの単語に１つの手話形とはかぎりません（→「水曜日」参照）。地域によっても表現が違う場合があり、よく知られているのが「名前」です（→「名前」参照）。さらに、「姉妹」を小指で行うか薬指で行うかなど、世代によっても違う場合があります（→「妹」参照）。

世界の手話

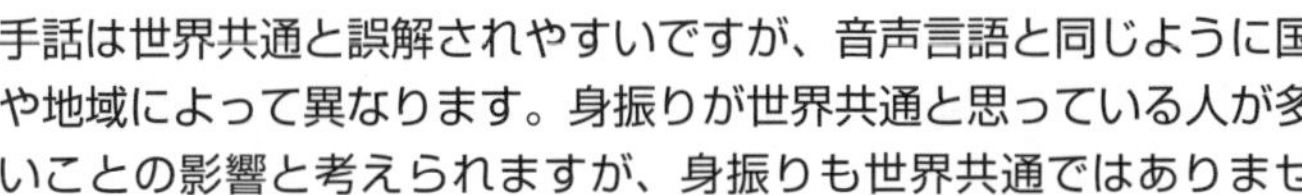

手話は世界共通と誤解されやすいですが、音声言語と同じように国や地域によって異なります。身振りが世界共通と思っている人が多いことの影響と考えられますが、身振りも世界共通ではありません。たとえば「お金」のサインは日本では「OK」と同じ形ですが、日本以外では「札を数える」動作で表すため、外国では通用しません。うなずきも世界の一部では肯定ではなく、否定の意味になることがあります。このように手話も世界共通ではなく、日本の手話は日本独自なのです。英語圏でもアメリカとイギリスで手話は違います。アメリカでは ASL といわれるアメリカ手話が使われています。

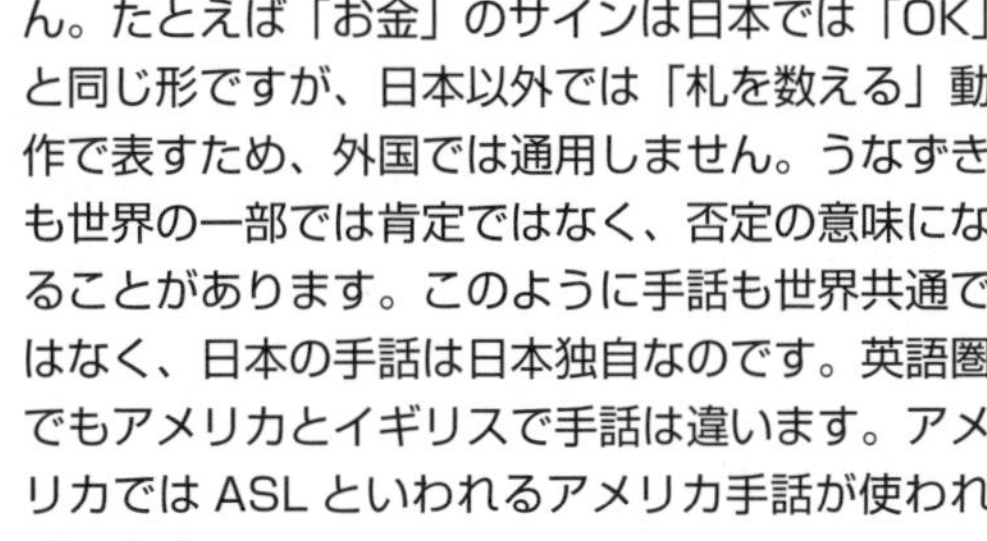

難しく考えず、伝えたいという気持ちを一番大切にしてね。

① 私は佐々木静、年齢は20歳です。

●指文字の表し方
●名前・年齢の表し方

★自分を指す。「私」を強調する場合は顔を、特に強調しない場合は胸を指して区別するケースが多くみられる。例文は自己紹介なので強調する表現を選んだ。

★前に向けた左手のひらに右手親指を当てる。

★佐々木小次郎が長刀を抜くようすで表す。

★名前は指文字で伝える。

★「ず」は「す」の指文字を右へ動かしたもの。「゜」や「ー」でもその文字を移動させて示す（『指文字』参照）。

★「です」は省略できる。

★数字より先に「年齢」を示す。
★手話は、あご髭の位置で数を数えるように指を折り年齢を表したもの。

★「年齢」のあとに数字を示す。
★イラストは数詞「20」。

① ポイント

1 **指文字は肩の位置で示すとよい**でしょう。これは特に決まっているわけではありませんが、聴覚障害者は読話※と合わせて会話するため、口からあまり離さずに示すのが通常です。

2 **苗字は一般に手話で伝え、名前は1文字ずつ指文字で示します。**名字は例文の「佐々木」や「佐藤」＝「甘い（砂糖）」のように、慣例的に使われるもの以外は漢字表記で行います。例：井上＝「井」＋「上」、鈴木＝「鈴」＋「木」など。なお、聴覚障害者どうしの会話では、その人の特徴をとらえ、「メガネ」や「鼻の高い人」などのニックネームをつけ合うことが多いようです。

3 **年齢は、先に「年齢」を示し、そのあとに数字**を示します。これから示す数字が年齢を伝えるものであることを明確にするためです。

4 「です」「でした」は通常省略します。

※口形や動きで言葉を読み取る会話技術。

② 何時の待ち合わせ? 午後2時20分よ。

●時間の表し方
●疑問文

★両手の人差し指を近づける。
★「待ち合わせ」は「会う」+「約束」で表現。

★両手の小指を絡ませる。
★約束を確認する意味で、うなずくなど念を押す表情で行うとよい。

★腕時計を指す手話。腕時計がなくてもかまわない。
★「時間」+「いくつ?」で「何時?」となる。

★指を順に折っていく「いくつ」の手話。これに疑問の表情を加えることによって「いくつ?」になる。

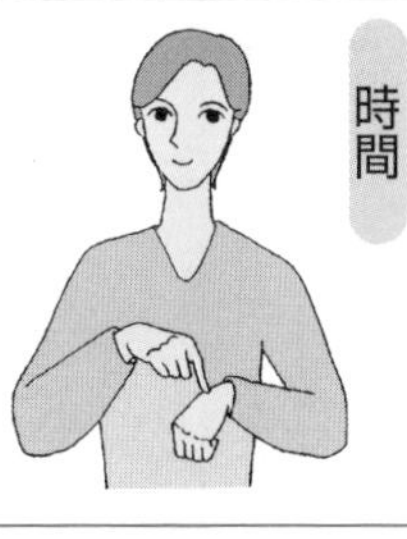

★数詞より先に示す。
★時間を問われて答えているので、一般に実際の手話会話では省略し、次の「午後」から始めてもよい。

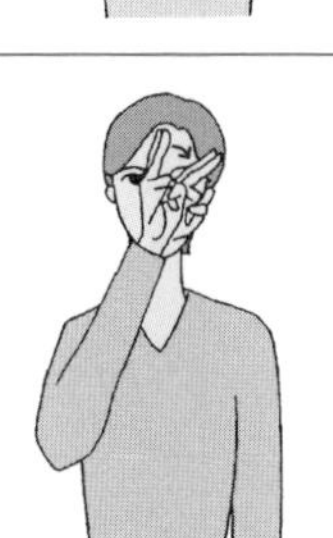

★自分の身体を物にたとえた手話のひとつ。顔が文字盤で、指が時計の2本の針を表す。

★「時間」の手話と数詞「2」の組み合わせ。「2」で時計を指すことで「2時」の単語になる。同様に、時計を指す数詞を変えれば、その時間を伝えられる。

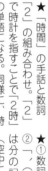

★①数詞「20」に続けて、②「'(分)」を表す。②は分の記号'を空書した(空中に書く)もの。なお、「秒」は人差し指と中指で〃を空書する。

② ポイント

1 **「~時」を伝える手話は、さきに「時間」を示し、続けて数詞を示します。**

2 疑問文の場合、**疑問詞や疑問詞の意味を持たせた手話は文の最後にきます。**例文のほか、なぜ休んだの?=「休み」+「なぜ?」/何歳?=「年齢」+「いくつ?」。

3 **疑問や問いかけは顔の表情を加えます。**

4 例文の「待ち合わせ」は、「待つ」+「会う」あるいは「待つ」+「約束」で伝えることもできますが、一般に手話は日本語の直訳ではなく、伝えたい意味そのものを直接表現することが多いため、「会う」+「約束」の表現にしました。

5 例文の「何時?」は、「時間」の左手を残すことで話題が継続され、そのまま「いくつ?」を示すことで、尋ねているのが「時間」であることを明確にしています。

③ コーヒーと紅茶、どっちが好き?

●位置を変える

★提示したい事・物を身体の左右に並べて示す。この場合はコーヒーを右に、紅茶を左に示した。

★「コーヒー」の手話はスプーンでカップの中を混ぜる表現。「紅茶」はティーバッグを上下させる表現。

★疑問詞（「どちら?」）よりも先に示す。

★相手の心を伺う視線を投げかけることで「好きなのは?」とたずねる意志を示す。

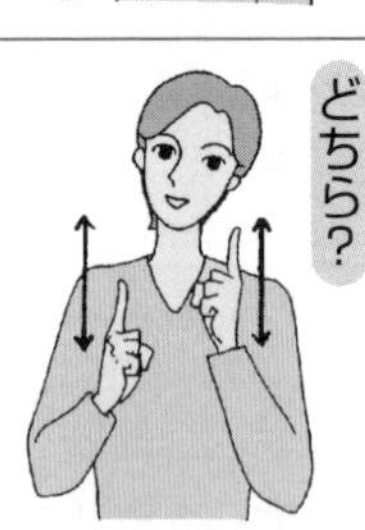

★左右で示した「コーヒー」「紅茶」のそれぞれの位置で手を動かすことで、どちらの方を選ぶか?の表現が明確になる。疑問の表情で行う。

④ どうして妹が行くの?

●単語の疑問詞への変化

★上下の位置関係を用いた手話。「女」の手話を下げることで「妹」を表す。上げれば「姉」の手話。

★前後の空間を使った手話。前に出すと「行く」、手前に引くと「来る」になる。

★「意味」という手話。問いかけの表情を加えることで「意味は?」「なぜ?」「どうして?」の疑問詞に変化する。

③ポイント

1 **手話を表す位置を変えることで**（空間を使う）、**伝えたい内容を明確化します。**

2 疑問文の場合、**疑問詞（「何?」など）は文の最後にきます。**例文では「好きなのは」＋「どちらか?」と聞いています。

3 **疑問や問いかけは顔の表情を加えます。**

④ポイント

1 特別な疑問詞を使うことなく、**通常の単語に疑問の表情を加えることで疑問詞に変化させることができます。**例文では「意味」の手話が「どういう意味?」の疑問詞に変わっています。

2 「行く」「来る」、「姉」「妹」など、手は同じ形でも上下や前後など手を動かす方向で手話の意味が変わります。

3 **疑問詞は文の最後にきます。**「行く」のは「なぜ?」の順で聞いています。

⑤ 私の趣味はスポーツです。特にテニスが好きです。

★自分を指す。

★ほほをこするように下ろしながら、親指と4指を伸ばした右手を握る。

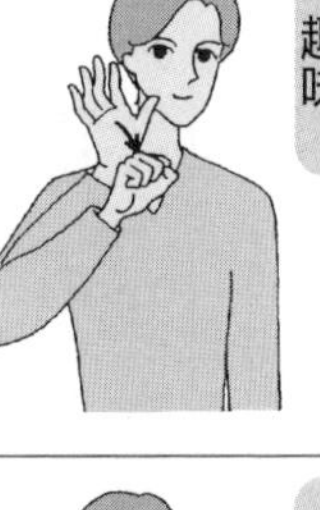

★疑問詞「何？」の手話。

●疑問詞の応用

★単に「私の趣味はスポーツです」というよりも、ここに疑問詞を入れることで一拍置き、文の流れに区切りをつけ、同時に相手の注意をひきつけることができる。「私が苦手なのは（何かというと）虫です」などの表現ができる。

★このほか、私が好きなのは（誰かというと）加藤さんです＝「私」＋「好き」＋「誰？＝疑問詞」＋「加藤」＋「男」。私が手話を学ぶのは（なぜかというと）ボランティアに参加したいからです＝「私」＋「手話」＋「勉強」＋「ボランティア」＋「なぜ？＝疑問詞」＋「活動」＋「参加」＋「〜したい」。

★両手を身体の左右で回す。

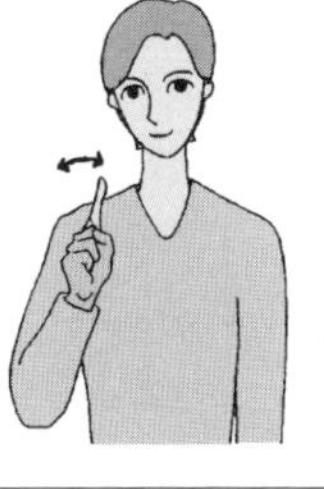

★つまんだ右手を左手首のあたりから上げ、上げたところから手首まで戻す。

★ラケットを振る動作。

★のど元に向けて開いた親指と人差し指を閉じながら斜め前下に動かす。

⑤ ポイント

1 **疑問詞をはさむことで相手の注意をひきます。**日本語にはない手話独特の表現方法です。この場合、疑問の表情は加えません。「何？」の位置に「どこ？」（「場所」＋「何？」）を入れて、「私」＋「産まれる」＋「どこ？」＋「大阪」とすると「私の出身は（どこかというと）大阪です」になります。

2 スポーツの単語には実際の動作を元に手話化したものが多く、「テニス」のほか、バットを振れば「野球」、トスを上げて「バレーボール」などがあります。その一方で、サッカーボールを蹴る、泳ぐなど身振りが大きくなる場合は、指の動きで行為を代行することがあります（「サッカー」「水泳」参照）。

⑥ 私の家族は、父と母と姉の4人です。

●言葉の並列の表現
●組み合わせ単語

私

★自分を指す。

家

★左右から両手を斜めに立てかけ屋根の形をつくる。
★この手話は省略してもよい。

家族

★親指と小指を立てた手を振るのは「人々」。これと左手の「家」を同時に示すことで、「家の中にいる人々」つまり「家族」の手話になる。

父

★人差し指でほほに触れたあと親指を立てて上に掲げる。

と

★伸ばした左手の指を右手で折っていく。1人目の紹介なのでまず1本目を折る。この左手は、すべて数え終わるまで示したままにしておくとなおよい。

母

★人差し指でほほに触れたあと、小指を立てて上に掲げる。

と

★2本目を折る。

姉

★小指を立てて上げる。

⑥ポイント

1 **並列に言葉を並べる場合、立てた指を1本ずつ折る、または立てていく、あるいは指を1本ずつ横に伸ばし、その指先を逆の手でつまむことで相手に示します。**このことで、「～と～と～」の意味になるだけでなく、**全体の数とその何番目を示しているかを分かりやすく伝えることができます。**また、うなずくことで並列を表すことができます。「私」＋「姉」とすると「私の姉」になりますが、「私（うなずき）」＋「姉（うなずき）」とすると、「私と姉」になります。例文では、「～と」の手話でうなずき、並列であることを明確にしています。

2 音声では同時に2つの音を発音できませんが、**手話では2本の手を使えば2つの単語を同時に表現することができます。**「家族」の応用として、「家」を片手で示しながら「女」を示すと「主婦」（「男」で示すと「主夫」）となります。

と

★3本目を折る。

私

★自分を指す。

と

★4本目を折る。

合わせて

★左右から手を合わせる。

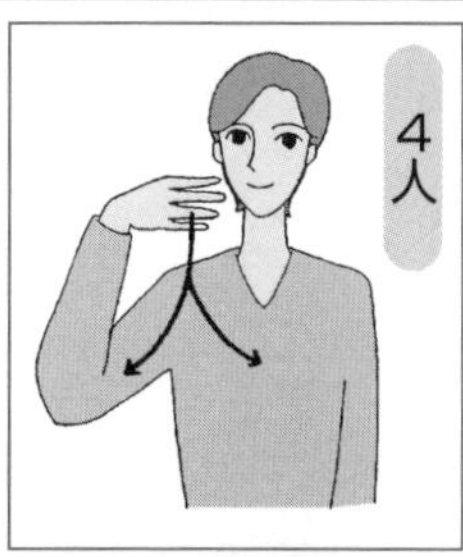
4人

★4指を伸ばした右手（数詞「4」）で、人の文字を空中に書く（空書）。人数の表現は別の表現方法もある（➡例8参照）。

組み合わせ単語

音声では2つの言葉を同時に伝えられませんが、目で見る言葉である手話は、2つ以上の言葉を同時に表現できます。手話の大きな特徴のひとつです。

疲れたので
家までタクシーで帰ろうよ。

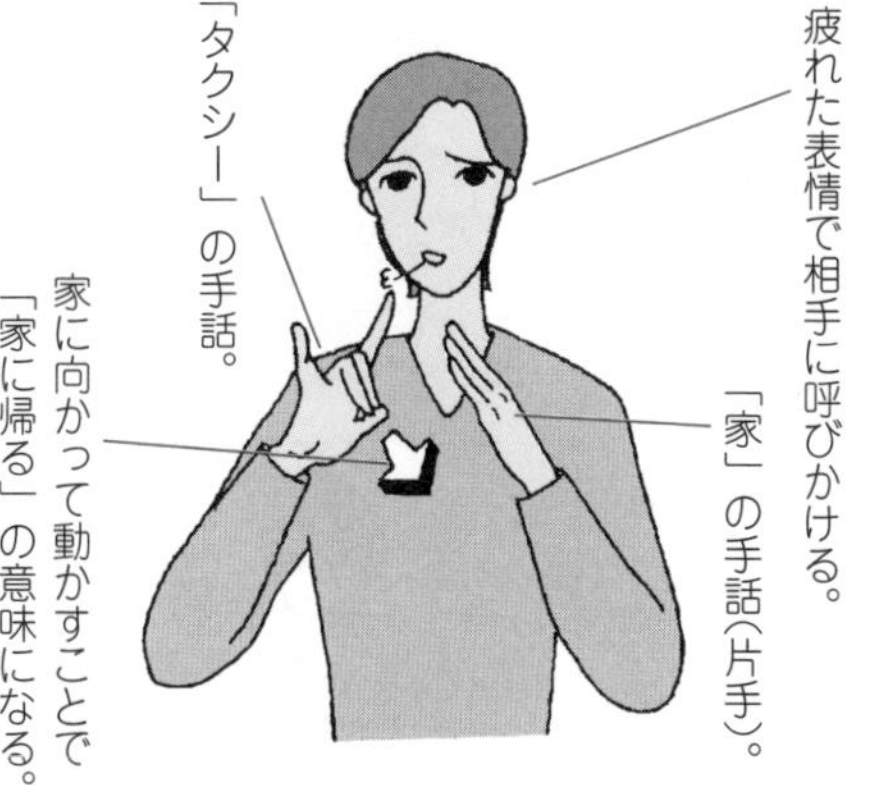
疲れた表情で相手に呼びかける。
「家」の手話（片手）。
「タクシー」の手話。
家に向かって動かすことで「家に帰る」の意味になる。

合わせて「疲れたので家までタクシーで帰ろうよ」になる。

主婦

3 漢字を空書する手話があります。 文字は自分から見て正しい文字形（相手から見れば鏡文字）に書けばよいでしょう。人差し指で人の文字を空書すると「人」「人間」の手話です。

人

⑦ 桃とみかん、ぜんぶで2635円です。

●数詞の表し方
●位置を変える

桃

★わん曲させた両手を合わせて左右に軽く揺らす。これを身体の右（あるいは左）で行う。

みかん

★すぼめた左手をみかんに見立て、右手で皮をむく。これを身体の左（あるいは右）で行う。

★桃とみかんを身体の左右に並べて示す。

合わせて

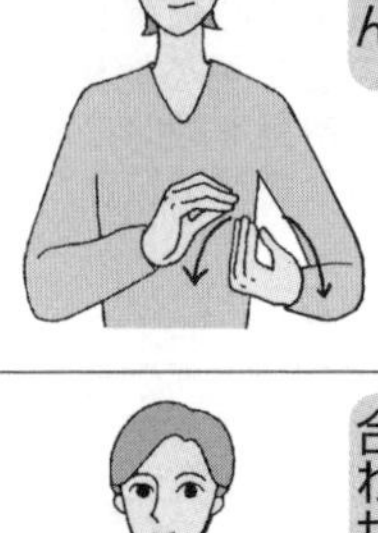

★「桃」と「みかん」を左右に示したことが「合わせて」でいきてくる。「ぜんぶ」の手話は別にあるが個数が限定されているため「合わせて」の手話を使った。

2千

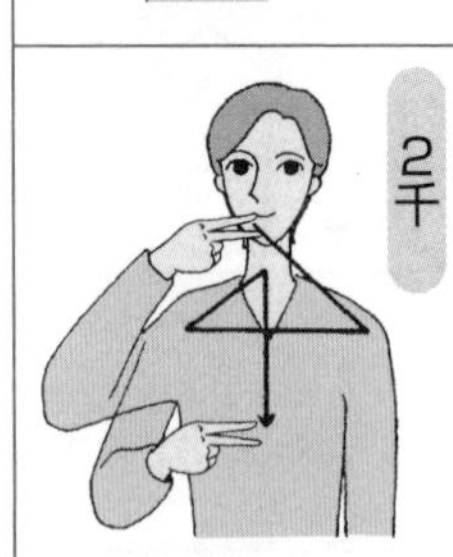

★「2」の手話で千の文字を空書したもの。

★これから伝えるのは金額であることを示すために、数詞の前に「お金」の手話を行うこともある。

600

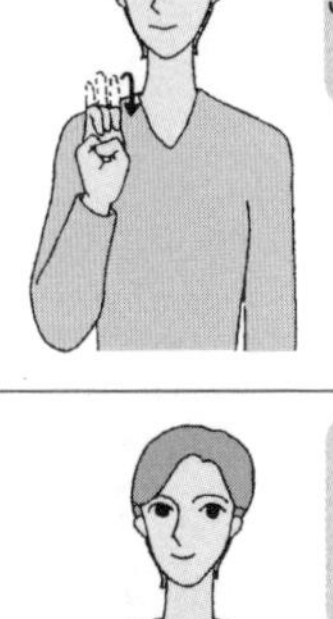

★「6」を跳ね上げる。

30

★「3」の第2関節から曲げる。

5

★親指を伸ばす。

円

★単位は数詞のあとに示す。

⑦ ポイント

1 手話を表す位置を変えます。 例文のように「桃」と「みかん」を左右に離して行うことで、2つのものをより明確に示すことができます。

2 数詞の中には指文字（「あ」〜「ん」など）と共有しているものがあるので、区別を明確にするためにも数詞の表現は基本を正確にマスターしましょう。

3 「です」「でした」は、実際の手話の会話では省略されることが多いです。

8 男だけの4人兄弟で、私は三男です。

●順位・順番の視覚化

★自分を指す。

★中指を上げる「兄」と中指を下げる「弟」を同時に示し「兄弟」になる。

★両手とも小指あるいは薬指で行うと「姉妹」の手話。

★数詞「4」を示した左手の下に、右手人差し指で人の文字を空書する。

★左手の4本の指はそれぞれ1～4番目の兄弟を表す。その指先に、右手で示した「男」の手話の親指をあてがっていくことで4人全員が男であることを示す。

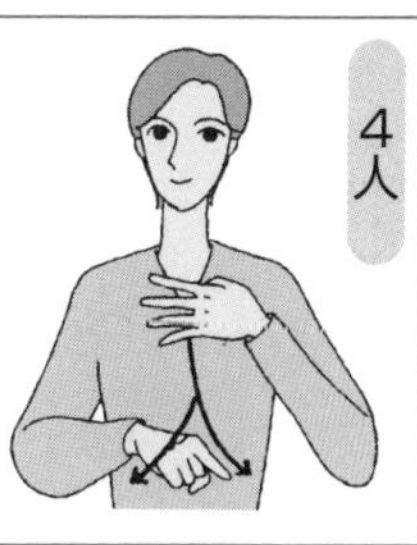

★あらためて自分を指す。

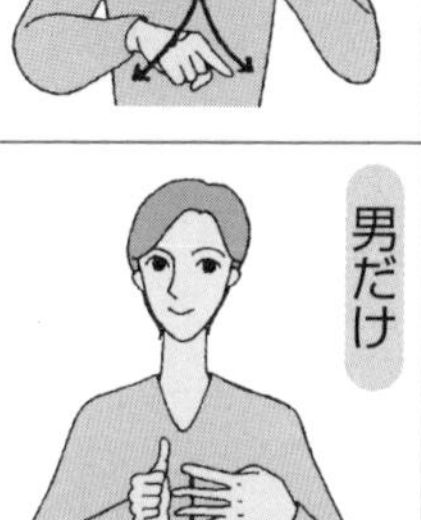

★「私」を示したあと、上から3番目の指を示すことで、私の位置（順番）を明らかにする。

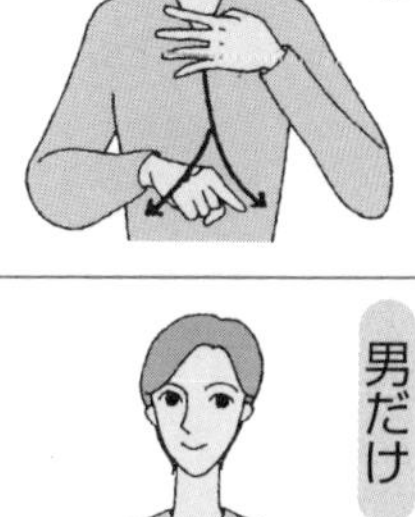

5指の表す役割

「私」「あなた」などは人差し指で行いますが、5指それぞれに、人間関係を伝える場合の意味を示す役割があります。以下の基本を覚えておくと便利です。

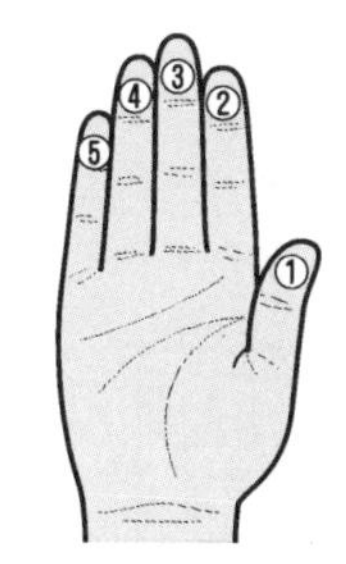

①親指：男
②人差し指：人
③中指：兄弟
④薬指：姉妹
⑤小指：女

8 ポイント

1 横に向けた4本の指を使い、**全体の数、また、その中の何番目を示すかを視覚化することができます。**

2 例文では全員が男であることを伝えていますが、途中の何番目かに右手を「女」の手話に変え、その小指を左手の指に当てることで、その順番の兄弟が女であることを伝えることができます。

3 例文では「私は3番目」としていますが、3番目の指を示したあとに「結婚」の手話をすると「3番目の兄弟は結婚した」に、「死ぬ」の手話をすると「3番目の兄弟は死んだ」などを伝えることができます。

4 兄弟以外にも、話題や問題点など、例えば「問題は3つあり」などという場合にも使えます。数が多い場合は両手を使う場合もあります。

⑨ たとえば、3億円当たったら、どうする?

●仮定の文
●金額の表し方

もし

★親指と人差し指の先をほほに当てながら閉じる。
★首をかしげることで仮定を強調する。
★「たとえば」の手話で行ってもよい。

3

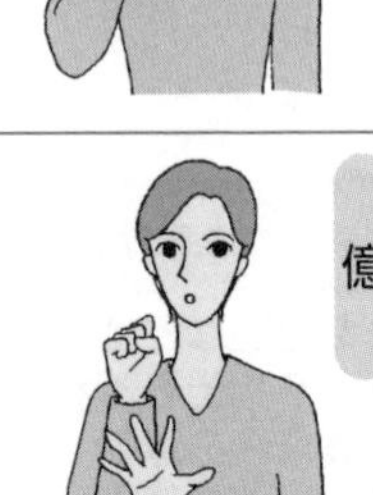

★「3」の前に「お金」の手話を行い、これから金額について話すことを伝えてもよい。

億

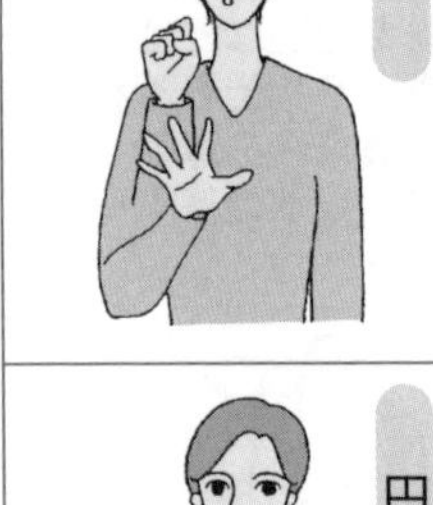

★握りこぶしで0の数が4つあることを示す。元は両手の握りこぶしをつないだ手話（0が8つ）。これを簡略化し片手で行ったもの。

円

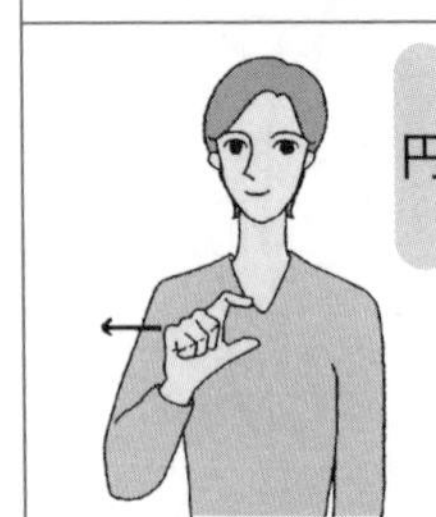

★単位は数詞のあとに示す。

当たる

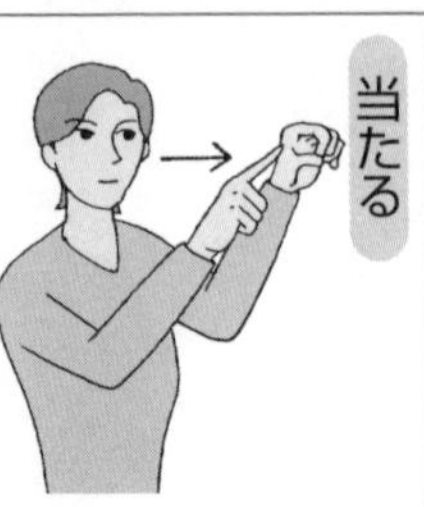

～ならば

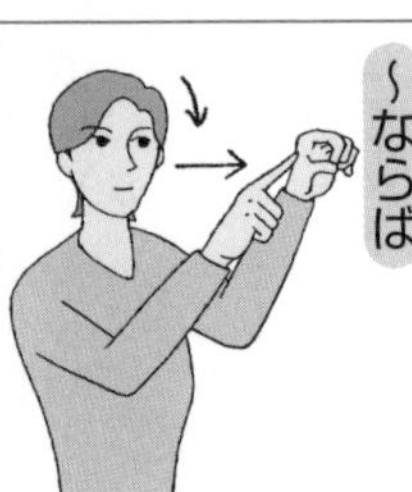
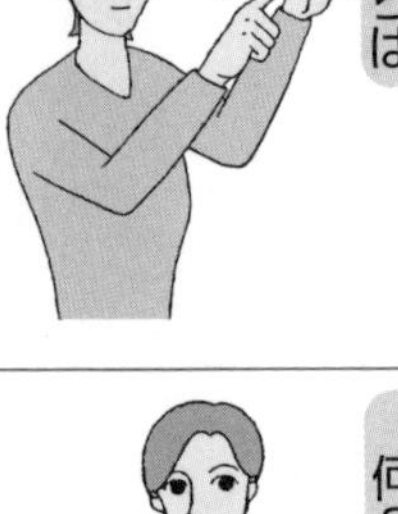

★「当たる」に続けて大きくうなずいて「～ならば」という条件を表し、「当たる」に「当たったら」の意味を加える。

何?

★疑問詞は文の最後に。
★「何?」の手話だが、文脈から「どうするの?」の意味になる。
★話題に継続性を持たせるために左手を残した。

⑨ ポイント

1 **「もし」「仮に」は文頭に置きます。**

2 **大きくうなずいたり、首をかしげるなど表情や動作を加えることで手話を省略することが可能です。** 例文では、「もし」「仮に」を受ける「～ならば（～の場合・～のとき）」（「場合」参照）の手話を省いています。これにより会話のテンポを速めることができるわけです。

3 **単位は数詞のあとに示します。** 「円」のほか「3㎞」を「3」＋「㎞」とするのも同じです。

4 「お金」の手話を使う場合は「お金」＋「数詞」＋「円」の語順になりますが、省くこともあります。

5 **疑問詞（「何?」）は文の最後にきます。**

⑩ 平成七年一月十七日に起きた地震はどこ？

◎日付の表し方

平成

★手のひらを下に向け、右に動かす。

七年

★「年」の手話の左手と数詞「7」の組み合わせ。「年」の手話の左手は木の年輪を表しており、これに数詞を当てたもの。数詞の右手は甲が前向きに。

一月

★数詞「1」の下に「月」を示し「一月」となる。

★数詞は指を横（甲が前向き）にすることで漢数字「一」「二」「三」の形になる。

十七日

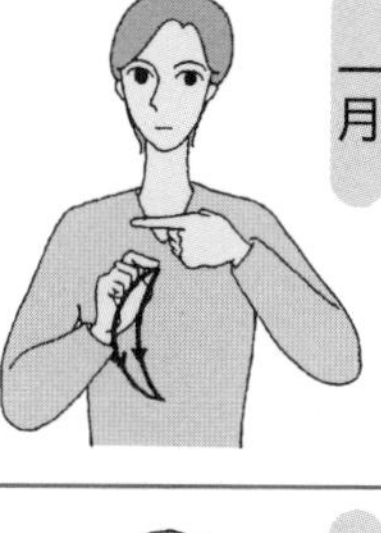

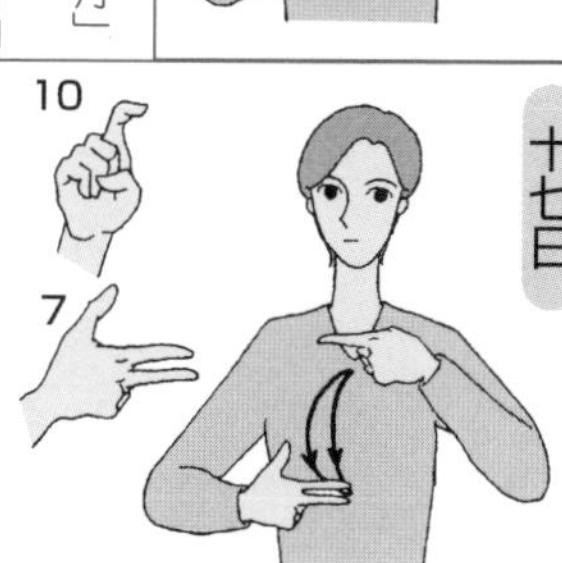

★左手の数詞「1」を残したまま「月」を示し終えた位置で数詞「10」と「7」を示す。

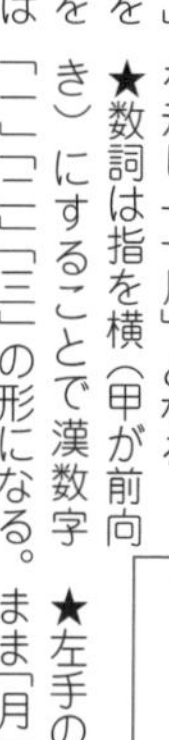

地震

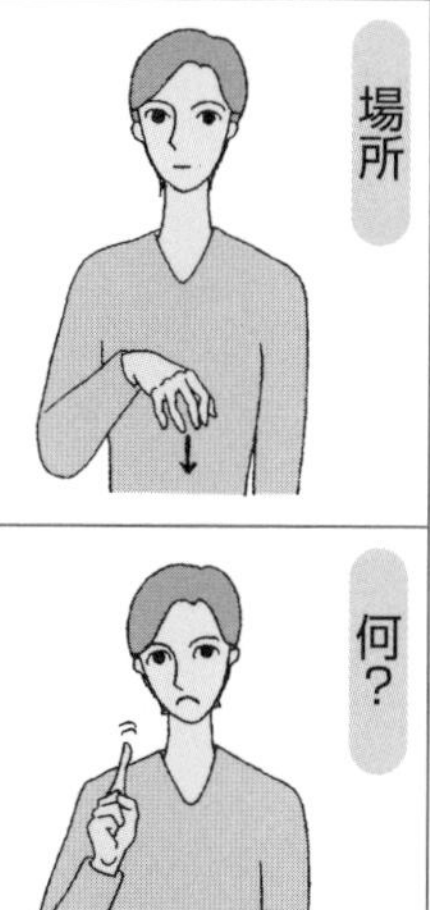

★両手のひらを上に向け同時に前後へ動かす。「地震」「地震が起こる」の手話。

★大地震を伝えるために大きく、激しく動かす。

場所

★5指の先を下に向け軽く下ろす。

★自分は知らない、あるいは相手に教えを請うような表情で。

何?

★右手人差し指を左右に振る。

★「場所」と「何?」で「どこ?」になる。

⑩ ポイント

1 **「年」を表す左手握りこぶしに、数詞を組み合わせて○○年を表現できます。**例文の「7」に代え、右手を数詞「2」にすると「2年」です。

2 **○月×日の、月数は上の位置に、日付は下の位置に上下に並べます。**例文は「月」を挟んで「1」と「17」が上下に並んでいます。

3 「元日」は、「月」を省略し、数詞「一」と「一」を上下に並べるだけでも伝わります（「正月」参照）。

4 **「日」の手話は省略します。**

5 「10」に続けて「7」を示すと「17」です。

6 **「どこ?」は「場所」+「何?」で表します。**このほか、**「どうやって?」は「方法」+「何?」で表します。**

⑪ 私の家から祖父の家まで3㎞あります。

● 空間で距離を表現

★自分を指す。

★身体の左で、まず自分の「家」を示す。通常、身体の中央で行う手話を左にずらして示したもの。

★人差し指でほほに触れたあと曲げた親指を上に掲げる。

★次に身体の右で祖父の「家」を示し、先に示した自分の家と離れていることを視覚的に伝える。

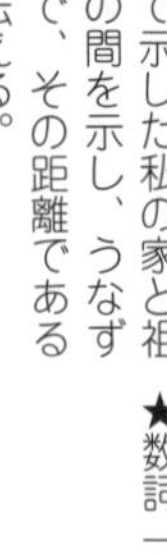

★左右で示した私の家と祖父の家の間を示し、うなずくことで、その距離であることを伝える。

★数詞「3」。

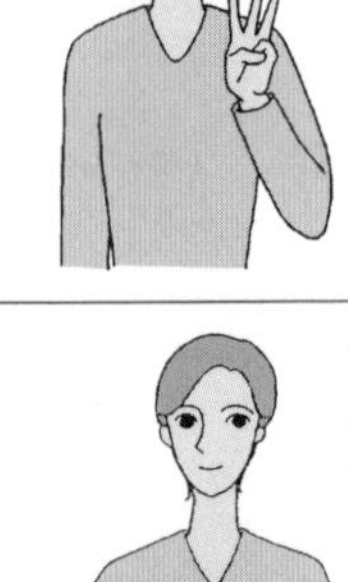

★単位は数詞のあとに示す。
★立てた左手人差し指と右手人差し指でKを書いたもの。自分から見てKの文字になる。

★左手人差し指を残したままmを空書する。自分から見てmの文字になる。
★左手人差し指を残しておくことで㎞を明確に伝える。

⑪ ポイント

1 **2つの手話の位置を離すことによって、その2つのものの距離や間隔を明示します。**空間を利用する表現方法です。例文では、2つの「家」を左右に離し、さらに「間」の手話でその間隔を伝えることで、「〜から」「〜まで」の手話を省略しています。

2 「ビル」（「建物」参照）や「山」（「山」参照）などの高低差も同様に空間を使って表現できます。例えば高い山と低い山を上下で示しその差を表すことができます。

3 **距離などの単位は数詞のあとに示します。**例文では、「3」のあとに単位である「㎞」を示しています。

車を買うなんて認めない。

○否定の表現
○反対語の表現方

★ハンドルを操作するようす。

★右手の親指と人差し指の輪で示した「お金」の手話を前に出すと同時に、物を受け取るように左手を手前に引く。

★握りこぶしを倒すと「認める」の手話。その逆で、倒した握りこぶしを起こすため反対の意味の「認めない」になる。

★～なんて絶対にない、という否定の気持ちを顔の表情で伝える。

⑫ ポイント

1 **同じ形のまま反対（逆）の動作を行うことで逆の意味の手話になります。**例文の「認めない」は「認める」の手話の反対の動きです。

2 **顔の表情で否定の意味を明確にします。**

3 両手を同時に使い、その動かす方向や位置で意味が変わる手話があります。例文では、右手の「お金」の手話を前に出し（お金を払う表現）左手で物を受け取る動作を同時に行う「買う」の手話を紹介していますが、この手話も逆に右手の「お金」の手話を手前に引くと同時に左手を前に出すと、お金を受け取り物をさし出す「売る」の手話になります。

⑬ 2つ目の信号の左側にあります。

●地図の想定

信号

★自分に向かって光る信号を表現したもの。

2

★数詞「2」。

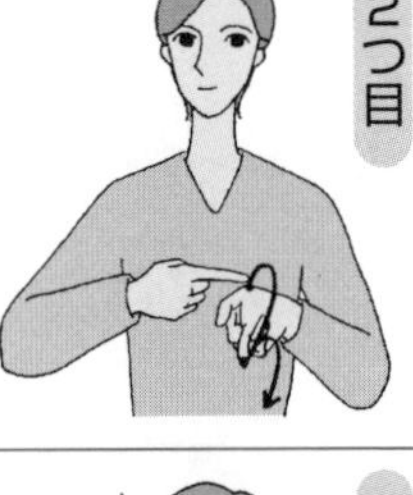

2つ目

★地図を広げて、信号の数を数えるように示したもの。右手人差し指を1回、2回と前に出す。

★左手は前を指しまっすぐ行くことを伝える。

信号

★右手のみで「信号」の手話を行い2つ目の信号を示す。

左

★握った左手を左に動かすことで「左」の手話になる①。右手人差し指を左に動かし「左に曲がる」を伝える②。

そこ

★人差し指でさすのは「そこ」の手話。先に表した「左」側を指さし、「そこにある」を示す。

空間のかんたん活用

「上」は上を指し、「下」は下を指します。また、位置としての「前」は自分の前を指し、「後ろ」は後ろを指します。同様に、「左」は左を、「右」は右を指します（左右は自分側からの左右で示す）。ただし、人差し指で指すだけでは「そこ」「あれ」の表現と区別しづらいため、「上」「下」は親指と人差し指を伸ばした手で、「左」「右」は握った手で行うことで違いを明確にします。また、「前」「後」は、人差し指でさす時に、「そこ」や「あれ」と区別するため上に弧を描きながら示すとよいでしょう。

⑬ ポイント

1 目の前に地図を広げる表現ができます。仮想の平面を使って回数や方向を示します。

2 回数のほか、方向を示すこともあります。例えば「行く」の手話で、前に出したあと、そのまま右へ動かすことで「まっすぐ行って右へ曲がる」を表現することが可能です。

3 例文は握った左手を左に動かし「左」を示しましたが、反対に握った右手を右に動かせば「右」の手話になります。

⑭ 忘年会の司会を彼に頼んだが断られた。

●組み合わせ単語
●受動態（受け身形）

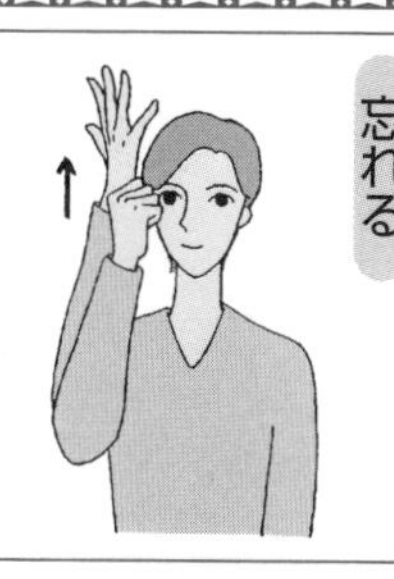

★頭の横に構えた握りこぶしを開きながら上げる。反対に、手を握りながら頭に近づけると「覚える」の手話になる。

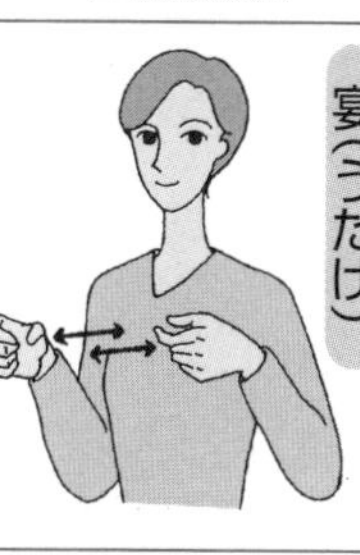

★ここで「年」の手話を使ってもよいが、お酒を酌み交わす集いであることから「宴」の手話を使った。盃を持つ手を交互に動かした表現。

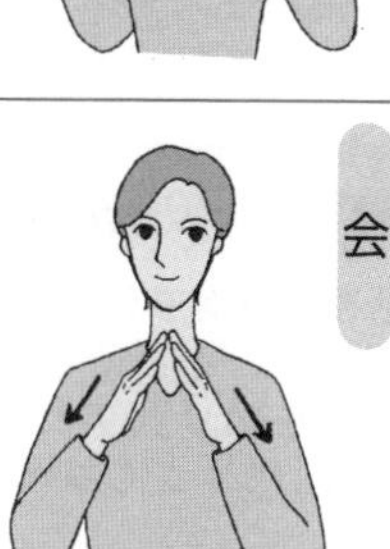
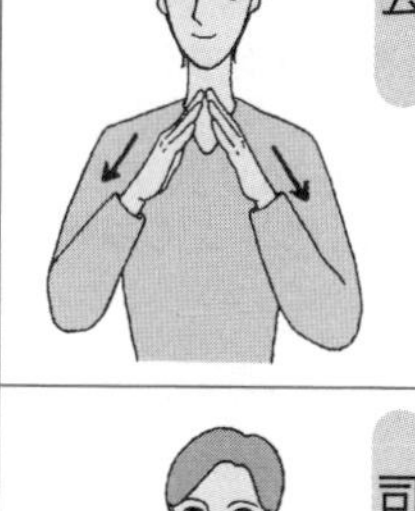

★「へ」の部分を表したもの。斜めに立てた両手を左右斜め下におろす。

★「忘れる」＋「宴」＋「会」で「忘年会」を伝える。

★「司会」の手話。「ㇰ」の部分だけ空書する。

彼

★身体の横で示すことで第3者（彼）を伝える。

★通常、手話は利き手（右手）で行うが、次の「頼む」を利き手で行うため左手で「彼」を示す。

彼に頼む

★立てた親指は「彼」、その彼に向かって「頼む」の手話を行うことで、「彼に頼む」の手話になる。2つの違った手話を同時に表す例。

けれども

★前に向けた手のひらを返す「けれども」の手話。

★「頼む」の手話を手前に押し戻すことで、「頼みを断られた」の手話になる。頼みが押し返されたという表現。

⑭ ポイント

1 **2つの手話を同時に行い関係を明らかにすることで、より分かりやすく表現できます。**例文は、親指で表した「彼」に「頼む」表現です。

2 **同じ形のまま反対（逆）の動作を行うことで逆の意味になります。**例文のほか、「頼む」の手話の形で小指側を自分に向けて倒すと「頼まれる」の手話（頼まれている方向が自分に向いているため）に、さらにこれをもう一方の手で相手側に押し戻すと「断る」の手話になります。

3 **手話は視覚的イメージを大切にする言語であるため、伝えたい状況や内容から言葉を選ぶ場合があります。**例文では、日本語をそのまま置き換えて「忘れる」＋「年」＋「会」とせずに、「忘れる」＋「宴（うたげ）」の「会」としました。

4 漢字の一部分を空書することがあります。

⑮ 祖父と祖母は、よく海外旅行に出かけます。

●強調の方法

★人差し指でほほに触れたあと曲げた親指を上に掲げる。
★指を曲げるのは腰が曲がっている表現。

★人差し指でほほに触れたあと曲げた小指を上に掲げる。
★「祖父」と「祖母」の間に「と」を示す必要はない。

★大きな丸をつくった両手を前方に回す「国際」「地球」「世界」の手話と同じ。

★左手のひらに指先を当てて右手の2指を回す。「汽車」から生まれた手話。

飛行機でよく行く

★親指と小指を伸ばした手を斜めに上げるのは「飛行機」「(飛行機で)行く」の手話。

★海外旅行であるため、人差し指を前に出す「行く」の手話ではなく、「(飛行機で)行く」の手話で伝える。
★頻繁(ひんぱん)に行くことを表現するため、両手を使って数回動作を繰り返す。
★あちこちの国に行くことを表すため、同じ方向ではなく違う方向へ動かしている。

繰り返しの強調表現

同じ手話を繰り返すことで意味を強調して伝えることができます。「好き」の手話を繰り返すと、「たまらなく大好き」「とっても好き」になります。

⑮ ポイント

1 同じ動作を繰り返すことで強調の表現になります。 例文の「飛行機でよく行く」のように回数の多さを表す場合に使うほか、「好き」「好き」と繰り返せば「たまらなく大好き」、「練習」を繰り返し「猛練習」ということを表せます。繰り返しの回数や動作のスピードでニュアンスを変えることができます。

2 行為と状態を1つの手話で表現できます。 例文では「飛行機」の手話で「(飛行機で)行く」を伝えています。「電車で行く」「車で行く」などの表現も可能です。

3 例文の旅行は海外旅行であるため「(飛行機で)行く」で伝えていますが、海外旅行を「船」の手話で表現することはあまりありません。

⑯ 昨日の地震は大きかったね。

●同意を求める
●未来・過去の表現

★1日を1本指で示し、過ぎ去ったことを表すために後ろに倒す。

★指2本（数詞「2」）を後ろへ倒すと「一昨日」の手話になる。また、指1本（数詞「1」）を前へ倒すと1日後の意味で「明日」、指2本（数詞「2」）を前に倒すと「明後日」の手話になる。

★両手のひらを上に向け、同時に前後へ動かす。地面の揺れを表したもの。大地震を伝えるために大きく、激しく動かす。小さい地震なら小さく動かす。このほか、大きくゆっくり、小さく速くなど伝えたい状況を多彩に表現できる。

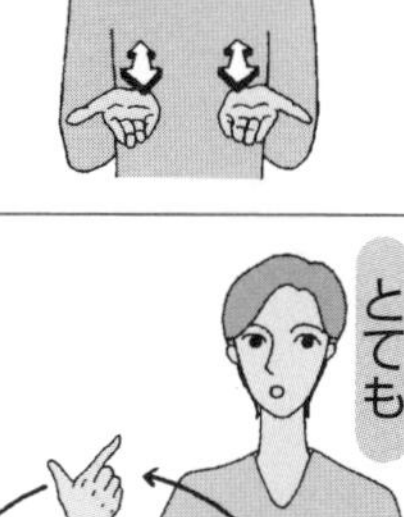

★親指と人差し指の先をつけた右手を弧を描いて右へ動かしながら2指を伸ばす。

★地震の度合い（震度）を伝えるため、「大きい」という手話は使わずに、「とっても」の手話で「とってもすごい」を伝える。「すごい地震」の意味。

★度合いを表す手話であるため、その規模などを動きの大きさや動きのスピードを変えて表現できる。「とってもすごい」ことを伝えるため大きく、あるいは速く右へ動かすとよい。

★とってもすごかったことを表情でも伝える。

★両手の親指と人差し指の先を同時につけたり離したりする「同じ」の手話。「同じ」の手話に同意を求める表情を加えて、「ですね」「だったよね」の意味になる。

★文の冒頭で「昨日」を示していることから、現在形の「ですね」ではなく過去形の「だったよね」になる。

⑯ ポイント

1 **手話では自分の身体の位置を現在として、前が「未来」、後ろが「過去」を示します。**日本語では、過去を「この前」と伝えることがありますが、手話では過去である限り「後ろ」を示し（右手を後ろに倒す）伝えます。基本形として、5指をそろえた手を前に出すと先を示す「未来」、5指をそろえた手を後ろに倒すと「過去」の手話になります。

2 **身振りの大きさやスピードを変えて、伝えたい規模や感情を表現することができます。**

3 「同じ」の手話に表情を加え、同意を求める手話に変化させます。

⑰ 今度の休みにキャンプへ行かない？

●動詞や名詞の変化

今度

★大きく、遠くに前に出すと「(遠い)将来」「(遠い)未来」を伝えることができる。例文では、次の休みを伝えているので小さく動かしている。

★数詞「1」を前に倒すと「明日」、数詞「7」を前に弧を描くように出すと「来週」の手話になる。

★手話では自分の身体の位置を現在として、身体より後方が過去、前方が未来を示す。「今度」は未来であるため手を前に出して表現する。

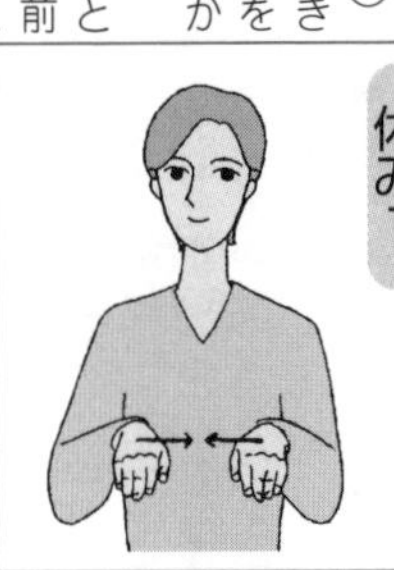

休み1

★手のひらを下に向けた両手を左右から寄せて並べる。

休み2

★うなずいて「〜のときに」という条件を示す。

キャンプ

★左手の甲に指を開いて乗せた右手を、指をすぼめながら上げる。テントの表現。

一緒に行かない？

★人差し指を前に出す「行く」と左右から人差し指を合わせる「一緒」の手話を同時に行ったもの。

★元々は「一緒に行く」という手話であり、「行かない？」の疑問は顔の表情で伝える。

★左右から人差し指を合わせると「一緒」の手話（イラスト左）。これを前に出すものと覚えてもよい。

一緒

⑰ ポイント

1 動詞や名詞が前後の修飾語によって形が変わり、副詞や形容詞の意味を持つ手話に変化する場合があります。 例文では、人差し指1本で行う「行く」の手話を左右の人差し指を並べて行うことで「一緒に行く」を表現しています。ほかの例として「歩く」の動かす速さを変化させて「速く歩く」あるいは「ゆっくり歩く」に、2本の指先を前に向ける「見る」の2指を左から右へ水平に動かすと「見渡す」に変化します。

2 疑問の手話は文末に示し、顔の表情で表します。 例文は、表情で「行かない？」と誘っているもので、元々疑問詞ではない「一緒に行く」の手話を疑問詞に変化させています。

⑱ 海外旅行に行ったことある？

○単語の意味の変化
○行為と状態を同時に伝える

あなた

★相手を指す。自分を指せば「私」、相手を指せば「あなた」の手話。

海外

★大きな丸をつくった両手を前方に回す「国際」「地球」「世界」の手話と同じ。

(飛行機で)行く

★「(飛行機で）行く」という手話（例文⑮参照）。

★「旅行」の手話は省略してもよい。

～したことがある

★人差し指で口元を指し、のどに沿って下ろす「飲み込む」の手話から派生したもので「体験した」ことを表す手話。

あなたは？

★ここでもう一度「あなた」と聞く。疑問の表情で相手を指すことで『あなた』が疑問詞『あなたは？』に変化する。

★日本語では省略されることが多い「私」「あなた」などの主格を、手話では略さずに示すことが多い。

★主格は文頭か文末、また文頭と文末の2か所に示されることがある。文末に示されるのは強調の表現でこの場合のように、～したことがあるのは「あなた」あるいは「私」であることを明確に伝えている。

★ここでは1つ前の手話の流れから、変形した「あなた」になっている。

単語の意味の変化

単語は表情によって意味が違ってきます。「得意」の手話は、自分が「得意」であることを伝える以外に、相手をほめるときには「すごいね！」になります。この場合、手は下に動かします。

得意

⑱ ポイント

1 手話の単語には、元の意味から発展し、違った場面で使われるようになったものがあります。 例文は、「飲み込む」の手話が、「経験したことがある」「～したことがある」へと応用されるようになったものです。このほか、「料理」＋「得意」で「そんな料理が作れるなんてすごいね」、「チケット」＋「得意」で「どうやって、そのプレミアチケット手に入れたの！　すごいね」として使われるものもあります。この場合の「得意」は「あなたすごいね！」の表現です。文脈や顔の表情で区別します。

2 行為と状態を1つの手話で同時に伝えることができます。 「行く」は、人差し指を前に出す「行く」のほか、例文のように「(飛行機で)行く」を「飛行機」で、また、「(電車で)行く」「(車で)行く」を「電車」「車」の手話を使って伝えることができます。

⑲ 来週の月曜日に、仕事で広島に行かないといけない。

●物事が発生する順に伝える

★手話では、自分の身体の位置を現在として、身体より後方が過去、前方が未来を示す。数詞「7」を弧を描くように前に出すことで「来週」の手話になる。

★曜日の表現は、「月曜日」を「月」、「金曜日」を「金」で行う。曜日の「日」はつけなくてよい。

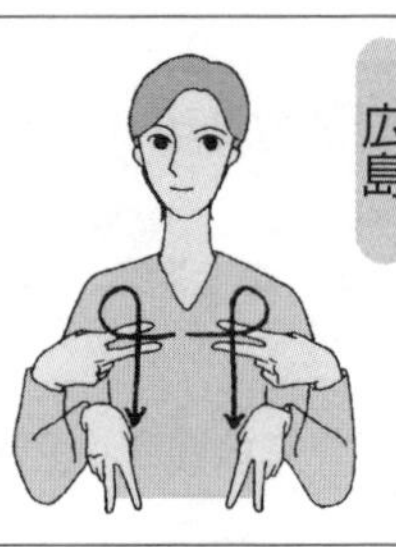

★目的とする場所を「行く」よりも前に提示する。
★「広島」は宮島の鳥居から。

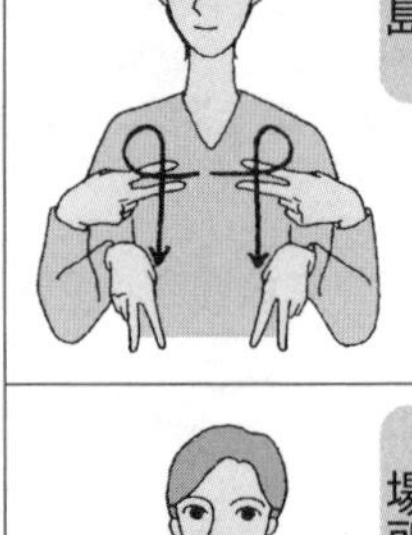

★「広島」の手話は「鳥居」の手話でもあるため、「場所」を加えることでより明確に伝える。

★人差し指を前に出す。人差し指は人を示し、前に出すことで「行く」の手話になる。

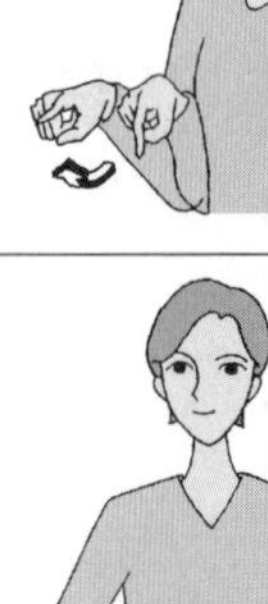

★行ったあとで仕事をするため、「行く」のあとに「仕事」の手話を置いた。

★しなければならないという表情で。
★「用事」「必要」の手話でもある。
★「必要」の手話をはじくように前に開くと「必要がない」の手話になる。

⑲ ポイント

1 **物事が生じる順や行動を行う順に単語を並べるとよいでしょう。**例文での語順（「行く」「仕事」の順）ほか、「海で泳ぐ」は、海に行ってから泳ぐため「海」＋「泳ぐ」の語順になります。

2 「行く」は目的の場所をまず示してから伝えます。

3 **地名は必ずしも漢字に対応せず**（「広い」と「島」で広島とならない）、**その土地の名産・特産・ゆかりの人物などから表されることがあります。**

⑳ 毎朝、満員電車の中で本を読んでるよ。

●写像的表現
●タイトルファースト

★両手の親指と人差し指を伸ばし向かい合わせるのは太陽を表したもの。これを回すことで「毎日」の手話になる。

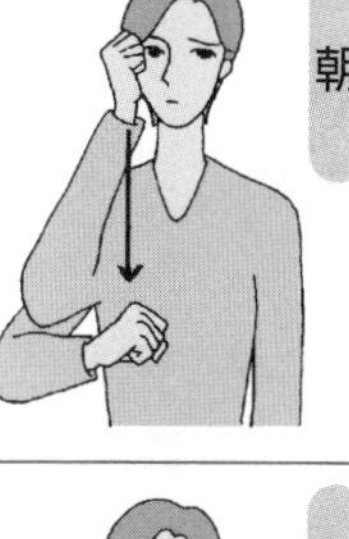

★右手握りこぶしは枕。枕をはずし起きることで「朝」の手話になる。

★まず「電車」（名詞）を示す。
★手話は、曲げた右手はパンタグラフ、左手2指は電線。右手のみ前に出す。

★4指の背側を合わせ水平に回す。複数の人を表した4指が背中を押し合うようす。
★「電車」（名詞）に続き、それが「満員（混む）」（形容詞）である状況を説明する。
★状況をよりリアルに伝えるために、表情だけでなく、窮屈なようすを肩をすぼめて身体全体で表現する。

★手のひらの内側を人差し指でさす表現。
★電車の中にいるので肩をすぼめて窮屈さを表現する。

★肩をすぼめて窮屈そうに本を読むようすを伝える。
★手話は、両手を開いて本を表現したもの。

★「本」の手話（左手）に、視線を表す2指の先を向け「読む」（右手）を加えたもの。
★肩をすぼめたまま「本を読む」。

⑳ ポイント

1 **そこにいるときの状態やようす、周囲の情景を身体全体を使って表現します。**情景を写し出すことから『写像的表現』といいます。例えば、高い所に立っている情景をイメージして身体を震わせ怖そうな表情で下を「見る」手話を行うと「怖そうに下を見る」ことを伝えることができます。

2 **日本語は形容詞＋名詞という語順ですが、手話では逆に、名詞を示したあとにそれを説明する形容詞を続ける場合があります。**例文のように「混む」＋「電車」ではなく「電車」＋「混む」になります。名詞（「電車」）が先にきて、それがどうであるか（「混む」）を説明した語順の例です。

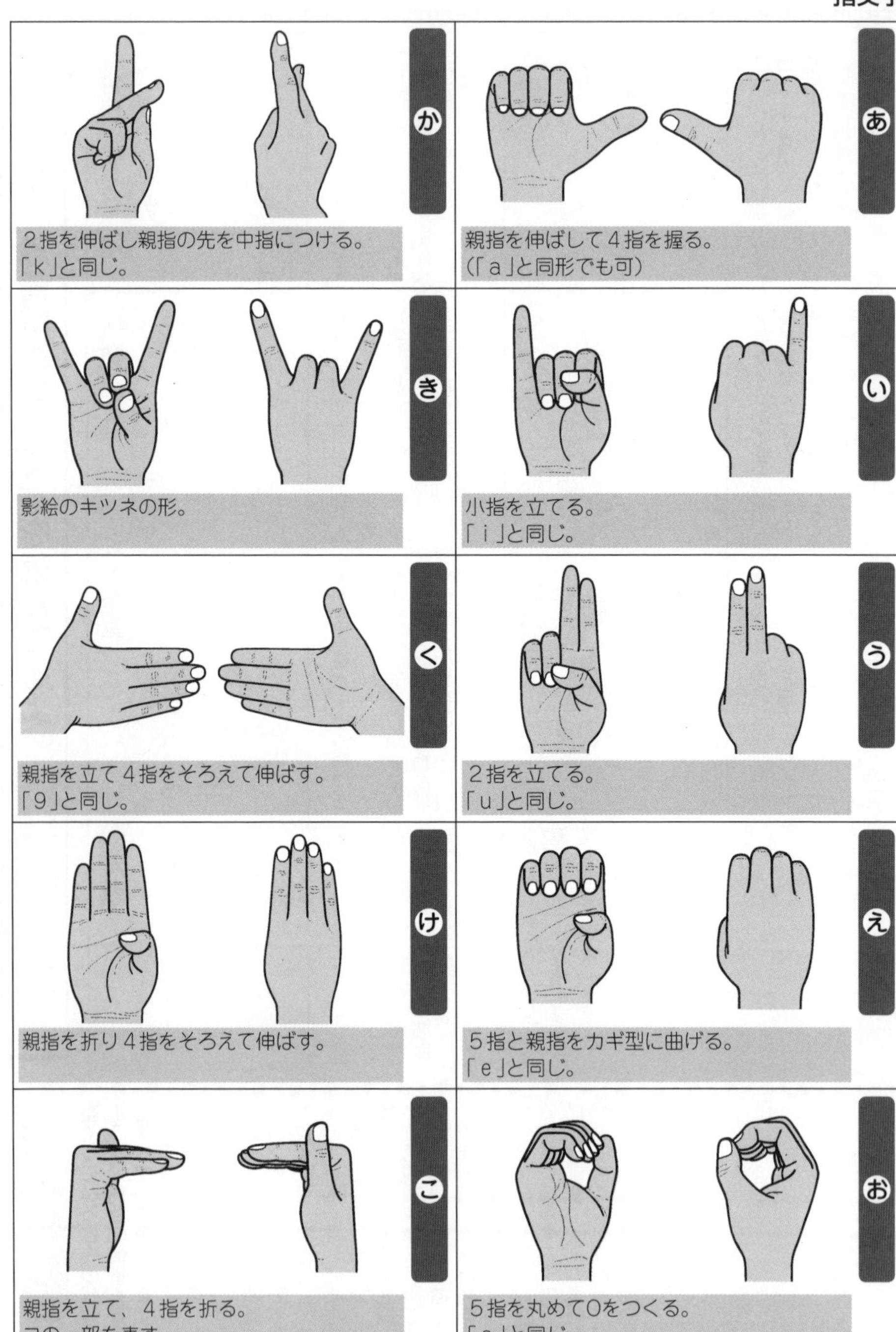

あ
親指を伸ばして4指を握る。
(「a」と同形でも可)
い
小指を立てる。
「i」と同じ。
う
2指を立てる。
「u」と同じ。
え
5指と親指をカギ型に曲げる。
「e」と同じ。
お
5指を丸めて0をつくる。
「o」と同じ。
か
2指を伸ばし親指の先を中指につける。
「k」と同じ。
き
影絵のキツネの形。
く
親指を立て4指をそろえて伸ばす。
「9」と同じ。
け
親指を折り4指をそろえて伸ばす。
こ
親指を立て、4指を折る。
コの一部を表す。

※左のイラストが相手から見た形、右のイラストが自分から見た形。

指文字(50音)は手話技能検定試験7級の出題範囲です。

指文字

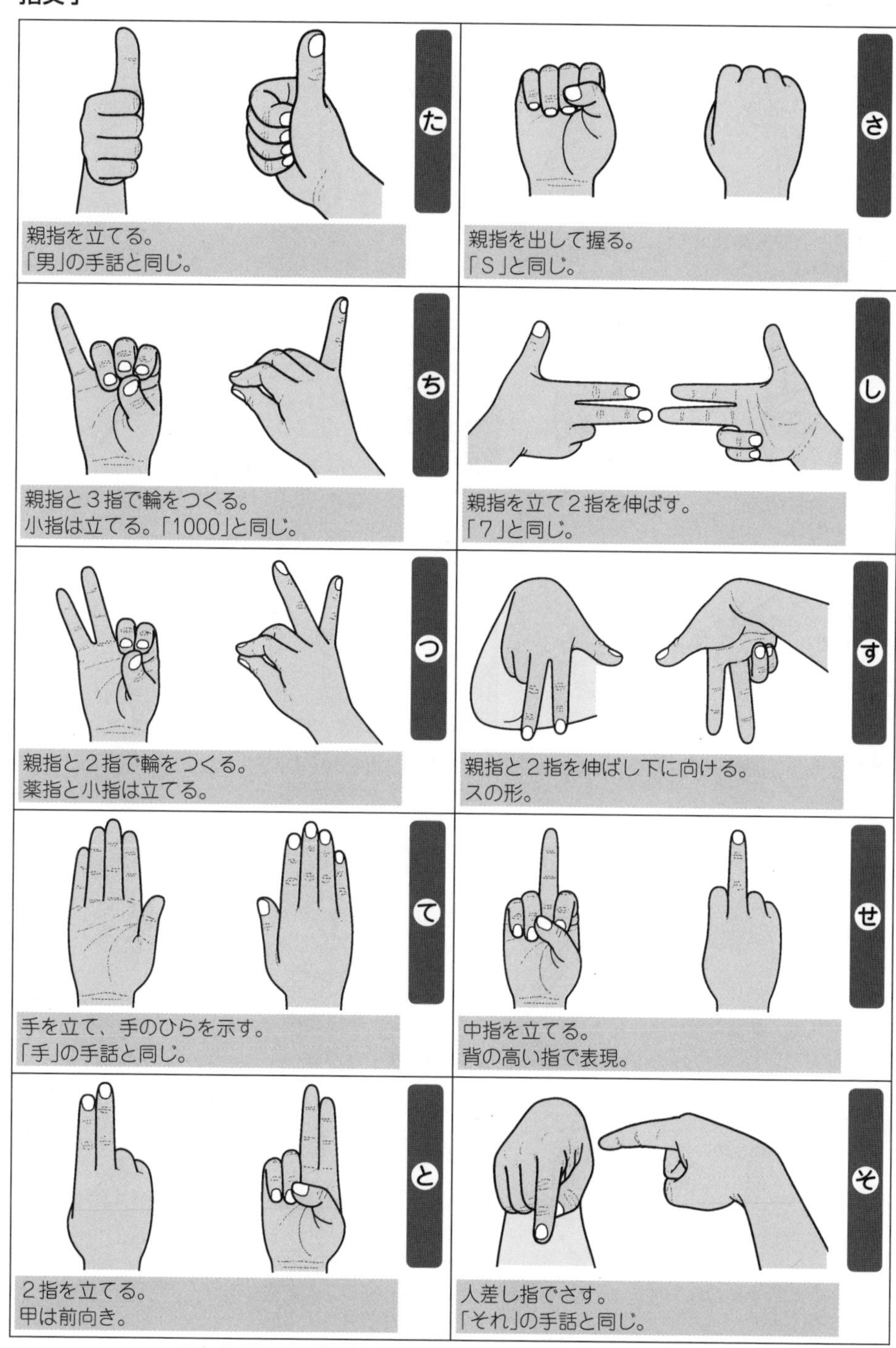

さ
親指を出して握る。
「S」と同じ。
し
親指を立て2指を伸ばす。
「7」と同じ。
す
親指と2指を伸ばし下に向ける。
スの形。
せ
中指を立てる。
背の高い指で表現。
そ
人差し指でさす。
「それ」の手話と同じ。
た
親指を立てる。
「男」の手話と同じ。
ち
親指と3指で輪をつくる。
小指は立てる。「1000」と同じ。
つ
親指と2指で輪をつくる。
薬指と小指は立てる。
て
手を立て、手のひらを示す。
「手」の手話と同じ。
と
2指を立てる。
甲は前向き。

※左のイラストが相手から見た形、右のイラストが自分から見た形。

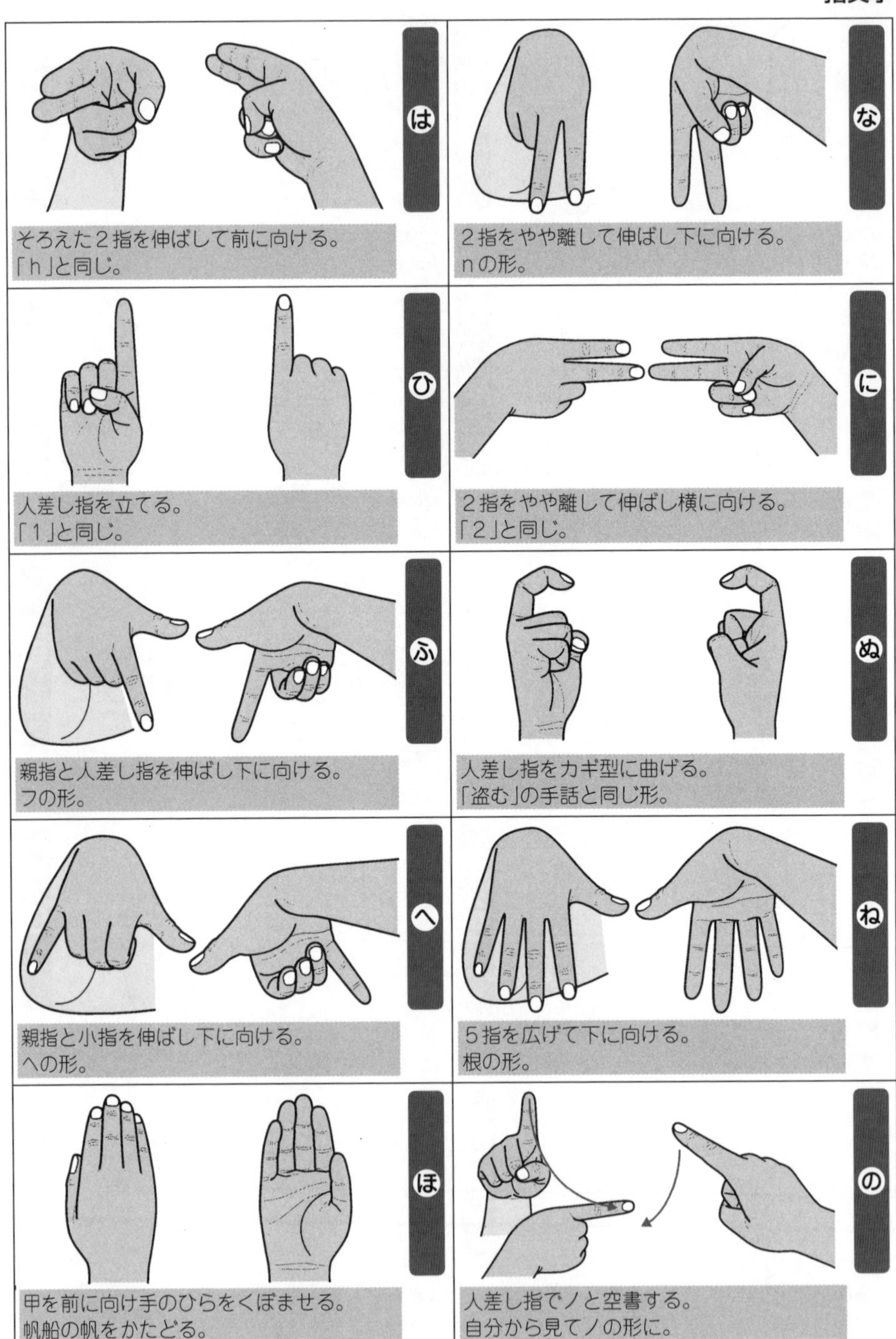

な
2指をやや離して伸ばし下に向ける。
nの形。
に
2指をやや離して伸ばし横に向ける。
「2」と同じ。
ぬ
人差し指をカギ型に曲げる。
「盗む」の手話と同じ形。
ね
5指を広げて下に向ける。
根の形。
の
人差し指でノと空書する。
自分から見てノの形に。
は
そろえた2指を伸ばして前に向ける。
「h」と同じ。
ひ
人差し指を立てる。
「1」と同じ。
ふ
親指と人差し指を伸ばし下に向ける。
フの形。
へ
親指と小指を伸ばし下に向ける。
への形。
ほ
甲を前に向け手のひらをくぼませる。
帆船の帆をかたどる。

※左のイラストが相手から見た形、右のイラストが自分から見た形。

指文字

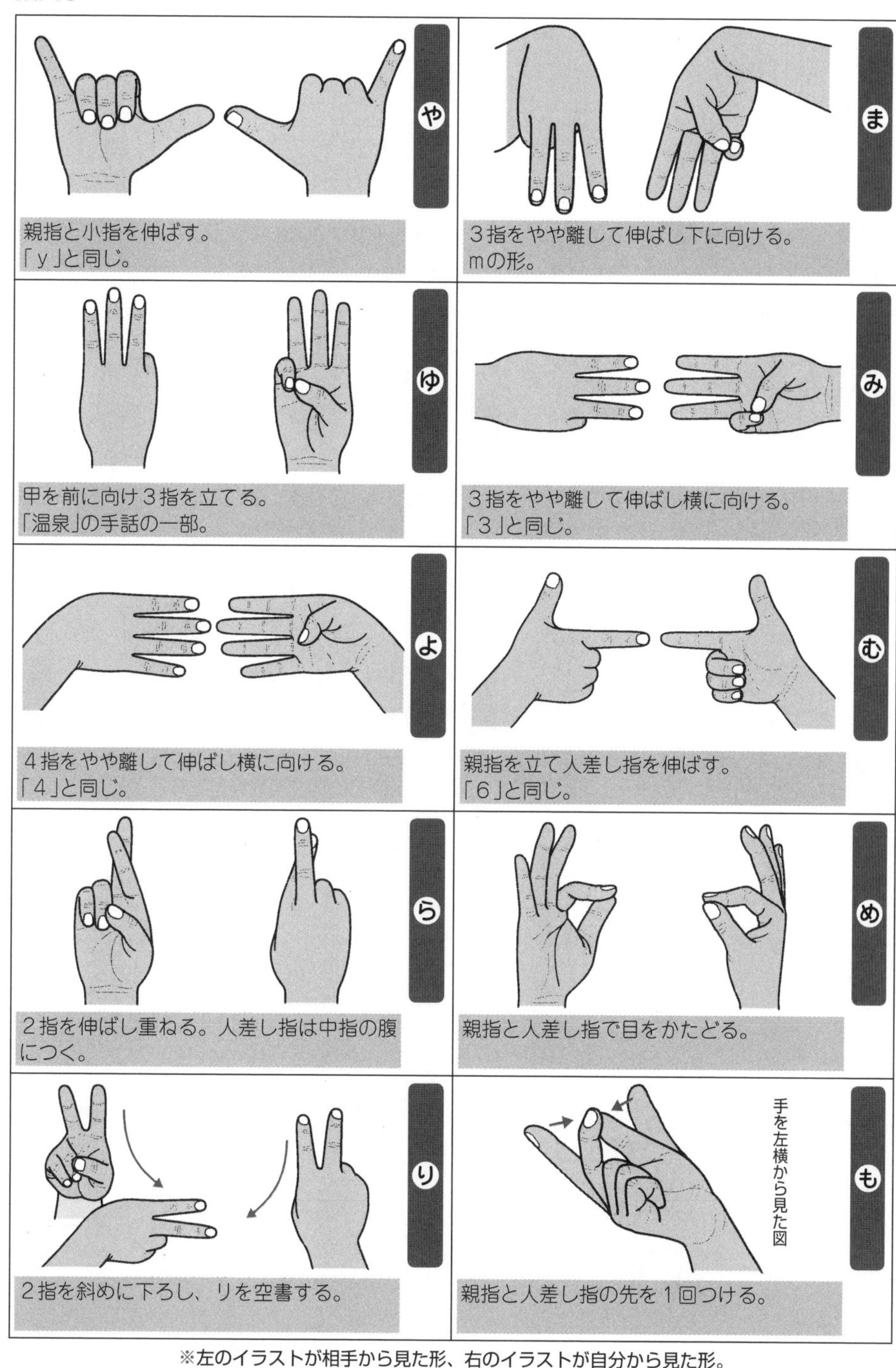

や
親指と小指を伸ばす。
「y」と同じ。
ゆ
甲を前に向け3指を立てる。
「温泉」の手話の一部。
よ
4指をやや離して伸ばし横に向ける。
「4」と同じ。
ら
2指を伸ばし重ねる。人差し指は中指の腹につく。
り
2指を斜めに下ろし、リを空書する。
ま
3指をやや離して伸ばし下に向ける。
mの形。
み
3指をやや離して伸ばし横に向ける。
「3」と同じ。
む
親指を立て人差し指を伸ばす。
「6」と同じ。
め
親指と人差し指で目をかたどる。
も
手を左横から見た図
親指と人差し指の先を1回つける。

※左のイラストが相手から見た形、右のイラストが自分から見た形。

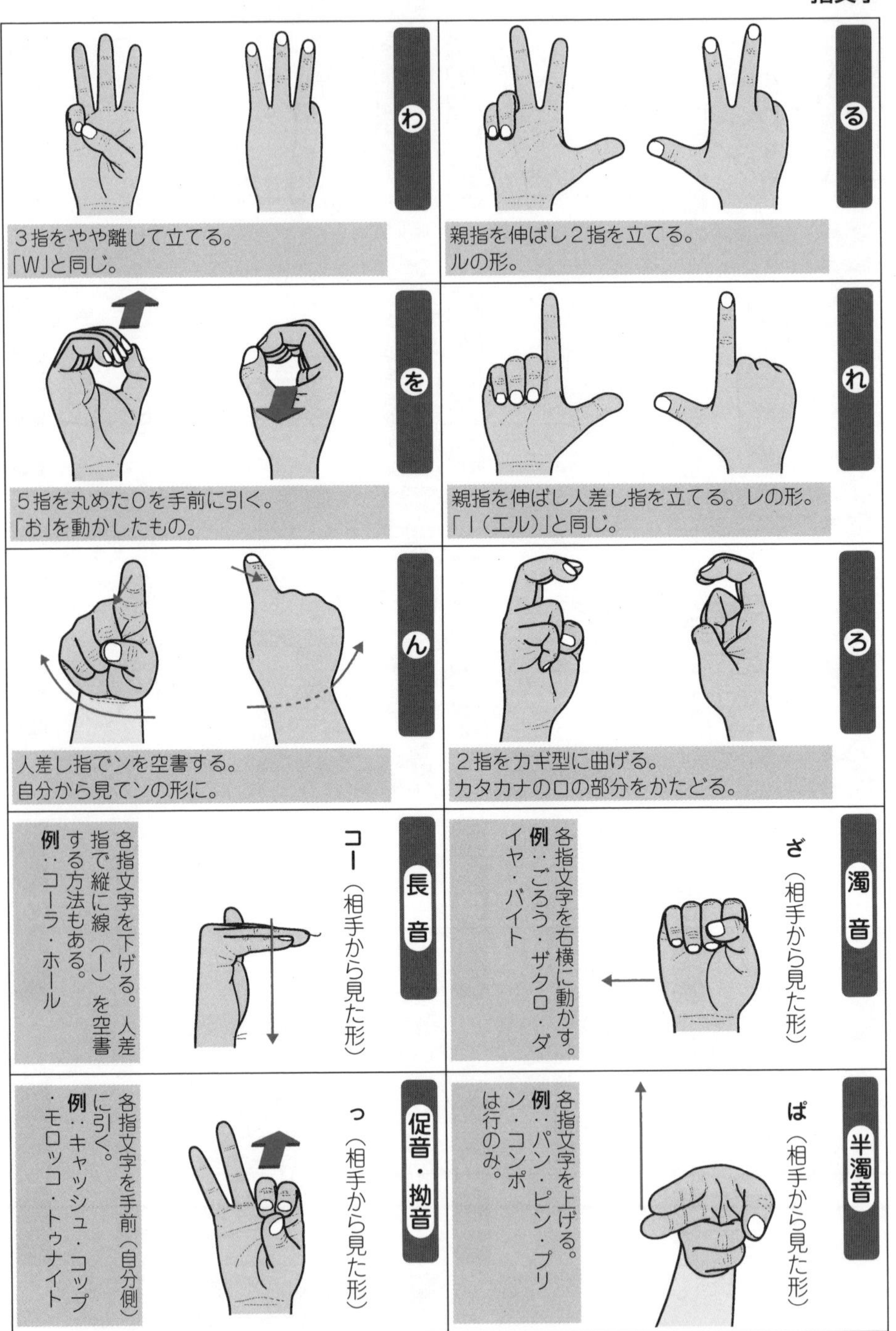

る
親指を伸ばし２指を立てる。
ルの形。
れ
親指を伸ばし人差し指を立てる。レの形。
「Ｌ（エル）」と同じ。
ろ
２指をカギ型に曲げる。
カタカナのロの部分をかたどる。
わ
３指をやや離して立てる。
「W」と同じ。
を
５指を丸めたＯを手前に引く。
「お」を動かしたもの。
ん
人差し指でンを空書する。
自分から見てンの形に。
濁音
ざ（相手から見た形）
各指文字を右横に動かす。
例：ごろう・ザクロ・ダイヤ・バイト
半濁音
ぱ（相手から見た形）
各指文字を上げる。
例：パン・ピン・プリン・コンポ
は行のみ。
長音
コー（相手から見た形）
各指文字を下げる。人差指で縦に線（｜）を空書する方法もある。
例：コーラ・ホール
促音・拗音
っ（相手から見た形）
各指文字を手前（自分側）に引く。
例：キャッシュ・コップ・モロッコ・トゥナイト

※左のイラストが相手から見た形、右のイラストが自分から見た形。

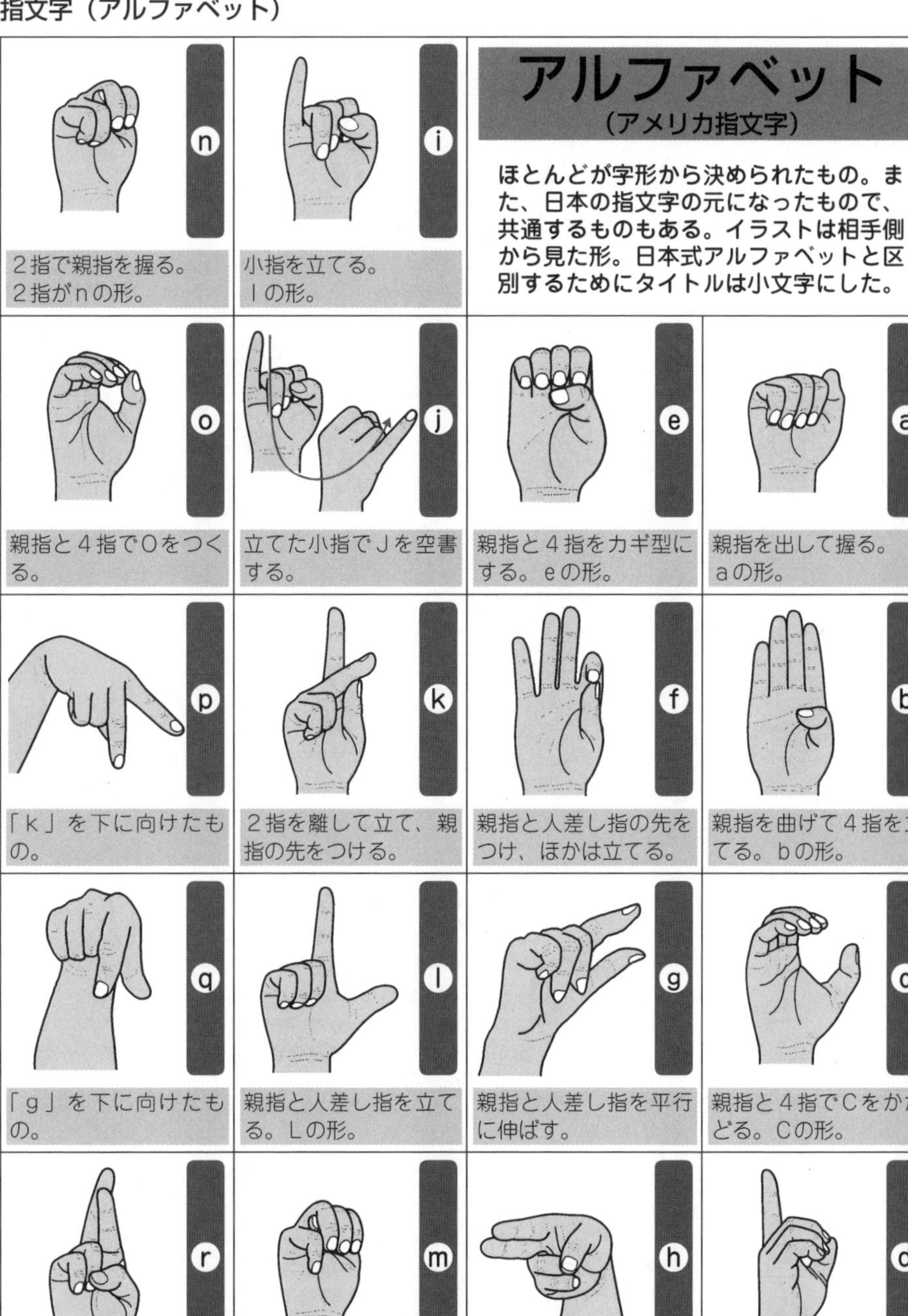

アルファベット
（アメリカ指文字）
ほとんどが字形から決められたもの。また、日本の指文字の元になったもので、共通するものもある。イラストは相手側から見た形。日本式アルファベットと区別するためにタイトルは小文字にした。
a
親指を出して握る。aの形。
b
親指を曲げて４指を立てる。bの形。
c
親指と４指でCをかたどる。Cの形。
d
人差し指を立て、ほかは丸に。dの形。
e
親指と４指をカギ型にする。eの形。
f
親指と人差し指の先をつけ、ほかは立てる。
g
親指と人差し指を平行に伸ばす。
h
人差し指と中指を伸ばして相手に向ける。
i
小指を立てる。Iの形。
j
立てた小指でＪを空書する。
k
２指を離して立て、親指の先をつける。
l
親指と人差し指を立てる。Lの形。
m
３指で親指を握る。３指がmの形。
n
２指で親指を握る。２指がｎの形。
o
親指と４指でOをつくる。
p
「k」を下に向けたもの。
q
「g」を下に向けたもの。
r
立てた中指の腹に人差し指を当てる。

※イラストは相手から見た形。

日本式アルファベット

各指文字はA ～ Zの形を伝えるもの。本書では「ゴールデン・ウィーク」を、この指文字を使って紹介した。イラストは相手から見た形。

A

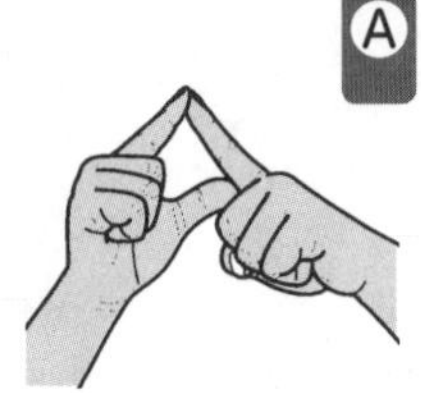

B

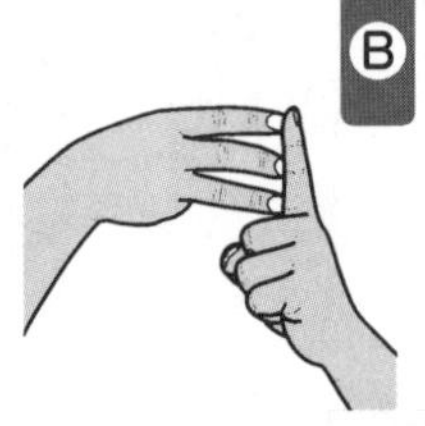

C

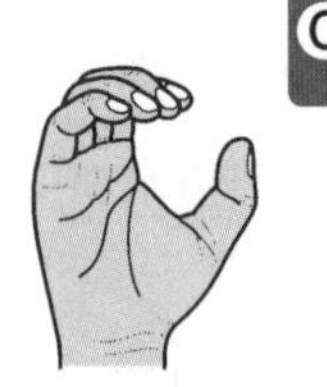

D

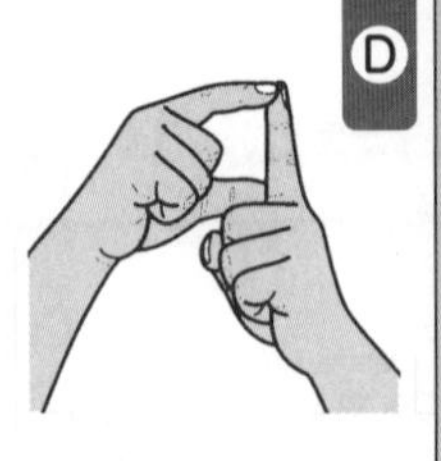

E

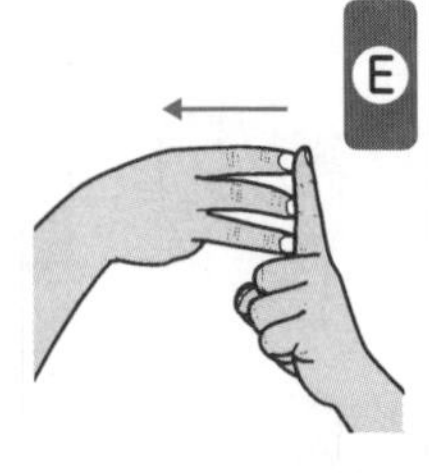

F

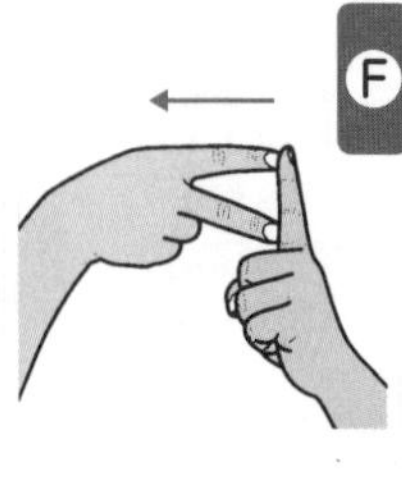

G

H

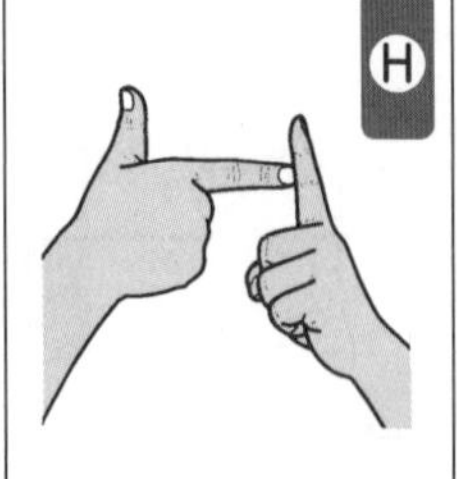

s

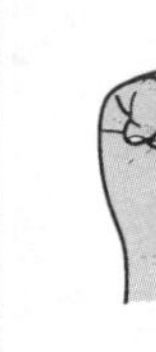

親指を出して握る。

t

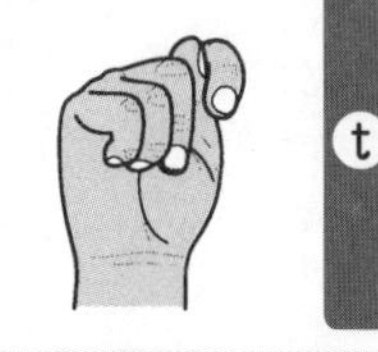

人差し指と中指の間に親指を挟んで握る。

u

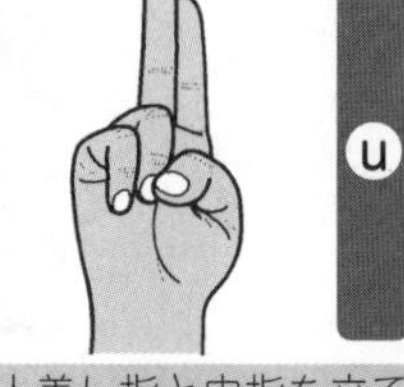

人差し指と中指を立てる。

v

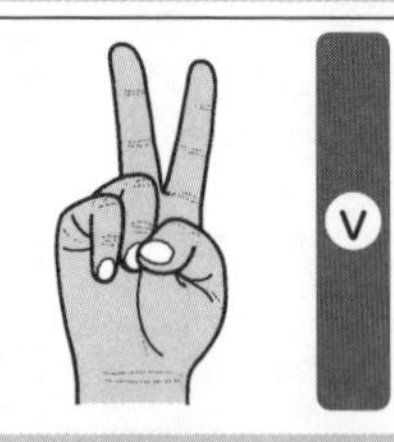

人差し指と中指を離して立てる。Vの形。

w

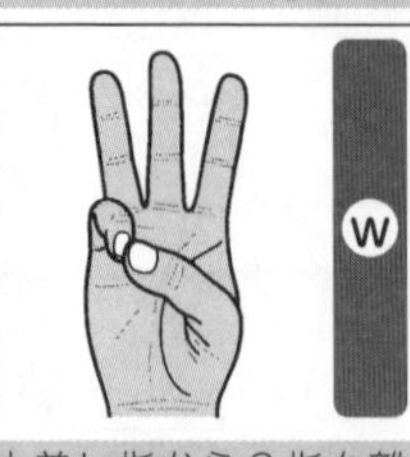

人差し指から３指を離して立てる。

x

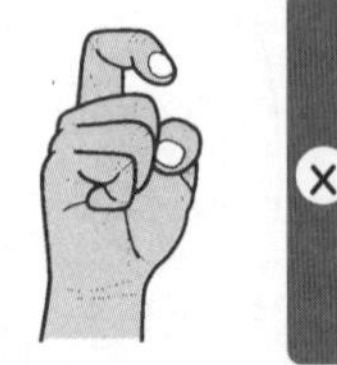

人差し指をカギ型に曲げる。

y

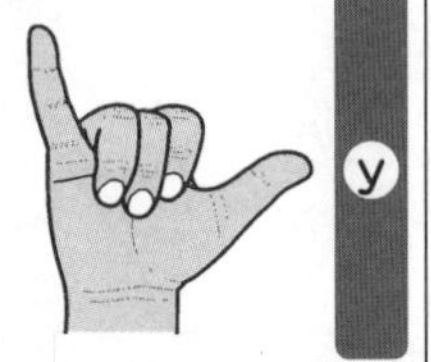

親指と小指を立てる。Yの形。

z

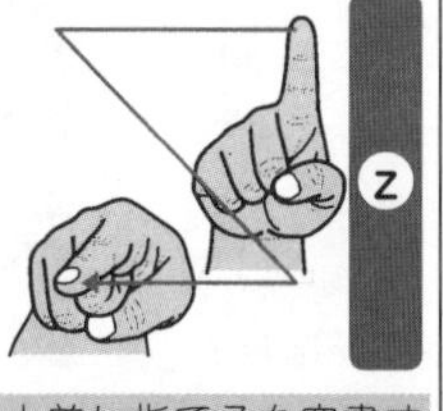

人差し指でZを空書する。

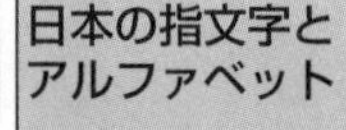

日本の指文字とアルファベット

日本の指文字は、アメリカの指文字を参考にまとめられたため、共通するものが少なくありません。日本の指文字の、「あ・い・う・え・お」は、それぞれ「a・i・u・e・o」「か・さ・は・や・ら・れ・わ」は、それぞれ「k・s・h・y・r・l・w」を元にしたものです。なお、日本の指文字は大阪市立聾学校教員であった大曾根源助が1929年にアメリカのろう学校を視察し帰国後まとめたものです。

※イラストは相手から見た形。

指文字（日本式アルファベット）

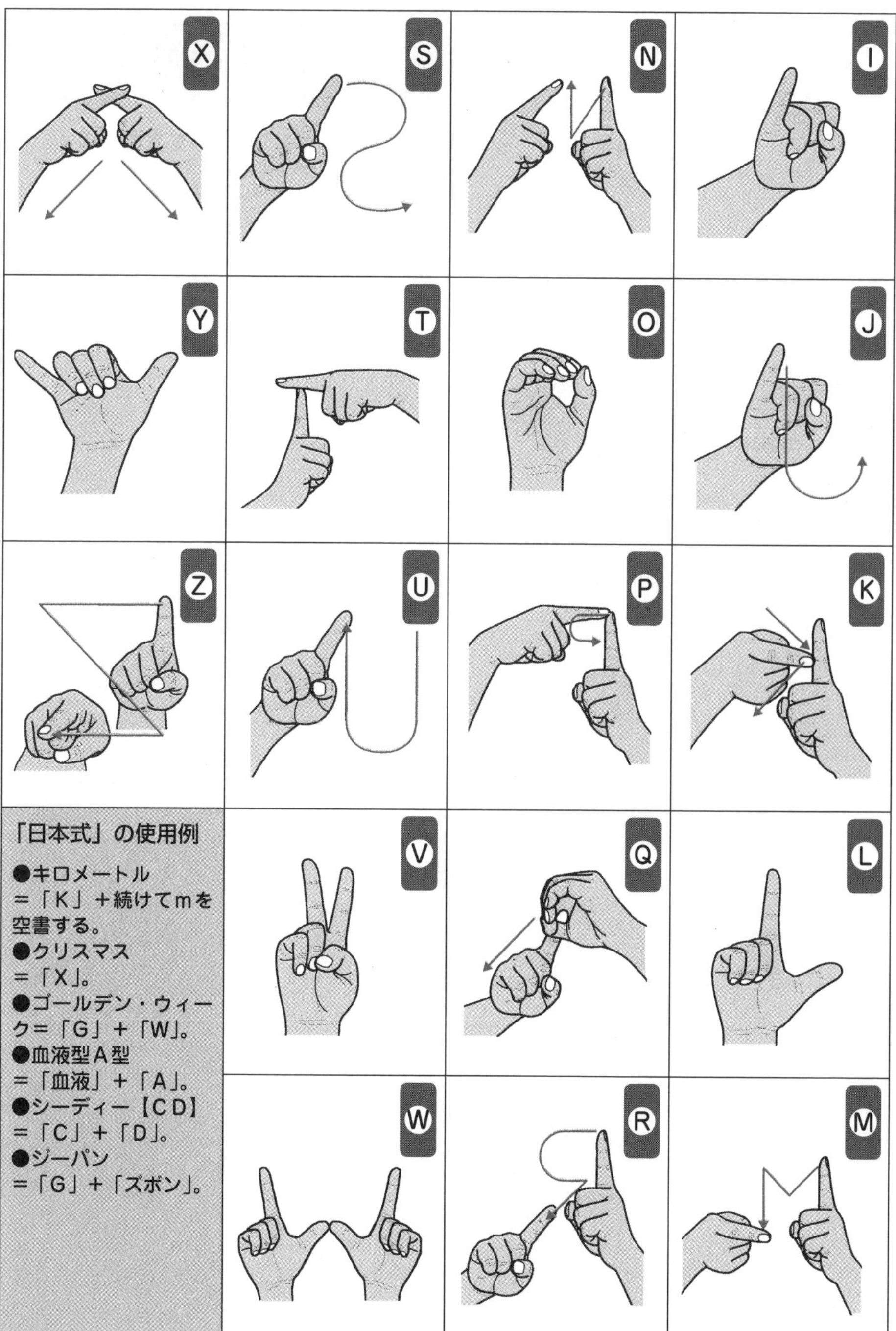

※イラストは相手から見た形。

数　詞

指で数やゼロの形を示す表現のほか、「1000」のように数を示した手の形で空書するものもある。数字を連続することで２桁以上を表現できる。例えば「371」は「300」＋「70」＋「1」。

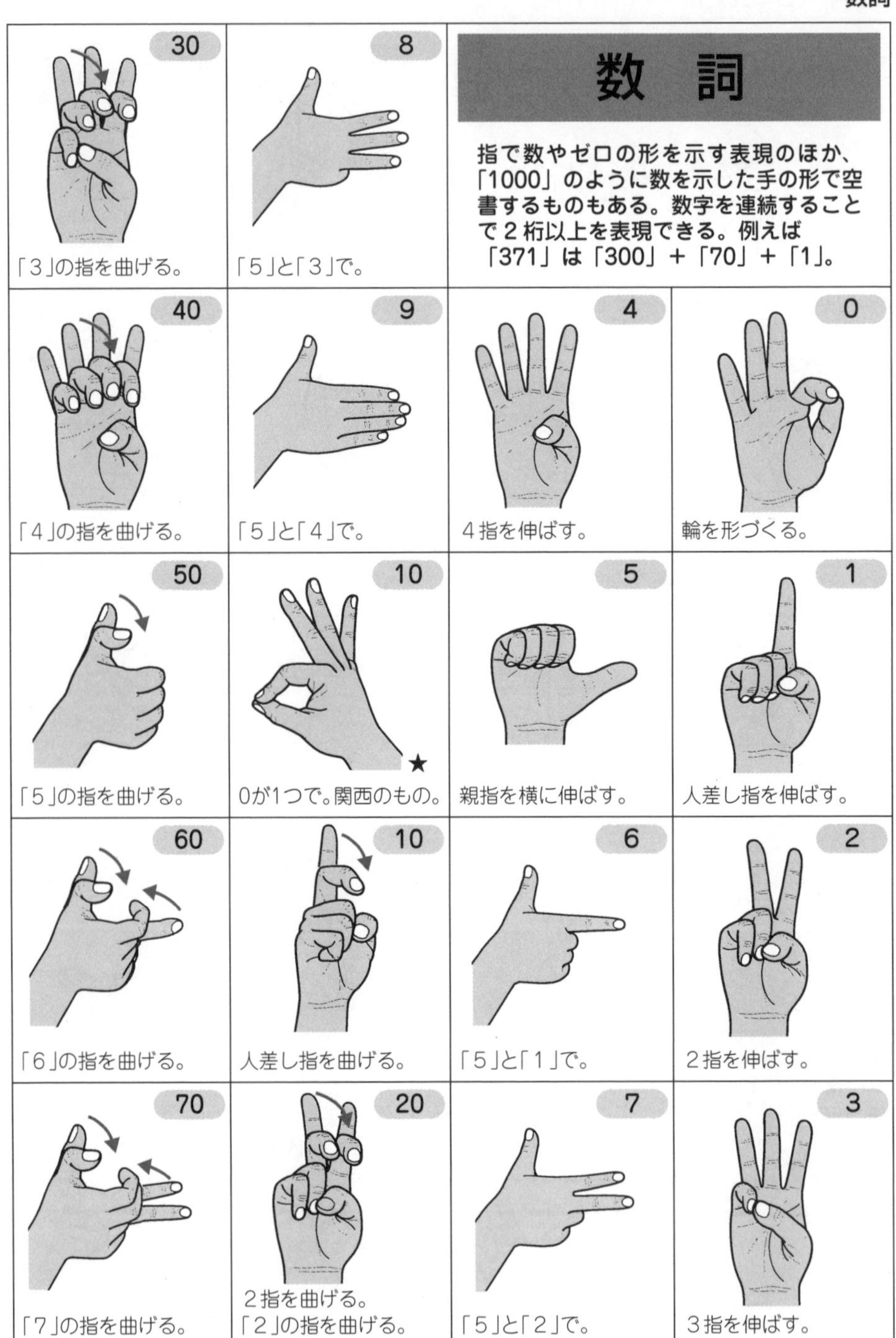

※イラストは相手から見た形（★印除く）。

数詞

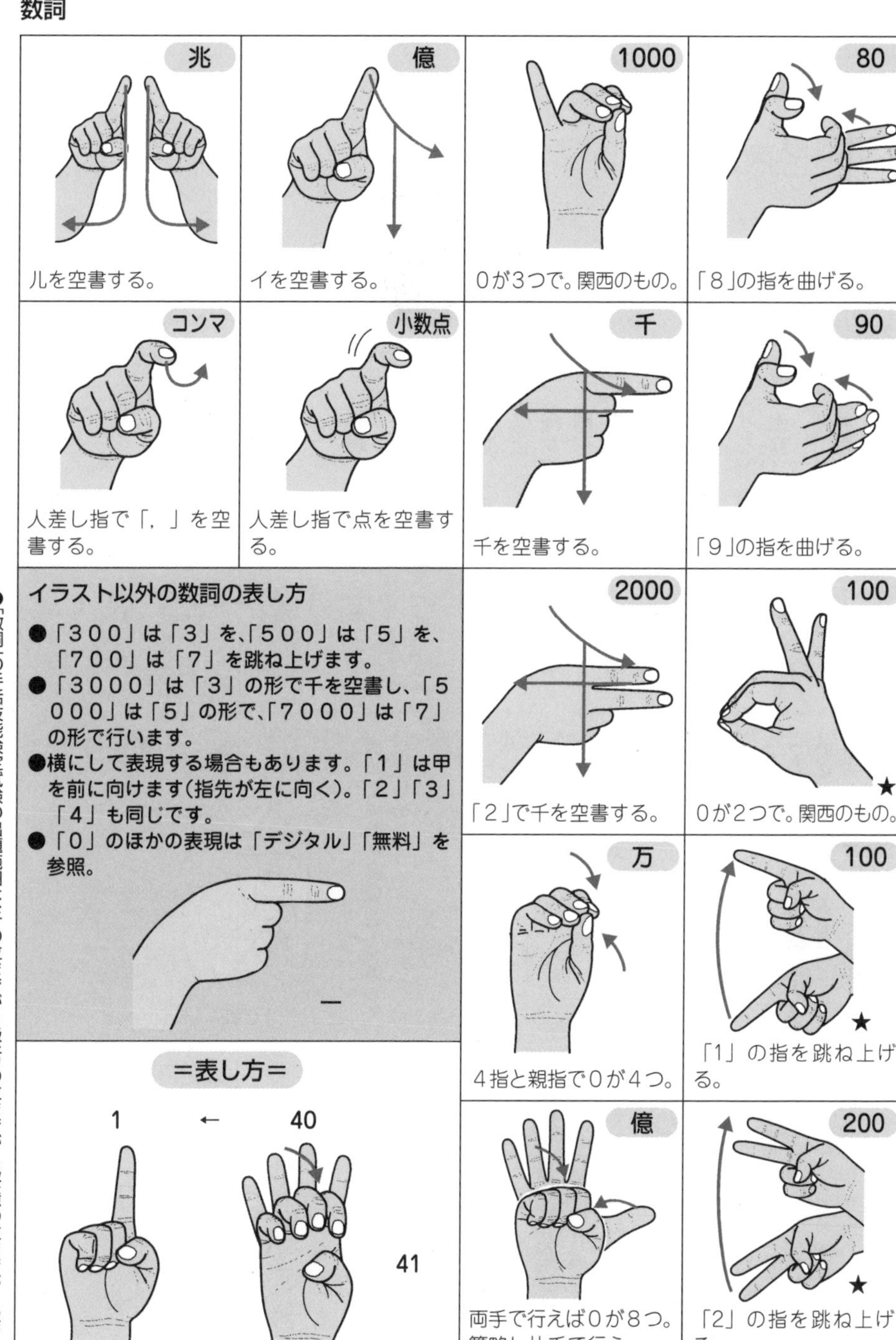

イラスト以外の数詞の表し方

- 「３００」は「3」を、「５００」は「5」を、「７００」は「7」を跳ね上げます。
- 「３０００」は「3」の形で千を空書し、「５０００」は「5」の形で、「７０００」は「7」の形で行います。
- 横にして表現する場合もあります。「1」は甲を前に向けます（指先が左に向く）。「2」「3」「4」も同じです。
- 「0」のほかの表現は「デジタル」「無料」を参照。

●「数詞」の手話技能検定試験の出題範囲は、千の位までが6級、万の位までが4級、億の位までが3級です。

※イラストは相手から見た形（★印除く）。

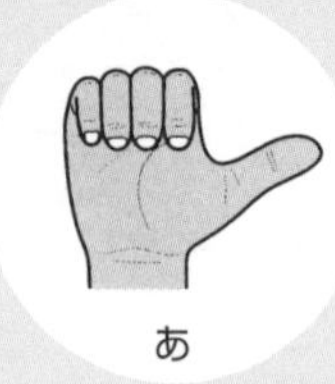

親指を伸ばして４指を握る。
「ａ」と同形でも可。

あい【愛】

《表現》左手のひらを下に向け、右手で左手の甲の上をなでるように2～3回まわす。気持ちを込めて。

《語源》かわいい子供や人をなでるようす。

《同意》愛している・愛する

《同形》かわいい

《応用》左手親指を立て⇩**【男】の手話**、右手でなでると「男を愛する」、左手小指を立て⇩**【女】の手話**、右手でなでると「女を愛する」の手話になる。

《例文》あなたを愛している＝「あなた」＋「愛している」。

《参考》「男を愛する」は「愛知県」と、「女を愛する」は「愛媛県」と同形。

ASL

握った両手を胸の前で交差して抱きしめる。

LOVE

「i」「l」「y」の指文字を片手でまとめて表現したもの。人差し指と中指で「r」(Really)を強調して表現する場合もある。

I love you.

あいかわらず【相変わらず】

《表現》両手の親指と4指を開いたり閉じたりしながら、右肩から同時に前に出す。

《語源》「同じ」の手話の変形。同じ状態がずっと続くことから前に出す。

《別形》親指と4指でなく、親指と人差し指の2指をつけたり、離したりしながら同じ動作をしてもよい。

《例文》相変わらず元気です＝「相変わらず」＋「元気」。相変わらずね＝語りかける表情で「相変わらず」。

あいさつ【挨拶】

《表現》両手の人差し指を向かい合わせて、両指を第2関節から同時に曲げる。

《語源》指を人に見立て、お互いにおじぎするようす。

《例文》おはよう＝「朝」＋「あいさつ」。こんにちは＝「昼」＋「あいさつ」。こんばんは＝「夜」＋「あいさつ」。おやすみ＝「寝る」＋「あいさつ」。

《参考》「こんにちは」は、あいさつの手話（笑顔でお辞儀をする）だけで伝えることもある。

あいち【愛知】

《表現》左手親指を立て⇩「男」の手話、右手で親指の頭の上をなでるように2～3回まわす。

《語源》この場合の親指は知を意味し、それを愛することで表現。

《同形》男を愛する

《応用》左手小指を立て⇩「女」の手話、右手でなでるように回すと「愛媛」の手話になる。

《参考》愛知県は「愛」の手話だけで伝えることもある。

アイデア【idea】

《表現》右手人差し指をこめかみに当て、斜め上にはじく。このとき口の形は「ぱ」に。

《語源》よい考えがひらめいたようす。

《応用》日本語「案」のときは、親指の先をこめかみに当て（そのほか4指は握る）上にはじく。

《例文》よいアイデア＝「良い」＋「アイデア」。すばらしいアイデアね＝「アイデア」＋相手に向けほめるように「得意」。

《参考》右手人差し指をこめかみに当てるのは「思う」の手話。

アイデンティティ【identity】

《表現》親指を伸ばして4指を握った右手⇩**指文字「あ」**の親指の先を自分に当て、そのまま跳ね上げて親指を立たせる。

《語源》自分を指さすことと、親指を強調することで自分が自分であることを伝えるもの。

《参考》アイデンティティは「自己同一性」と訳される心理学用語。一般的には自分らしい主体性などの意味で使われる。

あいまい【曖昧】

《表現》両手のひらを前後に向かい合わせて、交ぜるように半周ずらしてぐるぐる回す。

《語源》一定せず、もやもやしているようす。

《参考》あいまいな返事＝「あいまい」＋「返事する（答える）」。

あう【会う】

a

《表現》向かい合わせた両手の人差し指を、両脇から近づける。

《語源》人差し指を人に見立て、2人が会うようす。

《応用》「向こうから来た人と会った」を表現する場合は、前後に人差し指を並べて表現できるb。その場合、「自分から会いに行く」は手前の指を前の指に近づける、「相手から会いに来る」ときは前の指を手前の指に近づけるなどの表現ができる。

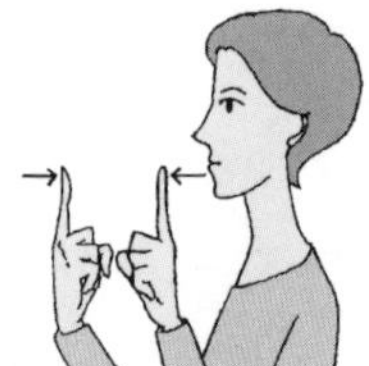

《例文》はじめまして＝「はじめて」＋「会う」。会いたい＝「会う」＋「～したい」。頻繁に会う＝「会う」＋「会う」＋「会う」。大阪駅で会いましょう＝「大阪」＋「駅」＋同意を求めるように「会う」。昨日、先生に会いました＝「昨日」＋「先生」＋「会う」＋「～しました」。

《参考》aを基本形にしてさまざまな表現が可能。

あう【合う】

《表現》斜め上に向けた左手人差し指の先に、右手人差し指の先をつける。

《語源》2つの物がピタリと合うことから。

《同意》ぴったりする・一致・ふさわしい・似合う・（性格が）合う

《同形》～的・相応しい

《応用》逆の動作、指先を合わせた状態から離すと「合わない」の手話になる。

《例文》意見が合う＝「意見」＋「合う」。その服あなたに似合う＝服を指す＋「あなた」＋「似合う」。積極的＝「積極」＋「～的」。衛生的＝「衛生」＋「～的」。

あえて【敢えて】

《表現》5指をすぼめて下に向けた左手の甲の上に、同じく5指をすぼめた右手の指先を置く。
《語源》上に重ね置くことから。
《例文》あえて言う＝「あえて」＋「言う」。

あお【青】

《表現》右手4指の腹をほほに当て、斜め上へなで上げる。
《語源》カミソリでの、ひげ剃り後の青い肌から。
《例文》青い花＝「青」＋「花」。緑＝「青」＋「草」。青森＝「青」＋「森」。

ASL
指文字「b」を軽く振る。
BLUE

あおもり【青森】

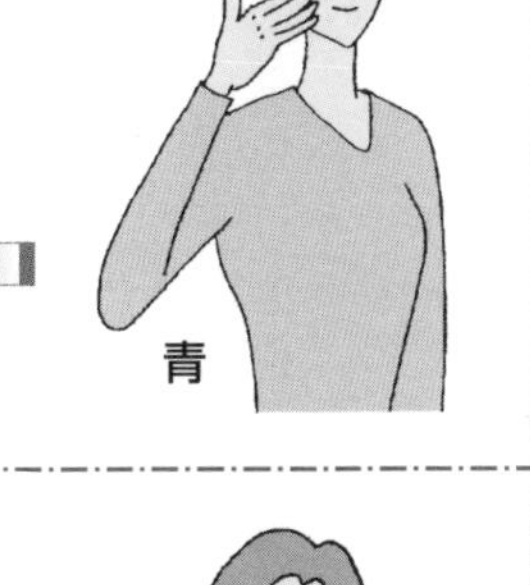

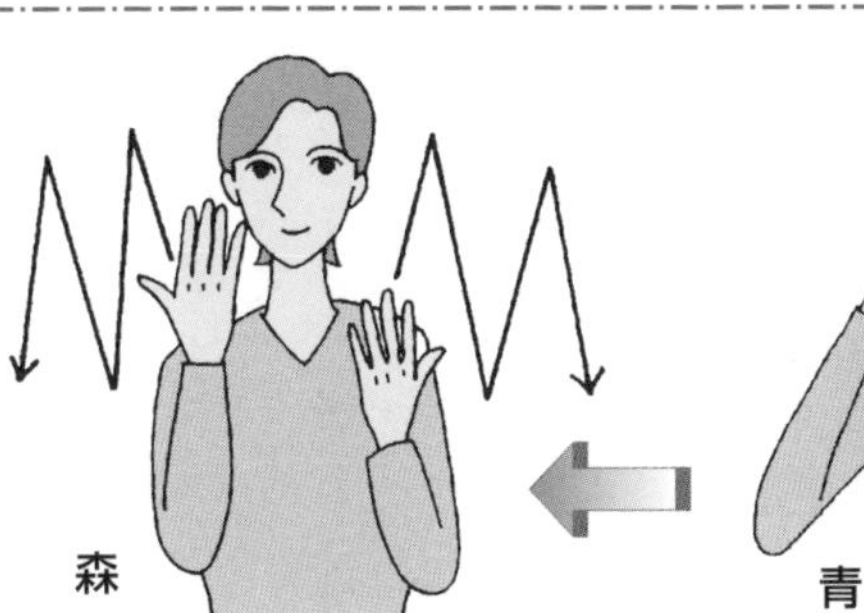

《表現》①右手4指の腹をほほに当て、斜め上へなで上げる⇓「青」の手話、②指を伸ばして軽く開いた両手を、甲を前に向けて身体の前で立て、交互に大きく上下に動かしながら左右に離していく⇓「森」の手話。
《語源》「青」と「森」で。

あか【赤】

《表現》右手人差し指を唇に沿って右に動かす。このとき人差し指は漢数字一のように唇に平行な形で。

《語源》唇の赤の色から。

《例文》日曜日＝「赤」＋「休み」。鮮やかな赤＝「派手」＋「赤」。赤い靴＝「赤」＋「靴」。

ASL
立てた人差し指を下唇に当てて、こすりながら指を曲げる動作を2回くり返す。
RED

あかじ【赤字】

赤

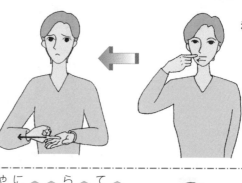

《表現》 ①右手人差し指を唇に沿って右に動かす⇩**「赤」の手話**、②左手のひらに、寝かせた右手人差し指でまっすぐ線を引くように動かす（手のひら側上向き）。

《例文》 財政赤字＝「財政」＋「赤字」。赤字経営＝「経営」＋「赤字」。

あかちゃん【赤ちゃん】

《表現》 両手のひらを前に向けて指を開き、軽く左右に振る。

《語源》 赤ちゃんのしぐさから。

《同形》 子供

《別形》 両手で軽く抱えるようにして軽く揺らし赤ちゃんをあやす動作でもよい。

ASL

赤ちゃんを抱えるように両手を組み、左右に大きく揺らす。

BABY

あかり【明かり】

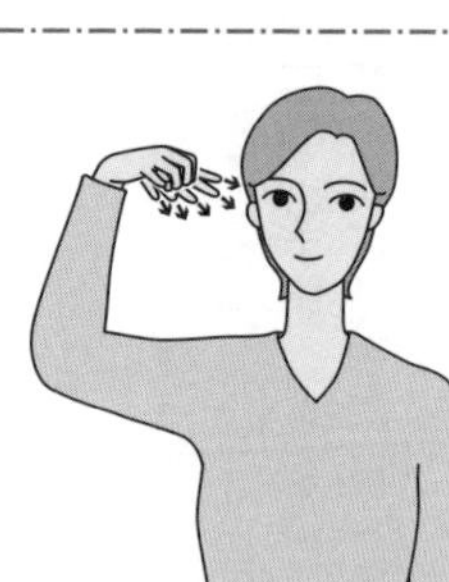

《表現》 右手5指の先をつけて頭の高さに掲げ、下に向けてパッと指を開く。

《語源》 天井に設置された電球がつくようす。

《同意》 明かりがつく

《同形》 電気

《応用》 右上から左下に腕を振りながら、右手の指先をパッと開くと「光る」「明かりがさす」の手話になる。

《別形》 両手で行ってもよい。

《例文》 部屋の明かり＝「部屋」＋「明かり」。

あがる【上がる】

《表現》 甲を上に向けた右手を身体と平行に上げる。

《語源》 上がるようす。

《応用》 反対の動作、右手を下げると「下がる」の手話になる。

《別形》 同じ動きを手のひらを上に向けて行う。

《参考》「上がる」の表現は、何が上がるかによってさまざまある。エレベーターで上がる⇩**「エレベーター」**、地位が上がる⇩**「出世」**、値が上がる⇩**「値上げ」**、他、**「熱が上がる」**、**「風呂から上がる」** 参照。

あかるい【明るい】

《**表現**》手のひらを前に向けた両手を交差させた形から、左右に開く。
《**語源**》前が明るくなるようす。
《**同意**》明るくなる
《**同形**》晴れ・昼間
《**応用**》反対の動作、左右から顔の前へ両手を閉じると「暗い」の手話になる。
《**例文**》明日は晴れ＝「明日」＋「晴れ」。明るい部屋＝「明るい」＋「部屋」。
《**参考**》必ずしも顔の前で交差させる必要はなく、胸のあたりで交差させてもよい。「明るい」「晴れ」「昼間」は口形で区別することができる。

あき【秋】

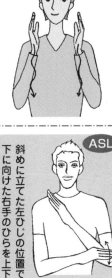

《**表現**》両手で、前方から首や顔へ風を送るように動かす。表情は涼しげに。

《**語源**》涼しい風を表す。

《**同形**》涼しい
《**応用**》おなかあたりから風をすくい上げると「春」の手話。

《**別形**》手のひらを向かい合わせた両手を枯れ葉にたとえ、ひらひらと動かしながら両手を下ろしていく方法もあるb。その場合はわびしい表情を加えるとよい。また、「季節」の手話に続けて左手薬指を右手でつまみ、3番目の季節として伝えることもある。

《**例文**》秋の夜長＝「秋」＋「夜」＋「長い」。食欲の秋＝「秋」＋「食欲」。涼しい風＝「涼しい」＋「風」。夜が涼しくなった＝「夜」＋「涼しい」＋「変わる」＋「～しました」。寂しい秋＝「さみしい」＋「秋」。

ASL

AUTUMN

斜めに立てた左ひじの位置で下に向けた右手のひらを上下に動かす。

あきた【秋田】

《**表現**》手のひらを上に向けた左手の甲に、立てた右手親指の先を当てる。
《**語源**》秋田県の名産であるフキの葉をかたどったもの。
《**例文**》秋田美人＝「秋田」＋「美しい」＋「女」。

あきらめる【諦める】

《**表現**》指先を前に向けた左手のひらに右手人差し指の先を乗せ、そのまま両手を手前に引き上げる。

《**語源**》「申し込む」の手話を手前に引いたもの。申し出を引っ込める表現。

《**応用**》指先を前に向けた左手のひらに右手人差し指を乗せ、両手同時に前に出すと「申し込む」の手話。

《**参考**》「がっかり」の手話で表す場合もある。

あきる【飽きる】

《**表現**》右手親指を立てて指先を胸に当て、そのまま親指の先を下に向ける。そのとき少し舌を出す。

《**語源**》いやになって寝るようす。

《**例文**》何度見ても飽きない＝「見る」を繰り返し＋「飽きる」＋「〜ない」。

アクセル【accelerator】

《**表現**》両手のひらを斜め下に向け身体の前で構え、そのまま右手を斜め前に踏みこむように動かす。

《**語源**》アクセルを踏むようす。

《**別形**》人差し指、中指、薬指の3指を伸ばした左手を胸の前で構え（手のひら手前、指先上向き）、その薬指を右手人差し指で押す。3指はマニュアル車の、アクセル・ブレーキ・クラッチを表し、アクセルを踏む動作。中指を押せば「ブレーキ」を表すことができる。

あぐら【胡座】

《**表現**》かぎ型にした両手の人差し指を胸の前で上下に重ねる。

《**語源**》あぐらの足の組み方を両手の人差し指でかたどったもの。

《**同意**》あぐらをかく

《**例文**》あぐらをかいて座っている男＝「あぐら」＋「男」。

あ

あける【開ける】

《**表現**》手のひらを胸元に向けて指先をつけて並べた両手を、左右に開く。
《**語源**》開くようすから。
《**同意**》開く（ひらく）・開始
《**同形**》（店が）オープンする
《**応用**》反対に、開いた形から胸元に向けて閉じると、「閉じる」になる。
《**別形**》手のひらを前に向けた両手を身体の前で立てて並べ、両手同時に左右へ離す。
《**例文**》新規開店＝「新しい」＋「店」＋「開く」。新装開店＝「店」＋「変わる」＋「開く」。

あさ【朝】

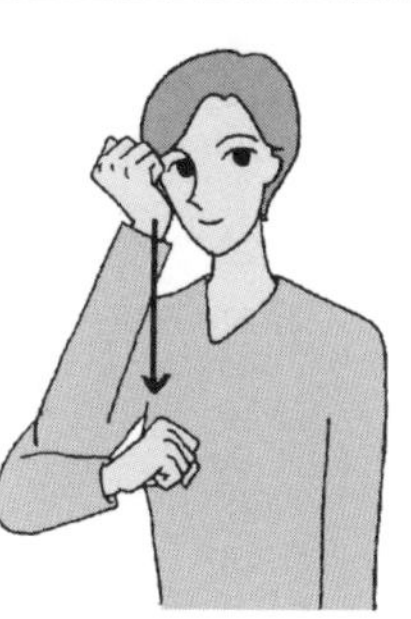

《**表現**》握った右手をこめかみに当て、すばやく下ろす。

《**語源**》右手は枕。朝に枕をはずし、目覚める意味から。

《**同形**》（朝）起きる
《**応用**》握った右手をこめかみに当てるのは「寝る」の手話。こめかみに当てた右手を上に滑らせると、枕がはずれても起きないという意味で「朝寝坊」の手話になる。

《**別形**》手のひらを下に向け、指先を右に向け伸ばした左手の下から、右手親指と人差し指でつくった輪を上げていく。「夕方」の逆で、太陽が昇るようす。

《**例文**》おはよう＝「朝」＋「あいさつ」。明朝＝「明日」＋「朝」。朝一番＝「朝」＋数詞「1」。朝ごはん食べた？＝「朝」＋「食べる」＋疑問の表情で「終わる」。

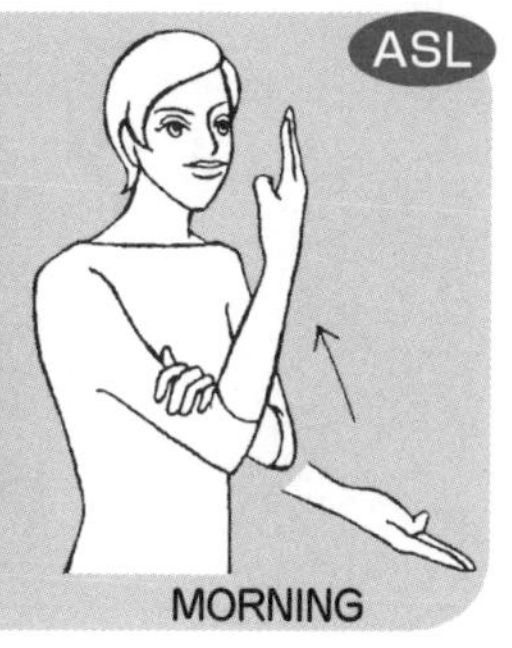

手のひらを上に向けて前に突き出した右腕のひじを左手で押さえ、ひじからまっすぐ右手を立てていく。

あさい【浅い】

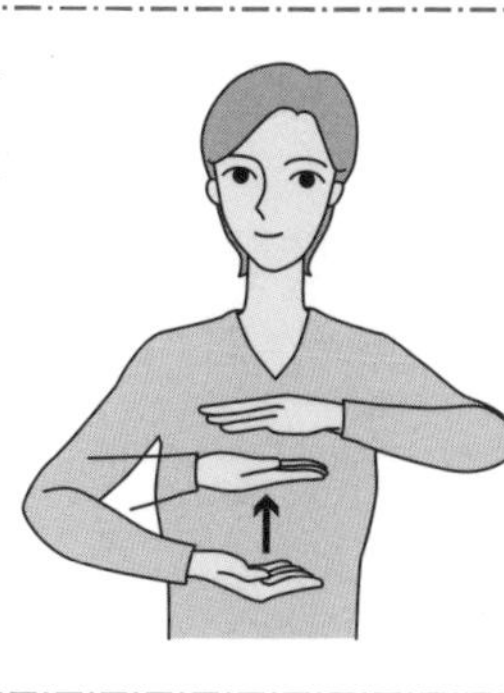

《**表現**》両手のひらを上下に向かい合わせて身体の前で構え（左手が上、右手が下）、左手はそのまま右手を上にあげる。
《**語源**》表面から底までの距離が短いことを表す。
《**応用**》同じ手の形で手のひらを上下に重ね、右手を下におろすと「深い」の手話になる。
《**例文**》この池は浅い＝「これ（指さし）」＋「池」＋「浅い」。

あさって【明後日】

《表現》指先を上にし人差し指と中指を伸ばした右手を、顔の横で手首から前に倒す。

《語源》自分の位置が現在を示し、自分の位置より前が未来を示す。これに2指で2日を示し、「2日後」を伝えるもの。人差し指と中指の2本が示すのは数詞「2」。

《同意》2日後

《応用》人差し指⇩**数詞「1」**を前に倒すと「明日」の手話になる。逆に、手の甲を前に向けた2指を後ろに倒すと「一昨日」「2日前」の手話になる。

《参考》未来は前に、過去は後ろに手を動かすことで示す。

あさねぼう【朝寝坊】

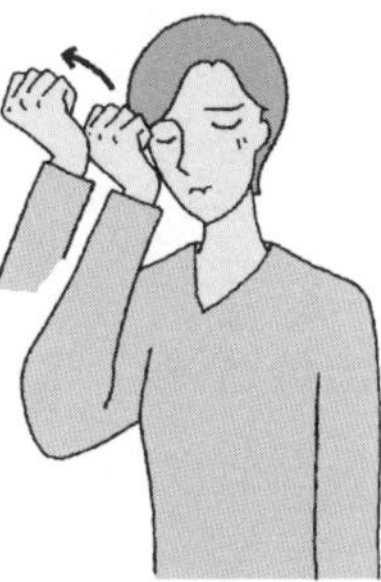

《表現》握った右手をこめかみに当て、上に滑らせるように動かす。動かしたあとも、目ははっきり見開かない。

《語源》枕がはずれても起きないという意味から。

《応用》握った右手をこめかみに当てるのは「寝る」の手話。握った右手をすばやく下ろし目を見開くと「起きる」あるいは「朝」の手話になる。

《例文》朝寝坊して遅刻＝「朝寝坊」＋「過ぎる(おせっかい)」。

あさめしまえ【朝飯前】

《表現》右手のひらに、息を吹きかける。

《語源》手のひらに乗せたものを一息で吹き飛ばす意味。

《例文》試験なんて朝飯前＝「試験」＋「朝飯前」。彼なんてちょろい＝「彼」を指す＋「朝飯前」。

《参考》軽くつばをつける「簡単」という手話もある（**「簡単」**参照）。

あじ【味】

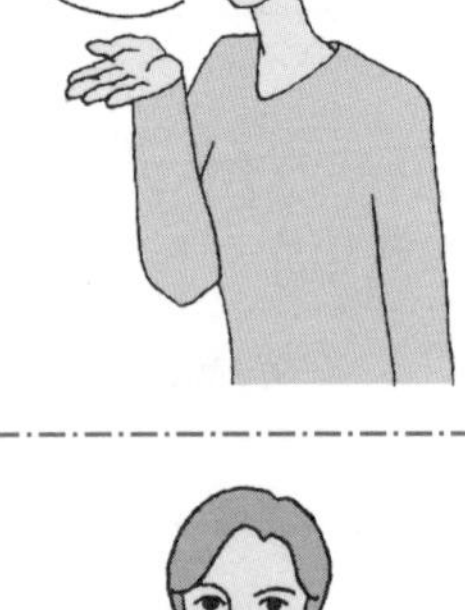

《表現》舌を出し、右手人差し指の先で舌をなでるように下に動かす。

《語源》舌で味見するようす。

《例文》味見＝「味」＋「試す」、または「味」だけでも可能。よい味付け＝「良い」＋「味」。素晴らしい味付けね（相手に直接言う）＝「味」＋「得意」（※「おいしい」は別の手話であり）。

《参考》5指をまっすぐに伸ばした手を唇あたりで小さく回すと「甘い」。わん曲させて開いた手を唇あたりで左右に振ると「苦い」、回すと「辛い」の手話。

アジア【Asia】

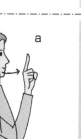

《**表現**》甲を手前に向けた指文字「あ」で、左から右へ下向きの弧を描くように動かす。このとき口形は「あ」に。

《**語源**》頭文字「あ」と、東西に広がるアジアの形を動きで表現。

《**例文**》東南アジア＝「東」＋「南」＋「アジア」。

《**参考**》国際的にも通じる手話。

あした【明日】

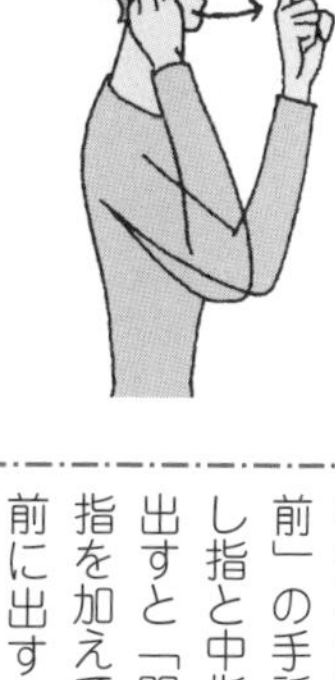

《**表現**》指先を上にし伸ばした人差し指を顔の横から前に出す。

《**語源**》自分の位置が現在を示し、自分の位置より前が未来を示す。これに1指で1日を示し、「1日後」を伝えるもの。人差し指1本が示すのは数詞「1」。

《**同意**》1日後

《**応用**》逆の動作で、人差し指を後ろに倒すと「昨日」「1日前」の手話になる。また、人差し指と中指⇩**数詞「2」**を前に出すと「明後日」「2日後」、薬指を加えて3指⇩**数詞「3」**を前に出すと「明々後日」「3日後」の手話になる。同様に、数詞「7」を弧を描くように前に出すと「来週」の手話になる。

《**別形**》手首から前に倒すだけでもよいb。

《**参考**》未来は前に、過去は後ろに手を動かすことで示す。

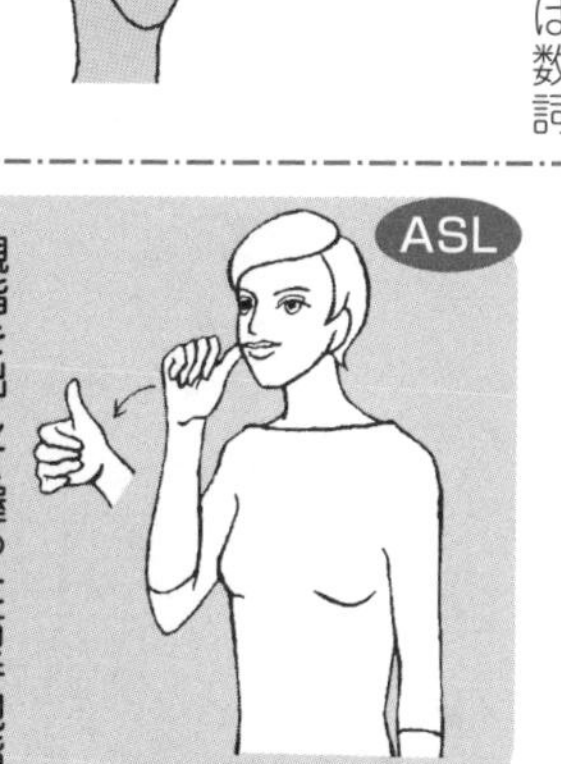

親指を出して握った右手親指の先を右ほほに当て前に出す。

あずかる【預かる】

《**表現**》指をそろえて伸ばし手のひらを下に指先を前方に向けた左手を腕の前に構え、その左手の下に同じく手のひらを下に向けた右手を指先からもぐり込ませる。

《**語源**》手元にしまうようす。

《**同意**》しまう・保管する

《**別形**》手のひらを上に指先を前に向けた両手を身体の前に並べ、両手同時に手前に引き身体の横に置く。

《**例文**》荷物を預かる＝「荷物」＋「預かる」。

あ

あせ【汗】

《表現》両手の指先を顔に向け（指は開く）、汗が流れるように顔に沿って下ろす。暑くて大変という表情で。

《語源》汗の流れるようす。

《例文》汗びっしょり＝よりおおげさに「汗」。冷や汗＝「心配」＋「汗」あるいは「寒い」＋「汗」。

《参考》人差し指1本で、ほほをなでると、「涙」の手話になる。涙と区別するためにも表情豊かに。

あそぶ【遊ぶ】

《表現》両手の人差し指を立て、顔の横で交互に、前後に動かす。楽しそうな表現で。

《語源》指をおもちゃの刀にたとえた、ちゃんばら遊びから。

《同意》遊び・ゲーム

《例文》遊ぼうよ＝呼びかけて「遊ぶ」。夏は山で遊ぶ＝「夏」＋「山」＋「遊ぶ」。

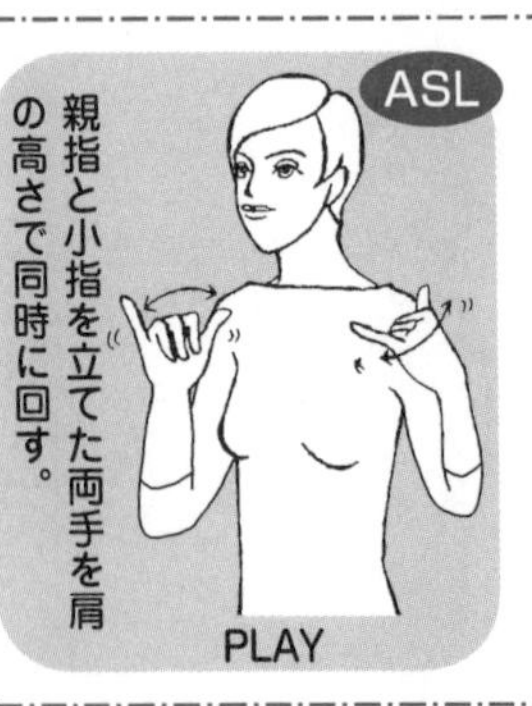

親指と小指を立てた両手を肩の高さで同時に回す。

あたえる【与える】

《表現》手のひらを上に向けた両手をそろえ、そのまま前に出す。

《語源》物をわたすようす。

《同意》あげる

《応用》そろえた両手を上方向に上げると「捧げる」の手話に。

《例文》あなたにあげる＝相手に向かって「あげる」。彼に与える＝左手で「彼」＋左手の彼に向けて右手のみで「与える」。

《参考》この手話は、両手で表すのが基本。

あたたかい【暖かい・温かい】

《表現》おなかあたりから両手ですくい上げるように、胸からのど元へ数回風を送るように動かす。

《語源》暖かい空気が立ちのぼるようす。

《同形》春

《例文》今日は暖かい＝「今日」＋「暖かい」。温かい家庭料理＝「温かい」＋「家庭」＋「料理」。温かい心＝「心」＋「温かい」。

《参考》前方から顔や首あたりに風を送ると「涼しい」「秋」の手話になる。

あだな【あだ名】

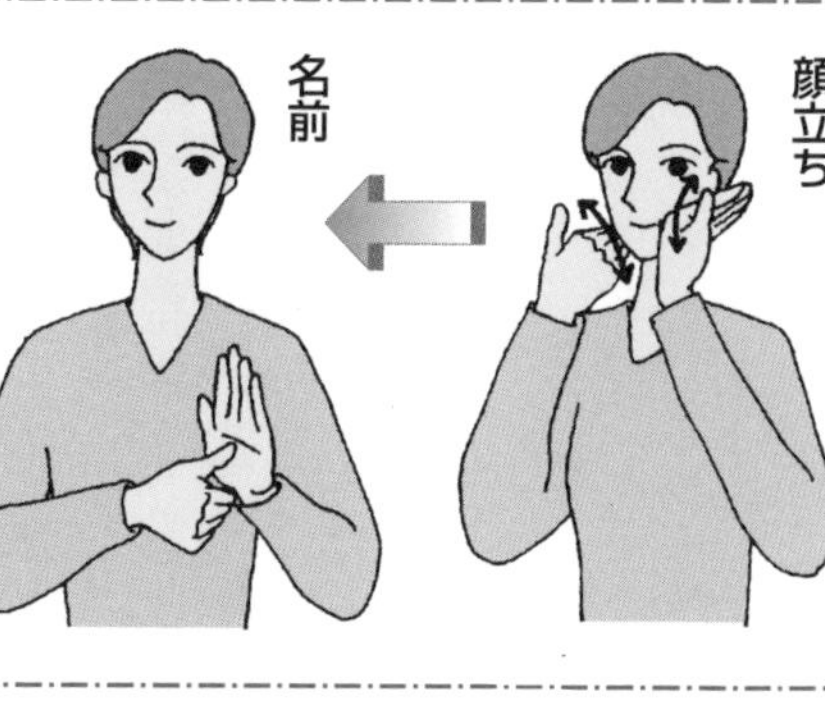

《表現》①付け根から折った両手の4指の背を両ほほに沿って、交互に上下に動かす⇩「顔立ち」の手話、②前に向けた左手のひらに右手親指をつける⇩「名前」の手話。

《語源》ろう者どうしで、顔だちや体型の特徴からあだ名をつけ合い呼び合うことから。

《例文》私のあだ名はヤセです＝「私」＋「あだ名」＋「スマート」。

あたまにくる【頭に来る】

《表現》①右手人差し指でこめかみあたりを指し（このとき口形は「あ」）、②その人差し指を左下に向けてノの字を書くように勢いよく振り下ろす。怒りの表情で。

《語源》「頭」の手話に続き、怒りを込めて振り下ろす表現。

《参考》「腹が立つ」は「怒る」の手話で表現できる。

あたまのかいてん【頭の回転】

《表現》両手の人差し指と中指の2指を伸ばし、こめかみあたりで半周ずらして前方向に回転させる。

《語源》頭の中で機械が動くようす。

《同意》頭の働き・頭が働く

《例文》彼女は頭の回転が速い＝「女」を指す＋速く「頭の回転」。頭を働かせろ＝「頭の働き」＋命令調で「教える」。

《参考》両手の回転スピードを上げることで、より頭が働いていることを示すことができる。

あたらしい【新しい】

《表現》両手の指先を上に向けて軽くすぼめ、指をパッと開きながら前に出す。長い物（刀）を両手で持ち、前に投げるように。

《語源》新田義貞が鎌倉の北条氏を討つため海から攻めたおりに、太刀を海に投げ入れ潮が引くよう竜神に祈った故事から。新田の「新」からきた手話。

《同意》ニュー

《例文》新しい服＝「新しい」＋「服」。新規まき直し＝「新しい」＋「やり直し」。

あたり【辺り】

《表現》手のひらを下に向けた右手を、身体の前（おなかの高さ）で水平に回す。

《例文》そのあたり＝「そこ」（人差し指でさす）＋「あたり」。あたりを歩き回る＝「あたり」＋あたりと示した位置で円を描くように「歩く」。

あたる【当たる】

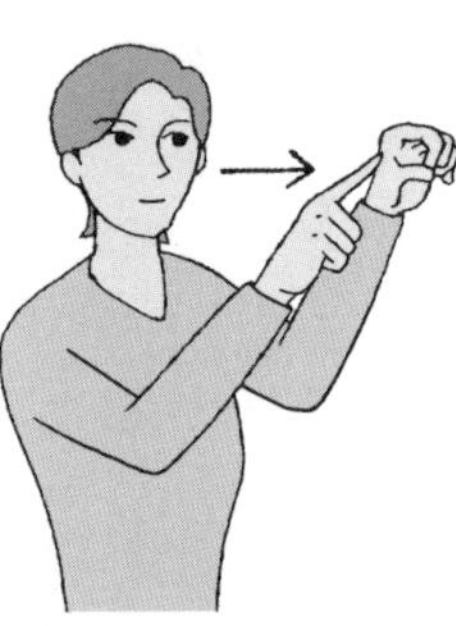

《表現》軽く握って筒状にした左手の親指側に右手人差し指を当てる。

《語源》左手は的を示し、これに右手人差し指で、的中したことを表したもの。

《同意》（くじに）当たる・（考えが）当たる

《同形》目的

《応用》右手人差し指を、左手でつくった的をかすめるように動かすと「的を外す」の手話になる。

《例文》的を射た意見＝「意見」＋「当たる」。

あつい【厚い】

《表現》右手親指と4指を平行に構えて（指先はつけない）から、親指と4指の間を広げる。

《語源》指先を合わせた形（薄い状態）から、離した形（厚い状態）を表現。

《応用》反対に指先を離した形（厚い状態）から、狭めると「薄い」の手話になる。

《例文》ぶ厚い本＝「本」＋「厚い」、または親指とほか4指を離したその親指側を左手のひらに当てた形から本を開くように動かす。厚い壁＝「壁」＋「厚い」。

あつい【暑い】

《表現》うちわを持った形の手で手首を軸に振り、扇ぐ。

《語源》暑くて扇ぐようす。

《同形》夏・南

《別形》両手の指先を顔に向け（指は開く）、汗が流れるように顔に沿って下ろす「汗」の手話で伝える場合もある。

《例文》暑い日＝「暑い」＋「〜日a」。暑い夏＝「汗」＋「夏」。

汗

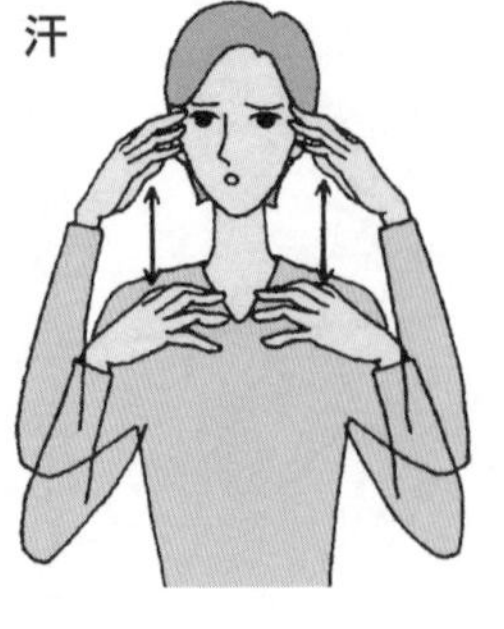

あつい【熱い】

《表現》右手の指先を下に向け、サッと勢いよく引き上げ、耳たぶをつまむ。熱いという表情に加え、「あつい」と口形を添える。

《語源》熱いものに触って驚き、耳たぶで冷やすようす。

《例文》熱いお茶＝「熱い」＋「お茶」。熱湯＝「熱い」＋「水（水曜日）」。

《参考》「冷たい」と似た手話だが、「冷たい」を表現する場合は、引き上げた手を寒くて震えるようにブルブル振動させる（**「冷たい」**参照）。

あつかましい【厚かましい】

《表現》親指と人差し指をやや離し、親指側をほほからあごの方へなで下ろす。

《語源》親指と人差し指で厚さを表し、ほほに沿って動かすことで面の皮が厚いことを表現。

《同意》面の皮が厚い・図々しい

《例文》あつかましいヤツ＝左手「男」＋男を残したまま右手で「あつかましい」＋「男」を指す。あなた、あつかましい！＝相手を睨みつけて「あつかましい」。

あつまる【集まる】

《表現》指を開いた両手を、肩のあたりからまん中に寄せる。

《語源》指を人に見立て、たくさんの人がひとつの場所に寄って来るようす。

《応用》左右から寄せた手をそのまま前に出すと、「皆で行こう」の手話になる。また、両手で「お金」の手話をつくり、両肩のあたりから下中央に下ろして寄せると「お金が集まる」の手話になる。

《例文》人が集まる＝「人々」＋「集まる」。集合時間は8時＝「集まる」＋「時間a」＋数詞「8」。

あつめる【集める】

《表現》両手を前に出し、手前に呼び寄せるように2回ほど手首から動かす。

《語源》手招きするようす。

《同意》回収・収集（コレクション）・募集する

《応用》指先を上にすれば「集まる」の手話になる（**「集まる」**参照）。

《例文》人を集める＝「人々」＋「集める」。切手コレクション＝「切手」＋「収集」。

アドバイス【advice】

《表現》親指を立てた左手⇩「男」の手話を前で構え、右手で数回前に押す。このとき口形は「あ」にする。

《語源》「助ける」の手話にアドバイスの頭文字「あ」を口形で加えたもの。

《同形》助ける
《応用》逆の動作、親指を立てた左手を右手で、前から手前に引き戻すと「アドバイスを受ける」の手話になる。

《例文》アドバイザー=「アドバイス」+「男」あるいは「女」。アドバイスください=「アドバイスを受ける」+「〜したい」。

《参考》この動きのあとに「言う」の手話をつける場合もある。

アトピー【atopy】

《表現》指文字「あ」の親指の先を、右こめかみから右ほほに点々と当てながら下ろしていく。
《語源》アトピーの頭文字「あ」と、湿疹を示すもの。
《同意》アトピー性皮膚炎
《例文》アトピーを治療する=「アトピー」+「治療する」。

アトラクション【attraction】

《表現》人差し指を立てた両手を顔の両側で水平に軽々と回す。
《語源》皿回しの芸から。
《同形》皿回し
《例文》ディズニーランドのアトラクション=「ディズニーランド」+「アトラクション」。

アナウンサー【announcer】

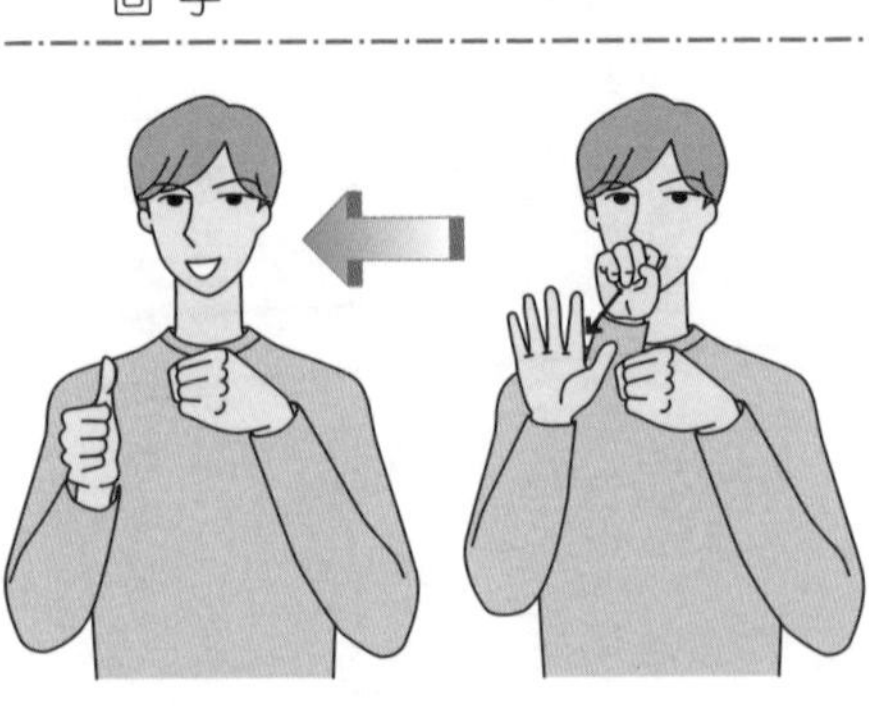

《表現》①マイクを持つように左手握りこぶしを口元に構え、口の前で軽く握った右手をパッと開きながら前へ出す。②左手はそのまま、親指を立てた右手を出す。
《語源》マイクを持ってしゃべる人。

あなた【貴方】

《**表現**》右手の甲を右に向け、相手を人差し指でさす。視線は相手に向ける。

《**応用**》逆に自分を指せば「私」。視線を相手に向けた状態で、人差し指で左右いずれかの方向を指すと、会話中に第3人称（彼・彼女）を伝えることができる。

《**例文**》あなたのお名前は？＝「あなた」＋「名前」＋「何？」。あなたのお仕事は？＝「あなた」＋「仕事」＋「何？」。

※視線を相手に向けることで「あなた」、問いかける表情を加えることで「何？」の手話を省略することもできる。

アナログ【analogue】

《**表現**》人差し指を立てた左手を左肩あたりに構え、その指先から右手「あ」の指文字を上下に揺らしながら右へ移動させていく。

《**語源**》数が連続することを、アナログの頭文字「あ」をつかい表現したもの。

《**例文**》アナログの時計＝「アナログ」＋「時間」。アナログ人間＝「アナログ」＋「人」。

あに【兄】

《**表現**》右肩あたりの位置で、中指を立て甲を前に向けた右手を1回上げる。

《**語源**》中指は兄か弟を表し、上げることで目上の兄を表す。

《**応用**》同じ手の形で、1回下げると「弟」の手話になる。片手で「兄」、別の手で「弟」を同時に行うと「兄弟」の手話になる。また、中指に代えて薬指あるいは小指を立て1回上げると「姉」、1回下げると「妹」になる。

《**例文**》兄の職業は医者です＝「兄」＋「仕事」＋「医者」。兄は30歳です＝「兄」＋「年齢」＋数詞「30」。

《**参考**》アメリカのジェスチャーである「ちくしょう！（FUCK YOU!）」と同形になるため、外国人相手には注意。

あね【姉】

《**表現**》甲を前に向け立てた右手小指を1回上げる。

《**語源**》小指は「女性」の手話。これを上げることで目上を表す。

《**応用**》逆の動作、1回下げると「妹」の手話になる。

《**別形**》薬指1本を立てて行う。

《**参考**》現在は、やりやすい小指を使う表現が広まっている。

アパート【apartment house】

《**表現**》手のひらを上に向けた左手を水平に構え（指先右斜め前向き）、手首の位置から指先に向かって手刀にした右手を区切るように動かす。

《**語源**》部屋が区切られていることを示したもの。

《**同意**》集合住宅・メゾン
《**例文**》アパート住まいです＝「暮らす」＋「アパート」。メゾン・ド・バニー＝「アパート」＋「うさぎ」。億ション＝「億」＋「アパート」。

《**参考**》「家」の手話のあとに、この動作をする場合もある。

あぶない【危ない】

《**表現**》右手の指を開いてわん曲させ、指先で胸を2回ほど叩く。心配そうな表情で。
《**語源**》ドキドキするようす。
《**同意**》危険
《**同形**》危なっかしい
《**別形**》両手で表現しても伝わる。その場合は右手を上、左手を下に上下で構える。
《**例文**》危険地帯＝「危険」＋「場所」＋「あたり」。そこへ行くと危ない＝「そこ（指さす）」＋「危ない」。酔っ払って危なっかしい（心配）＝ふらふらと「歩く」＋「危なっかしい」。

あぶら【油】

《**表現**》右手のひらで髪をなでたあと、親指とほか4指をこすり合わせる。
《**語源**》髪の毛をなでるのはワックスから油を連想するもの。こすり合わせるのはベトついたものを示す表現。
《**別形**》伸ばした右手4指で髪の毛に2回ほど触れたあと、頭から離しながら指先をこすり合わせる。
《**例文**》石油＝「石」＋「油」。脂ぎった男＝「嫌い」＋「油」＋「男」。

アフリカ【Africa】

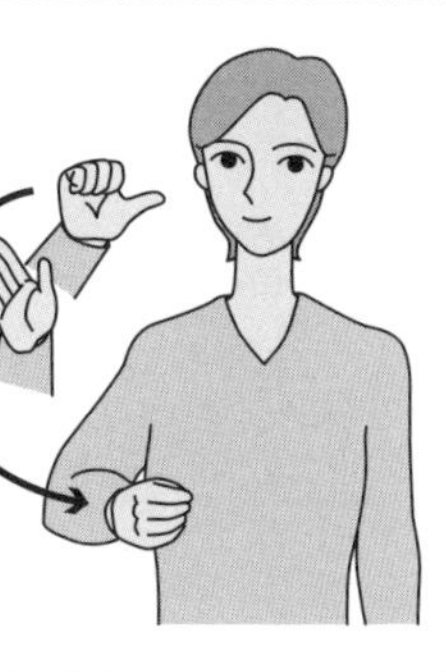

《**表現**》指文字「あ」を示したあと、5指を伸ばし、外側に弧を描くように動かしていき下で指先をつける。

《**語源**》親指と4指でアフリカ大陸を描く。

《**別形**》5指の指先をつけた手を示したあと、同様の動きをする（国際的に通じる手話）。

《**例文**》ライオンはアフリカの野生の王者＝「ライオン」＋「アフリカ」＋「自然」＋「いばる」。南アフリカ＝「南」＋「アフリカ」。

《**参考**》額の上から、右手を垂れ下げていき、顔を通過させるように動かす表現が使われていた。

あべこべ

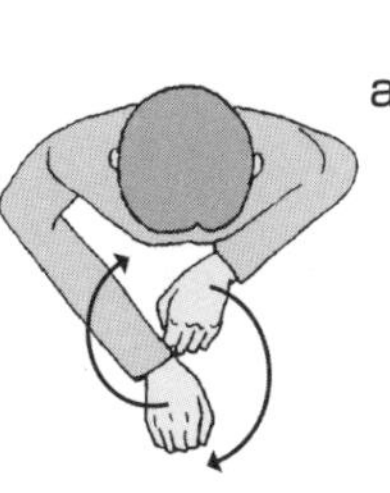

《**表現**》親指と4指の先をつけてすぼめた両手を、胸の高さで前後に構え、水平に弧を描きながら前後の位置を入れ替える。

《**語源**》2つの位置が入れ替わることから。

《**同意**》さかさま・本末転倒

《**別形**》同じ手の形で、指先側を額と後頭部に当て手の位置を入れ替えるb。

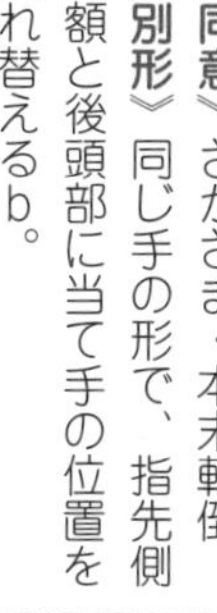

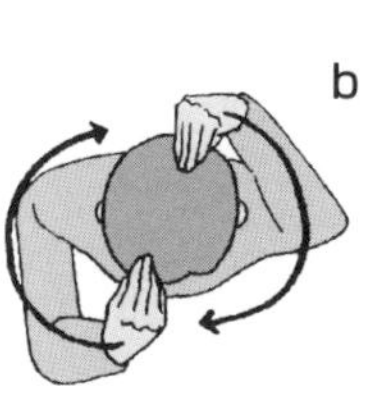

あまい【甘い】

《**表現**》指を伸ばした右手の指先を口元に置き、2回まわす（回す方向は左右どちらでも可）。

《**同形**》砂糖・佐藤（人名）・（考えが）甘い

《**応用**》指を曲げて回すと「辛い」の手話になる。

《**例文**》甘いお菓子＝「甘い」＋「お菓子」。黒砂糖＝「黒」＋「砂糖」。佐藤さん＝「佐藤」＋「男」または「女」。考えが甘い＝「考える」＋「甘い」。子供（のしつけ）に甘い＝「子供」＋「甘い」。甘える＝「甘い」＋「頼る」。

あまくだり【天下り】

《**表現**》胸の前で構えた左手のひらに、親指を立てた右手⇒**「男」の手話**を置いて右下におろす。

《**語源**》上層部から下るようす。

《**例文**》財務省から天下った＝「財務省」＋「～から」＋「天下り」。天下りを規制する＝「制限」＋「規則」＋「天下り」。

あまのじゃく【天の邪鬼】

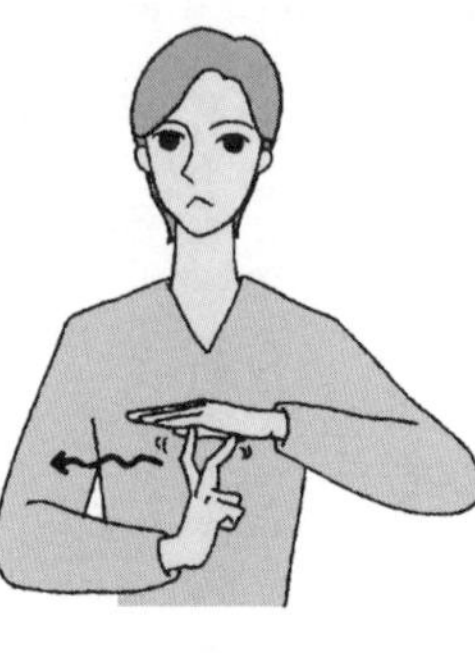

《**表現**》手のひらを下に向けて左手を構え、その手のひらを、右手人差し指と中指の2指で歩くように動かす。

《**語源**》左手は天井を表す。床を歩くのではなく反対の天井を歩くようすから、わざと他人に逆らう人をたとえる。

《**同意**》偏屈・つむじ曲がり

《**例文**》あまのじゃくな男＝「あまのじゃく」＋「男」。彼はあまのじゃくなことを言ってきた＝「彼」＋「あまのじゃく」＋「言われる」。あまのじゃくなことを言うな＝「あまのじゃく」＋「言う」＋「いらない」。

あみ【網】

《**表現**》手の甲を上に向け指を開いた両手を上下に斜めに重ね、そのまま左右の斜め後ろに引く。

《**語源**》両手の指で網の目を表現したもの。

《**例文**》網（漁業の）＝「魚」＋「網」。網を投げる＝「網」＋投げるしぐさ。網を引く＝「網」＋引っ張るしぐさ。捜査の網＝「刑事」＋「探す」＋「網」。

あむ【編む】

《**表現**》両手の人差し指の先をクロスするように合わせ、編むように動かす。

《**語源**》編み棒で編むようす。

《**同意**》編み物

《**例文**》セーターを編む＝「セーター」＋「編む」。私の趣味は編み物です＝「私」＋「趣味」＋「何」＋「編み物」。母に編み物を習いました＝「編み物」＋「母」＋「教わる」。

あめ【雨】

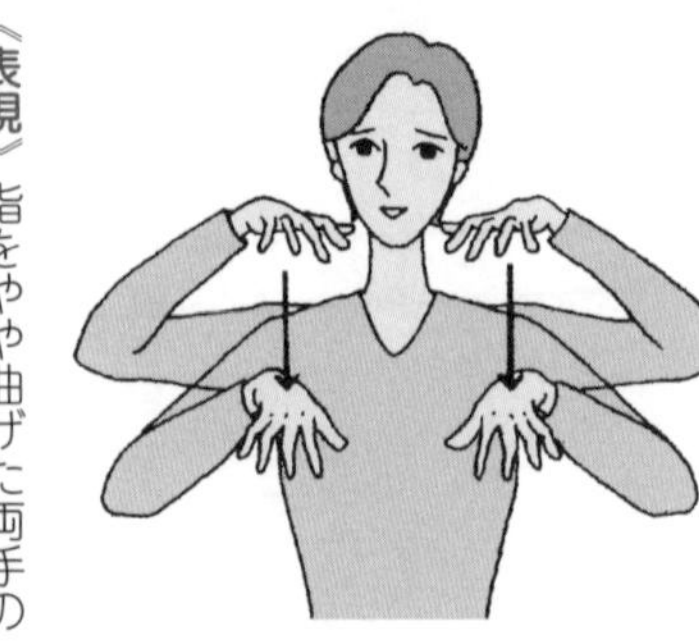

《**表現**》指をやや曲げた両手のひらを下に向け、そのまま下ろす。

《**語源**》雨が降るようす。

《**別形**》指を開いた両手を指先を下に向け、そのまま数回下に動かす。

《**応用**》下の位置からやや曲げた両手を上げると同時に握ると「雨が上がる」の手話になる。↖

《例文》明日は雨のようだ＝「明日」＋「雨」＋「～らしい」。雨のため延期＝「雨」＋「～なので」＋「延期（延ばす）」。関東は雨、関西は晴れです＝「関東」＋「雨」（※この2つの手話を身体の右上で行う）＋「関西」＋「晴れ」（※この2つの手話を身体の左下で行う。列島の形に合わせて地域の位置を表現）。

《参考》手の振りの大きさや強さ、表情で降り方を表現できる。

雨が上がる

あめ【飴】

a

《表現》親指と人差し指でつくった輪を、舌先でふくらませたほほの横で前へ小さく回す。

《語源》丸いものが口の中にあるという表現。

《別形》親指と人差し指でつくった輪を口元に構えるb。

《例文》のど飴＝「のど」＋「飴」。水飴＝「水（水曜日）」＋「飴」。

アメリカ【U.S.A.】

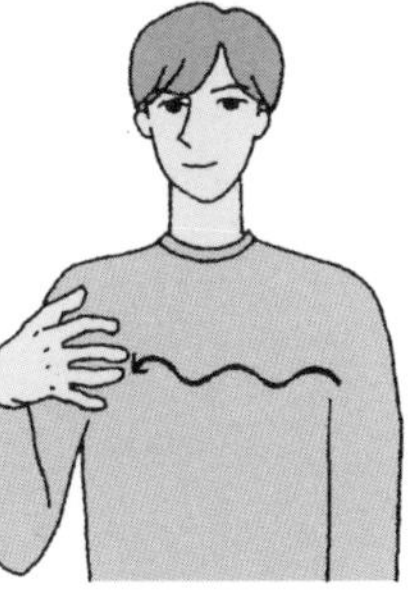

《表現》手のひらを手前に向け指を開いた右手を、身体と平行に左から右へ揺らしながら動かしていく。

《語源》星条旗の横縞を開いた指で示しながら、旗がはためくようす。

《例文》アメリカ西海岸＝「アメリカ」＋「西」＋「海岸」。メジャーリーグ＝「アメリカ」＋「野球」。アメフト＝「アメリカ」＋「ラグビー」。

あやしい【怪しい】

《表現》右手人差し指の先であごを軽く叩く。小首をかしげるなど表情を加える。

《語源》あごを引いてあやしがるようす。

《同意》訝しい

《例文》あやしい男＝「あやしい」＋「男」。あやしい話＝「あやしい」＋「説明」。

《参考》右手人差し指の先をあごに当て、あやしがる表情をつけ表現する場合もある。また、立てた小指の先であごに2回ほど軽く触れると「かまわない」の手話になる。

あやつる【操る】

《表現》親指と人差し指でぶら下げたひもを持つように両手を前に構え、交互に上下させる。

《語源》操り人形を動かすようす。

《例文》人形劇＝「人形」＋「操る」＋「演技（演劇）」。夫を操る＝「夫」＋「操る」。

《参考》「操られる」は自分自身を操り人形のように動かす。

あやまる【謝る】

《表現》立てた親指を向かい合わせて身体と平行に並べ、右手親指を折り曲げる。左手親指はそのまま。

《語源》頭を下げるようす。右手が自分を示す。

《同意》ごめんなさい・お詫び・謝罪

《別形》身体の前で合掌した両手または片手をそのまま前に倒す。

《例文》謝罪の気持ち＝「謝罪」＋「心」。あやまれ！＝「謝る」＋相手を指す。

《参考》「迷惑をかけて謝る」の表現もあり（**「すみません」**参照）。

あゆ【鮎】

《表現》右手人差し指と中指をやや開いて伸ばし、唇の横から後ろに引く（手の甲右向き）。

《語源》鮎のあごを表現したもの。

《例文》鮎の解禁＝「鮎」＋釣竿を引くしぐさ＋「ＯＫ」あるいは「～できる」。

あゆみよる【歩み寄る】

《表現》人差し指と中指の先を下に向け指を交互に動かしながら、両手を左右から身体の中央へ寄せていく。

《語源》「歩く」を寄せて。

《別形》同じ手の動きで、左右手前から前方中央へ寄せていく
⇒**「ボランティア」の手話。**

《例文》彼と彼女が歩み寄る＝片手「彼」＋片手「女」＋男・女の各位置から「歩み寄る」。

あらそう【争う】

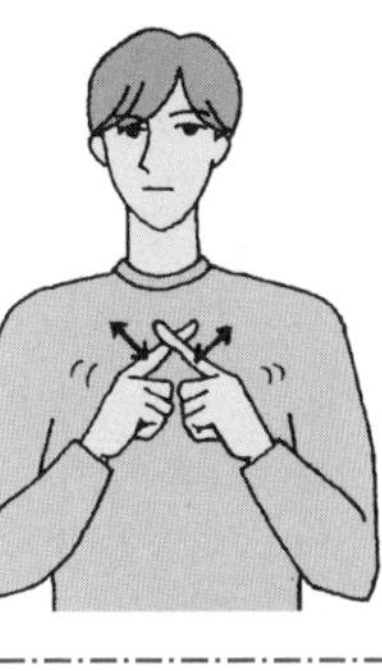

《表現》両手の人差し指を刀に見立て、交互にぶつけ合う。

《同意》戦う・けんか
《応用》5指すべてを、交互に前後させながらぶつけ合うと「戦争」（規模の大きい戦い）の手話になる。

《別形》親指を立てた両手を向かい合わせて身体の前で構え、交互に上下に動かす。

《例文》争いが収まる＝「争う」＋「終わる」。けんかが続く＝「けんか」＋「続く」。

あらためて【改めて】

《表現》指を伸ばした両手を指先を前に向けて上下に構え、手を払うように両手同時に上下に動かす動作を1往復行う。
《例文》後日改めて連絡します＝「将来」＋「改めて」＋「連絡する」。仕切り直して明日の試合に備える＝「改めて」＋「明日」＋「試合」＋「用意」。

あらわす【表す】

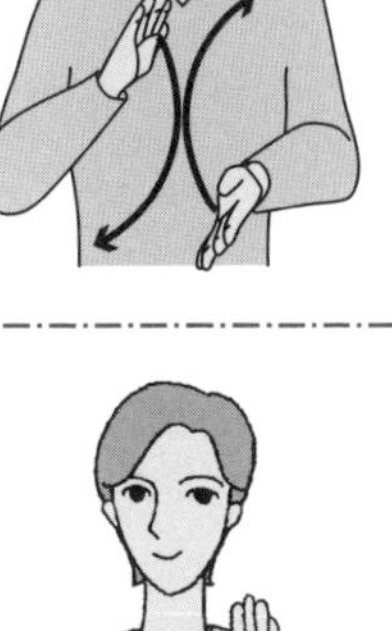

《表現》前に向けた左手のひらに右手人差し指の先を当て、そのまま前へ差し出す。

《語源》左手のひらは表そうとするもの。それを指して前に出すことから。

《同意》表現
《応用》逆の動作で「現れる」になる。

《例文》悲しみを表現＝「悲しい」＋「表現」。表現手段＝「表す」＋「方法」。手話で気持ちを表す＝「手話」。「気持ち」＋「表す」＋「手話」。アメリカ手話ではどう表すのですか＝「アメリカ」＋「手話」＋「表す」＋「方法」＋「何?」。

あらわれる【現れる】

《表現》手前に向けた左手のひらに右手人差し指の先を当て、両手を同時に手前に引く。

《語源》「表す」の逆の形で、自分に向けられた動き。

《別形》手のひらを上に向け、5指を曲げた（5指は開く）右手を上にあげる。

《例文》心の優しさが現れている＝「優しい」＋「現れる」。

《参考》「現れる」は、何が現れたかによって伝え方が変わってくる。人が現れる場合は「男」＋「来る」。熊が現れたなら「熊」＋「現れる（別形）」の右手を顔に向けて行い、驚く表情を加える。

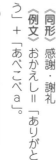

ありがとう【有り難う】

《表現》上に向けた左手の甲に(指先右向き)、手刀にした右手の小指側を当て、そのまま右手を上げる。同時に頭を下げる。

《語源》勝ち力士が賞金を受け取るときに切る手刀から。ただし、手話では甲に当てるのは1回。

《同形》感謝・謝礼

《例文》おかえし=「ありがとう」+「あべこべa」。

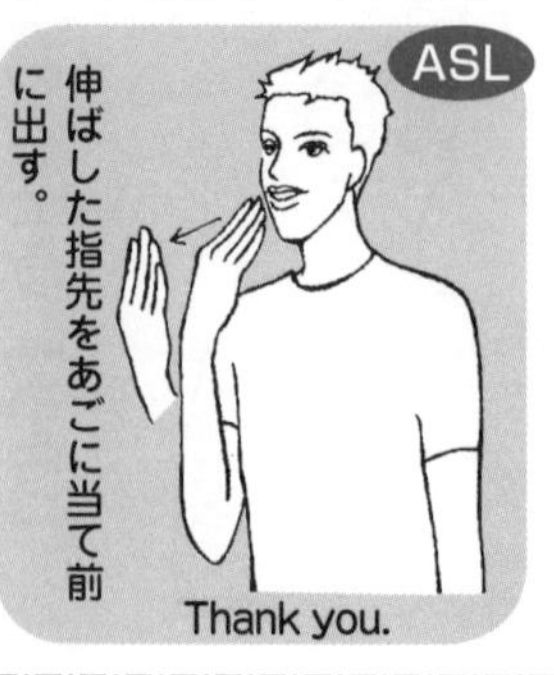

ASL
伸ばした指先をあごに当て前に出す。
Thank you.

ある【有る・在る】

《表現》右手のひらを前に出し、少し下げる。

《語源》ここに「ある」という意味。

《同形》~です・~している・(~を持って)いる

《例文》本に書いてある=「本」+「書く」+「ある」。パソコンは家にある=「パソコン」+「家」+「ある」。20歳です=「年齢」+数詞「20」+「です」。

《参考》会話の最後の「~です」は省く場合もある。

ある【或る】

《表現》人差し指を伸ばした右手を、手首を返してすくい上げるように動かす。

《例文》或る女=「或る」+「女」。或る日=「或る」+「~日a」。或るとき=「或る」+「時(時間)」。

あるく【歩く】

《表現》右手人差し指と中指の先を下に向け指を交互に動かしながら前へ出す。

《語源》指を足にたとえ歩く姿から。

《同形》徒歩

《応用》「歩く」手話を斜めに上げていくと「(歩いて)登る」の手話になる。速く動かすと「速く歩く」の意味になる。ゆっくり動かすと「ゆっくり歩く」、ふらふら左右にジグザグ歩きをすると「千鳥足」などになる。

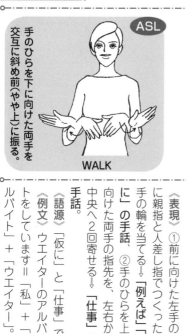

《**例文**》海岸を散歩する＝「海岸」＋海岸の左手を残しその上でゆっくり「歩く」。傘をさして歩く＝「傘」＋傘の左手を残したまま、その下で「歩く」。話しながら歩く＝左手「話す（言う）」・右手「歩く」。歩きながら考えた＝左手「考える」・右手「歩く」。

《**参考**》動かすスピードや向きを変え、速く、遅く、あるいは、ジグザグに歩くなどの表現ができる。また、例文のように、別の手話を組み合わせることもできる。

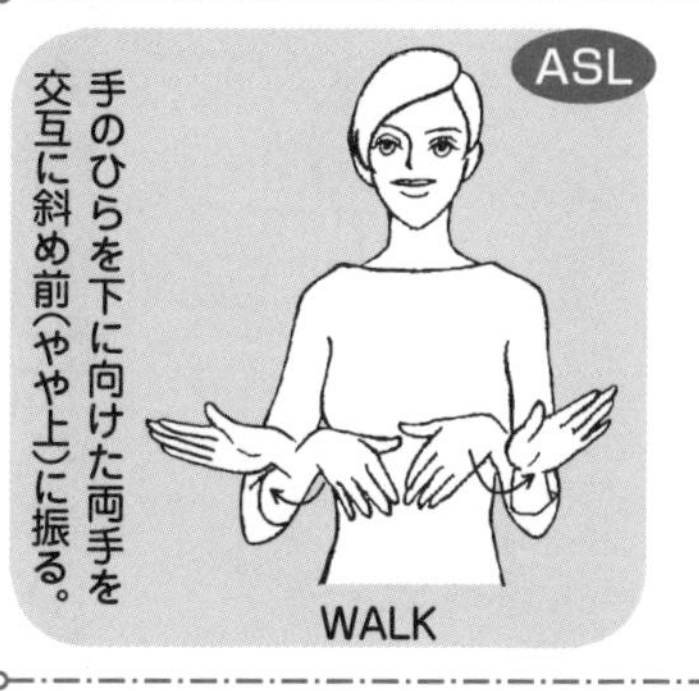

手のひらを下に向けた両手を交互に斜め前(やや上)に振る。

アルバイト【Arbeit】

例えば　**仕事**

《**表現**》①前に向けた左手の甲に親指と人差し指でつくった右手の輪を当てる⇩**「例えば」「仮に」の手話**、②手のひらを上に向けた両手の指先を、左右から中央へ2回寄せる⇩**「仕事」の手話**。

《**語源**》「仮に」と「仕事」で。

《**例文**》ウエイターのアルバイトをしています＝「私」＋「アルバイト」＋「ウエイター」。

アルプス【The Alps】

《**表現**》4指をそろえて付け根から折り、への字型にした左手の指先から、同じ手型にした右手を山型に上下させながら右へ動かしていく。

《**語源**》山が連なる情景を表現したもの。

《**例文**》日本アルプス＝「日本」＋「アルプス」。アルプスの少女＝「アルプス」＋「少女」。

アレルギー【allergy】

《**表現**》指を曲げた右手で、左手首から腕へ掻くように上げていく。

《**語源**》腕にじんましんができるようす。

《**同形**》じんましん

《**別形**》立てた左手人差し指の先に、右手の指文字「あ」の親指の先を当て右上へ跳ね上げる。

《**例文**》そばアレルギー＝「そば」＋「アレルギー」。アレルギー性鼻炎＝「鼻」＋「病気」＋「アレルギー」。

《**参考**》別形は、症状を特定せずに使われる。

あわせる【合わせる】

《表現》指を伸ばし手のひらを向かい合わせた両手を中央に寄せていき、そのまま手のひらを合わせる。

《語源》2つのものが一緒になるようす。

《同意》合わせて・集めて・合併
《例文》2つ合わせて＝数詞「2」＋「合わせて」。知恵を合わせて＝「考える」＋「合わせる」。

《参考》「一致させる」という意味の場合は、上に向けた左手人差し指の先に、右手人差し指の先をつける表現。

あわてる【慌てる】

《表現》両手のひらを上向きにして指先を向かい合わせ、胸のあたりで交互に上下させる。

《語源》興奮したり、沈んだりと、気持ちが混乱しているようすを表現。

《同形》慌ただしい・せっかち
《別形》交互に上下させながら、上方向に上げていってもよい。

《例文》あわててしゃべる＝「あわてる」＋「話す（言う）」。毎日が慌ただしい＝「毎日」＋「慌ただしい」。彼はせっかちだ＝「せっかち」＋「彼」。あわてない＝「あわてる」＋「いらない」。

あわない【合わない】

《表現》左手人差し指の先に、右手人差し指をつけた形⇒**「合う」の手話**から、右手人差し指を離す。
《語源》「合う」の逆の手話。
《同形》（性格が）合わない・ぴったりしない・似合わない
《例文》意見が合わない＝「意見」＋「合わない」。この服は似合わない＝「この（人差し指でさす）」＋「服」＋「似合わない」。

あん【案】

《表現》親指を伸ばして4指を握った右手⇒**指文字の「あ」**の親指の先をこめかみに当て、斜め上にあげる。
《語源》ひらめきを表現する頭から上げる動作に頭文字「あ」を加えたもの。
《応用》人差し指をこめかみに当て、斜め上にはじくと着想「アイデア」の手話になる。

あ

アンケート【enquête】

《表現》①右手人差し指で右耳を指したあと、②5指を伸ばして手を左前に振り（手のひら上）、さらに右に水平に動かす。
《語源》たくさんの人に聞くという表現。
《同意》①右手親指をこめかみに当て斜め上にあげる⇒「案」の手話、②続けて「書く」の手話を行うと「アンケートに答える」になる。
《例文》アンケート調査＝「アンケート」＋「調査（調べる）」。アンケート結果＝「アンケート」＋「結果」。

あんしん【安心】

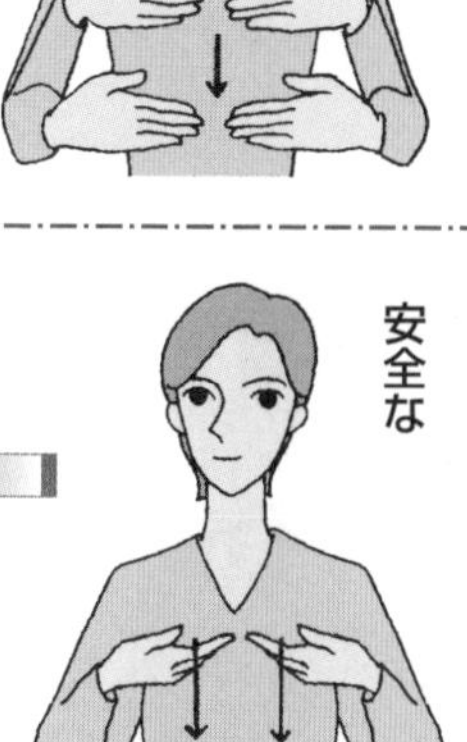

《表現》両手のひらを胸に当て、そのまま下におろす。安堵し、ほっとする表情で。
《別形》両手のひらを上向きで行う。「安全な」の手話と同じ。
《例文》元気そうで安心したよ＝「あなた」＋「元気」＋「私」＋「安心」。無事でよかった＝「ケガ」＋「ない」＋「安心」。

あんせい【安静】

《表現》①手のひらを上にして、指先を向かい合わせた両手を、胸元の位置で構え静かに下ろす⇒**「安全な」の手話**、②左手の甲を右手のひらでなでるように回す⇒**「（身体を）大切にする」の手話**。
《例文》安静が必要です＝「安静」＋「必要（〜しなければならない）」。

あんてい【安定】

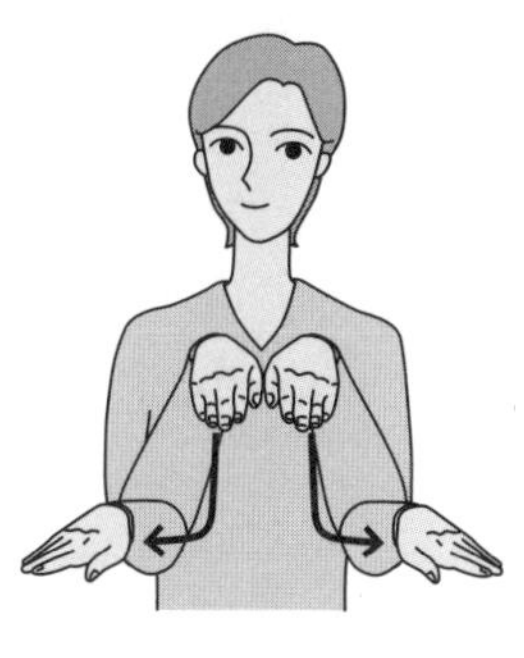

《表現》手のひらを下に指先を前に向けた両手を、下におろして左右に開く。
《例文》生活が安定＝「生活（暮らす）」＋「安定」。安定しない＝「安定」＋「〜ない」。株価安定＝「株」＋「お金（金）」＋「安定」。

小指を立てる。
「ｉ」と同じ。

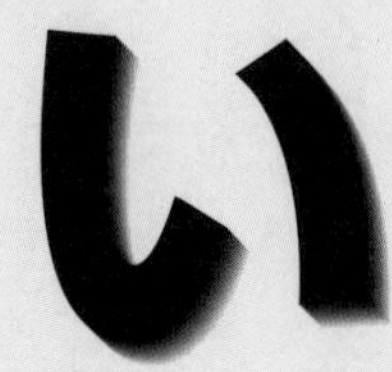

い【井】

《表現》人差し指と中指を離して伸ばした両手の指を重ねて井の文字をつくる。

《語源》漢字の井から。

《例文》井上さん＝「井」＋「上」＋「男」あるいは「女」。

《参考》この手話に続けて、両手を上下に交互に握り綱（つるべ）を引っ張るしぐさをすると「井戸」の手話になる。

い【胃】

a

《表現》親指と人差し指の2指でおなかに「胃」の形を描く。

《別形》右手小指を胃の位置で立てる。指文字「い」で伝えるものb。

《例文》胃薬＝「胃」＋「薬」。胃が痛い＝「胃」＋「痛い」。胃ガン＝「胃」＋「がん」。

b

いいわけ【言い訳】

a

《表現》舌の先でほほをふくらませながら、親指と人差し指でつくった両手の輪を胸の前で上下に並べ、手首を返して軽く前に振る。両手の輪を構える前に、ふくらませた右ほほを右手で指すことによってより明確に伝えることができる。

《語源》ほほをふくらませるのは「うそ」、2指でつくった輪を上下に並べるのは「正直」と「正直」の手話の形。「うそ」と「正直」の手話の変形で伝えるもの。

b

《**別形**》①右こめかみを右手人差し指でさした⇓**「思う」の手話**のあと、②頭の右横で両手の人差し指を上下から向かい合わせて半周ずらして水平に回すb。

《**例文**》言い訳は認めない＝「言い訳」＋「認めない」。言い訳を考える＝「言い訳」＋「考える」。

《**参考**》舌でほほをふくらませる表現は、このほか「とぼける」（舌をふくらませながら「分からない」の手話を行う）や「知ったかぶり」（舌でほほをふくらませながら「分かる」の手話を行う）でも使うことができる。

いいん【委員】

a

《**表現**》右手親指と人差し指で輪をつくり、左胸に当てる。

《**語源**》胸につけるバッジ、あるいは名札を表す。

《**同意**》員

《**同形**》aは関西で「名前」の手話（胸につけた名札から）

《**別形**》すぼめた右手の指先を左胸に当てるb。

《**例文**》職員＝「仕事」＋「員」。会社員＝「会社」＋「員」。

b

いう【言う】

a

《**表現**》右手人差し指を口元に立て、まっすぐ前に出す。

《**語源**》口から言葉が出ていくようす。

《**同意**》話す・〜といいます（自己紹介で）

《**応用**》人差し指を前に出す動作を2回以上繰り返すと「繰り返し言う」の手話になる。

《**別形**》口元から閉じた5指を前に向けてパッと開くb。

b

《**例文**》言いたい＝「言う」＋「〜したい」。言う必要がない＝「言う」＋「いらない」。いわば＝「例えば」＋「言う」。言い過ぎ＝「言う」＋「過ぎる（おせっかい）」。彼に言う＝左手で「彼」＋左手に向けて「言う」。先生に言いつける＝「教える」＋左手で「男」あるいは「女」を上に掲げ＋左手に向かって「言う」。

《**参考**》指を出す方向、ほかの手話との組み合わせでさまざまな表現が可能。

いう（がみがみ）【ガミガミ言う】

《表現》5指を曲げ手のひらを前に向けた右手を口元で構え、軽く指を伸ばすと同時に前へ出す（2〜3回）。うるさく言う表情で。

《語源》口元から前へ出すのは「言う」の手話から。ガミガミを指の屈伸で伝えるもの。

《応用》反対の動作、前（相手側）から手前（自分）に向けて行えば「ガミガミ言われる」の手話。

《例文》妹にガミガミ言う＝左手で「妹」＋妹の小指を残し、その小指に向かって「ガミガミ言う」。父からガミガミ言われる＝左手で「父」＋父の親指を残し、その上の位置から「ガミガミ言われる」。

いえ【家】

《表現》左右から斜めに立てた両手の指先を合わせる。

《語源》家の屋根の形から。

《同意》舎・屋根

《応用》「家」の手話をそのまま弧を描いて横に動かすと「引っ越し」の手話。「家」の手話をそのまま前に出すと「長屋」の手話（「老人ホーム」や「工場」などで使う）になる。左手をそのままにして、その下で「人々」の手話を行うと「家族」の手話に、また、手前から人差し指を立てた右手を左手屋根の下に入れると「訪問する」に。

《参考》「家」の手話の左手を立てたまま、その下で右手の形や動きを変えれば、いくつもの手話に応用できる。「家族」「家庭」「主婦」「庭」「訪問」「（家が）火事」「家出」など。

ASL

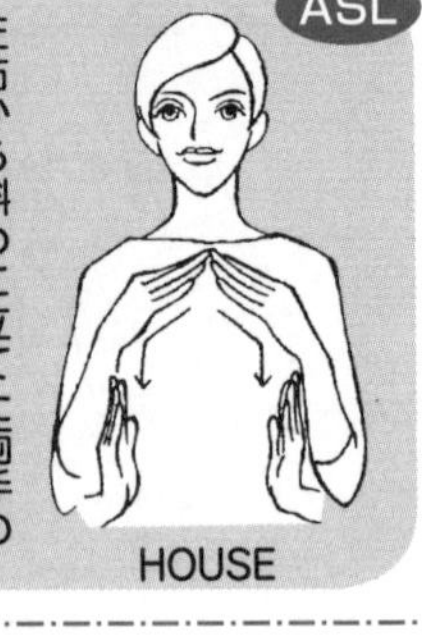

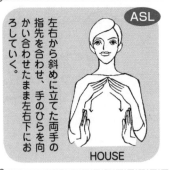

左右から斜めに立てた両手の指先を合わせ、手のひらを向かい合わせたまま左右下におろしていく。

HOUSE

いえで【家出】

《表現》斜めに立てた左手の下から、指先を前に手のひらを下にし、人差し指と中指を伸ばした右手を前に出す。

《語源》人が家から飛び出すようす。

《例文》家を出ます！＝「私」＋「家出」。

いか【以下】

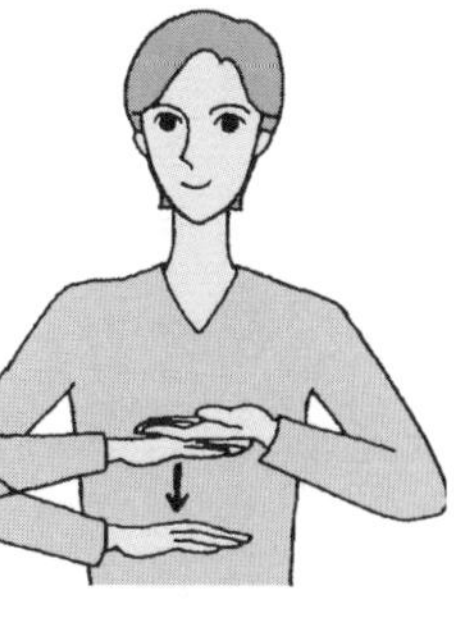

《**表現**》左手を上に両手の甲を合わせ、右手だけ下げる。
《**語源**》左手で基準を表し、右手を下げることで基準以下を示す。
《**応用**》左手を下にし甲を合わせ、右手を上げれば「以上」の手話になる。
《**例文**》10％以下＝数詞「10」＋「%」＋「以下」。
《**参考**》左手のひらを下に向けてもよい。

いか【烏賊】

《**表現**》あごに右手首を当て伸ばした5指を振る。
《**語源**》いかの形態を指で表現。
《**例文**》イカ刺し＝「いか」＋「刺身」。

いがい【意外】

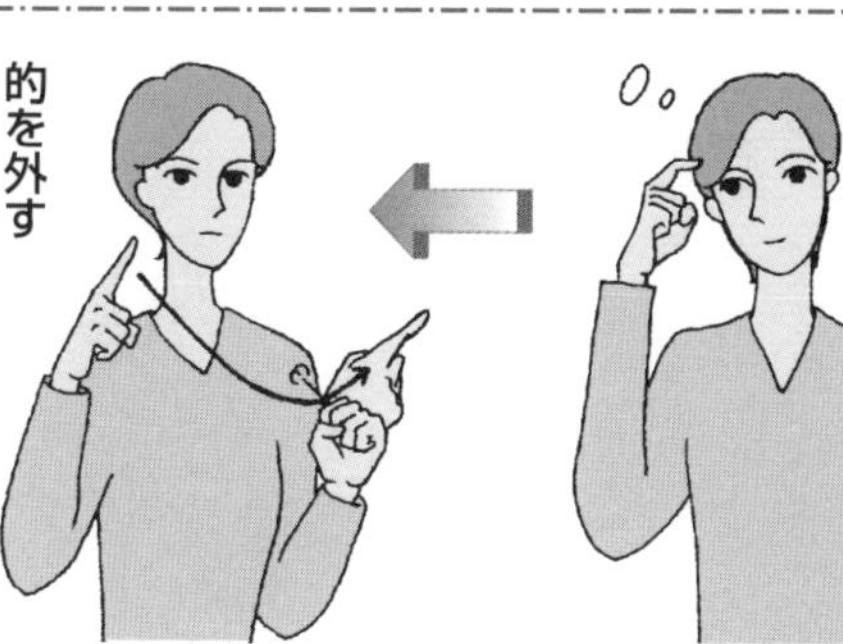

《**表現**》①人差し指をこめかみに当て⇩**「思う」の手話**、②その人差し指を、身体の正面で構えた左手握りこぶしをかすめて左前にそらせるように動かす⇩**「的を外す」の手話**。
《**語源**》「思い」が「外れる」から。
《**同意**》案外
《**例文**》意外に簡単＝「意外」＋「簡単」。

いかいよう【胃潰瘍】

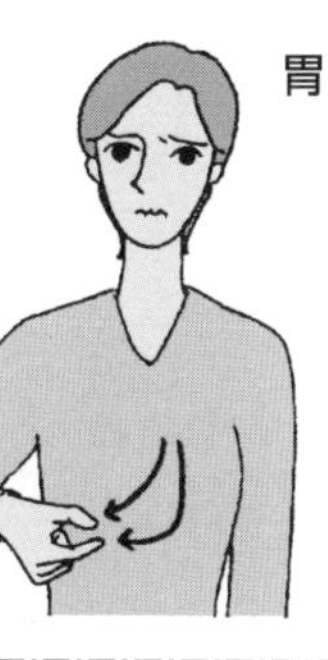

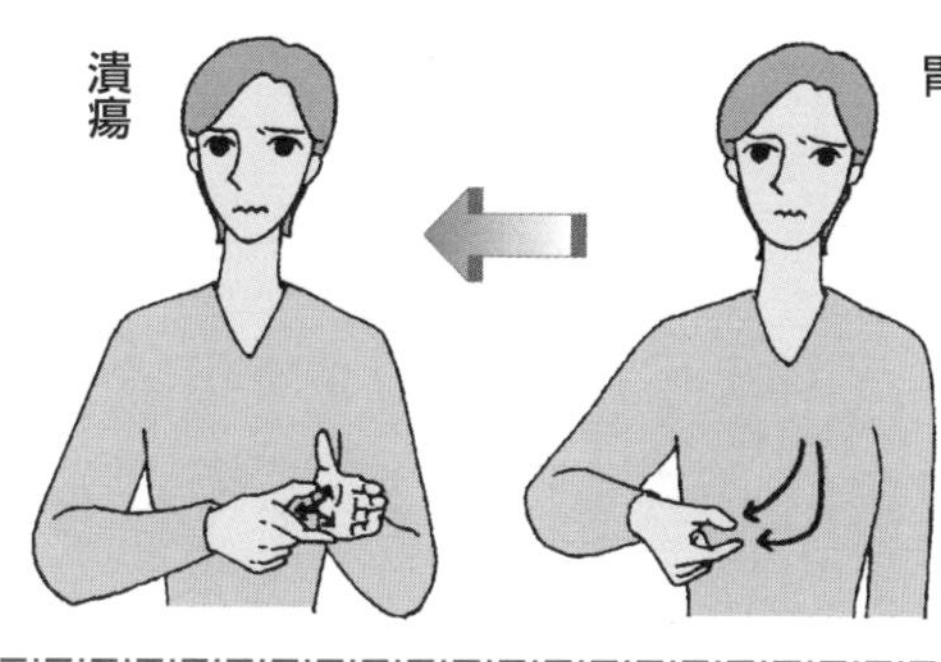

《**表現**》①親指と人差し指の2指でおなかに「胃」の形を描く⇩**「胃」の手話**、②右手親指と人差し指で左手のひらの表面をつまみとる⇩**「潰瘍」の手話**。
《**語源**》粘膜の組織が損なわれ、はぎとられるさまから「潰瘍」に。
《**例文**》胃潰瘍に悩む＝「胃潰瘍」＋「悩み」。

いがく【医学】

勉強

《表現》①上に向けた左手首を右手4指で押さえる⇓「脈」「医」の手話、②手のひらを手前に向けて両手を並べ、斜め前下に2回動かす⇓「勉強」の手話。

《語源》「脈」と「勉強」で。

いきがい【生き甲斐】

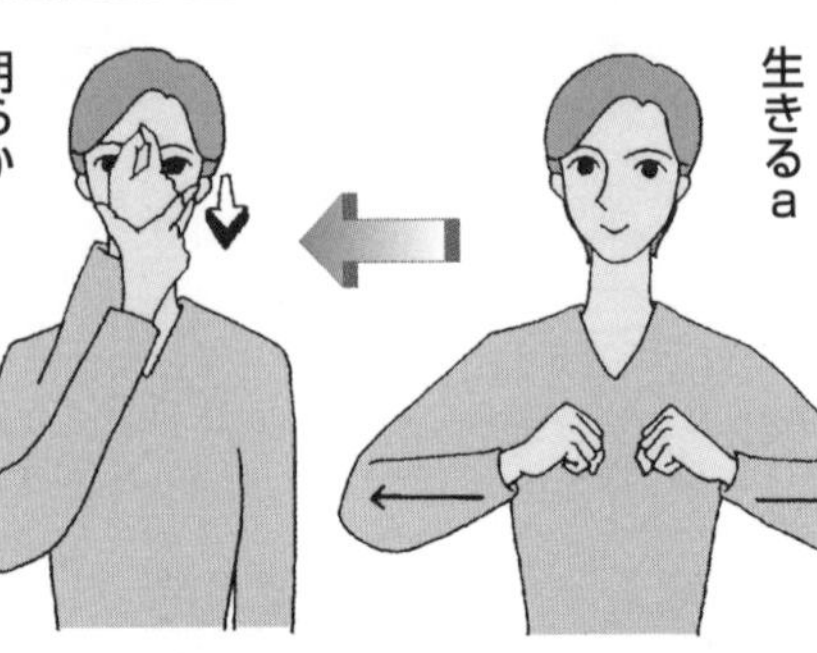

《表現》①両手を握り、ひじを左右に張り出す⇓「生きるa」の手話、②右手親指の先と人差し指の先を眉間につけ、両指を離しながら前に勢いよく出す⇓「朗らか」「明るい」の手話。
《語源》②は「迷惑」の逆で、表情が明るくなることを表す。
《例文》私の生き甲斐＝「私」＋「生き甲斐」。

いきなり

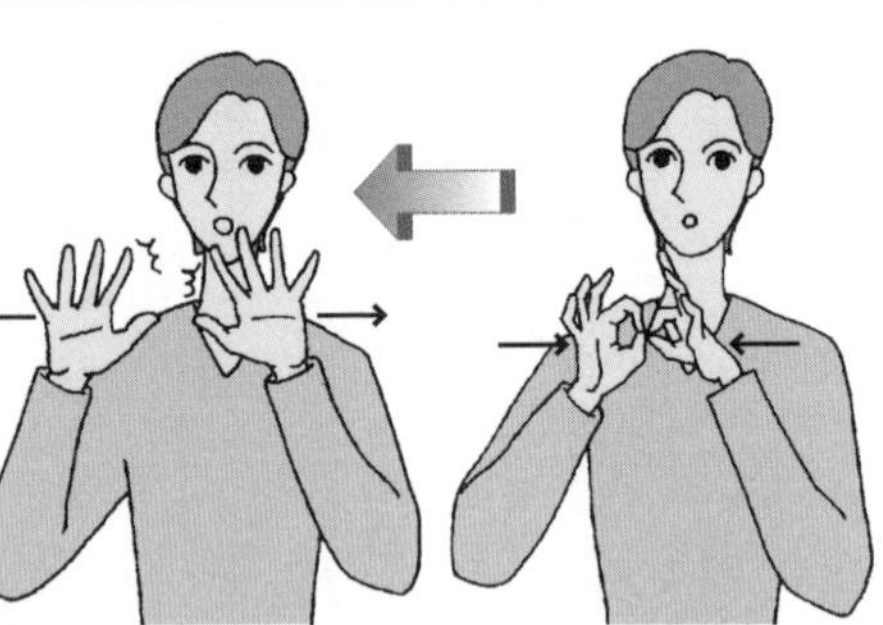

《表現》両手の親指と人差し指でつくった輪を胸の前で左右からぶつけると同時に、5指を開きながら勢いよく左右に離す。

《語源》シャボン玉がはじけるようす。

《同意》突然
《別形》「起きる（事が）」を、すばやく驚きの表情で行うことでも伝えることができる。

《例文》突然訪ねる＝「突然」＋「訪問」。

イギリス【U.K.】

《表現》右手人差し指と中指の背を、あごに沿って左から右へU字型に移動させる。
《語源》バッキンガム宮殿の近衛兵がかぶる帽子のあごひもから。
《例文》イギリス人＝「イギリス」＋「人」。英語＝「イギリス」＋「言葉」あるいは「言うa」を2回行う。イギリス産業革命＝「イギリス」＋「産業（経済産業省）」＋「革命」。

いきる【生きる】

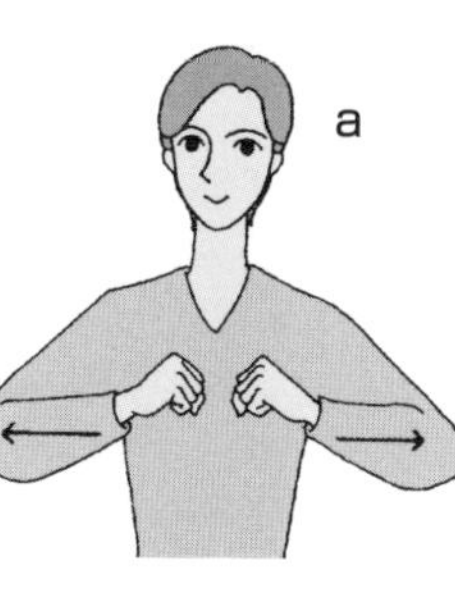

《表現》握った両手を左右から向かい合わせ両手同時にひじを左右に張り出す。2回でもよい。
《語源》元気に生きる表現。
《同形》元気（生きるb）
《別形》両手同時に力強く下へ2回ほど動かすb。
《例文》長生き＝「長い」＋「生きる」。元気？＝問いかけの表情で「元気（生きるb）」。

いく【行く】

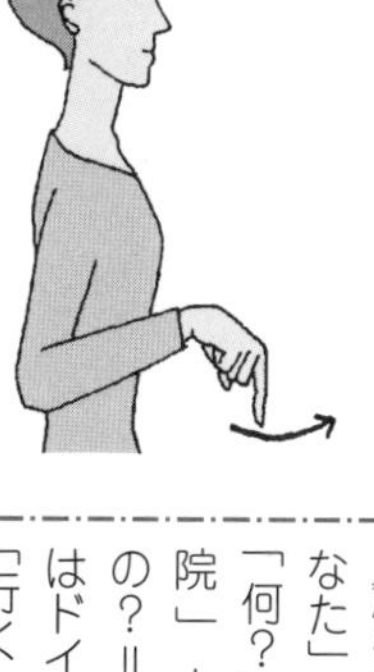

《表現》下に向けた人差し指をそのまま前に出す。

《語源》身体より前方へ指を出すことで伝える。

《別形》人差し指を上向きにしてもよい。ただし、その場合は「明日」の手話と区別するため、手の甲を前に向けて、まっすぐ前に出す。

《応用》反対の動作、前から手前に動かすと「来る」の手話になる。「行く」に続けて、人差し指を戻すと「行って、戻って来る」の手話になる。

《例文》どこに行くの？＝「あなた」＋「行く」＋「場所」＋「何？」。病院へ行く＝「病院」＋「行く」。なぜ行くの？＝「行く」＋「なぜ」。私はドイツに行きたい＝「私」＋「行く」＋「～したい」＋「場所」＋「何」＋「ドイツ」。

《参考》表情を変えることで「いやいや行く」「喜んで行く」、表情と動きの速さを変えることで「急いで行く」「ゆっくり行く」などを表現できる。また、「行く」は、行く方法によって手話を変える。例えば「歩いて行く」なら「歩く」の手話で、「電車で行く」なら「電車」、「車で行く」なら「車」、「飛行機で行く」なら「飛行機」の手話だけで伝えることができる。

いくじ【育児】

《表現》指先を前に向け手のひらを向かい合わせた両手を交互に上下に動かす。
《語源》よちよち歩きの赤ちゃんを倒れないよう気を配りながら歩かせるようす。
《同形》世話・介護・めんどうをみる
《例文》保育園＝「育児」＋「場所」。娘の世話＝「娘」＋「世話」。老母の世話＝「母」＋「年寄り」＋「世話」。

いくつ【幾つ】

《表現》右手のひらを開き上に向けた状態から、指を親指から順に折っていく。「いくつですか」と尋ねるときは疑問の表情で。

《語源》指で数えるようす。

《同形》数

《別形》手を右へ移動しながらこの動作をする。

《例文》鉛筆何本?=「鉛筆」+「いくつ」。何人=「いくつ」+「~人」。

《参考》年齢がいくつかを問いかける場合は、「いくつ」を省略し、疑問の表情を加えて「年齢」の手話だけでもよい。

いくつ(年齢)【幾つ】

《表現》あごの下で右手5指を親指から順に折っていく。疑問の表情で。

《語源》5指を折っていくのは数全般に「いくつ」の手話。それを髭が伸びるあごの下で行うことで「年齢」を示す。

《同形》年齢

《例文》お齢はいくつですか?=「あなた」+「年齢」+「いくつ」。

《参考》疑問の表情がなければ「年齢」の手話。疑問の表情を加えることによって「いくつ(年齢)?」の手話になる。

いくら【幾ら】

《表現》①右手親指と人差し指で輪をつくり小さく振る⇒**「お金」の手話**、②右手5指を親指から順に折っていく⇒**「いくつ」の手話**。疑問の表情で。

《語源》「お金」と「いくつ」で。

《例文》電車賃はいくらですか?=「電車」+「切符」+「いくら」。

いけ【池】

《表現》左手親指と4指で半円をつくり(上から見て半円)身体の前で構え、手のひらを上に向けた右手を左手の内側に沿って向こう側から手前に半円を描くように動かす。

《語源》左手の半円は池の周囲を、右手は水面を表す。

《例文》池田さん=「池」+「田」+「男」あるいは「女」。池上さん=「池」+「上」+「男」あるいは「女」。池の鯉=「池」+「鯉」。深い池=「池」+「深い」。

いけばな【生け花】

《表現》親指と4指で花茎をつかむようにし、両手で左右から中央下に交互に差し込む動作。

《語源》花茎を剣山に差し込むようす。

《同意》華道
《例文》生け花の師匠に教わる＝「生け花」＋「先生」＋先生の親指(あるいは小指)を掲げた位置から「教わる」。

《参考》この手話の前に「花」の手話を行うことでより伝わりやすい。

いけん【意見】

《表現》小指を立てた右手⇩**指文字「い」**を、甲を前に向けて小指の先を右こめかみに当て、手首を返して前に出す。
《語源》「考える」の手話の変形。指文字「い」と「考える」で表す。
《応用》同じ動作を人差し指で斜め上に向けて行うと「アイデア」の手話になる。
《例文》意見が合う＝「意見」＋「合う」。意見が対立＝「意見」＋「反対」。彼と私は意見が違う＝左前に「彼」＋「私」＋「意見」＋「反対」。

いご【囲碁】

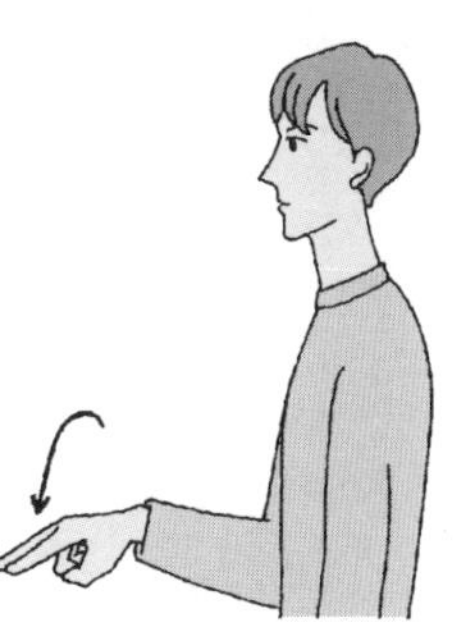

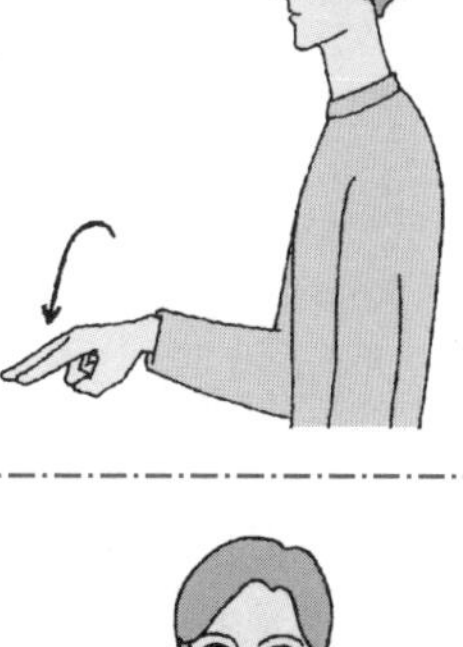

《表現》身体の中央で、人差し指と中指をやや弧を描くように前に出す。

《語源》碁石を置くようす。

《同意》碁を打つ
《応用》弧を描かずにまっすぐ前に出すと「将棋」の手話になる。それぞれ、石・駒を動かすようす。

《例文》囲碁の対局＝「囲碁」＋「試合」。碁石＝「囲碁」＋「石」。

いし【石】

《表現》5指をやや曲げた左手に、親指と4指で半円(またはコの字型)をつくった右手を強めに打ちつける。
《語源》右手は漢字の「石」の口部分で、全体に漢字を表す。また、打ちつけるところから石の硬さを表す。
《例文》石田さん＝「石」＋「田」＋「男」あるいは「女」。石畳＝「石」＋「畳」＋「道路」。

いしかわ【石川】

《表現》①5指をやや曲げた左手に、親指と4指で半円（またはコの字型）をつくった右手を強めに打ちつける⇓**「石」の手話**、②人差し指、中指、薬指の3指を開いて伸ばし、手首から前に倒す⇓**「川」の手話**。
《語源》「石」と「川」で。

いじめる【苛める】

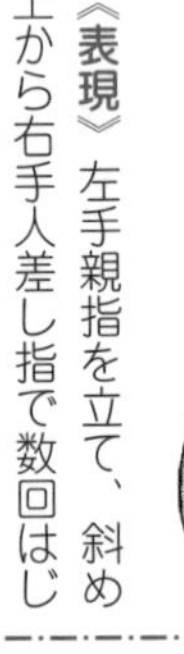

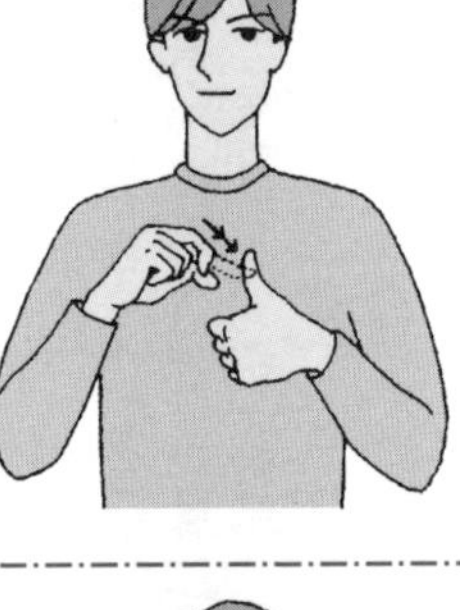

《表現》左手親指を立て、斜め上から右手人差し指で数回はじく。はじき方は親指と人差し指で輪をつくった状態から。

《語源》上から下（弱い者）をいためつけるようす。

《同形》せっかん・つまはじき
《応用》右手親指を立て、前から手前に向け人差し指ではじくと、「いじめられる」の手話になる。そのとき表情は困って悲しそうに。

《例文》いじめっ子＝「いじめる」＋「子供」。つまはじきにする＝「皆」＋「いじめる」。

《参考》指先をつけすぼめた右手の指先で、左手親指を数回つついてもよい。

いしゃ【医者】

脈

男

《表現》①上に向けた左手首を右手人差し指、中指、薬指、小指の4指で押さえる⇓**「脈」「医」の手話**、②右手親指を立てる⇓**「男」の手話**。

《語源》脈を計るようす。

《別形》人指し指と中指の2指を当てるだけでもよい。

《例文》医学＝「脈」＋「勉強（学校）」。医者に言われた＝「医者」＋男を示した位置から「言われる」。医学者＝「脈」＋「博士」。

《参考》「脈」は「医」を意味する手話。「脈」に続けて「男」を示せば「男医」、「女」を示せば「女医」になる。また、「脈」に続けて右手の指文字「し」を左肩に当てる「士（師）」の手話を示せば「医師」の手話。

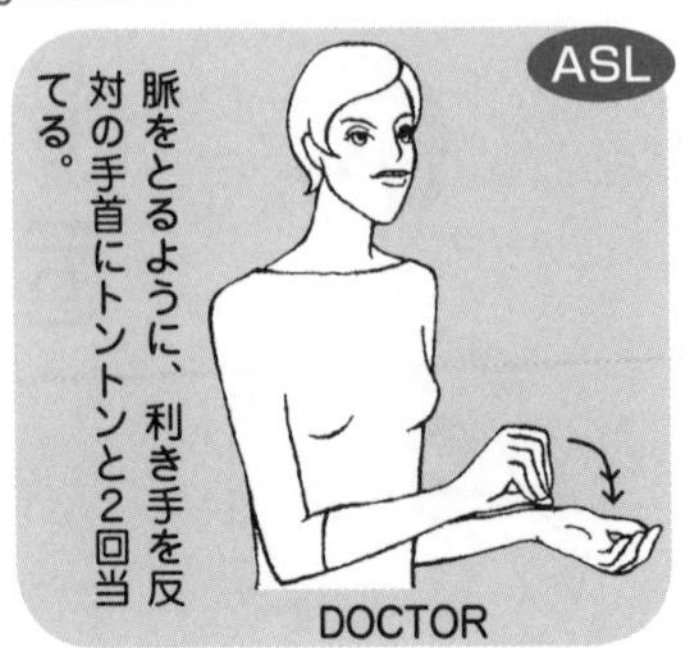

ASL
脈をとるように、利き手を反対の手首にトントンと2回当てる。
DOCTOR

いしゃりょう【慰謝料】

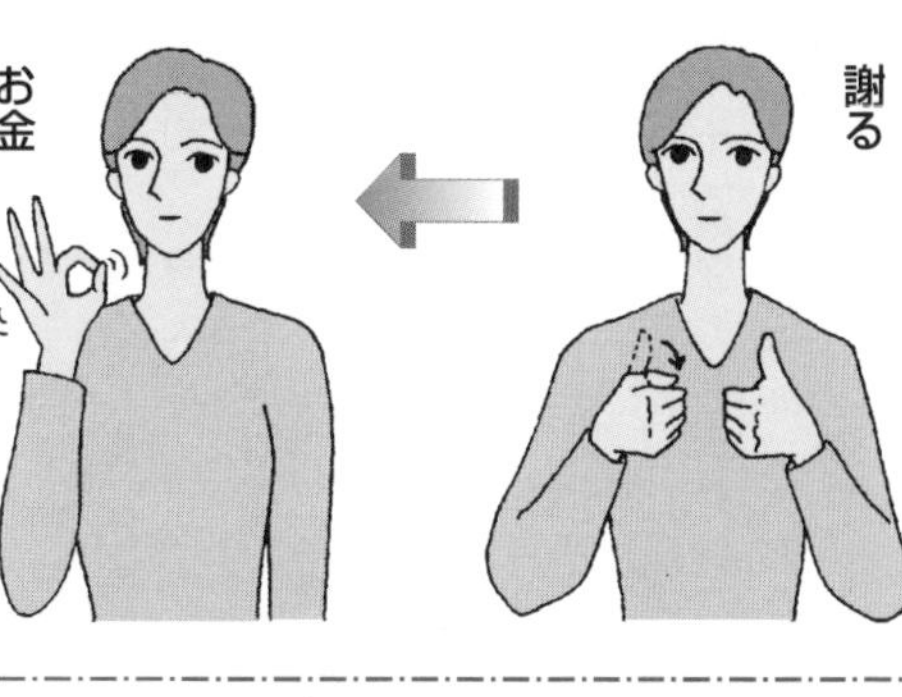

《**表現**》①立てた親指を向かい合わせて右手親指を曲げる⇓**「謝る」の手話**、②右手親指と人差し指で輪をつくり、小さく振る⇓**「お金」の手話**。

《**語源**》「謝る」と「お金」で表現。

《**例文**》離婚の慰謝料＝「離婚」＋「慰謝料」。

いじょう【以上】

《**表現**》左手を下に両手の甲を合わせ、右手だけ上げる。

《**語源**》左手で基準を表し、右手を上げることで基準以上を示す。

《**応用**》左手を上に甲を合わせ、右手を下げれば「以下」の手話になる。

《**例文**》18歳以上＝「年齢」＋数詞「18」＋「以上」。

いじょう【異常】

b
へん

《**表現**》親指と人差し指を離して伸ばした両手を左右に開き（手のひら前向き）⇓**「普通」の手話**、開き終えたところで両手同時に、上下逆に手首を返す⇓**「違う」の手話**。

《**語源**》「普通」と「違う」で。普通ではないことから「異常」。

《**別形**》親指と4指を伸ばした左手のひらに、親指と4指を伸ばした右手親指の先をつけ、親指を軸に前に回転して右手を倒す（左手はそのまま）b⇓**「へん」の手話**。右手親指を横に離してから、同じ動作を行ってもよい。

《**例文**》異常気象＝「異常」＋「空」。異常事態が発生＝「異常」＋「起きる（事が）」。異常な殺人＝「異常」＋「殺す」。へんな男＝「へん」＋「男」。

いす【椅子】

《表現》椅子に見立てた左手人差し指と中指（甲は前向き・上向きどちらでもよい）に、足に見立てた右手人差し指と中指をやや曲げて置く。

《語源》椅子に座るようす。

《同形》椅子に座る・座席・席・席につく

《応用》左手はそのまま、右手2指を立ち上がるように立てると「椅子から立つ」になる。

《例文》壊れた椅子＝「壊れる」＋「椅子」。お掛けになってお待ちください＝「椅子に座る」＋「待つ」＋「頼む」。

イスラエル【Israel】

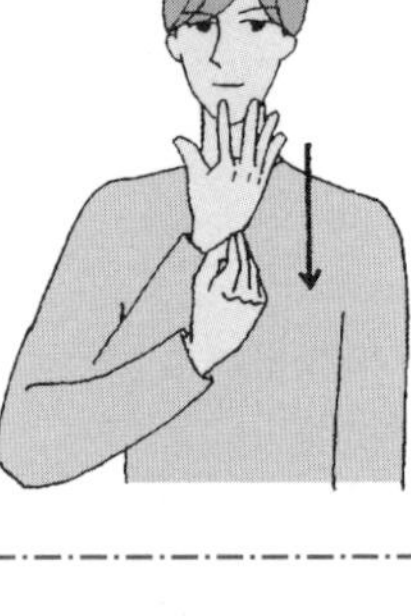

《表現》右手親指と4指であごに触れ、指を閉じながら真下に引く。

《語源》ユダヤ教徒のあごひげから。

《例文》イスラエル建国＝「イスラエル」＋「国」＋「建設」。

いぜん【以前】

《表現》指をそろえて伸ばし、手のひらを手前に向けて立てた右手を、顔の横で肩越しに後ろへ倒す。

《語源》自分の身体の位置を現在として、後ろ方向は過去を示す。

《同意》過去・かつて

《応用》逆に手のひらを前に向けて出せば「今後」の手話になる。

《例文》以前に会った＝「以前」＋「会う」。前に経験がある＝「以前」＋「経験」。過去の事＝「過去」＋「事」。

《参考》腕の振り方をおおげさにすれば「遠い過去」「昔」を表現できる。

いそがしい【忙しい】

《表現》5指を曲げて、手のひらを下に向けた両手を、水平に2～3回まわす。

《語源》人が動き回りめまぐるしいようす。また、片付ける暇がなくごちゃごちゃしているようす。

《例文》最近、本当に忙しい＝「最近」＋「本当」＋「忙しい」。忙しいから後にしてください＝「忙しい」＋「～なので」＋「将来」＋「頼む」。

《参考》関西での同手話は、手のひらを上に向けて指先を向かい合わせた両手を胸の前で構え、交互に上下させる。

いた【板】

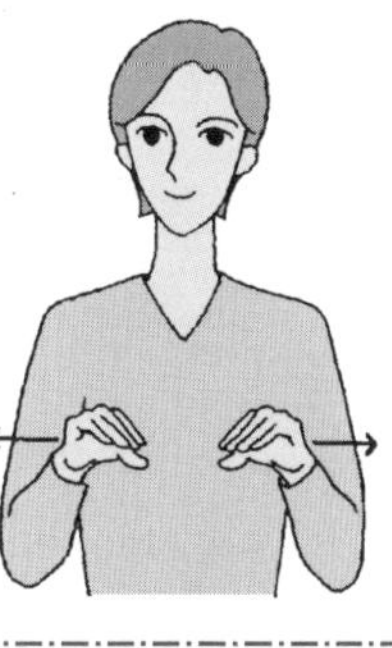

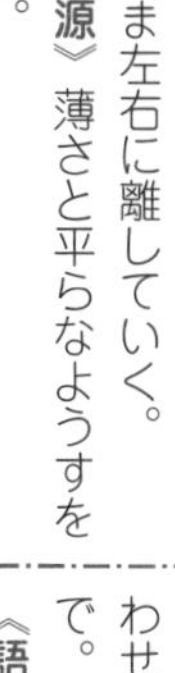

《表現》両手の親指と4指を前に向け、コの字型をつくり、そのまま左右に離していく。

《語源》薄さと平らなようすを表す。

《参考》板の厚さによって、コの字の幅を調整する。

いたい【痛い】

《表現》手のひらを上に向けて指を曲げ、腕ごと小きざみに震わせる。痛くて苦しそうな表情で。

《語源》痛むようす。

《別形》5指を曲げたり伸ばしたりしてもよい。

《例文》頭痛＝頭を指し＋「痛い」。痛ましい＝「心」＋「痛い」。おなかをこわす＝逆の手でおなかに触れながら「痛い」。

《参考》痛い部分の近くでこの動作を行う、また、痛い部分を指さしたあと、あるいは逆の手で触れながらこの動作を行うことで、どこが痛いかを表現できる。

いたばさみ【板挟み】

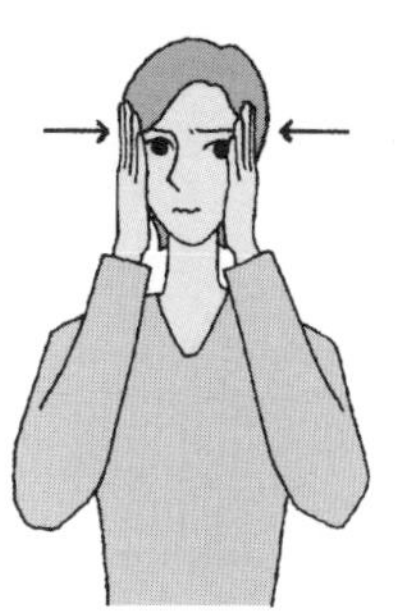

《表現》顔を左右から両手で挟む。苦しそうな表情で。

《語源》挟まれるようす。

《同意》板挟みの状態

《例文》彼と彼女に板挟み＝顔より右で「彼」＋顔より左で「女」＋「板挟み」。

いためる【炒める】

《表現》指を伸ばした左手のひらの上に右手の指先を当て前後に動かす。

《語源》フライパンで炒めるようす。

《同形》料理

《例文》炒めて食べるとおいしいよ＝「炒める」＋「食べる」＋「おいしい」。

イタリア【Italy】

《表現》右手親指と人差し指を曲げて肩あたりで前に向け、そのままゆらしながら真下におろしていく。最後に親指と人差し指の先をつけてもよい。

《語源》イタリアの長い地形から。

《例文》イタリア製＝「イタリア」＋「～製（作る）」。イタリア料理＝「イタリア」＋「料理」あるいは「食べる」。

いちご【苺】

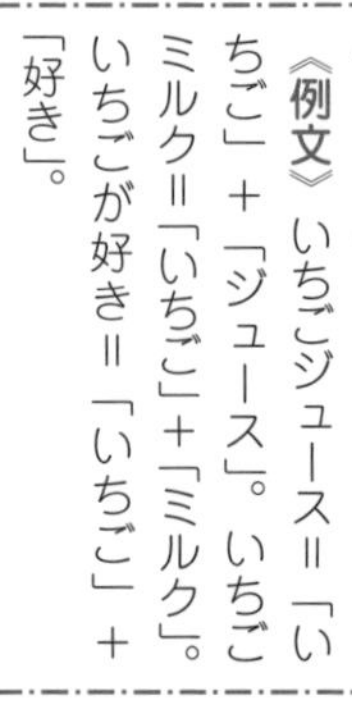

《表現》親指と4指をつけて、その指先を鼻の頭に当てる。

《語源》いちごの形と表面のブツブツを鼻の頭のブツブツとで伝えるもの。

《例文》いちごジュース＝「いちご」＋「ジュース」。いちごミルク＝「いちご」＋「ミルク」。いちごが好き＝「いちご」＋「好き」。

いちねんじゅう【一年中】

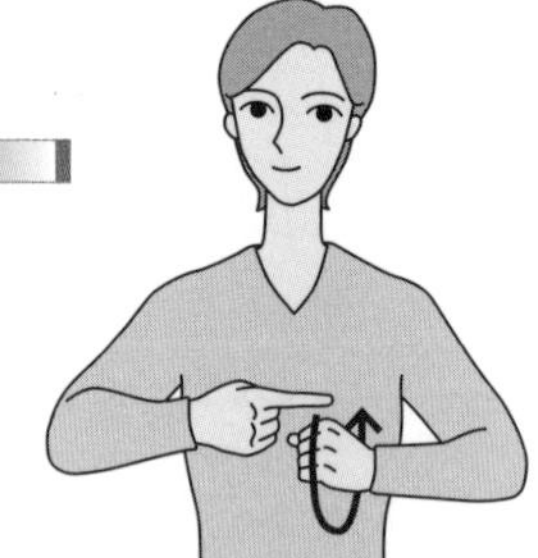

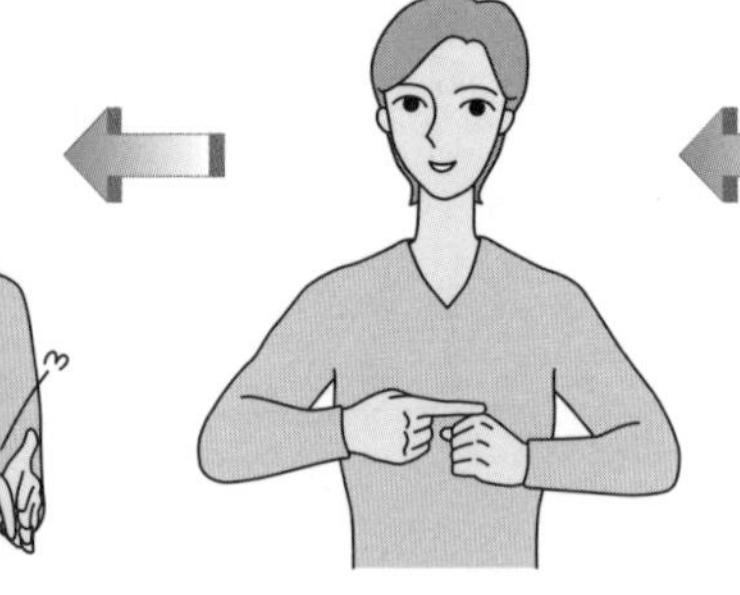

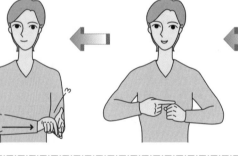

《表現》①立てた左手握りこぶしの上で、右手で数詞「1」（横向き）を構え、そのまま左手握りこぶしに沿って1周させ、②左手の親指側に、右手人差し指を当てる、③指先を前に向けた左手のひらに、人差し指を伸ばした右手（指先前向き）を右側から当てる。

《応用》①で、右手人差し指と中指の2指⇒**数詞「2」**で行うことで「2年間ずっと」となる。

《例文》一年中忙しい＝「一年中」＋「忙しい」。

《参考》「1年」＋「間」＋「～まで」で表現する場合もある。

いつ【何時】

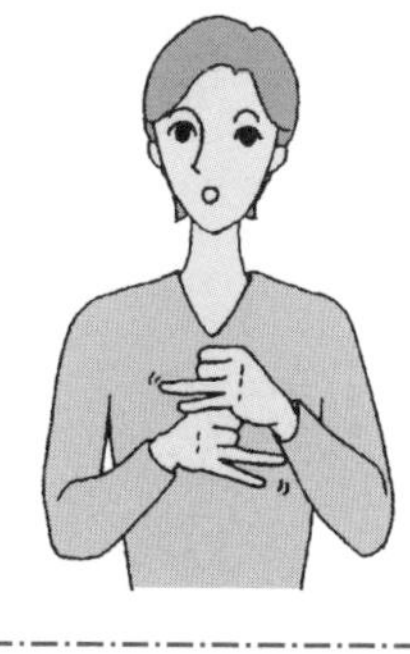

《表現》胸の前で両手を上下に構え、親指から順に、両手同時に指を折っていく。疑問の表情で。

《語源》上の左手は月、下の右手は日を表し、指を折るのは「いくつ」を意味する。

《例文》お誕生日はいつ？＝「産まれる」＋「いつ」。学校はいつから始まるの？＝「学校」＋「始まる」＋「いつ」。いつから手話を勉強しているの？＝「手話」＋「教わる」＋「いつ」＋「～から」（※「いつから」の場合は疑問詞が文末にこない）。

ASL

利き手を1の形にして、反対の手の人差し指が始点・終点になるように円を描く。

WHEN

いつか【何時か】

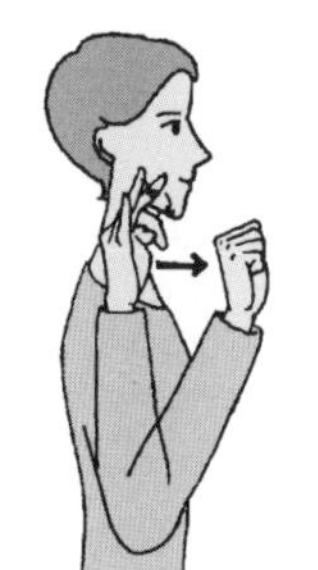

《表現》広げた右手を右肩あたりから前に、親指から順に指を折りながら出していく。

《語源》手を前に出すのは将来・以後など時間的な後ろを表す手話。これに指を折る「いくつ」の手話を加えたもの。

《同意》いつの日か

《応用》手の甲を前に向け後ろへ引きながら指を折っていくと過去形に。

《例文》いつかは成功する＝「いつか」＋「成功」。いつかは死ぬ＝「いつか」＋「必ず」＋「死ぬ」。いつかイタリアへ行きたい＝「いつか」＋「イタリア」＋「行く」＋「～したい」。

いっしゅん【一瞬】

《表現》両手を胸の前で垂らし、すばやく同時に左右に振る。

《語源》さっと消え行くようす。

《同形》たちまち・あっけない・あっというま

《別形》親指と人差し指の先をつけた右手を目の前に置き、すばやく離してつける。まばたきの一瞬からの表情もある。

《例文》一瞬の出来事＝「一瞬」＋「起きる（事が）」。一瞬の油断が命取り＝「一瞬」＋「気を緩める」＋「死ぬ」。

いっしょ【一緒】

《表現》前に向けて伸ばした両手の人差し指を左右から寄せて、中央で合わせる。
《語源》寄り添うようす。
《応用》合わせた指をそのまま前に出すと「一緒に行く」になる。

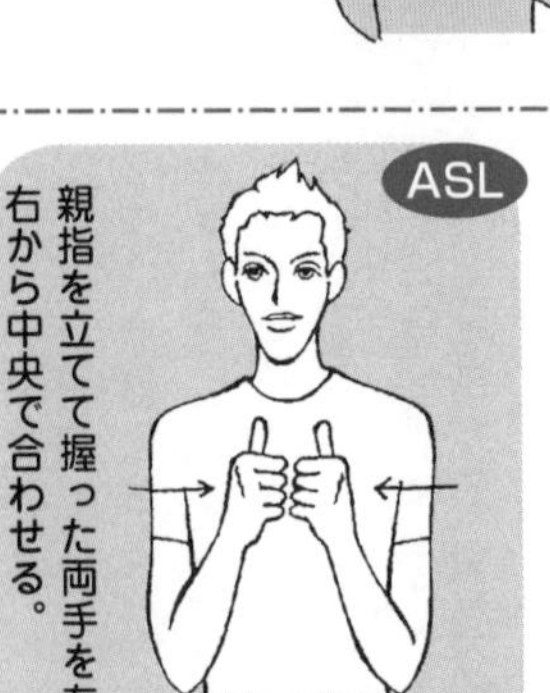

《例文》いつも一緒＝「いつも」＋「一緒」。お母さんと一緒＝「母」＋「一緒」。一緒に遊ぶ＝「一緒」＋「遊ぶ」。アメリカへ一緒に行きましょう＝「アメリカ」＋「一緒」＋「行く」。

ASL
親指を立てて握った両手を左右から中央で合わせる。
WITH/TOGETHER

いっしょう【一生】

《表現》①親指と小指を立てた右手（甲は前向き）を身体の前で回す。
《語源》親指と小指で示した「人」が生まれ土に帰るまでを、太陽の昇り沈みにかけて表現したもの。
《別形》右に向けた左手のひらに、親指と小指を立てた右手（甲は手前向き）親指を右側から当てる⇒**「生涯」の手話**。
《例文》一生の親友＝「一生」＋「親友（親しい）」。

いっしょけんめい【一所懸命】

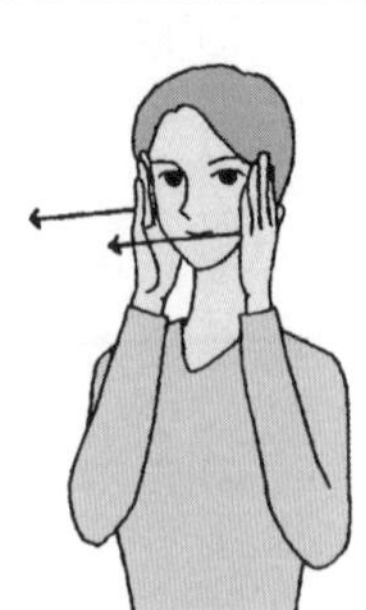

《表現》視線を狭めるように顔の左右に指を伸ばしてそろえた両手を立て、そのまま前に出す。2～3回前に出してもよい。

《語源》わき目もふらずものごとに打ち込むようすから。

《同意》没頭・集中
《応用》両手を前に出しながら左右の幅を縮めると「一途」の手話。

《例文》一所懸命に働く＝「一所懸命」＋「働く（仕事）」。

いつも【何時も】

《表現》甲を前に向け、親指と人差し指を伸ばした両手を左右に構え、手前から前方へグルッと2回まわす。

《語源》両手の親指と人差し指は太陽を示し、回すことで太陽が昇っては沈むの繰り返しを表現したもの。
《同意》常に・いつでも
《同形》毎日
《例文》いつも怒っている＝「いつも」＋「怒る」。毎日遊びたい＝「毎日」＋「遊ぶ」＋「〜したい」。私はいつも元気＝「私」＋「いつも」＋「元気」。

ASL
人差し指を立て、甲を前に向けて顔の横あたりでゆっくり回す。
ALWAYS

いなか【田舎】

《表現》下に向けてわん曲させた左手のひらに、右手人差し指を添え、繰り返し手前に引く。
《語源》鋤で畑を耕すようす。
《同意》畑を耕す
《同形》村・畑
《別形》右手を鼻に当て、手鼻をかむ。
《例文》田舎暮らし＝「田舎」＋「暮らす」。田舎の山が懐かしい＝「田舎」＋「山」＋「懐かしい」。

いぬ【犬】

《表現》手のひらを前に向けた両手を頭の横につけ、4指を付け根から前に倒す。
《語源》犬が耳を動かすようす。
《例文》子犬＝「子供」＋「犬」。犬をしつける＝「犬」＋「エチケット」＋「教える」。犬と暮らしています＝「犬」＋「一緒」＋「暮らす」。犬の散歩＝「犬」＋「一緒」＋「歩く」。
《参考》「うさぎ」は手の向きが逆になり、動かさない。

いのしし【猪】

《表現》曲げた人差し指の先が上に向くように両手を口の両端に添える。
《語源》いのししの牙から。
《例文》ぼたん鍋＝「猪」＋「肉」＋「煮る」。猪（亥）年＝「猪」＋「年」。猪突猛進＝「猪」＋「〜のように（〜らしい）」＋「正直」＋「行く」。
《参考》両手を少し前に出してもよい。

いのち【命】

《表現》右手握りこぶしを左胸に当てる。
《語源》こぶしが力強くある心臓を表す。
《例文》命は大切＝「命」＋「大切」。生命誕生40億年＝「生きる」＋「命」＋「産まれる」＋数詞「40」＋「億」＋「年」。

いばらき【茨城】

《表現》両手を胸の前で交差させ、そのまま二の腕を手のひらで2回払う。
《語源》桜田門外の変で、水戸浪士が着ていた蓑（みの）を表現したもの。

いばる【威張る】

《表現》開いた両手の親指を襟元に当て軽く揺らす。そのとき胸を張っていばるしぐさをする。
《語源》胸を張って偉そうにするようす。
《例文》彼はみんなにいばっている＝左手の「彼」を指す＋「皆」＋「いばる」。カラいばり＝「うそ」＋「いばる」。

いはん【違反】

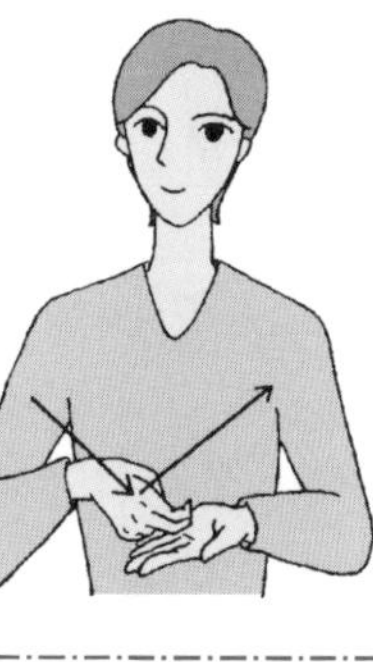

《**表現**》上に向けた左手のひらに向けて、カギ型に曲げた右手人差し指と中指を右から叩きつけ左へ跳ね上げる。

《**語源**》「規則」の手話の変形。「規則」は裁判長が机を叩き裁判を始めることから。

《**同形**》違法

《**応用**》曲げた2指で、左手のひらを叩くと「規則」の手話。

《**例文**》交通違反＝「交通」＋「違反」。

《**参考**》この手話は規則に反する、法律に反するという意味。「マナー違反」の場合は「失礼」の手話で表せる。

いみ【意味】

《**表現**》指をそろえてややわん曲させ、下に向けた左手のひらの下を、右手人差し指でさし示しながら、もぐり込ませる。

《**語源**》左手は事柄として、その事柄の元を右手で掘り下げていく表現。

《**同形**》理由・(疑問の表情で行うことで)なぜ？

《**例文**》意味深長＝「深い」＋「意味」。意味がない＝「意味」＋「～ない」。言っている意味が分かりました＝「言葉」＋「意味」＋「分かる」。理由があります＝「理由」＋「ある」。

イメージ【image】

《**表現**》小指を立てた右手⇩**指文字「い」**の甲を前に向け、頭の右横で右回転に円を描く。

《**語源**》頭文字「い」を頭の横で回すことで表現。

《**応用**》指文字「ろ」で行うと「ロマンチック」の手話になる。

《**例文**》彼は主役のイメージとは違う＝左手の「彼」を指す＋「主役」＋「イメージ」＋「合わない」。

いもうと【妹】

《**表現**》手の甲を前に向け、小指を立てた右手⇩**「女」の手話**を、そのまま1回下げる。

《**語源**》小指は女性を、下におろすことで年下を表す。

《**応用**》逆の動作、1回上げると「姉」の手話になる。中指を立てた右手をそのまま1回下げると「弟」の手話になる。

《**別形**》薬指1本を立てて行う。

《**例文**》妹の職業は看護師です＝「妹」＋「仕事」＋「看護師」。

《**参考**》現在は、やりやすい小指を使う表現が広まっている。

いやらしい

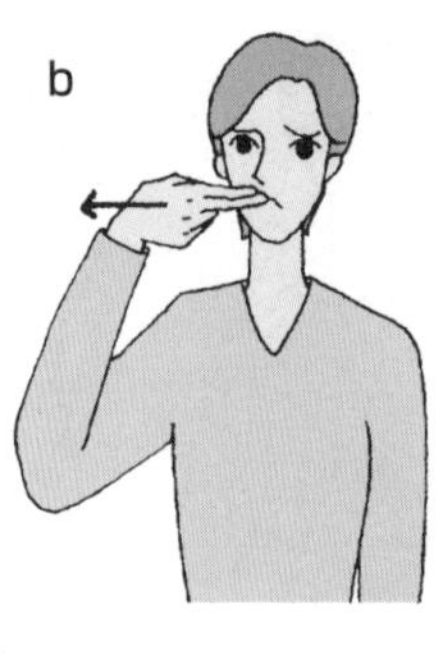

《表現》立てた小指で目元を2〜3回こする。
《同意》すけべえ
《別形》右手人差し指と中指で、鼻の下を水平に左から右へ引くb。鼻の下が長いという表現。
《例文》いやらしい男＝「いやらしい」＋「男」。
《参考》この手話は性的にいやらしいという意味に使う。

いらいら【苛々】

《表現》両手の5指を曲げ、揺らしながら、あごのあたりから上げていく。苛立つ表情で。

《語源》神経が震えて高まるようす。

《同意》苛立つ
《別形》人差し指と中指を曲げた指文字「ろ」で行ってもよい。また、片手でもよい。

《例文》暑くてイライラする＝「暑い」＋「イライラ」。交通渋滞でイライラする＝「渋滞」＋「イライラ」。イライラするヤツ＝左手の「男」を指す＋「イライラ」。

いらっしゃいませ

《表現》親指を立てた右手⇩**「男」の手話**を、左手のひらに乗せ、両手同時に手前に引き寄せる。同時におじぎする。
《語源》左手のひらに親指を立てた右手を乗せるのは「敬う」の意味、それを招く動作。
《応用》おじぎしなければ、「客」の意味。
《例文》いらっしゃいませ、お持ち帰り（テイクアウト）ですか＝「いらっしゃいませ」＋疑問の表情で「お土産」＋「〜ですか（尋ねる）」。

いらない【要らない】

《表現》手前に向けた両手の指先を左右の胸に当て、両手同時にはじくように前に開く。勢いよく。
《語源》胸に指先を当てるのは「必要」の意味で、手のひらを返し、必要がないとの意志を伝えるもの。
《応用》逆の動作、手前に向けた両手の指先を左右の胸に当てると「必要」または「用事」の手話。
《例文》おいしくないからいらない＝「まずい」＋「いらない」。助けはいらない＝「助けられる」＋「いらない」。二度とごめん＝「また」＋「いらない」。

イラン【Iran】

《表現》上に向けた左手のひらに、親指を立てた右手を斜め上から弧を描きながら突き立てる。

《語源》左手は油田、右手で石油の吸入を表す。

《例文》イラン革命＝「イラン」＋「革命」。

いりぐち【入口】

入る

口

《表現》①右手人差し指の腹側のまん中に左手人差し指の先をつけ前に倒す⇒**「入る」の手話**、②右手人差し指で口を指し円を描く⇒**「口」の手話**。

《語源》「入る」と「口」で。

《例文》入口はどこ?＝「入口」＋「場所」＋「何?」。

いるか【海豚】

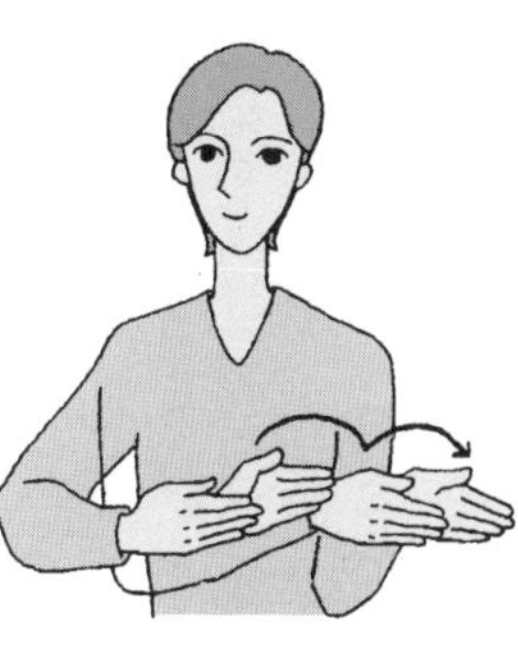

《表現》指を伸ばしてそろえ、指先を左に向けた両手を胸の前で前後にずらして並べ、両手同時に弧を描きながら左に動かしていく。

《語源》イルカがジャンプしながら並んで泳ぐようす。

《例文》イルカが船を案内する＝「イルカ」＋「船」＋「導く」（「イルカ」「船」「導く」ともに動かす方向を同じにする）。

いろ【色】

《表現》すぼめて指先をつけた両手を、同時にねじる。

《語源》絵の具を混ぜるようすから。

《同意》カラー

《例文》金色＝「金」＋「色」。銀色＝「銀」＋「色」。桃色＝「桃」＋「色」。みかん色＝「みかん」＋「色」。ねずみ色＝「ねずみ」＋「色」。七色の虹＝数詞「7」＋「色」＋「虹」。光の三原色＝「光（光る）」＋数詞「3」＋「色」。色とりどり＝「いろいろ」＋「色」。

いろいろ【色々】

《**表現**》親指と人差し指を伸ばした右手（人差し指は左斜め前向き）を、手首をひねるように振りながら、左から右へ移動させる。
《**語源**》さまざまなものを指し示すようす。
《**同形**》など（等）・あらゆる
《**例文**》いろいろ考えた結果＝「いろいろ」＋「考える」＋「結果」。多彩な表現がある＝「いろいろ」＋「表す」＋「方法」＋「ある」。いろんな場所＝「いろいろ」＋右、前、左と位置を変えて「場所」。

いわし【鰯】

《**表現**》指を伸ばしやや開いて指先を左に向けた両手を前後に並べ、両手同時に指を動かしながらまっすぐ左へ進める。
《**語源**》イワシが群れで泳ぐようす。
《**例文**》イワシの刺身＝「いわし」＋「刺身」。イルカに追われるイワシの群れ＝前方で「いわし」＋その後ろで「イルカ」（※位置で説明する手話で、「いわし」と「イルカ」はどちらを先に表してもよい）。
《**参考**》指をそろえて弧を描いて動かすと「イルカ」の手話になる。

いわて【岩手】

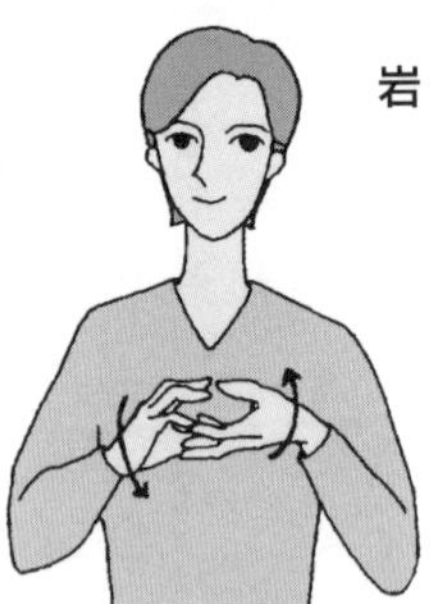

《**表現**》①5指を軽く開いて曲げた両手を向かい合わせ、同時に互い違いに回す⇓**「岩」の手話**、②左手の甲を軽く叩く⇓**「手」の手話**。
《**語源**》「岩」と「手」で表す。
《**参考**》「手」は指文字の「て」でもよい。

いわれる【言われる】

《**表現**》5指の先をつけて顔に向け、顔に近づけながら指をパッと開く。
《**語源**》手はほかの人の口のたとえ。自分に向かって声が発せられるようすを顔に向かって開くことで表現。
《**応用**》逆の動作、口元から前に向けて5指をパッと開くと「言う」の手話になる。
《**例文**》医者に言われた＝「医者」＋医者の男の位置から自分に向けて「言われる」。言われたくない＝「言われる」＋「嫌い」。

いんかん【印鑑】

《表現》握った右手の小指側に息を吹きかけ、続けて、手のひらを上向きに構えていた左手のひらに押しつける。

《語源》紙に印鑑を押すようす。

《例文》実印を持って来ましたか?＝「本当」＋「印鑑」（以上で「実印」）＋身体の前で「持つ」＋「来る」＋「〜ですか（尋ねる）」。

《参考》右手はすぼめて指先をつけた形でもよい。この場合、指先に息を吹きかけ左手のひらに押しつける。

いんさつ【印刷】

《表現》上向きにした左手のひら（指先は右向き）に、右手のひらをひじを軸にして肩あたりから2回パタンと合わす。

《語源》1枚1枚印刷しているようす。

《例文》印刷物＝「印刷」＋「紙」。印刷に1週間かかります＝「印刷」＋「必要（〜しなければならない）」＋数詞「1」＋「〜週間」。

《参考》パソコンのプリンターから印刷する場合は、右手のひらを上に向けてそのまま斜め前上に出す。

いんしょう【印象】

《表現》右手握りこぶしを頭の横に当てる。

《語源》頭の中に入って定着した表現。

《例文》強い印象＝「印象」＋「はっきり」。印象主義絵画＝「印象」＋「主義」＋「絵」。

《参考》この手話の前に「思う」の手話をつける場合もある。

インスタント【instant】

《表現》左手首（腕時計の位置）に人差し指を伸ばした右手を乗せ、すばやく左右に動かす。

《語源》時計の針が動くか動かないかの短い時間を表現。

《例文》インスタントラーメン＝「インスタント」＋「ラーメン」。インスタントコーヒー＝「インスタント」＋「コーヒー」。

インターチェンジ【inter-change】

《**表現**》人差し指と中指を伸ばした両手を左右下から上げて交差させる。
《**語源**》道路の交差を表現。
《**別形**》甲を上に指をそろえて両手を並べ、左手を残し右手を斜め前に出していくb。
《**例文**》静岡インター＝「静岡」＋「インターチェンジ」。
《**参考**》aは「ジャンクション」としても使う。

インターネット【inter-net】

《**表現**》立てた左手握りこぶしの上（親指側）に、小指を立てた右手⇒**指文字「い」**を置き、左手握りこぶしに沿って右手を1周し元の位置に戻す。
《**語源**》頭文字「い」と、ネットワークを回転で表す。
《**例文**》ネットショッピング＝「インターネット」＋「買い物（買う）」。ネットビジネス＝「インターネット」＋「仕事」。

インド【India】

《**表現**》右手親指の先を額につける。
《**語源**》額につけられた第3の目である赤い装飾を示す。
《**例文**》インド北部＝「北」＋「インド」。

インフレーション【inflation】

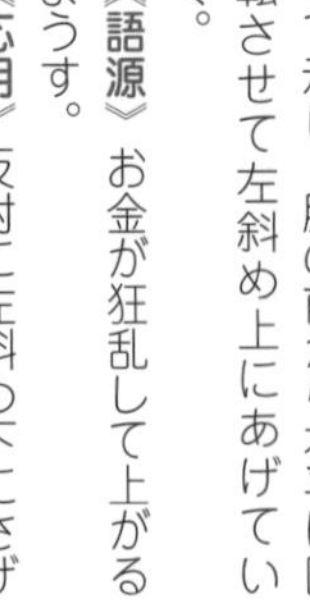

《**表現**》親指と人差し指の先を合わせてつくった輪⇒**「お金」の手話**（輪は地面と水平）を両手で示し、胸の前から水平に回転させて左斜め上にあげていく。
《**語源**》お金が狂乱して上がるようす。
《**応用**》反対に左斜め下にさげれば「デフレーション」の手話になる。
《**参考**》より大胆に両手を回転させれば「ハイパーインフレ」「狂乱物価」の手話になる。反対に下げながら回転を強調すれば「デフレスパイラル」の手話になる。

いんりょく【引力】

《表現》親指を立てた左手を下に引っ張るように、指を伸ばした右手を閉じながら下げる（左手は下げない）。

《語源》親指を立てた左手で示した人を、下に引っ張る力で表したもの。

《例文》万有引力の法則＝「引力」＋「規則」。りんごは木から落ちる＝「木（木曜日）」＋左手で「りんご」＋りんごを右手で下に引いて、下げる。引力はニュートンが発見した＝指文字「にゅーとん」＋「見つける」＋「引力」。

う

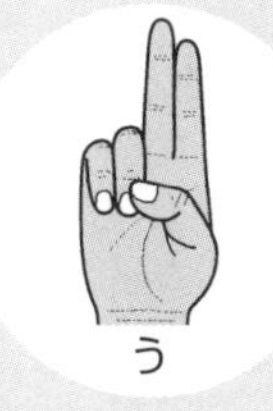

2指を立てる。
「u」と同じ。

ウイスキー【whisky】

《表現》右手人差し指と中指と薬指を立てWの文字をつくり、人差し指の先を口の端に2回当てる。

《語源》「W」を口に当てるようす。

《応用》口元の「W」を水平に小さな円を描くように2回まわすと「ワイン」の手話になる。

《例文》水割り＝「ウイスキー」＋「水（水曜日）」。ウイスキーを一杯＝「ウイスキー」＋数詞「1」。ウイスキーをシングルで＝数詞「1」＋「ウイスキー」。

ウィルス【virus】

《表現》親指と4指でつくった左手の筒を目の前に置き、その下で人差し指と中指を伸ばした右手⇒**指文字「う」**を水平に回す。

《語源》顕微鏡で見るようすに頭文字を加えたもの。

《応用》筒の下の右手で「虫」の手話をすれば「ばい菌」の手話になる。

《例文》風邪のウィルス＝「風邪」＋「ウィルス」。

ウーロンちゃ【烏龍茶】

《表現》親指、人差し指、中指、小指を伸ばして立てた右手を急須に見立て、親指側でお茶を注ぐように左に手を倒す。

《語源》親指と小指の2指で同じ動作を行えば「お茶」の手話で、これに人差し指と中指を立てる指文字「う」を加えた手話。

《例文》ウーロン茶と緑茶とどちらにする？＝身体の左で「ウーロン茶」＋右で「お茶」＋「どちら」。ウーロン茶はダイエットにいいらしい＝「ウーロン茶」＋「ダイエット」＋「良い」＋「〜らしい」。

うえ【上】

《表現》手のひらを前に向け、親指と人差し指を伸ばして立てた右手を上へ動かす。

《語源》親指と人差し指で漢字の「上」を表している。

《別形》「上」の漢字をつくらずに、人差し指で上を指さすだけでも通じる場面もある。

《例文》上を向いて歩こう＝上を指さし＋上に向けて「見る」を左手で＋右手で「歩く」。

ウエイター【waiter】

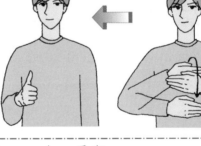

男

《表現》①指先を右に構えた左手の内側から、左手を越して右手を前に出し下ろす、②親指を立てて右手を出す⇒**「男」**の手話。

《語源》ナプキンをかけた仕事のようすから。

《応用》①の後に「女」の手話をすれば「ウエイトレス」の手話。

うけつけ【受付】

《表現》手の甲を上にし指先を右向きに構えた左手の上に、右手を置く（指先は下向き）。

《語源》カウンターで対応するようす。

《同形》窓口

《例文》3番窓口＝数詞「3」＋「窓口」。相談窓口＝「相談」＋「窓口」。

《参考》「窓口」の手話では、この手話のあとに「口」の手話を加えてもよい。

うける【受ける】

《表現》手のひらを前に向けた両手を同時に引く。

《例文》お世話になる＝「世話（育児）」＋「受ける」。受験する＝「試験」＋「受ける」。

うごく【動く】

《表現》握った両手を身体の前で構え、交互に前後に動かす。

《語源》身体が動くようす。

《応用》右手の動きを途中で止めると「動きが止まる」の手話になる。

《参考》「動く」の表現は何が動くかによって表現が違う。例えば、「心が動く」は、「魅力」の手話などで表現できる。

うさぎ【兎】

《表現》甲を前に向けた両手を長い耳のように、頭の横に立てる。

《語源》うさぎの耳の形から。

《例文》月にはうさぎがいる＝「月（月曜日）」＋「うさぎ」＋「いる」。うさぎと亀の競争＝「うさぎ」＋「亀」＋「競争」。二兎を追う者は一兎をも得ず＝数詞「2」＋「うさぎ」＋「求める」＋「場合」＋数詞「1」＋「うさぎ」＋「得る」＋「ない」。

《参考》腕を後ろに倒すように、ひじを2回程曲げてもよい。

うし【牛】

《表現》両手のやや曲げて伸ばした人差し指と伸ばした親指を、左右の角のように、頭の両横につける（親指は頭に乗せる）。

《語源》牛の2本の角から。

《例文》水牛＝「水」＋「牛」。闘牛＝「争う」＋「牛」。牛丼＝「牛」＋「丼物」。他人丼＝「牛」＋「卵」＋「丼物」。

うしなう【失う】

《表現》手のひらを前に向けて指を伸ばした両手を左右から中央で交差させ、同時に握る。

《語源》ものが消えてつかめないようす。

《同意》無くなる

《同形》消える

《例文》大切なネックレスを失った＝「大切」＋「ネックレス」＋「失う」。失われた時を求めて＝「失う」＋「時間」＋「探す」。

うすい【薄い】

《表現》親指と人差し指を少し離した両手を、身体の中央から左右に離していく。

《語源》薄いようすから。

《別形》右手親指と4指を平行にした形をより狭める（**「厚い」**参照）。

《例文》薄っぺらな考え＝「薄い」＋「考える」。薄型テレビ＝「薄い」＋「テレビ」。

うそ【嘘】

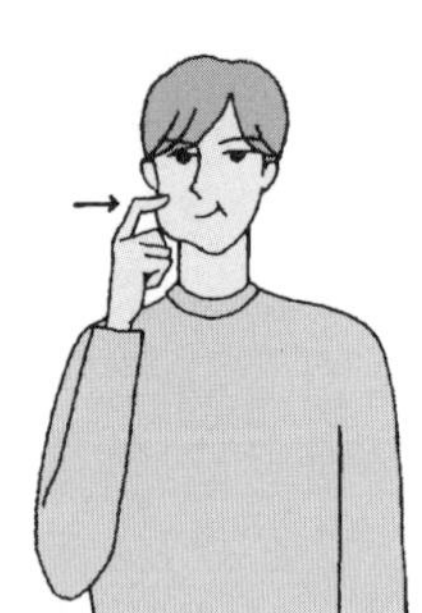

《表現》右手人差し指で右ほほを軽くつつく。ほほは内側から舌先でふくらませている。

《語源》あめ玉をなめているよと子供にうそをついてからかう遊びから。

指文字「こ」を、あごの下を右から左へさするように動かす。

《例文》彼はいつもうそばかりついている＝左手の「彼」を指さす＋「いつも」＋「うそ」＋「言う」。うそも方便＝「うそ」＋「良い」＋「方法」。うそでした＝ふくらませたほほを相手に突き出しながら「うそ」。たぬき寝入り＝ふくらませたまま「寝る」。知ったかぶり＝「うそ」＋ほほをふくらませたまま「分かる」。

《参考》ふくらませたほほを相手に突き出すことで「うそでした」など豊かに表現できる。また、ほほをふくらませながら（指でささなくても）「寝る」の手話を行うことでうそ寝「たぬき寝入り」、「分からない」の手話を行うことで「とぼける」などを伝えることができる。

うた【歌】

《**表現**》①人差し指と中指を伸ばした両手を口の端に置き（手のひら前向き）、②腕を回しながら左右に広げていく。

《**語源**》歌声が流れるようす。2指を伸ばした手は指文字「う」。

《**例文**》手話で歌う＝「手話」＋「歌」。

うちあける【打ち明ける】

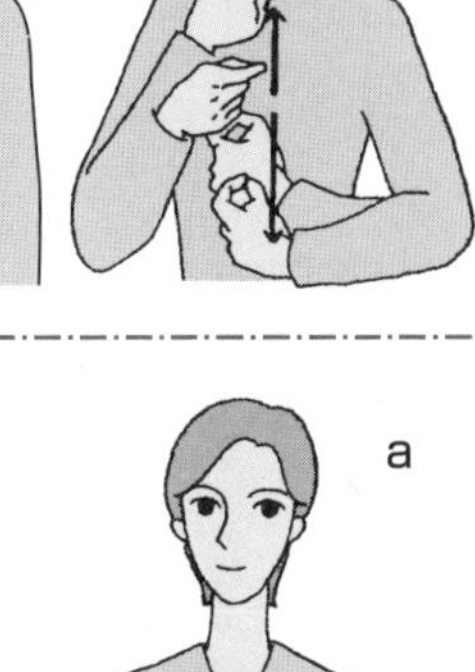

《**表現**》①親指と人差し指で輪をつくった両手を胸の中央で上下に構え（右手が上）、同時に上下に離す⇒**「正直」の手話**、②口元に向けてすぼめた右手を前に出しながら指を前向きに伸ばす⇒**「白状する」の手話**。

《**語源**》正直に吐き出す表現。

《**例文**》悩みを打ち明ける＝「悩み」＋「打ち明ける」。秘密を打ち明ける＝「秘密」＋「打ち明ける」。

うちゅう【宇宙】

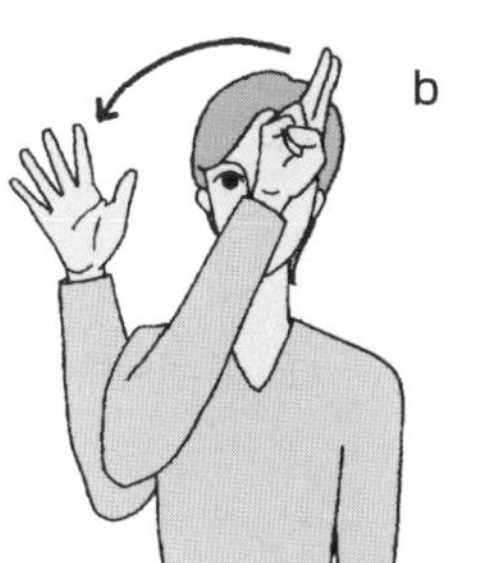

《**表現**》左手5指の先をつけて球をつくり胸の前で構え、その周りを右手で手前から前へ、左斜め前から手前へと囲むように動かす。

《**語源**》左手は地球、その周囲の空間（宇宙）を右手で表現したもの。

《**別形**》人差し指と中指を伸ばした右手を左上から大きく弧を描き右に動かしながら5指を開くb。

《**例文**》宇宙開発＝「宇宙」＋「開発」。宇宙旅行＝「宇宙」＋「ロケット」。宇宙開闢（かいびゃく）＝「宇宙」＋「産まれる」。

《**参考**》左手は、握りこぶしを立ててもよい。

うつくしい【美しい】

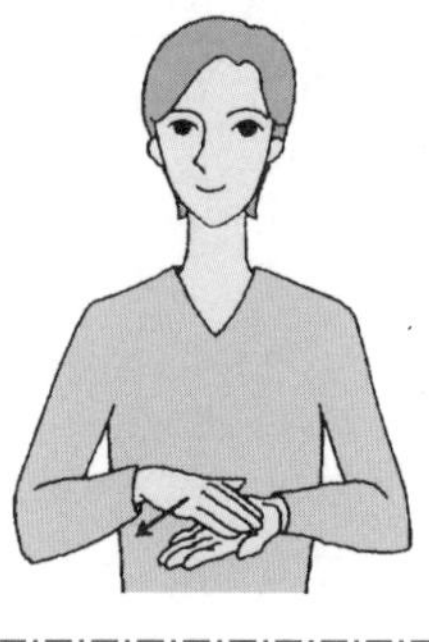

《**表現**》上に向けた左手のひらの上を、右手で手首から指先方向へなでるように滑らせる。

《**語源**》でこぼこのない、なめらかなことを表現することから。

《**同意**》きれい・麗しい

《**同形**》直る・治る

《**応用**》上に向けた左手のひらに、指を開きわん曲させた右手を2回打ちつけると「汚い」の手話になる。

《**例文**》美しい島＝「美しい」＋「島」。きれいな部屋＝「きれい」＋「部屋」。麗しい人＝「麗しい」＋「女」。きれいですね＝「あなた」＋「顔」＋「きれい」。

広げた手を顔にかぶせるようにし、4指を閉じながらあごの前まで下げる。

うつす【写す】

《**表現**》手のひらを上に向けて伸ばした左手（身体の中央で構える）に、親指と4指を曲げた右手（手のひら前向き）を右肩あたりから振って乗せる。

《**語源**》左手に写し取り収める表現。

《**同形**》記録する

《**例文**》教科書を写す＝「教える」＋「本」＋「写す」。絵画を模写する＝「写す」＋「絵」。歴史の記録＝「歴史」＋「記録する」。

《**参考**》コピー機を使った「コピー」は別形（**「コピー」**参照）。

うったえる【訴える】

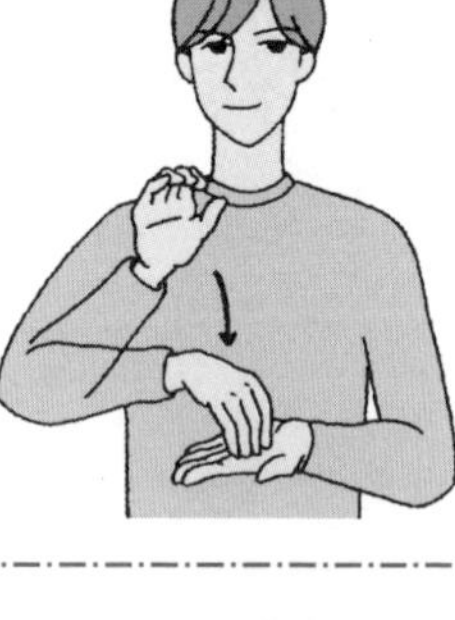

《**表現**》①親指を立てた両手を肩から前に少し弧を描きながら下ろし、しっかり止める⇩**「裁判」の手話**、②指先を前に向けた左手のひらに右手人差し指を乗せて両手同時に前に出す⇩**「申し込む」の手話**。

《**語源**》「裁判」と「申し込む」で。

うつる（病気が）【移る】

《表現》①5指の先をつけてすぼめた両手の指先を身体の前でつけ、左手はそのまま右手を弧を描きながら右斜め前に出す。

《語源》病原菌がほかの人に移ることを表現。

《同意》感染
《応用》自分に「移った」という場合は、右斜め前の右手を弧を描きながら身体前の左手につける。別形も逆の動きで同様の意味になる。

《別形》すぼめた両手の指先を身体に当て、両手の指先を前に向けると同時に弧を描きながら前へ出す。

うどん【饂飩】

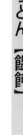

《表現》お椀を持つように構えた左手から、親指を伸ばした右手を数回口元へ運ぶ。
《語源》左手でお椀を、右手親指でうどんの太さを表現。
《応用》右手を小指にすると、細い「ソーメン」の手話になる。また、右手を指文字「ら」の形にすると「ラーメン」になる。
《例文》きつねうどん＝「きつね」＋「うどん」。

うなぎ【鰻】

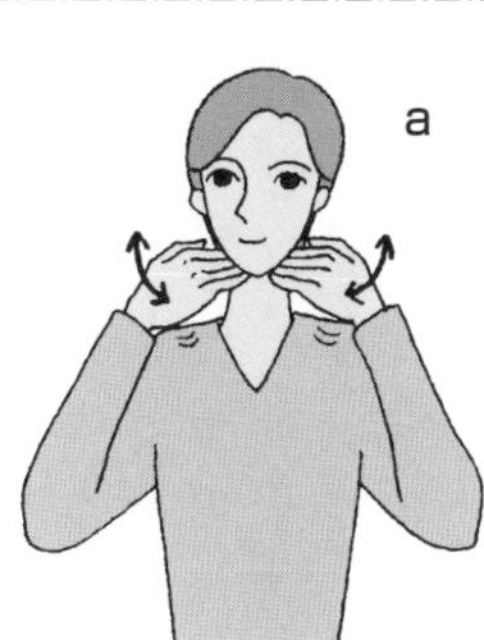

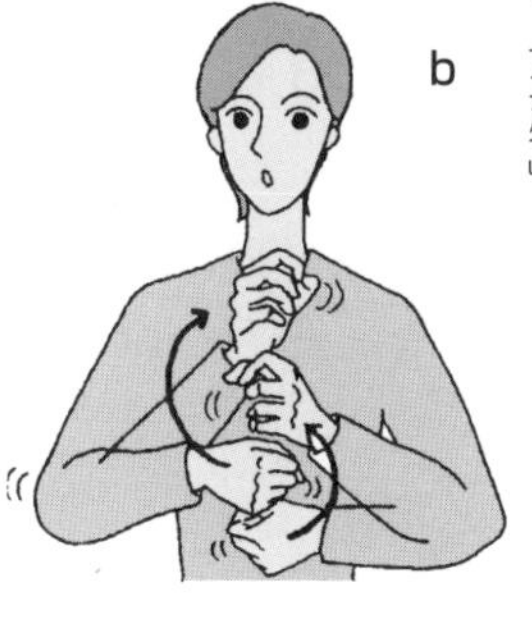

《表現》伸ばした両手の指先をあごの両側下あたりにつけ、指先を軸に左右同時に上下させる。
《語源》うなぎのえらを表現。
《別形》胸の前で、左右の手を交互に上にあげながら握る。ぬるぬるするうなぎを捕まえるしぐさで表現してもよいb。
《例文》うなぎ丼＝「うなぎ」＋「丼物」。

うま【馬】

《表現》人差し指を伸ばした両手を前後にずらして構え、2回振り下ろす。
《語源》馬にムチを入れるようす、あるいは手綱を持ち馬を操るようすから。
《同形》群馬
《例文》騎馬民族＝「馬」＋片手で「人々」。騎馬軍団＝「馬」＋「軍（兵庫）」。

うまれつき【生まれつき】

癖

《表現》①握って指先を向かい合わせた両手をおなかの前で構え、前に出しながら指を伸ばす⇓**「産まれる」の手話**、②手のひらを下に向け身体の前で構えた左手の甲に、開いた右手を握りながら上から当てる⇓**「癖」の手話**。

《語源》「産まれる」＋「癖」で。

うまれる【産まれる】

《表現》握って指先を向かい合わせた両手をおなかの前で構え、前に出しながら指を伸ばす。

《語源》赤ちゃんが産まれるようす。

《同意》出産・産む・誕生

《同形》出身

《例文》娘が産まれました＝「娘」＋「産まれる」＋「〜しました」。誕生日はいつですか＝「産まれる」＋「いつ」。あなたの出身地はどこ?＝「あなた」＋「産まれる」＋「場所」＋「何?」。東京生まれです＝「東京」＋「場所」＋「産まれる」。

うみ【海】

塩

水

《表現》①小指を立て小指の先を口元に当てる（そのとき舌を出してなめるしぐさを強調）⇓**「塩」の手話**、②手のひらを上に向けて伸ばした右手を波打たせながら左から右へ水平に移動させる⇓**「水」の手話**。

《例文》海水浴＝「海」＋「泳ぐ」。日本海＝「日本」＋「海」。

うめ【梅】

《表現》親指、人差し指、中指の3指の先をつけて輪をつくり、その指先を唇の端に当て、続けてこめかみに当てる。すっぱいという表情で。

《語源》すぼめた手を口元に当て、すっぱいを表現。それをこめかみに当てるのは、頭痛のとき梅干しをこめかみに貼った習慣から。

《同意》梅干し

《別形》同じ動きを指文字「め」で行う。あるいは、指文字「め」をあごに当てる。

《例文》梅の花が咲いた＝「梅」＋「花」。梅雨前線＝「梅」＋「雨」＋「前線」。

うめたて【埋め立て】

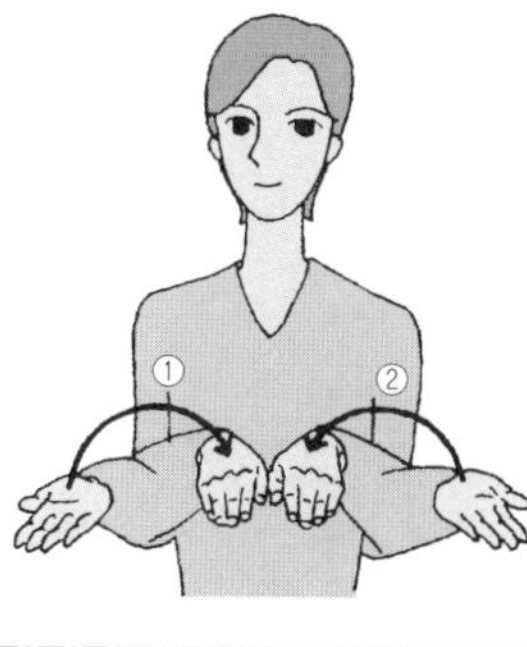

《表現》手のひらを上に向けた両手を左右に構え（指先前向き）、右、左と順に中央へ向けてふたをするように動かし、両手の人差し指を並べる（手の甲が上になる）。
《語源》埋めるようす。
《同意》埋め立て工事
《例文》海の埋め立てを止める＝「海」＋「埋め立て」＋「止める」。

うやまう【敬う】

《表現》手のひらを上に指先を前に向けた左手に、親指を立てた右手を乗せ、そのまま上げる。上げると同時に頭を下げる。
《語源》おしいただくようす。
《同意》尊敬
《例文》老人を敬う＝「老人」＋「敬う」。父と母を尊敬する＝「父」＋「母」＋「尊敬」。イギリス女王＝「イギリス」＋右手を親指に代えて小指を立て「敬う」。

うら【裏】

《表現》手前に向けた左手のひらに右手のひらで触れる。
《語源》手のひら側が裏側を示す。
《応用》同様に、前に向けた左手の甲を右手のひらで触れると「表」の手話。
《例文》表裏＝「表」＋「裏」。裏金＝「裏」＋「お金」。
《参考》右手人差し指でさし示してもよい。

うらない【占い】

《表現》手前に向けた左手のひらに、握った右手を寄せたり、離したりする。
《語源》虫メガネで手相を見るしぐさ。
《同意》手相占い
《例文》星占い＝「星座」＋「占い」。姓名判断＝「名前」＋「占い」。血液型占い＝「血液」＋「占い」。占いを信じます＝「占い」＋「信用」。

うらみ【恨み】

a

《表現》親指と人差し指を開いた両手を交差して構え、左右斜め下に引きながら2指の指先を合わせる。交差させずに両肩あたりで構え、交差させながら左右斜め下に引いてもよい。

《語源》「お互い」の変形で、復讐を表現。

《別形》カギ型に曲げた両手の人差し指を目の前に構え、両手同時に前に出していくb。

b

うらやましい【羨ましい】

《表現》右手人差し指を唇の端に当ててそのまま下ろす。

《語源》うらやんで、よだれをたらすようす。

《同形》よだれ（だらしない表情で）

《例文》彼女はスマートでうらやましい＝「女」を指す＋「スマート」＋「うらやましい」。覚えが早くてうらやましい＝「早い」＋「覚える」＋すごいねと語りかけの表情で「得意」＋「うらやましい」。

うりきれ【売り切れ】

《表現》おなかの前で手のひらを上に向けて構えた左手に、真上から右手のひらを打ちつけると同時に右に払う。

《語源》無くなったようす。

《同意》きれいさっぱり無くなる

《例文》バナナは売り切れ＝「バナナ」＋「売り切れ」。

《参考》この手話の前に「売る」をつけてもよいが、一つの手話で十分に伝わる。

うる【売る】

《表現》右手親指と人差し指で輪をつくり⇩「お金」の手話（輪を地面と水平に）、右手を手前に引くと同時に、手のひらを上に指先を前に向けた左手をまっすぐ前に出す。

《語源》「お金」を受け取り、物を渡すようす。

《応用》逆の動作で、右手を前に出し、左手を手前に引くと「買う」の手話になる。また、両手を「お金」にして前後に交互に動かすと「商売」「取引」「営業」の手話になる。

《例文》売値＝「お金（金）」＋「売る」。

うるさい【煩い・五月蝿い】

《表現》右耳に右手人差し指を近づけ、ねじるように動かす。いやそうな表情で。

《語源》耳に音が入って痛いことから。

《同意》うるさい音・騒音・やかましい
《例文》うるさくて困る＝「うるさい」＋「迷惑」。父がうるさい＝「父」＋父の男を示した位置から両手で激しく「言われる」＋「うるさい」。

《参考》両手で行うこともある。

うれしい【嬉しい】

《表現》両手のひらを手前に向け5指を開き、胸の前で上下に交互に動かす。うれしそうな表情で。

《語源》胸がワクワクするようす。

《同意》楽しい・喜ぶ
《例文》再会できてうれしい＝「また」＋「会う」＋「うれしい」。合格できてうれしい＝「合格」＋「うれしい」。

《参考》手を動かすリズムを変えてうれしさの度合いや違いを表現できる。両手をゆっくり動かすと、こみあげてくるような「うれしさ」の表現になる。

うわき【浮気】

《表現》両手の親指と4指を伸ばし手のひらを上に向けて、指先を向かい合わせ身体の前で構える。そのまま両手同時に横に動かす。
《語源》構えた両手は心を表し、それが横にそれる表現。
《例文》浮気がばれた＝「浮気」＋「ばれる」。浮気相手＝「浮気」＋「男」あるいは「女」。

うわさ【噂】

《表現》伸ばしてそろえた両手の指先をつけ屋根の形をつくり、手首をねじるようにゆらしながら耳元に寄せる。同時に、耳を指先方向に傾ける。

《語源》両手の指は人。耳元でたくさんの人が話をするということから。

《別形》同じ手の形で指先を前後にこすり合わせる。

《例文》噂に聞く＝「噂」＋「聞く」。人の噂も75日＝「噂」＋数詞「75」＋「〜日」＋「なくなる（消える）」。

うんどう【運動】

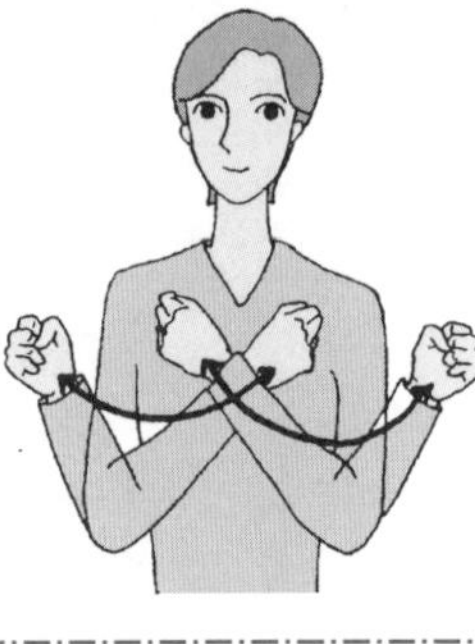

《表現》握った両手を、左右から交差させるように動かす。2～3回繰り返す。
《語源》身体を動かしてきたえている表現。
《別形》「訓練」でもよい。
《例文》運動会＝「運動」＋「会」。運動神経がよい＝「良い」＋「運動」＋「神経」。やせるために運動が大切＝「やせる」＋「～ために」＋「運動」＋「必要（～しなければならない）」。

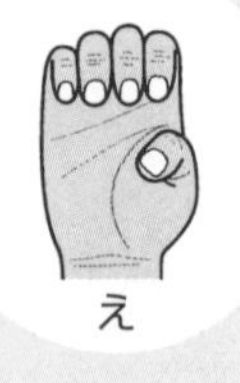

え

5指をカギ型に曲げる。
「e」と同じ。

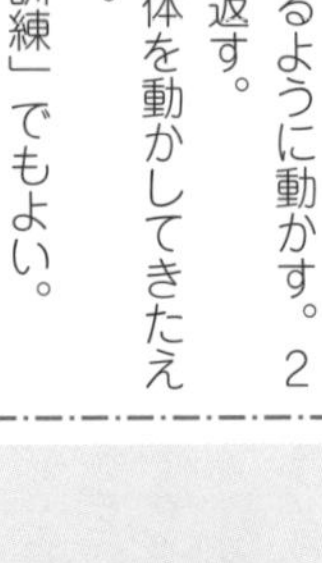

え【絵】

《表現》手のひらを手前に向けた左手をキャンバスに見立て、右手の甲を左手のひらに2～3回打ちつける。
《語源》キャンバスに、筆に見立てた右手で絵の具を乗せるようす。
《同意》絵画・描く
《例文》画家＝「絵」＋「男」あるいは「女」。絵を観るのが好きです＝「絵」＋絵の左手を残し、左手に向かって「見る」＋「好き」。絵が上手＝「絵」＋「上手」。

えいが【映画】

《表現》指をやや開いて伸ばした両手を交互に上下に動かす（手のひら手前）。
《語源》平面のスクリーン上で映像が動くようす。
《例文》洋画＝「外国」＋「映画」。邦画＝「日本」＋「映画」。映画女優＝「映画」＋「演劇」＋「女」。映画を観に行こうよ＝「映画」＋誘いかけるように「一緒に行く（一緒）」。
《参考》この手話の前に、すぼめた右手を顔の横から広げつつ前に出す「プロジェクター」「オーバー・ヘッド・プロジェクター」の手話を加える場合もある。

えいきゅう【永久】

《表現》 平行に伸ばした親指と人差し指を、右目からまっすぐ前にゆっくり動かしていく。

《語源》 一定の状態（指の幅）が続くという表現。

《同意》 永遠・永久に続く

《例文》 芸術は永久＝「芸術」＋「永久」。いつまでも愛している＝「永久」＋「愛」。半永久的＝「半分」＋「永久」＋「〜的（合う）」。

えいきょう【影響】

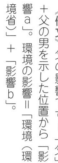

a

b

《表現》 指を伸ばし、軽く開いた両手の指先を顔に向けて近づける。

《応用》 逆の動作、相手側に向ければ「影響を与える」の手話。

《別形》 同じ動きを下から顔に向けて行うb。

《例文》 父の影響です＝「父」＋父の男を示した位置から「影響a」。環境の影響＝「環境（環境省）」＋「影響b」。

えいぎょう【営業】

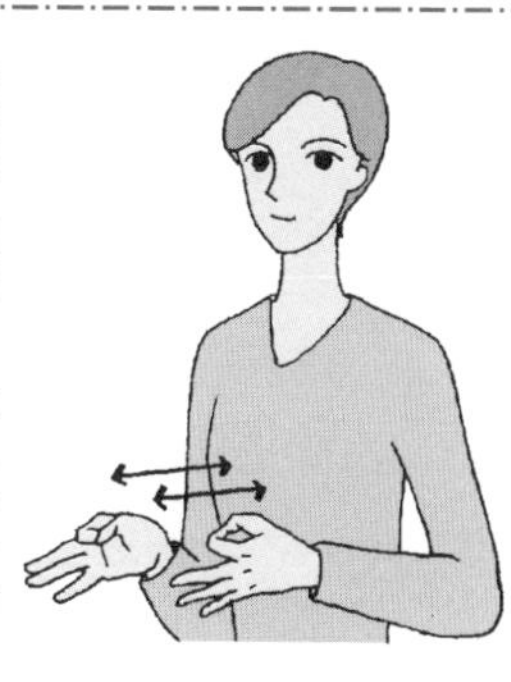

《表現》 親指と人差し指で輪をつくった両手（輪は地面と水平）を、身体の前で交互に前後に動かす。

《語源》 親指と人差し指でつくった輪はお金。お金がやりとりされるようす。

《同形》 商売・取引

《応用》 お金を表した右手を前に出すとともに、手のひらを上に向けた左手を手前に引くと「買う」の手話、また、その反対の動きで「売る」の手話。

《例文》 営業マン＝「営業」＋「男」。株取引＝「株」＋「取引」。商売繁盛＝「商売」＋「とても」＋「成功」。

えいご【英語】

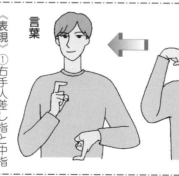

イギリス

言葉

《表現》 ①右手人差し指と中指の背を、あごに沿って左から右へU字型に移動させる⇒**「イギリス」の手話**、②両手の人差し指をカギ型に曲げ上下で「 」を描く⇒**「言葉」の手話**。

《語源》 「イギリス」と「言葉」で。

《別形》 ②の「言葉」に代え、「言うa」を2回行い伝えることもある。

えいせい【衛生】

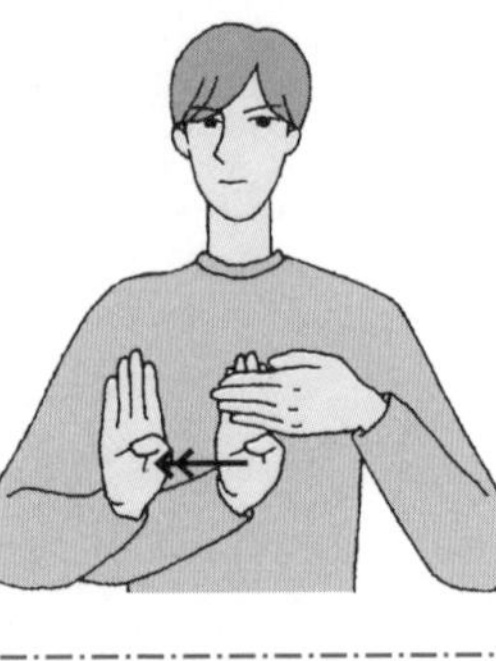

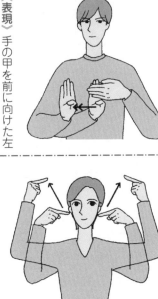

《表現》手の甲を前に向けた左手を指先を右に向けて構え、その手のひらを、立てた右手4指の腹で数回拭う。

《語源》きれいにする表現。

《例文》衛生管理者＝「衛生」＋「管理（調べる）」＋「男」あるいは「女」。精神衛生上よくない＝「心」＋「衛生」＋「悪い」。衛生的＝「衛生」＋「～的（合う）」。

えいよ【栄誉】

《表現》両手の人差し指で両耳を指し、左右に広げながら上げる。

《語源》聞こえがよいという表現。

《別形》身体の前で、手の甲を前に向け伸ばした両手人差し指の先を向かい合わせ、そのまま両手同時に上げる。

《例文》彼は誉れ高い＝「彼」＋「栄誉」。

《参考》両手の人差し指で両耳を指さずに、耳の横から左右に広げながら上げると関西では「有名」の手話になる。

えいよう【栄養】

《表現》手のひらを上に向けた右手の指先を胸あたりに2回当てる。

《語源》外部から自分に摂り入れるものという表現。

《例文》栄養満点＝「栄養」＋「たくさん」。いろいろな栄養を摂取する必要がある＝「いろいろ」＋「栄養」＋「必要（～しなければならない）」。栄養摂り過ぎ＝「栄養」＋「過ぎる（おせっかい）」。

えき【駅】

切符

場所

《表現》①手のひらを上に向けた左手を、軽く握った右手親指と人差し指の間で挟む⇒**「切符」の手話**、②下に向けてわん曲させた右手を軽く下ろす⇒**「場所」の手話**。

《語源》「切符」と「場所」で。

エジプト【Egypt】

《表現》握った両手を交差させて胸に当てる。

《語源》エジプトのミイラから。

《別形》指を伸ばしてそろえた両手を左右から斜めに立てて指先をつけ、両手同時に左右斜め下に引く（ピラミッドの形）。

《例文》エジプト４０００年の歴史＝「エジプト」＋数詞「４０００」＋「年」＋「歴史」。

エスカレーター【escalator】

《表現》左手のひらに右手人差し指と中指を乗せ、そのまま両手を前に上げていく。

《語源》エスカレーターで上がるようす。

《同形》エスカレーターで上がる

《応用》真上にあげると「エレベーター」の手話。

《例文》上りのエスカレーターはまっすぐ歩いて右にあります＝「エスカレーター」＋前に向かい「歩く」＋「右」。

《参考》前に下げていくと「エスカレーターで下りる」の手話となる。上り、下りを使い分けできる。

エチケット【etiquette】

《表現》甲を前に向けた両手握りこぶしの小指側を胸あたりで2回打ち合わせる。

《語源》筋を通すという意味から横に1本力強く筋を引く。悪い姿勢をまっすぐに直すからともいわれる。

《同意》礼儀・道徳・モラル・マナー・常識がある・躾（しつけ）

《応用》左右から合わせた握りこぶしを前後に離すと反対語である「失礼」「非常識」の手話になる。

《例文》エチケットを守りなさい！＝「エチケット」＋「気をつける」＋「叱る」。彼は常識がある＝「彼」＋「常識がある」。

エヌ・エイチ・ケイ【ＮＨＫ】

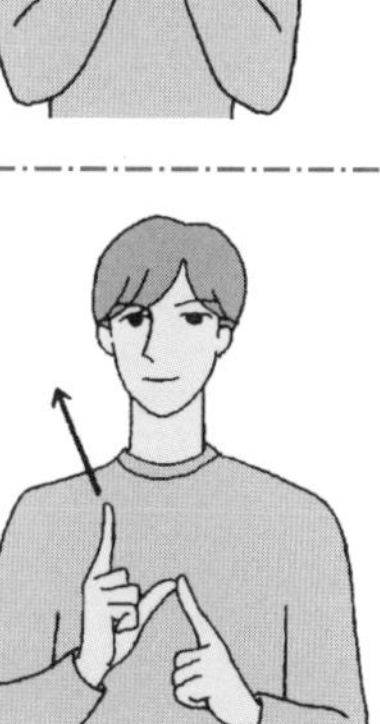

《表現》斜め上向きに立てた左手人差し指の先に、親指と人差し指を伸ばした右手親指の先を当て、右手だけそのままの形で斜めに上げる。

《語源》指はＮを表し、右手を上げるのは電波が飛ぶ表現。

《例文》ＮＨＫの手話ニュース見た？＝「ＮＨＫ」＋「手話」＋「ニュース」＋疑問の表情で「見る」。

《参考》斜めにＮを描くように上げてもよい。

エヌ・ティー・ティー【NTT】

《**表現**》曲げた両手の人差し指と中指の先をつけ、弧を描くように左右に離して終わりに手首をつける。

《**語源**》NTTのロゴマークから。

《**例文**》NTTの電話料金が下がった＝「NTT」＋「電話」＋「値下げ」。

エヌ・ピー・オー【NPO】

《**表現**》斜め上向きに立てた左手人差し指の先に、親指と人差し指を伸ばした右手親指の先を当て、右手だけそのままの形で右回転に円を描く。

《**語源**》「N」「P」「O」の形から。

《**例文**》私はNPOで働いています＝「私」＋「NPO」＋「働く（仕事）」。

エネルギー【energy】

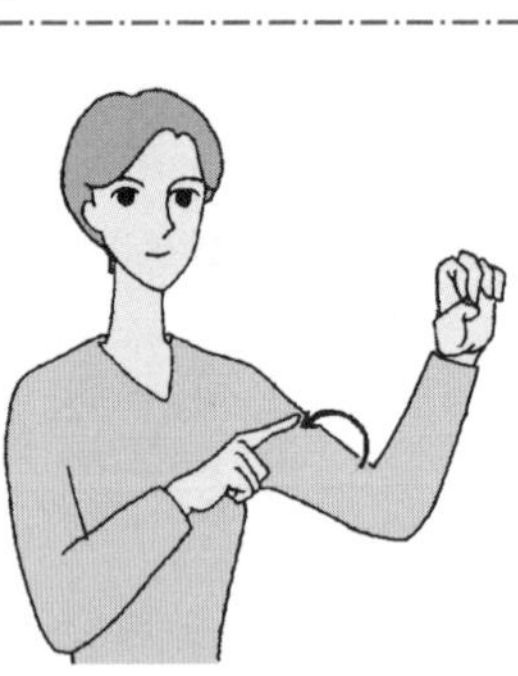

《**表現**》5指を曲げた左手⇩**指文字「え」**を前方に構え、右手人差し指で左の二の腕に弧を描く。

《**語源**》「え」と力こぶで表現。

《**応用**》握った左手に力こぶを描けば「力」の手話。ただしその場合は手の甲は前向き。

《**例文**》太陽エネルギー＝「太陽」＋「エネルギー」。風力発電＝「風」＋「エネルギー」＋「光る」。

えび【海老】

《**表現**》曲げた右手人差し指と中指を伸ばすと同時に手を右へ動かしていく。2～3回移動。

《**語源**》エビが泳ぐようす。

《**例文**》甘エビ＝「甘い」＋「エビ」。生きたエビが送られてきた＝「生きる」＋「エビ」＋「送られてきた」（**「送る」参照**）。

《**参考**》「エビが跳びはねた」という場合は「エビ」の手話を行ったあとに、曲げた指を勢いよく伸ばしながらジャンプさせる。

えひめ【愛媛】

《**表現**》左手小指を立て⇩「**女**」**の手話**、右手で小指の頭の上をなでるように2～3回まわす。

《**語源**》小指を立てた左手は「女性」(姫)を、頭をなでる形は「愛」を表す。

《**同形**》女を愛する

《**応用**》左手を「男」の手話にすれば「愛知」の手話。

《**例文**》愛媛みかん＝「愛媛」＋「みかん」。

エラー【error】

《**表現**》右手握りこぶしを開きながら、おなかの前で構えていた左手のひらに右手の甲を叩きつける。

《**語源**》平らできれいなものの表面（左手のひら）に、インクなどがこぼれ、飛び散った（右手）ことを表現。

《**同意**》失敗

《**別形**》右手握りこぶしを鼻に当て高い鼻を表現したあと、鼻を折るように下にひねる（「**失敗**」参照）。

えらい【偉い】

《**表現**》鼻の下で手のひらを下に向けて水平に構えた右手をまっすぐ右へ動かす。

《**語源**》ひげをはやした上品な紳士から。

《**同形**》立派・上品

《**例文**》彼女は品がある＝「女」＋「上品」。あの男は品がない＝「男」＋「上品」＋「～ない」。

えらぶ【選ぶ】

《**表現**》立てた左手5指から中指1本を右手親指と人差し指でつまみ上げるように引く。

《**語源**》選んだものを引き抜くようす。

《**例文**》赤い花を選んだ＝「赤」＋「花」＋「選ぶ」。選抜高校野球＝「選ぶ」＋「高等学校」＋「野球」。

《**参考**》迷った表情で5指の1本ずつに触れたあと、1本をつまみ上げると「迷ったなかから選んだ」というニュアンスになる。

エリート【elite】

《**表現**》指を伸ばした左手を前に出し、手前に向けたその甲に沿って右手人差し指を上げていく。

《**語源**》何人もの人を左手で表し、その中から選ばれた人を表現。

《**例文**》財務省のエリート＝「財務省」＋「エリート」。選民思想＝「エリート」＋「人々」＋「主義」。オールスターゲーム（野球）＝「全部」＋「エリート」＋「野球」。

える【得る】

《**表現**》少しわん曲させた右手を前に出し、そのまま手前に引き寄せながら握る。

《**語源**》自分の方に持ってくる動作から。

《**同意**》取る

《**別形**》指を伸ばした両手のひらを上下に向かい合わせて身体の前で構え、両手同時に手前に引く。

《**例文**》幸せを得た＝「幸せ」＋「得る」。得難い＝「難しい」＋「得る」。

《**参考**》手前に引き寄せるときに、勢いをつけたり、力を込めて感じを伝えるとよい。

エレベーター【elevator】

《**表現**》左手のひらに、右手人差し指と中指を乗せ、そのまま両手を上下する。

《**語源**》エレベーターが上下するようす。右手2指は人を表す。

《**応用**》左手のひらに乗せたまま前に上げていくと「エスカレーター」の手話。

《**例文**》駅にエレベーターが必要＝「駅」＋「エレベーター」＋「必要（～しなければならない）」。エレベーターに乗って5階まで行ってください＝「エレベーター」＋「5階」（**「～階」参照**）＋エレベーターの形に戻して左手のひらから右手を降ろす＋「頼む」。

《**参考**》上げていくと「エレベーターで上がる」、下げていくと「エレベーターで下りる」の意味になる。上り、下りを使い分けできる。

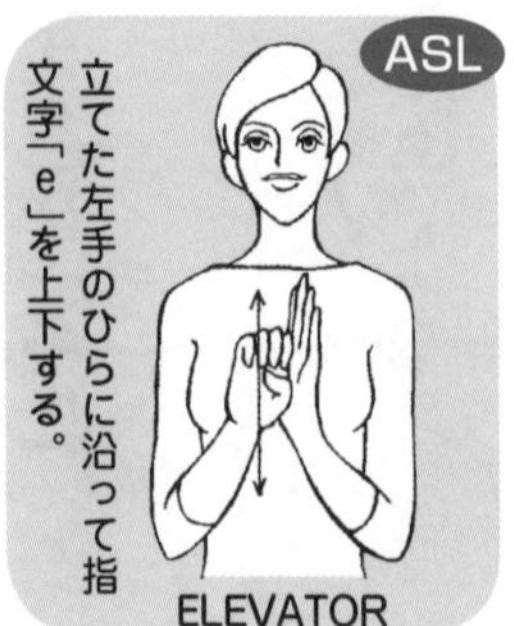

立てた左手のひらに沿って指文字「e」を上下する。

えん【円】（通貨単位）

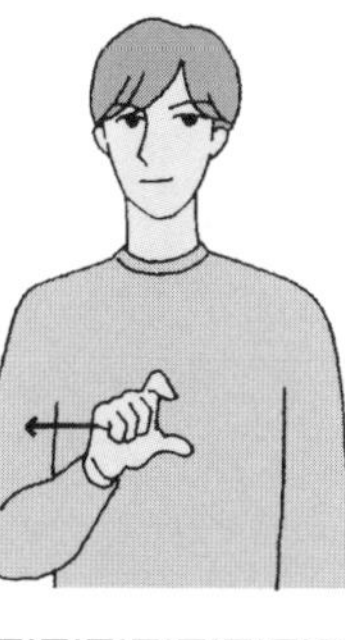

《**表現**》右手親指と人差し指でコの字型をつくり、指先を前に向けたまま、右へ動かす。
《**語源**》札束の厚みを示し、通貨の単位に転用。
《**例文**》1000円です＝数詞「千」＋「円」。100円ショップ＝数詞「100」＋「円」＋「店」。
《**参考**》図形の円の場合は、前に向けた人差し指の先で円を描く。

えんきり【縁切り】

《**表現**》左腕をやや前に出し、腕に沿って右手の手刀で切るように下ろす。

《**語源**》袂（たもと）を分かつから。

《**同意**》袂を分かつ
《**別形**》「関係ない」の手話。相手と自分の間、または左手「男」あるいは「女」との間を、右手人差し指と中指でハサミを入れるように切る。

《**例文**》彼と彼女は縁を切った＝「彼」＋「女」＋「縁切り」、あるいは、右手で「彼」＋左手で「女」＋間にハサミを入れる。

えんげき【演劇】

《**表現**》①右手握りこぶしの甲を手前に向けて掲げ、左手握りこぶしを、右手よりやや下げた位置で甲を前に向けて掲げる、②両手を同時にくるっと反転させる（右手は甲が前に、左手は甲が手前に）。

《**語源**》歌舞伎で見得を切るようすから。

《**同形**》芝居・演技
《**応用**》同じ動作で、手を握らずに開いてわん曲させた両手で行うと「歌舞伎」の手話になる。

《**例文**》私の好きな俳優です＝「私」＋「好き」＋「演劇」＋「男」。演技力がある＝「演劇」＋「上手」。

えんしゅつ【演出】

《**表現**》伸ばした両手の人差し指を胸の前あたりから左右（前方向）に交互に2回ほど出す。
《**語源**》次々に指示を出すようすから。
《**同意**》指示する
《**同形**》監督
《**例文**》劇を演出する＝「演劇」＋「演出」。演出家＝「演出」＋「男」あるいは「女」。裏で指図する＝「裏」＋「指示する」。

エンジン【engine】

《表現》人差し指と中指をカギ型に曲げた両手を向かい合わせ、交互に上下させる。
《語源》エンジンのピストンが上下するようす。
《例文》飛行機のエンジントラブル＝「飛行機」＋「エンジン」＋「壊れる」。エンジン全開＝「エンジン」＋「開ける」＋「最高」。

えんそく【遠足】

《表現》指を伸ばし軽く開いた両手の指先を上に向けて前後にずらして構え、両手同時に小さく上下に動かしながら前に出していく。

《語源》子供たちが列になって歩いていくようす。

《同形》ハイキング・行進
《例文》明日の遠足は、晴れてほしいね＝「明日」＋「遠足」＋「晴れ」＋「～したい」。

《参考》同じ形で、前の手を残し手前の手を手前に引いていくと「行列」の手話になる。

えんぴつ【鉛筆】

《表現》①右手で鉛筆を持つ形をつくり、鉛筆の先をなめるように右手を口元に寄せ、②続けて右手を前に出して書く動作をする。
《語源》なめる動作は、昔の鉛筆はつばで湿気を加えないとよく書けなかったためのもの。

えんりょ【遠慮】

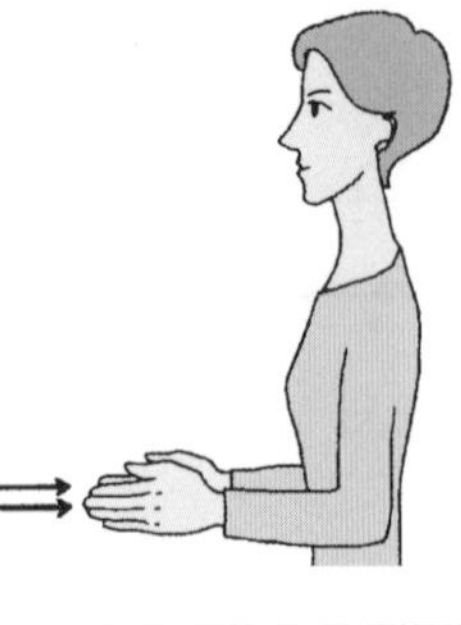

《表現》手のひらを向かい合わせ、まっすぐ伸ばした両手を左右に構え、そのまま手前に引く。
《語源》引くようす。
《例文》私は遠慮します＝「私」＋「遠慮」。遠慮しないで＝「遠慮」＋「いらない」。

お

5指を丸めて0をつくる。
「o」と同じ。

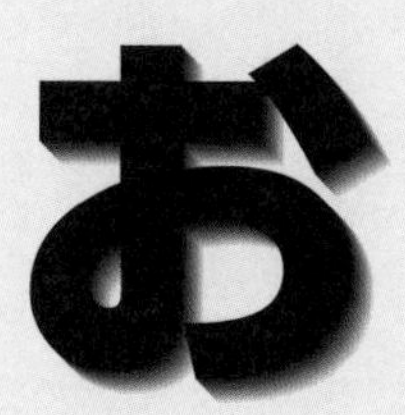

おいしい【美味しい】

《表現》右手のひらを右ほほに2〜3回軽やかに当てる。うれしそうな表情で。

《語源》ほっぺたが落ちそうなくらいおいしいようす。

《例文》おいしいお菓子＝「おいしい」＋「お菓子」。おいしそう＝見つめながら気持ちを込めて「おいしい」。

《参考》よだれを拭うように右手の甲であごを左から右へなでても「おいしそう」の手話になる。なお、右手を左ほほに2回当てると「もったいない」になるので注意。

おいぬく【追い抜く】

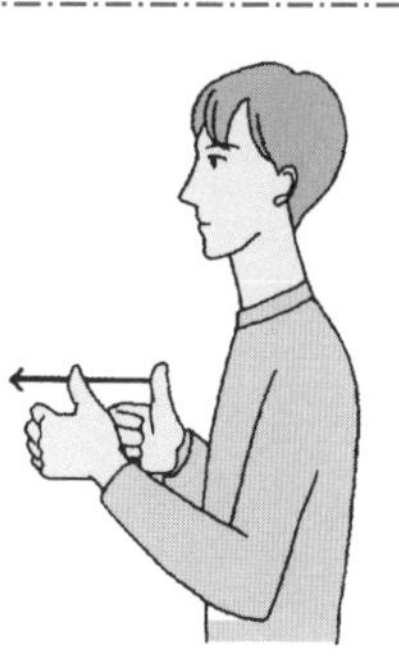

《表現》親指を立てて前に置いた左手を動かさずに、親指を立てて手前に置いた右手で追い抜く。同じ高さで。

《応用》手を反対に、右手（自分に見立て）を左手で追い抜けば「追い抜かれる」の手話になる。また、親指と4指をコの字型にした⇓**「車」の手話**、両手で同じ動作を行うことで「車で追い抜く」になる。

おうせつま【応接間】

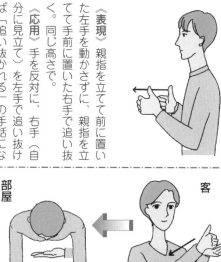

《表現》①親指を立てた右手を左手のひらに乗せ、手前に引く⇓**「客」の手話**、②手のひらを向かい合わせて平行に両手を置き、続けて、両手のひらを手前に向けて前後に平行に置く⇓**「部屋」の手話**。

《語源》「客」と「部屋」で。

《同意》客室

《例文》応接間に案内する＝「応接間」＋「導く」。

おうだんほどう【横断歩道】

《表現》人差し指と中指の先を下に向け交互に動かしながら前へ出す手話⇒**「歩く」の手話**を、両手で交互に前後させる。

《語源》人が往来することから。

《例文》横断歩道を渡って右＝「横断歩道」＋「行く」＋「右」。横断歩道でも赤信号では渡ってはいけない＝「赤」＋「信号」＋「横断歩道」＋「行く」＋「だめ」。

おうちゃく【横着】

《表現》右手握りこぶしの親指側をあごに2回当てる。

《語源》あごに手を当てて何もしないという表現。

《例文》横着な男＝「横着」＋「男」。横着するな！＝「横着」＋「叱る」。横着せずに自分で片付けなさい＝「横着」＋「だめ」＋「あなた」＋「片付ける（用意）」。

おおい【多い】

《表現》甲を前に向けた両手を身体の前で構え、指を1本1本折りながら両手同時に右へ移動させる。

《語源》たくさんあるようすを動きと指で表現。

《同形》沢（人名）・たくさん

《別形》同じ指の動きで、右手は右へ左手は左へ同時に移動させる。

《例文》仕事が多くて困る＝「仕事」＋「多い」＋「困る」。手話のできる看護師さんが多い＝「手話」＋「～できる」＋「看護師」＋「多い」。沢田さん＝「沢」＋「田」＋「男」あるいは「女」。

《参考》手を移動させず片手だけで指を折ると「いくつ」。

おおいた【大分】

《表現》左手の甲を前に向け（指先は下向き）、右手親指と人差し指でつくった輪を左手の甲に乗せる。

《語源》左手は九州を表し、右手の輪は大分の位置を示す。

《例文》大分へ温泉旅行する＝「大分」＋「温泉」＋「旅行」。

オーエル【OL】

《表現》①親指と4指の先をつけ輪をつくる⇒**指文字「O」**、②親指と人差し指を伸ばす⇒**指文字「L」**。
《語源》「O」と「L」で。
《参考》OLはオフィスレディー（和製英語）。会社で働く女性のこと。

おおきい【大きい】

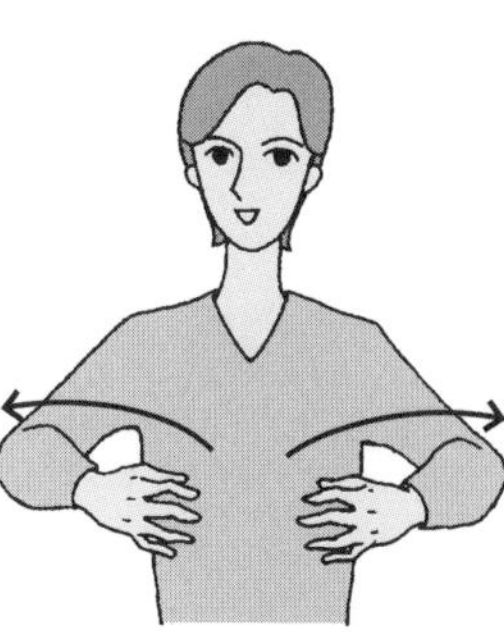

《表現》両手の指を向かい合わせて、円をつくるように構え、やや上に弧を描きながら左右に広げる。

《語源》大きく広がるようす。

《同意》絶大
《応用》逆の動作（左右から狭めていく）で「小さい」の手話になる。

《例文》海は大きい＝「海」＋「大きい」。大きな家＝「大きい」＋「家」。

《参考》表情や広げる幅を調整して伝えたい大きさの度合いを変えることができる。

オーケー【OK】

《表現》右手親指と人差し指で輪をつくり、少し前に出す。
《語源》OKの慣用語。
《同意》いいよ・ヨシ！

おおさか【大阪】

《表現》右手人差し指と中指をこめかみあたりから前に2回出す。

《語源》豊臣秀吉の兜(かぶと)を表したものといわれている。

《例文》大阪城＝「大阪」＋「城」。大阪は商いの町＝「大阪」＋「商売（営業）」＋「町」。京都着倒れ、大阪食い倒れ＝「京都」＋「着物」＋「家」を倒す＋「大阪」＋「食べる」＋「家」を倒す。

オーストラリア【Australia】

《**表現**》親指、中指、薬指の先をつけた⇓**指文字「き」**両手を、飛び跳ねるように上下させながら前に出していく。

《**語源**》カンガルーが跳ねるようす。

《**別形**》親指と中指の先をつけ輪をつくった両手を、前に出しながら下向きにパッと開く動作を2回ほど行う。

《**例文**》今年の冬にオーストラリアへスキューバーダイビングに行く＝「今日」＋「年」＋「冬」＋「オーストラリア」＋「飛行機」＋「ダイビング」。

オーストリア【Austria】

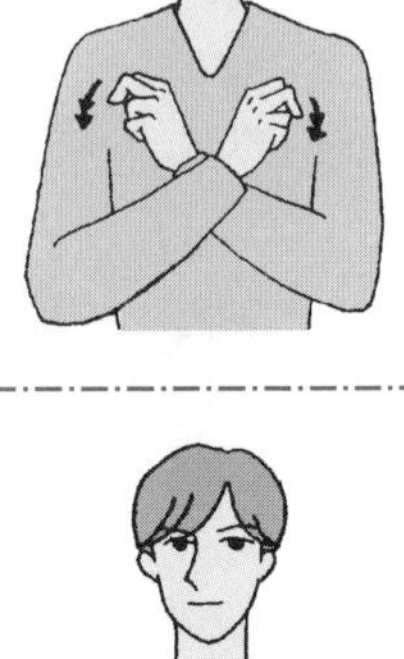

《**表現**》人差し指と中指を曲げた両手を胸の前で交差させ、両手同時に軽く手首を下向きに曲げる。

《**語源**》ハプスブルク家の紋章である双頭の鷲から。

《**例文**》オーストリアは永世中立国です＝「オーストリア」＋「永久」＋「中（中級）」＋「立つ」＋「国」。

オートバイ【autobicycle】

《**表現**》ハンドルを持つように握りこぶしを前に出し、右手を、アクセルをふかすように手首から手前に回転させる。

《**語源**》オートバイに乗る動作で表現。

《**例文**》ツーリング＝「オートバイ」＋「一緒に行く（一緒）」。オートバイで突っ走るのは危ない＝「オートバイ」＋「スピードを上げる（**「（スピードが）落ちる」**参照）」＋「危ない」。オートレース＝「オートバイ」＋「競争」。

おおみそか【大晦日】

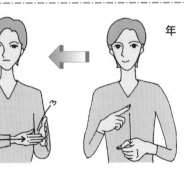

年

最後

《**表現**》①おなかの前で立てた左手握りこぶしの親指側に右手人差し指を当てる⇓**「年」の手話**、②身体の左に構えた左手のひらに、伸ばした右手の指先を右から当てる⇓**「最後」の手話**。

《**語源**》「年」の「最後」で表現。

《**例文**》大晦日にそばを食う＝「大晦日」＋「そば」。大晦日に神社へ行く＝「大晦日」＋「神社」＋「行く」。

おかし【お菓子】

《表現》右手親指と人差し指でお菓子をつまむ形をつくり、そのまま口元に近づける。
《語源》お菓子を食べるようす。
《同形》おやつ
《例文》3時のおやつ＝「時間a」＋数詞「3」＋「おやつ」。手作りのお菓子＝「手（左手の甲を右手で軽く叩く）」＋「作る」＋「お菓子」。

おかしい（疑問に思う）

《表現》右手人差し指の先をあごに当て、軽く手をゆする。変だという表情を加える。
《語源》迷っているときにあごに手を当てるようすから。
《同意》あやしい・変だ・不思議だ
《例文》あやしい話だ＝「あやしい」＋「情報」。

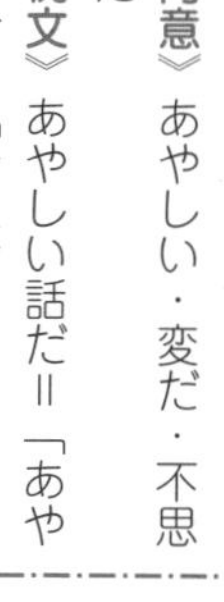

伸ばした人差し指を額に近づけながら指文字「×」にする。

おかやま【岡山】

《表現》ややすぼめた両手を胸の前で交差し、両手の5指を同時に閉じたり開いたりする。
《語源》岡山の名産である畳表を表すとされる。
《例文》岡山の桃はおいしい＝「岡山」＋「桃」＋「おいしい」。

おかゆ【お粥】

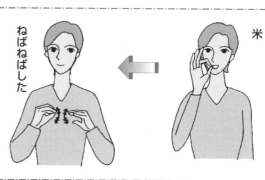

《表現》右手親指と人差し指で輪をつくり、その指先を口の端に当てる⇒**「米」の手話**、②親指と4指を向かい合わせて交互に閉じたり開いたりする⇒**「ねばねばした」の手話**。
《語源》「米」と、粘り気のあるようすを表現。

おぎなう【補う】

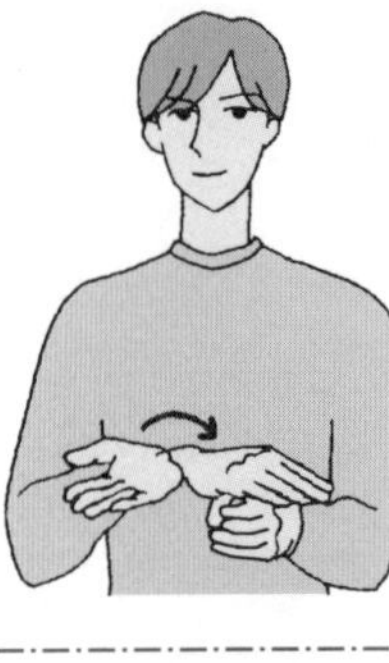

《表現》 左手親指と4指でつくった筒に、右手のひらを乗せてふたをする。

《語源》 つぎ足すようす。

《同形》 補充

《例文》 栄養補給＝「補う」＋「栄養」。欠点を補う＝「欠点」＋「補う」。

おきなわ【沖縄】

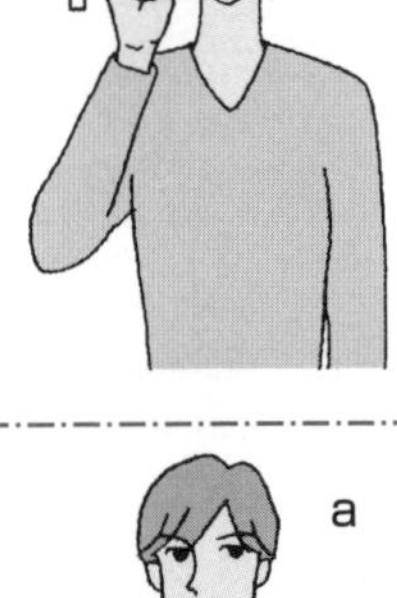

《表現》 手の甲を手前に向け人差し指と中指を立てた右手をこめかみの下あたりから、ねじりながら上げる（手首を返して甲を前に向ける）。

《語源》 沖縄の踊りの際に頭に結ぶ帯から。

《別形》 両手で行ってもよい。右手は同じ動き。左手は手のひらを手前に向けて右手の下に構え、ねじりながら下げる。この動作を両手同時に行う。

《例文》 美しい沖縄の空と海＝「沖縄」＋「美しい」＋「空」＋「美しい」＋「海」。沖縄で激戦がありました＝「沖縄」＋激しく「戦争」＋「過去」＋「ある」。

おきる（事が）【起きる】

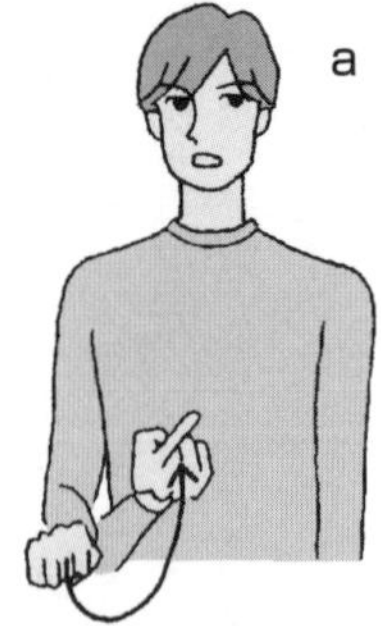

a

《表現》 右手人差し指の先を前に向けて伸ばし、手首を返しながら、勢いよく上げる（人差し指の腹が上向きになる）。

《語源》 突然事が起きる表現。

《同意》 起こる

《同形》 いきなり・急に・突然

《例文》 また問題が生じた＝「また」＋「問題」＋「起きる」。交通事故が起きてからでは遅い＝「事故」＋「起きる」＋「場合」＋「手（左手の甲を右手で軽く叩く）」＋「遅れる」（※「手」と「遅れる」で「手遅れ」）。

《別形》 伸ばした人差し指を斜めに立て（甲は上向き）、手首を返しながらU字型に動かし、指先を上に向けるb。あるいは、親指と人差し指の先をつけた形で構え、同じ動作を行ってもよい。

《参考》 右手人差し指を動かすスピードで、突然、あるいは、ゆっくり事が起きたかの表現を使い分けできる。

b

おくる【送る】

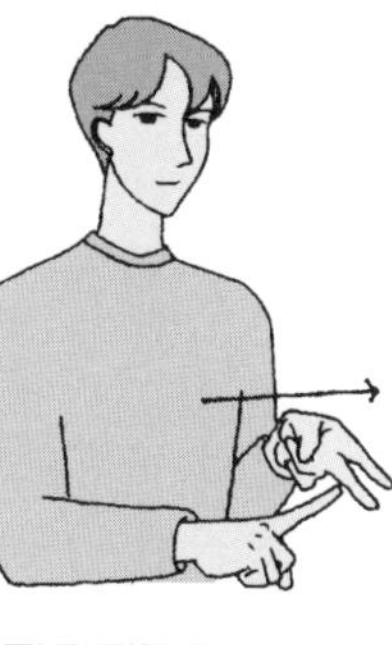

《表現》人差し指と中指を伸ばした左手を横向きに構え、その下に右手人差し指の先をつけ、そのまま前に出す。

《語源》〒マークを表し、前に出すことから。

《同形》手紙を出す・発送
《応用》〒型の両手を前から手前に引けば「送られてきた」「手紙が届く」の手話になる。

《例文》送金＝「お金（金）」＋「送る」。年賀状を送る＝「正月」＋「紙」＋「送る」。

《参考》プレゼントを「贈る」場合は「お土産」を使う。

おくれる【遅れる】

《表現》親指と人差し指を伸ばした右手（人差し指左向き）を、左から右へゆっくりと弧を描きながら動かす。

《語源》手は太陽を表し、ゆっくりしているために日が暮れるという意味から。

《同形》遅い・ゆっくり
《別形》両手で行ってもよい。同じ形の両手を向かい合わせ（手の甲前）、左から右に両手同時に動かす。

《例文》仕事が遅れている＝「仕事」＋「遅れる」。

《参考》「時間に遅れる」の場合は「時間」＋「過ぎる（お節介）」で表現することが多い。

おこのみやき【お好み焼き】

《表現》①右手親指と人差し指を開いてのど元に当て、前に出しながら閉じ⇓**「好き」の手話**、②上に向けた左手のひらに、伸ばした右手の甲を置く、そのままで右手をひっくり返す（甲が上向きになる）。
《語源》鉄板の上でお好み焼きをひっくり返すようす。

おこる【怒る】

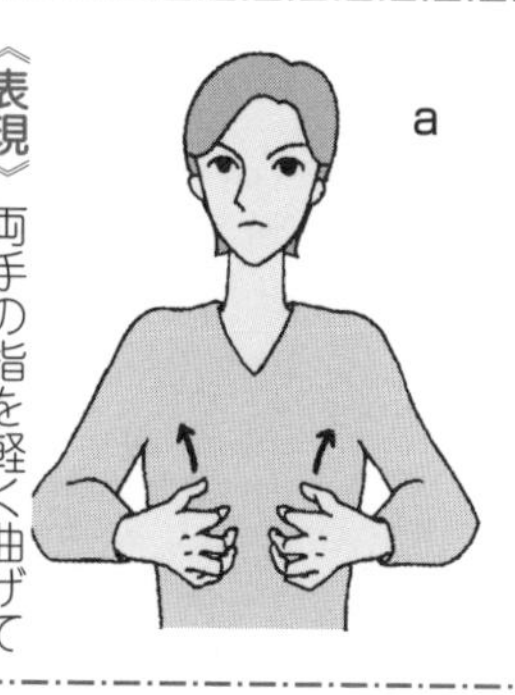

《表現》両手の指を軽く曲げておなかに当て、両手同時に勢いよく上げる。表情を加えて。
《語源》おなかから感情が沸き上がるようす。
《別形》両手の人差し指で頭に角をつくり上にあげるb。
《例文》みんな怒っているぞ！＝「皆」＋「怒る」。

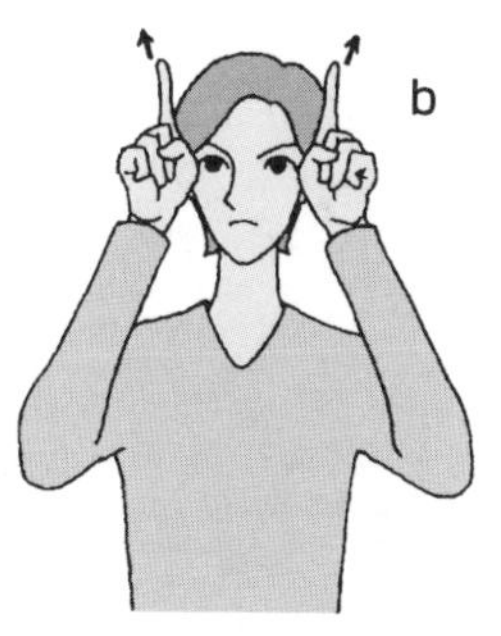

おさななじみ【幼なじみ】

《表現》おなかほどの高さで、手のひらを下に向けた左手の小指側に、同じく手のひらを下に向けた右手の親指側を当てて（両手ともやや曲げて）構え⇩両手同時に上げる。

「同級生」の手話、両手同時に上げる。

《語源》「同級生」の手話の変形で、そのあと大きく（背が高く）なったことを表したもの。

《応用》胸の高さで、手のひらを下に向けた左手の小指側に同じく手のひらを下に向けた右手の親指側を当てると「同級生」の手話。

《例文》彼とは幼なじみ＝その人を指す＋「幼なじみ」。

おじ【伯父・叔父】

親類・親戚

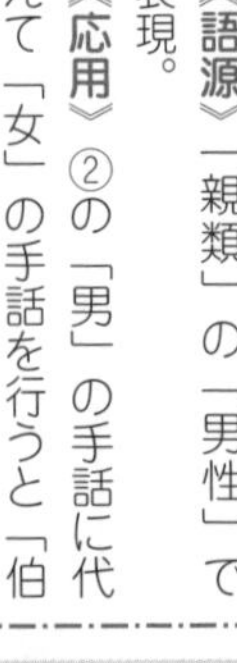

《表現》①親指と人差し指の先をつけた両手を右ほほに当て、右手を前に出す⇩**「親類」「親戚」の手話**、②右手親指を立てる⇩**「男」の手話**。

《語源》「親類」の「男性」で表現。

《応用》②の「男」の手話に代えて「女」の手話を行うと「伯母」「叔母」の手話になる。

おしえる【教える】

《表現》右手人差し指を顔の高さで斜め前下へ2～3回振る。

《語源》生徒を指し示すようす。

《同形》教育・指導

《応用》逆の動作として、人差し指を顔の斜め前上から顔に向けて、2～3回近づけると「教わる」の手話になる。

指先をつけた両手を頭の横から同時に斜め下に2回ほど動かす。

おしゃれ【お洒落】

《表現》左腕を右手4指の先で払う。

《語源》服のそでのほこりを気にして払うようすから。

《例文》彼女はたいへんおしゃれな人＝「女」を指す＋「とても」＋「おしゃれ」。彼女はおしゃれで素敵＝「女」を指す＋「おしゃれ」＋「偉い」。おしゃれにお金をかける＝「おしゃれ」＋「買う」。明日はおしゃれして出掛けます＝「明日」＋「おしゃれ」＋「家」＋家の左手を残したまま「行く」。

おせっかい【お節介】

《表現》上に向けた左手の甲に沿って、指を伸ばした右手を手前から乗り越えさせる。
《語源》乗り越えることから。
《同形》過ぎる
《例文》おせっかいな女＝「おせっかい」＋「女」。遅刻／タイムオーバー＝「時間・時b」＋「過ぎる」。残業＝「仕事」＋「過ぎる」。一言多い＝「言う」＋「過ぎる」。出来過ぎ＝「成功」＋「過ぎる」。期限切れ＝「いつ」＋「定まる（必ず）」＋「過ぎる」。1年が経つ＝「1年」＋「過ぎる」。

おそい【遅い】

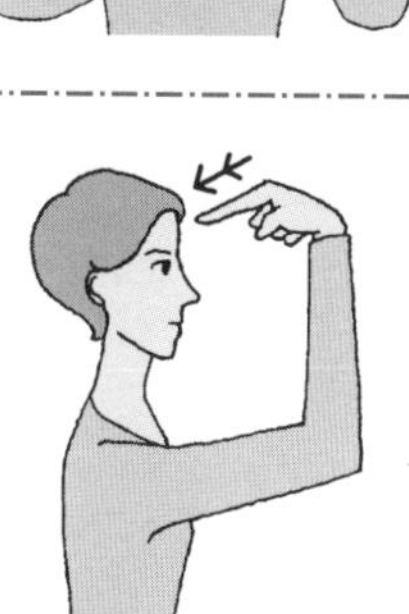

《表現》親指と人差し指を伸ばした両手（人差し指を向かい合わせる）を左から右にゆっくり弧を描いて動かす。

《語源》手は太陽を表し、ゆっくりしているために日が暮れるという意味から。

《同意》ゆっくり・のろい・鈍い・遅れる
《別形》親指と人差し指を伸ばした右手だけで行ってもよい。

《例文》仕事が遅い＝「仕事」＋「遅い」。頭の回転が鈍い＝「頭の回転」＋「鈍い」。ゆっくり行く＝「ゆっくり」＋「行く」。

《参考》「のろい」「ゆっくり」は表情や文脈で伝える。

おそわる【教わる】

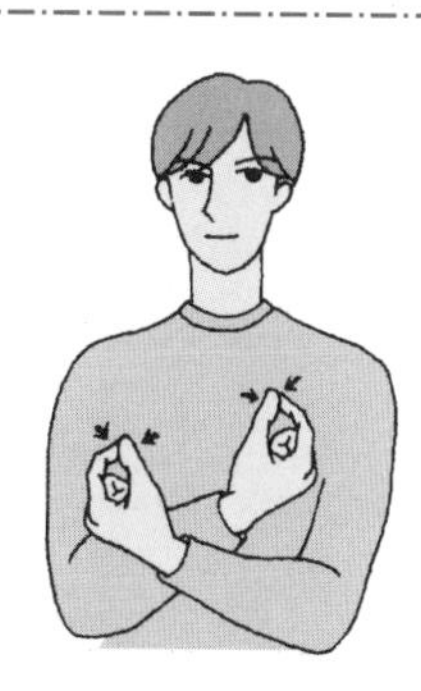

《表現》右手人差し指を顔の斜め前上から顔に向けて、2～3回近づける。
《同形》学ぶ
《応用》逆の動作で、「教える」の手話になる。
《例文》手話を教わる＝「手話」＋「教わる」。

おたがい【お互い】

《表現》両腕を胸の前で交差させ、親指と人差し指の先を同時につけたり離したりする。

《語源》交差させた両手が同じ動作を行うという表現。

《同意》相互
《応用》両手を交差させずに同じ動作を行うと「同じ」の手話になる。

《例文》お互いさまです＝呼びかけて「お互い」。相思相愛＝「恋」＋「お互い」。あいさつを交わす＝「あいさつ」＋「お互い」。

お

おだてる【煽てる】

《表現》親指を立てた左手⇒「男」の手話の小指側を右手で叩き左手を上げていく。

《別形》親指を立てた左手親指を右手でなでるb⇒「なだめる」の意味を持つ。

《応用》aの形で横あるいは前に向かって左手を上げていくと「おだてる」、手前に向けて左手を上げていくと「おだてられる」になる。

《例文》彼はおだて（に乗り）やすい＝左手の「彼」を指す＋そのまま「おだてる」＋「朝飯前」。

《参考》女性をおだてる場合は小指を立てた「女」の手話で行ってもよい。

おちこぼれ【落ちこぼれ】

《表現》手のひらを前に向けて立てた左手の横に右手人差し指を並べ、右手を真下におろす。

《語源》左手5指が何人かの人を表し、一人（人差し指）が落ちる表現。

《同意》脱落

《例文》先頭集団から脱落＝「1番」＋「グループ」＋「脱落」。

おちつく【落ち着く】

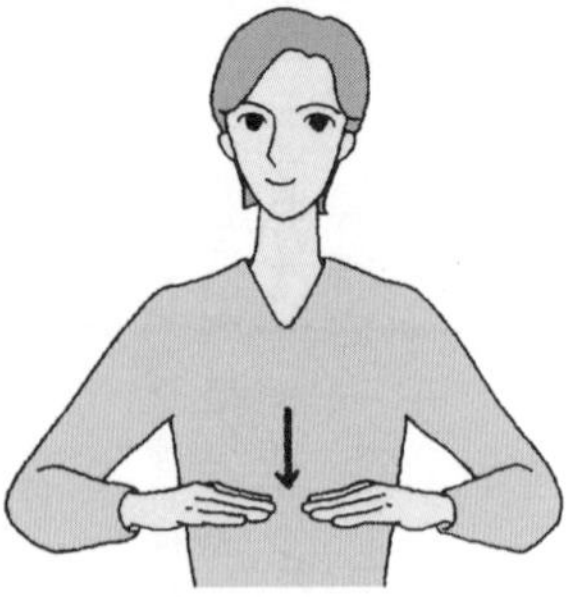

《表現》指先を向かい合わせ手のひらを下に向けた両手を、胸あたりから抑えるように下ろしていく。ほっとする表情で。

《語源》心が抑えられるようす。

《同意》心が静まる

《例文》やっと落ち着いた＝「やっと」＋「落ち着く」。怒りがおさまった＝「怒る」＋「落ち着く」。

おちゃ【お茶】

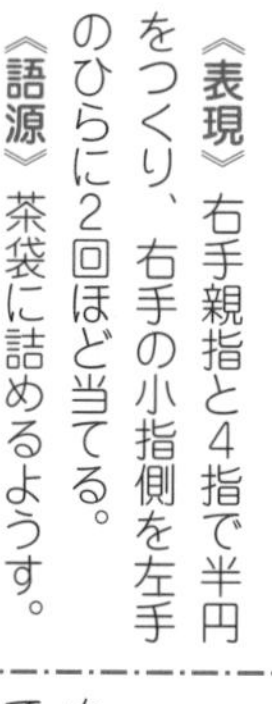

《表現》右手親指と4指で半円をつくり、右手の小指側を左手のひらに2回ほど当てる。
《語源》茶袋に詰めるようす。
《別形》「お茶a」と同じ手型で飲む動作をする。あるいは、親指と小指を伸ばした右手を急須に見立て、湯飲みを持つ手型の左手に向けて注ぐように親指側に倒すb。
《参考》bはお茶を注ぐというニュアンスもある。

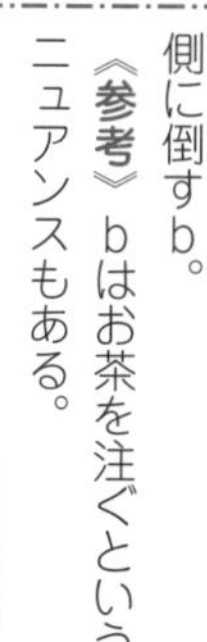

おちる（スピードが）【落ちる】

《表現》人差し指を立てた右手を左手握りこぶしの親指側に立て、左へ倒していく。
《語源》スピードメーターから。右手人差し指はメーターの針。
《応用》右へ人差し指を倒すと「スピードを上げる」の手話になる。
《例文》スピード落とせ＝2〜3回強調して「（スピードが）落ちる」。本を読むスピードが遅くなった＝2指をゆっくり動かし「読む」＋「（スピードが）落ちる」。

おちる（試験に）【落ちる】

《表現》伸ばして立てた左手を上から右手で叩き落とす。
《同意》不合格・落第
《応用》手のひらを下に向け指先を右にして構えた左手の手前で、左手を越えるように伸ばして立てた右手を上に突き出せば「合格」の手話。
《例文》大学入試に失敗＝「大学」＋「（試験に）落ちる」。試験に落ちて悔しい＝「（試験に）落ちる」＋「悔しい」。

おちる（汚れが）【落ちる】

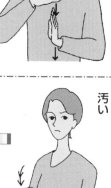

《表現》①上に向けた左手のひらに、指を開きわん曲させた右手の指先を2〜3回当てる⇓**「汚い」の手話**、②左手はそのまま、右手で左手のひらをなでる⇓**「美しい」の手話**。
《例文》洗濯してきれいになった＝「洗濯」＋「（汚れが）落ちる」。汚れが落ちない＝「（汚れが）落ちる」＋「〜ない」。

おっと【夫】

《**表現**》立てた右手親指⇩「男」の手話に立てた左手小指⇩「女」の手話をつけ、右手を前に出す。

《**語源**》「男」と「女」を寄り添わせることで夫婦であることを表し、前に出すことで示す。

《**応用**》左右の手を逆にして、小指を立てた右手を前に出すと「妻」の手話になる。いずれの場合にも、原則的には前に出し示す手は右手。

《**参考**》自分の夫の場合は、立てた親指を胸あたりに当てたあと、「男」の手話を行う。

おてあげ【お手上げ】

《**表現**》両手を上げる。上げた手のひらは前向き。

《**同意**》なす術なし

《**例文**》彼女の口うるささにはお手上げだ＝左手の「女」を指す＋「うるさい」＋「お手上げ」。

《**参考**》手のひらを見せて上げている動作。万歳ではない。万歳の場合は手のひらを向かい合わせる。

おでん

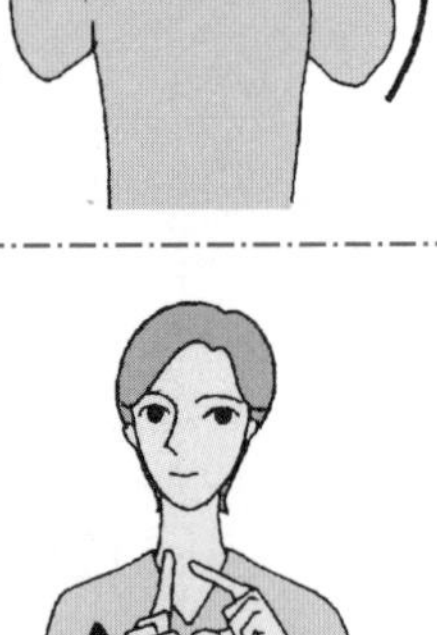

《**表現**》左手親指と人差し指で三角形の左半分をつくり、三角形底辺中央（親指の先）から右手人差し指を突き上げる。

《**語源**》三角に切ったこんにゃくにクシが刺さる形状で表現。

《**例文**》おでんで一杯やろう＝「おでん」＋呼びかけて「酒」。

おとうと【弟】

《**表現**》右肩あたりの位置で、中指を立て甲を前に向けた右手を1回下げる。

《**語源**》中指は兄弟を示し、下にさげることで目下を表す。

《**応用**》同じ手の形で、1回上げると「兄」の手話になる。また、中指に代えて薬指あるいは小指を立て1回上げると「姉」、1回下げると「妹」の手話になる。

《**例文**》弟は独身です＝「弟」＋「独身」。私に弟はいません＝「私」＋「弟」＋「ない」。ああ弟よ、君を泣く＝左手で「弟」＋左手の弟に「愛」＋左手の弟を人差し指でさす＋「悲しい」。

おとこ【男】

《表現》右手親指を立てる。

《語源》小指を立てる「女」の手話に対し、力強さを示す親指で表現する。

《同形》指文字の「た」と同形。男性の名前を呼ぶときの敬称「さん」。

《応用》左手で「男」の手話をして右手人差し指でさすと第三者として「彼」になる。また、左手のひらに乗せ同時に上げると「敬う」、手前に引くと「客」の手話。

《例文》警察官＝「警察」＋「男」。医者＝「脈（医者）」＋「男」。男らしい＝「男」＋「合う」。谷さん（男性）＝「谷」＋「男」。男が来る＝「男」の手話を前から手前に引く。

《参考》性別としての人を伝える場合（例えば「父」「祖父」など）のほか、人一般を伝えるときに用いる場合がある（例えば「敬う」「客」「派遣」「養う」「おだてる」など）。

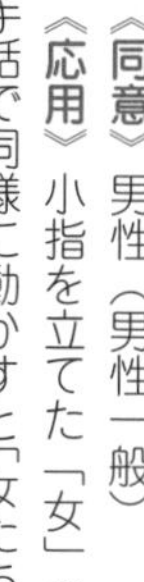

親指をいっぱいに離してまっすぐに立てたその親指の先を、額のまん中に当て、続けて胸に当てる。

おとこたち【男達】

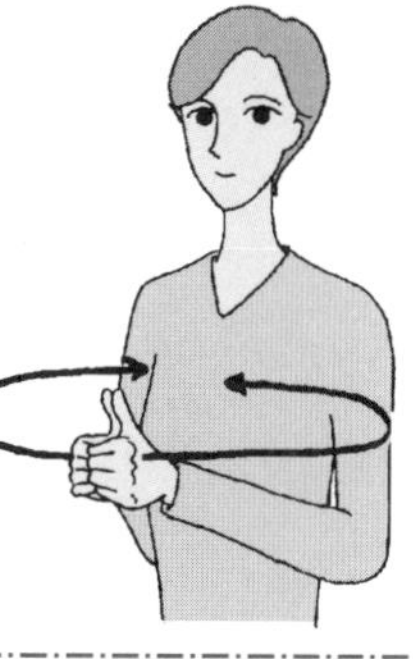

《表現》親指を立てた両手を前で合わせ、水平に弧を描きながら、手前で再び合わせる。

《語源》水平に描く弧は、皆を表している。

《同意》男性（男性一般）

《応用》小指を立てた「女」の手話で同様に動かすと「女たち」「女性」の手話になる。

《例文》男を選ぶ＝「男たち」＋「選ぶ」。

おととい【一昨日】

《表現》手の甲を前に向け、人差し指と中指を伸ばした右手を、顔の横で肩越しに後ろへ倒す。

《語源》肩より後ろは過去を示し、2指は2日を示す。

《応用》人差し指1本で同じ動作をすれば「昨日」の手話になる。

《別形》手首から後ろへ倒す。

《例文》おととい会いました＝「おととい」＋「会う」＋「～しました」。

おとな【大人】

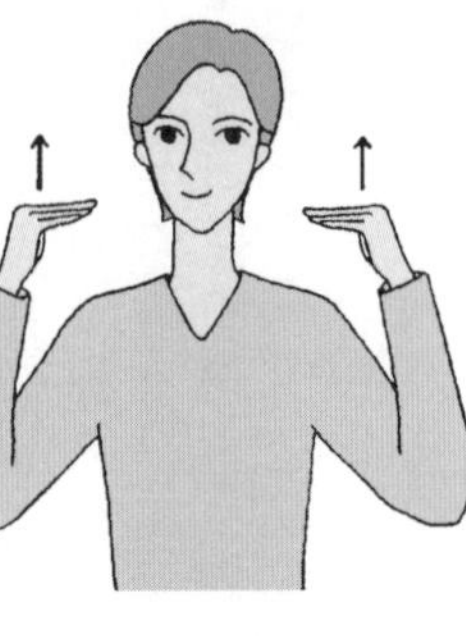

《表現》 4指を付け根から折った両手を肩の上あたりに構え、両手同時に上げる。
《語源》 大人になると背が高くなることから。
《同形》 成人
《例文》 息子はもう大人＝「息子」＋「大人」。成人式＝「成人」＋「式」。

おとなしい【大人しい】

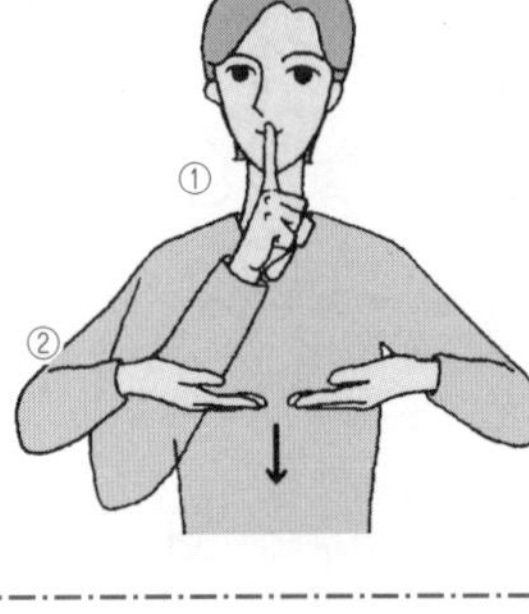

《表現》 ①人差し指を口の前に立てる。静かにのサイン。②手のひらを上に向け、指先を向かい合わせた両手を胸あたりから、ゆっくりと下ろす。
《例文》 彼はもの静かです＝「彼」＋「おとなしい」。
《参考》 心が「落ち着く」の手話とは手のひらの向きが逆になるので注意。

おとる【劣る】

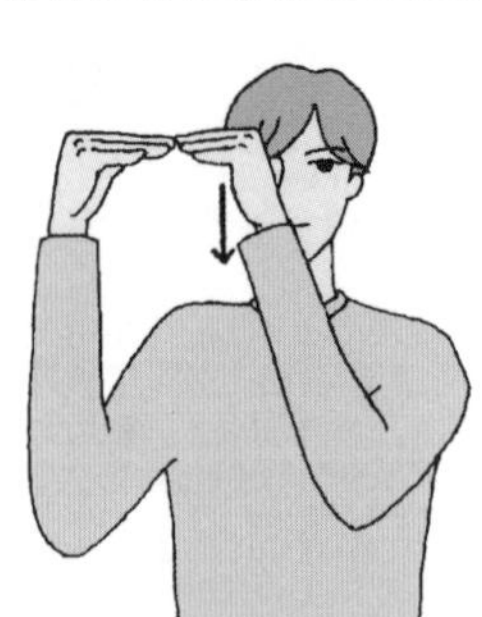

《表現》 4指を付け根から折った両手の指先を顔の右横で向かい合わせ、左手だけを真下にさげる。
《語源》 自分より相手の背が高いことで表現。
《例文》 集中力に劣る＝「一所懸命」＋「力」＋「劣る」。戦力が劣る＝「戦争」または「争う」＋「力」＋「劣る」。この服は見劣りする＝これ＋「服」＋「見る」＋「劣る」。

おどろく【驚く】

《表現》 左手のひらに、右手人差し指と中指を乗せ、跳ね上げる。驚きの表情で。

《語源》 人が驚いて飛び上がるようす。

《同意》 びっくりする
《別形》 わん曲させた両手の指先を自分の顔に向け、勢いよく同時に前に出す。

《例文》 驚いた!背が高いんだね＝「驚く」＋「高い（背が）」＋「～ですね（そうです）」。彼は熊に驚いた＝「彼」＋「熊」＋「現れる」＋「驚く」。急に車が来たので驚いた＝「車b」を勢いよく自分の目の前に突き出す＋「驚く」。

おなかがすく【お腹が空く】

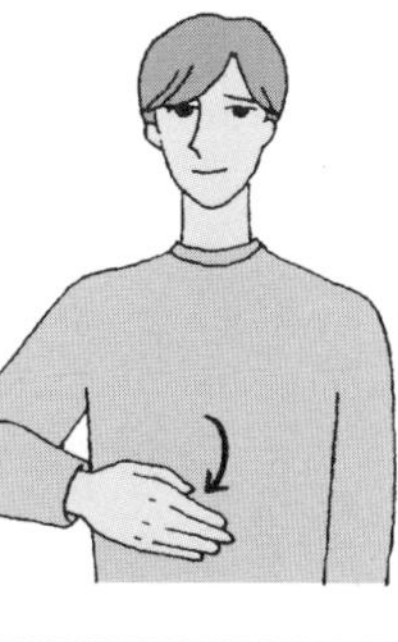

《表現》指を伸ばした右手で、おなか（胃のあたり）を上から下へえぐるようになで下ろす。
《語源》おなかがへこむようす。
《同意》空腹
《例文》おなかが空いて死にそうだよ＝「おなかが空く」＋「危篤」。

おなじ【同じ】

《表現》両手を左右に構え、親指と人差し指の先を同時につけたり離したりする。
《語源》同じ動作で表現。
《同形》そうです・～ですね
《例文》同じ意見＝「意見」＋「同じ」。

親指と小指で同じものを指し往復する。私とあなたが同じなら、親指で自分を小指で相手を往復して指す。

おにぎり【お握り】

《表現》わん曲させた両手を合わせ、2～3回おにぎりを握るように動かす。
《語源》おにぎりを握るようす。
《応用》わん曲させた左手のひらと右手人差し指と中指の2指で寿司を握るようにすれば「寿司」の手話になる。
《例文》天むす＝「てんぷら」＋「おにぎり」。梅干しを入れたおにぎり＝「梅」＋「おにぎり」。お母さんが作ったおにぎり＝「母」＋「おにぎり」。

おば【伯母・叔母】

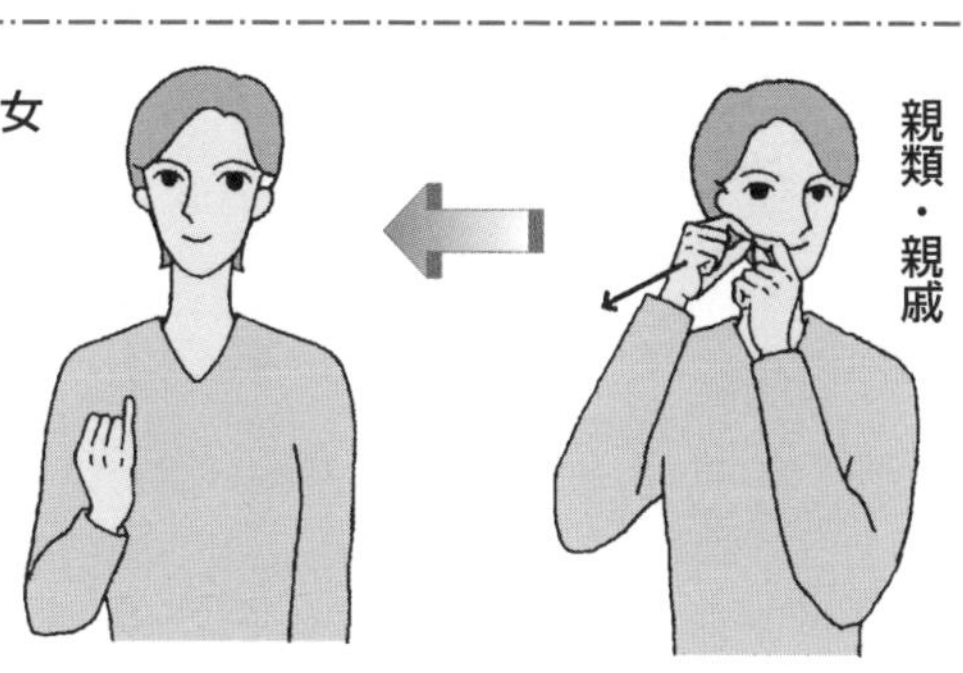

《表現》①親指と人差し指の先をつけた両手を右ほほに当て、右手を前に出す⇩**「親類」「親戚」の手話**、②右手小指を立てる⇩**「女」の手話**。
《語源》「親類」の「女性」で。
《応用》②の「女」の手話に代えて「男」の手話を行うと「伯父」「叔父」の手話になる。

おぼえる【覚える】

《表現》指を伸ばした右手を頭の斜め上に掲げ、握りながら頭に近づける。

《語源》頭に取り込む（インプット）ことを表現。

《同形》記憶・暗記
《応用》逆の動作（頭の横に置いた握りこぶしを開きながら上げる）と「忘れる」の手話になる。

《例文》手話を覚える＝「手話」＋「覚える」。子供は覚えるのが早い＝「子供」＋「覚える」＋「早い」。約束、覚えてる？＝「約束」＋問いかけの表情で「覚える」。忘れないでね＝念を押すように「覚える」。

おぼん【お盆】

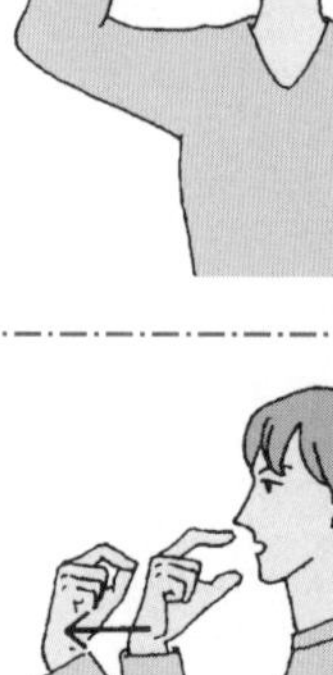

《表現》親指と人差し指で舌をつまむように口元で構えた手を、前に出すと同時に指先をつける。
《語源》うそをつくとえんま様に舌を抜かれるという伝承からお盆を指すようになった。
《例文》盆休み＝「お盆」＋「休み」。盆と正月が一緒に来た＝「お盆」＋「正月」＋「同時に」＋「来る」。

おみやげ【お土産】

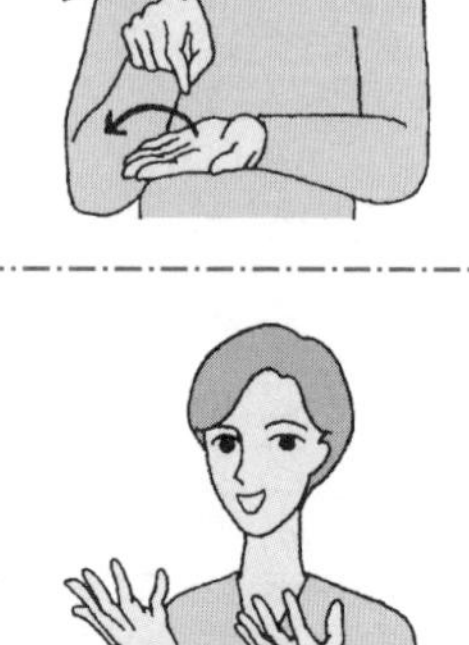

《表現》おなかあたりに構えた左手のひらの上で、ひもをつまむように親指と人差し指をつけた右手を構え、やや弧を描きながら両手同時に前に出す。
《語源》お土産を下げて差し出すようす。
《同形》贈る・プレゼント
《例文》北海道土産＝「北海道」＋「お土産」。花を贈る＝「花」＋「贈る」。誕生日のプレゼント＝「産まれる」＋「～日a」＋「プレゼント」。

おめでとう

《表現》おなかあたりの高さで甲を下に向け軽く握った両手をパッと開きながら上げる。祝福の気持ちを込めて。
《語源》門松の形を表すと考えられる。
《同形》お祝い
《例文》合格おめでとう＝「合格」＋「おめでとう」。お誕生日おめでとう＝「産まれる」＋「～日a」＋「おめでとう」。明けましておめでとうございます＝「正月」＋「おめでとう」。

おもい【重い】

《表現》 親指と4指を伸ばし、手のひらを上に向けた両手の指先を胸の前で向かい合わせ、そのまま下げる。

《語源》 重いものを持つ手と重力を表す。

《同形》 重たい・（事柄・状況が）重要

《応用》 逆の動作、下から上げると「軽い」の手話。

《例文》 荷物重い＝「荷物」＋「重い」。重くて持てない＝「重い」＋「持つ」＋「難しい」。重要なものと考える＝「重要」＋「考える」。

おもいきって【思い切って】

a

《表現》 親指と人差し指を伸ばした両手の親指の先をこめかみに当て、人差し指を上に向け、親指を軸に同時に回転させる。

《語源》 目をつむって思い切るから、目をでんぐり返すの意味で。

《別形》 ①右こめかみに右手人差し指を当て⇓「思う」の手話、②右こめかみあたりで指を開いてわん曲させた両手のひらを向かい合わせて構え、両手同時に前後にひねる（ルービックキューブを回すように）b。考えを変える表現。

《例文》 思い切って言うと＝「思い切って」＋「言う」。

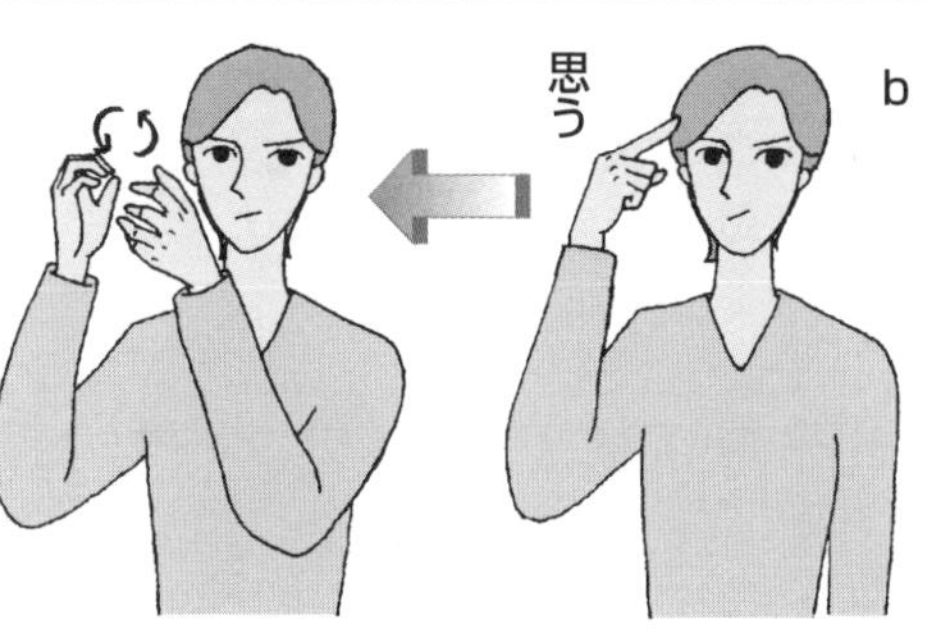

おもいつき【思いつき】

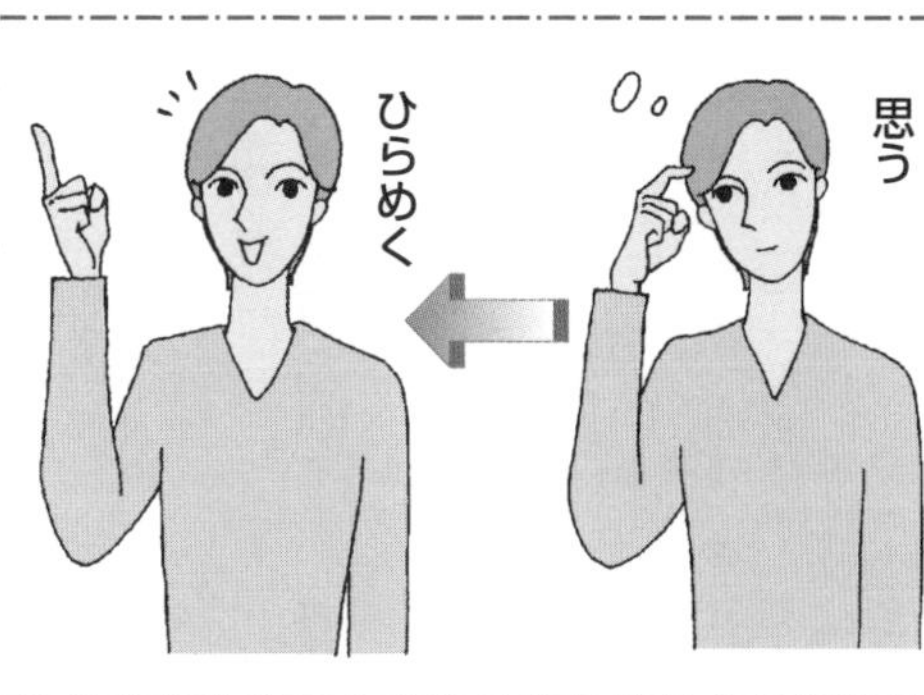

《表現》 ①右こめかみに右手人差し指を当て⇓「思う」の手話、②人差し指を伸ばして頭から離す⇓「ひらめく」の手話。

《同意》 思いついた

《参考》 「いい考えを思いついた！」という場合は指の動き・顔の表情をはつらつと、「思いつきだけれど申し訳ないが…」の意味を伝えるなら表情は間が悪そうに。

おもいで【思い出】

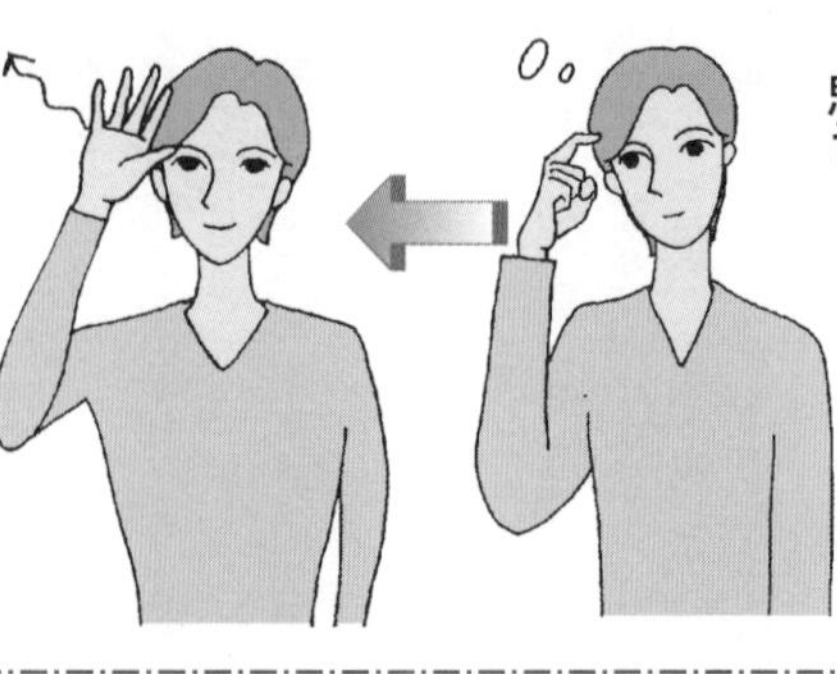

《表現》①右こめかみに右手人差し指を当て⇓「思う」の手話、②右手を軽く開き、頭の横からやや後方へ指を揺らしながら動かしていく⇓「懐かしい」の手話。
《例文》夏の思い出＝「夏」＋「思い出」。
《参考》「懐かしい」の手話だけで表すこともある。

おもいやり【思いやり】

思う
捧げる

《表現》①右こめかみに右手人差し指を当て⇓「思う」の手話、②手のひらを上に向けた両手を差し出す⇓「捧げる」の手話。

《語源》「思う」と「捧げる」で。

《別形》「親切」でもよい。

《例文》思いやりの気持ちが大切＝「思いやり」＋「気持ち」＋「大切」。

おもう【思う】

《表現》右こめかみに右手人差し指を当てる。
《語源》頭を指す表現。
《応用》人差し指の先を当てたままねじ込むように小さく動かすと「考える」の手話。
《参考》「思う」は人差し指の先を当てるだけ。小さく動かす「考える」の手話との違いに注意。また、「思う」の手話のあとに、手首を返して5指を伸ばし指先を胸に当てると「反省」の手話になる。頭で考えることを表現した手話の基本。

おもしろい【面白い】

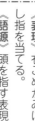

《表現》両手握りこぶしの小指側で横腹を交互に2～3回軽く叩く。

《語源》おなかをかかえて笑うようすから。

《同意》笑う
《別形》同時に叩いても、片手で行ってもよい。

《例文》漫画＝「おもしろい」＋「本」。おもしろい話＝「説明」＋「おもしろい」。おもしろい話をしよう＝「おもしろい」＋「説明」。おもしろい人＝左手の「男」を指す＋「おもしろい」。

おもちゃ【玩具】

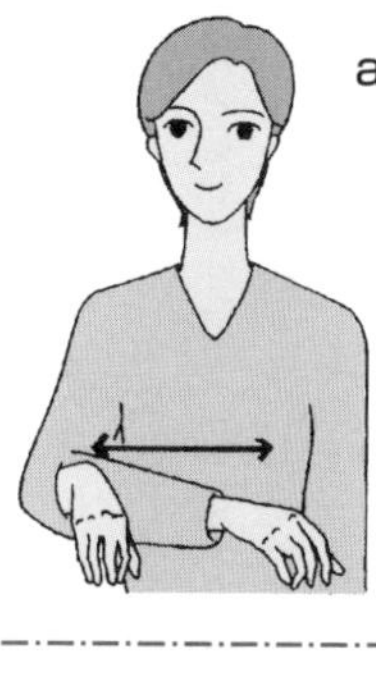

《表現》親指と4指を曲げ下に向けた右手を左右に動かす。
《語源》子どもがおもちゃの車で遊ぶようす。
《別形》両手握りこぶしを、左右の位置で上下入れ替えながら叩くb。
《例文》車のおもちゃ＝「車」＋「おもちゃa」。おもちゃ屋さんへ寄ろう＝「おもちゃ」＋「店」＋「行く」。

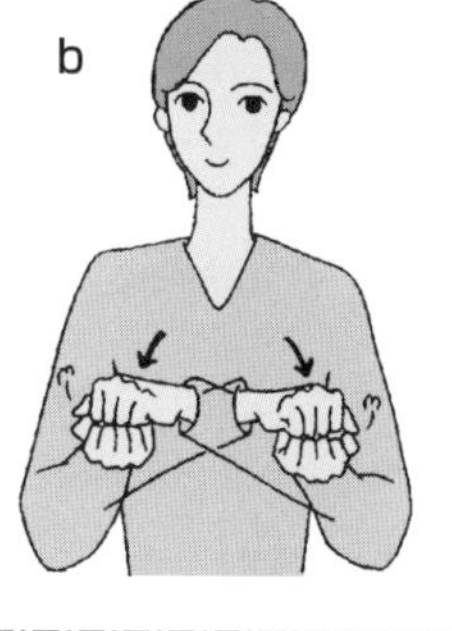

おもて【表】

《表現》前に向けた左手の甲を、右手のひらで触れる。

《語源》手の甲が表側を示す。

《応用》同様に左手のひらを右手のひらで触れると「裏」の手話になる。

《例文》紙には表と裏がある＝「紙」＋「表」＋「裏」＋「ある」。本の表紙＝「本」＋本の左手を残し、左手甲に右手のひらで触れる。表裏一体＝「表」＋「裏」＋「合う」。

《参考》右手人差し指でさし示してもよい。

おもに【重荷】

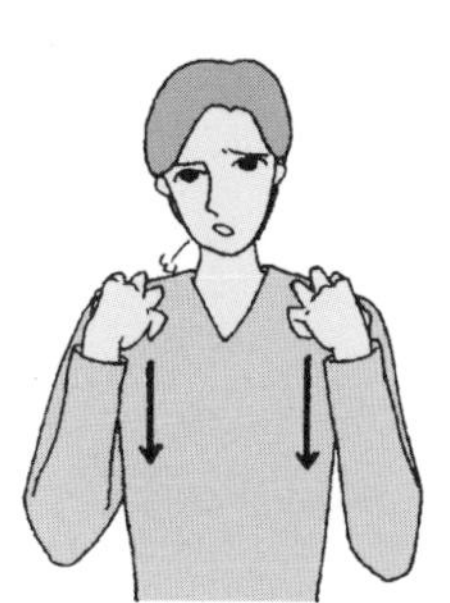

《表現》指を開きわん曲させた両手の5指の先を両肩に乗せ、やや肩を落としながら両手を下げる。表情をつけて。

《語源》肩に重い責任がのしかかる表現。

《同意》重責
《例文》私には司会は重荷です＝「私」＋「司会」＋「重荷」。

《参考》表情を変えれば「任される」「責任」の手話にもなる。

おやこうこう【親孝行】

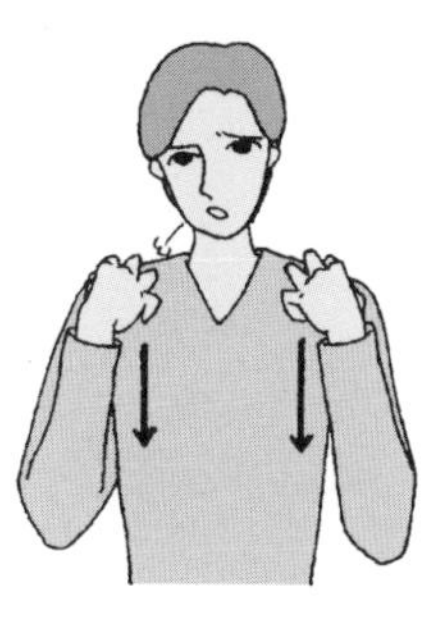

《表現》①左手人差し指で左ほほに触れたあと、左手親指と小指を立てて掲げる（手の甲は前向き）⇒**「両親」の手話**、②右手で左手のひら側を2回ほどさする。
《例文》孝行息子＝「親孝行」＋「息子」。親不孝＝「両親」＋「振る（振られる）」あるいは「両親」＋「泣く」。

お

およぐ【泳ぐ】

《表現》右手人差し指と中指を足に見立て、上下に交互に動かしながら左から右に移動させる。

《語源》人が泳ぐようすから。

《同意》水泳
《応用》右下に向けて移動させれば「ダイビング（スキューバー）」。

《例文》泳ぎは得意です＝「泳ぐ」＋「得意」。今度の日曜日に泳ぎに行きます＝「今度（将来）」＋「日曜日」＋「泳ぐ」＋「行く」。競泳＝「泳ぐ」＋「競争」。

オランダ【The Netherlands】

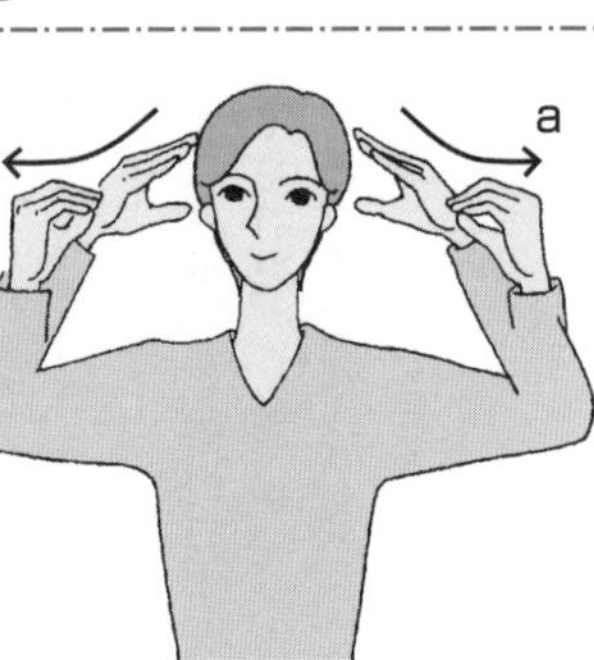

《表現》開いた親指と4指を頭の横に構え、指先を閉じながら左右に離す。
《語源》オランダの帽子を表現。
《別形》人差し指と中指を伸ばした両手を、手の甲を前に向けて交差し、指を同時に倒すように2回動かすb。

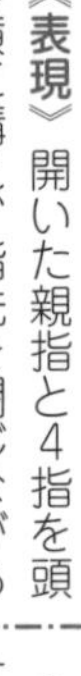

おりもの【織物】

《表現》手のひらを下に向け指を開いた左手に、指を開いた右手を差し込み、前後に動かす。
《語源》はた織機で織るようす。
《同意》織る
《例文》京織物＝「京都」＋「織物」。着物を織る＝「着物」＋「織る」。

おりる【降りる】

《表現》左手のひらに右手人差し指と中指を乗せ、手のひらから下ろす。

《例文》バスを降りる＝「バス」＋「降りる」。エレベーターで5階で降りる＝「エレベーター」＋エレベーターの手話に続けて「降りる」＋「5階」（「**〜階**」参照）。

《参考》「階段を下りる」場合は「歩く」の手話を階段型に沿って下ろしていく。

オリンピック【Olympic Games】

《表現》①親指と人差し指でつくった輪をつなぎ合わせ、②手首を返しながら組み替え、③計3回つなぎ合わせる。

《語源》五輪のマークから。

《例文》東京オリンピック＝「東京」＋「オリンピック」。今度のオリンピックで金メダルいくつ取ると思う?＝「今度（将来）」＋「オリンピック」＋胸の中央で「金」＋「得る」＋「いくつ」＋「何?」。

おわる【終わる】

《表現》両手のひらを上に向けて肩あたりで構え、指をすぼめながら下へおろす。

《語源》火が消えるようすから。

《同形》〜でした・終末・火が消える

《例文》映画は終わりました＝「映画」＋「終わる」。終わりましょう＝「終わる」＋「〜ですね（そうです）」。火事は消火しました＝「火事」＋「火が消える」。

《参考》「最後」は別の手話あり。

おんがえし【恩返し】

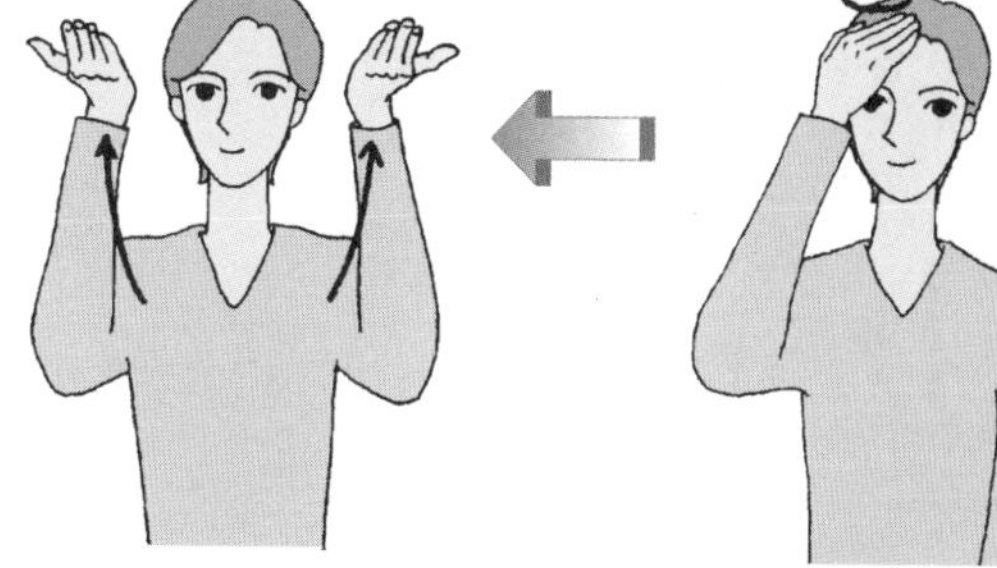

《表現》①右手で自分の頭をなで⇒**「恩」の手話**、②手のひらを上に向けた両手を上方に差し出す⇒**「捧げる」の手話**。

《例文》昔、助けていただいたお礼です＝「過去」＋「助けられる」＋「恩返し」。

おんがく【音楽】

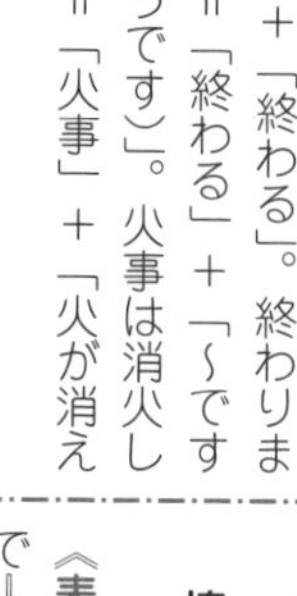

《表現》両手の人差し指を向かい合わせて立て、同時に左右に振る。

《語源》指揮棒を振るようす。

《例文》ドイツの音楽家＝「ドイツ」＋「音楽」＋「男」。

《参考》ピアノを弾く動作でも伝えることができる。

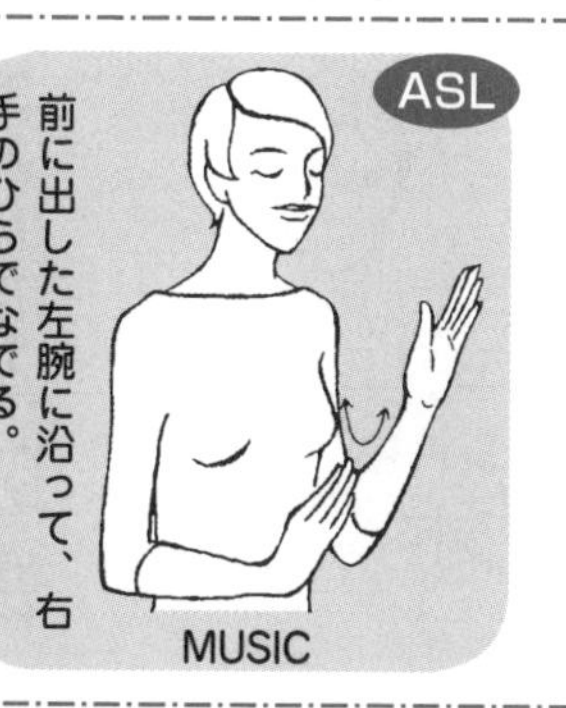

ASL
前に出した左腕に沿って、右手のひらでなでる。
MUSIC

おんせん【温泉】

《表現》右手人差し指、中指、薬指の3指の甲を前に向けて立てその指元より下を、左手で指を伸ばしたまま握る。
《語源》温泉マークを表す。
《例文》温泉で休みたい＝「温泉」＋「休み」＋「〜したい」。露天風呂＝「空」＋「温泉」。
《参考》普通名詞としてだけでなく各地域で有名な温泉地を指すこともある。

おんな【女】

《表現》右手小指を立てる（手の甲は前向き）。

《語源》5指の中で、繊細な感じのある小指で女を表す。

《同形》女性の名前を呼ぶときの敬称「さん」になる。

《応用》左手の「女」を右手人差し指でさすと第三者である「彼女」の手話になる。

《例文》女らしい＝「女」＋「合う」。男女同権＝片手で「男」と片手で「女」＋「同じ」＋「権利」。女が来る＝「女」の手話を前から手前に引く。

ASL
親指をいっぱいに離してまっすぐに立てたその親指の先を、あごのまん中に当て、続けて胸に当てる。
WOMAN

おんなたち【女達】

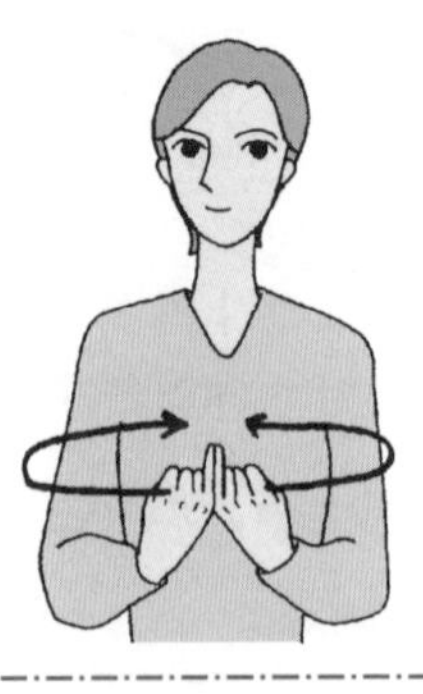

《表現》小指を立てた両手の小指どうしを前で合わせ、水平に弧を描きながら、手前で再び合わせる。

《語源》水平に描く弧は、皆を表している。

《同意》女性（女性一般）

《応用》親指を立てた「男」の手話で同様に動かすと「男たち」「男性」になる。

《例文》女性は美しさを求める＝「女たち」＋「美しい」＋「欲しい」。

か

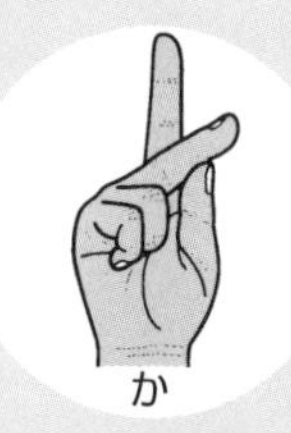

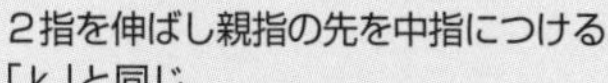
2指を伸ばし親指の先を中指につける。「k」と同じ。

カード【card】

《**表現**》コの字型にした両手の親指と人差し指の先を向かい合わせる。

《**語源**》カードの形を表す。

《**応用**》右手の親指と人差し指でコの字型をつくり（親指が左、人差し指が右になるように）、前に出すと「キャッシュカード」の手話になる。

《**例文**》会員カード＝「会」＋「員（委員）」＋「カード」。

《**参考**》指先の間を広くすると、さらに大きいカードの形を表せる。

ガードマン【guardman】

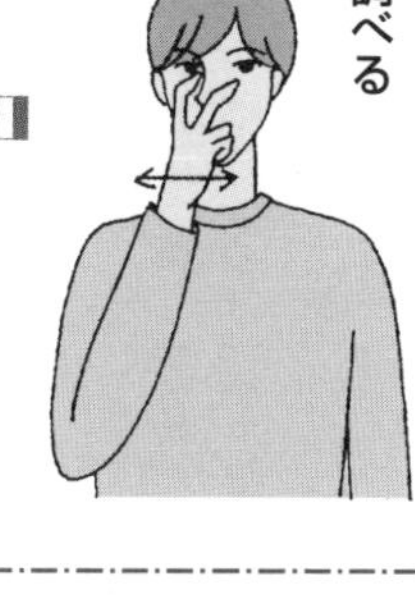

《**表現**》①人差し指と中指をカギ型に曲げた右手の指先を自分の目に向け、左右に動かす⇓**「調べる」の手話**、②右手親指を立てる⇓**「男」の手話**。

《**語源**》「調べる」と「男」で。

カーペット【carpet】

《**表現**》指先を右に向けた左手の甲に、5指を曲げた右手の甲を乗せ、右へ動かしていく。

《**語源**》床（左手）に毛織物（指を曲げた右手）を敷いていくようす。

《**同意**》絨毯（じゅうたん）

《**例文**》高価なカーペット＝「高い（値段が）」＋「カーペット」。カーペットを安く買えた＝「カーペット」＋「安い（値段が）」＋「買う」＋「〜できる」。

かい【会】

《表現》指を伸ばした両手の指先をつけ斜めに立てた形から、両手同時に左右斜め下に引く。
《語源》漢字の会の字形から。また、10本の指は大勢の人が集まっていることを表している。
《例文》国会＝「国（国旗）」＋「会」。委員会＝「委員」＋「会」。明日の運動会が楽しみ＝「明日」＋「運動」＋「会」＋「楽しみ」。

～かい【～階】

《表現》5指を伸ばして立てた左手のひらに、5指を伸ばし手のひらを下に向けた右手の指先を垂直に当てる。
《語源》左手はビルを右手はフロアを表す。
《例文》何階ですか？＝「～階」＋「いくつ」。
《参考》「1階」、「5階」と具体的に階数を示す場合は、右手で示した数詞を、弧を描きながら（左右、前後のどちら向きでもよい）、一段下から上げることで伝える。

かいかく【改革】

《表現》5指を伸ばし手のひらを手前に向けた両手を左右から同時に動かし、身体の前で交差させる。

《語源》状態の変化を表現。

《同意》変わる・変える
《別形》左手親指と人差し指を伸ばし、人差し指を上にして構え、その指の間で親指と人差し指を少し開いた右手を前向きに回転させる。

《例文》行政改革＝「行政」＋「改革」。構造改革＝「組み立てる」＋「改革」。民主化＝「人々」＋「主義」＋「改革」。

《参考》人が「代わる」「交替」は**「替える」**参照。

かいがん【海岸】

《表現》手のひらを下に向けわん曲させた左手の甲を、5指を伸ばした右手のひらでこする動きを2～3回繰り返す。

《語源》陸に波が打ち寄せるようす。

《同意》浜・岸・岸（人名）

《例文》砂浜＝「砂（土曜日）」＋「海岸」。アメリカ西海岸＝「アメリカ」＋「西」＋「海岸」。

《参考》左手の指先を右に向け、その指先側から同様の動作を行う場合もある。

かいこ【解雇】

《表現》親指を立てた左手を構え、手刀にした右手で左手親指を切るように手前から前へ水平に振る。

《語源》人の首を切るようす。

《例文》会社再建のために解雇する＝「会社」＋倒しておいた「家」の手話を正面に立て直す＋「〜のために」＋「解雇」。

《参考》「解雇される」は**「失業」**参照。

かいご【介護】

《表現》斜めに立てた左手人差し指の先の下で、少し離して伸ばした右手人差し指と中指の2指を下ろす。

《語源》介の文字を描いた手話。

《例文》介護保険＝「介護」＋「保険（保険証）」。父の介護に疲れる＝「父」＋「介護」＋「私」＋「疲れる」。

《参考》「世話」の手話で表現することもある。

がいこう【外交】

《表現》両手の人差し指の先をおなかの前で向かい合わせ、弧を描いて上げた位置で2回、人差し指の先を突き合わせる。

《語源》下から両手で弧を描いて上げるのが地球（世界の国々）、人差し指を二度近づけるのは交渉を表現。

《例文》外交官＝「外交」＋「男」あるいは「女」。日米外交＝「日本」＋「アメリカ」＋「外交」。保険の外交＝「保険」＋「外交」。外交機密費＝「外交」＋「秘密」＋「費用（金）」。

《参考》国と国との外交のほか、銀行や保険など企業の外交（営業）にも使用される。

がいこく【外国】

《表現》右手人差し指の先を目に向けて回す。

《語源》目を指し、目の色の違いを回して表現したもの。

《別形》両手で地球を描く「世界」「国際」の手話で伝えることもある。

《例文》外国人＝「外国」＋「人」。外国産＝「作る」＋「外国」。外資系会社＝「外国」＋「基本」＋「お金（金）」＋「会社」。洋画（絵画）＝「外国」＋「絵」。洋画（映画）＝「外国」＋「映画」。

《参考》この動作のあと「国」の手話をつけてもよい。

かいさん【解散】

《**表現**》指先を開いて下に向けた両手を、手首を返して斜め前に払う。

《**語源**》集まっていたものが散らばるようす。

《**例文**》解散総選挙＝「解散」＋「全部」＋「選挙」。もう遅いので本日は解散＝「夜」＋「過ぎる（おせっかい）」＋「～なので」＋「今日」＋「解散」。

かいしめる【買い占める】

買う

独占

《**表現**》①右手でつくった輪を前に出すと同時に、手のひらを上に向けた左手を前から手前に引く⇒**「買う」の手話**、②手のひらを下に向けわん曲させた両手を手前に引き（やや上げながら）、握りしめる⇒**「独占」の手話**。

《**例文**》米の買い占め＝「米」＋「買い占める」。

かいしゃ【会社】

《**表現**》人差し指と中指をそろえて伸ばした両手を、頭の横で交互に前後に振る（手の甲を外側に向ける）。

《**語源**》かつての証券取引所での取引の際の指の動きから。

《**例文**》会社員＝「会社」＋「員（委員）」。会社を興す＝「会社」＋「興す（結成）」。会社倒産＝「会社」＋「倒産」。

《**参考**》人差し指1本で同じ動作を行うと「遊ぶ」の手話になる。

かいすうけん【回数券】

《**表現**》親指と人差し指の先をつけた両手の指先をつけ、右手を前方にひねる。

《**語源**》回数券をちぎるしぐさから。

《**例文**》バスの回数券＝「バス」＋「回数券」。回数券を使う＝「回数券」＋「使う」。

かいせん【改選】

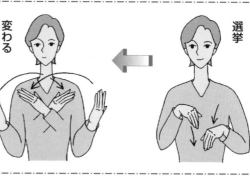

《**表現**》①4指をそろえた両手を身体の前で交互に下ろす⇓**「選挙」の手話**、②5指を伸ばし手のひらを手前に向けた両手を左右から同時に動かし、身体の前で交差させる⇓**「変わる」の手話**。

《**例文**》委員の改選＝「委員」＋「改選」。

かいぜん【改善】

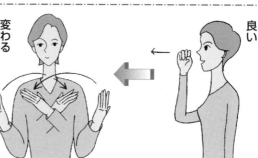

《**表現**》①右手握りこぶしを鼻の前で構えて前に出す⇓**「良い」の手話**、②5指を伸ばし手のひらを手前に向けた両手を左右から同時に動かし、身体の前で交差させる⇓**「変わる」の手話**。

《**参考**》「悪い」＋「変わる」で「改悪」の手話。

かいちゅうでんとう【懐中電灯】

《**表現**》左手で、棒状の懐中電灯を下から握るように親指と4指を丸めて構え（指先は離す）、その前で5指の先をつけた右手を前に向かって1回開く。

《**語源**》懐中電灯が光るようす。

《**同意**》懐中電灯を点ける

《**応用**》左手の前で開いた右手をすぼめると「懐中電灯を消す」の意味になる。また、開いたりすぼめたりを繰り返すと「懐中電灯が点滅する」になる。

《**例文**》地震に備え懐中電灯を用意する＝「地震」＋「準備（用意）」＋「懐中電灯」＋「用意」。

かいはつ【開発】

《**表現**》指先を前に向け手のひらを向かい合わせた両手を、左右にかき分けるように動かし前に出していく。

《**語源**》土地を切り開くようす。

《**同意**》開拓

《**例文**》宇宙開発＝「宇宙」＋「開発」。地域開発＝「地域」＋「開発」。開発地域＝「開発」＋「地域」。新システムを開発する＝「新しい」＋「システム」＋「開発」。山を切り開く＝「山」＋「開発」。西部開拓史＝「西」＋「アメリカ」＋「開拓」＋「歴史」。

がいむしょう【外務省】

世界　交渉

《**表現**》①広げた両手の5指で大きな丸（地球）をつくり、前に回転させる⇩**「世界」の手話**、②両手の人差し指を向かい合わせ指先を数回突き合わせる⇩**「交渉」の手話**、③両手を顔の横で前後にずらして合わせ、手のひらを軸に前後を入れ替える⇩**「省」**の手話。

かいわ【会話】

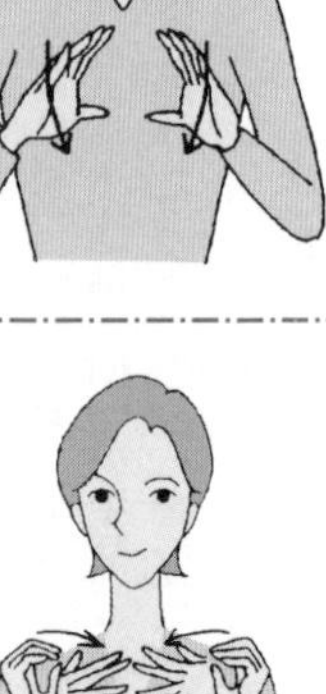

《**表現**》5指の先をつけた両手を向かい合わせ、交互にパッ、パッと開く。

《**語源**》「話す」の手話を基本にしたもので、交互に声を出しているようす。

《**同意**》話し合う・おしゃべり
《**応用**》右手を同様の動きで口元から前に向けパッ、パッと開くと「話す」の手話になる。

《**例文**》手話で会話する＝「手話」＋「会話」。

《**参考**》「やかましく言い合う」など伝えたいニュアンスを変える場合は、表情を加えたり、スピードを変えたりすることで表現できる。

かう【買う】

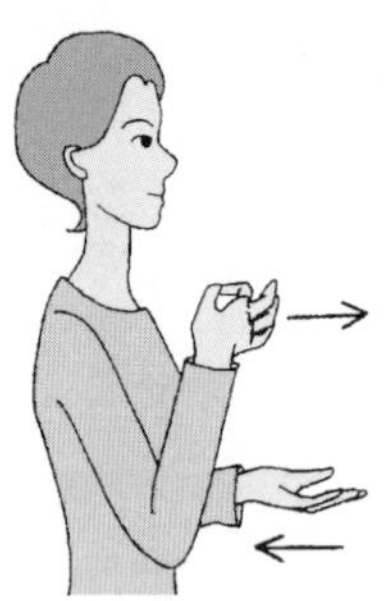

《**表現**》右手親指と人差し指で輪をつくり⇩**「お金」の手話**（輪を地面と水平に）、右手を前に出すと同時に、手のひらを上に向けた左手を前から手前に引く。

《**語源**》お金を相手に渡し、代わりに物を受け取るようす。

《**同意**》買い物
《**応用**》逆の動作で、「お金」を手前に引き、左手を前に出すと「売る」の手話。

《**例文**》いちごを買う＝「いちご」＋「買う」。株の買い時＝「株」＋「買う」＋「時間・時b」。

カウンセリング【counseling】

《**表現**》身体の正面に左手人差し指を立て、その人差し指に向かって、親指と4指でCをかたどった右手⇩**指文字「C」**を口元から前後させる。

《**語源**》人（左手人差し指）に向かってアドバイスすることをカウンセリングのCで表現。

《**例文**》カウンセラー＝「カウンセリング」＋「男」あるいは「女」。被災者のカウンセリングをする＝「災害」＋「受ける」＋「人」＋「カウンセリング」。

かえす【返す】

《表現》手のひらを上に向けた右手をおなかの前で構え（指先左向き）、やや上に弧を描きながら前に出す。
《語源》返すようす。
《例文》先週借りた本を返す＝「先週」＋「借りる」＋「本」＋「返す」。
《参考》「返してもらう」は、同じ手の形で前から手前に引く。

かえる【替える】

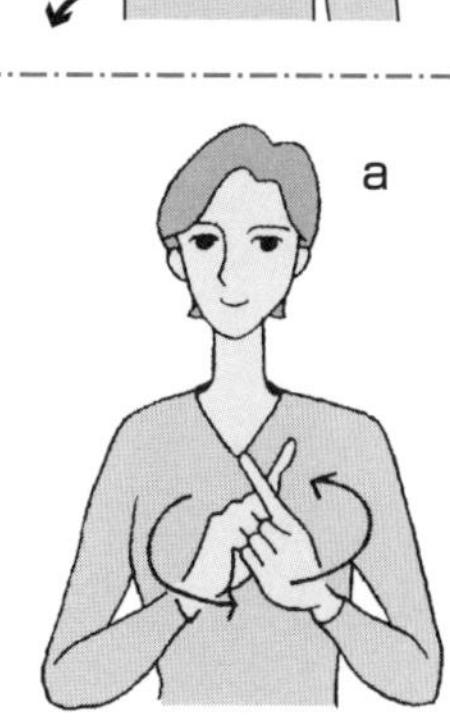

《表現》人差し指を立てた両手のこぶしを前後に合わせ、手首を軸にして前後を入れ替える。
《語源》人差し指は人を示し、人の位置が変わることから。
《同意》代える・換える・交替
《別形》親指を立てた両手を左右から身体の前で交差させるb。
《例文》選手交替＝「選手」＋「替えるa」。席を替える＝「席（椅子）」＋「替えるb」。
《参考》変わること一般は「変わる」参照。

かえる【帰る】

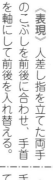

《表現》親指と4指を開いた右手の指先を閉じながら前に出していく。

《語源》人や物が遠のいて小さくなるようすから。

《応用》親指と4指を開いた右手の指先を閉じながら、手前に近づけると「帰ってくる」の手話になる。

《例文》彼は帰った＝「彼」＋「帰る」。私は帰る＝「私」＋「帰る」。私、帰る！＝「私」＋力強く「帰る」。家に帰る＝「家」＋家の左手を残し「帰る」。

《参考》「帰っていく」と「帰ってくる」は前後の動きで表現できる。

かお【顔】

《表現》右手人差し指で、自分の顔の輪郭に沿って大きく円を描く。

《語源》顔を指す。

《同形》面子・顔立ち
《応用》指を伸ばした右手のひらで胸の前に大きな円を描けば「身体」の手話。

《例文》美しい顔立ちの女性＝「美しい」＋「顔」＋「女」。似顔絵＝「顔」＋「そっくり」＋「絵」。

かおがひろい【顔が広い】

《表現》親指と人差し指を広げた両手を顔の両横から外側に広げていく。

《語源》顔が広い表現。

《例文》彼は顔が広い＝左手の「彼」を指す＋「顔が広い」。政界で顔が広い＝「政治」＋「世界」＋「顔が広い」。

かがく【化学】

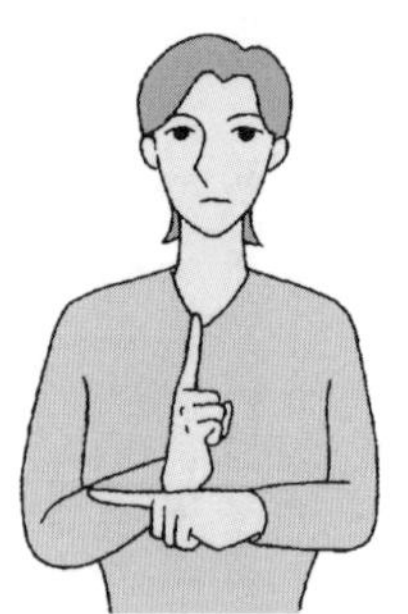

《表現》両手の親指と4指で筒をつくり、左右交互に注ぐように傾ける。傾ける位置は常に身体の中央で。

《語源》試験管で溶液を入れるようす。

《例文》化学変化＝「化学」＋「変わる」。化学研究＝「化学」＋「研究」。

かがく【科学】

《表現》人差し指を右に向けて伸ばした左手の甲の上に、人差し指を立てた右手を乗せる。身体の中央で。

《語源》地平線に立つロケットの情景。

《例文》科学者＝「科学」＋「博士」。心理学＝「心」＋指文字「り」＋「科学」。ニューサイエンス＝「新しい」＋「科学」。科学的に考える＝「科学」＋「〜的（合う）」＋「考える」。

《参考》「ロケット」は別の手話（**「ロケット」参照**）。

かがみ【鏡】

《表現》鏡に見立てた右手のひらを見つめる。同時に右手首を軸に軽くひねる。

《語源》鏡を見るようす。軽くひねるのは強調の意味。

《例文》鏡には左右逆に映ります＝「鏡」＋「右」＋「左」＋「逆さま（あべこべ）」。鏡を見なさい＝「鏡」＋「見る」＋「教える」。

かがわ【香川】

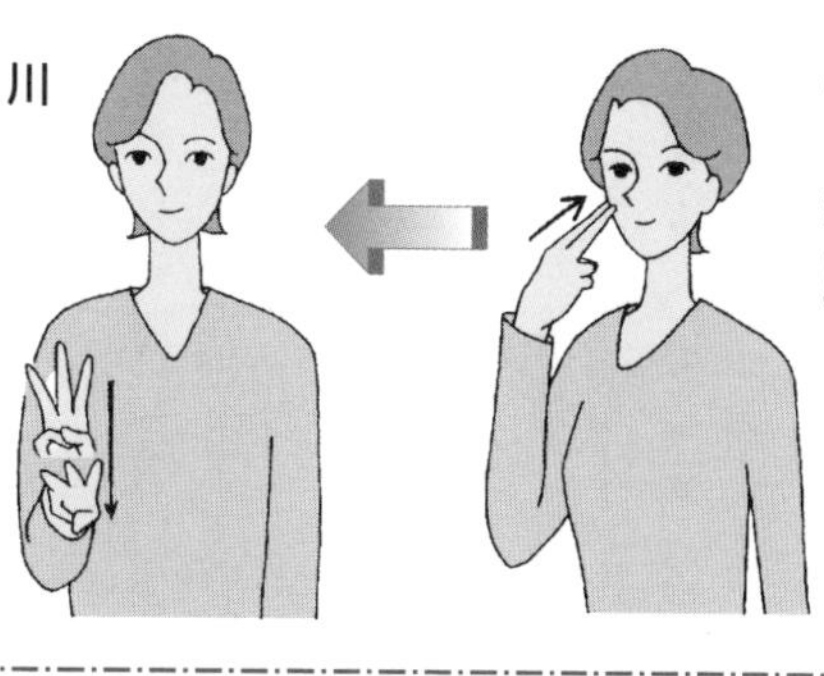

《表現》①伸ばした右手人差し指と中指の先を斜め前下から鼻に向けて近づける⇒**「香り」「匂い」の手話**、②人差し指、中指、薬指の3指を開いて伸ばし、手首から前に倒す⇒**「川」の手話**。

《参考》①の「香り」「匂い」は、手のひらを下に向け開いた右手4指をひらひら揺らしながら指先を鼻に近づけても表せる。

かき【柿】

《表現》口元で、指をやや離してわん曲させた右手の指先を手前に向けて構え、1回手首を折る。

《語源》柿をかじるようす。

《応用》手首を2回折ると「りんご」の手話になる。

《例文》柿の種＝「柿」＋「種」。干し柿＝「乾く」＋「柿」。

かく【書く】

《表現》紙に見立てた左手のひらに、ペンで書くように右手を動かす。

《語源》書くようす。

《別形》左手を省略し、ペンを持つ右手だけでもよい。

《例文》清書＝「書く」＋「本番」。うそが書かれている＝「うそ」＋「書く」＋「書く」の左手にやや開いてわん曲させた右手5指を当てる。

《参考》「メモを取る」という場合は手のひらに細かく書くように、「落書き」という場合は右手だけで大胆に大書きするなど、さまざまな表現が可能。

かく【核】

《表現》身体の正面で右手握りこぶしを立てて示す。

《同意》核心

《応用》左手で核を表し、その小指側にすぼめた右手の甲をつけ斜め前下に出しながら指を開くと「放射能」の手話になる。

《例文》核エネルギー＝「核」＋「エネルギー」。核ミサイル＝「核」＋「ミサイル」。話の核心＝「説明」＋「核」。

がくせい【学生】

《表現》手のひらを手前に向けた両手を上下ずらして構え、それぞれ上下に動かすと同時に両手とも握る。

《語源》袴（はかま）を履いた昔の学生から。袴のひもに手をあてがい締めるようす。

《同形》生徒

《別形》コの字型にした両手の親指と人差し指の先を手前に向けて上下ずらして構え、両手を交互に上下に動かす。ランドセルを背負っているようす。

《例文》大学生＝「大学」＋「学生」。卒業生＝「卒業」＋「学生」。

かくにん【確認】

《表現》人差し指と中指をカギ型に曲げた右手の指先を自分の目に向け、左右に動かす。

《語源》左右に動かす右手は目の動きを表し、よく見て知ろうとする表現。

《同形》調査・調べる・検閲

《例文》ガードマン＝「確認」＋「男」。検察＝「確認」＋「警察」。留守番＝「留守」＋「確認」。

かくめい【革命】

《表現》5指を開いた両手（手のひら前向き）を上下に並べ、弧を描きながら上下の位置を入れ替える。

《語源》5指はたくさんの人を示し、それらの上下が入れ替わることで表す。

《例文》フランス革命＝「フランス」＋「革命」。革命家＝「革命」＋「男」あるいは「女」。産業革命＝「産業（経済産業省）」＋「革命」。

かくりつ【確率】

《表現》コの字型にした両手の親指と人差し指の先を向かい合わせ、右手人差し指を左手の指の間で小さく上下に動かす（両手の親指の先はつける場合もある）。

《語源》左手で示した幅が全体を、右手人差し指がそのうちの%を表す。

《同意》率・比率

《応用》上下に動かした右手人差し指を下げ、親指につけることで「確率0」を表すことができる。

《例文》合格率は50％＝「合格」＋「確率」＋数詞「50」＋「%」。高い成功率＝「成功」＋「確率」＋「高い」。

かくりょう【閣僚】

《**表現**》上に向けた左手の甲に(指先右向き)、親指を立てた右手を下から乗せ、右に動かす。

《**語源**》「敬う」の手話の変形で、右へ動かすことで複数の国務大臣を表す。

《**応用**》左手の甲に親指を立てた右手を乗せるだけなら1人の「大臣」の手話。

《**例文**》内閣改造＝「閣僚」＋「替える」。

《**参考**》総理大臣と各閣僚を含めた「閣僚」の手話は別にあり(**「内閣府」参照**)。ただし、例文の内閣改造の場合は総理大臣を含まないこの「閣僚」の手話で。

がくれき【学歴】

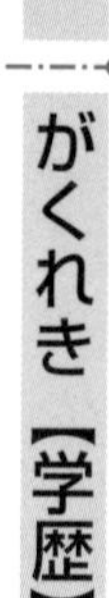

学校

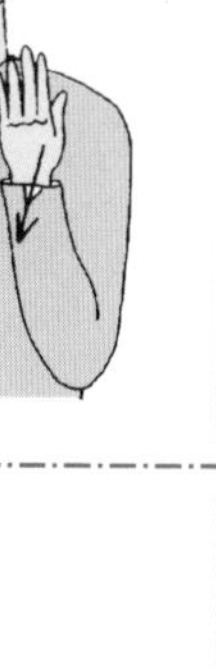

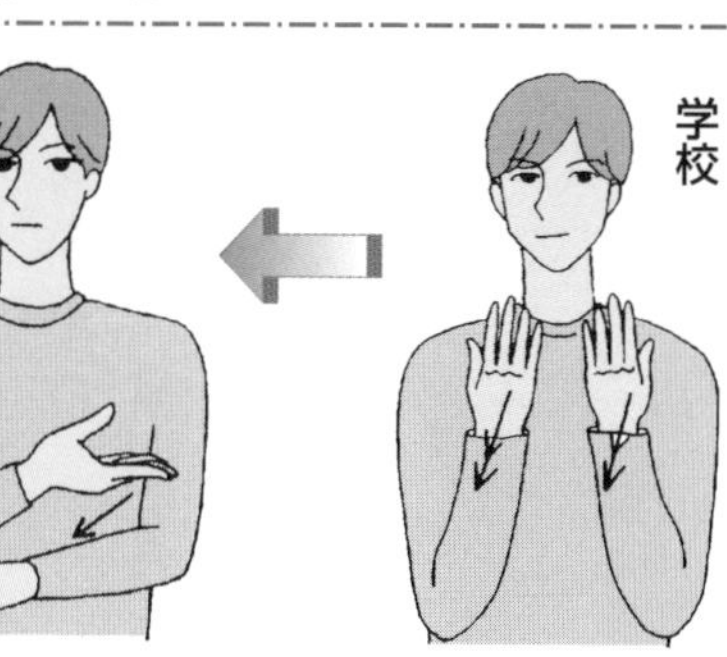

《**表現**》①手のひらを手前に向け両手を並べ、斜め前下に2回動かす⇒**「学校」の手話**、②左上腕から指先に向け、手の甲を下に向けた右手の指先でなで下ろす⇒**「経歴」の手話**。

《**語源**》「学校」＋「経歴(履歴)」で表現。

《**例文**》高学歴＝「学歴」＋「高い」。学歴不問＝「学歴」＋「関係ない」。

かくれる【隠れる】

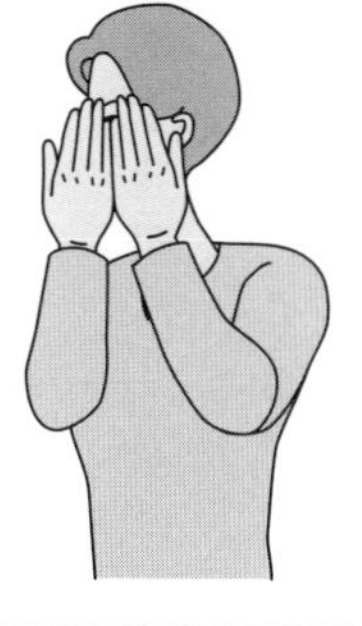

《**表現**》指をそろえて伸ばした両手の小指側をつけて顔を隠す。

《**語源**》隠れることから。

《**応用**》口元だけを隠すと「内緒」の手話になる。

《**例文**》隠れる場所を探す＝「隠れる」＋「場所」＋「探す」。

かけごと【賭け事】

《**表現**》親指と人差し指でつくった両手の輪を、左右から同時におなかあたりに寄せる。

《**語源**》お金を出し合いながら賭け事をするようす。

《**例文**》カジノ＝「賭け事」＋「場所」。賭博で逮捕された＝「賭け事」＋「捕まる(拘束)」＋「〜しました・した」。賭博師＝「賭け事」＋「男」あるいは「女」。

かけつ【可決】

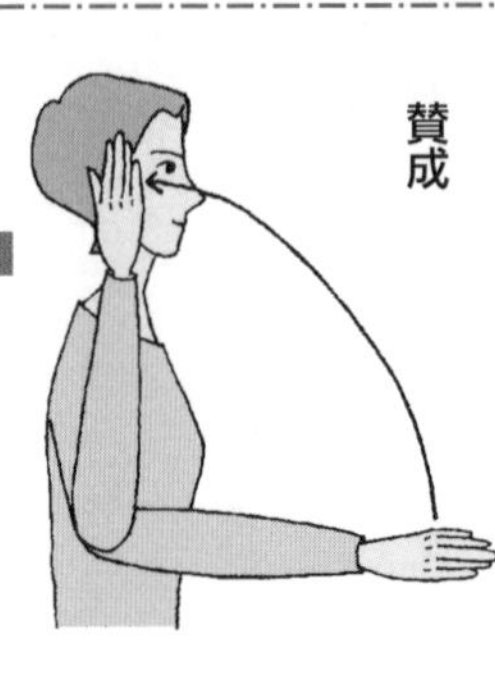

《表現》①指をそろえて伸ばした右手を上げる（手のひらは左向き）⇩**「賛成」の手話**、②左手のひらに、伸ばした右手人差し指と中指を打ちつける⇩**「決める」の手話**。

《語源》「賛成」と「決める」で。

《例文》予算案を可決する＝「予（予定）」＋「計算」＋「案」＋「可決」。

～かげつ【～ヵ月】

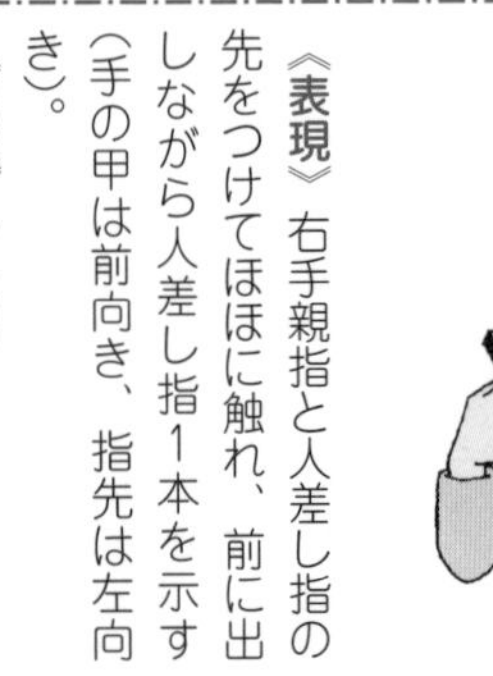

《表現》右手親指と人差し指の先をつけてほほに触れ、前に出しながら人差し指1本を示す（手の甲は前向き、指先は左向き）。

《同意》ひと月

《応用》前に出す指の数詞を変えれば「2ヵ月」、「3ヵ月」を表現できる。

かこ【過去】

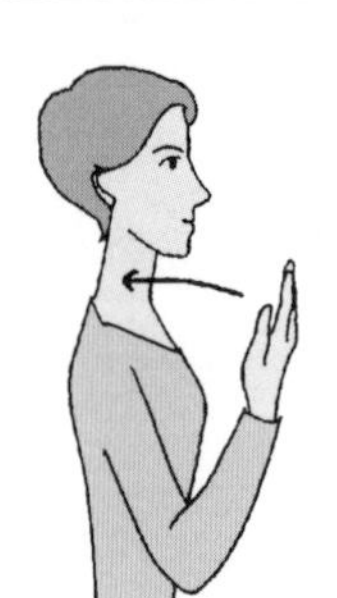

《表現》5指をそろえて伸ばし、手のひらを手前に向けて立てた右手を、顔の横で肩越しに後ろへ倒す。

《語源》自分の身体の位置を現在として、後ろ方向は過去を示す。

《同意》かつて・以前

《応用》手のひらを前に向け、前に動かすと「未来」の手話になる。

《例文》過去の事＝「過去」＋「事」。昔が懐かしい＝大きく腕を振り「過去」＋「懐かしい」。

《参考》腕の動きを大きくすることで「遠い過去」「昔」を表現できる。

かこう【加工】

《表現》①右に向けた左手のひら（指先前向き）に、右手人差し指（指先前向き）を添える⇩**「加える」の手話**、②立てた左手握りこぶしの親指側を、右手握りこぶしの小指側で真上から2回ほど叩く⇩**「作る」の手話**。

《語源》「加える」と「作る」で。

《例文》加工貿易＝「加工」＋「貿易」。

かごしま【鹿児島】

《表現》右手人差し指、中指、薬指の3指を立て、顔の横でねじりながら（手のひらを前向きから手前向きに回転）上にあげる。

《語源》鹿の角を表現したもの。

《同意》鹿

《参考》動物の「鹿」を伝える場合は、両手同時に行う場合もある。

かさ【傘】

《表現》両手握りこぶしを上下に重ね（右手が上）、左手を残し右手を斜め上にあげる。

《語源》傘をさすようす。

《例文》傘を貸す＝「傘」＋「貸す」。傘をさして歩く＝「傘」＋左手を身体の左に残し、右手で「歩く」。

かじ【火事】

《表現》斜めに立てた左手の横で、指を開いた右手を手首をひねるようにひらひら揺らしながら下から上げていく。

《語源》斜めに立てた左手は家の屋根を表し、揺らしながら上げる右手は火がめらめら燃え上がるようすを表す。

《例文》火災現場＝「火事」＋「本当」＋「場所」。

《参考》ひらひら揺らしながら上げる右手は「火」の手話。この動作の前に「家」の手話をつけてもよい。

かしきり【貸し切り】

貸す

切る

《表現》①親指と4指を伸ばして開いた右手（指先手前向き）を前に出しながら指先を閉じる⇓**「貸す」の手話**、②右手でハサミを入れるように、右下から左に切る⇓**「切る」の手話**。

《語源》「貸す」と「切る」で。

《例文》バスを貸し切る＝「バス」＋「貸し切り」。

かしこい【賢い】

《表現》親指と人差し指の先をつけた右手親指の先をこめかみに当て（親指と人差し指以外は握る）、親指はそのまま人差し指を離す。

《語源》頭の中のものが多いことを示す。

《同形》知恵・利口

《応用》親指と4指を伸ばして開いた右手親指の先をこめかみに当て（4指はそろえる）、親指はそのまま指先を閉じると「愚か」「バカ」の手話になる。

《例文》賢い女＝「賢い」＋「女」。賢い生徒＝「賢い」＋「学生」。

かす【貸す】

《表現》親指と4指を伸ばして開いた右手の指先を手前に向け、前に出しながら指先を閉じる。

《語源》相手が受け取る表現。

《応用》親指と4指を伸ばして開いた右手の指先を前に向け、手前に引きながら指先を閉じると「借りる」の手話になる。

《例文》お金を貸す＝「お金（金）」＋「貸す」。部屋を貸す＝「部屋」＋「貸す」。

かず【数】

《表現》人差し指、中指、薬指の3指を伸ばした両手（手の甲前向き）の小指側を左右から2回ぶつける。

《語源》数を合わせる表現。

《同形》算数・人数

《別形》右手の指を親指から順に折っていく⇒**「いくつ」の手話**。この場合、疑問の表情はつけない。

《例文》数学＝「数」＋「勉強（学校）」。参加人数＝「参加」＋「数」。

かぜ【風】

《表現》開いた両手を右上から左下に2回振り下ろす。

《語源》風が吹くようすを表現したもの。

《応用》「風」の手話を、強く何度か繰り返すと「台風」の手話になる。

《例文》西風＝「西」＋「風」。冬の冷たい北風＝「冬」＋「冷たい」＋「北」＋「風」。風がおさまる＝「風」＋「消える」。風鈴＝「風」＋「鈴」。台風で家がつぶれた＝力強く「風」＋「家」を横に倒す。

《参考》手の動かし方で、そよ風なのか、強い風なのかを伝えることができる。

かぜ【風邪】

《**表現**》右手握りこぶしを口元で構えて（親指側が口元）、せきをするしぐさをする。苦しそうな表情で。

《**語源**》風邪をひいてせきをするようすから。

《**同形**》せき

《**例文**》風邪で寝込む＝「風邪」＋「寝る」。風邪で熱が上る＝「風邪」＋「熱が上がる」。

かぞく【家族】

《**表現**》斜めに立てた左手の下で、親指と小指を立てた右手を手首から軽く振る。

《**語源**》斜めに立てた左手は家の屋根、右手親指と小指は男女を表し「人」の意味。家に「人」がいることから。

《**同形**》所帯

《**例文**》家族旅行＝「家族」＋「旅行」。

《**応用**》斜めに立てた左手の下で、5指をそろえて伸ばした右手（手のひら下向き）を1周回すと「家庭」の手話。

《**参考**》両手で、親指と小指を立てて振ると「人々」の手話（**「人々」**参照）。

ガソリン【gasoline】

《**表現**》立てた左手握りこぶしの親指側に、親指と人差し指を伸ばした右手人差し指の先を上から当てる。

《**語源**》ガソリンスタンドでの給油を表現。

《**例文**》ガソリンスタンド＝「ガソリン」＋「場所」。ガソリン高騰＝「ガソリン」＋「インフレーション」。

かたい【固い】

《**表現**》右手親指、人差し指、中指の3指で半円をつくり（手の甲は下向き）、下へ力強く打ち下ろす。

《**語源**》握りつぶそうにもつぶれないという表現。

《**同意**》堅い・硬い

《**同形**》ハード

《**別形**》同じ動きを親指と人差し指の2指で行ってもよい。また、5指で行ってもよい。

《**例文**》硬い肉＝「硬い」＋「肉」。堅い意志＝「心」＋「堅い」。

かたがき【肩書】

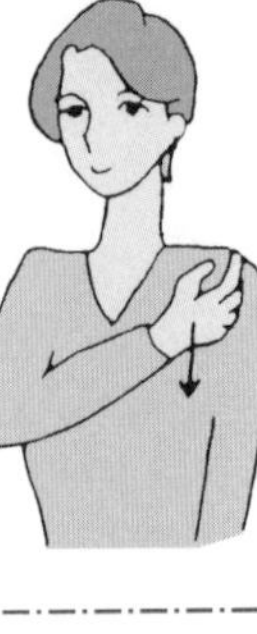

《**表現**》親指と人差し指をやや離した右手を左肩に当て、そのまま下におろす。
《**語源**》肩に勲章をつけているようすから。
《**同形**》資格
《**別形**》同じ手の形の右手を右肩に当て、そのまままっすぐ下げる。
《**例文**》社長の肩書＝「会社」＋「～長」＋「肩書」。

かたち【形】

《**表現**》手のひらを前に向け、人差し指、中指、薬指の3指を立てた右手を斜め下に振る（彡を空書する）。
《**語源**》漢字の形を描くもの。
《**別形**》親指と人差し指を広げた両手を人差し指を上にして顔の前で構え、交互に上下に動かす。
《**例文**》形の良い木＝「良い」＋「形」＋「木（木曜日）」。

かたむく【傾く】

《**表現**》両手を斜めに立てた「家」の手話を、指先はつけたまま横に傾ける。
《**語源**》家が傾くことから。
《**同形**》家が傾く（貧乏）
《**応用**》前に倒していた「家」を立ち上げると「結成」「家を立て直す」の手話。
《**別形**》右手4指を付け根から折り、右上から左下におろすb。
《**例文**》財政が傾く＝「財政」＋「傾くb」。

かたよる【偏る】

《**表現**》指先を前に向け両手のひらを向かい合わせて構え、幅はそのまま両手同時に左に寄せる。
《**語源**》片方へ寄せる表現。
《**同形**》傾向
《**例文**》偏った考え＝「考える」＋「偏る」。営利に偏る＝「営業」＋「得る」＋「偏る」。

かち【価値】

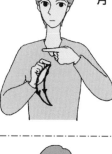

《表現》親指と人差し指で輪をつくった両手を左右に構え、互い違いに上下に動かす。

《語源》「お金」の手話を使い、高いか、安いかで表現。

《例文》ダイヤモンドの価値＝「ダイヤモンド」＋「価値」。価値観＝「価値」＋「考える」。

かつ【勝つ】

《表現》親指を立てて握った両手を前後に構え、手前に位置した右手握りこぶしで、左手を前に倒す。

《語源》倒すことから。

《同形》勝利

《応用》逆の動作、前の左手で右手を手前に倒すと「負ける」の手話。

《別形》握った右手を顔の横あたりから、前方上方向へ上げる(勝利し喜ぶようす)。

《例文》試合に勝つ＝「試合」＋「勝つ」。

～がつ【～月】

1月

《表現》左手で伝える数詞を横に構え、その下で右手親指と人差し指の先をつけ、上から下へおろしながら、指先を離して再びつける(三日月を描く)⇩

「月」「月曜日」の手話。

《語源》数詞と「月」で表現。

《例文》2月＝横向き数詞「2」と「～月」。11月＝「10」＋「1」と「～月」。12月＝「10」＋「2」と「～月」。

《参考》右手で月を描いたあとに、数詞を示す(左手の数詞は残しておく)と「～月～日」と伝えられる。

がっかり

《表現》手のひらを上にして開いた両手を、胸元から下へ指を閉じながら下ろす。

《語源》気落ちし心がしぼむ表現。

《別形》親指と4指を伸ばして開いた右手の指先を、閉じながら手前に引き、左胸に当てる。やる気がなくなるようす。

《例文》失恋してがっかり＝「失恋」＋「がっかり」。試験に不合格でがっかり＝「試験」＋「(試験に)落ちる」＋「がっかり」。期待外れでがっかり＝「期待」＋「外れる」＋「がっかり」。

かっこいい【格好いい】

《**表現**》手のひらを前に向け指を開いてわん曲させた右手を反転し、手のひらを手前に向けながら顔に近づける。
《**語源**》格好よさが目の前に迫る表現。
《**例文**》格好いい男＝「格好いい」＋「男」。格好いい車＝「格好いい」＋「車」。

がっこう【学校】

《**表現**》本を読むように、手のひらを手前に向け両手を並べ、斜め前下に2回動かす。
《**語源**》本を強調した表現。
《**同形**》授業・勉強・学ぶ
《**別形**》「家」の左手の下で右手で「教える」を行う。
《**例文**》小学校＝「小」＋「学校」。中学校＝「中（中級）」＋「学校」。
《**参考**》この手話に続けて「建物」の手話を行うこともある。

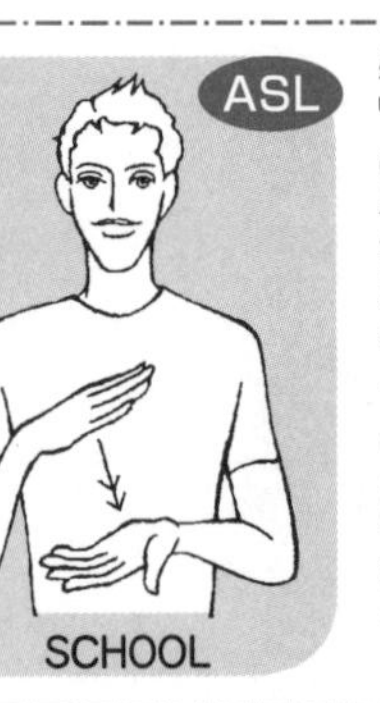
ASL
胸の前で上下に手を叩く。
SCHOOL

かつどう【活動】

《**表現**》胸の前で、両手握りこぶしを構え（手の甲上向き）、2回交互に前へ突き出す。

《**語源**》胸の前の両手握りこぶしを同時に前に突き出すと「～する」「行う」の手話。これを繰り返すことから。

《**同形**》活発・行動・行為
《**応用**》両手握りこぶしを2回同時に下げると「がんばる」「生きる」「元気」の手話。

《**例文**》活発な女＝「活発」＋「～的（合う）」＋「女」。平和運動＝「平和」＋「活動」。選挙運動＝「選挙」＋「活動」。

カップル【couple】

《**表現**》親指と小指を立てた右手を軽く振る。

《**語源**》親指が男、小指が女で、振ることで強調したもの。

《**同意**》ツーショット（男女の）

《**応用**》「カップル」の手話を手の甲を手前にして前に出すと「デート」の手話になる。

《**別形**》親指を立てた右手⇒**「男」の手話**、と小指を立てた左手⇒**「女」の手話**を左右に並べる。「男」と「女」を並べて表現。

《**例文**》お似合いのカップル＝「似合う（合う）」＋「カップル」。

がっぺい【合併】

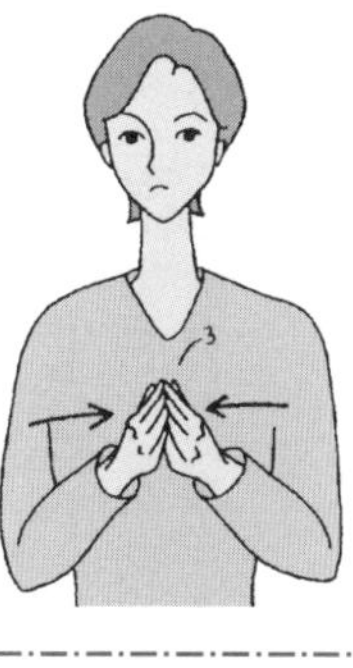

《**表現**》指先を前に向けた両手のひらを左右から合わせる。
《**語源**》2つのものが1つになる表現。
《**同意**》合わせる
《**例文**》会社合併＝「会社」＋「合併」。

かてい【家庭】

《**表現**》斜めに立てた左手の下で、5指をそろえて伸ばした右手（手のひら下向き）を1周回す。

《**語源**》斜めに立てた左手は屋根の形。右手は家族を意味する。

《**応用**》斜めに立てた左手の下で、親指と小指を立てた右手を手首から軽く振ると「家族」の手話。

《**例文**》家庭料理＝「家庭」＋「料理」。家庭裁判所＝「家庭」＋「裁判」＋「場所」。

かていさいばんしょ【家庭裁判所】

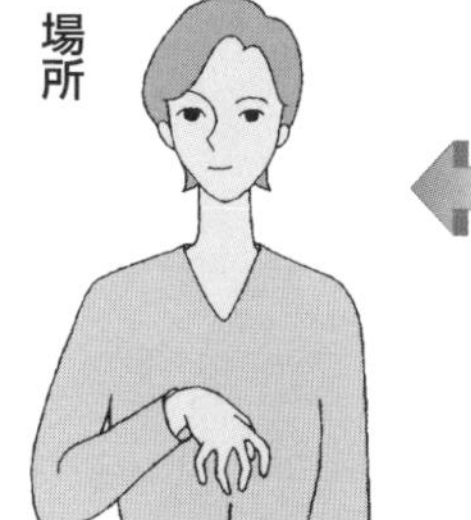

《**表現**》①斜めに立てた左手の下で、5指をそろえて伸ばした右手（手のひら下向き）を1周回す⇒**「家庭」の手話**、②親指を立てた両手を肩から前に少し弧を描きながら下ろし、しっかり止める⇒**「裁判」の手話**、③手のひらを下に向け、わん曲させた右手を軽く下ろす⇒**「場所」の手話**。
《**語源**》「家庭」と「裁判」と「場所」で。
《**例文**》家庭裁判所に訴える＝「家庭」＋「裁判」＋「申し込む」。
《**参考**》「裁判」＋「場所」で「裁判所」の手話になる。「簡単」＋「裁判所」で「簡易裁判所」。「地方（地域）」＋「裁判所」で「地方裁判所」。「高い」＋「裁判所」で「高等裁判所」。「最高」＋「裁判所」で「最高裁判所」。

かながわ【神奈川】

神

川

《表現》①両手のひらを1回合わせる⇒**「神」の手話**、②人差し指、中指、薬指の3指を開いて伸ばし、手首から前に倒す⇒**「川」の手話**。

《語源》「神」と「川」で。

《参考》「神」の手話は手のひらを2回合わせるが、「神奈川」の場合は1回でよい。

かなざわ【金沢】

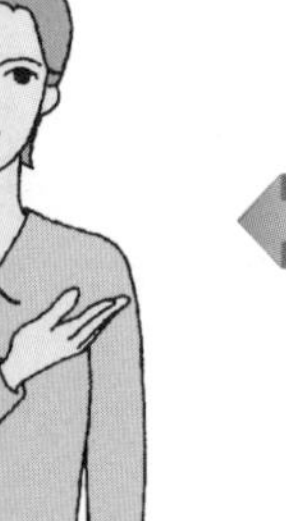

《表現》①親指と人差し指で輪をつくり小さく振る⇒**「金」の手話**、②手のひらを上に向けて伸ばした右手を、波打たせながら左から右へ水平に移動させる⇒**「水」「沢」の手話**。

《語源》「金」と「水」で。

《別形》「金」＋「たくさん」。

かなしい【悲しい】

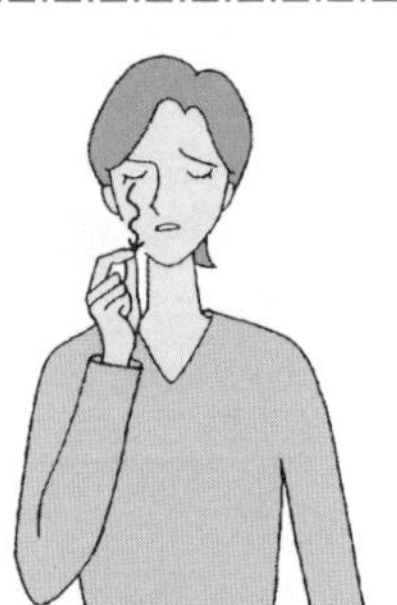

《表現》親指と人差し指で涙の形をつくり、目元からほほへ下ろしていく。

《語源》涙が流れるようす。

《同形》悲しむ・かわいそう・涙

《別形》人差し指を目元からほほに沿ってまっすぐなで下ろす。

《例文》悲しい映画＝「悲しい」＋「映画」。犬が死んでとても悲しい＝「犬」＋「死ぬ」＋「私」＋「とても」＋「悲しい」。美しい涙＝「美しい」＋「涙」。

カナダ【Canada】

《表現》指文字「C」の親指側を、左胸に当てる。

《語源》頭文字「C」で表現。

《別形》親指を立てた右手を右胸に当てるb。

《参考》aは5指を伸ばして開き手のひらを当ててもよい。

かならず【必ず】

《表現》胸の前で、左右から両手の4指をしっかり組む。

《語源》両手をしっかり組むことで表現したもの。

《同形》ぜひ・定まる・定

《別形》両手の小指を絡ませ⇩**「約束」の手話**、そのまま前に出す。約束を強調したもの。

《例文》必ず見つかる＝「必ず」＋「見つかる」。母はきっと認める＝「母」＋「必ず」＋「認める」。定食＝「定」＋「食べる」。

《参考》相手と約束する場合には、約束を強調した「必ず」を使う場合がある。

かに【蟹】

《表現》肩あたりで、両手の人差し指と中指を立てて構え（手のひら前向き）、2指をハサミのように動かす。

《語源》蟹のハサミで。

《例文》猿蟹合戦＝「猿」＋「蟹」＋「戦争」。蟹とたわむれる＝「蟹」＋「一緒」＋「遊ぶ」。

かねもち【金持ち】

《表現》両手の親指と人差し指で輪をつくり⇩**「お金」「金曜日」の手話**、胸元からおなかにかけて大きく弧を描きながら下ろす。

《語源》大きな弧で、お金がたくさんあることを表す。また、お金持ちがおいしいものを食べて肥えている意味もある。

《例文》お金持ちと結婚する＝「金持ち」＋「結婚」。

かねる【兼ねる】

《表現》人差し指と中指を立てた右手を左肩に当てる（甲は前向き）。

《語源》2指を肩に当てることで2つの仕事を持つことを表す。

《同意》兼任

《例文》映画監督を兼ねる＝「映画」＋「監督（演出）」＋「兼ねる」。

かぶ【株】

《**表現**》両手握りこぶしを合わせて前後にずらす。
《**語源**》券をちぎる表現で表す。
《**同意**》株式
《**例文**》株式会社＝「株」＋「会社」。株価＝「株」＋「価値」。株価上昇＝「株」＋「高い（値段が）」。

かぶき【歌舞伎】

《**表現**》①指を開いてわん曲させた両手を、右手は甲を手前にして掲げ、左手は右手よりやや下げた位置で甲を前に向け構える。②両手を同時にくるっと反転させる（右手は甲が前に、左手は甲が手前に）。
《**語源**》歌舞伎役者が見得を切るようすから。
《**応用**》握った手で同じ動作を行うと「芝居」の手話になる。
《**例文**》歌舞伎役者＝「歌舞伎」＋「男」あるいは「人々」。梨園＝「歌舞伎」＋「世界」。

かふんしょう【花粉症】

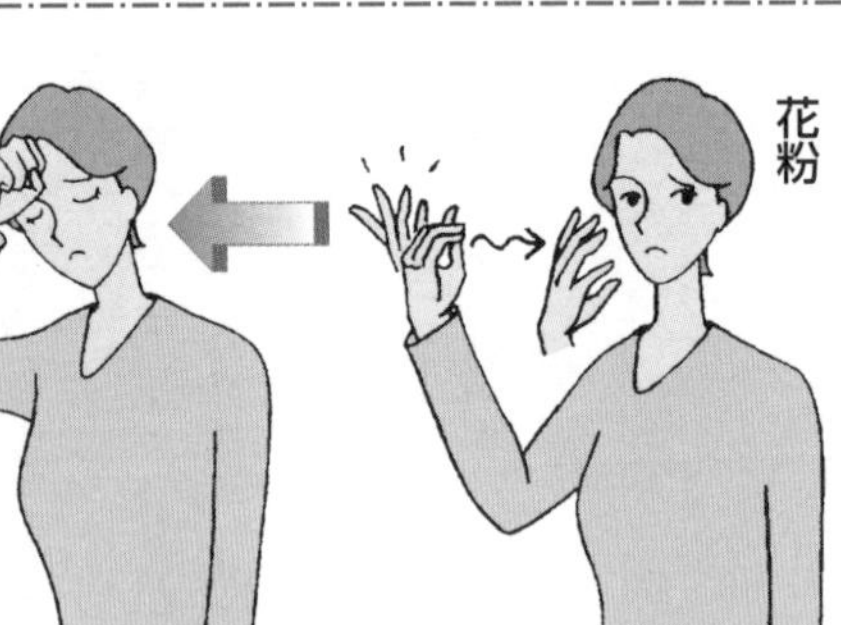

《**表現**》①5指の先をつけた右手を前で構えて開き、指先を手前に向けて揺らしながら鼻先に寄せる⇒**「花粉」の手話**、②右手握りこぶしの親指側を額に当てる⇒**「病気」の手話**。
《**語源**》①は花が開いて花粉が飛んでくる表現。
《**例文**》花粉症なので春になるとつらい＝「花粉症」＋「春」＋「苦しい」。

かべ（障害）【壁】

《**表現**》伸ばしてそろえた右手4指を付け根から折り、その指先を額に当てる。
《**語源**》壁にぶつかる表現。
《**例文**》研究していて壁にぶつかる＝「研究」＋「壁」。
《**参考**》この手話は障害としての「壁」を意味するもの。物理的な「壁」は次項参照。

か

かべ【壁】

《表現》手のひらを前に向け、横にした右手を下から上げていく。
《語源》壁の平面を表現。
《例文》白い壁＝「白」＋「壁」。

かぼちゃ【南瓜】

《表現》親指と4指で半円をつくった両手の指先をつけて構え、両手同時に大きく弧を描きながら下ろしていき、手首をつける（手のひら上向き）。
《語源》かぼちゃをかたどったもの。
《例文》パンプキンサラダ＝「かぼちゃ」＋「サラダ」。

かまくら【鎌倉】

《表現》親指と4指の先をつけた両手の指の背を身体の中央でつけて構える。
《語源》鎌倉の大仏の姿で表現。
《例文》鎌倉へ行く＝「鎌倉」＋「行く」。

かまぼこ【蒲鉾】

《表現》左手のひらの上で、右手親指と4指でつくった半円の親指側を手前に向け手首から指先に向かって動かす。
《語源》左手はかまぼこ板、右手はかまぼこを表現。
《例文》かまぼこのお土産＝「お土産」＋「かまぼこ」。100％天然のかまぼこ＝数詞「100」＋「％」＋「自然」＋「かまぼこ」。

かまわない【構わない】

《表現》小指の先であごを2回ほど軽く触れる。表情をつける。

《同意》いいですよ・OK

《例文》私はいいよ＝「私」＋「かまわない」。メールしてもいいですか？＝「メールする」＋「かまわない？」。

疑問の表情で「かまわない？」。座ってもいいですか？＝「ここ（指さす）」＋「座る」＋疑問の表情で「かまわない？」。

《参考》OKなど肯定の意味に使い、例文以外では「仕事を手伝いましょうか？」に対し「かまわない（お願いします）」と返事する場合にも使う。

がまん【我慢】

《表現》立てた左手親指を上から右手のひらで抑えつける。

《語源》表に出ないよう抑えつけている表現。

《同形》忍耐

《例文》今は我慢＝「今（今日）」＋「我慢」。

指文字「a」の親指をあごに当て、少し下げる。

かみ【神】

《表現》柏手を2回打つ（両手のひらを2回合わせる）。

《語源》柏手を打ち神様に拝むようす。

《例文》神を信じる＝「神」＋「信じる（信用）」。七福神＝「幸せ」＋数詞「7」＋「神」。

かみ【紙】

《表現》両手の人差し指で、胸の前で四角を空書する。

《語源》紙をかたどったもの。

《同形》四角形

《例文》黒い紙＝「黒」＋「紙」。コピー用紙＝「コピー」＋「紙」。

《参考》この手話は「郵便」＋「紙」で「はがき」などさまざまな手話で応用できる。

かみなり【雷】

《**表現**》親指と人差し指の先をつけた両手を、指を開きながらジグザグに、素早く下ろす。

《**語源**》稲妻の形から。

《**別形**》稲妻が太いことを強調する方法として、親指と人差し指をあらかじめ伸ばし、そのままジグザグに下ろす表現もできる。

《**例文**》ゴルフ場に雷が落ちた＝「ゴルフ」＋「場所」＋「雷」。

《**参考**》ジグザグの幅や、下ろす速さを変えて、雷の規模や性質を表現できる。また、驚く、あるいは怖いという表情を加えると伝わりやすい。

かめ【亀】

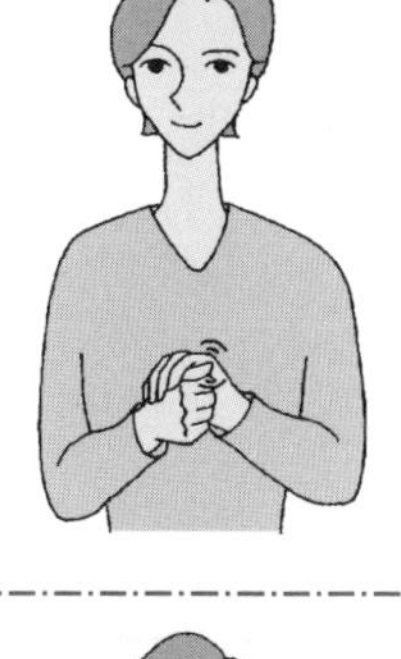

《**表現**》右手握りこぶし（親指は人差し指の横に添え、指先を少し出す）の上に、左手のひらを甲羅のようにかぶせ、右手親指を前後に数回動かす。

《**語源**》右手親指で表した亀の頭が甲羅から出たり入ったりするようす。

《**例文**》ウミガメの産卵＝「海」＋「亀」＋「産まれる」。

カメラ【camera】

《**表現**》両手の親指と人差し指で四角をつくり（カメラをかたどる）、右手人差し指をシャッターを押すように曲げる。

《**語源**》写真を撮るようす。

《**同形**》撮る

《**例文**》カメラマン＝「カメラ」＋「男」あるいは「女」。いつもカメラを持ち歩く＝「私」＋「カメラ」＋「いつも」＋「持つ」。

～かもしれない【～かも知れない】

《**表現**》そろえて伸ばした人差し指と中指で、？マークを空書し（自分から見て？の向き）、書き終えたところで小さく前後に振る。首をかしげるなど表情をつける。

《**語源**》？マークを描いて小さく前後に動かすのは？マークの・を示す。

《**同意**》～かな?

《**別形**》人差し指と中指を伸ばした右手を上下に位置を変え、斜め下に振る「～らしい」の手話で伝えることもある（**「～らしい」参照**）。

《**例文**》明日は雨かも知れない＝「明日」＋「雨」＋「～かも知れない」。

かゆい【痒い】

《**表現**》身体の中央で、左手の甲を右手で掻く。

《**語源**》かゆくて掻くようす。

《**例文**》背中がかゆい＝背中を指して＋「かゆい」。

《**参考**》掻かれる左手をすぼめると「猿」の手話に似るので注意。文脈だけでなく表情をつけることも大切。

かよう【通う】

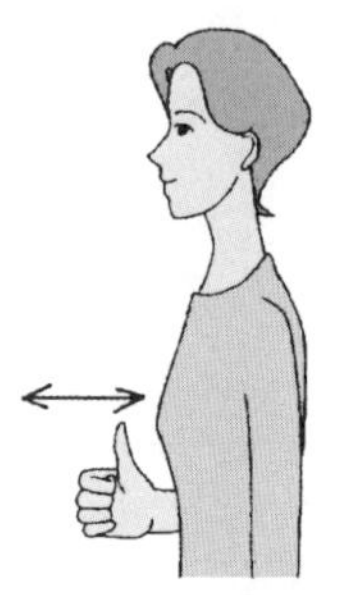

《**表現**》立てた親指をまっすぐ前後に動かす。
《**語源**》人を示す親指が往復するようす。
《**例文**》手話サークルに通う＝「手話」＋「サークル」＋「通う」。サラリーマン＝「会社」＋「通う」。

かようび【火曜日】

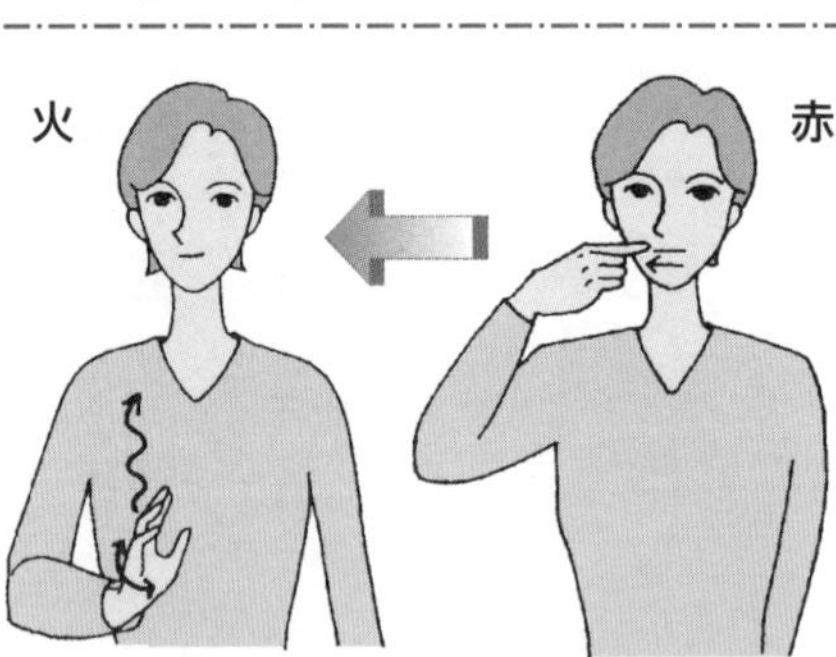

《**表現**》①右手人差し指を唇に沿って右に動かす⇒**「赤」の手話**、②開いた手を揺らしながら上げていく⇒**「火」の手話**。
《**参考**》「赤」を省いても良い。

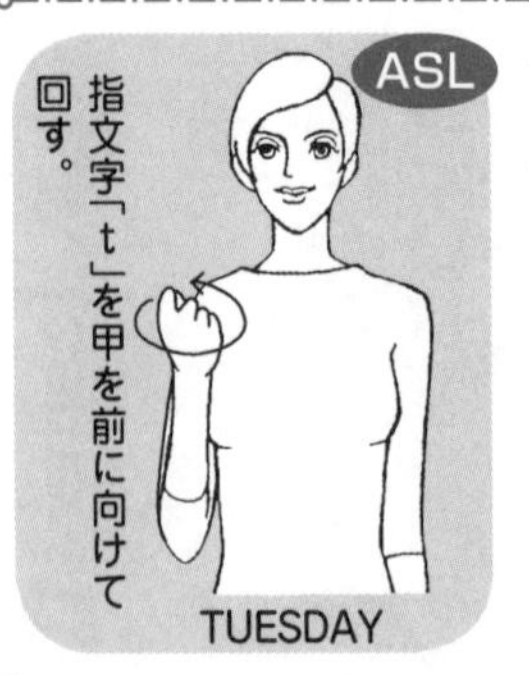

指文字「t」を甲を前に向けて回す。
TUESDAY

～から

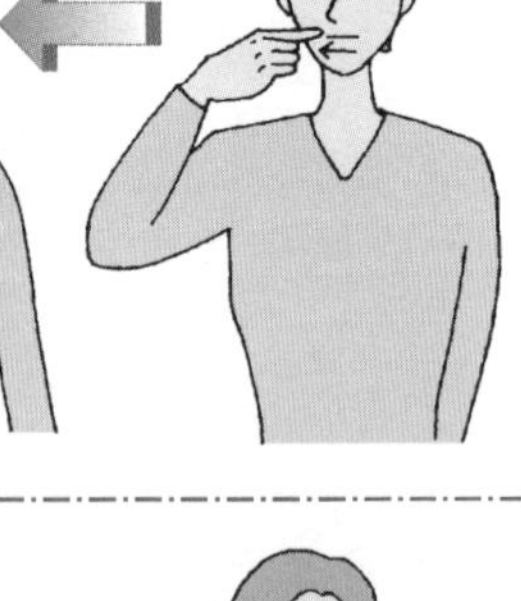

《**表現**》指先を前に向けた右手を左向きに払う。
《**語源**》一定の位置からという表現。
《**例文**》東京から大阪まで＝「東京」＋「～から」＋「大阪」＋「～まで」。9時から5時＝「時間・時aあるいはb」＋数詞「9」＋「～から」＋数詞「5」。父からの贈り物＝「父」＋「～から」＋「お土産」。助けたり助けられたり＝「助ける」＋「～から」＋「助けられる」＋「～から」。
《**参考**》空間や時間、人から人への場合にも使う。また、「～したり」でも使う。

からい【辛い】

《表現》指を開きわん曲させた右手（手のひら手前向き）を口の前で回す。辛そうな表情で。

《語源》口の中に辛さが広がる表現。

《応用》同じ手の形で、左右に動かすと「苦い」の手話になる。

《例文》カレーライス＝「辛い」＋「スープ」。「塩辛い」＝「塩（海）」＋「辛い」。

《参考》「辛い」の手話に続けて親指と小指を立てた右手を親指を下に向けて回すと「ソース」（**「醤油」**参照）。

カラオケ

《表現》握った右手（マイクを持つ手）を口の前で左右に振る。

《語源》左右に振ることで歌うことを表現。

《例文》カラオケは日本からアジア中に広がりました＝「カラオケ」＋「日本」＋「〜から」＋「アジア」＋「流行」。

からす【烏】

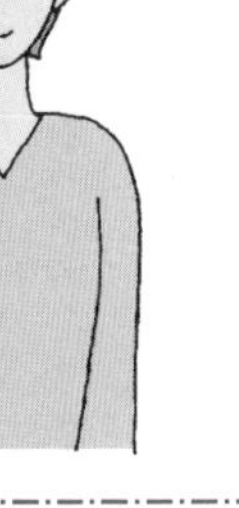

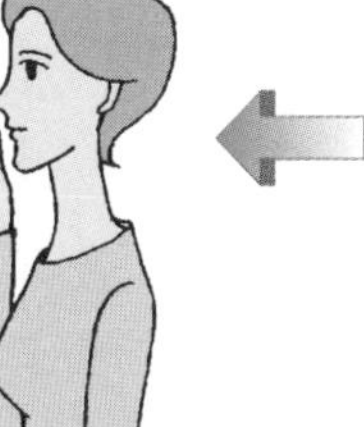

《表現》①右手で頭をなでる⇒**「黒」の手話**、②口の前で右手親指と人差し指を前に向け、2回ほど指先をつける⇒**「鳥」の手話**。
《語源》「黒」と「鳥」で。

ガラス【glass】

《表現》右目の前で甲を前に向けた右手人差し指と中指を開いたり閉じたりする。
《語源》ガラスが透けていることから、物はあるが向こうが見えるようす。
《例文》色ガラス＝「色」＋「ガラス」。ガラスのコップ＝「ガラス」＋「コップ（飲む）」。ガラスの動物園＝「ガラス」＋「動物」＋「場所」。

カリキュラム【curriculum】

《**表現**》親指、人差し指、中指を伸ばし親指を中指につけた右手⇓**指文字「か」**を、前に向けた左手のひらに数回当てながら下ろしていく。
《**語源**》左手のひらは張り出された紙で、そこに書かれている内容を頭文字「か」で伝えるもの。
《**応用**》立てた左手に横に伸ばした右手人差し指を当てながら下ろしていくと「プログラム」の手話になる。
《**例文**》手話学習のカリキュラム＝「手話」＋「教わる」＋「カリキュラム」。

かりる【借りる】

《**表現**》親指と4指を伸ばして開いた右手の指先を前に向けて差し出し（手のひら上向き）、手前に引きながら指先を閉じる。
《**語源**》相手から物を得る表現。
《**応用**》親指と4指を伸ばして開いた右手の指先を手前に向け、前に出しながら指先を閉じると「貸す」の手話。
《**例文**》本を借りる＝「本」＋「借りる」。お金を借りる＝「お金（金）」＋「借りる」。貸して下さい＝「借りる」＋「願う」。

かるい【軽い】

《**表現**》親指と4指を伸ばし、手のひらを上に向けた両手の指先をおなかの前で向かい合わせ、そのまま上下に軽やかに動かす。

《**語源**》軽く持つ表現。

《**同形**》（気分などが）軽やか・（行いが）軽はずみ
《**例文**》軽い石＝「軽い」＋「石」。軽い刑＝「刑（刑事）」＋「軽い」。軽い病気＝「病気」＋「軽い」。

《**参考**》軽く上にあげるだけでもよい。この動作の逆、上から下げると「重い」の手話になる。

カルシウム【calcium】

《**表現**》左手親指と4指でCをかたどり⇓**指文字「C」**、右手親指と人差し指で左腕の骨をつかむ。
《**語源**》calciumのCと骨を示すことで表現。
《**例文**》カルシウムを摂る＝「カルシウム」＋「栄養」。

かれい【鰈】

《表現》手のひらを下に向けた右手を上下にゆるやかに揺らしながら、左から右へ動かす。
《語源》カレイが泳ぐようす。
《例文》子持ちカレイ＝「妊娠」＋「カレイ」。

カレーライス【curry and rice】

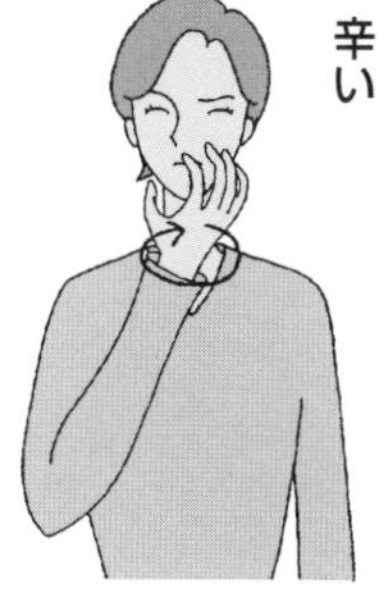

《表現》①指を開きわん曲させた右手を口の前で回す⇒**「辛い」の手話**、②スプーンを持つように握った右手を、スープをすくい上げるように口元へ運ぶ⇒**「スープ」の手話**。
《語源》「辛い」と「スープ」で。

かれる【枯れる】

《表現》手のひらを前に向け立てた右腕を左手でつかんで構え、右手を手首からたれ下げる。
《語源》木が元気を失い枯れるようす。
《例文》枯れ木＝「木（木曜日）」＋「枯れる」。花が枯れる＝「花」＋「枯れる」。

カレンダー【calendar】

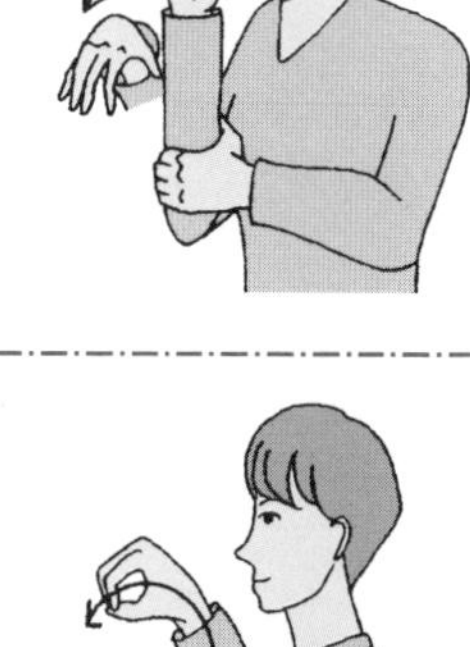

《表現》手のひらを斜め上に向けて立てた左手首あたりから指先に向け、5指の先をつけた右手を指先で弧を描くように動かす。
《語源》日めくりのカレンダーをめくるようす。
《例文》新年のカレンダー＝「新しい」＋「年」＋「カレンダー」。

カロリー【calorie】

《表現》親指と4指でCをかたどった左手⇒**指文字「C」**の横で、右手人差し指でℓを空書する。
《語源》cとℓで伝える。
《応用》指文字「C」の横で、mを空書すると「㎝」の手話になる。
《例文》1キロカロリー＝数詞「1」＋日本式アルファベット「K」＋「カロリー」。カロリー計算＝「カロリー」＋「計算」。

かわ【川】

《表現》人差し指、中指、薬指の3指を開いて伸ばし、手首から前に倒す。

《語源》3指が川の文字を描く。

《同意》川（人名）

《別形》手のひらを上に向け3指を伸ばした右手を左から右へ横に動かしてもよいb。

《例文》川岸＝「川」＋「岸」。ベイエリア＝左手で「川」＋川を残したまま「場所」。石川さん＝「石」＋「川」＋「男」あるいは「女」。

かわ【皮】

《表現》左手の甲を、右手親指と人差し指で前にめくるように動かす。
《語源》手の皮をめくる表現。
《同形》革
《応用》左手の甲を、右手の伸ばした人差し指と中指でなでると「肌」「皮膚」の手話になる。
《例文》牛革製＝「牛」＋「革」＋「〜製（作る）」。

かわく【乾く】

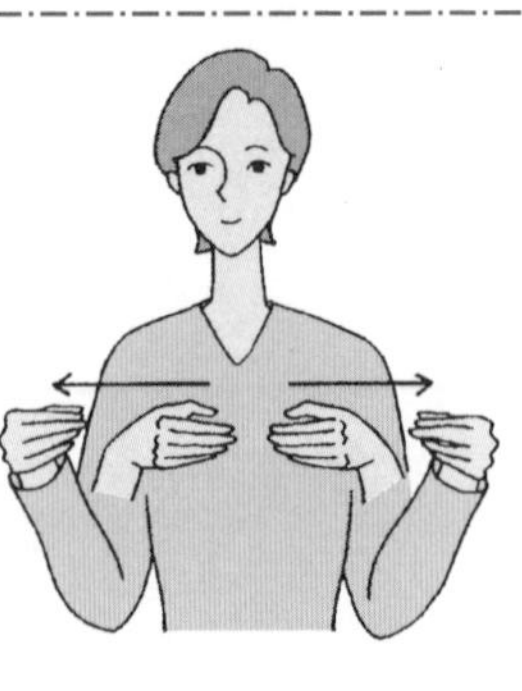

《表現》親指と4指を離した両手を身体の中央で構え、勢いよく左右に離しながら指先を閉じる。
《語源》洗濯物をパッと引っ張るようす。
《同意》乾燥
《例文》布団が乾く＝「布団」＋「乾く」。ズボンが乾く＝「ズボン」＋「乾く」。

か

かわる【変わる】

《表現》5指を伸ばし手のひらを手前に向けた両手を左右から同時に動かし、身体の前で交差させる。

《語源》両手を交差させることで状況の変化を表す。

《同意》変更・変える

《応用》2度繰り返すと「変遷」の手話になる。

《例文》心変わり＝「心」＋「変わる」。改良＝「良い」＋「変わる」。改名＝「名前」＋「変わる」。

《参考》「変わる」一般を表す手話。特に人が交替する場合は「替える」の手話で行うこともある。

がん【癌】

《表現》親指、人差し指、中指を伸ばし、親指を中指につけた右手⇓**指文字「か」**を、左から右へま横に動かしたあと、右上に跳ね上げる。

《語源》「か」を横に動かすのは指文字「が」。「か」の形のまま「ん」の一部の動きを加えたもの。

《例文》胃ガン＝「胃」＋「がん」。

かんいさいばんしょ【簡易裁判所】

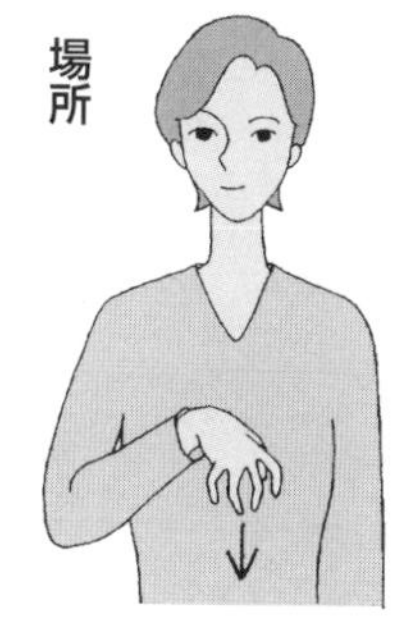

《表現》①右手人差し指の先をあごに当てたあと、上に向けた左手のひらにチョンと置く⇓**「簡単」の手話**、②親指を立てた両手を肩から前に少し弧を描きながら下ろし、しっかり止める⇓**「裁判」の手話**、③手のひらを下に向け、わん曲させた右手を軽く下ろす⇓**「場所」の手話**。

《語源》「簡単」と「裁判」と「場所」で。

《参考》「裁判」＋「場所」で「裁判所」の手話になる。「家庭」＋「裁判」＋「場所」で「家庭裁判所」。「地方（地域）」＋「裁判」＋「場所」で「地方裁判所」。「高い」＋「裁判」＋「場所」で「高等裁判所」。「最高」＋「裁判」＋「場所」で「最高裁判所」。

かんがえる【考える】

《**表現**》右手人差し指を右こめかみあたりに当て、指先を当てたままねじ込むように小さく動かす。

《**語源**》頭を指し動かすことで表現。

《**例文**》どちらにするか考える＝「どちら」＋「考える」。考えが決まる＝「考える」＋「決める」。良い考え＝「良い」＋「考える」。

《**参考**》人差し指で頭を指す形は「思う」の手話と同じだが、「思う」が指を当てるだけに対して「考える」では、思い巡らす意味で人差し指をねじ込むように動かす。

カンガルー【kangaroo】

《**表現**》親指、中指、薬指の先をつけた右手⇩**指文字「き」**を、跳びはねるように弧を描きながら前に数回出す。

《**語源**》カンガルーの顔と、跳びはねるようす。

《**応用**》両手で行うと「オーストラリア」の手話。

かんきょうしょう【環境省】

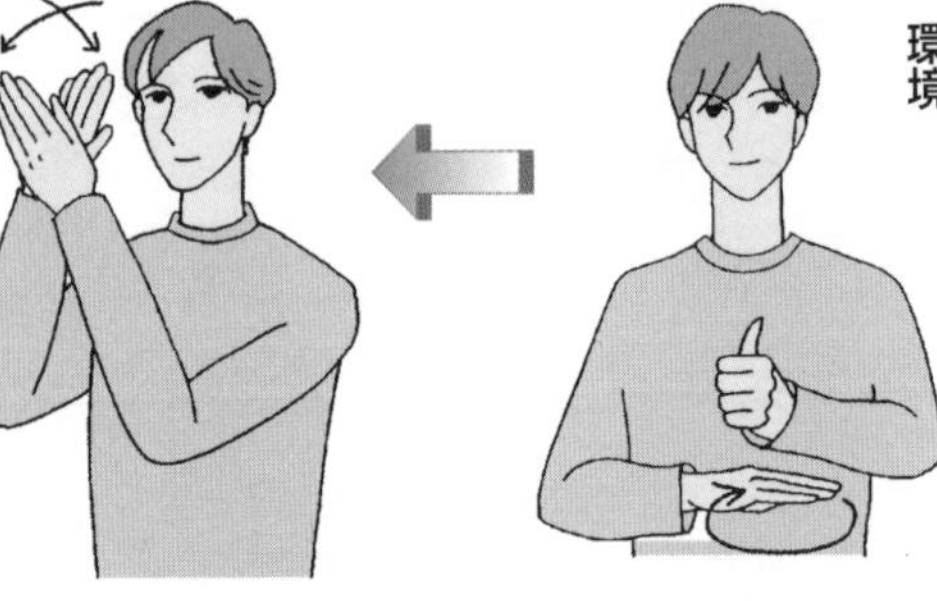

《**表現**》①親指を立てた左手の下で、手のひらを下に向けた右手を水平に回す⇩**「環境」の手話**、②両手を顔の横で前後にずらして合わせ、手のひらを軸に前後を入れ替える⇩**「省」の手話**。

《**語源**》①は左手で自分、右手で周囲を示し、環境を表現。

かんけい【関係】

《**表現**》親指と人差し指でつくった両手の輪をつなぎ合わせ左右に振る。あるいは前後に振る。

《**語源**》輪と輪をつなげて関係を表現。

《**応用**》つないだ両手の輪を勢いよく引き離し、両手の5指を開くと「関係ない」の手話になる。

《**例文**》関係者＝「関係」＋「ある」＋「人」。関係機関＝「関係」＋「組織（機関紙）」。二人の関係＝数詞「2」＋2の下で「人」＋「関係」。

《**参考**》つないだ輪を前後に動かすと「連絡」の手話になる。また、つないだ輪を斜め前下に出すと「～なので」「～のために」の手話になる。

かんけいない【関係ない】

《**表現**》親指と人差し指でつくった両手の輪をつなぎ合わせておき、勢いよく左右に引き離し、両手の5指を開く。

《**語源**》「関係」の手話の逆動作。

《**例文**》私には関係ないこと＝「私」＋「関係ない」＋「事」。あなたとは関係ない＝「あなた」＋「関係ない」。

がんこ【頑固】

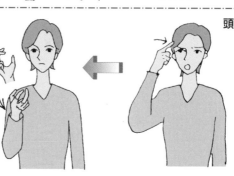

頭

《**表現**》①右手人差し指でこめかみあたりを指し⇒**「頭」の手話**、②右手親指、人差し指、中指の3指で半円をつくり（手の甲は下向き）、下へ力強く打ち下ろす⇒**「固い」の手話**。

《**語源**》「頭」と「固い」で。

かんこう【観光】

《**表現**》右手親指と人差し指でつくった輪を、右目横あたりから左目横あたりまで回しながら動かす。

《**同形**》探す

《**語源**》さまざまなものを見学しながら、動いていくことを表現したもの。

《**例文**》観光旅行＝「観光」＋「旅行」。観光地＝「観光」＋「場所」。観光バス＝「観光」＋「バス」。

かんこく【韓国】

《**表現**》指を伸ばした右手のひらを頭に当て、指を付け根から曲げながらなで下ろし、そのままの形でこめかみに指先を当てる。

《**語源**》韓国の民族衣装である帽子の形から。

《**例文**》韓国で暮らしたい＝「韓国」＋「場所」＋「暮らす」＋「～したい」。

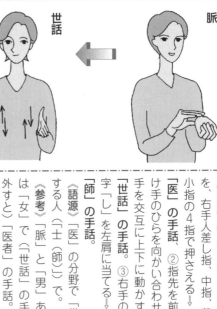

かんごし【看護師】

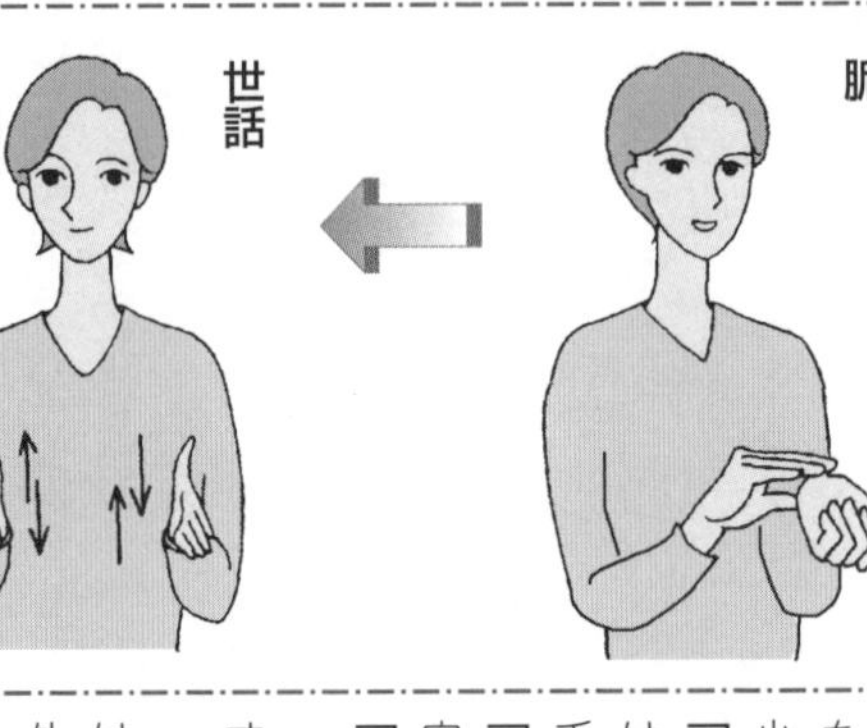

《表現》①上に向けた左手首を、右手人差し指、中指、薬指、小指の4指で押さえる⇓「脈」「医」の手話、②指先を前に向け手のひらを向かい合わせた両手を交互に上下に動かす。⇓「世話」の手話。③右手の指文字「し」を左肩に当てる⇓「士」「師」の手話。

《語源》「医」の分野で「世話」する人（「士（師）」）で。

《参考》「脈」と「男」あるいは「女」で（「世話」の手話を外すと）「医者」の手話。「脈」と「士（師）」で「医師」の手話。「脈」と「世話」＋「学校」で「看護学校」。

かんさい【関西】

《表現》左手親指と4指を離して伸ばし手のひらを前に向けて、その人差し指から親指に沿って、右手のひらを滑らせる。

《語源》親指と4指を伸ばした左手は近畿地方の形を表す。滑らせる右手は大阪湾を表す。

《同形》近畿

《応用》地形を表した左手の横で、親指と小指を立てた「飛行機」の手話を行うと「関西国際空港」の手話になる。

《別形》同様に手のひらを前に向けた左手の横で、甲を前に向け親指と人差し指を伸ばした右手（人差し指下向き）を下へ動かす（「西」の手話の右手）。

かんじ【漢字】

《表現》5指を曲げた右手の甲を前に向け、顔の前で左回転に2回円を描く。

《語源》複雑なことから。

《例文》私は漢字が苦手だ＝「私」＋「漢字」＋「苦手」。漢字の歴史について学ぶ＝「漢字」＋「歴史」＋「～について（続く）」＋「学ぶ」。

かんしゅう【慣習】

《**表現**》指を伸ばした左手の甲に、やや開いた右手の甲を乗せ、両手同時に前に出しながら右手を握る。

《**語源**》右手を左手の甲の上で握ることで身についたものを表し、それを前に出すことで身についたものが続くことを表す。

《**同意**》習慣

《**応用**》手のひらを下に向け身体の前で構えた左手の甲に、開いた右手を握りながら上から当てると「癖」の手話になる。

《**例文**》歯磨きの習慣＝「歯磨き」＋「習慣」。

かんしょう【干渉】

《**表現**》左手の甲に、右手のひらを当てて右手だけ前に出す。

《**語源**》超えて手出しするという意味から右手を前に出す。

《**同意**》口を出す

《**同形**》手を出す

《**例文**》父が干渉する＝「父」＋「干渉」。内政干渉＝「政治」＋「内側（内科）」＋「干渉」。話に割って入る＝「会話」＋「干渉」。ばくちに手を出す＝「賭け事」＋「手を出す」。

かんじょう【感情】

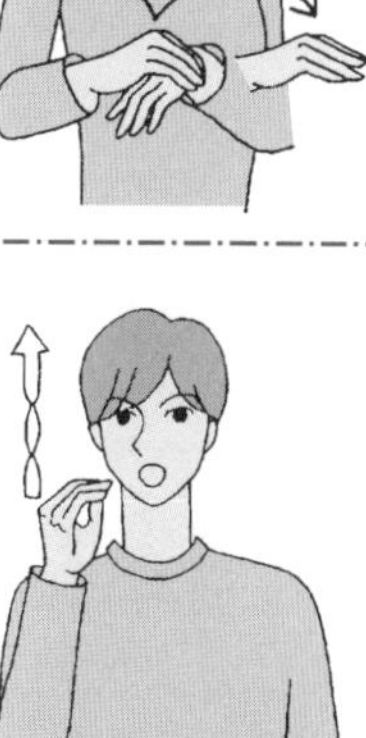

《**表現**》右のほほにすぼめた右手の指先を当て、手首をねじりながら上げていく。

《**語源**》沸き上がる表現。

《**同形**》感動・感激

《**例文**》感情的な女＝「感情」＋「～的（合う）」＋「女」。

《**参考**》「怒り」「悲しみ」など感情一般を表す手話。

かんぞう【肝臓】

《**表現**》右脇腹で、親指と4指でコの字型をつくった両手の指先をつけ、両手を左右にやや離しながら指先を閉じる。

《**語源**》肝臓の位置で、肝臓をかたどったもの。

《**例文**》肝臓が丈夫＝「肝臓」＋「強い」。肝臓病＝「肝臓」＋「病気」。

かんたん【簡単】

《表現》右手人差し指の先をあごに当てたあと、上に向けた左手のひらにチョンと置く。

《語源》難しいことにあたる場合は両手にツバをつけて力を入れるが、それほどでもないということで、ちょっとツバをつける程度、という表現。

《同意》易しい

《例文》簡単な問題＝「簡単」＋「問題」。簡単にできる＝「～できる」＋「簡単」。簡単にだませる＝「だます」＋「簡単」。

かんてい【鑑定】

《表現》右手親指と4指でつくった筒を目の前でのぞき込み、下で構えていた左手のひらにそのままの形で打ちつける。

《語源》虫メガネや顕微鏡で調べたうえで判断するようす。

《例文》鑑定書＝「鑑定」＋「証拠」＋「紙」。ダイヤを鑑定する＝「ダイヤモンド」＋「鑑定」。

かんとう【関東】

《表現》親指と人差し指の先をつけた両手を、手前から前へ水平に円を描きながら動かす（指先下向き）。

《語源》東京を中心とする関東一円を水平な円で示す。

《例文》関東大震災＝「関東」＋「とても」＋「地震」＋「災害」。

かんどう【感動】

《表現》右のほほにすぼめた右手の指先を当て、手首をねじりながら上げていく。

《語源》感情が高まる（上がる）ことから。

《同形》感激・感情

《別形》右手を上げるときに、手首を前へ半回転させてもよい。

《例文》映画に感動した＝「映画」＋「感動」。友情に感激する＝「友情（友達）」＋「感激」。

《参考》両手で表現することで、より感動していることを表現できる。

かんぱい【乾杯】

《**表現**》コップを握る手型にした両手を左右から合わせ、斜め上に離す。

《**語源**》コップで乾杯するようすを両手で表現。

《**応用**》片手でコップを握る手型にすれば「コップ」の手話。

《**例文**》披露宴の乾杯の音頭を取る＝「結婚」＋「宴会（新年会）」＋「乾杯」＋「責任（任される）」。

かんばん【看板】

《**表現**》5指をそろえて伸ばした両手のひらを前に向け1回押し出し、下げながらもう1回押し出す。

《**語源**》看板が掲げられているようすを表現したもの。

《**応用**》親指を立てた両手で行うと「ポスター」「ホームページ」、また「国語」の手話になる。

《**例文**》風呂屋の看板＝「風呂」＋「店」＋「看板」。

かんりょう【官僚】

《**表現**》指を前に伸ばした左手のひらに沿って、親指を立てた右手（親指先は前向き）を上げる（親指先は上向きになる）。

《**語源**》官僚が出世していくようすを表現したもの。左手の指は同僚、右手親指が出世する人。

《**例文**》外務官僚＝「外務省」＋「官僚」。官僚組織＝「官僚」＋「組織（機関紙）」。

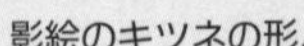

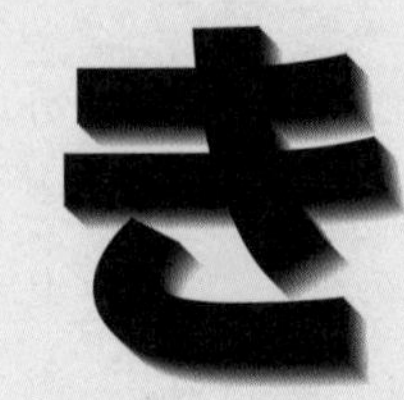

影絵のキツネの形。

きあつ【気圧】

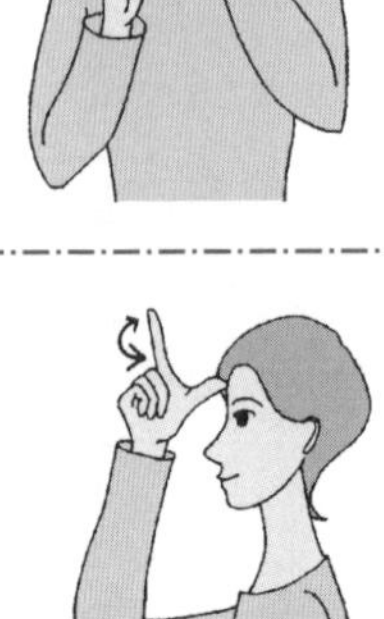

《表現》小指側を前に向けて立てた左手のひらに沿って、4指を付け根から折った右手を上下する。

《語源》高い低いを気圧計に見立てた左手のひらに沿って表現したもの。

《応用》右手を左手の指先より高く突き上げると「高気圧」、左手首より低く下げると「低気圧」の手話になる。

きいろ【黄色】

《表現》親指と人差し指を伸ばした右手親指の先を額につけ、人差し指を左に2～3回倒す。

《語源》右手はにわとりの小さなトサカで、ひよこを表し、ひよこの黄色から連想する手話。

《同形》ひよこ

《応用》4指すべてを伸ばし、親指の先を額につけ、4指を左に倒すと「にわとり」の手話。

《例文》黄色い花＝「黄色」＋「花」。黄色信号＝「黄色」＋「信号」。黄緑＝「黄色」＋「緑」。卵黄＝「卵」＋「黄色」。黄色人種＝「黄色」＋「人種」。かわいいひよこ＝「かわいい（愛）」＋「ひよこ」。

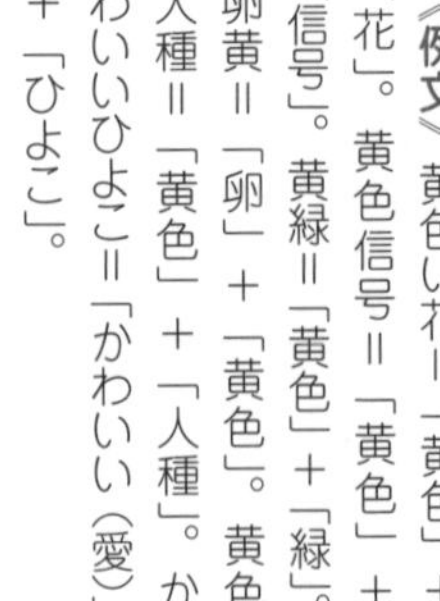

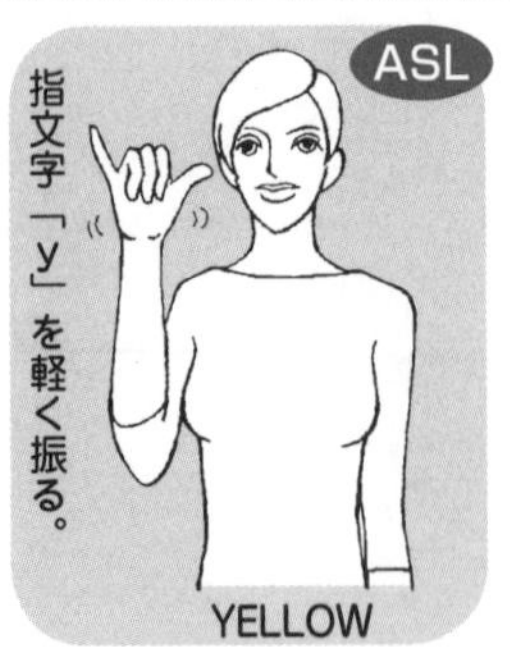

ぎいん【議員】

ぎ

バッジ

《**表現**》①親指、中指、薬指の先をつけた右手を右へ動かす⇩**指文字「ぎ」**、②すぼめた右手の指先を左胸に当てる⇩**「バッジ」の手話**。

《**語源**》指文字「ぎ」と「バッジ」で。バッジは議員バッジを示す。

《**例文**》国会議員＝「国（国旗）」＋「会」＋「議員」。

《**参考**》②の右手は指文字「め」でもよい。

きえる【消える】

《**表現**》5指を開いた両手を、肩のあたりからまん中に寄せていき、交差させながら両手同時に握る。

《**語源**》物をつかもうとして、空を切る。物がなかった、消えたという表現。

《**同形**》姿が消える（居なくなる）・無くなる・直る・治る

《**例文**》犯人が消えた＝「犯人」＋「消える」。匂いが消えた＝「匂い」＋「消える」。落書きが消えた＝「落書き」＋「消える」。失望する＝「希望」＋「消える」。自信喪失＝「自信」＋「消える」。会社の赤字は無くなった＝「会社」＋「赤字」＋「無くなる」。

きおん【気温】

《**表現**》前に向けた左手のひらの中央でまっすぐ立てた右手人差し指を上下させる。

《**語源**》左手のひらが温度計の板を、右手人差し指が赤いアルコールを表すもの。

《**同意**》温度

《**応用**》右手人差し指を左手の指先より高く突き上げると「気温が上がる」、左手首より低く下げると「気温が下がる」の手話になる。

《**例文**》明日の気温＝「明日」＋「気温」。

きがあう【気が合う】

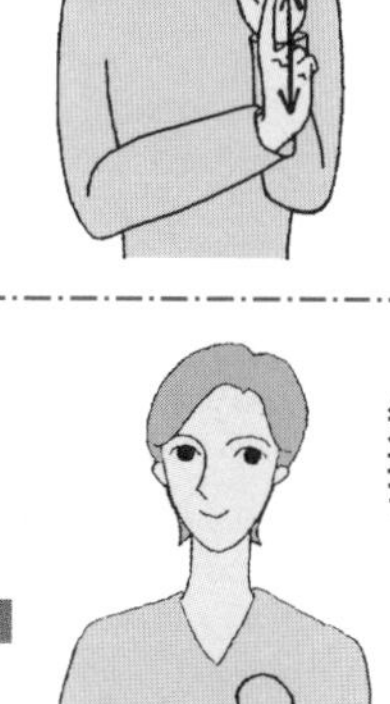

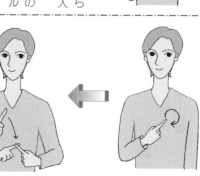

気持ち

合う

《**表現**》①右手人差し指で左胸に円を描く⇩**「気持ち」の手話**、②斜め上に向けた左手人差し指の先に右手人差し指の先をつける⇩**「合う」の手話**。

《**語源**》「気持ち」と「合う」で。

《**同意**》気持ちがぴったり

きかい【機会】

《表現》握った右手を左手のひらに小指側から乗せて水平に回す。

《語源》筮竹(ぜいちく)を回す易占いのようすから。「偶然」や「機会」の意味に。

《同形》チャンス・偶然・都合

《別形》指をそろえて伸ばした左手のひらに(手のひら右向き)、親指を伸ばし人差し指を立てた右手親指の先を当て、親指を軸に人差し指を前へ倒す「時(時間c)」の手話でも伝えることがある。ただし、この「時(時間c)」の手話にはチャンスの意味はない。

《例文》次の機会＝「今度(将来)」＋「機会」。会う機会＝「会う」＋「機会」。好機＝「機会」＋「良い」。

きかい【機械】

a

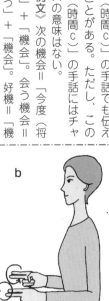

《表現》両手の指を開き、左右から指先を交互にかみ合わせるようにしながら、下向きに回す。

《語源》歯車が動くようすから。

《別形》人差し指と中指を伸ばした両手を半周ずらして前に回すb。

《例文》精密な機械＝「細かい」＋「機械」。

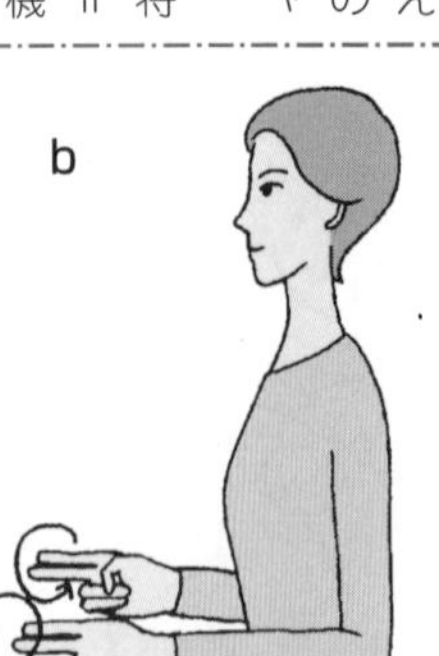

きがる【気軽】

《表現》①右手人差し指の先をあごに当てたあと、上に向けた左手のひらにチョンと置く⇩**「簡単」の手話**、②わん曲させた右手の指先を右肩に乗せる⇩**「責任」の手話**。

《語源》「簡単」と「責任」で。

《別形》「気持ち」＋「軽い」で表してもよい。

きかんし【機関紙】

組織

《表現》①すぼめた両手を身体の中央で構え、指を開きながら両手同時に下ろす⇩**「組織」の手話**、②左手のひらに、手を握った右手のひじを乗せて振る⇩**「新聞」の手話**。

《語源》「組織」と「新聞」で。

ききいれない【聞き入れない】

《**表現**》左手の甲で右耳をふさぎ、その左手のひらに耳に向けて伸ばした右手人差し指の先を当て、そのまま指を払うように前にはじく。

《**語源**》人差し指を耳に向けるのは「聞く」の手話。これをはねのける表現。

《**例文**》言い訳は聞かない＝「言い訳」＋「聞き入れない」。父は頼みを聞き入れない＝「私」＋「頼む」＋「父」＋「聞き入れない」。

ききすてる【聞き捨てる】

《**表現**》すぼめた右手の指先を耳に当て、指を開きながら前に投げ捨てる。

《**語源**》耳に入れずに捨てる表現。

《**同意**》話を聞き捨てる

《**例文**》訴えを聞き捨てる＝「申し込む」＋「聞き捨てる」。

ききながす【聞き流す】

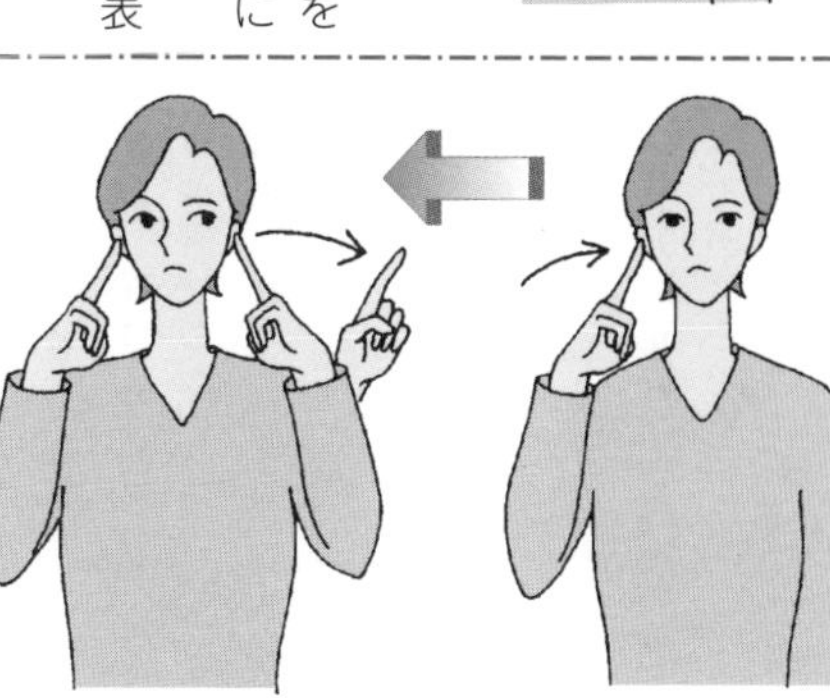

《**表現**》右手人差し指を右耳に当て、左人差し指を左耳から横に流す。

《**語源**》人差し指を耳に当てるのは「聞く」の手話。右から入った話が左からすぐさま出ていく表現。

《**例文**》悪口は聞き流す＝「悪い」＋「口」＋「聞き流す」。彼は話を聞き流す＝左手の「彼」を指す＋「説明」＋「聞き流す」。

きく【菊】

《**表現**》前に出して垂らした左腕に沿って2回ほど、すぼめた右手をパッと開きながら下ろす。

《**語源**》全身に菊を飾った菊人形を表現。開く右手が菊。

《**例文**》黄色い菊＝「黄色」＋「菊」。

きく【聞く】

b

《**表現**》耳に手を添える。

《**語源**》聞き耳を立てるようす。

《**同意**》聴く
《**別形**》伸ばした人差し指の先で耳を指すb。

《**例文**》趣味は音楽を聴くこと＝「私」＋「趣味」＋「音楽」＋「聴く」＋「事」。美しい鈴の音を聞きたい＝「美しい」＋「鈴」＋「音楽」＋「聞く」＋「～したい」。

きこえない【聞こえない】

《**表現**》指を伸ばしてそろえた右手の指先を耳元に向け、手首を軸に上下に振る。

《**例文**》彼の声が聞こえない＝「彼」＋「声」＋「聞こえない」。

《**参考**》聞こえない人は「聾(ろう)者」で表す。

きし【岸】

《**表現**》手のひらを下に向けわん曲させた左手の甲を、5指を伸ばした右手のひらでこする動きを2～3回繰り返す。

《**語源**》左手の甲は浜辺、右手は打ち寄せる波。

《**同形**》海岸・浜・岸（人名）

《**例文**》川岸＝「川」＋「岸」。浜辺の石＝「浜」＋「石」。岸さん＝「岸」＋「男」あるいは「女」。

《**参考**》左手の指先を右に向け、その指先側から同様の動作を行う場合もある。

きしゃ【記者】

新聞

《**表現**》①左手のひらに、手を握った右手のひじを乗せて振る⇒**「新聞」の手話**、②握って前に出した左腕に、右手親指と人差し指で腕章を描く⇒**「腕章」の手話**。
《**語源**》「新聞」と記者がつける「腕章」で。

キス【kiss】

《表現》指先を合わせてすぼめた両手の指先をつける。
《語源》すぼめた両手はすぼめた唇。唇が合わさる表現。
《例文》甘いキス＝「甘い」＋「キス」。手にキスして＝「手」＋「キス」＋「欲しい」。

きせつ【季節】

《表現》甲を前に指先を右に向けた左手4指の先で、指先を左に向け伸ばした右手人差し指と中指を半回転させながら下ろす。その際右手の動きは、手のひらを前に向け、くるりと半回転させ甲を前に向ける。この動作を2回繰り返す。
《語源》左手4指は春夏秋冬の四季を示し、右手でそれが移り変わるようすを表す。
《同意》四季
《例文》日本の四季＝「日本」＋「季節」。旬の味＝「季節」＋「味」。季節はずれ＝「季節」＋「合わない」。

きた【北】

a

《表現》両手の人差し指と中指の先を前に向けて伸ばし、下におろしたあと左右に離す。
《語源》漢字の北を描いたもの。
《別形》親指、人差し指、中指を伸ばした両手を、甲を前に向け胸の前で組むb。
《例文》北国＝「北」＋「場所」。

b

きたい【期待】

《表現》親指、中指、薬指の先をつけた右手⇒**指文字「き」**をあごに当てる。腕はあごの下でまっすぐに立てる。
《語源》「待つ」の手話を期待の頭文字「き」で行うもの。
《応用》付け根から曲げた4指の背側をあごに当てれば「待つ」の手話になる。
《例文》彼に期待する＝左手の「男」を指す＋「期待」。

きたない【汚い】

《**表現**》上に向けた左手のひらに、指を開きわん曲させた右手の指先を2〜3回当てる。

《**語源**》表面（左手のひら）が滑らかではなく、でこぼこ、散らかっているようすから。

《**応用**》左手のひらの上を、右手でなでるように滑らせると「きれい」「美しい」の手話になる。

《**例文**》汚い靴＝「汚い」＋「靴」。

《**参考**》この手話の前に、親指と人差し指で鼻をつまむ「臭い」の手話を加えると、より強い印象を与えることができる。

きち【基地】

《**表現**》握った左手をひじから立て、そのひじの下に指を伸ばした右手の甲を当てて水平に斜め前に出す。

《**語源**》「基本」の手話の応用で、水平に斜め前に出す右手は戦闘機が飛び立つ飛行場を表したもの。

《**応用**》握った左手をひじから立てそのひじの下に、握った右手の甲をつけて右手をパッと開くと木の根を表す「基本」の手話になる。

《**例文**》米軍基地＝「アメリカ」＋「軍（兵庫）」＋「基地」。

きっかけ

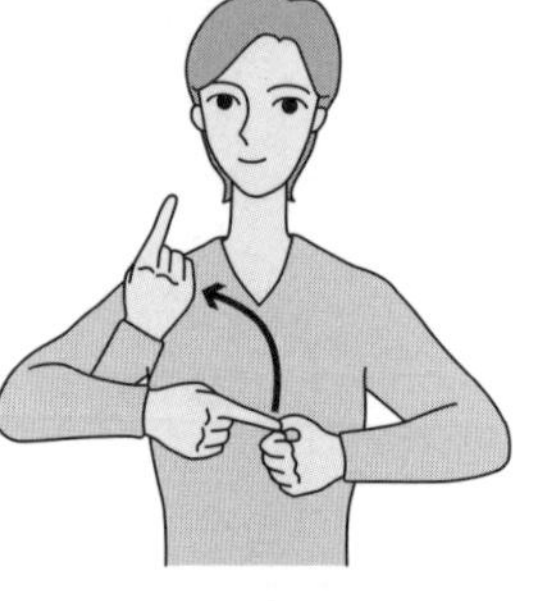

《**表現**》左手の親指と4指でつくった筒を立てて構え、その指先に右手人差し指の先を当てる。左手はそのまま、右手を上に跳ね上げる。

《**語源**》ものごとが起こるさま。

《**例文**》手話を学び始めたきっかけは何ですか?＝「手話」＋「学ぶ」＋「始める」＋「きっかけ」＋「何?」。

きっさてん【喫茶店】

コーヒー

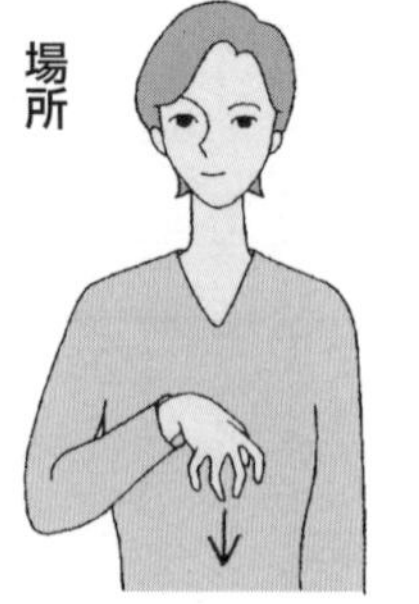

《表現》①左手は親指と人差し指でカップの持ち手をつかむように構え、右手は親指と人差し指でスプーンを持つようにつまみ、カップの中を混ぜるように回す⇒**「コーヒー」の手話**、②手のひらを下に向けてわん曲させた右手を軽く下ろす⇒**「場所」の手話**。

《語源》「コーヒー」と「場所」で。

《例文》喫茶店で待ち合わせ＝「喫茶店」＋「会う」＋「約束」。

きって【切手】

《表現》そろえて伸ばした右手人差し指と中指の先で口元を指してから、上に向けた左手のひらに当てる。口元を指すときには舌を出し、なめるようすを伝える。

《語源》切手をなめて、はがきに貼るようすから。

《例文》１００円切手＝数詞「１００」＋「円（通貨単位）」＋「切手」。小切手＝「小さい」＋「切手」。

きつね【狐】

《表現》親指、中指、薬指の先をつけ、人差し指と小指を立てる。

《語源》きつねの顔。影絵のきつねと同じ。

《同形》指文字「き」

《応用》相手に向け2回ほど回すと「だます」の手話になる。

きっぷ【切符】

《表現》手のひらを上に向けた左手を、軽く握った右手親指と人差し指の間で挟む。

《語源》切符を切るようす。

《例文》駅＝「切符」＋「場所」。映画のチケット＝「映画」＋「切符」。

《参考》この動作のあとに、両手の親指と人差し指で切符の形を示す場合もある。

立てた左手の小指側に、カギ型にした人差し指と中指を挟み込む。

きとく【危篤】

《**表現**》指先を前に向けて両手を合わせ、小指側を軸に右に倒そうとしながら起こす動きを2回ほど繰り返す。

《**語源**》「死ぬ」の手話を基本に、死にそうな危険な状態を表現したもの。

《**応用**》指先を前に向けて両手を合わせ、小指を軸に右に90度倒してしまうと「死ぬ」の手話。

《**例文**》父危篤＝「父」＋「危篤」。

きぬ【絹】

《**表現**》曲げた右手人差し指を口元で回す（指先前向き）。

《**語源**》蚕が口から繭（まゆ）を出すようす。曲げた人差し指は虫を示すものでもある。

《**応用**》右人差し指を曲げたり伸ばしたりしながら、口元の左から右へ動かすと「蚕（かいこ）」の手話になる。

《**例文**》絹織物＝「絹」＋「織物」。絹の背広＝「絹」＋「背広」。

きのう【昨日】

《**表現**》手の甲を前に向け、人差し指を伸ばした右手を、顔の横で肩越しに後ろへ手首から倒す。

《**語源**》1本の指は1日を示し、肩より後ろは過去を示す。

《**応用**》人差し指と中指で同じ動作をすれば「一昨日」の手話になる。また、手のひらを前に向け、人差し指を伸ばし、顔の横で手首から前に倒すと「明日」の手話になる。

《**別形**》手首を伸ばしたまま、ひじから倒す。

《**参考**》自分の身体の位置を現在として、自分の位置より前は未来を、後ろは過去を表す。

きのこ【茸】

《**表現**》下に向けた左手のひらに、すぼめた右手（甲が前向き）を指先から当てる。

《**語源**》きのこの形を表現したもの。

《**例文**》松茸＝「松」＋「きのこ」。毒きのこ＝「毒」＋「きのこ」。

きびしい【厳しい】

《表現》左手の甲を右手でつねるしぐさ。

《語源》痛いくらいに厳しいことから。

《同形》つらい
《例文》厳しい訓練＝「厳しい」＋「訓練」。厳しい選択＝「厳しい」＋「選ぶ」＋「厳しい」。厳しい状況＝「厳しい」＋「状況（雰囲気）」。

《参考》肉体的、精神的ともに厳しいときに使う。

きふ【寄付】

《表現》4指の先を額に当てた右手を、手首を返して前に出す。

《語源》手を前に出すことから、元は「あげる」の手話であったもの。

《例文》寄付金を集める＝「寄付」＋「お金（金）」＋「集める」。

ぎふ【岐阜】

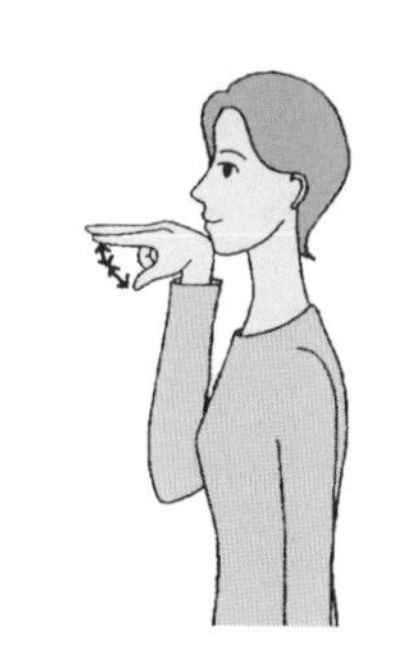
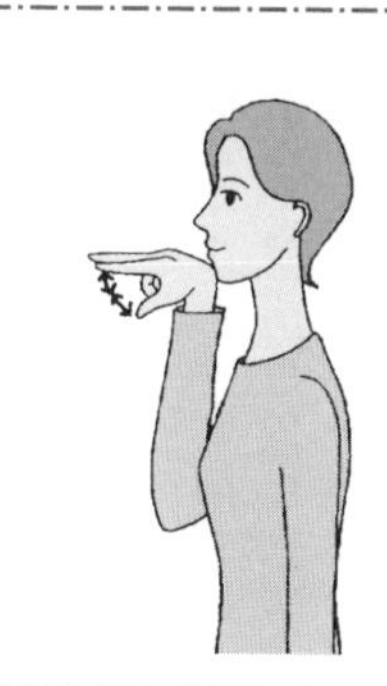

《表現》口の前で右手親指、人差し指、中指を前に向け、2回ほど指先をつける。
《語源》岐阜で有名な、鵜飼いの鵜のくちばしを表して表現。人差し指と中指は指文字「う」からのもの。
《同形》鵜
《応用》親指と人差し指の2指で行うと「鳥」の手話。

ぎふ【義父】

ぎ

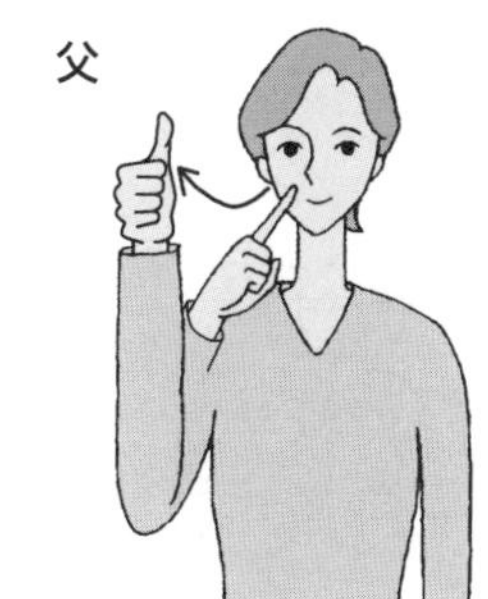

父

《表現》①親指、中指、薬指の先をつけた右手を右へ動かす⇒**指文字「ぎ」**、②右手人差し指でほほに1回触れたあと、立てた親指を上に掲げる⇒**「父」の手話**。

《語源》指文字「ぎ」と「父」で。

ぎぼ【義母】

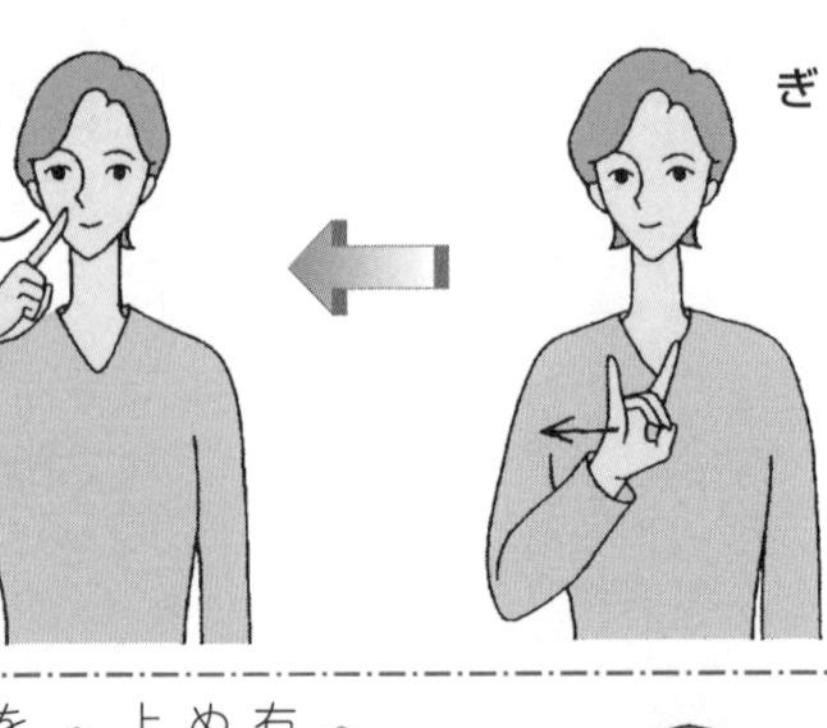

《表現》①親指、中指、薬指の先をつけた右手を右へ動かす⇩**指文字「ぎ」**、②右手人差し指でほほに1回触れたあと、立てた小指を上に掲げる⇩**「母」の手話**。

《語源》指文字「ぎ」と「母」で。

きぼう【希望】

《表現》指を軽く開き伸ばした右手（手のひらは下向き）をこめかみから揺らしながら斜め前上に出していく。

《語源》前に出すことで将来を、頭から出すことで考えを示す。

《同意》望み

《同形》予想

《応用》右あるいはやや後方に動かすと「なつかしい」の手話になる。

《例文》明日に希望を託す＝「明日」＋「希望」＋「任せる」。

《参考》指をひらひらと動かしてもよい。

きほん【基本】

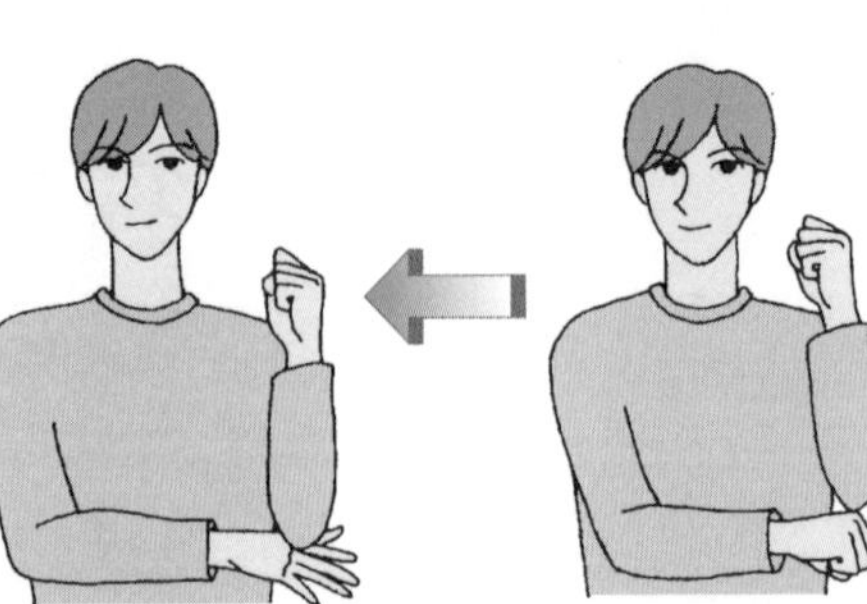

《表現》握った左手をひじから立て、そのひじの下に握った右手の甲をつけて右手をパッと開く。

《語源》立てた左手（腕）は木を示し、右手のひらはその根っこを示す。物の根本を、木の根にたとえたもの。

《同形》基礎・根本・根源・根

《例文》基本的＝「基本」＋「〜的（合う）」。

きみがわるい【気味が悪い】

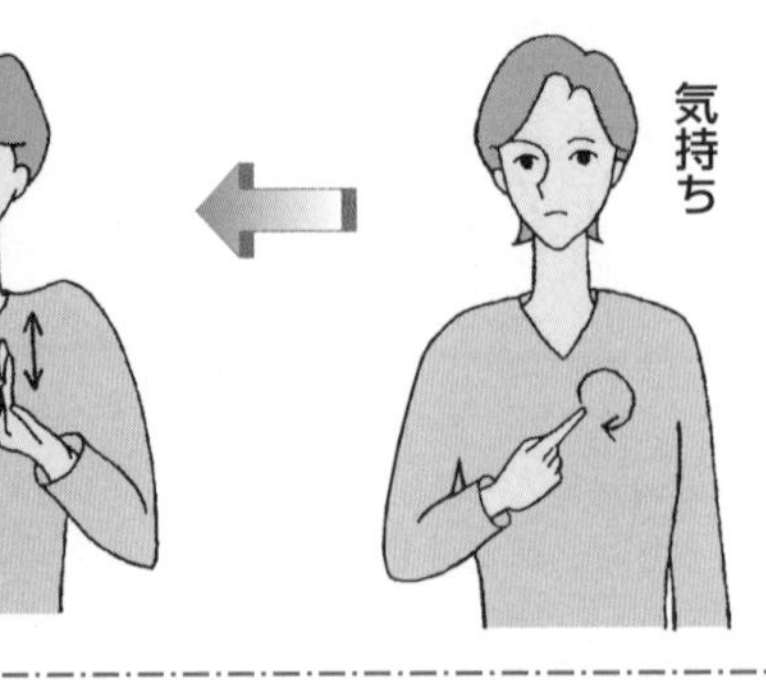

《表現》①右手人差し指で左胸に円を描く⇩**「気持ち」の手話**、②付け根から折った両手の4指の背を合わせ、交互に上下にこする⇩**「そぐわない」の手話**。

《語源》「気持ち」と「そぐわない」で。

《例文》気味が悪い夢＝「気味が悪い」＋「夢」。

きめる【決める】

《**表現**》左手のひらに、伸ばした右手人差し指と中指の先を打ちつける。

《**語源**》手を打って決めるようす。2指を使うのは「定める」の手話でもある。

《**同意**》指定

《**別形**》左手のひらに右手握りこぶしの甲側を打ちつけるb。

《**例文**》可決＝「賛成」＋「決める」。覚悟を決める＝「心」＋「決める」。

《**参考**》bは心を決めるときに使われるが、実際の場面では区別されることは少ない。

b

きもち【気持ち】

《**表現**》右手人差しで左胸に円を描く。

《**応用**》右手人差し指で胸を指すと「心」の手話になる。

《**例文**》気持ちが良い＝「気持ち」＋「満足」。諦める気持ちを堪えた＝「諦める」＋「〜したい」＋「気持ち」＋「我慢」。

きもの【着物】

《**表現**》着物のえりを合わせるように、左右の手を胸でクロスさせる（右手を左胸に、左手を右胸に置く）。

《**語源**》着物のえりを合わせるようす。

《**同意**》和服

《**別形**》指先を斜め下に向け同様の動作を行う。

《**例文**》着物を着て出席する＝「着物」＋「出席」。着付けを習う＝「着物」＋「教わる」。

《**参考**》左右の手を同時にクロスさせてもよいし、順にクロスさせてもよい。

きゃく【客】

《**表現**》親指を立てた右手⇓**「男」の手話**を、左手のひらに乗せ、両手同時に手前に引き寄せる。

《**語源**》左手のひらに親指を立てた右手を乗せるのは「敬う」の意味、それを招く動作。

《**同形**》いらっしゃいませ

《**例文**》大切なお客さん＝「大切」＋「客」。いらっしゃいませ、ご用は何でしょうか＝「いらっしゃいませ」＋「用事」＋「何?」＋「〜ですか（尋ねる）」。

キャッシュカード【cash card】

《表現》右手親指と人差し指でコの字型をつくり（親指が左、人差し指が右になるように）、前に出す。

《語源》カードを差し出すようす。

《例文》キャッシュカードをなくしてしまった！　どうしよう＝「キャッシュカード」＋「失う」＋「方法」＋「何？」。

キャベツ【cabbage】

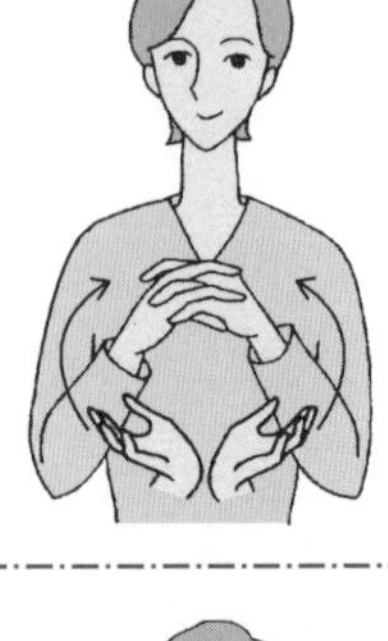

《表現》指を開きやや丸めた両手のひらを上に向け身体の前で構える。両手同時に大きく弧を描いて上げ、両手の5指を組む。

《語源》丸い形状と、重なり合うキャベツの葉を指を組み入れることで表現したもの。

《例文》キャベツ畑＝「キャベツ」＋「畑（田舎）」あるいは「農業」。

《参考》5指は組まずに重ね合わせてもよい。

キャンプ【camp】

《表現》甲を上に向けた左手に、指を開いた右手を重ね、左手はそのまま、右手の指をすぼめながら上へ動かす。

《語源》左手は地面を、右手で三角のテントを表現する。

《同形》テント

《例文》キャンプに行く＝「キャンプ」＋「行く」。

～きゅう【～級】

《表現》伸ばした右手人差し指⇩**数詞「1」**の指先を前に向けて構え、そのまま手前に引く。

《語源》数詞「1」で「級」を表す。

《応用》この動作を、右手人差し指と中指の2指⇩**数詞「2」**ですると、「2級」の手話になる。それぞれ数詞を変えることで、それぞれの級を表す。

《例文》2級の試験は9月です＝「2級」＋「試験」＋「いつ」＋数詞「9」＋「～月」。

きゅうきゅうしゃ【救急車】

《**表現**》右手をひじから立て、手首あたりを左手でつかみ右手首を回転しながら、両手を前に出していく。

《**語源**》右手は点滅する赤ランプを表す。それが前に進むことで救急車であることを表す。

《**応用**》この手話の前に、親指と人差し指で半円をつくり、額に当てる⇒**「警察」の手話**と、**「パトカー」の手話**になる。

《**例文**》救急車を呼ぶ(電話で)＝「救急車」＋「電話する（電話）」。

《**参考**》この手話の前に、両手の人差し指を重ね、赤十字を示す十字をつくると伝わりやすい。

きゅうけい【休憩】

《**表現**》指先を前に向け伸ばした両手を左右に構え、身体の中央で上下にすれ違わせながら振る。

《**語源**》仕事がないということを、両手で空を切って表現したもの。

《**別形**》手のひらを下に向けた両手を左右から寄せ中央で並べる「休み」の手話を使うこともできる。

《**例文**》休憩時間＝「休憩」＋「時間aあるいはb」。ちょっと休憩＝「少し」＋「休憩」。

休み

きゅうしゅう【九州】

《**表現**》親指を立てて4指を伸ばした右手⇒**数詞「9」**を、左手の甲に真上から置く。

《**語源**》左手の土地と、九州を示す数詞「9」で表したもの。

《**例文**》九州男児＝「九州」＋「男」。九州場所＝「相撲」＋「九州」＋「場所」。

ぎゅうにゅう【牛乳】

牛

乳

《**表現**》①やや曲げた親指と人差し指を頭に乗せる⇒**「牛」の手話**、②右胸あたりで右手5指の先を閉じたり開いたりする⇒**「乳」の手話**。

《**参考**》「牛」の手話は両手で行うこともある。また親指を頭に乗せてもよい。

きゅうり【胡瓜】

《表現》親指と人差し指でつくった両手の輪を身体の中央から、やや上に反らせながら離す。
《語源》きゅうりをかたどったもの。
《例文》きゅうりとピーマンどちらが好きですか?＝「きゅうり」(身体のやや左側で)＋「ピーマン」(身体のやや右側で)＋「好き」＋疑問の表情で「どちら」。

きゅうりょう【給料】

《表現》右手親指と人差し指で輪をつくり⇩**「お金」の手話**(輪を地面と水平に)、手のひらを上に向けた左手(指先は前向き)の上で構え両手同時に手前に引く。

《語源》右手の輪はお金を表し、自分のものにするように引く。

《同意》給料をもらう
《別形》左手親指と伸ばしてそろえた4指の間に、指を伸ばしてそろえた右手の指先を下に向け差し込む。そのまま両手同時に手前に引く。給料袋を受け取るようす。

《例文》給料日＝「給料」＋「～日a」。高給＝「給料」＋「高い(値段が)」。時給＝「時間・時aあるいはb」＋「給料」。

～きょう【～狂】

《表現》5指を曲げた両手を顔の横で交互に上下に動かす。
《語源》ひとつのことに熱中して狂ったようす。
《同形》マニア
《例文》鉄道マニア＝「電車」＋「～狂」。男狂い＝「男」＋「～狂」。

きょう【今日】

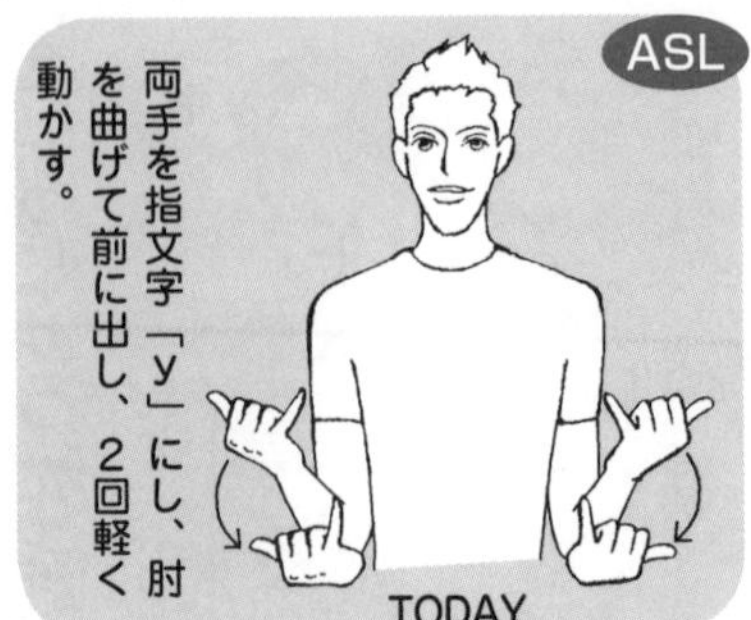

ASL
TODAY
両手を指文字「y」にし、肘を曲げて前に出し、2回軽く動かす。

《表現》身体のすぐ前で、両手のひらを下に向け構え、軽く下げる。
《語源》今を示す表現。
《同形》今・現在
《例文》今日は暖かいね＝「今日」＋「暖かい」。

きょうかい【協会】

《表現》両手の人差し指を絡ませ、水平に回す。

《語源》水平に回すのはグループを表し、関係ある人たちのグループを表現したもの。

《別形》両手の親指と人差し指でつくった輪をつなぎ合わせて水平に回す。

《例文》手話技能検定協会＝「手話」＋「技」＋「検定」＋「協会」。

きょうかい【教会】

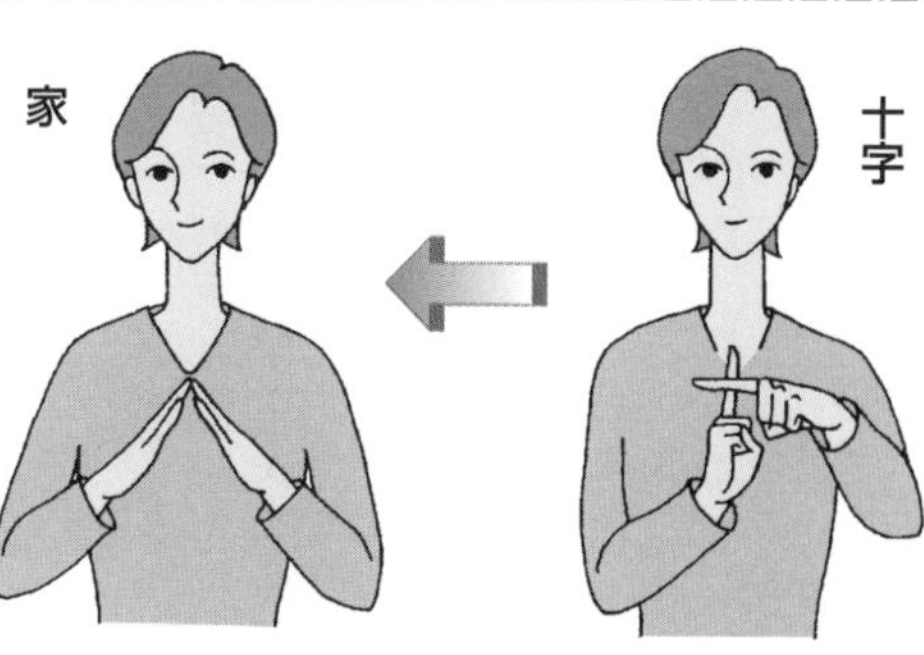

《表現》①両手の人差し指で十字をつくる⇩**「十字」**の手話、②左右から斜めに立てた両手の指先を合わせる⇩**「家」**の手話。

《語源》「十字」と「家」で。

ぎょうざ【餃子】

《表現》伸ばした右手4指を2回折り曲げる（手のひらは上向き）。親指は伸ばしたまま。

《語源》ぎょうざの形状を表す。

きょうさい【共催】

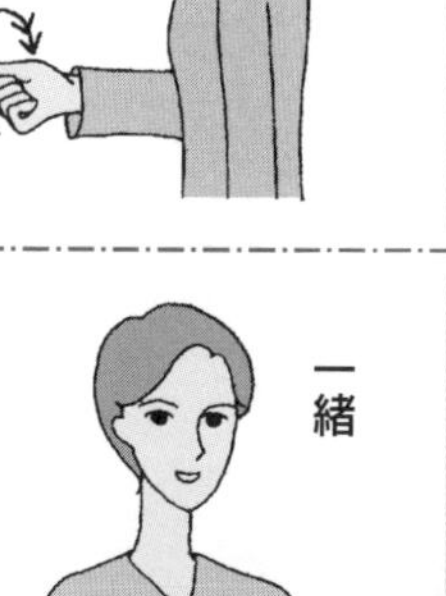

《表現》①前に向けて伸ばした両手の人差し指を左右から寄せて、中央で合わせる⇩**「一緒」**の手話、②わん曲させた右手の指先を右肩に乗せる⇩**「責任」**の手話。

《語源》「一緒」と「責任」で。

《例文》日韓共催＝「日本」＋「韓国」＋「共催」。

ぎょうせい【行政】

《**表現**》親指、人差し指、中指を開いて伸ばした両手（指先は前、手のひらは下向き）を、左右斜め前に2回出す。
《**語源**》漢字の行を両手の指でかたどり、指示するように動かしたもの。
《**例文**》行政機関＝「行政」＋「組織（機関誌）」。

きょうそう【競争】

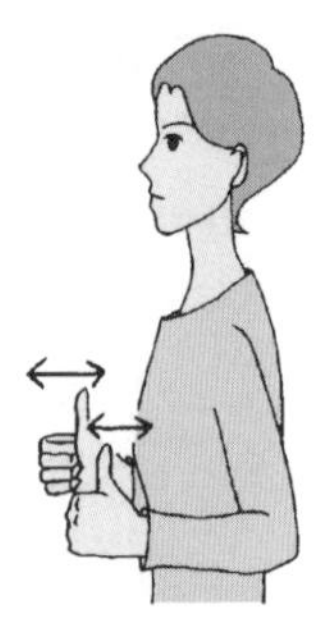

《**表現**》親指の腹を前に向けて立てた両手を胸の前で構え、交互に前後に動かす。
《**語源**》人が先を競うようす。
《**同意**》競走
《**応用**》交互に上下させると「試験」の手話。
《**例文**》競泳＝「泳ぐ」＋「競争」。

きょうだい【兄弟】

《**表現**》中指を立てた両手を胸の前で並べ（両手とも甲は前向き）、上下に離す。
《**語源**》中指は兄と弟を表し、上げた指が兄、下げた指が弟を示す。
《**応用**》薬指あるいは小指を使い同じ動作を行うと「姉妹」の手話になる。現在は、やりやすい小指を使う表現が広まっている。
《**例文**》何人兄弟ですか＝「あなた」＋「兄弟」＋疑問の表情で「いくつ」。兄弟は3人＝「兄弟」＋数詞「3」を横に向け＋3の下で「人」（空書）。

ASL BROTHER

親指と人差し指を伸ばした利き手の親指を額に当て、同じく親指と人差し指を伸ばして前に構えていた左手に乗せる。「兄弟」を表す。

ASL SISTER

親指と人差し指を伸ばした利き手の親指をあごに当て、同じく親指と人差し指を伸ばして前に構えていた左手に乗せる。「姉妹」を表す。

きょうと【京都】

《表現》甲を前に向け、親指と人差し指を伸ばした両手（人差し指下向き）を胸の前に構え、2回下げる。

《語源》西の都の意味から、西の手話を変形したもの。

《応用》同じ形で、1回下げると「西」の手話になる。

《例文》京都の歴史＝「京都」＋「歴史」。

《参考》同じ形で、人差し指を上に甲を手前に向け、1回上げると「東」、2回上げると「東京」の手話になる。

きょうよう【教養】

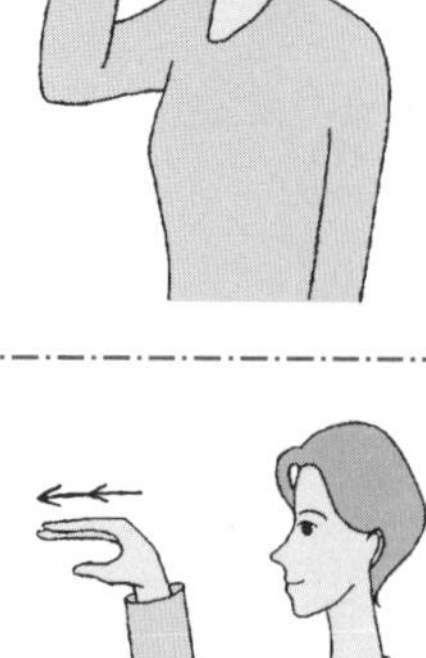

《表現》手前に向けて伸ばした右手4指（指の腹上向き）を額の右側に2回当てる。
《語源》手の先を向けるのは自分に入ってくる表現。これを頭に当てることで教養を表す。
《例文》教養ある人＝「教養」＋「人」。絵画の教養＝「絵」＋「教養」。
《参考》同じく2回、胸あたりに当てると「栄養」の手話。

きょうりゅう【恐竜】

《表現》わん曲させた左手の甲に、親指と4指でコの字型をつくった右手をひじから立てて乗せ数回前に出す。
《語源》わん曲させた左手は足、右手のコの字型は恐竜の顔。顔を前に出して恐竜が進むようす。
《例文》恐竜時代＝「恐竜」＋「時代」。恐竜は鳥の祖先？＝「鳥」＋「祖先」＋疑問の表情で「恐竜」。

きょうりょく【協力】

《表現》胸の前で両手を握り、そのまま前に出す。
《語源》力を合わせて進むことから。
《別形》親指を立てた左手を右手のひらで2回ほど前に押し、続けて右手のひらで2回ほど手前に引き寄せる（**「助け合う」の手話**）。

ぎょうれつ【行列】

《表現》指を軽く開いた両手の指先を上に向け前後に構え、前に構えた手を残し、後ろに構えた手を左右に揺らしながら手前に引く。

《語源》10指で示した人が長い列をつくるようす。

《同意》並ぶ

《例文》行列のできるラーメン店＝「ラーメン」＋「店」＋「行列」。

《参考》同様に前後に構えた両手を小さく上下に動かしながら前に出していくと「行進」「遠足」の手話になる。

きょく【局】

《表現》左手親指と4指でつくった輪の横に、右手人差し指で」を空書する。

《語源》漢字の局を描いたもの。

《例文》郵便局＝「郵便」＋「局」。

きょねん【去年】

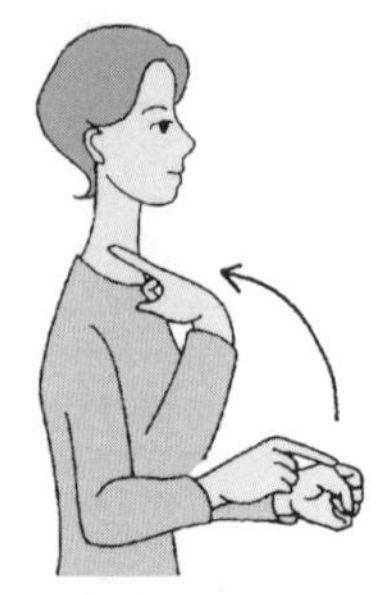

《表現》①おなかの前で立てた左手握りこぶしの親指側に、右手人差し指を当てる⇒**「年」の手話**、②左手はそのまま、右手の甲を前に向け顔の横で肩越しに後ろへ手首から倒す。

《語源》②は一年過去を表す。「年」との組み合わせで去年を表す。

《応用》人差し指と中指の2指で同じ動作をすると「一昨年」、3指なら「3年前」になる（指の形は数詞）。また、左手は同じで、手の甲を手前に向けた形で前に倒すと「来年」、「再来年」、「3年後」になる。

きらい【嫌い】

《表現》右手親指と人差し指の先をつけてのど元を指し、2指を開きながら前に出す。嫌であることを伝える表情で。

《語源》嫌いな食べ物がのどを通らない、受け付けないという意味から。また、はじき出す表現。「好き」の手話の逆。

《同意》イヤ！

《応用》反対の動作で、開いた親指と人差し指を斜め前下に動かしながら指先を閉じると「好き」の手話になる。

《別形》コの字型にした右手親指と人差し指の先で胸を突く。

《例文》ピーマンが嫌い＝「ピーマン」＋「嫌い」。食べ物の好き嫌い＝「食べる」＋「好き」＋「嫌い」。梅雨の季節は嫌い＝「梅雨」＋「嫌い」。水泳は嫌い＝「水泳（泳ぐ）」＋「嫌い」。彼女が嫌い＝左手の「女」を指す＋「嫌い」。

《参考》物・人物・行為など全般に嫌いを表す手話。

ASL

DISLIKE

親指と中指をつまんだ片手を前に向けて開きながら出す。

ぎりぎり

《表現》親指と人差し指の先をつけた右手をこめかみあたりに当て、小さく上下させる。

《語源》右手は「汗」を表すもので、ぎりぎりで冷や汗を流すという表現。

《別形》手のひらを下に向けて横に伸ばした左手の親指側で、まっすぐ伸ばした右手の指先を細かく上下するb。

キリスト教

《表現》両手の人差し指で十字をつくる。

《語源》キリスト教の十字から。

《同意》十字・＋（たす・プラス）

《別形》親指と人差し指の先をつけた右手（ほかの3指は握る）の指先を手前に向け、身体の前で十字を切る。

《例文》教会＝「キリスト教」＋「家」。

キリン

《表現》親指、人差し指、中指を伸ばした右手をひじから立て、左手でひじの上を握る。

《語源》腕できりんの長い首を、指で角を表す。

《例文》アフリカのキリン＝「アフリカ」＋「キリン」。

きれる・キレル

《表現》伸ばして開いた右手人差し指と中指でこめかみの横をハサミで切るように動かし閉じる。

《語源》神経が切れた表現。

《別形》伸ばして閉じた右手人差し指と中指を、こめかみの横で構え開く。

《例文》私はキレタ＝「私」＋「キレル」。

キログラム【kg】

《表現》①立てた左手人差し指の横に右手人差し指でkを書く、②左手人差し指を残したまま、右手人差し指でgを空書する。

《語源》kとgを描いたもの。

《応用》②の右手の動作だけで「グラム」の手話になる。

キロメートル【km】

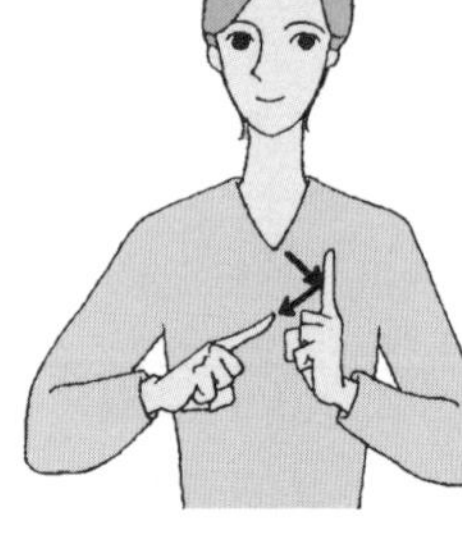

《表現》①立てた左手人差し指の横に、右手人差し指でkを書く、②左手人差し指を残したまま、右手人差し指でmを空書する。

《語源》kとmを描いたもの。

《応用》②の右手の動作だけで「メートル」の手話になる。

きをつける【気をつける】

《表現》開いて上下に構えた両手を胸に引きつけながら力強く握り胸に当てる（手の甲前向き）。

《語源》胸の前で手を握り、気が引き締まるようすを伝える。

《同意》気を引き締める・注意する・警戒する

《例文》通り魔に気をつける＝「通り魔」＋「気をつける」。体に気をつけて＝「身体（体験）」＋「気をつける」。気を引き締めて試験に臨む＝「受ける」＋「試験」＋「気を引き締める」。

《参考》相手に向かって訴えるように行うことで「気を引き締めろ」「注意しろ」の意味に。

きをゆるめる【気を緩める】

《表現》手の甲を前に向け握った両手を胸に当て上下に構え、両手同時に開く。この際握っている手の指を緩めるようにゆっくりと動かす。
《語源》胸に当てて握った手（気が引き締まっていたようす）が緩んでとかれる表現。
《同意》注意が散漫になる
《例文》気を緩めると盗まれる＝「気を緩める」＋「盗まれる」。試験が終わって気が緩む＝「試験」＋「終わる」＋「気を緩める」。

きん【金】

《表現》親指と人差し指で輪をつくり、小さく振る。
《語源》お金を示す。
《同形》お金・金曜日・費用
《別形》つけた親指と人差し指の先を口の端に当てることもある。
《例文》金のネックレス＝「金」＋「ネックレス」。

きんえん【禁煙】

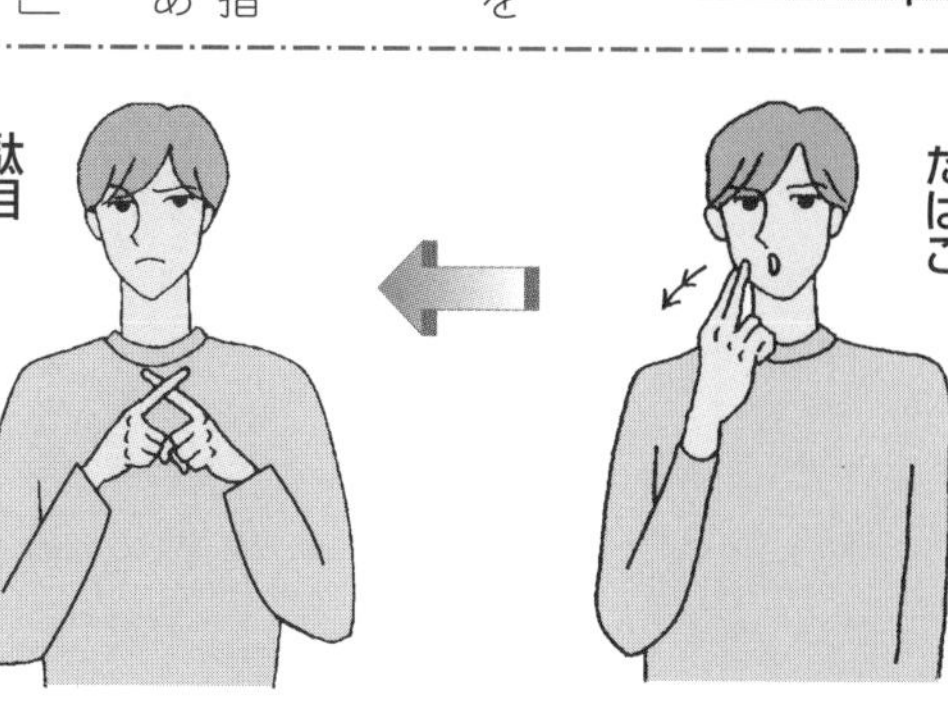

《表現》①人差し指と中指を伸ばした右手を口元から右斜め前に動かして煙草を吸う動作を行う⇓**「たばこ」の手話**、②両手の人差し指で×をつくる⇓**「駄目」の手話**。
《語源》「たばこ」と「駄目」で。
《例文》禁煙席＝「禁煙」＋「席（椅子）」。

ぎん【銀】

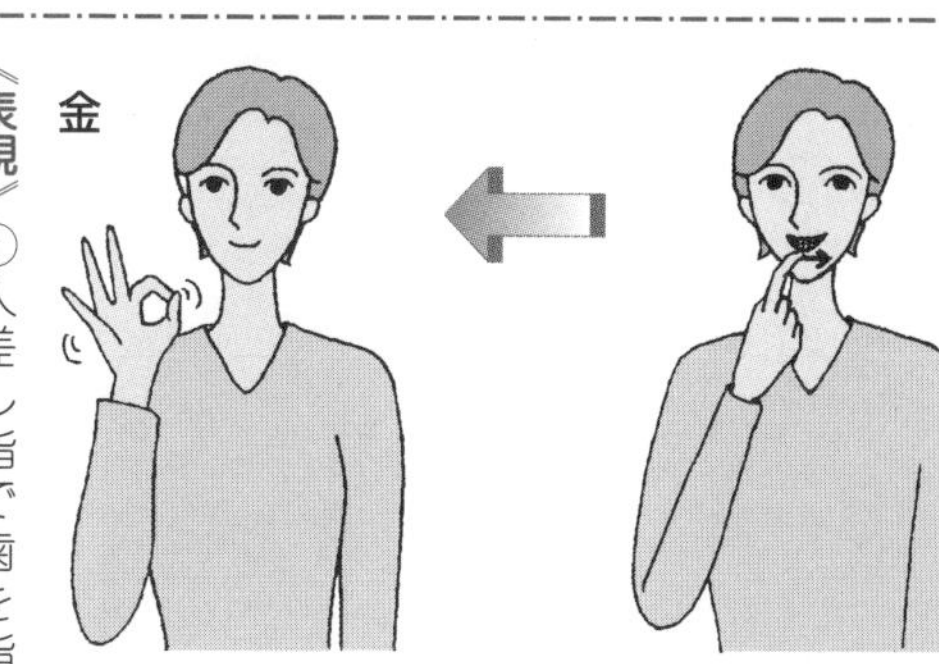

《表現》①人差し指で歯を指し、歯に沿って右から左へ動かす⇓**「白」の手話**、②親指と人差し指で輪をつくり、小さく振る⇓**「金」の手話**。
《語源》「白」と「金」。
《例文》銀の鈴＝「銀」＋「鈴」。
《参考》白金の手話はない。

きんがん【近眼】

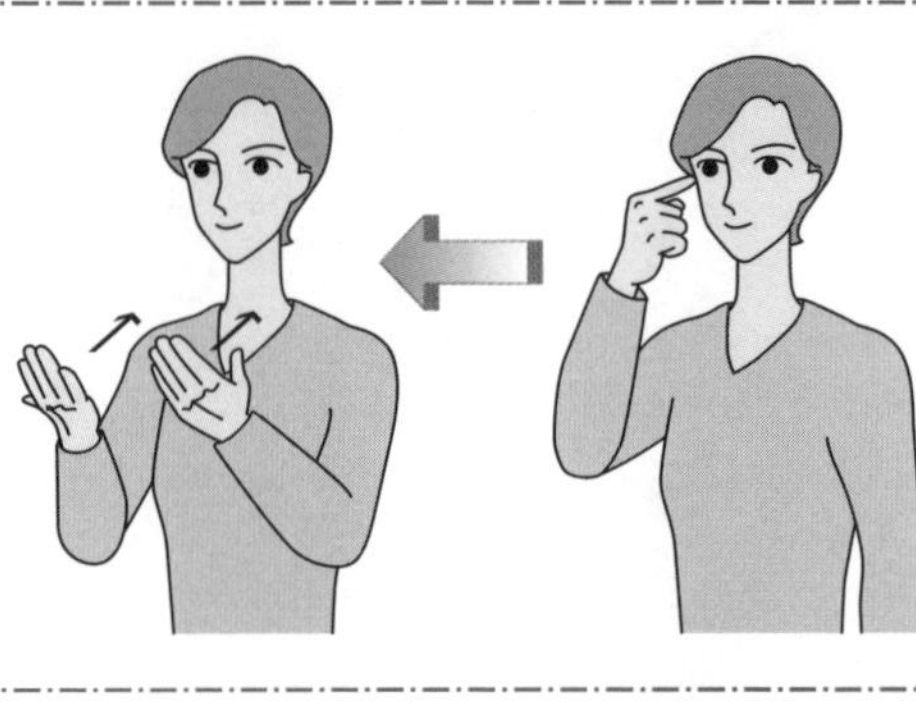

《**表現**》①右手人差し指で右目を指す⇩**「目」の手話**、②指をそろえて伸ばし手のひらを手前に向けた両手を前方で立てて並べ、両手同時にややゆっくり目の前に近づける。

《**語源**》近くでないと見えないことから。

《**例文**》近眼なのでメガネをかけています＝「近眼」＋「～なので」＋「メガネ」。

きんぎょ【金魚】

《**表現**》親指と人差し指で輪をつくり、残り3指をやや開いた右手を横にして（手の甲は前向き、3指の先は左向き）、揺らしながら右へ動かす。

《**語源**》「金」と「魚」の手話の変形。

《**例文**》赤い金魚＝「赤」＋「金魚」。

ぎんこう【銀行】

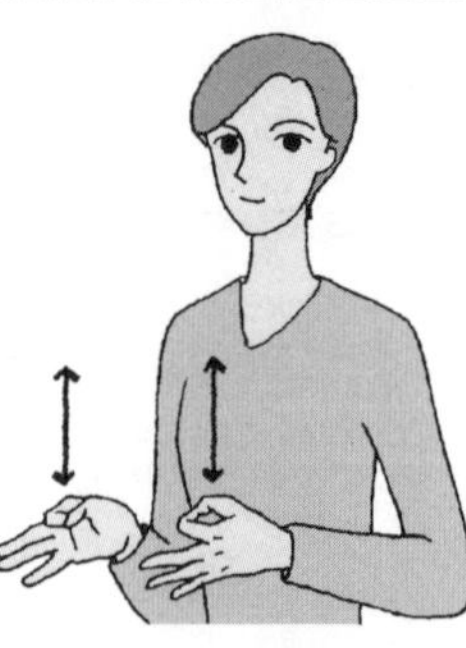

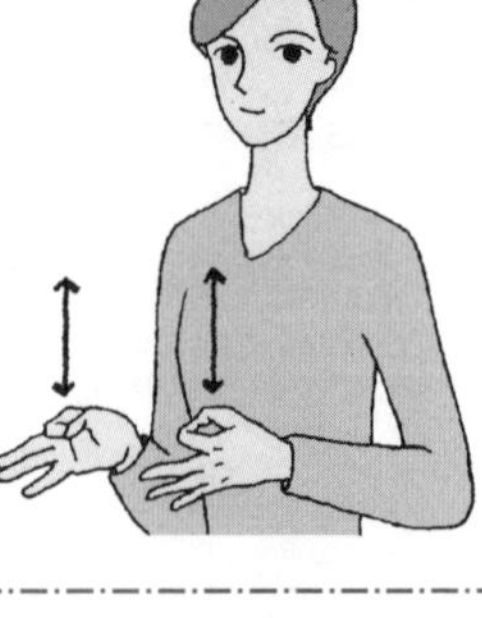

《**表現**》親指と人差し指で輪をつくった両手を左右に構え（手のひらが向かい合うように）、同時に2回ほど上下に動かす。

《**語源**》左右にお金が積み上げられている表現。

《**例文**》預金＝「銀行」＋「貯金」。

きんじょ【近所】

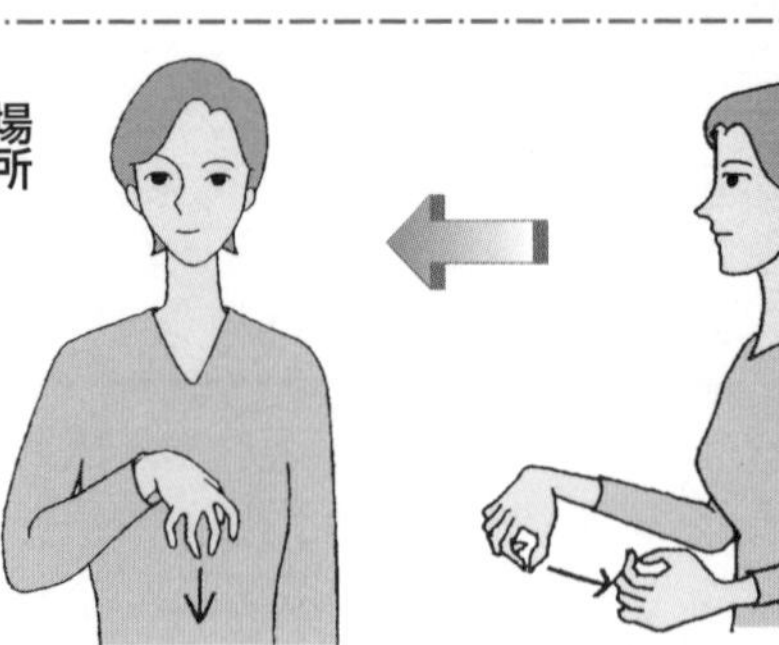

《**表現**》①親指と人差し指の先をつけた両手を前後に離して構え、右手を手前に引き左手に近づける⇩**「近い」の手話**、②手のひらを下に向けわん曲させた右手を軽く下ろす⇩**「場所」の手話**。

《**語源**》「近い」と「場所」で。

《**例文**》近所づき合い＝「近所」＋「交際」。

き

きんしん【謹慎】

《表現》握った左手を胸に当てたまま、右手人差し指で頭を指したあとおなかを指す。
《語源》右手は反省していることを表し左手は気を引き締めることを意味する。
《例文》謹慎中＝「謹慎」＋「中（中級）」。
《参考》右手は「反省」の手話でもよい。

きんぞく【金属】

《表現》親指と人差し指で輪をつくった左手のひらに、右手のカギ型に曲げた人差し指と中指の先をぶつける。
《語源》右手2指をぶつけるのは固いことを表す。これに「金」の手話の形を加えたもの。「鉄」の手話の変形。
《応用》指を伸ばした左手のひらに、右手のカギ型に曲げた人差し指と中指の先をぶつけると「鉄」の手話。
《例文》金属の板＝「金属」＋「板」。

きんようび【金曜日】

《表現》親指と人差し指で輪をつくり、小さく振る。
《語源》お金を示す。
《同形》お金・金・費用
《例文》金曜日の夜＝「金曜日」＋「夜」。料金はいくら＝「お金」＋疑問の表情で「いくつ」。

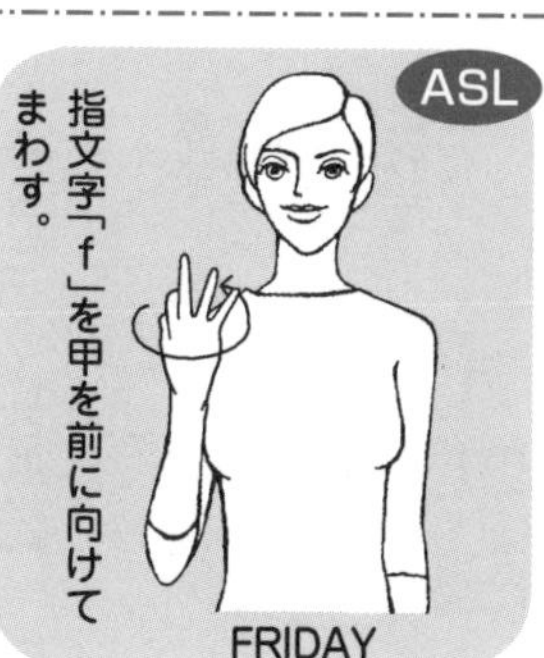

指文字「f」を甲を前に向けてまわす。

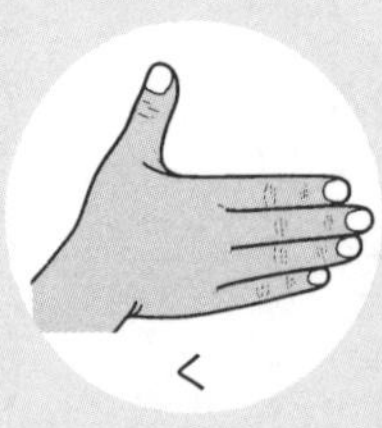

親指を立て4指を伸ばす。
「9」と同じ。

くうき【空気】

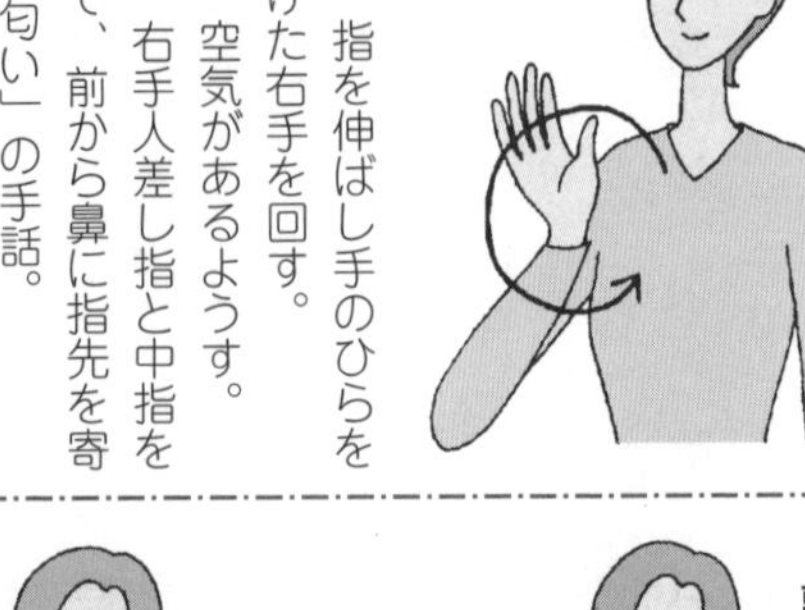

《表現》指を伸ばし手のひらを前に向けた右手を回す。
《語源》空気があるようす。
《別形》右手人差し指と中指を伸ばして、前から鼻に指先を寄せる。「匂い」の手話。
《参考》「空気」＋「匂い」で空気を表す場合もある。

匂い

くうこう【空港】

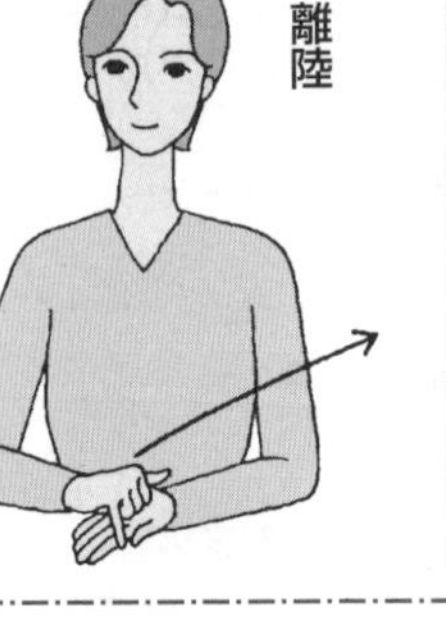

《表現》①左手のひらに置いた親指と小指を伸ばした右手を斜めに上げていく⇓**「離陸」の手話**、②手のひらを下に向けわん曲させた右手を軽く下ろす⇓**「場所」の手話。**
《語源》①は飛行機が飛び立つ表現。「離陸」と「場所」で。
《応用》①は斜め上から左手のひらに右手を下ろせば「着陸」。

ぐうぜん【偶然】

《表現》握った右手を左手のひらに小指側から乗せて水平に回す。
《語源》筮竹(ぜいちく)を回す易占いのようすから。
《同意》たまたま
《同形》運・都合・機会
《例文》幸運＝「運」＋「幸せ」。不幸＝「運」＋「不便」。都合が悪い＝「都合」＋「悪い」。たまたま成功＝「偶然」＋「成功」。

クーラー【cooler】

《**表現**》4指を付け根から折った左手を立て、握った右手を脇を締めて立てこきざみに振る。
《**語源**》左手はクーラーの箱形を表し、これに「寒い」という手話を加えたもの。
《**同形**》冷房
《**例文**》夏に備えクーラーを買う＝「夏」＋「用意」＋「クーラー」＋「買う」。

くさり【鎖】

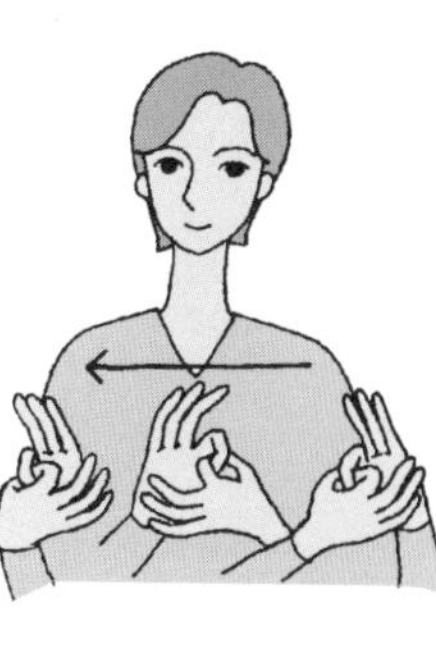

《**表現**》親指と人差し指でつくった両手の輪をつなぎ合わせ、手首を返し組み替えながら左から右へ動かす。
《**語源**》輪がつながる鎖を表す。
《**例文**》鎖で結ぶ＝「鎖」＋「結ぶ（結果）」。鎖で囲む＝「鎖」＋「囲む（守る）」。

くじ【籤】

《**表現**》左手親指と4指でつくった筒の中から何かを取り出すように、親指と人差し指の先をつけた右手（指先下向き）を引き上げる。

《**語源**》左手の筒からくじを引くようす。

《**例文**》くじ運＝「くじ」＋「運（偶然）」。くじに当たる＝「くじ」＋「当たる」。

くじゃく【孔雀】

《**表現**》親指と人差し指の先をつけた左手の後ろで、大きく開いた右手を手首を軸に弧を描くように動かす。
《**語源**》左手2指はくちばしを、右手は広げた羽を表す。
《**例文**》美しいくじゃく＝「美しい」＋「くじゃく」。

くじょう【苦情】

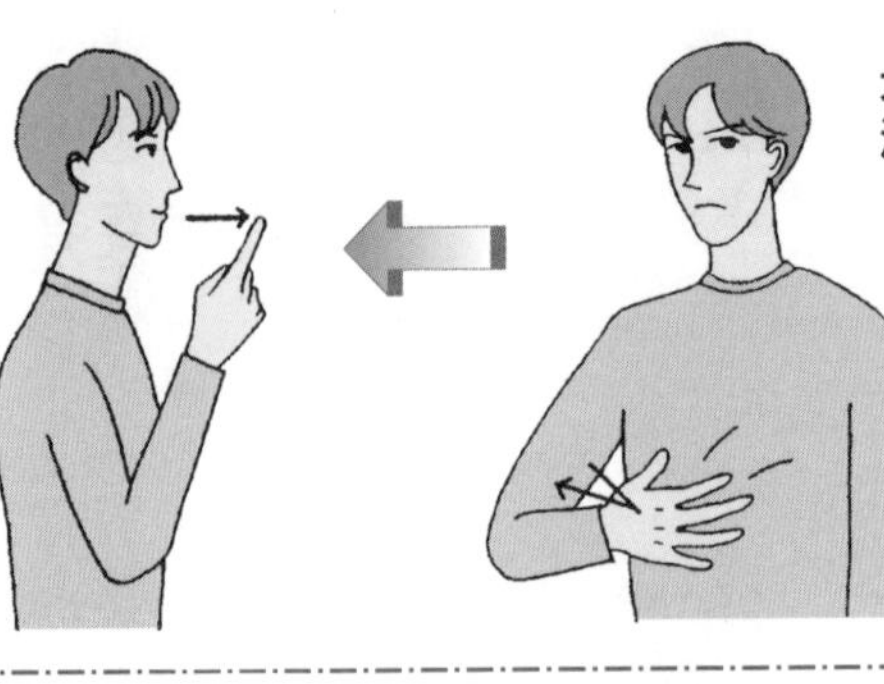

《表現》①右手のひらを胸に当て、そのまま前に勢いよく跳ね返す⇒**「不満」の手話**、②右手人差し指を口元に立て、まっすぐ前に出す⇒**「言う」の手話**。

《語源》「不満」＋「言う」で。

《別形》「苦しい」＋「言う」、あるいは「苦しい」＋「申し込む」。

くじら【鯨】

《表現》指先をつけすぼめた右手を、右肩越しに後ろへ突きだしながら指をパッと広げる。

《語源》くじらが潮を吹くようす。

《例文》くじらを保護する＝「くじら」＋「助ける」あるいは「守る」。

くすり【薬】

《表現》上に向けた左手のひらを、右手薬指で小さな円を描くようになでる。

《語源》薬を調合するようす。

《例文》薬剤師＝「薬」＋「士（弁護士）」。

くせ【癖】

《表現》手のひらを下に向け身体の前で構えた左手の甲に、開いた右手を握りながら上から当てる。

《語源》開いた手を握りながら左手に当てる動きで、身についたものを表す。

《応用》指を伸ばした左手の甲に、やや開いた右手の甲を乗せ、両手同時に前に出しながら右手を握ると「慣習」の手話になる。

《例文》悪い癖＝「癖」＋「悪い」。産まれつき＝「産まれる」＋「癖」。

く

ぐたいてき【具体的】

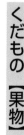

《表現》①親指と人差し指の先を合わせた両手の指先をつけ下に細かく動かす⇒「細かい」の手話、②斜め上に向けた左手人差し指の先に右手人差し指の先をつける⇒「~的」の手話。
《語源》「細かい」と「~的（合う）」で。
《例文》具体的な話＝「具体的」＋「説明」。

くだもの【果物】

《表現》丸い物を持つように手のひらを上に向けわん曲させた両手を、上下に動かしながら交互に左右に離していく。
《語源》フルーツがたわわに実るようす。
《例文》甘いフルーツ＝「甘い」＋「果物」。

くち【口】

《表現》右手人差し指で口を指し、円を描く。
《語源》口を指し示す。
《例文》大きな口＝「大きい」＋「口」。口話＝「口」＋「言う」を2回。入口＝「入る」＋「口」。1口5000円＝数詞「1」＋「口」＋数詞「5千」＋「円（通貨単位）」。
《参考》身体の部分を表す手話は、その部分を指で示すことが多い。

くちべに【口紅】

《表現》指先をつけた右手親指と人差し指の先を唇に沿って横に動かす。
《語源》口紅を持って唇に塗るようす。
《例文》ルージュの口紅＝「赤」＋「口紅」。口紅を選ぶ＝「口紅」＋「選ぶ」。

くつ【靴】

《表現》手のひらを下に向けた左手の下から左手首のわきに沿って、親指を出して握った右手を手前に引き上げる。

《語源》左手を足に見立て、右手で履き口についている持ち手（プルストラップ）を引っぱり、靴を履くという表現。

《例文》赤い靴＝「赤」＋「靴」。

くつした【靴下】

《表現》手のひらを下に向けた左手を前に出し、右手親指と4指で左手をつかむようにして指先から腕に沿って上げていく。

《語源》左手で示した足に右手で靴下を履くようす。

《例文》絹の靴下＝「絹」＋「靴下」。

くばる【配る】

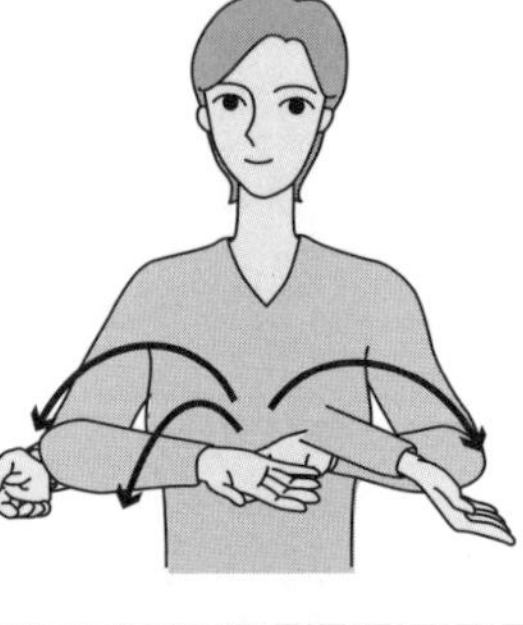

《表現》手のひらを上に向けた両手を、右手を上に左手を下にして重ねておなかの前で構える。左手はそのまま、右手を違う方向にやや弧を描きながら2〜3回差し出す。

《語源》配るようすから。

《例文》資料を配付する＝「資料」＋「配る」。

くふう【工夫】

考える

研究

《表現》①右手人差し指を右こめかみあたりに当て、指先を当てたままねじ込むように小さく動かす⇒**「考える」の手話**、②両手握りこぶしを胸の前で交差して組み、手首を軸に軽くねじる⇒**「研究b」の手話**。

《例文》手話の覚え方を工夫する＝「手話」＋「覚える」＋「方法」＋「工夫」。

くま【熊】

《**表現**》胸元に、親指と人差し指で三日月を描く（閉じた指を中央で開いて、また閉じる）。

《**語源**》月輪熊の胸にある月型から。

《**同形**》熊（人名）

《**別形**》指を開きわん曲させた両手を左右に構え（手のひら前向き）、左手はそのまま右手はひっかくように右上から左下に振り下ろす。熊をまねた表現。

《**例文**》熊谷さん＝「熊」＋「谷」＋「男」あるいは「女」。

《**参考**》三日月を描いて「熊」を示したあとに、《別形》の「熊」の手話を行ってもよい。

くまもと【熊本】

《**表現**》おなかの前で、両手の親指と人差し指を広げて大きな丸をつくりおなかに2回当てる。
《**語源**》加藤清正の鎧の胴に印された丸を表す。

くみたてる【組み立てる】

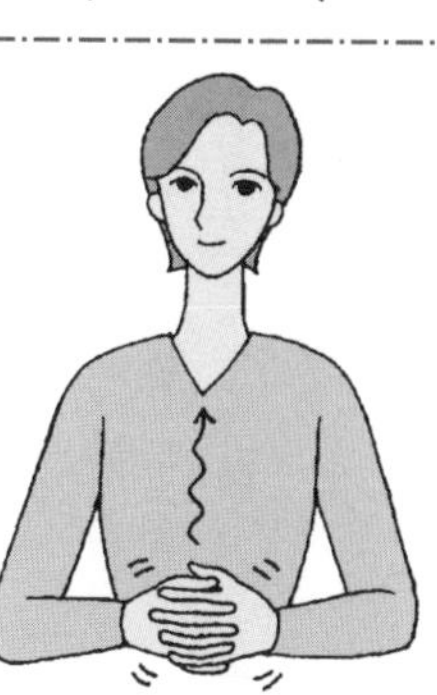

《**表現**》左右から斜めに指を組んだ両手を揺らしながら上げていく。
《**語源**》物を組み上げる表現。
《**同形**》建設
《**例文**》ビル建設＝「ビル（建物）」＋「建設」。

くもり【曇り】

《**表現**》指を開きわん曲させた両手のひらを向かい合わせて目の高さで構え、半周ずらして円を描くように回しながら左から右へ動かす。

《**語源**》両手のひらを向かい合わせて表した雲が、もくもくと広がるようす。

《**同意**》曇る
《**別形**》親指と4指でU字型をつくった両手の指先を向かい合わせて目の前で構え、指の間を狭めたり広げたりしながら両手を離していき雲の形を表す。

《**例文**》曇り空＝「空」＋「曇り」。曇り時々雨＝「曇り」＋「時々」＋「雨」。

くやしい【悔しい】

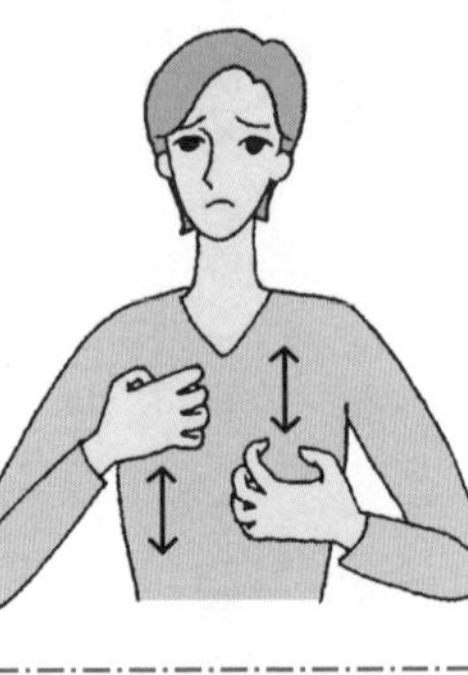

《表現》指を軽く曲げた両手を胸に当て、交互に上下に動かす。悔しそうな表情で。

《語源》胸を掻きむしるようすから。

《同形》憎い
《応用》指を軽く曲げた両手をおなかに当て、両手同時に勢いよく上げると「怒る」の手話。

《例文》負けて悔しい＝「負ける」＋「悔しい」。悔しさを抑える＝「悔しい」＋「我慢」。悔し涙＝「悔しい」＋表情を残したまま「涙」。

くら【蔵】

《表現》指を伸ばして開いた両手の甲を前に向けて左右から指を重ね合わせ、両手同時に左右斜め下に引く。

《語源》蔵を支える石垣の模様を表す。

《例文》蔵が建つ＝「蔵」＋「結成」。

くらす【暮らす】

《表現》親指と人差し指を伸ばした両手を身体の前で構え、手前から見て右回りに、両手同時に動かして円を描く。
《語源》親指と人差し指を伸ばした両手は太陽を表したもので、日が昇って沈むようすを表す。日々を送ることからの表現。
《同意》暮らし・生活
《例文》家族と一緒に暮らす＝「家族」＋「一緒」＋「暮らす」。平和な暮らし＝「暮らし」＋「平和」。

クラス【class】

《表現》親指を立てて4指を伸ばした⇒**指文字「く」**両手を、手のひらを手前に向けて並べ、水平に円を描きながら手前に動かし両手首あたりを合わせる。

《語源》円は人が輪のように集まることから「グループ」を表し、頭文字「く」でクラスを示す。

《同形》グループ
《例文》1クラス＝数詞「1」＋「クラス」。クラス委員＝「クラス」＋「委員」。

《参考》両手を水平に回す表現は、グループや集団など複数の人の集まりを示す。

くらべる【比べる】

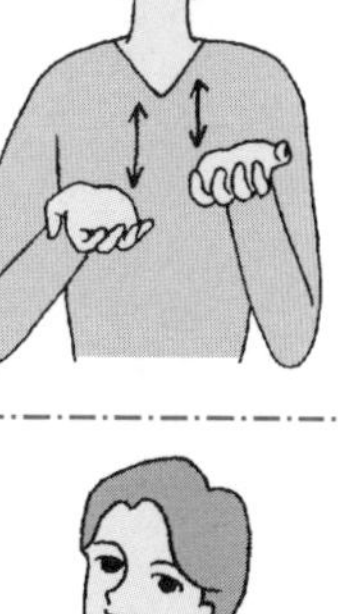

《**表現**》手のひらを上に向けた両手を身体の前で構え、交互に上下に動かす。

《**語源**》どちらが重いかなどを比べるしぐさ。

《**同形**》比較

《**応用**》体重を比べる＝「身体（体験）」＋「重い」＋「比べる」。長さを比べる＝「長い」＋「比べる」。

くり【栗】

《**表現**》右手握りこぶしをあごに当て、指の背であごをこするように手首を曲げる（2回）。

《**語源**》栗の渋皮を歯でむくようすから。

《**同形**》茶色（「色」の手話と組み合わせて）

《**例文**》栗の木＝「栗」＋「木（木曜日）」。茶色＝「栗」＋「色」。

クリーニング【dry cleaning】

《**表現**》アイロンを持つように握った右手を、左手のひらに沿って動かす（手のひらからやや離す）。

《**語源**》アイロンをかけるようす。

《**同意**》アイロンがけ

《**例文**》クリーニング店＝「クリーニング」＋「店」。背広をクリーニングする＝「背広」＋「クリーニング」。

くりかえし【繰り返し】

《**表現**》人差し指を立てて、上下に向かい合わせた両手を、半周ずらして右方向へ回転させる。

《**語源**》同じところを回るようすから。

《**同形**》応用する

《**別形**》軽くわん曲させ手のひらを前に向けた右手を、顔の前あたりで構える。そのまま身体と平行にらせんを描きながら下へ動かす。

《**例文**》繰り返し教える＝「繰り返し」＋「教える」。失敗を繰り返す＝「失敗」＋「繰り返し」。

クリスマス【Christmas】

《表現》両手の人差し指をクロスしXの字をつくり⇒**日本式アルファベット「X」**、両手同時に左右斜め下に引く。

《語源》Xマスの表現。

《例文》ホワイトクリスマス＝「白」あるいは「雪」＋「クリスマス」。

《参考》親指と4指を離して開いた右手を、あごから左右に揺らしながら下ろしていき、長いあごひげを描くと「サンタクロース」の手話になる。

くる【来る】

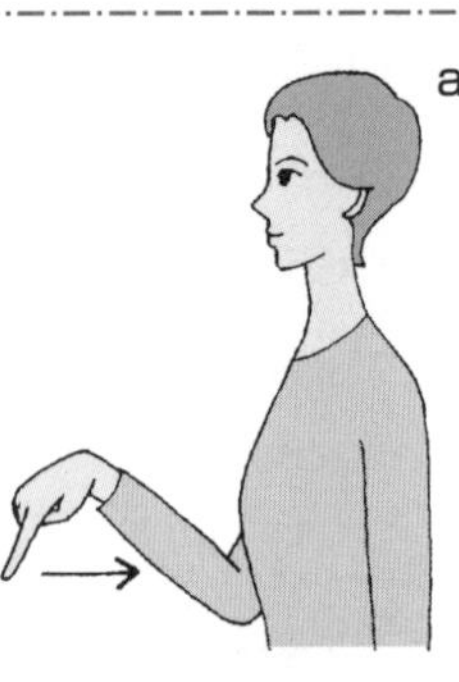

《表現》下に向けた人差し指を前から手前に引くa。

《語源》人差し指が近づいて来ることから。

《応用》逆の動作、人差し指を手前から前に出すと「行く」の手話になる。

《別形》上に向けた人差し指を、前から手前に引くb。

《例文》父が遊びに来る＝「父」＋「遊ぶ」＋「来る」。

くるしい【苦しい】

《表現》指を軽く曲げた右手を胸に当て、円を描くように回す。
《語源》苦しくて胸を掻きむしる表現。
《例文》恋に苦しむ＝「恋」＋「苦しい」。病気で苦しむ＝「病気」＋「苦しい」。

くるま【車】

《表現》握った両手を左右に構え、ハンドルを操作するように軽く動かす。
《語源》ハンドル操作から。
《同形》ドライブ
《別形》親指と4指でコの字型をつくり前に出すb。

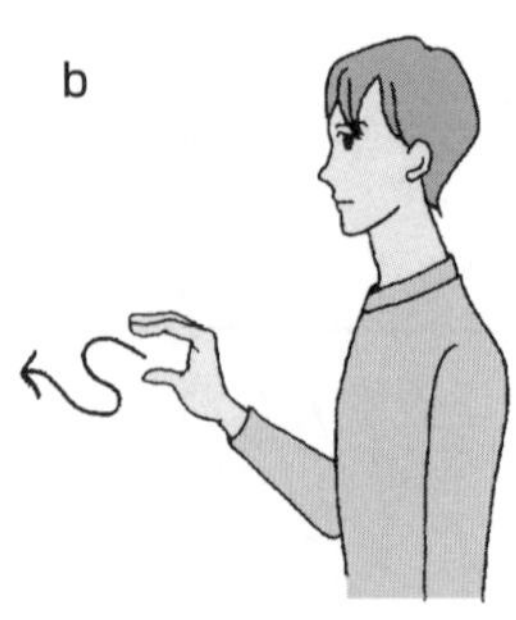

くるまいす【車椅子】

《**表現**》両手を腰の位置に構え、車椅子の車輪を回すように前に動かす。

《**語源**》車椅子を運転するようす。

《**別形**》両手の人差し指で腰のあたりを指し、そのまま両手同時に前方へくるりと動かし、車輪の回るようすを表す。

《**例文**》パラリンピック＝「車椅子」＋「オリンピック」。

くろ【黒】

《**表現**》右手で頭をなでる。

《**語源**》髪の毛の黒を指す。

《**同形**》黒（人名）

《**例文**》カラス＝「黒」＋「鳥」。まぐろ＝「黒」＋「魚」。黒川さん＝「黒」＋「川」＋「男」あるいは「女」。黒船＝「黒」＋「船」。

ASL

BLACK

利き手を1の形にして、まゆに沿って額に線を引く。

くろじ【黒字】

《**表現**》①右手で頭をなでる⇒「黒」の手話、②左手のひらに、寝かせた右手人差し指でまっすぐ線を引くように動かす（手のひら側上向き）。

《**語源**》「黒」＋「字」で。

《**例文**》黒字経営＝「経営」＋「黒字」。貿易黒字＝「貿易」＋「黒字」。

くわえる【加える】

《**表現**》右に向けた左手のひら（指先前向き）に、右手人差し指（指先前向き）を添える。

《**語源**》元のものに加えることを指1本添えることで表現。

《**同意**》付加・足す

《**例文**》塩を加える＝「塩（海）」＋「加える」。加工＝「加える」＋「作る」。付加価値＝「価値」＋「加える」。加筆する＝「書く」＋「加える」。

《**参考**》「仲間に加わる」は、「参加」の手話で伝える。

ぐんま【群馬】

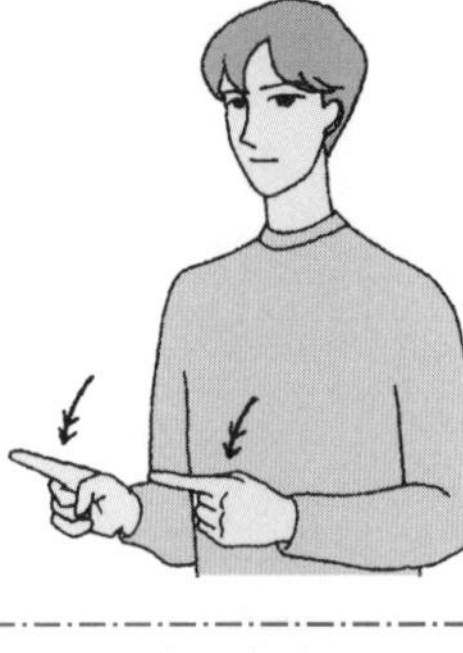

《**表現**》人差し指を伸ばした両手を前後にずらして構え、２回振り下ろす。

《**語源**》馬にムチを入れるようす、あるいは手綱を持ち馬を操るようすから。

《**同形**》馬

くんれん【訓練】

《**表現**》両手の握りこぶしで胸を同時に2回叩く。

《**語源**》身体を鍛えるという表現。

《**同形**》鍛える・運動

《**例文**》相撲の稽古＝「相撲」＋「訓練」。会話の訓練＝「会話」＋「訓練」。特訓＝「特に」＋「訓練」。

け

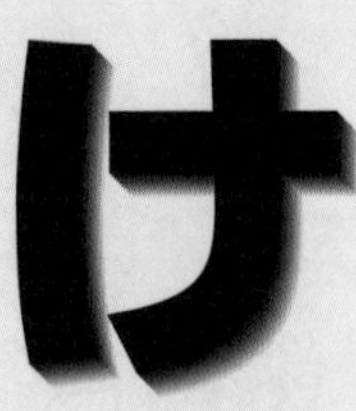

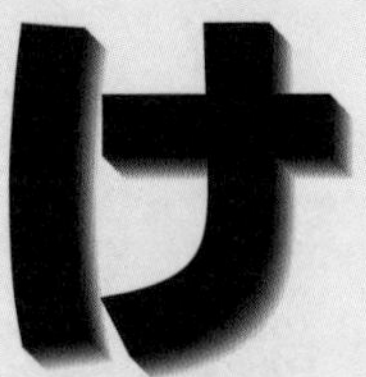

け

親指を折り４指を伸ばす。

けいえい【経営】

《**表現**》親指と人差し指で輪をつくった両手を上下に構え半周ずらして水平に回す。

《**語源**》両手の輪は「お金」。お金が動く、あるいはやりくりするという表現。

《**同意**》運営

《**同形**》経済

《**応用**》輪をつくった両手を身体の前で交互に前後に動かすと「営業」「商売」の手話になる。

《**例文**》会社経営＝「会社」＋「経営」。世界経済＝「世界」＋「経済」。家計＝「家庭」＋「経営」。

け

けいけん【経験】

《表現》手のひらを手前に向けた両手の指先を、前後にぶつけ合いながら、前後を入れ替える（2～3回）。

《語源》これまでの人生でさまざまな事・壁にぶつかりながら経験を積んできたという意味合いを手をぶつけ合うことで表現する。

《例文》経験談＝「経験」＋「説明」。経験豊富＝「経験」＋「たくさん」。戦争経験＝「戦争」＋「経験」。

けいこう【傾向】

《表現》指先を前に向け両手のひらを向かい合わせて構え、幅はそのまま両手同時に左に寄せる。

《語源》片方へ寄せる表現。

《同形》偏る

《例文》増加傾向＝「増える」＋「傾向」。

けいこうとう【蛍光灯】

《表現》親指と4指で筒をつくった両手を中央から左右に離し、両手同時に下向きに手をパッと開く。

《語源》蛍光灯の長い形と、パッと開く手で明かりを表現。

けいざいさんぎょうしょう【経済産業省】

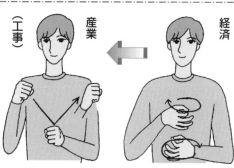

経済

産業

（工事）

（いろいろ）

省

《**表現**》①親指と人差し指で輪をつくった両手を上下に構え半周ずらして水平に回す⇩**「経済」の手話**、②左手握りこぶしを身体の中央で立て、その親指側に右手握りこぶしを右上から当て左上に跳ね上げる。左上に跳ね上げた右手は親指と人差し指を伸ばして振りながら右に移動させる⇩**「産業」の手話**、③両手を顔の横で前後にずらして合わせ、手のひらを軸に前後を入れ替える⇩**「省」の手話**。

《**参考**》「産業」は、「工事」のみで表す場合もある。

けいさつ【警察】

《**表現**》親指と人差し指でつくった半円を額に当てる。

《**語源**》警察の帽子の記章から。

《**例文**》警察官＝「警察」＋「男」。女性警官＝「警察」＋「女」。警察署＝「警察」＋「署（建物）」。交番＝「警察」＋「場所」。

けいさん【計算】

《**表現**》上に向けた左手のひらに右手4指の先を当て、右に払う。

《**語源**》ソロバンの珠を払うようす。

《**同形**》会計・経理・そろばん

《**例文**》お金の計算＝「お金（金）」＋「計算」。決算「決める」＋「計算」。合計＝「合わせる」＋「計算」。計算例＝「計算」＋「例えば」。会計監査＝「計算」＋「調べる」。会計士＝「計算」＋「士」。

けいじ【刑事】

刑

男

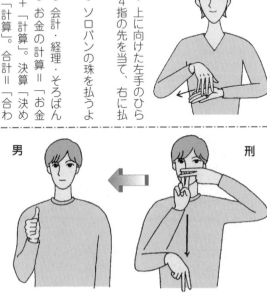

《**表現**》①右に向けた左手人差し指と中指に、右手同2指を重ね、左手はそのまま右手を下におろす⇩**「刑」の手話**、②右手親指を立てる⇩**「男」の手話**。

《**語源**》①は漢字の刑の开の部分。「刑」と「男」で。

げいじゅつ【芸術】

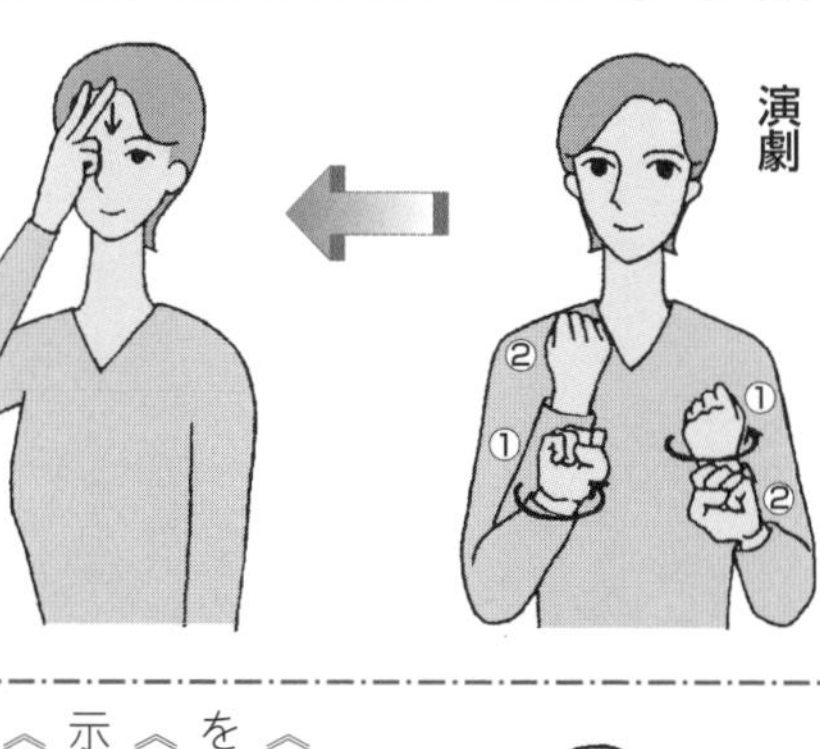

《**表現**》①右手握りこぶしの甲を手前に向け掲げ、左手握りこぶしを右手よりやや下げた位置で甲を前に向けて掲げ、両手を同時にくるっと反転させる⇒**「演劇」の手話**、②伸ばした右手人差し指と中指で額に2本線を引く。

《**語源**》②は美術大学の帽子の記章で、これに「演劇」を加えたもの。

けいたいでんわ【携帯電話】

《**表現**》人差し指を立てた右手を耳に当てる。

《**語源**》人差し指はアンテナを示す。

《**例文**》携帯電話でメールを送る＝左手で「携帯電話」＋右手で「メールする」。

《**参考**》「携帯電話」を表す右手を前に出せば「携帯電話をかける」、前から手前に引けば「携帯電話がかかってくる」の手話。

けいば【競馬】

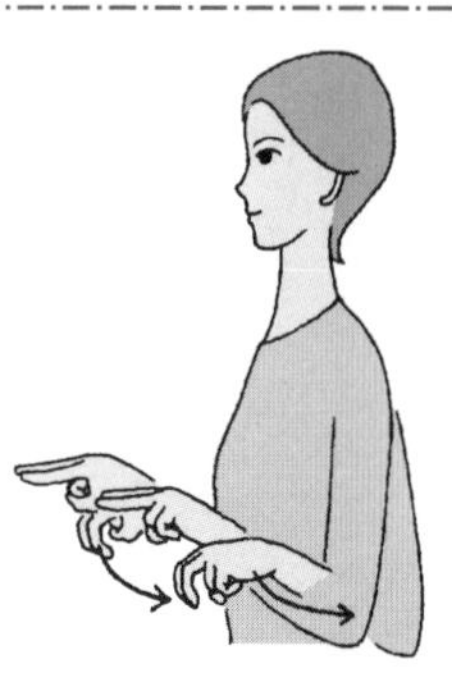

《**表現**》手の甲を上に指先を前に向けて伸ばした両手の人差し指と中指を、同時に曲げながら手前に引く動作を繰り返す。

《**語源**》馬が並んで走るようす。

《**別形**》「馬」＋「競争」でも伝わる。

けいべつ【軽蔑】

《**表現**》下に向けた左手のひらに、人差し指を伸ばした右手を下から叩きつける。

《**語源**》頭打ちの表現。

《**同形**》くだらない・つまらないa

《**例文**》軽蔑するべき男＝「軽蔑」＋「男」。

けいむしょ【刑務所】

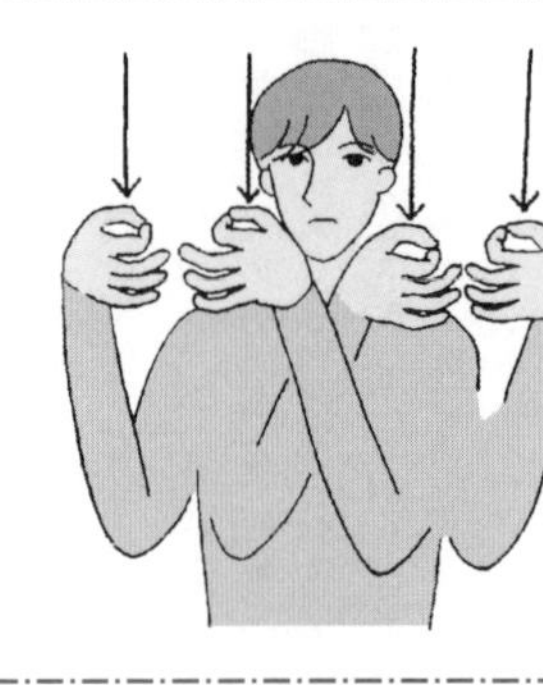

《表現》親指と人差し指で輪をつくった両手を並べて頭の高さで構えまっすぐ下げる。これを左側右側と場所を変えて行う。
《語源》鉄格子の棒を表し、顔の前に鉄の棒が並んでいることを示す。
《同意》監獄
《参考》鉄格子を表す動きは2回以上なら何回でもかまわない。

げいめい【芸名】

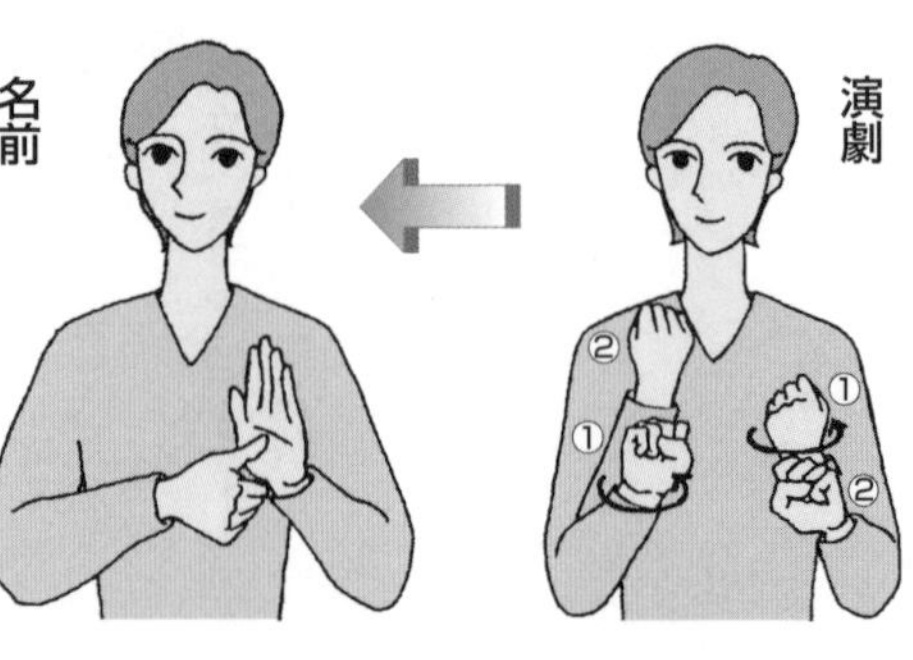

《表現》①右手握りこぶしの甲を手前に向け掲げ、左手握りこぶしを右手よりやや下げた位置で甲を前に向けて掲げ、両手を同時にくるっと反転させる⇩**「演劇」の手話**、②前に向けた左手のひらに右手親指をつける⇩**「名前」の手話**。
《語源》「演劇」＋「名前」で。

けいやく【契約】

《表現》書類を持つように指を伸ばして指先を合わせた両手を中央で交差させて構え、両手同時に左右へ引く。
《語源》右から左へ、左から右へ書類を交換する表現。
《別形》指を伸ばし親指と4指を開いた両手を中央で交差させて構え、両手同時に左右に引きながら指先を合わせる。続けて両手の指先を下に向け軽く下ろす（印鑑を押すようす）。
《例文》契約金＝「契約」＋「お金（金）」。契約違反＝「契約」＋「違反」。

けいりん【競輪】

《表現》親指と人差し指で輪をつくった両手を身体の前で並べて構え（手の甲上向き）、そのまま両手同時に大きく円を描くように動かす。
《語源》輪は自転車の車輪。自転車がコースを回って競争するようすを表す。

ケーキ【cake】

《**表現**》①手のひらを上に向けた左手に、ナイフに見立て指を伸ばした右手の小指側を垂直に当て、②左手はそのまま、右手の指先を左に向きを変え左手に垂直に当てる。

《**語源**》ケーキを切るようす。

《**例文**》クリスマスケーキ＝「クリスマス」＋「ケーキ」。ウエディングケーキ＝「結婚」＋「式」＋「ケーキ」。

けが【怪我】

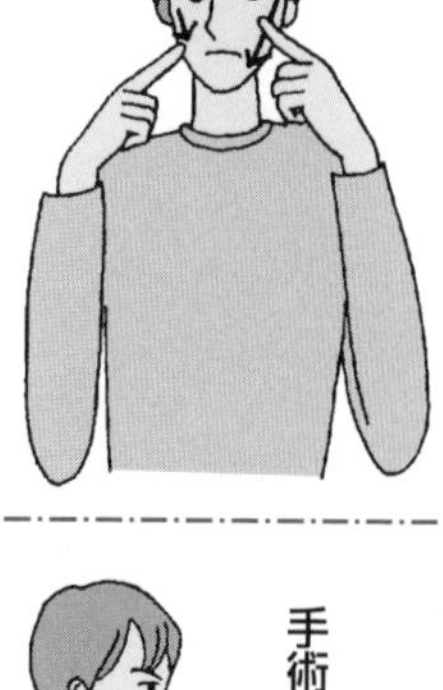

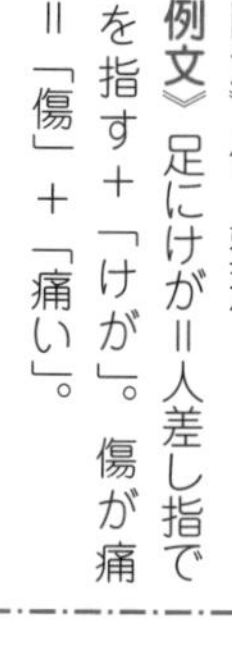

《**表現**》両手の人差し指をほほの横で交互に斜め下におろす。

《**語源**》顔についた傷から。

《**同意**》傷・整形

《**例文**》足にけが＝人差し指で足を指す＋「けが」。傷が痛い＝「傷」＋「痛い」。

げか【外科】

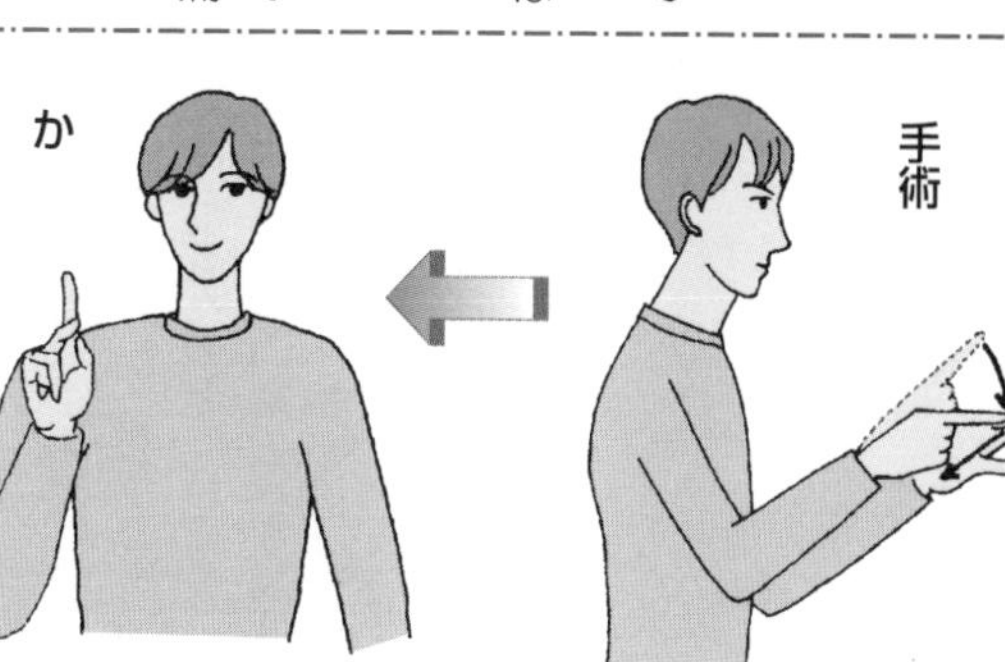

《**表現**》①左手の甲に右手人差し指で線を引くように動かす⇩**「手術」の手話**、②親指、人差し指、中指を伸ばし親指を中指につけた右手を出す⇩**指文字「か」**。

《**語源**》「手術」と指文字「か」で。

げきだん【劇団】

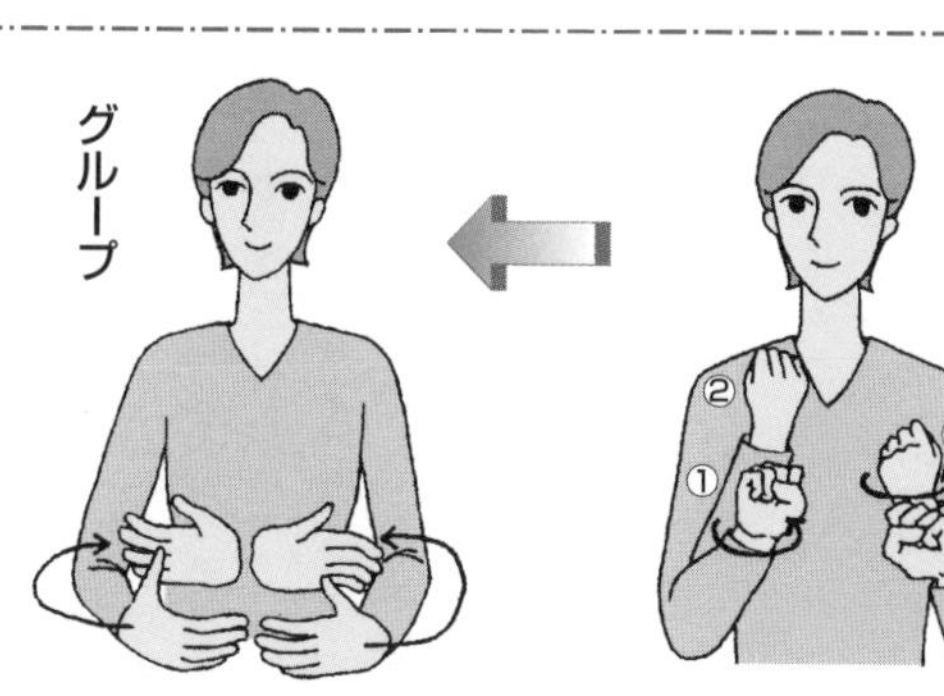

《**表現**》①右手の甲を手前に左手の甲を前に向けた両手握りこぶしを掲げ、両手を同時にくるっと反転させる⇩**「演劇」の手話**、②手のひらを手前に向けて並べた両手を、水平に円を描きながら手前に動かし両手首あたりを合わせる⇩**「グループ」の手話**。

け

けしき【景色】

《表現》やや左側を向いて右手で額にひさしをつくり、見渡すように顔と右手を同時に右側へ動かす。
《語源》遠くを見るようす。
《同形》眺め
《例文》雪景色＝「雪」＋「景色」。絶景＝「素晴らしい」＋「景色」。

けしょう【化粧】

《表現》指を伸ばした両手の指の腹で、ほほをこするように上下に動かす。
《語源》顔料を塗るようす。
《例文》鏡を見ながら化粧する＝左手で「鏡」＋右手だけで「化粧」。

げた【下駄】

《表現》下に向けた左手のひらに、指を伸ばした右手の親指側を2回位置を変えて当てる。
《語源》下駄の歯の形を表す。
《例文》下駄で歩く＝「下駄」＋「歩く」。

けち【吝嗇】

《表現》右手親指と人差し指で半円をつくり口元に指先を向け、歯を食いしばる（金貨をつかむようす）。
《語源》金貨が本物かどうかを噛んで試しているようす。また、金貨を噛んで離さない性格を表現しているとも言われる。
《同形》がめつい
《例文》けちな女＝「けち」＋「女」。

けつあつ【血圧】

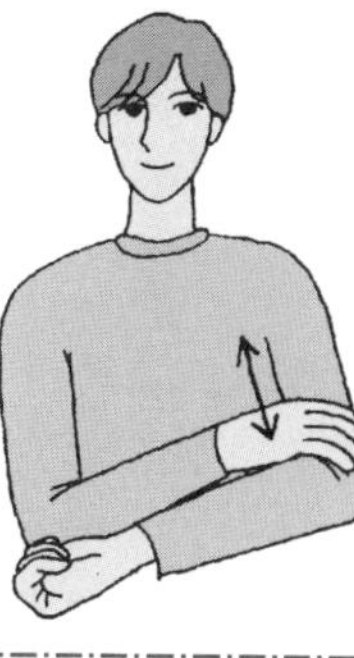

《**表現**》握って手のひらを上に向けた左手二の腕の上で、手のひらを下に向け指をそろえた右手を上下させる。

《**語源**》血圧を計る二の腕と、脈打つようすを上下運動で表現したもの。

《**応用**》右手を指文字「こ」にして左手二の腕から上げていくと「高血圧」「血圧が高い」の手話に、下げると「低血圧」「血圧が低い」の手話になる。

《**例文**》祖父は血圧が高くて入院した＝「祖父」＋「血圧が高い」＋「入院」。

けつえき【血液】

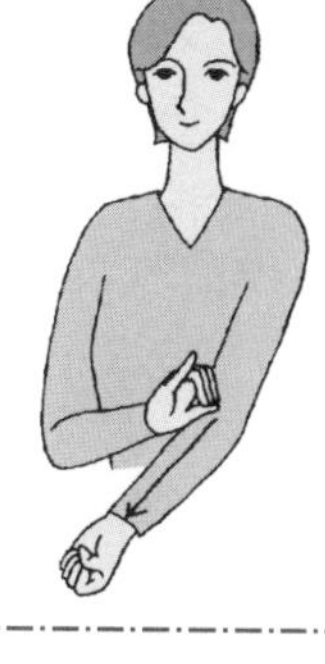

《**表現**》握って手のひらを上に向けた左腕を前に出し、そのひじあたりに右手の指文字「ち」のつけた4指の先を当て、手首に向けて動かす。

《**語源**》頭文字「ち」が腕の血管を通ることで表現。

《**別形**》指文字「ち」でなく、人差し指の先で左腕に線を引いてもよい。その場合、この前に「赤」の手話を行う。

《**例文**》血液型A型＝「血液」＋「A」（日本式アルファベット）。献血＝「血液」＋「与える」。

けっか【結果】

《**表現**》親指と人差し指の先をつけた両手でひもを結ぶように動かす（ちょうちょう型）。

《**語源**》ひもを結ぶから「結」を示し、「結果」の意味に。

《**同形**》結ぶ・結論

《**例文**》試験結果＝「試験」＋「結果」。

けっかん【血管】

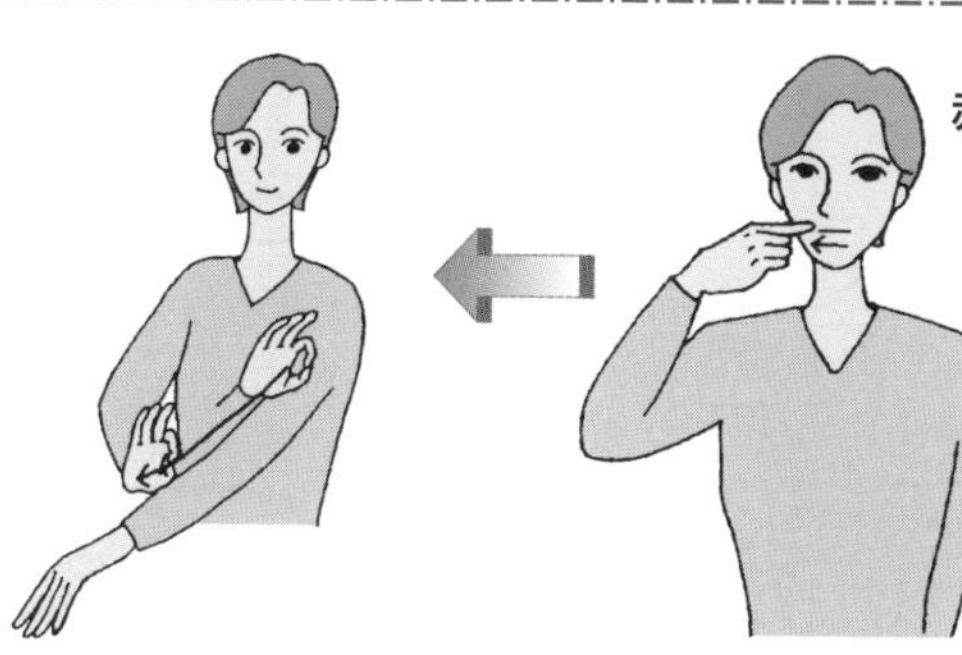

《**表現**》①右手人差し指を唇に沿って右に動かす⇒**「赤」の手話**、②親指と人差し指で輪をつくった右手を左腕に沿って手首まで動かす。

《**語源**》②は血液の通る管（右手の輪）が身体に通っている表現。これと「赤」で。

けっこん【結婚】

《表現》親指を立てた右手と、小指を立てた左手を左右から中央へ寄り添わせる。

《語源》親指を立てた「男」と小指を立てた「女」のふたりが寄り添うことから。

《応用》逆の動作、並べた両手を左右に離すと「離婚」の手話になる。また、親指と小指を寄り添わせた形から、親指を前に出せば「夫」、小指を前に出せば「妻」の手話になる。

《例文》プロポーズ＝「結婚」＋「申し込む」。結婚式＝「結婚」＋「式」。新婚生活＝「新しい」＋「結婚」＋「暮らす」。

《参考》自分が女性の場合は、右手（利き手）を「女」にしてよい。

ASL

利き手を上から、反対の手を下から合わせて握る。

MARRY

けっさん【決算】

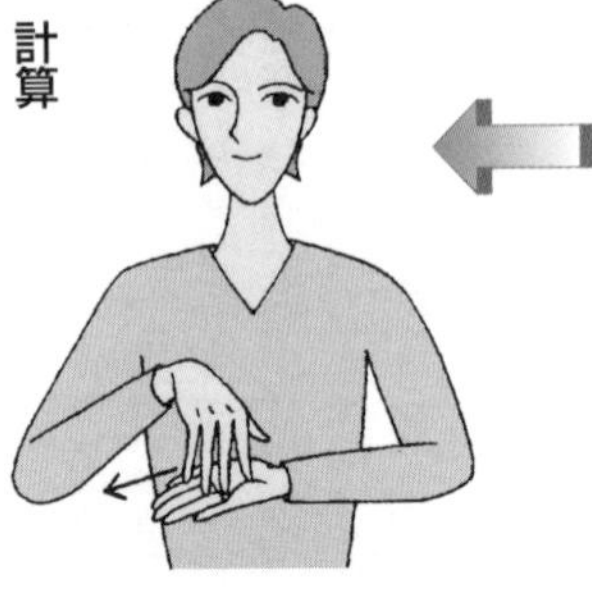

《表現》①左手のひらに右手人差し指と中指の先を打ちつける⇩**「決める」の手話**、②左手のひらに右手4指の先を当て右に払う⇩**「計算」の手話**。
《語源》「決める」と「計算」で。
《例文》決算書＝「決算」＋「紙」。

けっせい【結成】

《表現》前に向けてそろえた両手の指先を左右から斜めに合わせて構え、ひじから先を上に起こすように動かす。
《語源》左右から両手の指先を合わせ屋根型をつくるのは「家」の手話で、これが立ちあがるという表現。
《同意》興す
《例文》グループ（劇団）を結成する＝「グループ（劇団）」＋「結成」。会社を設立する＝「会社」＋「結成」。

けっせき【欠席】

《表現》左手のひらに右手人差し指と中指を曲げカギ型にして乗せておき、右手を右上に離す。

《語源》2指は人の足で、座っていたものがいなくなるという表現。

《応用》反対の動作、カギ型にした2指を手のひらに乗せると「出席」の手話になる。

《別形》椅子に見立てた左手人差し指と中指に、足に見立てた右手人差し指と中指をやや曲げて置いておき⇒**「椅子」の手話**、右手を右上に離す。

《例文》授業を欠席する＝「学校」＋「欠席」。

けってん【欠点】

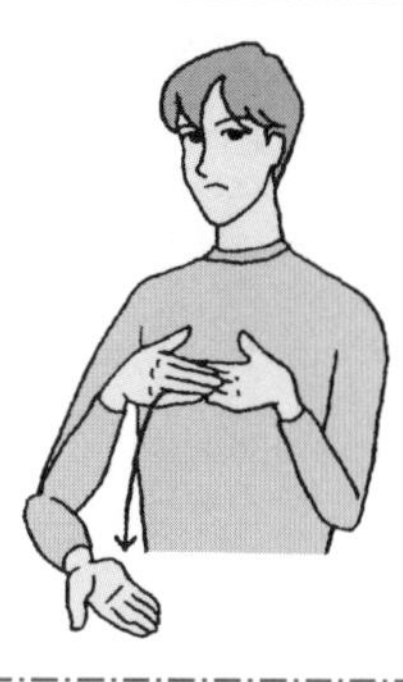

《表現》前に向けた左手の甲（指先右向き）に、右手のひらを当て、右手を前に落とす。
《語源》手が落ちることで「手落ち」「欠点」に。
《同形》手落ち・ミス・欠陥・短所・過失
《例文》私の短所＝「私」＋「短所」。

げつようび【月曜日】

《表現》右手親指と人差し指の先をつけ、上から下へおろしながら、指先を離して再びつける。

《語源》「月」の手話で表す。三日月の形を2指で描いたもの。

《同形》月（つき）・～月（がつ）

《別形》再びつけないb。

《例文》月曜の朝＝「月曜日」＋「朝」。美しい月の夜＝「美しい」＋「月」＋「夜」。月の砂漠＝「月」＋「砂漠・沙漠」。3月＝指先を右に向けた左手の数詞「3」＋3を残しその下で「～月」。

《参考》お月さま一般の「月」を表すもので、手話の語源である三日月だけを示すものではない。これは漢字の月が月全般を意味するのと同様。

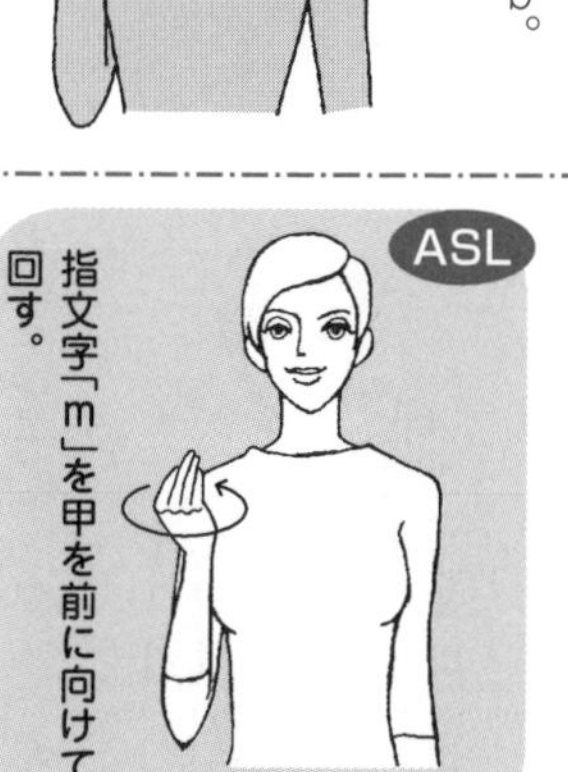

指文字「m」を甲を前に向けて回す。

げひん【下品】

《表現》親指を立てた右手の指先を下に向けて構え、そのまま下ろす。
《語源》立てた親指が人を表し、それが落ちる表現。
《例文》下品な男＝「下品」＋「男」。
《参考》アメリカではこれを数回繰り返すことでブーイングのサインになる。

けむり【煙】

《表現》手の甲を前に向けて立てた右手をゆらゆらと揺らしながら上げていく。
《語源》煙が上るようす。
《別形》指を開いてわん曲させた両手の指先を上に向け手のひらを向かい合わせて身体の前で構え、両手の5指を軽くひらひら動かしながら両手同時に斜め上にあげていく。
《参考》両手で行ってもよい。また、左手親指と4指でつくった半円を煙突に見立て、半円をくぐって右手を揺らしながら上げていくことでも伝わる。

げり【下痢】

《表現》左手親指と4指でつくった半円にすぼめた右手を上から入れ、左手の下まで出して指を開く動作を数回行う。
《語源》肛門から便が流れるという表現。
《応用》左手親指と4指でつくった筒にすぼめた右手の指先を上から入れたままにすると「便秘」の手話になる。便がつまって出ないようす。
《例文》下痢でしんどい＝「下痢」＋「疲れる」。

けれども

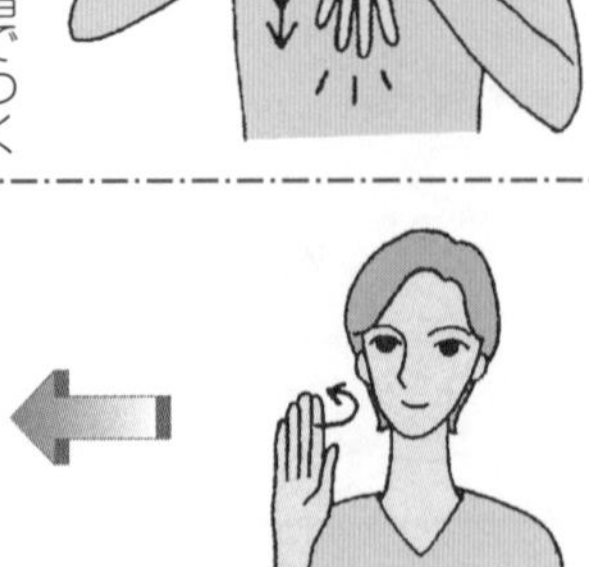

《表現》指先を上に手のひらを前に向けて立てた右手を反転し、手のひらを手前に向ける。
《語源》逆の関係になることを表す。
《同形》しかし・が・でも
《例文》好きだけれどもいらない＝「好き」＋「けれども」＋「いらない」。雨でも行く＝「雨」＋「でも」＋「行く」。

けんえんのなか【犬猿の仲】

《表現》左右に握った両手をひじから立て、握りこぶしが向かい合わないように、繰り返し手首をねじる。
《語源》顔を背け合うことを表現したもの。
《例文》彼女と私は犬猿の仲＝左手の「女」を指す＋「私」＋「犬猿の仲」。

げんき【元気】

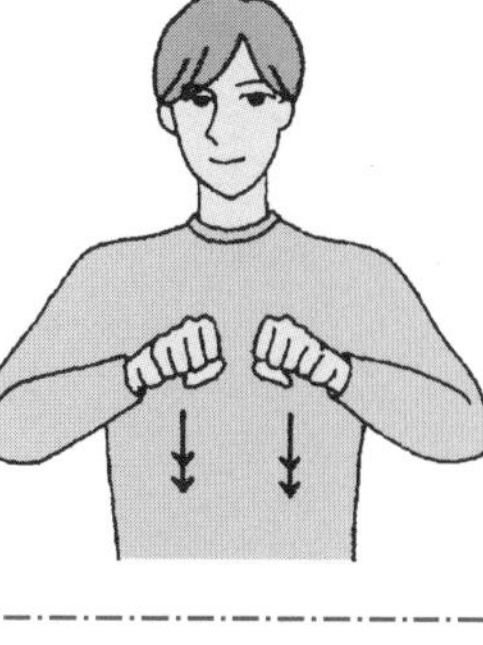

《表現》握った両手を左右から向かい合わせ、両手同時に力強く下へ2回ほど動かす。

《語源》ひじを張って元気を表現。

《同形》生きる・がんばる
《別形》同じ形から左右にひじを2回張る。

《例文》お元気ですか＝「元気」＋「〜ですか（尋ねる）」。元気に生きる＝「元気」＋「暮らす」。健康＝「身体（体験）」＋「元気」。

けんきゅう【研究】

《表現》左手のひらの下を、右手人差し指をぐいぐいねじりながら掘り下げていく。
《語源》左手のひらの下を、右手人差し指でさすのは「意味」の手話。右手をねじることで意味の追求を強調したもの。
《別形》両手握りこぶしを胸の前で交差して組み、手首を軸に軽くねじるb。
《例文》手話の研究＝「手話」＋「研究」。

けんけつ【献血】

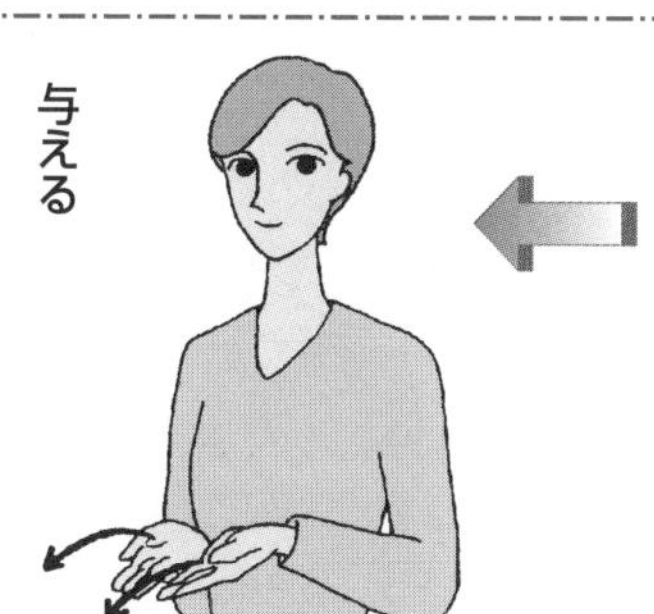

《表現》①左腕のひじあたりから右手の指文字「ち」を当て、手首に向けて動かす⇒**「血液」の手話**、②手のひらを上に向けた両手をそろえ、そのまま前に出す⇒**「与える」の手話**。
《語源》「血液」と「与える」で。

げんこう【原稿】

《**表現**》①指を伸ばして開いた左手のひらを手前に向け、指を伸ばして開いた右手の甲を当て右に引く。②左手はそのまま、右手の指先を上に向け、手のひらを左手のひらに当て下におろす。

《**語源**》原稿用紙のマス目を指の交差で表現したもの。

《**例文**》小説の原稿＝「小説」＋「原稿」。

げんこく【原告】

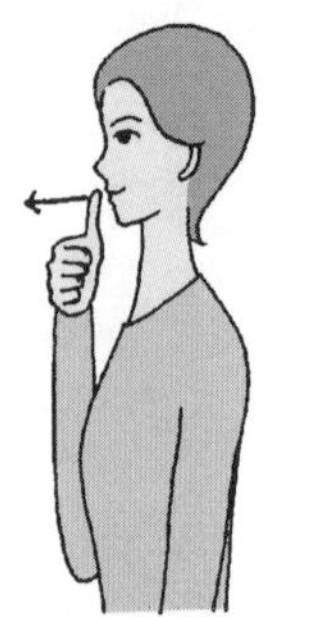

《**表現**》立てた右手親指を口元から前に突き出す。

《**語源**》「言う」の手話に力強さを表した「男」の手話を合成したもの。

《**例文**》裁判の原告＝「裁判」＋「原告」。

《**参考**》「被告人」は、「呼ばれる（誘われる）」＋「男」。

けんさつ【検察】

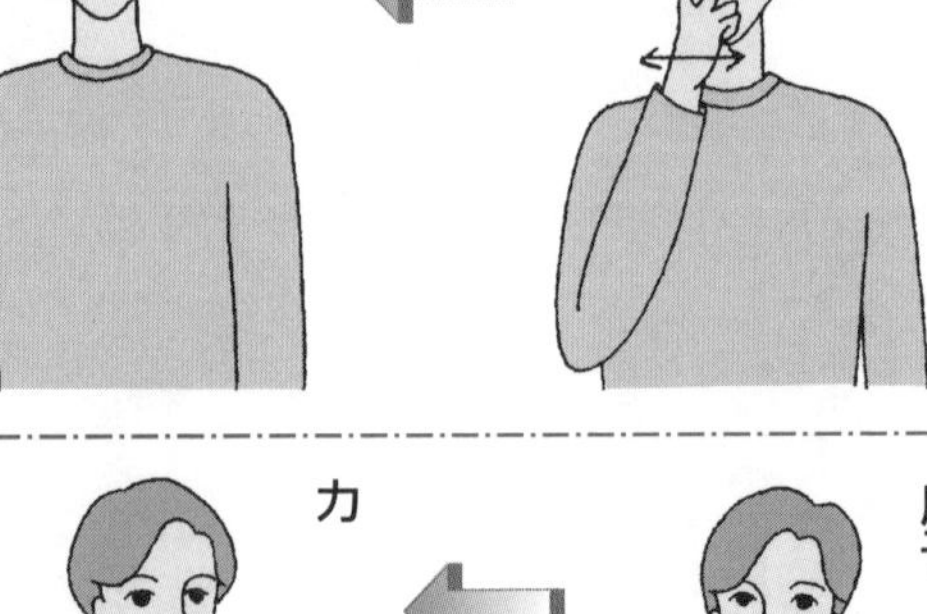

《**表現**》①人差し指と中指をカギ型に曲げた右手を自分の目に向け、左右に動かす⇒**「調べる」の手話**、②右手親指と人差し指でつくった半円を額に当てる⇒**「警察」の手話**。

げんしりょく【原子力】

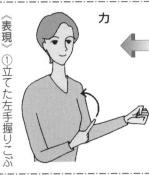

《**表現**》①立てた左手握りこぶしの周囲で、親指を曲げ4指を伸ばした右手を左から右へ回す（手のひらは前向きのまま）⇒**「原子」の手話**、②手を握った左腕を曲げ上腕に右手人差し指で力こぶを描く⇒**「力」の手話**。

《**語源**》①の左手握りこぶしは核を示し、右手は指文字「け」の濁音表現。

けんせつ【建設】

《表現》左右から斜めに指を組んだ両手を揺らしながら上げていく。
《語源》物を組み上げる表現。
《同形》組み立てる
《例文》建設現場＝「建設」＋「本当」＋「場所」。ビル建設＝「ビル（建物）」＋「建設」。

けんてい【検定】

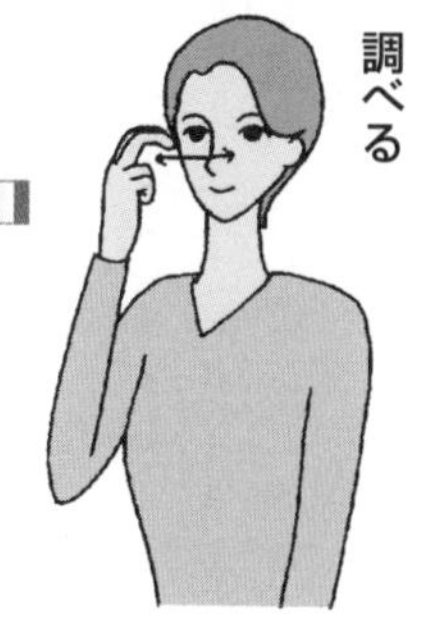

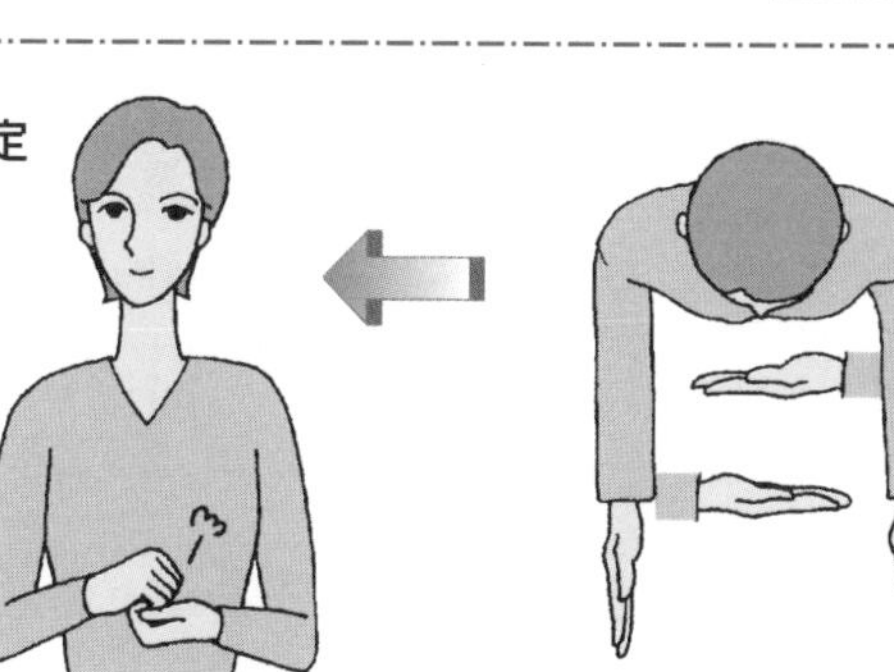

《表現》①人差し指と中指をカギ型に曲げた右手を自分の目に向け、左右に動かす⇒**「調べる」の手話**、②右手人差し指と中指の先を前に向け伸ばし、下に打ちつける⇒**「定める」の手話**。
《例文》手話技能検定＝「手話」＋「技術（技）」＋「検定」。

げんてい【限定】

《表現》①両手を左右に平行に置き、続けて前後に平行に置く⇒**「部屋」の手話**、②左右から両手の4指をしっかり組む⇒**「必ず」「ぜひ」「定」の手話**。
《語源》「部屋」と「定」で。
《参考》「部屋」の手話は「区切り」の意味で用いる。

けんり【権利】

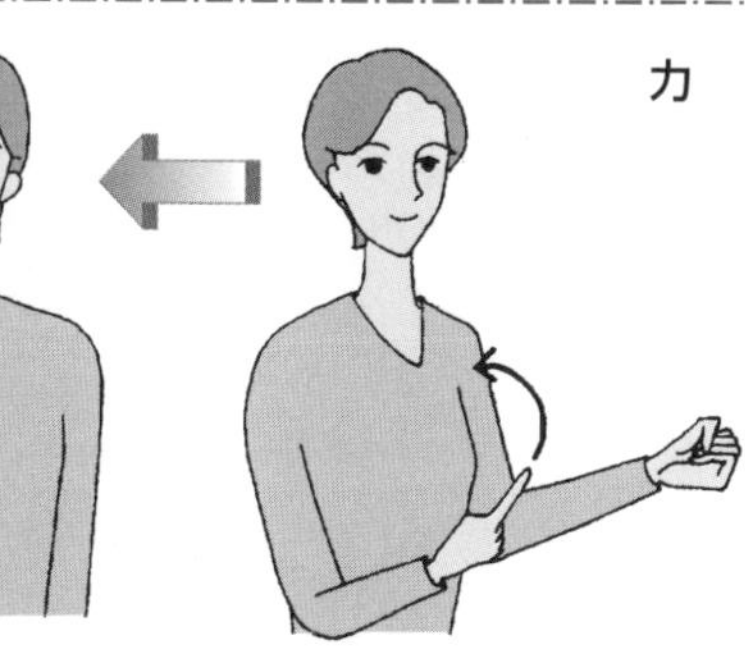

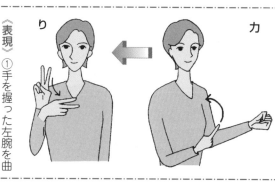

《表現》①手を握った左腕を曲げ上腕に右手人差し指で力こぶを描く⇒**「力」の手話**、②人差し指と中指の2指でりを空書する⇒**指文字「り」**。
《語源》「力」と「り」で。
《例文》基本的人権＝「基本」＋「～的（合う）」＋「人」＋「権利」。

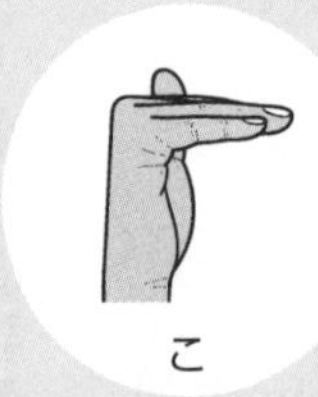

親指を立て、４指を折る。
コの一部を表す。

こい【恋】

《**表現**》両手の人差し指を左右から斜めに下ろし、左胸の前で指先を交差させる。

《**語源**》ハート型の上部を表す。また、二人（両手の人差し指）の思いが胸のうちにあるという表現。

《**同意**》恋愛
《**応用**》逆の動作、左胸の前で交差させた指を左右の上方向に開いて離すと「失恋」の手話になる。

《**例文**》恋人＝「恋」＋「人」。

こい【鯉】

《**表現**》両手の人差し指でひげを描く。
《**語源**》鯉のひげから。
《**例文**》緋鯉（ひごい）＝「赤」あるいは「色」＋「鯉」。鯉の生き血＝「鯉」＋「生きる」＋「血液」。
《**参考**》「鯉のぼり」は別の表現。ポールに見立てて立てた左手人差し指の横で、指を伸ばして開いた右手のひらを手前に向け、揺らしながら右に動かす（「魚」の手話の変形）。

こいびと【恋人】

恋

《**表現**》①両手の人差し指を左右から斜めに下ろし、左胸の前で指先を交差させる⇒**「恋」の手話**、②右手人差し指で人の文字を空書する⇒**「人」の手話**。
《**語源**》「恋」と「人」で。
《**参考**》「恋」の手話に続けて「男」あるいは「女」を示してもよい。

ごうい【合意】

《**表現**》ひじから立てた両手握りこぶしを中央へ同時に倒す。

《**語源**》「認める」を二者同時に行う表現。

《**応用**》片手だけで行うと「認める」の手話になる。

《**例文**》停戦合意＝「戦争」＋「止める」＋「合意」。

こううん【幸運】

偶然

幸せ

《**表現**》①握った右手を左手のひらに小指側から乗せて水平に回す⇓**「偶然」の手話**、②右手親指と4指を開いて伸ばした右手をあごに当て、あごに沿って指を閉じながら下ろす⇓**「幸せ」の手話**。

《**語源**》「偶然」と「幸せ」で。

こうえん【講演】

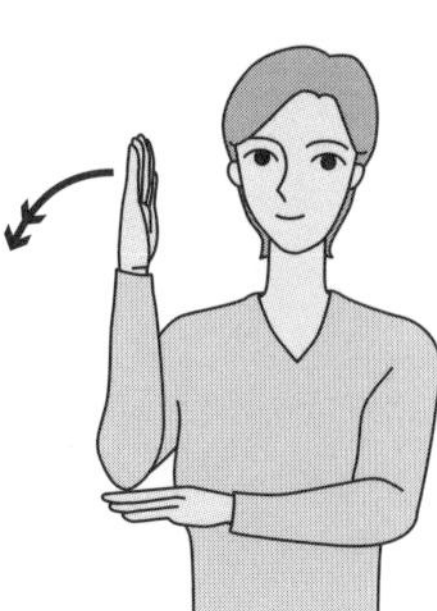

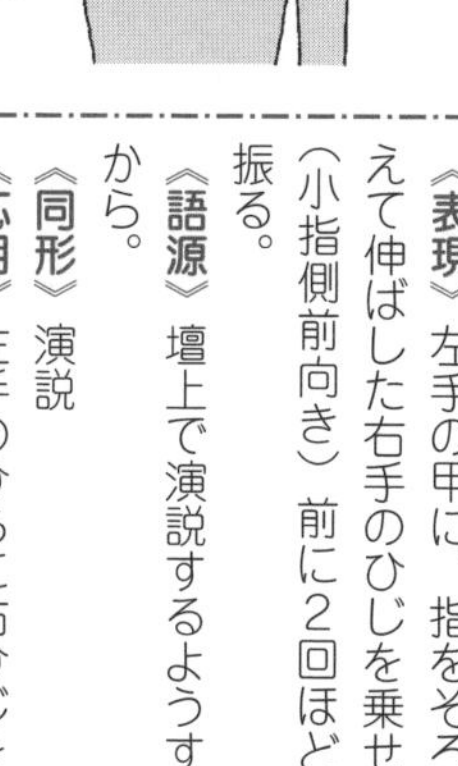

《**表現**》左手の甲に、指をそろえて伸ばした右手のひじを乗せ(小指側前向き)前に2回ほど振る。

《**語源**》壇上で演説するようすから。

《**同形**》演説

《**応用**》左手のひらに右ひじを乗せ前に振ると「政治」の手話になる。

《**例文**》講演会＝「講演」＋「会」、講演の依頼が来た＝「講演」＋「頼まれる」。

こうか【効果】

《**表現**》前に向けた左手のひらに右手握りこぶしの親指側を当て、そのまま右手を前に出す。

《**語源**》「良い」の変形から。

《**同意**》効き目

《**例文**》効果的＝「効果」＋「〜的(合う)」。薬の効き目＝「薬」＋「効き目」。

こうかい【後悔】

《**表現**》手刀にした右手の小指側を右肩あたりに当てる。うなだれながら。

《**語源**》肩に手を乗せる「責任」の手話を踏まえ、自責の念を表現するもの。

《**応用**》わん曲させた右手を右肩に乗せると責任の手話になる。

《**例文**》朝寝坊を悔いる＝「朝寝坊」＋「後悔」。失言を悔やむ＝「言う」＋「失敗」＋「後悔」。

こうがい【公害】

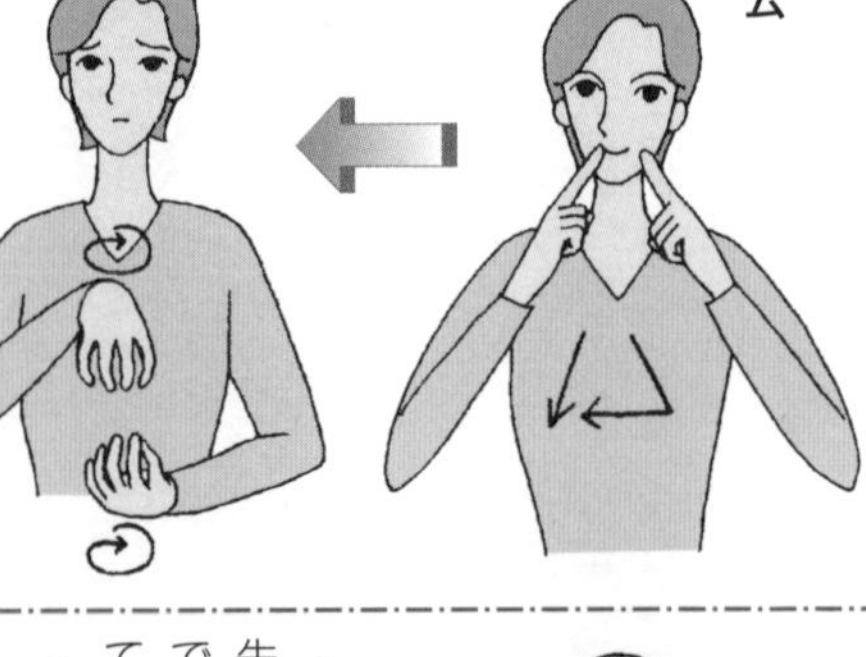

《**表現**》①ハの形に両手人差し指を立て、左手は残しその下に右手人差し指でムを空書する⇒**「公」の手話**、②わん曲させた両手を上下に向かい合わせ、水平に混ぜるように半周ずらして回す⇒**「混乱」の手話**。

《**語源**》「公」と「混乱」で。

《**例文**》公害問題＝「公害」＋「問題」。

ごうかく【合格】

《**表現**》手のひらを下に向け指先を右にして構えた左手の手前で、左手を越えるように伸ばして立てた右手を上に突き出す。

《**語源**》突き抜ける意味から。

《**例文**》合格発表＝「合格」＋「発表（公表）」。手話の試験に合格＝「手話」＋「試験」＋「合格」。

《**参考**》「不合格」の手話は立てた左手を右手のひらで叩き落とす。

こうぎ【抗議】

反対

《**表現**》①付け根から折った両手の4指の背を左右からぶつける⇒**「反対」の手話**、②左手のひらに、伸ばした右手人差し指の先を上から数回叩きつける。

《**例文**》環境破壊に抗議する＝「環境（環境省）」＋「壊す」＋「抗議」。ルール違反に抗議する＝「ルール」＋「違反」＋「抗議」。

こうきょう【公共】

公 → 普通

《**表現**》①ハの形に両手人差し指を立て、左手は残しその下に右手人差し指でムを空書する⇓**「公」の手話**、②親指と人差し指を開いて伸ばした両手の指先を前に向けて中央で構え、左右に水平に離していく⇓**「普通」の手話**。

《**語源**》「公」と「普通」で。

《**例文**》公共事業＝「公共」＋「仕事」。

こうぎょう【工業】

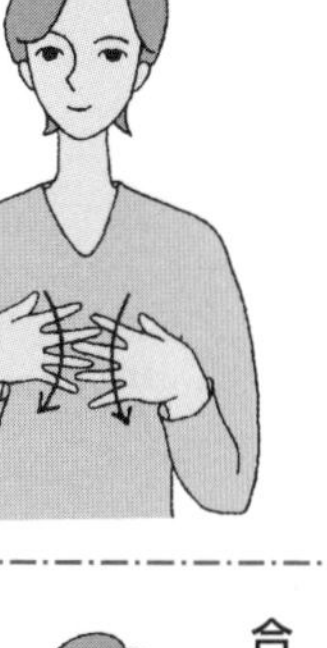

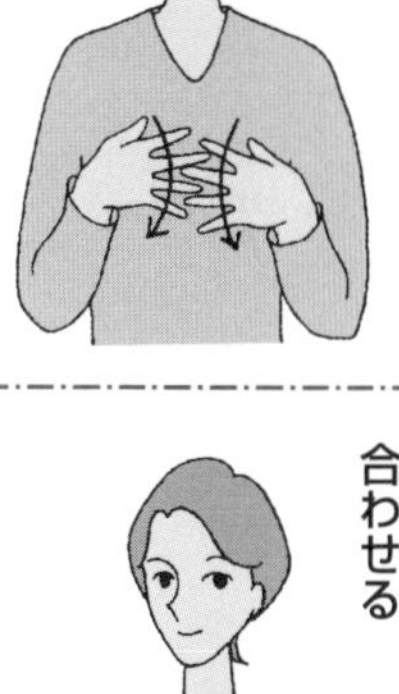

《**表現**》手のひらを手前に向けた両手の指を開き、左右から指先を交互にかみ合わせるようにしながら、下向きに回す。

《**語源**》両手は歯車で、歯車が動くようすで表現。

《**同形**》機械

《**例文**》重化学工業＝「重い」＋「化学」＋「工業」。工業生産＝「工業」＋「作る」。工業国＝「工業」＋「国（国旗）」。

ごうけい【合計】

合わせる

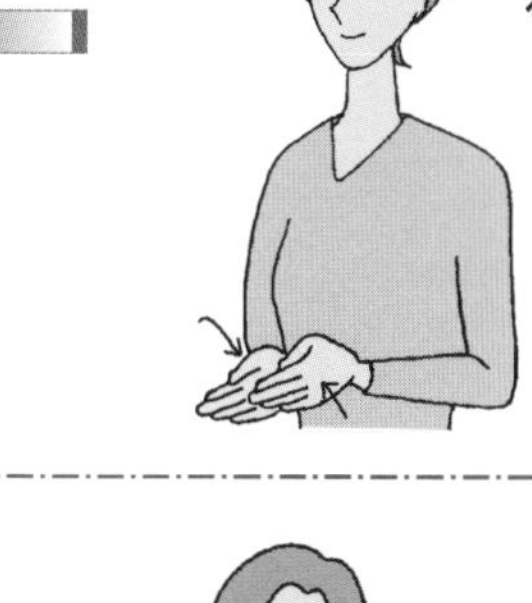

計算

《**表現**》①手のひらを向かい合わせた両手を中央に寄せていきそのまま合わせる⇓**「合わせる」の手話**、②上に向けた左手のひらに右手4指の先を当て、右に払う⇓**「計算」の手話**。

《**例文**》合計金額＝「お金（金）」＋「合計」。

こうこく【広告】

《**表現**》すぼめた両手を口元で指先を前に向けて構え、手をパッと開きながら左右に広げる動きを2回ほど繰り返す。

《**語源**》「言う」の手話の変形で、左右に広げることで広く伝えることを表現。

《**同形**》宣伝・広く伝える

《**例文**》雑誌広告＝「雑誌（週刊誌）」＋「広告」。本の宣伝＝「本」＋「宣伝」。

こうさい【交際】

《**表現**》手のひらを上に向けた両手を上下に構え、半周ずらして水平に円を描いて回す。

《**語源**》手のひらに乗せたプレゼントを交換することから。また、交ざり合うことから。

《**同形**》交流・触れ合い

《**例文**》交流会＝「交流」＋「会」。交際相手＝「交際」＋左手の「男」あるいは「女」を指す。

こうさてん【交差点】

交差

《**表現**》①左右から両手の人差し指を交差させる（上から見て×型）⇩**「交差」の手話**、②手のひらを下に向けわん曲させた右手を軽く下ろす⇩**「場所」の手話**。

《**語源**》「交差」と「場所」で。

《**例文**》交差点を右に曲がる＝「交差点」＋「右」。

こうさん【降参】

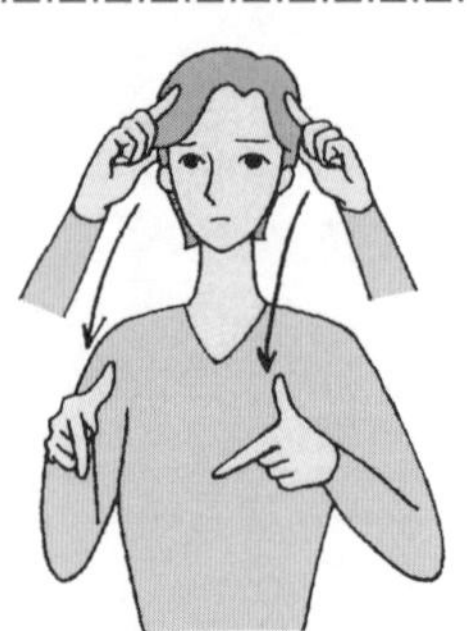

《**表現**》両手の伸ばした親指と人差し指の先を頭の左右につけ、そのまま前に下ろす。

《**語源**》負けて兜(かぶと)を脱ぐ表現。

《**例文**》負けるが勝ち＝「降参」＋「勝つ」。

こうじ【工事】

《**表現**》左手握りこぶしを身体の中央で立て、その親指側に右手握りこぶしを右上から当て左上に跳ね上げ、続けて左上から当て右上に跳ね上げる。

《**語源**》「作る」の手話をダイナミックに表現したもの。

《**応用**》左手握りこぶしを真上から右手握りこぶしで2回ほど叩くと「作る」の手話になる。また、右上から当て左上に跳ね上げたあと「いろいろ」の手話を行うと「産業」になる。

《**例文**》工事現場＝「工事」＋「本当」＋「場所」。

《**参考**》「産業」は、「工事」のみで表す場合もある。

こうしえん【甲子園】

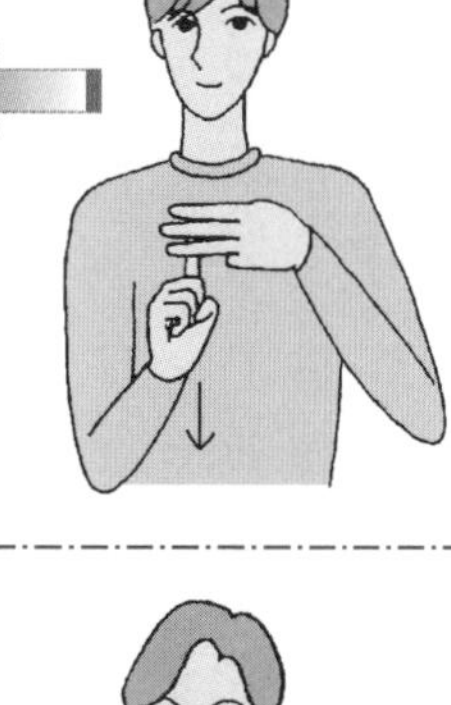

《**表現**》①横に伸ばした左手3指（甲は前向き）に右手人差し指を重ねて下ろす⇒**「甲」の手話**、②人差し指と中指をカギ型にした両手を顔の横から水平に円を描き前で合わせる⇒**「スタジアム」の手話**。

《**語源**》①は漢字の甲、②は観客の視線を2指で示しながらスタジアムの形状を表したもの。

こうしょう【交渉】

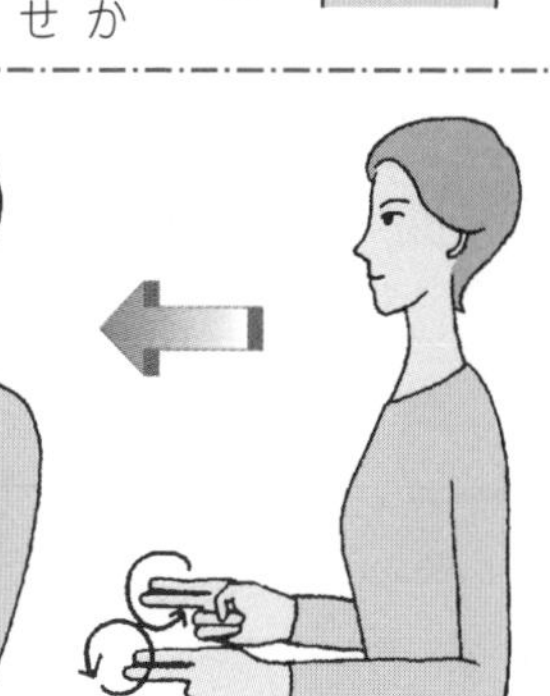

《**表現**》両手の人差し指を向かい合わせ指先を数回突き合わせる。

《**語源**》1対1の話し合いを表すもの。

《**応用**》おなかの前で人差し指を向かい合わせ、弧を描いて上げた位置で2回突き合わせると「外交」の手話。

《**例文**》外務省＝「世界」＋「交渉」＋「省」。交渉相手＝「交渉」＋左手の「男」を指す。交渉に成功＝「交渉」＋「成功」。

こうじょう【工場】

《**表現**》①人差し指と中指を伸ばした両手を半周ずらして前に回す⇒**「機械b」の手話**、②左右から斜めに立てた両手の指先を合わせ、そのまま前に出す⇒**「長屋」の手話**。

《**語源**》「機械」と、工場の建物を表す「長屋」で。「長屋」は「家」の手話を前に動かしたもの。

こうしん【行進】

《**表現**》指を伸ばし軽く開いた両手の指先を上に向け前後にずらして構え、両手同時に小さく上下に動かしながら前に出していく。

《**語源**》立てた両手の5指は人の列を表し、それが前に進むことで表現。

《**同形**》遠足・ハイキング

《**例文**》軍隊の行進＝「兵（兵庫）」＋「行進」。学校の遠足＝「学校」＋「遠足」。山へハイキング＝「山」＋上方向に「ハイキング」。

こ

こうすい【香水】

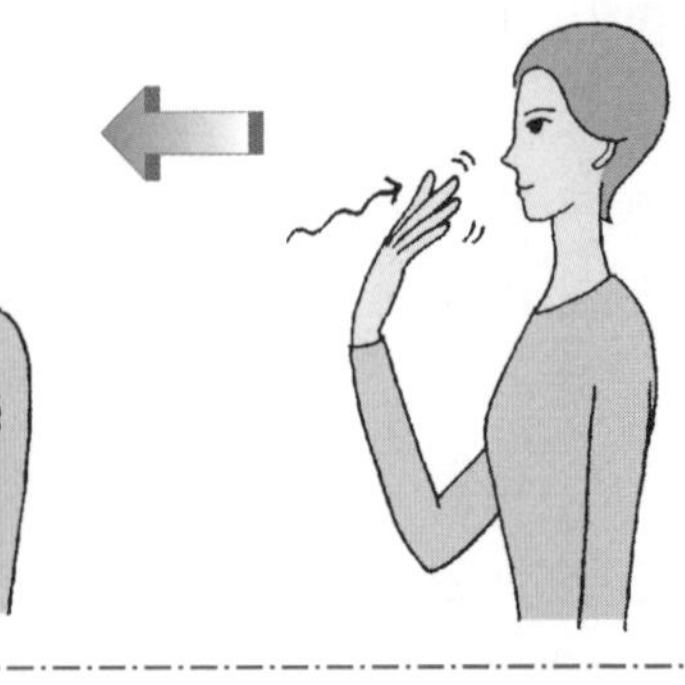

《表現》①4指をひらひらさせながら指先を鼻に近づける⇩「匂い（別形）」の手話、②親指を曲げながら香水を身体に振るように右手を動かす。

《語源》香水を振るしぐさと「匂い」で。

こうせい【更生】

《表現》両手の握りこぶしを上下に重ねて倒しておき（右手小指側と左手親指側をつける）、そのまま胸の中央に立てる。

《語源》倒れた棒を立て直す表現で伝える。

《同形》立ち直る・回復・復帰・もう一度・やり直し・再生・確立・新しく打ち立てる・修理・直る・治る・再び・元に戻る

《例文》更生施設＝「更生」＋「施設」。改心してやり直す＝「心」＋「変わる」＋「更生」。

こうせいろうどうしょう【厚生労働省】

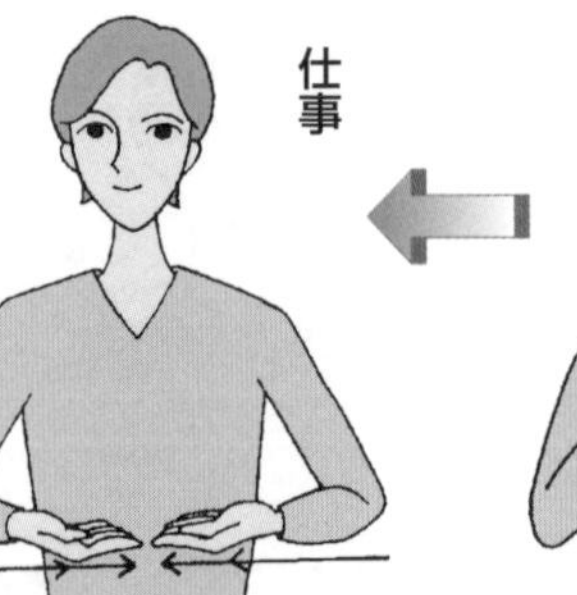

《表現》①右に向けた左手人差し指の先に右手人差し指の先を当て、左手はそのまま右手を右下にカーブしながら下ろす⇩「厚生」の手話、②手のひらを上に向けた両手の指先を、左右から中央へ2回寄せる⇩「仕事」の手話、③両手を顔の横で前後にずらして合わせ、手のひらを軸に前後を入れ替える⇩「省」の手話。

《語源》①は漢字の厚の厂を示したもの。これに労働を意味する「仕事」で。

こ

こうそく【拘束】

《表現》身体の中央で、両手握りこぶしを上下から手首で合わせる。
《語源》手を縄でしばられる表現。
《同意》捕まる・逮捕される
《例文》詐欺で逮捕される＝「だます」＋「捕まる」。
《参考》「逮捕する」は左手首を右手でつかむ別の手話がある（「逮捕」参照）。

こうち【高知】

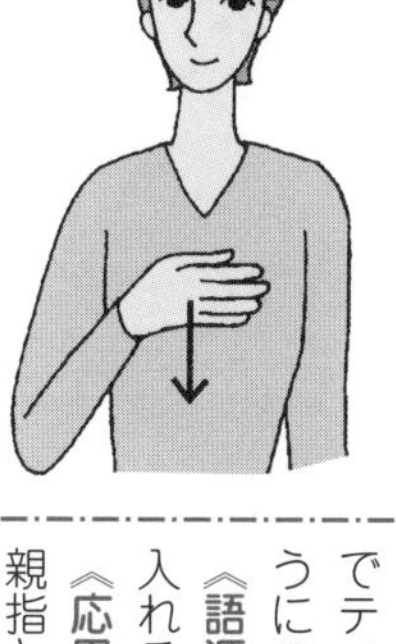

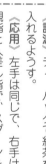

《表現》①4指を付け根から折った右手を右肩あたりから上げる⇒**「高い」の手話**、②右手のひらを胸の中央に当て、真下になで下ろす⇒**「知る」「わかる」の手話**。
《語源》「高い」と「知る」で表現。

こうちゃ【紅茶】

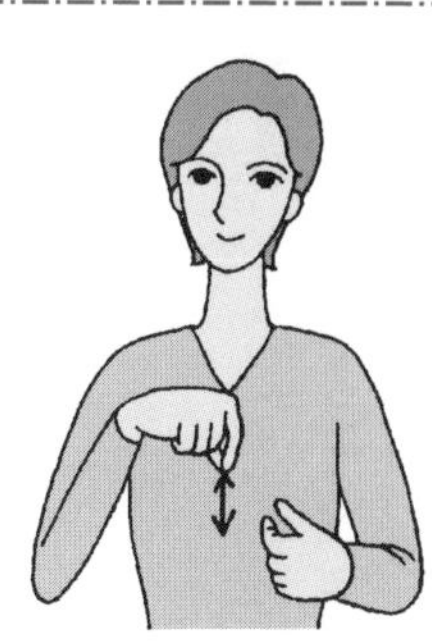

《表現》左手は親指と人差し指でカップの持ち手をつかむように構え、右手は親指と人差し指でティーバッグのひもを持つようにつまみ、上下させる。
《語源》ティーバッグで紅茶を入れるようす。
《応用》左手は同じで、右手は親指と人差し指で、スプーンを持つようにつまみ、カップの中を混ぜるように回すと「コーヒー」の手話になる。
《別形》左手は親指と4指で半円をつくり、カップを表してもよい。

こうつう【交通】

《表現》手のひらを手前に向け、指をそろえて伸ばした両手を左右に構え、中央で行き違うように左右から2～3回動かす。

《語源》自動車などが行き交う状況を表す。

《応用》左右から寄せる手を交差させずに、指先を中央でぶつけ両手同時に斜め上に跳ね上げると「交通事故」の手話になる。

こうとうがっこう【高等学校】

《**表現**》人差し指と中指を伸ばし指先を左に向けた右手を、額の左から右へ線を引くように動かす。

《**語源**》かつての高校生の帽子にあった2本の横線を表す。

《**例文**》高校生＝「高等学校」＋「学生」。高校卒業＝「高等学校」＋「卒業」。

こうにん【公認】

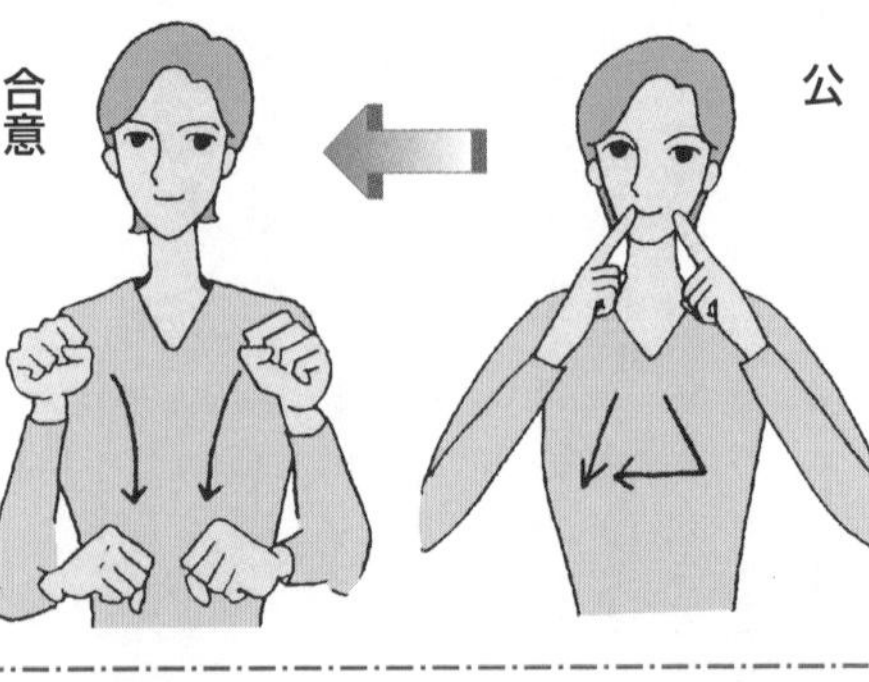

《**表現**》①ハの形に両手人差し指を立て、左手は残しその下に右手人差し指でムを空書する⇓**「公」の手話**、②ひじから立てた両手握りこぶしを中央へ同時に倒す⇓**「合意」の手話**。

《**語源**》「公」と「合意」で。

《**例文**》公認の資格＝「公認」＋「資格」。公認会計士＝「公認」＋「計算」＋「士」。

こうねんき【更年期】

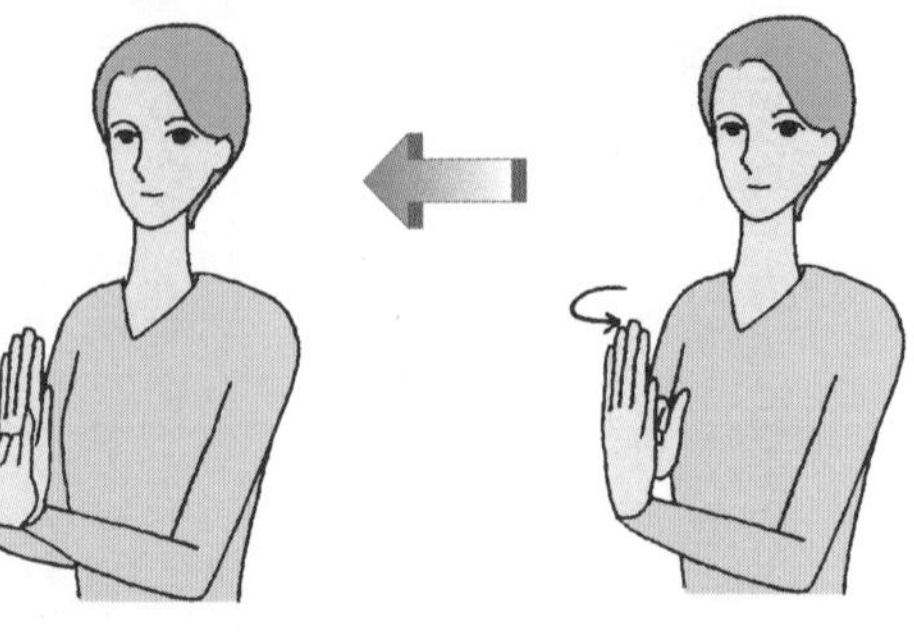

《**表現**》伸ばして立てた左手のひらに、親指と小指を立てた右手のひらを手前から当て、そのまま反転させて右手の甲を前に向ける。

《**語源**》「変わる」の手話の変形。親指と小指を立てた右手は男女で人を示し、人間の変化を表現したもの。

《**応用**》右手を小指だけ立てれば女性の更年期障害を表す。

こうひょう【公表】

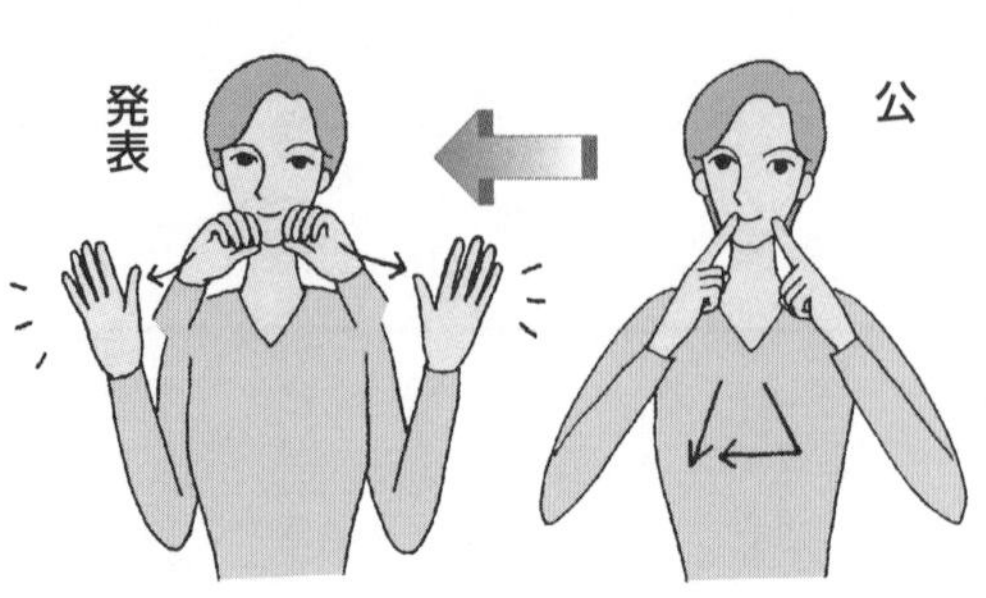

《**表現**》①ハの形に両手人差し指を立て、左手は残しその下に右手人差し指でムを空書する⇓**「公」の手話**、②すぼめた両手を口元で指先を前に向けて構え、手をパッと開きながら左右に広げる⇓**「発表」の手話**。

《**語源**》「公」と「発表」で。

《**例文**》選挙結果を公表＝「選挙」＋「結果」＋「公表」。

こうべ【神戸】

《表現》親指と人差し指で輪をつくった右手の指先を額に向け左から右へ動かす。

《語源》摂津（せっつ）の湊川で討ち死にした楠木正成の菊水の旗印から。

《例文》神戸の夜景＝「神戸」＋「夜」＋「景色」。

こうむいん【公務員】

公　員

《表現》①ハの形に両手人差し指を立て、左手は残しその下に右手人差し指でムを空書する⇓**「公」の手話**、②右手親指と人差し指で輪をつくり左胸に当てる⇓**「員（委員）」の手話**。

《語源》①は漢字の公、②はバッジを表す。

《例文》国家公務員＝「国（国旗）」＋「公務員」。

こうもん【肛門】

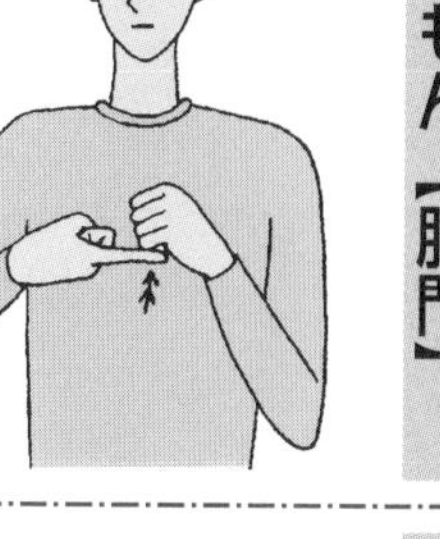

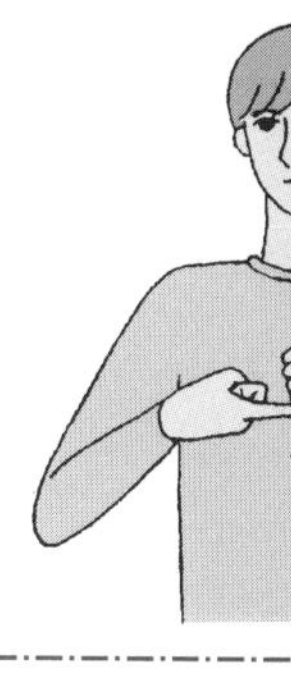

《表現》握って立てた左手の小指側を右手人差し指で2回指す。

《語源》肛門を指し示す表現。

こうわ【口話】

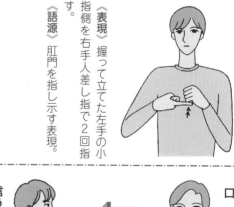

口　言う

《表現》①右手人差し指で口を指し、円を描く⇓**「口」の手話**、②右手人差し指を口元に立て、まっすぐ前に出す⇓**「言う」の手話**。2回ほど行う。

《語源》「口」と「言う」で。

《参考》発声および、口の動きを読み取り会話する方法が口話（口話法ともいう）。

こえ【声】

《表現》右手親指と人差し指でつくった輪（輪側が上向き）を、のど元からのどに沿って弧を描くように動かし口元から前に出す。

《語源》のどから出る声という表現。輪はのどを表す。

《同意》声を出す

《例文》少し声が出ます＝「少し」＋「声」。大きな声を出さない＝「声」＋「大きい」＋「駄目」。

こえがない【声がない】

《表現》指を伸ばしてそろえた右手の指先をのど元に向け、手首を軸に左右に振る。

《語源》声がないようす。

《例文》声がないので言っている事がわからない＝「声がない」＋「～なので」＋「言われる」＋「内容」＋「わからない」。

こえをださない【声を出さない】

《表現》親指と人差し指の先をつけた右手の指先をのどに当て、鍵をかけるようにひねる。

《語源》のどに鍵をかけ、声が出ないという表現。

《例文》試験中は声を出さないでください＝「試験」＋「中（中級）」＋「声を出さない」＋「頼む」。

コース【course】

《表現》指先を前に向けた左手のひらの中央に、5指を伸ばした右手を立て（指先前向き）左手はそのまま右手のみまっすぐ前に進ませる。

《語源》外れずにまっすぐ進んでいく表現。

《同形》まっすぐ

《例文》マラソンのコース＝「マラソン」＋「コース」。ハイキングコース＝「ハイキング」＋「コース」。大学進学コース＝「大学」＋「入る」＋「コース」。

コーヒー【coffee】

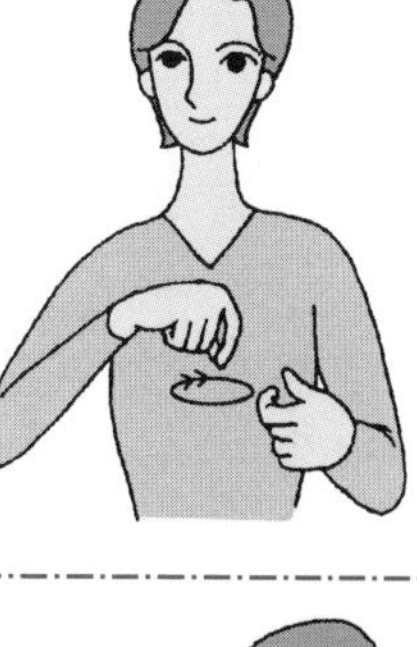

《表現》左手は親指と人差し指でカップの持ち手をつかむように構え、右手は親指と人差し指でスプーンを持つようにつまみ、カップの中を混ぜるように回す。

《語源》コーヒーをかき混ぜて飲むようす。

《応用》左手は同じで、右手は親指と人差し指でティーバッグのひもを持つようにつまみ上下させると「紅茶」の手話になる。

《別形》左手は親指と4指で半円をつくり、カップを表してもよい。

こおり【氷】

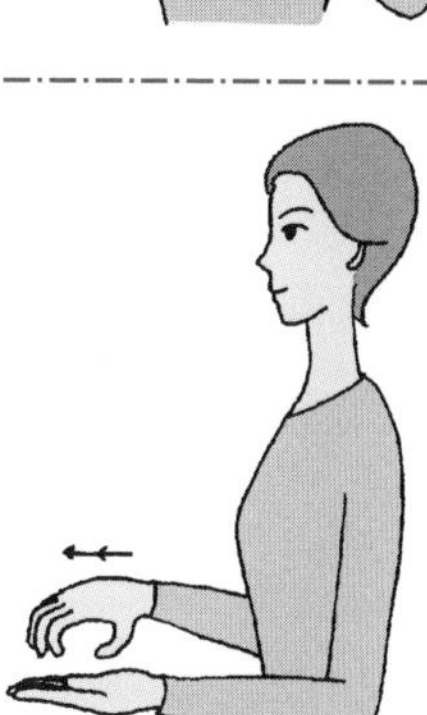

《表現》指先を前に向けた左手のひらの上で、わん曲させ指先を下に向けた右手を前に数回動かす。

《語源》氷を削る表現。

《例文》厚い氷＝「厚い」＋「氷」。夏はかき氷を食べる＝「夏」＋「氷」＋「食べる」。

こおる【凍る】

《表現》指を開いて、わん曲させた両手を向かい合わせ、左右から中央近くに寄せると同時にさらに指を曲げる。冷たそうな表情で。

《語源》固まっているようすを表す。

《例文》池が凍る＝「池」＋「凍る」。冷凍野菜＝「凍る」＋「野菜」。凍傷＝「寒い」＋「怪我」＋「凍る」。

ゴールデンウィーク

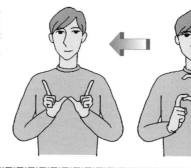

《表現》①左手親指と人差し指でCをかたどり、その親指に、カギ型にした右手人差し指の先を乗せる⇒**日本式アルファベット「G」**、②両手の親指と人差し指を伸ばし親指の先をつける⇒**同「W」**。

《語源》日本式アルファベット「G」と「W」で。

こぎって【小切手】

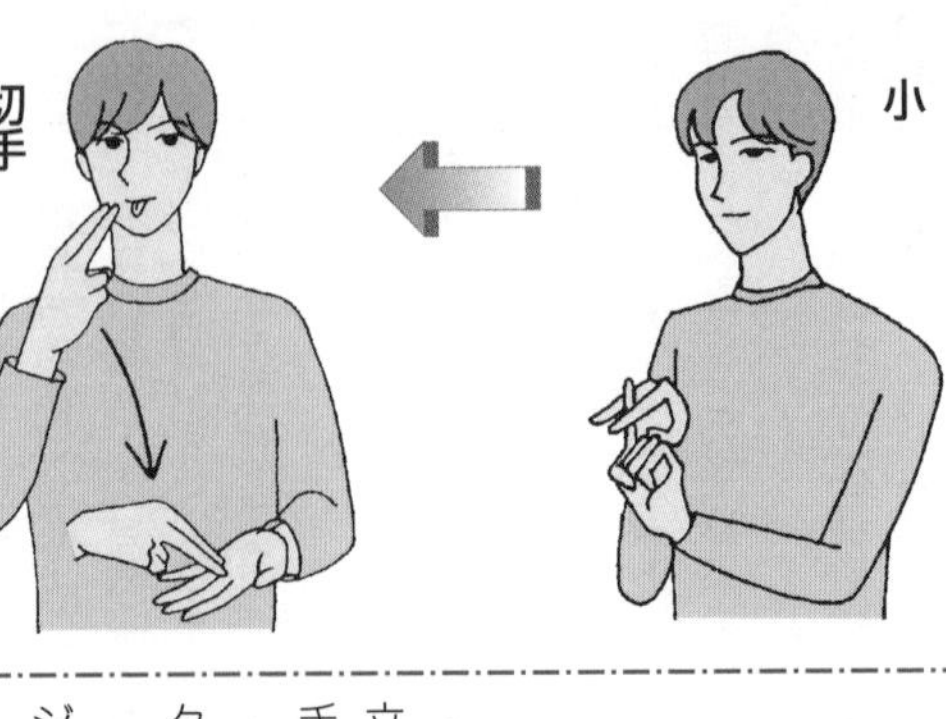

《**表現**》①左手人差し指を右手人差し指と中指で挟む⇓「**小**」の手話、②右手人差し指と中指の先で口元を指してから、上に向けた左手のひらに当てる。口元を指すときには舌を出し、なめるようすを伝える⇓「**切手**」の手話。
《**語源**》「小」と「切手」で。

こくご【国語】

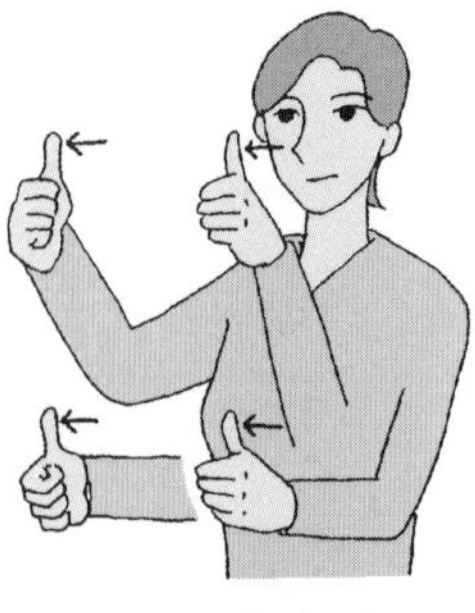

《**表現**》親指の腹を前に向けて立てた両手で、上、下の順に両手同時に前に少し押す。
《**語源**》日本語が書かれたポスターを貼りだすようす。
《**同形**》ポスター・ホームページ
《**別形**》「国」＋「言う」、または「国」＋「言葉」で伝える場合もある。
《**例文**》国語の勉強＝「国語」＋「勉強（学校）」。

こくさい【国際】

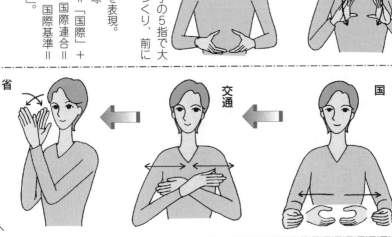

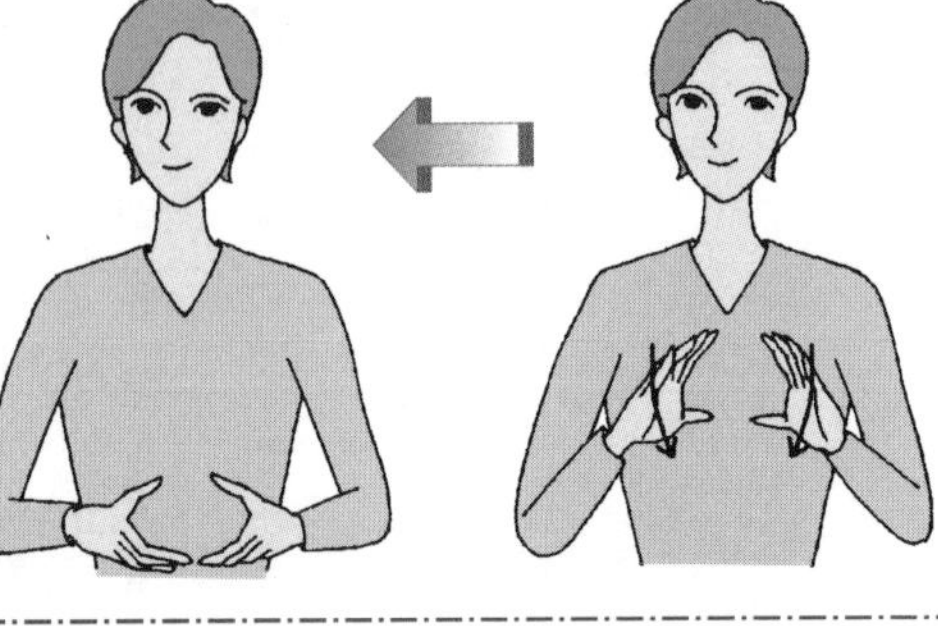

《**表現**》広げた両手の5指で大きな丸（地球）をつくり、前に回転させる。
《**語源**》丸い地球を表現。
《**同形**》世界・地球
《**例文**》国際社会＝「国際」＋「社会（世の中）」。国際連合＝「国際」＋「連合」。国際基準＝「国際」＋「レベル」。

こくどこうつうしょう【国土交通省】

国

交通

《**表現**》①親指と4指を開いた両手の指先を向かい合わせて構え、左右に離しながら指先を閉じる⇒**「国」の手話**、②手のひらを手前に向け、指をそろえて伸ばした両手を左右に構え、中央で行き違うように左右から2～3回動かす⇒**「交通」の手話**、③両手を顔の横で前後にずらして合わせ、手のひらを軸に前後を入れ替える⇒**「省」の手話**。

《**語源**》「国」は「国土」と同じ意味。「国」と「交通」と「省」で。

《**参考**》「国土」は、「国」のあとに、胸の高さで両手5指の先をそれぞれこすり合わせながら左右に離す動作（指先下向き）をする場合もある。

ごくろうさま【ご苦労様】

《**表現**》左腕（手首あたり）を右手握りこぶしの小指側で2回叩く。語りかける表情で。

《**語源**》肩の代わりに腕を叩き苦労をねぎらう表現。

《**同意**》お疲れ様

《**同形**》苦労・大変（つらい表情で）

《**例文**》お仕事ご苦労様＝「仕事」＋「ご苦労様」。

ごご【午後】

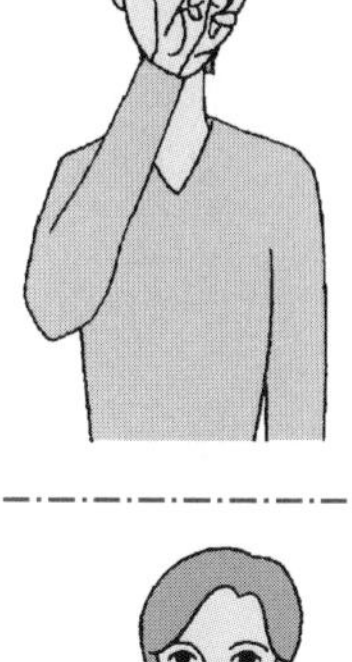

《**表現**》人差し指と中指をそろえて立てた右手を額の前で立て、左（手のひら側）へ倒す。

《**語源**》2指は時計の長針と短針。顔を時計の文字盤として、午後の方向に指を倒して示すもの。

《**応用**》逆方向へ倒すと「午前」の手話になる。

《**例文**》午後2時＝「午後」＋数詞「2」。

ココア【cocoa】

《**表現**》親指と4指で半円をつくった左手の上で、4指を握り親指を下に向けた右手を水平に回す。

《**語源**》左手はカップ、右手は指文字「あ」の形でココアのアを表現。

《**例文**》ミルクココア＝「ミルク」＋「ココア」。

こころ【心】

《表現》右手人差し指で胸を指す。

《語源》心は胸にあるという考えから胸を指す。

《別形》右手人差し指で左胸に円を描く。

《例文》優しい心＝「優しい」＋「心」。心を込めて＝「心」＋「加える」。心を見抜く＝「心」＋「見抜く」。

《参考》指し示す胸の位置は必ずしもこだわらない。心臓のある位置（中央部）を示してもよいし、左胸でもよい。

こころみる【試みる】

《表現》まっすぐ立てた右手人差し指（小指側前向き）の先を目の下に2回ほど軽く当てる。

《語源》試みるの「みる」を強調し、目に指を当てたもの。

《同意》試す
《応用》目の下に親指の爪側を当て下におろすと「慣れる」の手話になる。

《別形》両手握りこぶしを胸の前で交差して組み、手首を軸に軽くねじる⇒**「研究b」**の手話。

こじん【個人】

《表現》両手の人差し指の先で、額の中央から左右へ、左右からあごへと逆三角形を顔いっぱいに描く。
《語源》手ぬぐいで、ほおかむりし顔を隠し、ほかの人とは無関係であるという意味から。また、デッサンを描くときに輪郭をとるために書く三角形からともいわれる。
《例文》個人主義＝「個人」＋「主義」。個人的な体験＝「個人」＋「～的（合う）」＋「体験」。

ごぜん【午前】

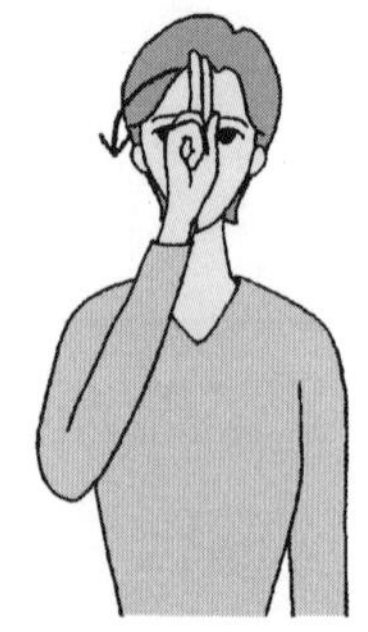

《表現》人差し指と中指をそろえて立てた右手を額の前で立て、右（手の甲側）へ倒す。
《語源》2指は時計の長針と短針。顔を時計の文字盤として、午前の方向に指を倒して示したもの。
《応用》逆方向へ倒すと「午後」の手話になる。
《例文》「午前7時」＝「午前」＋数詞「7」。

こたえる【答える】

《表現》親指と人差し指を伸ばした両手を口の位置で左右に構え、そのまま前に出す。

《語源》口から出すということと、形になったものを返すという意味から。

《同形》返事する・回答・解答・伝言・報告

《応用》逆の動作で、同じ形で、手前に引けば「自分が答えをもらう」の手話になる。

《例文》質問に答える＝「尋ねられる」＋「答える」。誠実に答える＝「正直」＋「答える」。解答が解る＝「解答」＋「分かる・解る」。

こだわる

《表現》右手握りこぶしに力を入れて頭に当てる。

《語源》頭に堅いものを示すことで表現。

《同形》思い込む・決めてかかる

《応用》指を伸ばした右手を頭の斜め上に掲げ、握りながら頭に近づけると「覚える」の手話になる。

《例文》言葉にこだわる＝「言葉」＋「こだわる」。お金にこだわる＝「お金（金）」＋「こだわる」。犯人だと思い込む＝「犯人」＋「思い込む」。

《参考》握りこぶしに力を入れるようにして、小さくふるわせることもある。

こっかい【国会】

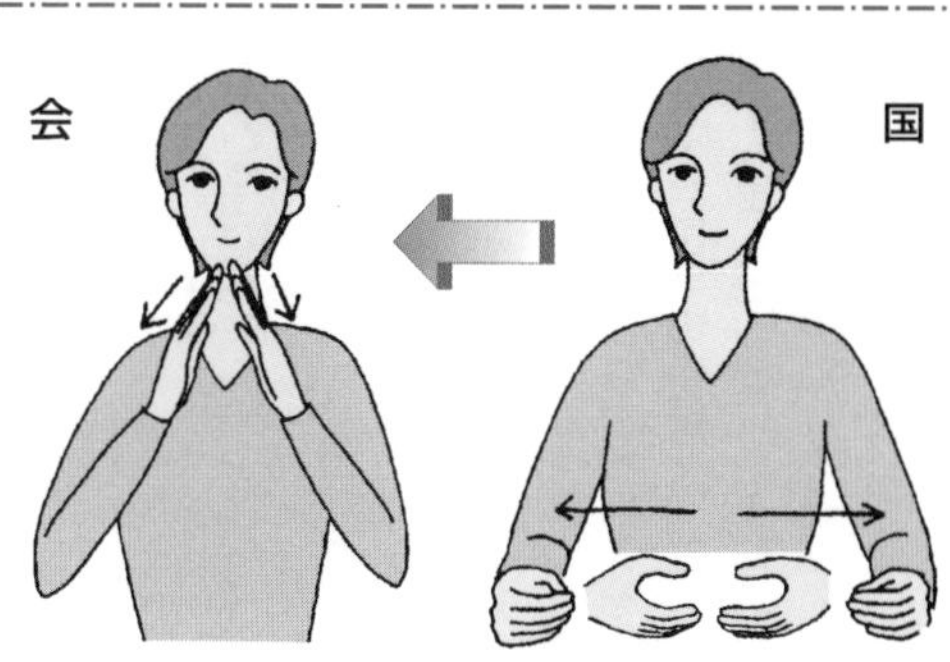

《表現》①親指と4指を開いた両手の指先を向かい合わせて構え、左右に離しながら指先を閉じる⇩**「国」の手話**、②指を伸ばした両手の指先をつけ斜めに立てた形から、両手同時に左右斜め下に引く⇩**「会」の手話**。

《語源》「国」と「会」で。

《例文》国会議員＝「国会」＋「議員」。

こっかこうあんいいんかい【国家公安委員会】

国

公安

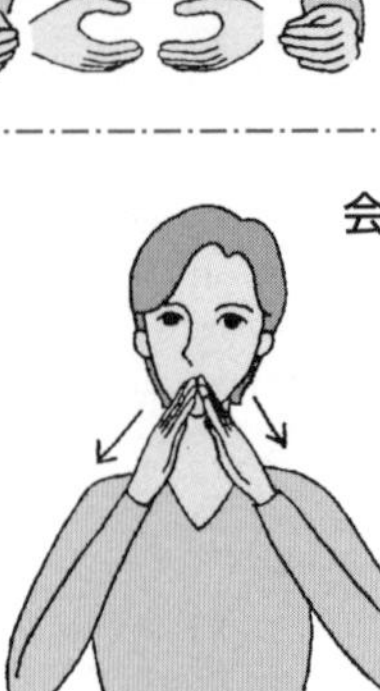

《表現》①親指と4指を開いた両手の指先を向かい合わせて構え、左右に離しながら指先を閉じる⇓**「国」の手話**、②左手人差し指を斜めに立て、その下で指を伸ばしてそろえ指先を前に向けた右手（手のひら下向き）を右に動かす⇓**「公安」の手話**、③指文字「い」を下に引く、④指を伸ばした両手の指先をつけ斜めに立てた形から、両手同時に左右斜め下に引く⇓**「会」の手話**。

《語源》国家は「国」で表現。「公安」は、「公」の手話の左手と、治める意味を表す右手。③と④で「委員会」。

こっき【国旗】

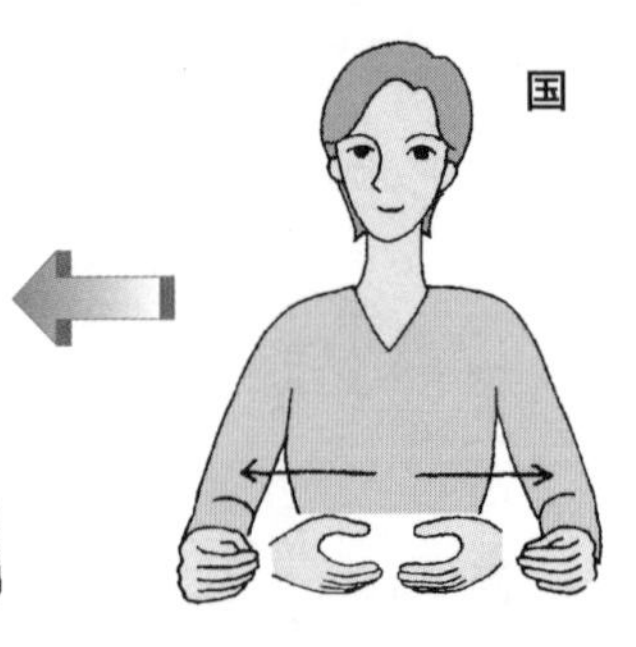

《表現》①親指と4指を開いた両手の指先を向かい合わせて構え、左右に離しながら指先を閉じる⇓**「国」の手話**、②立てた左手人差し指の先に指を伸ばした右手の手首あたりを乗せて揺らす⇓**「旗」の手話**。

《語源》「国」と、ポールと風になびく旗を表現した「旗」で。

こつずい【骨髄】

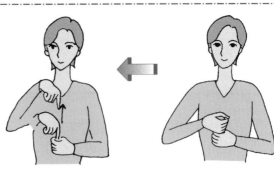

《表現》①身体の中央で、5指で筒をつくった両手を上下に重ね（右手が上）、②左手はそのまま、右手人差し指を筒の中に入れ、真上にあげる。

《語源》円筒形で脊椎を表し、人差し指で骨髄を示す。

《例文》骨髄バンク＝「骨髄」＋「銀行」。

こと【事】

《表現》4指を付け根から折った右手⇩**指文字「こ」**で示す。
《語源》指文字「こ」から。
《別形》4指を付け根から折った両手を、右手を上の位置（4指の背を上向き）、左手を下の位置（4指の背を下向き）にして向かい合わせる。
《例文》仕事の事＝「仕事」＋「事」。将来の事で悩む＝「将来」＋「事」＋「悩み」。いいことを思いついた＝「良い」＋「事」＋「思いつき」。そういうこと＝「そうです」＋「言う」＋「事」。

こどく【孤独】

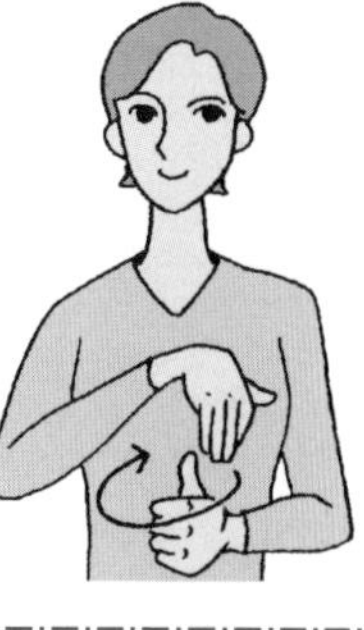

《表現》立てた左手親指を、指先を下に向けた右手で囲むように回す（外側から内側へ）。
《語源》立てた親指は人、その周囲にだれもいないこと、または周囲から閉ざされていることを表す。
《同形》囲む・独身・孤立
《例文》孤独な生活＝「孤独」＋「暮らす」。千年の孤独＝数詞「千」＋「年」＋「孤独」。

ことば【言葉】

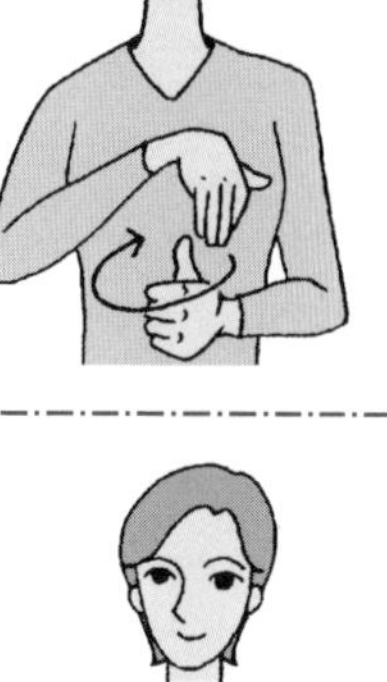

《表現》両手の人差し指をカギ型に曲げ、右手を上の位置（曲げた指先を左向き）、左手を下の位置（曲げた指先を右向き）にして向かい合わせる。
《語源》文章で会話文の表記で用いる「」から。縦書きのカギカッコを描いたもの。
《例文》美しい言葉＝「美しい」＋「言葉」。
《参考》この手話の前に、右手人差し指を口元から前に出す「言う」の手話を加えてもよい。

ことばをうしなう【言葉を失う】

《表現》開いた右手を前に構え、手を握りながら口元に向けて引く（手のひら前向き）。
《語源》出る言葉も引っ込むという表現。
《応用》反対の動作、口元で甲を手前に向けて握った手を、開きながら前に出すと「話す」「言う」「しゃべる」の手話になる。
《例文》だまされて言葉を失う＝「だまされる」＋「言葉を失う」。

こども【子供】

《表現》指を伸ばして手のひらを下に向けた右手を2～3回軽く下ろす。
《語源》子供の頭をなでるようす。
《別形》同様に右手を小さく回す。
《参考》下ろす位置を変えることで、複数人の子供を表す。

ASL

CHILDREN

下に向けた手のひらでたくさんの小さな子供の頭を数える。

ことわられる【断られる】

《表現》指を伸ばし指先を前に向けた右手（手のひら左向き）の指先を左手のひらで手前に押し戻す。
《語源》右手は頼んでいる自分を示し、頼んだが押し返されたという表現。
《参考》「頼む」「頼まれる」、「断る」「断られる」は関連した手話。

ことわる【断る】

《表現》指を伸ばし指先を手前に向けた左手（手のひら左向き）の指先を、右手のひらで前に押し戻す。
《語源》左手は頼んでいる相手を示し、それを右手で押し返している表現。
《同意》拒む

コピー【copy】

《表現》下に向けて構えた左手のひらに、右手親指と4指の先を当て、右手を下ろしながら5指の先をつける。

《語源》コピーするもの（左手）から、写しとる表現。

《例文》コピー用紙＝「コピー」＋「紙」。

《参考》左手のひらは上向きでもよい。

ごぶごぶ【五分五分】

《表現》立てた両手親指の腹を向かい合わせて、右手、左手の順に倒す。
《語源》両者が同時に倒れる、あるいは負けるようす。
《同形》互角・引き分け
《応用》両手の親指の腹を前に向け交互に前後させると「競争」の手話になる。
《別形》同じ手の形で、両手同時に倒す。
《例文》勝敗は五分五分＝「勝つ」＋「負ける」＋「五分五分」。
《参考》「引き分け」の場合は別形で表すことが多い。

コマーシャル【commercial】

《表現》親指と4指でCをかたどった⇩**指文字「C」**左手の横で、すぼめた右手を開きながら前に出す。
《語源》commercialの「C」と放送の手話で。
《例文》テレビコマーシャル＝「テレビ」＋「コマーシャル」。コマーシャルソング＝「コマーシャル」＋「歌」。

こまかい【細かい】

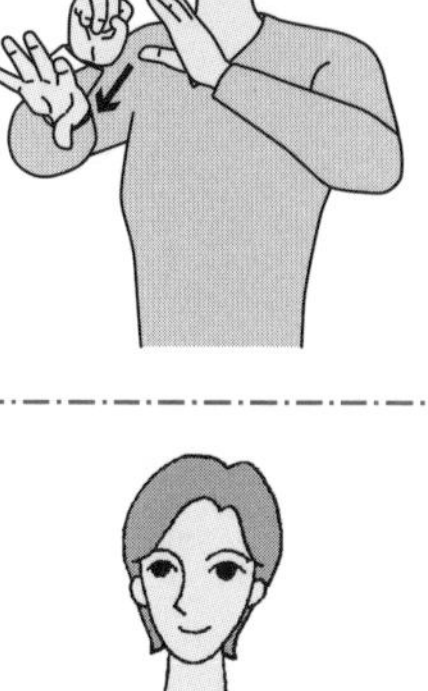

《表現》親指と人差し指の先を合わせた両手の指先をつけ下に細かく動かす。
《語源》細かい組み立てを行うようすから。
《同形》詳しく
《例文》細かい作業＝「細かい」＋「仕事」。詳しく説明する＝「詳しく」＋「説明」。具体的＝「細かい」＋「〜的（合う）」。

ごまかす【誤魔化す】

《表現》親指、中指、薬指の先をつけた右手⇩**指文字「き」**の3指の先を前に向け数回まわす。

《語源》指文字「き」は「きつね」の手話でもあり、きつねがだます、ごまかす言い伝えから。

《同形》だます
《応用》自分に向けて回せば「ごまかされる」「だまされる」の手話になる。

《例文》計算をごまかす＝「計算」＋「ごまかす」。

こまく【鼓膜】

《表現》5指で筒をつくった左手を倒して構え（手のひら前向き）、右手のひらで左手の親指側を2回叩く。

《語源》左手が内耳を表し、右手で叩くことで鼓膜の振動を示す。

《参考》この手話の前に右手人差し指で右耳を指してもよい。

こまる【困る】

《表現》右手4指をやや曲げて、指先をこめかみに向け、軽く前後に動かす。

《語源》困って頭を掻くようすから。

《別形》4指を付け根から折った右手⇒**指文字「こ」**で同じ動作をする。

《例文》困った事が起きた＝「困る」＋「事」＋「起きる（事が）」。頼まれても困る＝「頼まれる」＋「けれども」＋「困る」。

コミュニケーション【communication】

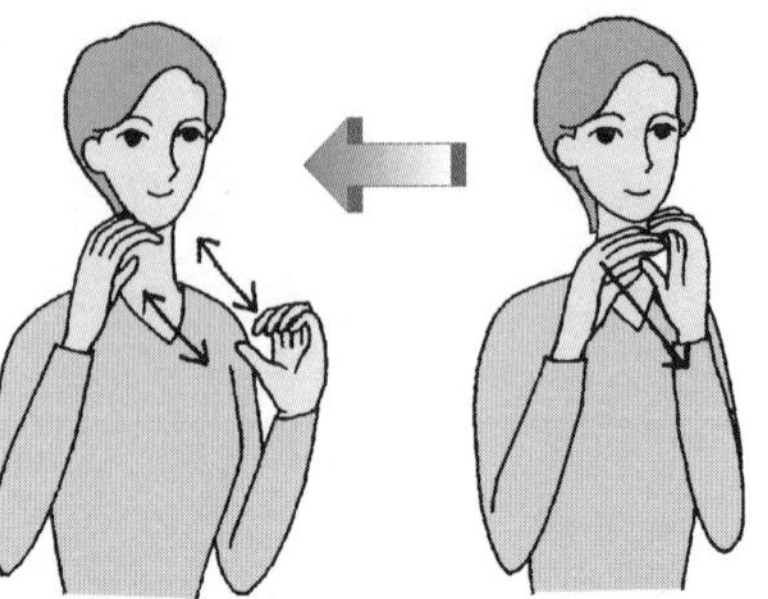

《表現》親指と4指でCをかたどった⇒**指文字「C」**両手を上下に噛み合わせて構え（左手が上）、左右交互に前後に動かす。

《語源》頭文字「C」と、交互に行き来するという表現。

《応用》上下に噛み合わせた「C」を、左手はそのまま右手を水平に前に円を描き元の位置に戻すと「マスコミュニケーション」になる。

《参考》アメリカ手話からのもの。

コミュニティー【community】

《表現》親指と4指でCをかたどった⇒**指文字「C」**両手の指先を前に向けて構え、水平に円を描いて前に出し小指側を合わせる。

《語源》共同体を表す水平な円を、頭文字Cで示したもの。

《例文》コミュニティー広場＝「コミュニティー」＋「皆」＋「場所」。

ゴム【gom】

《**表現**》カギ型に曲げた両手の人差し指を向かい合わせ、まっすぐ左右に離す、近づけるを繰り返す。

《**語源**》両手の人差し指に輪ゴムを掛け伸ばしたり縮めたりするようす。

《**例文**》ゴムの板＝「ゴム」＋「板」。

こめ【米】

《**表現**》右手親指と人差し指で輪をつくり、その指先を口の端に当てる。

《**語源**》親指と人差し指でつくった輪は米を表し、それを口に入れている、あるいは口元にくっついているようす。

《**例文**》日本のお米（ジャポニカ）＝「日本」＋「米」。米の輸入＝「米」＋「輸入」。

《**参考**》手話の表現と同時に、噛むように口を動かすことでよく伝わる。

こようそくしん【雇用促進】

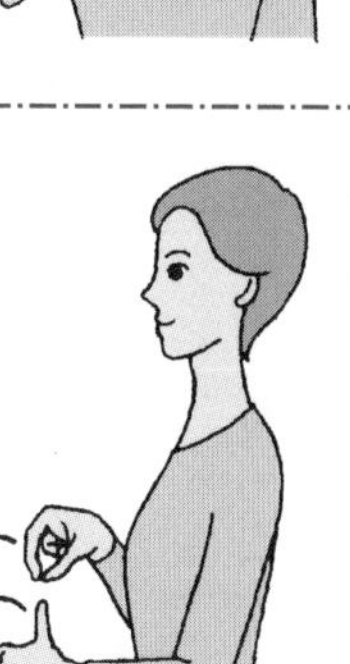

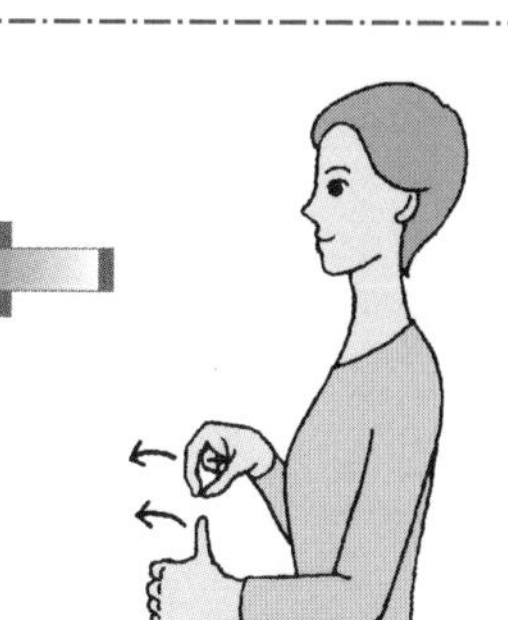

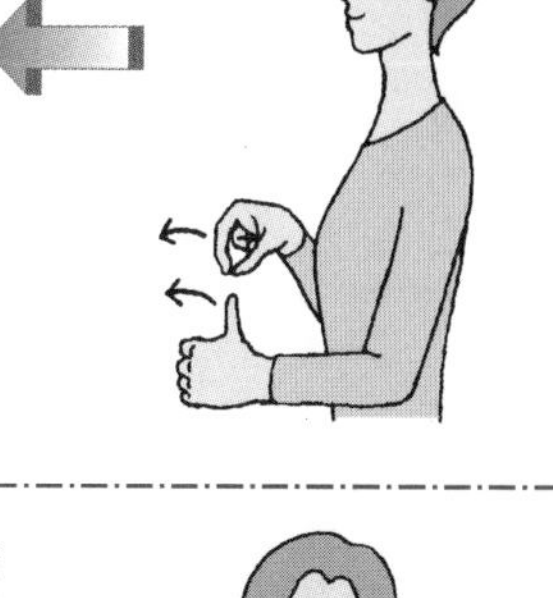

雇用

促進

《**表現**》①立てた左手親指を右手親指と人差し指でつまみ上げるようにして両手同時に前へ出す⇒**「雇用」の手話**、②立てた左手親指を、右手人差し指で手前から前へ向け軽くつつくようにしながら両手同時に前へ進める⇒**「促進」の手話**。

《**語源**》②はせっつく表現。「雇用」と「促進」で。

ゴリラ【gorilla】

《**表現**》両手握りこぶしで、交互に両胸を叩く。

《**語源**》ゴリラがドラミングするようす。

ゴルフ【golf】

《**表現**》握った両手を上下に重ね、下向きに振る。
《**語源**》ゴルフのクラブを振るしぐさ。
《**例文**》ゴルフ場＝「ゴルフ」＋「場所」。
《**参考**》ドライバー・ショットやパッティングなどで振り方を変えてもよい。

コレステロール【cholesterol】

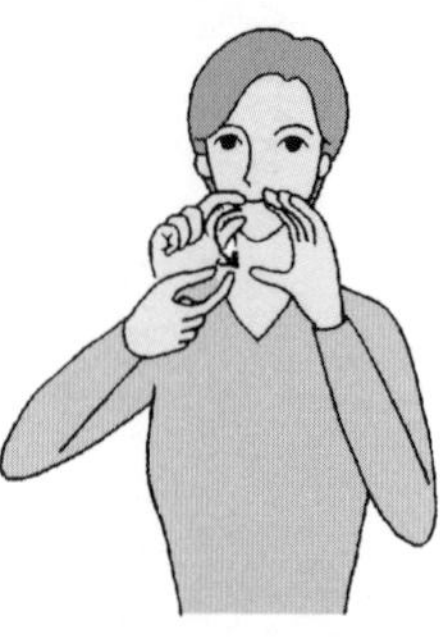

《**表現**》親指と4指でCをかたどった⇒**指文字「C」**左手の上側4指の先から下側親指の先に向けて、やや離して伸ばした右手親指と人差し指の先で残りの半円を描く。
《**語源**》左手は血管を表し、右手で血管の壁にくっついたものを示す。
《**例文**》善玉コレステロール＝「良い」＋「コレステロール」。

ころ【頃】

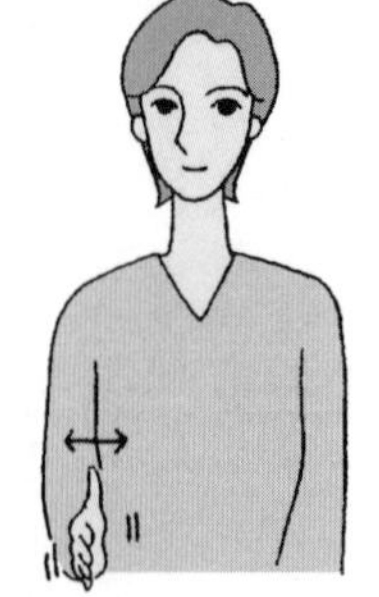

《**表現**》4指の先を前に向けて伸ばして立てた右手を、左右に小さく振る。
《**語源**》小さく振ることで、決まった値でなく幅のあることを表す。
《**同形**》～くらい・その程度・それくらい
《**例文**》今頃＝「今（今日）」＋「頃」。その頃＝「過去」＋「頃」。20歳くらい＝「年齢」＋左手で数詞「20」＋左手の20を残したまま「～くらい」。1キログラムぐらい＝数詞「1」＋「キログラム」＋「～くらい」。

ころす【殺す】

《**表現**》親指を立てた左手を前に置き、右手人差し指で左手親指を突いて倒す。

《**語源**》刃物（右手人差し指で表現）で刺すようす。

《**例文**》殺人犯＝「殺す」＋「犯人」。殺人現場＝「殺す」＋「本当」＋「場所」。

《**参考**》ピストルで撃ち殺す場合、親指を立てた左手に親指と人差し指を伸ばしピストルの形をかたどった右手人差し指の先を向けて上に跳ね上げ、左手を倒す。

ころぶ【転ぶ】

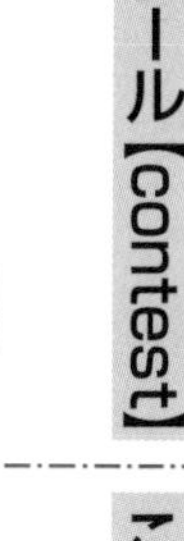

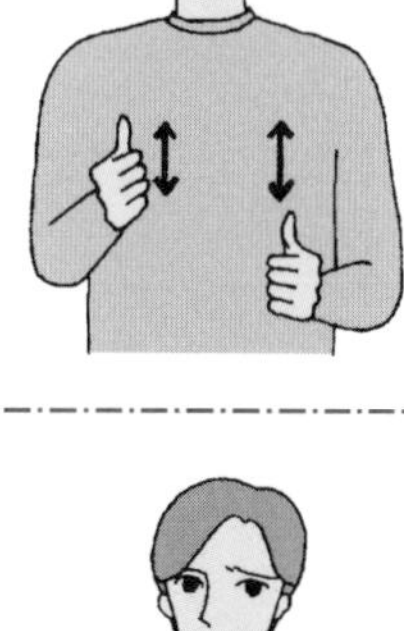

《**表現**》左手のひらの上で、人差し指と中指を伸ばした右手を立て、倒してひっくり返す。
《**語源**》右手で示した人が倒れるようす。

こわす【壊す】

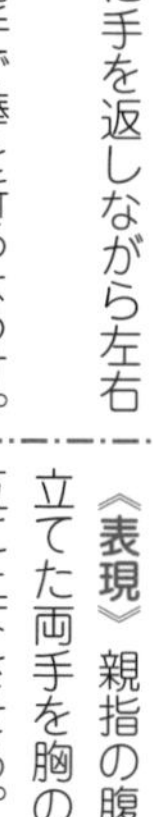

《**表現**》両手握りこぶしの親指側を身体の中央で合わせ、棒を折るように手を返しながら左右に離す。

《**語源**》両手で棒を折るようす。

《**同形**》折る・障害・故障・壊れる
《**別形**》両手の5指でだ円をつくり（親指上向き）、手を返しながら左右に離す。1つの物が2つに割れるようす。

《**例文**》ガラスを割る＝「ガラス」＋「壊れる」。テレビを壊す＝「テレビ」＋「壊す」。

コンクール【contest】

《**表現**》親指の腹を前に向けて立てた両手を胸の前で構え、交互に上下させる。
《**語源**》立てた親指は人。人が競い合うようす。
《**同意**》コンテスト
《**同形**》試験
《**例文**》早食いコンクール＝「食べる」＋「早い」＋「コンクール」。

こんざつ【混雑】

《**表現**》付け根から折った両手の4指の背を左右から合わせて水平に回す。
《**語源**》両手の4指はたくさんの人を表し、それらが背を押し合っているようす。
《**同意**》混む・満員
《**例文》**満員電車＝「電車」＋「満員」。映画館が混雑＝「映画」＋「建物」＋「混雑」。

コンタクトレンズ【contact-lens】

《**表現**》上に向けた左手のひらに右手人差し指の先を当て、左手はそのまま、右手人差し指の先を目に近づける。

《**語源**》コンタクトレンズを入れるようす。

コンピューター【computer】

《**表現**》指先を前に向けた両手の人差し指を同時に右に回す。

《**語源**》ディスクが回るようす。

《**例文**》コンピューターで計算＝「コンピューター」＋「計算」。コンピューターシステム＝「コンピューター」＋「システム」。

《**参考**》「パソコン」は別の手話がある（**「パソコン」**参照）。

コンプレックス【inferiority-complex】

《**表現**》下に向けた左手のひらの下で、右手握りこぶし（親指側上）を水平に回す。

《**語源**》右手は心で、左手の下で表すことで、隠れた、奥にある抑圧された心を表現。

《**参考**》コンプレックスとは抑圧された隠れた心理を意味する用語。

こんらん【混乱】

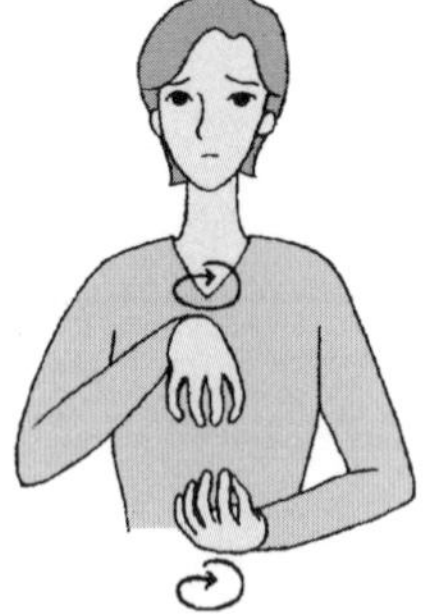

《**表現**》わん曲させた両手を上下に向かい合わせ、水平に混ぜるように半周ずらして回す。

《**語源**》ごちゃ混ぜになっているようすを表す。

《**同形**》混ぜる

《**例文**》頭が混乱＝「考える」＋「混乱」。式典は混乱している＝「式」＋「混乱」。

《**参考**》「頭が混乱」しているという場合は左右の手を頭の左右に構え、半周ずらして回してもよい。

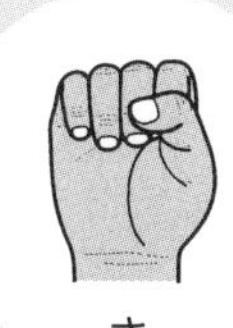

親指を出して握る。
「S」と同じ。

さ【差】

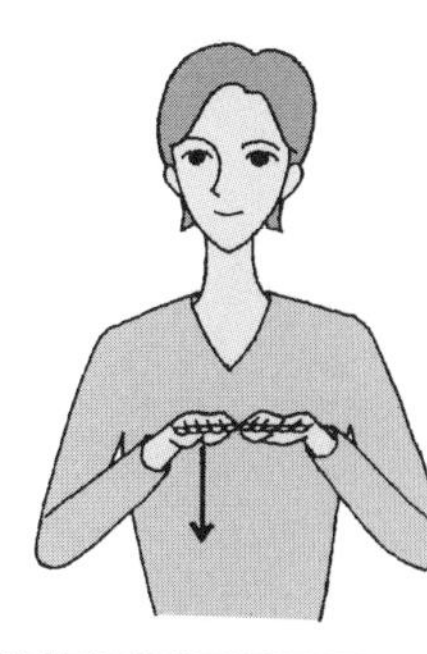

《表現》手のひらを下に向け指をそろえて伸ばした両手の指先を前に向けて胸の前で構え、左手はそのまま右手を下げる。

《語源》段の違いを高さで表したもの。

《同意》格差
《応用》右手を下げると同時に左手を上げると「差別」の手話になる。

《例文》僅差＝「差」＋「少し」。大差＝「差」＋「大きい」あるいは「とても」。

サークル【circle】

《表現》親指を出して握った右手⇒**指文字「さ」**を水平に大きく回す。
《語源》頭文字の「さ」で輪（サークル）を描くことで表現したもの。
《別形》4指の先を前に向け伸ばして立てた左手の横で、同じ動作を行う。
《例文》手話サークル＝「手話」＋「サークル」。サークルに加わる＝「サークル」＋「参加」。

サービス【service】

《表現》指先を前に向けて4指を伸ばして立てた左手人差し指に沿って、右手人差し指の先を前に2回ほど出す。

《語源》身を削ってサービスすることからともいわれる。

《例文》サービスしてください＝「サービス」＋「頼む」。

《参考》家族サービスなどの場合には「世話（育児）」でサービスを伝えることもある。

サーフィン【surfing】

《表現》そろえてやや曲げた指で水をかくように、手を交互に後ろに動かす。
《語源》サーフボードにうつ伏せになり波乗りする動作から。
《例文》サーファー＝「サーフィン」＋「男」あるいは「女」。冬の海でサーフィンする＝「冬」＋「海」＋「サーフィン」。

さいがい【災害】

《表現》親指と小指を立てた左手（甲は前向き）の上で、右手人差し指、中指、薬指の3指で巛を描く。
《語源》左手は火の文字、これに3指で巛を加え災の漢字を表すもの。
《例文》災害現場＝「災害」＋「本当」＋「場所」。天災＝「自然」＋「災害」。人災＝「人」＋「責任（任される）」＋「災害」。

さいきん【最近】

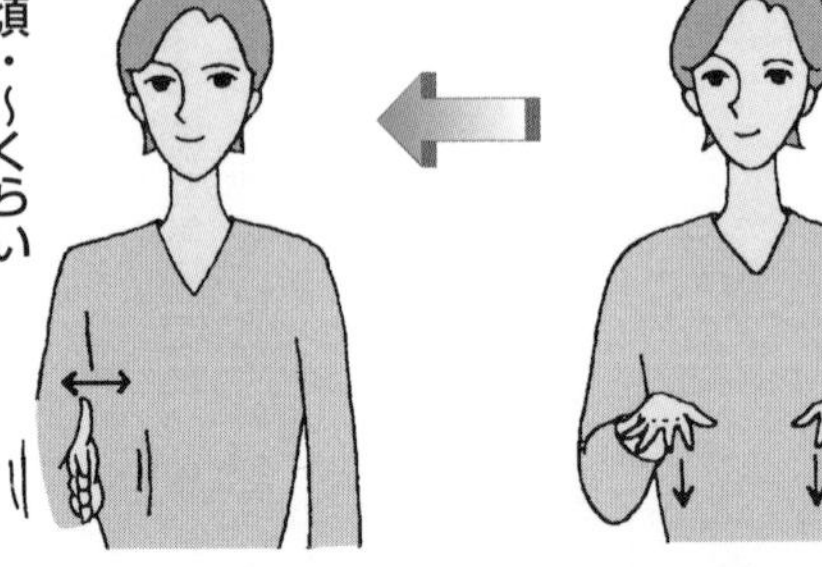

《表現》①身体のすぐ前で、両手のひらを下に向け構え、軽く下げる。⇩**「今」の手話**、②4指の先を前に向けて伸ばして立てた右手を、左右に小さく振る⇩**「頃」「〜くらい」の手話**。
《例文》最近、忙しい＝「最近」＋「忙しい」。

さいけつ【採決】

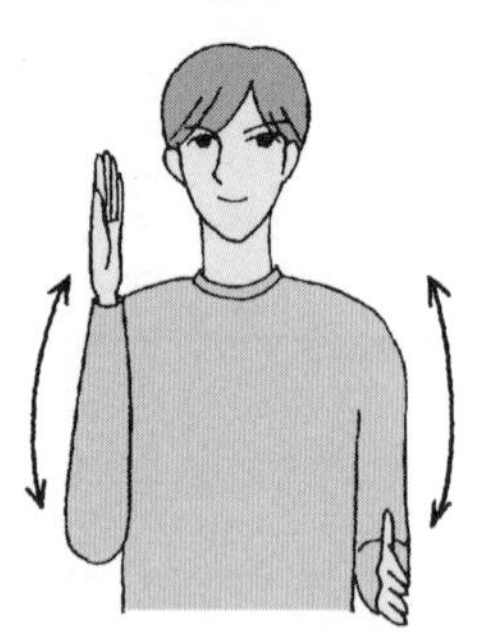

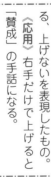

《表現》指をそろえて伸ばした両手のひらを向かい合わせ、交互に上げ下げする。この際、片方の手はひじから立てもう一方の手は指先を前に向ける。
《語源》賛成・反対と手を上げる、上げないを表現したもの。
《応用》右手だけで上げると「賛成」の手話になる。

さいご【最後】

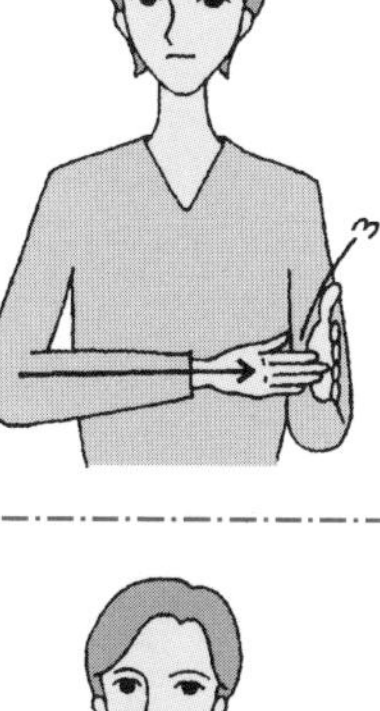

《表現》身体の左に構えた左手のひらに、伸ばした右手の指先を右から当てる。

《語源》左手は到達点を、右手が到達を示す。

《同形》～まで・末・終わり

《応用》右手親指と小指を立てた形で行う（親指を左手のひらに当てる）と「生涯」の手話になる。

《例文》最後の勝負＝「最後」＋「試合」。最終電車＝「最後」＋「電車」。大みそか＝「年」＋「最後」。

《参考》「終わる」は別の手話あり⇒**「終わる」**参照。

さいこう【最高】

《表現》下に向けた左手のひらに、指をそろえ伸ばして立てた右手の指先（手の甲前向き）を下から当てる。

《語源》左手が限界を示し、右手で限界である最も高いところに達したという表現。

《同形》絶頂・最大限・ピーク・頂点

《応用》逆の形で「最低」の手話になる。

《例文》最高速度＝「最高」＋「早い」。最高湿度＝「最高」＋「湿度」。

ざいさん【財産】

《表現》左手のひらに、親指と人差し指で輪をつくった右手のひじを乗せる。

《語源》右手はお金を、左手はそれを持つことを表す。

《例文》財産家＝「財産」＋「男」あるいは「女」。妻の財産＝「妻」＋「財産」。

ざいせい【財政】

《表現》左手のひらに、親指と人差し指で輪をつくった右手のひじを乗せ、前に2回ほど振る。

《語源》「政治」の手話と「お金（金）」の組み合わせ。

《応用》左手に乗せた右手の指をすべて伸ばせば（小指側前向き）「政治」の手話。

《例文》財政再建＝「財政」＋「やり直し」。赤字財政＝「財政」＋「赤字」。

さいたま【埼玉】

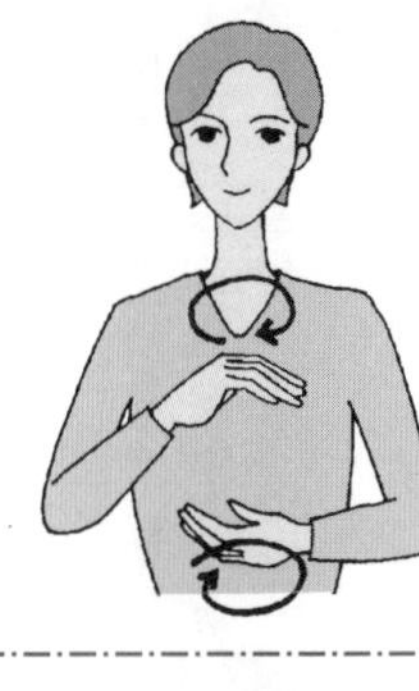

《表現》指をそろえてわん曲させた両手を上下に向かい合わせて玉（ボール）を挟むように構え、両手で玉を転がすように半周ずらして回す。
《語源》玉を示すしぐさで、埼玉の玉を表す。
《同形》（比較的大きな）玉
《例文》埼玉には海がない＝「埼玉」＋「海」＋「ない」。

さいてい【最低】

《表現》手のひらを上に向けた左手のひらに、指をそろえて伸ばした右手の指先を上から当てる（手の甲前向き）。

《語源》左手が限界を示し、右手で限界である最も低いところに達したという表現。

《同形》最低限
《応用》逆の形で「最高」の手話になる。

《例文》最低の結果＝「結果」＋「最低」。

さいとう（人名）【斎藤】

《表現》人差し指と中指を伸ばした右手2指の先をあごに当て、下ろす（2回）。
《語源》戦国時代の武将である斎藤道三のあごひげから。
《例文》斎藤さん＝「斎藤」＋「男」あるいは「女」。

さいばん【裁判】

《表現》親指を立てた両手を、肩から前に少し弧を描きながら下ろし、しっかり止める。

《語源》法衣を表現したもの。

《例文》裁判所＝「裁判」＋「場所」。民事裁判＝「人々」＋「裁判」。刑事裁判＝「刑」＋「裁判」。国際司法裁判所＝「国際」＋「司法」＋「裁判」＋「建物」。

ざいむしょう【財務省】

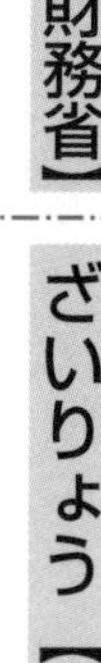

《**表現**》①左手のひらの上で親指と人差し指で輪をつくった右手を水平に回す⇒「**財務**」の手話、②両手を顔の横で前後にずらして合わせ、手のひらを軸に前後を入れ替える⇒「**省**」の手話。

《**語源**》①は手のひらの上でお金を動かすことから。②は明治時代に議員が被った帽子から。

ざいりょう【材料】

《**表現**》①甲を上に向けて身体の前で構えた左手握りこぶしの甲に、同じく甲を上に向けた右手握りこぶしを2回当てる。

《**語源**》「作る」の手話の変形。

《**例文**》良い材料を選ぶ＝「良い」＋「材料」＋「選ぶ」。どんな材料が必要？＝「材料」＋「必要(～しなければならない)」＋「何？」。

さか【坂】

《**表現**》ひじから指先までを伸ばした右手（手の甲は上向き）を、そのまま斜め前に上げていく（登り坂の場合）。

《**語源**》坂の勾配を表す。

《**応用**》同じ形で斜め前に下ろしていくと「下り坂」になる。

《**例文**》坂を登る＝「坂」＋登り坂に沿って「歩く」。急な坂道＝高く上げた「坂」＋「道（道路）」。

《**参考**》左右に蛇行させながら「坂」を上げていくと、くねくね曲がった登り坂を表現できる。

さが【佐賀】

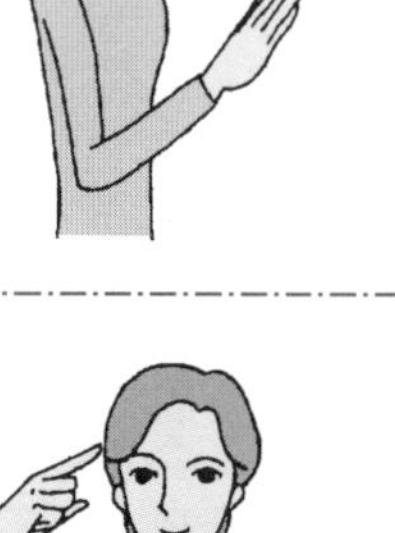

《**表現**》①右手人差し指でこめかみを指す、②握っていた人差し指以外の指を、同時にパッと開く。

《**語源**》佐賀の鍋島家を舞台にした猫怪談で、猫の化ける姫がつけていたかんざし、また、佐賀出身の大隈重信を創始者とする早稲田大学の教授を意味する帽子の房、とするなど諸説ある。

さがす【探す】

《**表現**》右手親指と人差し指でつくった輪を、右目横あたりから左目横あたりまで回しながら動かす。

《**語源**》輪は目を表し、大きく見開いて周りを探すようす。

《**同形**》観光

《**例文**》何探しているの？＝「探す」＋「何？」。おいしいラーメンの店を探す＝「おいしい」＋「ラーメン」＋「店」＋「探す」。（落ちた）コンタクトレンズを探す＝「コンタクトレンズ」＋下を見て「探す」。

《**参考**》逆の動きで行ってもよい。また、下から上へ回してもよい。

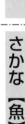

さかな【魚】

《**表現**》甲を前に向け指をそろえて伸ばした（指先左向き）右手の指先を、前後に揺らしながら、右から左へ動かす。

《**語源**》手を魚に見立てて、泳いでるようすを表現。指先が頭側になる。

《**同意**》魚が泳ぐ

《**例文**》鯖＝「青」＋「魚」。鮪＝「黒」＋「魚」。水族館＝「魚」＋「建物」。魚料理＝「魚」＋「料理」。魚屋＝「魚」＋「店」。

さき【崎】

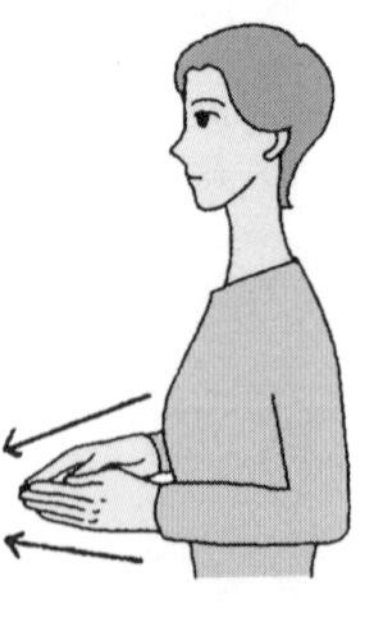

《**表現**》４指の先を前に向けて伸ばして立てた両手を、左右から前に動かし、中央で両手の指先をつける。

《**語源**》突き出した岬を表現したもの。

《**同形**》岬

《**例文**》長崎＝「長い」＋「崎」。山崎さん＝「山」＋「崎」＋「男」あるいは「女」。

さく【咲く】

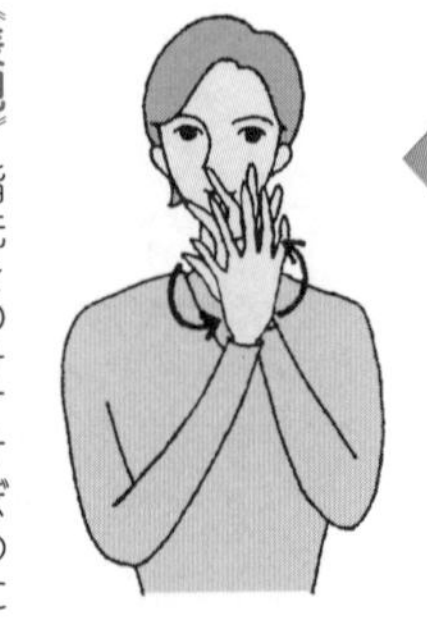

《**表現**》指先をつけてすぼめた両手をひじから立て（左手の甲前向き）、手首を軸にくるりと半回転させながら全指を開く。

《**語源**》花が開くようす。

《**同意**》花・花が咲く

《**例文**》梅の花が咲く＝「梅」＋「咲く」。

《**参考**》「咲く」の手話のあとに、手を軽く振りながら左右に下ろしていくと「花が散る」の表現ができる。

さくぶん【作文】

《**表現**》①伸ばした両手の親指と人差し指の付け根を組み合わせる⇒**「文」の手話**、②左手のひらにペンで書くように右手を動かす⇒**「書く」の手話**。

《**語源**》「文」と「書く」で。

さくら【桜】

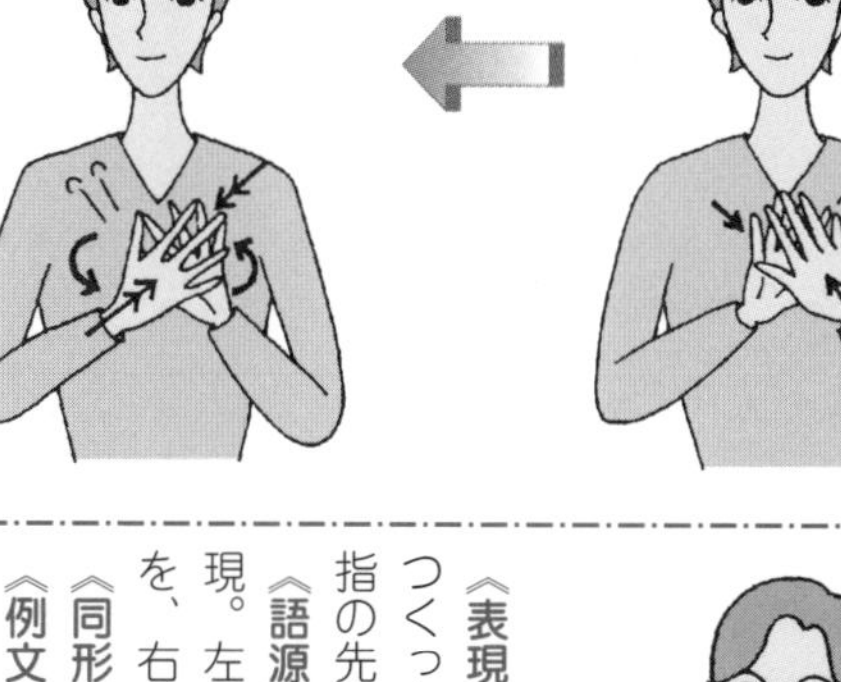

《**表現**》指先をずらして両手のひらを合わせ、両手の位置が逆になるまで回しながら3回打ち合わせる。
《**語源**》桜の花びらから。
《**例文**》桜の季節＝「桜」＋「季節」。桜が散る＝「桜」＋両手の指をひらひらさせ下ろす。

さくらんぼ【桜ん坊】

《**表現**》左手親指と人差し指でつくった輪の先に、右手人差し指の先をつける。
《**語源**》さくらんぼの形を表現。左手の輪はさくらんぼの実を、右手人差し指は枝を表現。
《**同形**》山形
《**例文**》赤いさくらんぼ＝「赤」＋「さくらんぼ」。

さけ【酒】

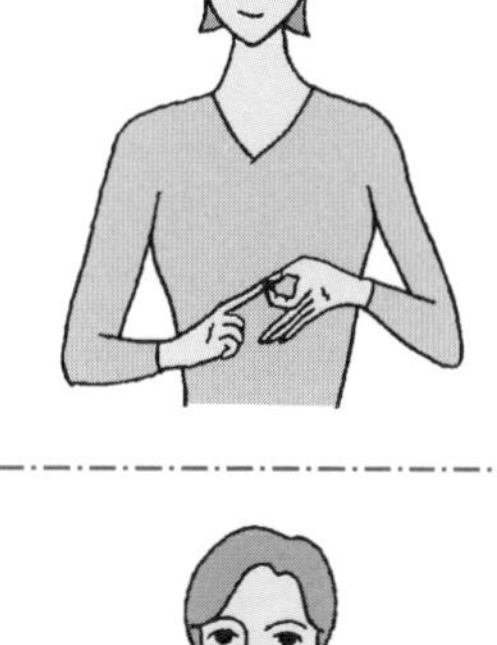

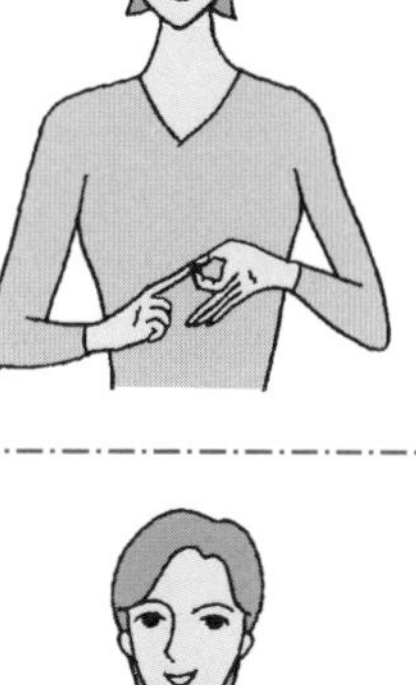

《**表現**》盃を持つように親指と人差し指で半円をつくった右手を、口元へ運び、手前に向けて少し手首を返す。
《**別形**》そろえて伸ばし横にした右手人差し指と中指（指先左向き）の腹を、あご・額の順に当てる。5指を伸ばして行ってもよい。
《**例文**》熱燗＝「酒」＋「熱い」。酒に酔う＝「酒」＋「酔う」。酒のつまみ＝「酒」＋「予備」。酒をひかえる＝「酒」＋「我慢」。お酒を飲みましょう＝誘うような表情で「酒」。

さけ【鮭】

《表現》左手握りこぶしの下から、指をそろえて伸ばした右手の手首を左右にひねりながら下ろす（指先上向き）。

《語源》左手で新巻き鮭を持つ表現。

《例文》新巻き鮭の贈り物＝「鮭」＋「お土産」。鮭の産卵＝「鮭」＋「産まれる」。鮭の遡上＝「鮭」＋「川」＋魚の手話を上げていく。

さしみ【刺身】

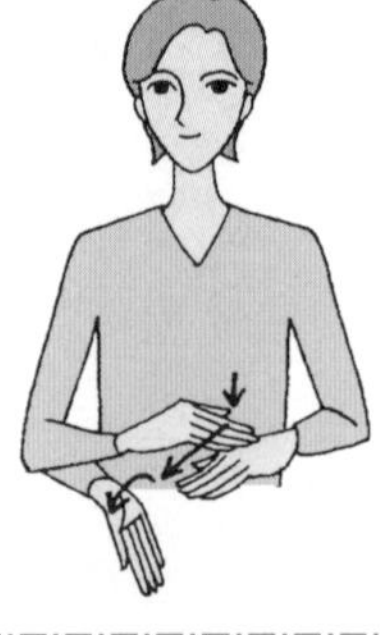

《表現》手のひらを少しくぼませ甲を上に向けた左手の指の背に沿って右手の手刀でなで下ろし、下ろしきったところで右手のひらを返す。

《語源》刺し身包丁で切るようす。

《例文》鮪の刺身＝「鮪」＋「刺身」。新鮮な刺身＝「新鮮」＋「刺身」。

さすが

《表現》左ほほの横に指をそろえて伸ばした右手を立て、ほほに沿って動かしいったん前に出してから人差し指側をあごの中央に当てる。

《語源》あごに立てた手を当てる「本当」の手話の変形。

《例文》さすが！＝勢いよく「さすが」。さすがの君にもできない＝「さすが」＋「あなた」＋「～できない」。

さそう【誘う】

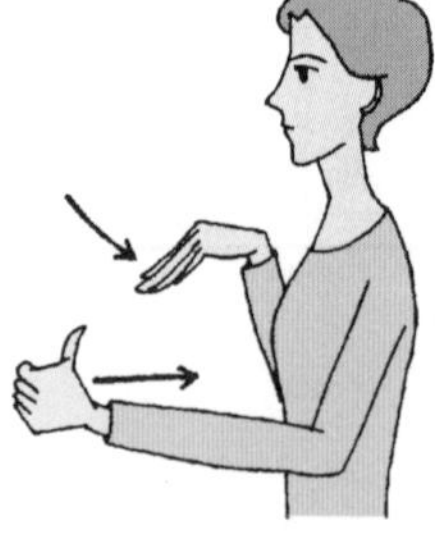

《表現》親指を立てて前に出した左手を、右手で手招きしながら両手同時に手前へ引く。

《語源》手招きをして人を呼び寄せるようす。

《同形》呼ぶ

《応用》逆の動き、親指を立てた左手を手前に構え、前に向けて右手で手招きすると「誘われる」の意味になる。また、親指を立てる代わりに小指を立てると「女性を誘う」の意味を伝えることができる。自分が誘われている場合は通常、右手の指先を手前に向けて呼ぶ⇒**「誘われる」参照**。

《別形》頭の高さで、右手で手招きする。

さそわれる【誘われる】

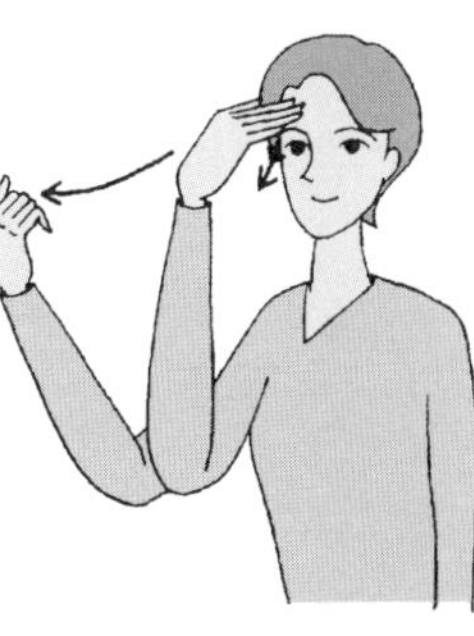

《表現》右手の指先を手前に向け、手招きするように指を2～3回折りながら前に出していく。

《語源》「呼ぶ」や「誘う」の逆の手話。

《同形》呼ばれる

《別形》親指を立てた左手を手前に構え、前に向けて右手で手招きしながら両手同時に前へ出す。

《例文》デートに誘われる＝「デート」＋「誘われる」。

サッカー【soccer】

《表現》左手親指と4指でつくった輪を、人差し指と中指を伸ばした右手の人差し指ではじくと同時に両手を左に進める（2～3回）。

《語源》左手の輪はボールを、右手2指は人の足を表し、ボールをドリブルするようす。

《例文》Jリーグ＝日本式アルファベット「J」＋「サッカー」。サッカーのワールドカップ＝「サッカー」＋「ワールドカップ」。

《参考》左手は、親指と人差し指で輪をつくってもよい。

ざっくばらん

《表現》親指だけ離して伸ばした両手の4指の先を向かい合わせて腹に当て、手首を返して左右やや前に広げる。

《語源》腹を割って話すことから。

《同意》腹を割って・忌憚（きたん）なく

《例文》ざっくばらんに話し合う＝「ざっくばらん」＋「話し合う（会話）」。忌憚なく言うと＝「忌憚なく」＋「説明」。

《参考》5指を開いて伸ばした両手で行ってもよい。

さっぱりわからない【さっぱり分からない】

《表現》やや指を離して伸ばした右手中指の腹を鼻先に当てる。ぼーっとした表情で。

《語源》鼻を叩かれても気がつかないという表現。

《同意》分からない

《別形》同じ形で、右手中指先を鼻先に当てながら、手首を2～3回左右にひねる。

《例文》言っていることが、さっぱり分からない＝「言われる」＋「私」＋「さっぱり分からない」。

《参考》鼻先に1～2回当てる（嫌な顔をして）と「苦手」になるので注意。

さっぽろ【札幌】

《**表現**》甲を上に向け指を開いた両手を上下に斜めに重ね、左手はそのまま右手を斜め後ろに引く。

《**語源**》札幌の碁盤目に整備された街路を4指の交差で表現したもの。

《**例文**》札幌のおいしい食べ物＝「札幌」＋「おいしい」＋「食べる」。

さば【鯖】

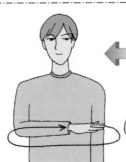

青

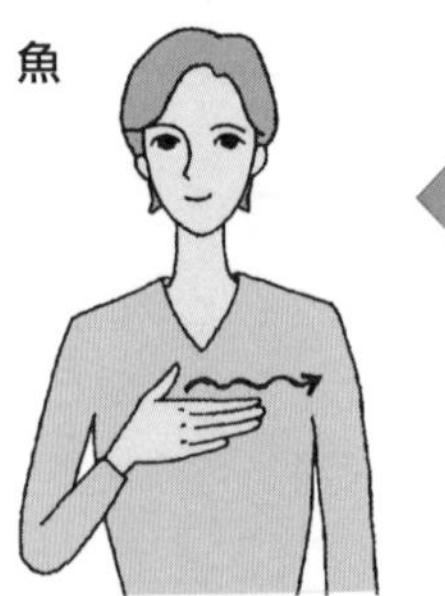

《**表現**》①右手4指の腹をほほに当て斜め上へなで上げる⇒**「青」の手話**、②甲を前に向け指をそろえて伸ばした右手の指先を前後に揺らしながら、右から左へ動かす⇒**「魚」の手話**。

《**語源**》「青」と「魚」で。

さばく【砂漠・沙漠】

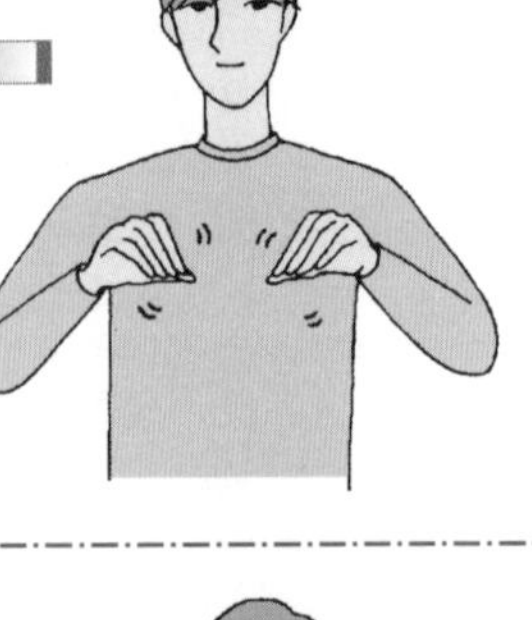

《**表現**》①胸の高さで両手の5指の先をそれぞれこすり合わせる、②手のひらを下に向けた右手を、身体の前で水平に大きく回す。

《**語源**》「土（砂）」と「広い」の手話の変形で。

《**例文**》月の砂漠＝「月（月曜日）」＋「砂漠」。

さべつ【差別】

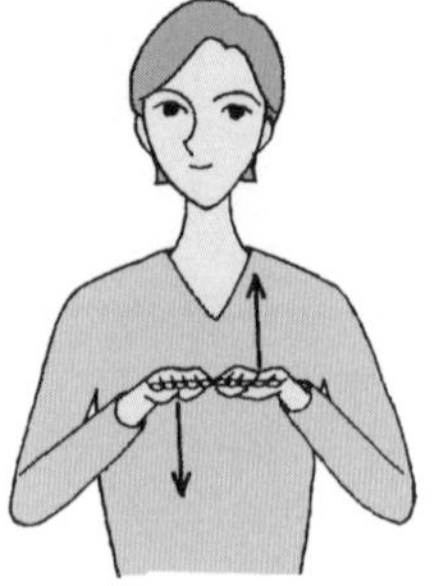

《**表現**》手のひらを下に向け指をそろえて伸ばした両手の指先を前に向けて胸の前で構え、右手を下げると同時に左手を上げる。

《**語源**》「差」の手話から。

《**応用**》左手はそのまま、右手を下げると「差」の手話になる。

《**例文**》差別される＝「差別」＋「受ける」。差別をなくす＝「差別」＋「止める」。障害者差別＝「障害者」＋「差別」。

さみしい【淋しい・寂しい】

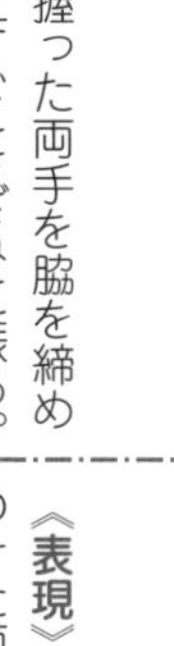

《**表現**》親指と4指を開いた右手親指の先を胸に当て、やや下げながら指先を閉じる。さみしそうな表情で。

《**語源**》気持ちがしぼんでいく表現。

《**別形**》同じ形で身体の前に構え、指先を閉じながらゆっくり手前に引き左胸に当てる。または、手のひらを上にして開いた両手を、胸元から下へ指を閉じながらゆっくり下ろし指先をつける。

《**例文**》秋は寂しい＝「秋」＋「さみしい」。さみしい毎日＝「毎日」＋「さみしい」。失恋してさみしい＝「失恋」＋「さみしい」。

さむい【寒い】

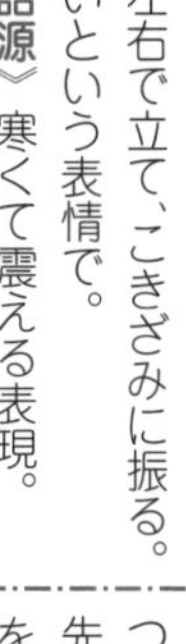

《**表現**》握った両手を脇を締めて左右で立て、こきざみに振る。寒いという表情で。

《**語源**》寒くて震える表現。

《**同形**》冬

《**例文**》今日は寒いですね＝「今日」＋「寒い」＋「～ですね（そうです）」。寒い夜＝「寒い」＋「夜」。冬支度＝「冬」＋「用意」。

さめる【覚める】

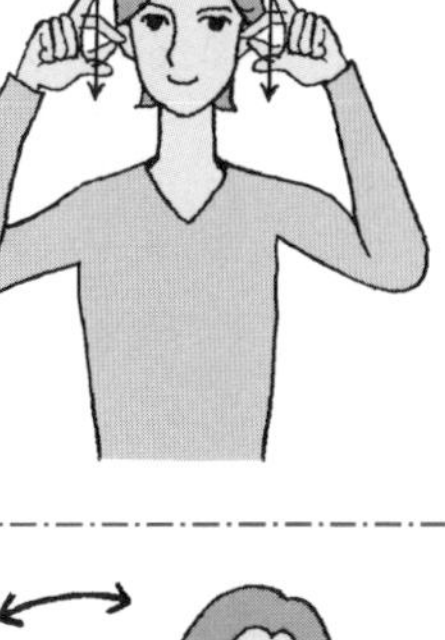

《**表現**》親指と人差し指の先をつけた両手を目の横で構え（指先は目尻へ向ける）、上下に指を開く。指の動きに合わせ閉じていた目を開ける。

《**語源**》目が開く表現。

《**同形**》起きる（朝）・自覚

《**別形**》片手と片目で行ってもよい。

《**例文**》夜に目が覚める＝「夜」＋「覚める」。ボランティアに目覚める＝「ボランティア」＋「覚める」。

さようなら

《**表現**》指を開いて伸ばした右手のひらを前に向け振る。

《**語源**》バイバイのあいさつから。

《**例文**》さよならを言う＝「さようなら」＋「言う」。

《**参考**》この手話の前に「別れる（久しぶり）」の手話を加えてもよいが、このままでも充分通じる。

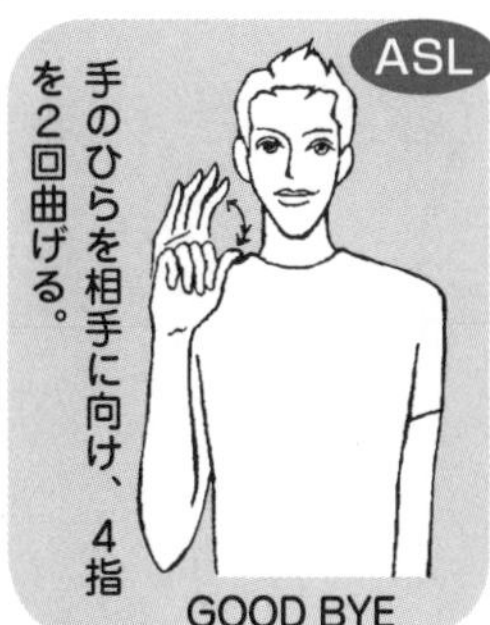

手のひらを相手に向け、4指を2回曲げる。

サラダ【salad】

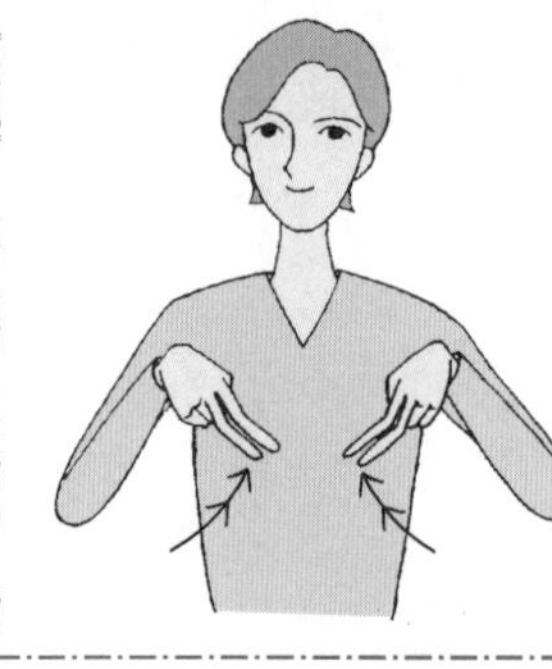

《表現》人差し指と中指の2指をやや曲げた両手を、左右で下から2回ほどすくい上げる。
《語源》大きなフォークで、サラダを混ぜるようすから。
《例文》オニオンサラダ＝「たまねぎ」＋「サラダ」。ポテトサラダ＝「じゃがいも」＋「サラダ」。

サラリーマン【salary man】

通う

《表現》①人差し指と中指をそろえて伸ばした両手を、頭の横で交互に前後に振る⇒**「会社」の手話**、②立てた親指をまっすぐ前後に動かす⇒**「通う」の手話**。
《参考》「通う」の手話で男を示しているので「男」の手話は必要ない。ただし、サラリーマン一般を示すために②に続けて「人々」の手話を加えることはある。

さる【去る】

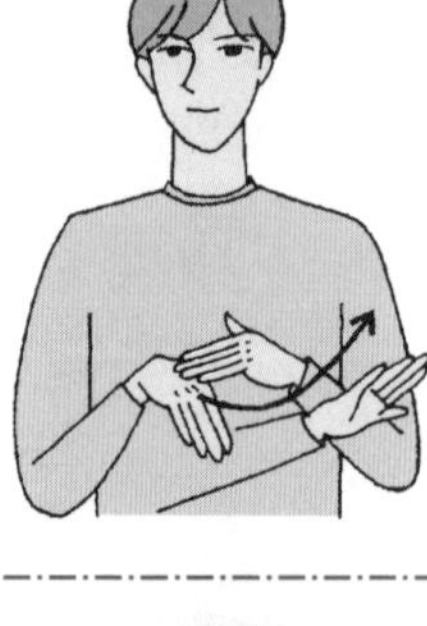

《表現》指をそろえややわん曲させて下に向けた左手のひらの下に、指をそろえて伸ばした右手をくぐらせ斜め上に手を払う。

《語源》内側の場所から外へ出るという表現。

《同形》出る
《別形》親指と4指を開いた右手の指先を閉じながら前に出していく⇒**「帰る」の手話**。

《例文》町を去る＝「町」＋「去る」。仲間から去る＝「グループ」＋「去る」。

《参考》頭を下げてあいさつしながら「去る」を行うと「失礼します」の帰るあいさつとなる。

さる【猿】

《表現》指をそろえて曲げた左手の甲を、指をそろえてやや曲げた右手で数回掻く。
《語源》猿が手を掻く身振りをまねたもの。
《例文》猿そっくり＝「猿」＋「そっくり」。

さんか【参加】

《表現》手のひらを手前に向けて立てた左手に、人差し指を立てた右手の甲を当てる。

《語源》右手人差し指は人を示し、左手で示した集団の中に入っていくことを表す。

《同形》(仲間に) 加わる

《例文》集会に参加する＝「集まる」＋「会」＋「参加」。平和運動に加わる＝「平和」＋「活動」＋「参加」。

さんぎいん【参議院】

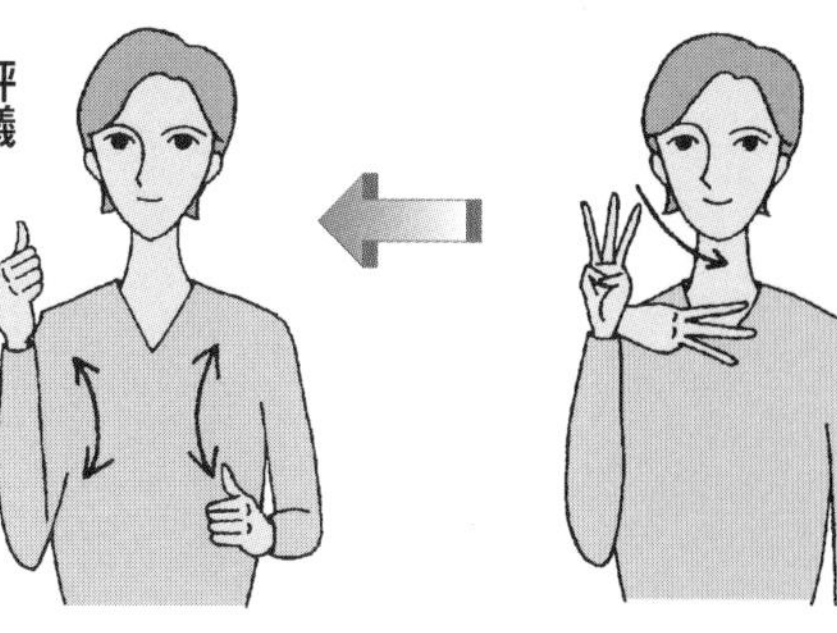

《表現》①人差し指、中指、薬指の3指を開いて伸ばした右手を、手首から倒すようにして彡を空書する⇒**「参」の手話**、②立てた両手の親指の腹を向かい合わせて、交互に上下へ動かす⇒**「評議」の手話**、③手のひらを下に向けわん曲させた右手を軽く下ろす⇒**「場所」の手話**。

《語源》①は参の彡、②は人が協議し合うようす。院は場所で表現。

《例文》参議院議員＝「参議院」＋「委員」。衆参同時選挙＝「衆(予定)」＋「参」＋「評議」＋「同じ」＋「〜日a」＋「選挙」(※衆議院は「予定」＋「評議」＋「場所」)。

ざんぎょう【残業】

仕事
過ぎる

《表現》①手のひらを上に向けた両手の指先を、左右から中央へ2回寄せる⇒**「仕事」の手話**、②上に向けた左手の甲に沿って、指を伸ばした右手を手前から乗り越えさせる⇒**「過ぎる」「おせっかい」の手話**。

《語源》「仕事」と「過ぎる」で。

《例文》今日は残業＝「今日」＋「残業」。

《参考》文脈によって「仕事」の手話は省略できる。

さんこう【参考】

《表現》人差し指、中指、薬指の3指を開いて伸ばした右手を頭の横で構え、手首から倒すようにして彡を空書し、その指先をこめかみに当てる。

《語源》3指で彡を空書するのは「参」の手話⇒**「参議院」**参照。これを頭に向けて行うことで、参考として頭に入れることを表現したもの。

《例文》参考情報＝「参考」＋「情報」。参考にしてください＝「参考」＋「お願い（頼む）」。

さんすう【算数】

《表現》人差し指、中指、薬指の3指を伸ばした両手（手の甲前向き）の小指側を左右から2回ぶつける。

《語源》数を合わせる表現。

《同形》数・人数

《例文》数学＝「算数」＋「学ぶ」。算数の宿題＝「算数」＋「宿題」。算数が得意＝「算数」＋「得意」。

サンドイッチ【sandwich】

《表現》左手親指と4指の間に、右手4指を挟み、そのまま口元に運ぶ。

《語源》指を組み合わせて、サンドイッチの挟んで重なるようすを伝える。

《例文》卵サンド＝「卵」＋「サンドイッチ」。

ざんねん【残念】

《表現》右手握りこぶしの甲を、左手のひらに当て左へ跳ね上げる（1～2回）。残念でならないという表情で。

《語源》残念なときに、手を打ちつけるようすから。

《応用》右手握りこぶしを開きながら左手のひらに叩きつけると「失敗」の手話になる。

さんぴ【賛否】

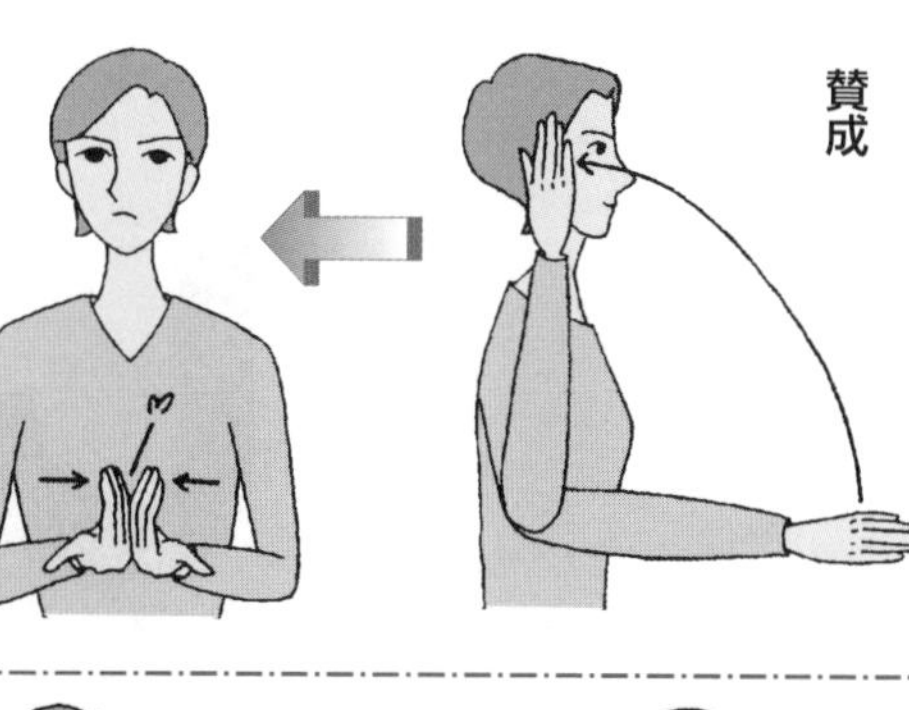

《表現》①指をそろえて伸ばした右手を上げる（手のひらは左向き）⇩**「賛成」の手話**、②付け根から折った両手の4指の背を左右からぶつける⇩**「反対」の手話**。

《語源》①は手を上げて賛成を表現。「賛成」と「反対」で。

《例文》賛否を問う＝「賛否」＋「尋ねる」。

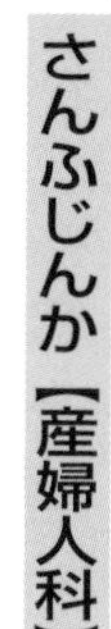

さんふじんか【産婦人科】

産まれる

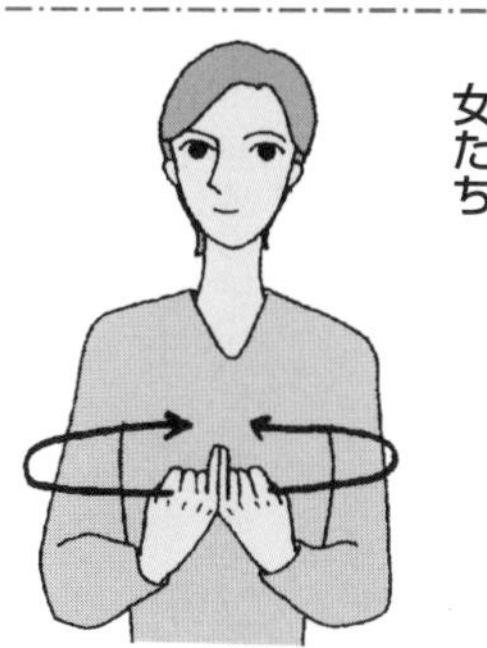

か

《表現》①握って指先を向かい合わせた両手をおなかの前で構え、前に出しながら指を伸ばす⇩**「産まれる」「出産」の手話**、②小指を立てた両手の小指どうしを前で合わせ、水平に弧を描きながら、手前で小指を再び合わせる⇩**「女たち」「女性」の手話**、③指文字「か」を示す。

《語源》「出産」と「女たち」と「か」で。

《例文》産婦人科で診てもらう＝「産婦人科」＋「診察を受ける（診察）」。

さんぽ【散歩】

遊ぶ

《表現》①両手の人差し指を立て、顔の横で交互に前後に動かす⇩**「遊ぶ」の手話**、②人差し指と中指を足に見立て交互に動かす⇩**「歩く」の手話**（左右にくねらせることでプラプラするようすを表現）。

《語源》「遊ぶ」と「歩く」で。

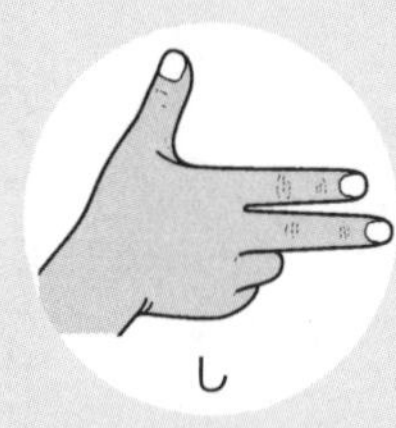

親指と2指を伸ばす。
「7」と同じ。

し【市】

《表現》親指、人差し指、中指を伸ばした右手⇩**指文字「し」**を、身体の中央から右胸の前あたりに構える。

《語源》指文字「し」で表現。

《応用》右手の指文字「し」を指文字「く」に変えると「区」の手話になる。

《例文》名古屋市＝「名古屋」＋「市」。

《参考》指文字「し」を左肩に当てると「弁護士」「看護師」などの「士（師）」になるので注意。

～じ【～時】

《表現》右手人差し指で左手首の甲側を指す。

《語源》腕時計を示す表現。

《同意》時間・時

《例文》1時＝「～時」＋数詞「1」。約束の時間は2時＝「約束」＋「～時」＋数詞「2」。今、何時？＝「今（今日）」＋「～時」＋「いくつ」。時間がないので早く歩く＝「～時」＋「ぎりぎり」＋早く動かし「歩く」。

《参考》例文のように、時刻を表す場合は、この手話の後に数詞を示す。

しあい【試合】

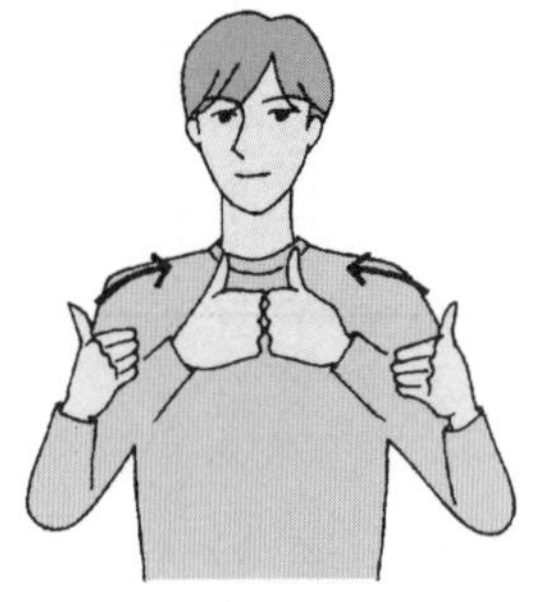

《表現》親指の腹を向かい合わせて立てた両手のこぶしを、左右から中央上へ動かし力強く1回ぶつける。

《語源》ぶつかって力を試し合うようすから。

《同形》対抗・張り合う

《応用》同じ形で、親指の腹を前に向けた両手を交互に上下させると「試験」の手話になる。

《例文》試合に勝つ＝「試合」＋「勝つ」（試合の手話に続けて右手で左手を倒す）。柔道の決勝戦＝「柔道」＋「最高」＋「試合」。

《参考》同じ形で軽く2回当てると、「相談」「打ち合わせ」の手話になる。

しあつ【指圧】

《**表現**》親指の腹を斜め下に向けて立てた両手で、斜め下に2回ほど押す。このとき、親指の腹を下に向けて押してもよい。

《**語源**》指圧の動作から。

《**例文**》母を指圧する＝「母」＋「指圧」。

しあわせ【幸せ】

《**表現**》右手親指と4指を開いて伸ばした右手をあごに当て、あごに沿って指を閉じながら下ろす。

《**語源**》嬉しいときに、あごに手をやりニヤリとするようすから。

《**同意**》幸福・幸・福

《**応用**》そろえて伸ばした右手4指の腹をあごに当て、そのまま斜め前下に、勢いよく手を下ろすと「不幸」の手話になる。

《**例文**》幸運＝「運（偶然）」＋「幸せ」。福島＝「福」＋「島」。幸福の神＝「福」＋「神」。幸せな暮らし＝「幸せ」＋「暮らし（暮らす）」。幸せになりたい＝「幸せ」＋「希望」。幸田さん＝「幸（幸せ）」＋「田」＋「男」あるいは「女」。

《**参考**》同じ動作を2回行ってもよい。

ASL

広げた片手を胸に当てて少し跳ねるように上に2回動かす。

HAPPY

ジーパン【Gパン】

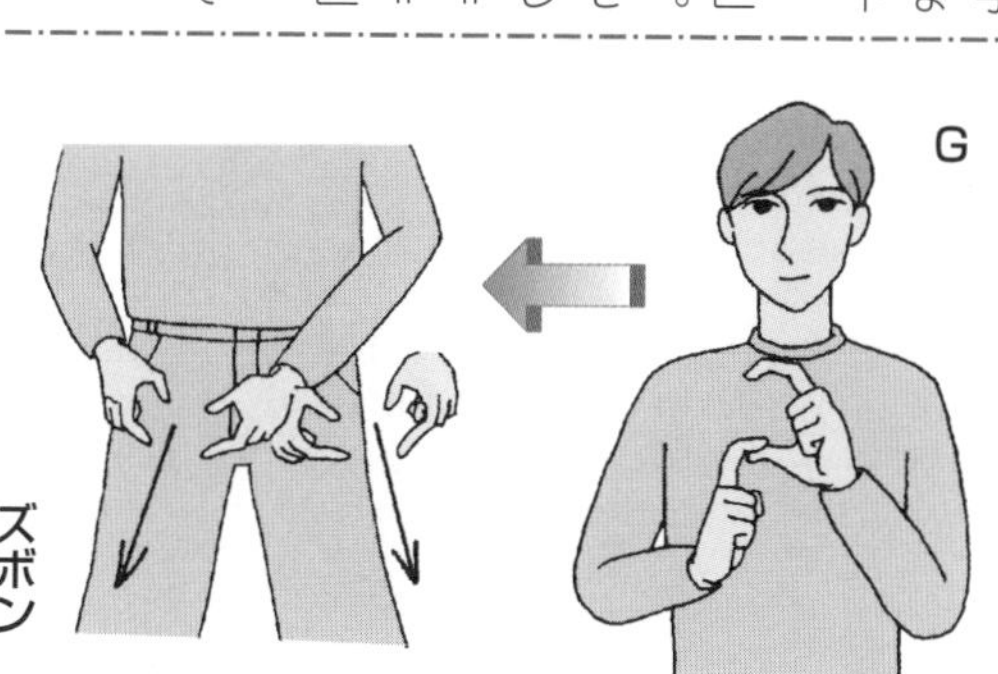

《**表現**》①左手親指と人差し指でCをかたどり、その親指に、カギ型にした右手人差し指の先を乗せる⇒**日本式アルファベット「G」**、②親指と人差し指でU字型をつくった両手の指先を向かい合わせ、両太ももに沿って下げる⇒**「ズボン」の手話**。

《**参考**》ジーンズ（ズボン）も同じように表す。

ジェイ・アール【JR】

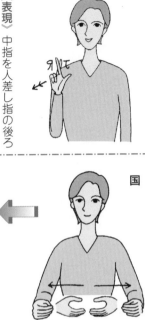

《**表現**》中指を人差し指の後ろにからめて立て親指を伸ばした右手を前に出す（1〜2回）。
《**語源**》からめた2指は「R」の指文字。その2指と親指でJをかたどったもの。前に出すのは電車が動きだすことから。
《**例文**》JR大阪駅＝「JR」＋「大阪」＋「駅」。JR東日本＝「JR」＋「東」＋「日本」。

じえいたい【自衛隊】

国

グループ

《**表現**》①親指と4指を開いた両手の指先を向かい合わせて構え、左右に離しながら指先を閉じる⇓**「国」の手話**、②立てた左手握りこぶしを胸の前で構え、その周りを右手で左斜め前から手前へと囲むように回す⇓**「守る」の手話**、③手のひらを手前に向けて並べた両手を、水平に円を描きながら手前に動かし両手首あたりを合わせる⇓**「グループ」の手話**。

《**語源**》「国」を「守る」「グループ」で。特に「軍（兵庫）」は使わない。

《**別形**》「防ぐ」に続けて「グループ」を表す。

《**例文**》自衛隊派遣＝「自衛隊」＋「派遣」。

しか【歯科】

歯

《**表現**》①右手人差し指で歯を指す⇓**「歯」の手話**、②指文字「か」を示す。
《**語源**》「歯」と「か」で。
《**参考**》歯医者は「歯」＋「脈」＋「男」あるいは「女」で伝わる。

しが【滋賀】

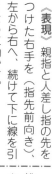

《**表現**》琵琶を演奏する形。左手は左肩の前あたりに構え、弦を抑える手つきをする。右手は、おなかの前でバチを持って弦をはじくように手首を動かす。
《**同形**》琵琶（楽器）
《**語源**》日本最大の湖、琵琶湖を有することから楽器の琵琶で表現。

しかい【司会】

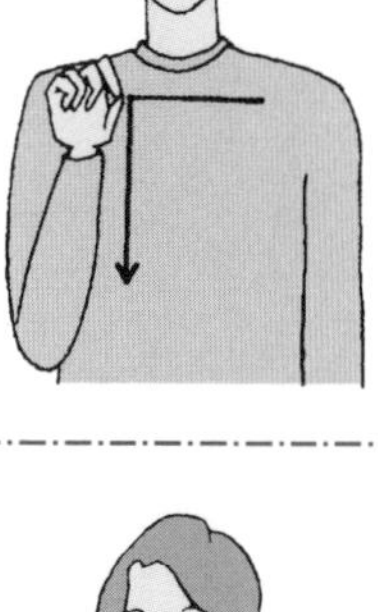

《**表現**》親指と人差し指の先をつけた右手を（指先前向き）、左から右へ、続けて下に線を引くように動かす。
《**語源**》司の𠃌から。
《**同形**》司
《**例文**》テレビの司会者＝「テレビ」＋「番組」＋「司会」＋「男」あるいは「女」。結婚式の司会＝「結婚」＋「式」＋「司会」。司さん（人名）＝「司」＋「男」あるいは「女」。

しかく【資格】

《**表現**》親指と人差し指をやや離した右手を左肩に当て、そのまま下におろす。

《**語源**》資格を表す肩書きから。あるいは制服の肩章を示す。

《**同形**》肩書き
《**別形**》同じ手の形の右手を右肩に当て、そのまままっすぐ下げる。

《**例文**》資格試験＝「資格」＋「試験」。手話通訳士の資格＝「手話」＋「通訳」＋「士（弁護士）」＋「資格」。

しかたない【仕方ない】

《**表現**》右手を手刀の形にして小指側を左肩に当て、身を切るように右斜め下におろす。

《**語源**》自分の犠牲もやむを得ないとする身を切るしぐさ。あるいは、禁欲する僧侶の袈裟を表すともいわれる。

《**同形**》身を切る
《**別形**》同じ手の形で、小指側を左肩に2回当てる。

《**例文**》しかたなく勉強する＝「しかたない」＋「勉強（学校）」。

しかられる【叱られる】

《**表現**》親指を立てた右手を、顔の右斜め上に構え（親指の腹は自分に向ける）、そのまま額に向けて勢いよく下ろす。

《**語源**》親指は叱る人を、上に構えるのは立場が上であることを表し、自分に向けて下ろすのは受け身であることを示す。

《**応用**》立てた左手親指に向けて右手を下ろせば、反対の意味である「叱る」の手話になる。

《**例文**》叱られて反省＝「叱られる」＋「反省」。

しかる【叱る】

《**表現**》親指を立てて前に構えた左手親指に向けて、親指を立てた右手を（親指の腹は左手に向ける）勢いよく下ろす。

《**語源**》上の立場から下の立場の人を叱ることを、手を下ろして表現する。

《**同意**》注意する・ダメ（と叱る）

《**参考**》親指を立てた右手を斜め前下におろすだけで「叱る」「駄目」の手話。相手に向けて行えば「ダメ」「コラ」と相手を叱る表現になる。イラストでは、左手を出しておくことで第3者を「叱る」ことを伝える。

じかん【時間・時】

a

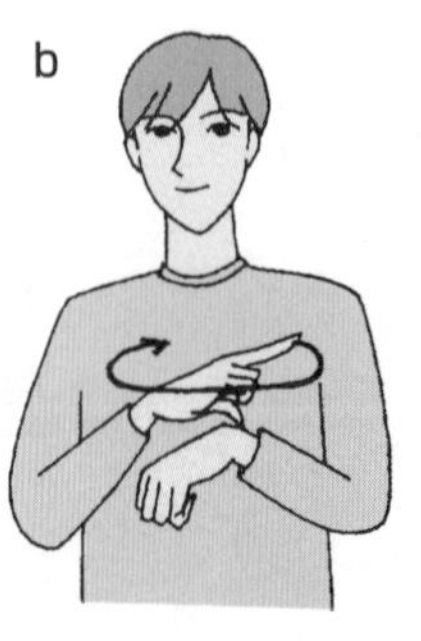

b

《**表現**》右手人差し指で左手首の甲側を指す。

《**語源**》腕時計を示す表現。

《**同意**》～時

《**別形**》親指と人差し指を伸ばした右手親指を左手首に当て、親指を軸に人差し指を水平に右へ回すb⇒**「時計が動く」の手話**。右に向けた左手のひらに（指は伸ばす）、親指を伸ばし人差し指を立てた右手親指の先を当て、親指を軸に人差し指を前に倒すc⇒**「時」「場合」の手話**。

c

《**例文**》1時＝「時間a」＋数詞「1」。今、何時？＝「今（今日）」＋「時間a」＋「いくつ」。時間がないので早く歩く＝「時間a」＋「ぎりぎり」＋早く動かし「歩く」。1時間後＝数詞「1」＋「時間b」＋「間」＋「将来」。

《**参考**》「～時」と時間を指定する場合は通常aを使う。cは、「～したとき」または「～時代」など「時」一般に使える手話で、aやbに比べ、時間としての意味は広くなる。a―b―cの順に時間の意味は広がる。

～じかん【～時間】

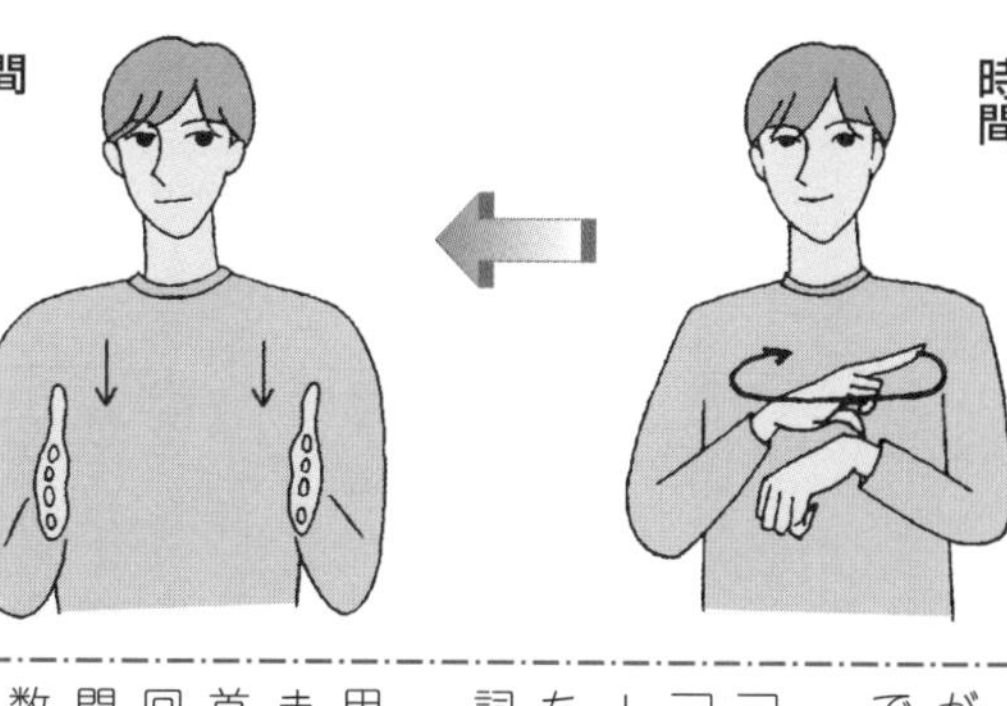

《表現》①親指と人差し指を伸ばした右手親指を左手首に当て親指を軸に人差し指を水平に右へ回す⇒「時間」の手話、②手のひらを向かい合わせた両手を、胸の前で左右に構える⇒「間」の手話。

《語源》①「時間」は時計の針が動く表現。「時間」と「間」で。

《例文》時間給＝「～時間」＋「給料」。時間給1000円＝「～時間」＋「給料」＋数詞「千」＋「円（通貨単位）」。2時間待ち＝「待つ」＋「時間a」＋数詞「2」＋「～時間」。

《参考》①の「時間」は手首の甲側を指す「時間a」でもよい。また、甲を上に向け握った左手首の上で、右手の数詞を水平に回す表現もある。例えば「8時間」なら、左手首の上で右手の数詞「8」を回す。

時間a

しき【式】

《表現》手のひらを前に向けて立てた両手の4指を付け根から前に倒す。

《語源》全員がお辞儀する表現。4指は人を示す。

《例文》卒業式＝「卒業」＋「式」。入学式＝「学校」＋「入る」＋「式」。結婚式＝「結婚」＋「式」。

《参考》始めに中央で両手を並べて立て、左右に離してから同じように4指を倒す場合もある。

しけん【試験】

《表現》親指の腹を前に向けて立てた両手を胸の前で構え、交互に上下させる。

《同形》コンクール・テスト

《語源》競い合う表現。

《応用》同じ形で交互に前後させると「競争」の手話になる。

《例文》筆記試験＝「書く」＋「試験」。試験日＝「試験」＋「～日a」。実力試験＝「実力」＋「試験」。

じけん【事件】

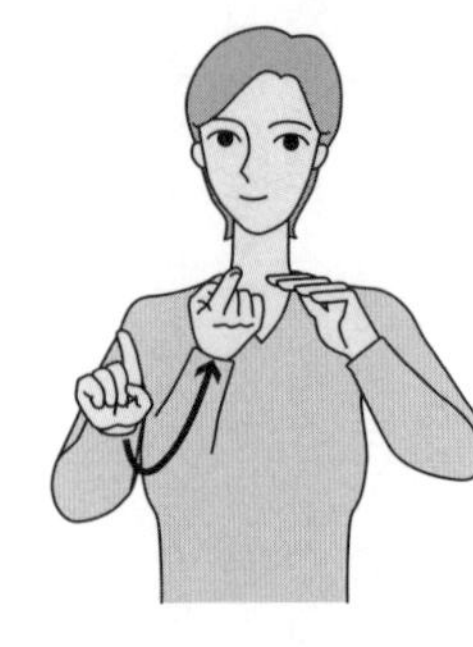

《**表現**》4指をそろえて付け根から折った左手を胸の前で構え、その下で右手人差し指の先を前に向けて伸ばし、手首を返しながらして勢いよく上げる⇩**「(事が)起きる」の手話**。

《**語源**》「事」と「(事が)起きる」の手話で。

《**例文**》通り魔事件＝「通り魔」＋「事件」。事件現場＝「事件」＋「本当」＋「場所」。

じこ【事故】

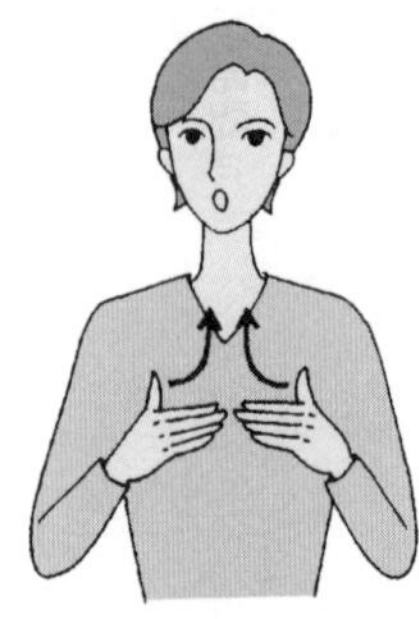

《**表現**》手のひらを手前に向け、指をそろえて伸ばした両手を、左右から中央へ寄せ指先をぶつけたあと勢いよく両手を跳ね上げる。

《**語源**》交通での衝突を表す。

《**応用**》左右から寄せる手の指先をぶつけずに、交差させ中央で行き違うように2〜3回動かすと「交通」の手話になる。

《**例文**》なぞの事故＝「謎a」＋「事故」。

しこく【四国】

《**表現**》指を伸ばし上に向けた左手のひらに、4指を伸ばした⇩**数詞「4」**右手を小指側から当てる。

《**語源**》左手は島を表し、四国の4を当てる。

《**別形**》指をそろえややわん曲させて手のひらを下に指先を右に向けた左手の甲に沿って、右手の数詞「4」を前から手前に引く(指先前向き)b。

しごと【仕事】

《**表現**》手のひらを上に向けた両手の指先を、左右から中央へ2回寄せる。

《**語源**》書類の整理、あるいは物を運ぶようす。

《**同形**》働く・職業

《**例文**》就職＝「仕事」＋「入る」。本職＝「本当」＋「仕事」。副業＝「予備」＋「仕事」。残業＝「仕事」＋「過ぎる(おせっかい)」。仕事が楽しい＝「仕事」＋「楽しい(嬉しい)」。

じしゃく【磁石】

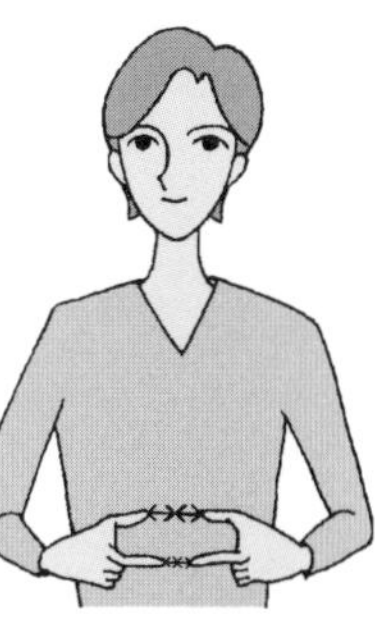

《表現》親指と人差し指でU字型をつくった両手の指先を近づけたり離したりする。指は上から見てU字型になるように水平に動かす。

《語源》U字型の磁石の形と引き合う力を表す。指先はそれぞれ＋－。

《例文》磁場＝「磁石」＋「場所」。

じしん【自信】

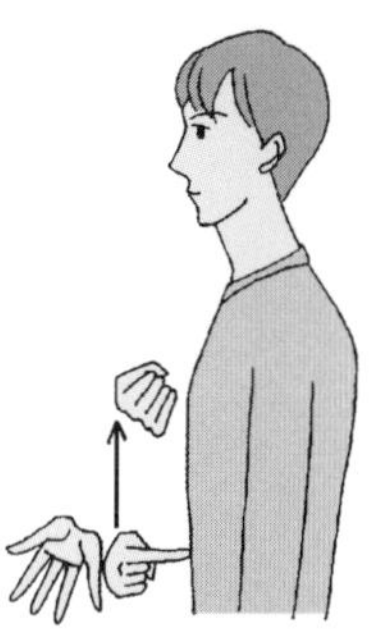

《表現》①右手人差し指でおなかを指し、②手のひらを上に向け開いた右手を身体に沿ってまっすぐ上げながら握る⇒「信用」の手話。

《語源》自分を信じることから。

《例文》自信がない＝「自信」＋「ない」。自信がある＝勢いよく「自信」。自信を持て＝「自信」＋「あなた」。

じしん【地震】

《表現》脇を締め、手のひらを上に向けた両手を同時に前後へ動かす。

《語源》水平に構えた左右の腕と手は地面を表し、それが揺れている表現。

《例文》阪神大地震＝「阪神」＋「とても」＋「地震」＋「災害」。東海地震＝「東」＋「海」＋「地震」。

《参考》伝えたい地震の規模によって、大きく、あるいは小さく、また、速く、あるいはゆっくり動かすとよい。また、恐ろしい、驚いたなどの顔の表情も加えることでより伝わる。

しずおか【静岡】

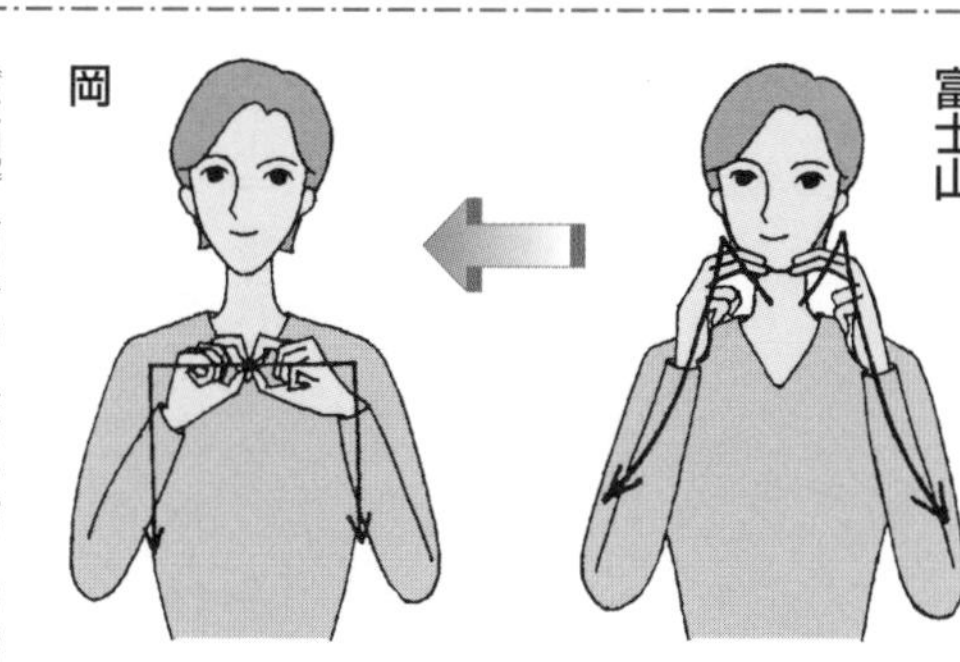

《表現》両手の人差し指と中指での先、富士山を描く（中央から斜め下へ広げていく）⇒「富士山」の手話。

《参考》「富士山」だけでもよいが、「富士山」＋「岡」で伝えるとより分かりやすい。「岡」の手話は、漢字岡の冂を両手で描く。親指と人差し指の先をつけ中央で両手の指先を合わせ左右に離してから下ろす。

システム【system】

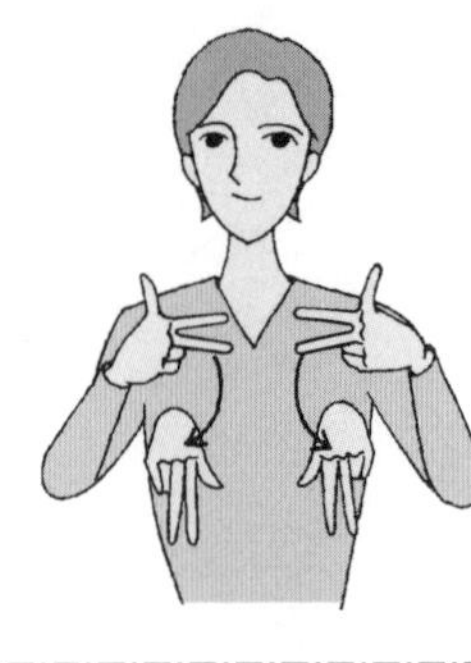

《表現》両手の親指、人差し指、中指を伸ばし⇓**指文字「し」**、向かい合わせ、両手同時に2指の先を下に向ける。
《語源》頭文字「し」で表現。
《例文》料金システム＝「お金（金）」＋「システム」。システム構築＝「システム」＋「組み立てる」。システムエラー＝「システム」＋「エラー」。

しせつ【施設】

《表現》左手で指文字「し」を示しその指先あたりから、指先を前に向けて伸ばした右手を（甲が上向き）右へ動かし、続けて甲を右に向け下へ動かす。
《語源》右手は「建物」の手話の半分、指文字「し」との組み合わせで施設を表現。
《例文》福祉施設＝「福祉」＋「施設」。

しぜん【自然】

《表現》伸ばした右手人差し指の先を前に向け、ゆっくりと手首を返しながら下方向にU字型に動かし、指先を上に向ける。

《語源》事象が自ら起こるようす。

《同形》自動
《応用》素早く動かすと「（事が）起きる」の手話になる。

《例文》大自然＝「大きい」＋「自然」。自然の川を守る＝「自然」＋「川」＋「守る」。自動的＝「自動」＋「～的（合う）」。

した【下】

《表現》甲を前に向け、親指と人差し指を伸ばした右手を下へ動かす（人差し指下向き）。
《語源》親指と人差し指で漢字の「下」を表している。
《同形》下げる
《別形》「下」の漢字をつくらずに、人差し指で下を指すだけでも通じる場合もある。

～したい

《**表現**》右手親指と人差し指を開いてのど元を挟むように当て、斜め前下に動かしながら2指を閉じる。

《**語源**》「好き」と同形。

《**同形**》好き・欲しい

《**例文**》サッカーをしたい＝「サッカー」＋「する」＋「～したい」。帰りたい＝「帰る」＋「～したい」。おいしい紅茶が飲みたい＝「おいしい」＋「紅茶」＋「飲む」＋「～したい」。新しい服が欲しい＝「新しい」＋「服」＋「欲しい」。

《**参考**》「～したい」「好き」は表情や口形、文脈で区別する。

じだい【時代】

《**表現**》右に向けた左手のひらに（指は伸ばす）、親指を伸ばし人差し指を立てた右手親指の先を当て、親指を軸に人差し指を前に倒す。

《**語源**》時計の表現。人差し指の針が回るようす。

《**同形**》時・～なとき・～ならば・～の場合

《**例文**》明治時代＝「明治」＋「時代」。アメリカに行ったならば＝「アメリカ」＋「（飛行機で）行く」＋「～ならば」。

《**参考**》この手話は「時間」や「時」一般を表すもの。また、「～なとき」など仮定を表す手話にもなる。

したいふじゆう【肢体不自由】

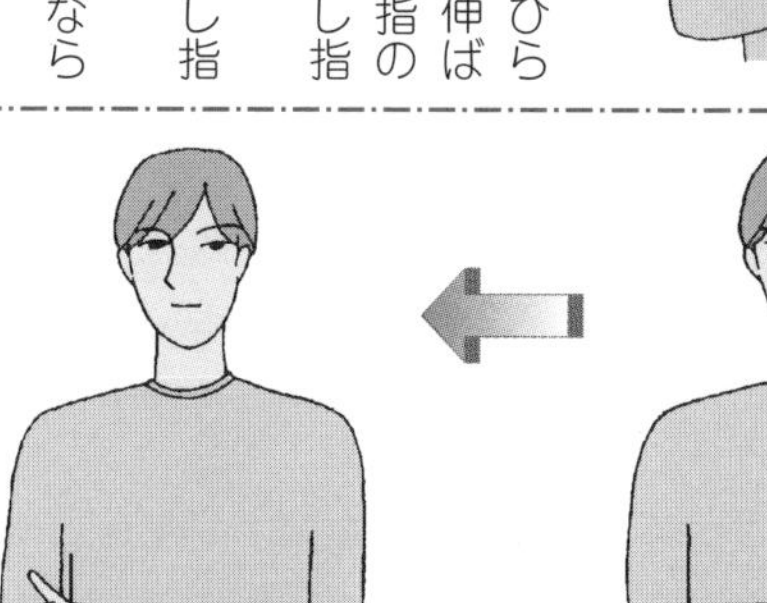

《**表現**》左右の腕を交互に手刀にした手で切るように動かす。

《**語源**》手が使えないという表現で伝える。

じたく【自宅】

《**表現**》①右手人差し指で胸の中央を指し、手首を軸に上へ跳ね上げる⇒**「自分」の手話**、②左右から斜めに立てた両手の指先を合わせる⇒**「家」の手話**。

《**語源**》「自分」と「家」で。

《**別形**》「私」と「家」、または「個人」と「家」でもよい。

《**例文**》自宅通勤＝「自宅」＋「会社」＋「通う」。

したしい【親しい】

a

b

《**表現**》胸元で両手を組み合わせ、そのまま左右に小さく振る。
《**語源**》しっかり手をつなぐことで表現。
《**同形**》親友
《**応用**》握った両手を水平に回しグループを表すことで「仲間」の手話になる。
《**別形**》右手人差し指と中指でほほに触れるb。
《**例文**》親しみやすい人＝「親しい」＋「～できる」＋「人」。

しちごさん【七五三】

《**表現**》数詞「7」を表し、少し下の位置に数詞「5」を、さらに少し下の位置に数詞「3（横にして表現）」を表す。
《**語源**》数詞の「7」「5」「3」で表現。
《**参考**》この手話の前に、あごの下で右手の5指を親指から順に折っていく⇒**「年齢」の手話**を表現する場合もある。
《**例文**》七五三はいつですか？＝「7」＋「5」＋「3」＋「いつ？」。

じついん【実印】

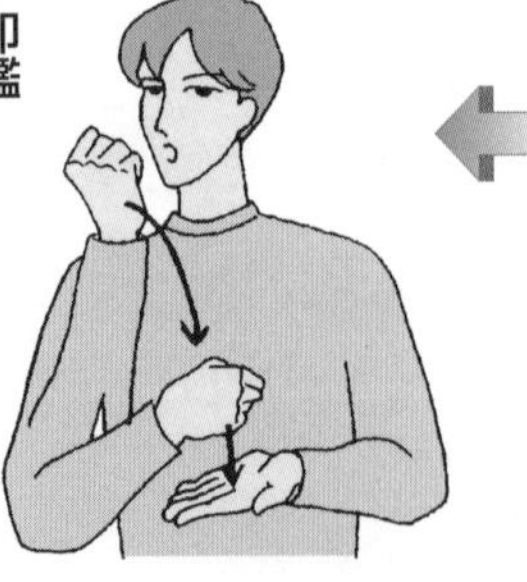

《**表現**》①指をそろえて立てた右手人差し指側をあごに1～2回当てる⇒**「本当」の手話**、②握った右手の小指側に息を吹きかけ、続けて、上向きに構えていた左手のひらに押しつける⇒**「印鑑」の手話**。
《**語源**》「本当」と「印鑑」で。

しつぎょう【失業】

首になる

《**表現**》①手のひらを上に向けた両手の指先を、左右から中央へ2回寄せる⇒**「仕事」の手話**、②右手の手刀で首を切る⇒**「首になる」の手話**。

《**語源**》「仕事」と「首になる」で。

《**例文**》失業中＝「失業」＋「中（中級）」。

《**参考**》文脈によって①「仕事」は省略できる。

しっこうゆうよ【執行猶予】

拘束

延期

《表現》①身体の中央で、両手握りこぶしを上下から手首で合わせる⇓**「拘束」の手話**、②親指と人差し指の先をつけて下に向けた両手を、右脇から左脇へ同時に弧を描き動かす⇓**「延期」の手話**。

《語源》①はお縄（手錠）を表現、②は延ばすことから。

しっと【嫉妬】

《表現》立てた右手人差し指と中指の先で交互に鼻の頭に触れる。

《語源》冷静を装いながらも鼻がぴくぴく動くようす。あるいは、相手の鼻を叩きつぶしたいという表現。

《例文》彼は嫉妬深い＝「彼」＋「嫉妬」＋「とても」＋「深い」あるいは「コンプレックス」。彼はあなたの出世に嫉妬している＝「彼」＋「あなた」＋「出世」＋「嫉妬」。

しつど【湿度】

《表現》手のひらを前に向けた左手首のあたりに右手親指と4指でつくったコの字型の親指と人差し指側を当て、左手に沿って右手を上げながら親指と4指を閉じたり開いたりする（2〜3回）。

《語源》左手は湿度計を表し、右手は湿度の違いによる物の変化を表す。

《例文》大阪は湿度が高い＝「大阪」＋「湿度」の右手を左手の指先の位置で止める。

しっぱい【失敗】

《**表現**》右手握りこぶしを開きながら、おなかの前で構えていた左手のひらに右手の甲を叩きつける。しくじった！という表情で。

《**語源**》平らできれいなものの表面（左手のひら）に、インクなどがこぼれ、飛び散った（右手）ことを表現。

《**同形**》ミス

《**応用**》右手握りこぶしを開かずに甲を左手のひらに当て左へ跳ね上げると「残念」の手話になる。

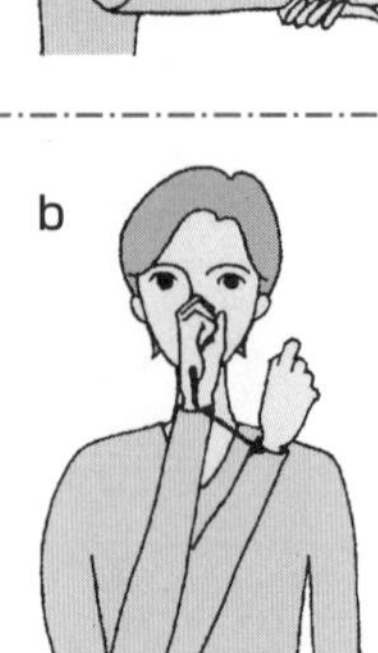

《**別形**》右手握りこぶしを鼻に当て高い鼻を表現したあと、鼻を折るように下にひねる（天狗の鼻がくじかれる）b。

《**例文**》診察ミス＝「診察」＋「ミス」。失敗が悔やまれる＝「失敗」＋「悔しい」。

ASL

親指と小指を伸ばした右手を下からあごに当てる。

MISTAKE

じつりょく【実力】

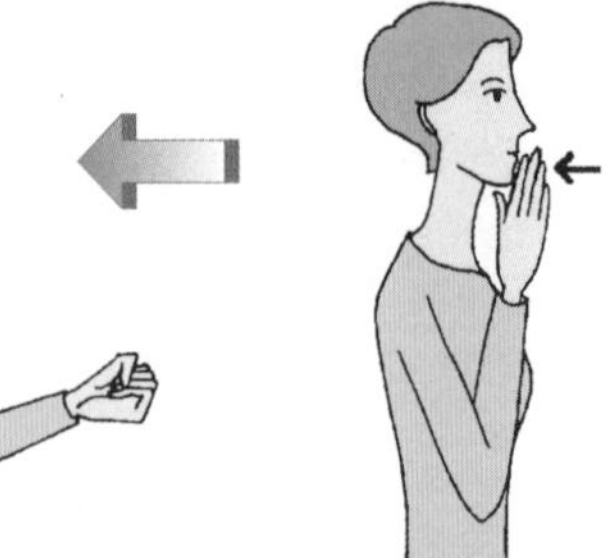

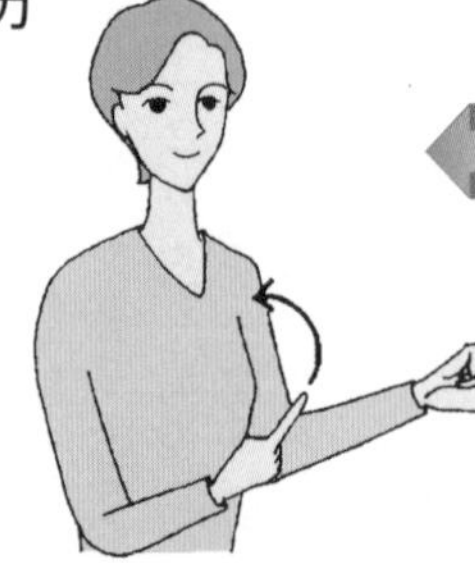

《**表現**》①指をそろえて立てた右手の人差し指側をあごに1〜2回当てる⇓**「本当」の手話**、②手を握った左腕を曲げ上腕に右手人差し指で力こぶを描く⇓**「力」の手話**。

《**語源**》「本当」と「力」で。

《**例文**》実力を試す＝「実力」＋「試す」。

しつれい【失礼】

《**表現**》甲を前に向けた両手握りこぶしの小指側を胸のあたりで左右から合わせ⇓**「エチケット」「礼儀」の手話**、続けて左手はそのまま、右手を開きながら前に倒す。

《**語源**》礼儀が壊れる表現。

《**同意**》非常識

《**別形**》「エチケット」の手話に続けて、両手握りこぶしを前後に離す。

《**例文**》失礼だぞ＝「失礼」＋相手を指す。失礼を詫びる＝「失礼」＋「謝る」。

《**参考**》「すみません」「失礼しました」は、「すみません」の手話で伝えることができる。

しつれん【失恋】

《**表現**》左胸の前で、両手の人差し指を交差させて構え、左右の上方向にぱっと開いて離す。悲しい表情で。

《**語源**》「恋」の手話の逆動作。

《**応用**》両手の人差し指を左右から斜めに下ろし、左胸の前で交差させれば「恋」の手話。

《**例文**》昨日、失恋しました＝「昨日」＋「失恋」。恋が破れてがっかり＝「失恋」＋「がっかり」。

してん【支店】

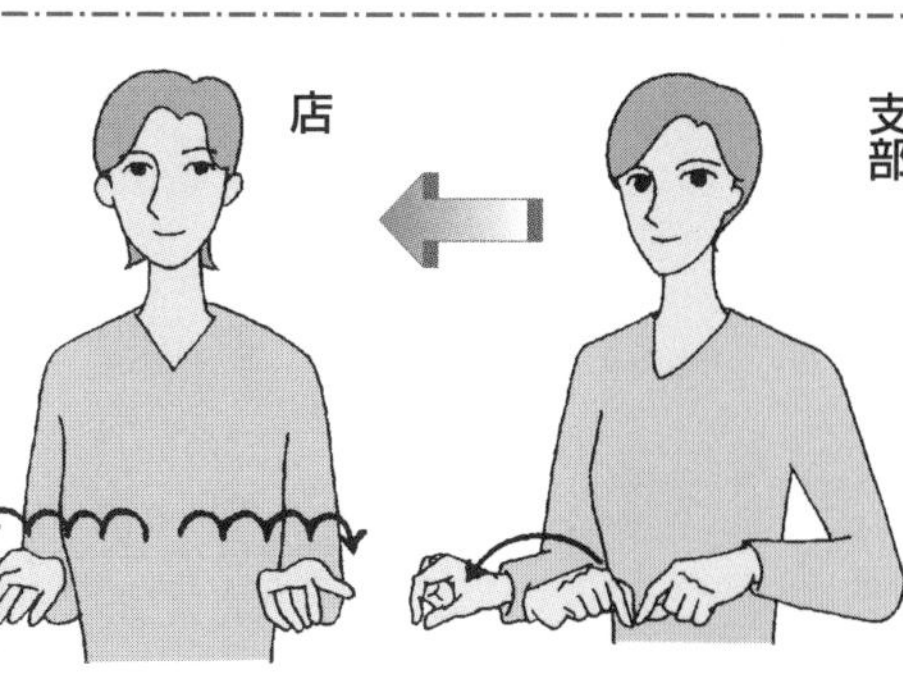

《**表現**》①親指と人差し指の先をつけた両手をおなかの前で構え、左手はそのまま右手は弧を描いて前に出す⇓**「支部」の手話**、②指先を前に手のひらを上に向けた両手を、小さく弧を描きながら左右へ離していく⇓**「店」の手話**。

《**語源**》①は分かれたものを表す。

じてんしゃ【自転車】

《**表現**》甲を上に向けた両手握りこぶしを、半回転ずらしながら前に回す。

《**語源**》自転車のペダルを踏んでこぐようす。

《**例文**》自転車レース＝「自転車」＋「競争」。自転車で行く＝「自転車」＋「行く」。

じどうはんばいき【自動販売機】

《**表現**》①右手親指と人差し指で輪をつくり⇓**「お金」「金」の手話**、前に出しながら2指の先を離す、②指をそろえて伸ばした右手のひらを上に向け手前に引く（指先左向き）。

《**語源**》①は自動販売機にお金を入れる動作。これに取り出し口から取り出す動作を加えたもの。

〜しなければならない

《表現》胸（あるいはおなか）に向かって両手を引き寄せる。
《同意》必要・要る
《別形》「用事」の手話でもよい。
《例文》指文字を覚えなければならない＝「指文字」＋「覚える」＋「〜しなければならない」。

ASL
指文字「×」を体の前で下ろす。
MUST

しぬ【死ぬ】

《表現》指先を前に向けた両手を合わせて立て、小指側を軸に右へ倒す。
《語源》合掌の変形と倒れることで表現。
《例文》兄は事故で死んだ＝「兄」＋「事故」＋「死ぬ」。戦争は多くの人が死ぬ＝「戦争」＋「たくさん」＋「人々」＋「死ぬ」。

しはらう【支払う】

《表現》手のひらを上に指先を前に向けそろえて伸ばし左手の上で、親指と人差し指で輪を作った右手を構える（輪が左手のひらと水平になるように）。そのまま両手同時に小さく弧を描きながら前に出す。
《語源》お金を差し出す表現。
《同形》お金を納める
《例文》納税＝「税金」＋「支払う」。

じびいんこうか【耳鼻咽喉科】

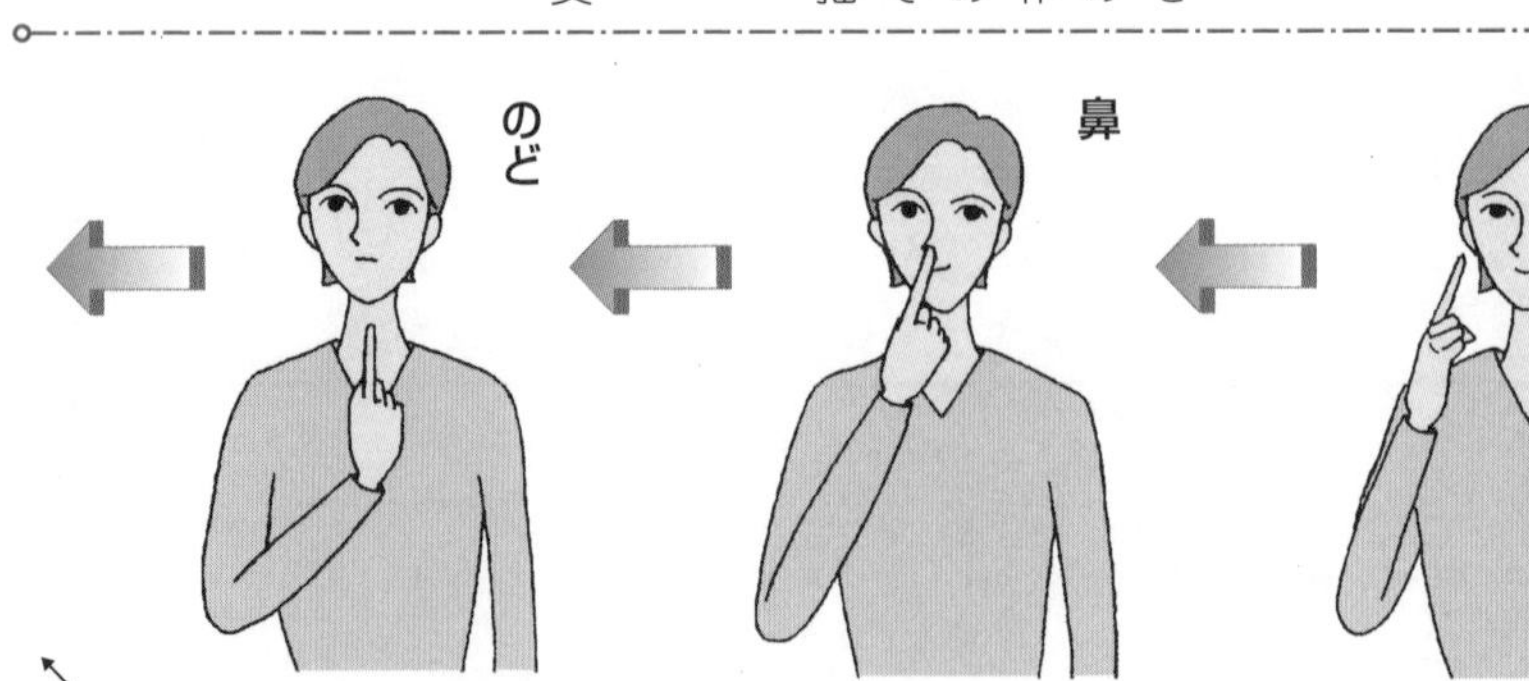

《表現》①人差し指で耳を指す⇩**「耳」の手話**、②人差し指で鼻を指す⇩**「鼻」の手話**、③人差し指でのどを指す⇩**「のど」の手話**、④指文字「か」を示す。

《語源》「耳」、「鼻」、「のど」と「か」で。

《応用》歯を指して指文字「か」を行えば「歯科」、目を指して指文字「か」を行えば「眼科」。

《例文》耳鼻咽喉科に通っている＝「耳鼻咽喉科」＋「通う」。耳鼻咽喉科の先生＝「耳鼻咽喉科」＋「脈」＋「男」あるいは「女」。

《参考》「目」「耳」「鼻」「のど」の手話など身体の部分を伝える手話は自分のその場所を指し示す場合が多い。

じぶん【自分】

《表現》右手人差し指で胸の中央を指し、手首を軸に上へ跳ね上げる。

《語源》人差し指で自分を指す「私」の手話を強調したもの。

《同形》自分の

《例文》自宅＝「自分」＋「家」。自分の責任＝「自分」＋「責任（任される）」。

じへい【自閉】

《表現》手のひらを前に向け顔の横で構えた両手を、握りながら反転し目の前をふさぐ。

《語源》目の前が閉じていくようす。

《例文》自閉症に悩む＝「自閉」＋「〜症（病気）」＋「悩み」。自分に閉じこもってはだめ＝「自閉」＋「駄目」。

しほう【司法】

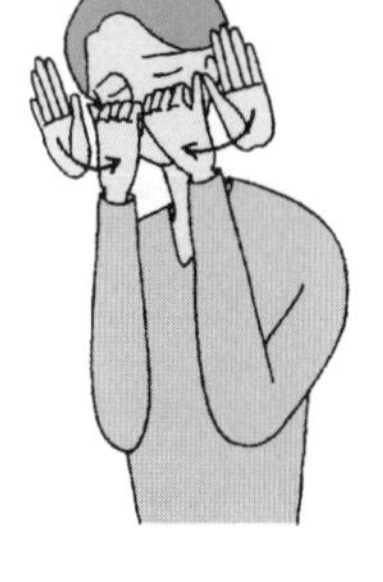

《表現》①親指と人差し指の先をつけた右手を、左から右へ、続けて下に線を引くように動かす⇩**「司」の手話**、②親指を立てた両手を、肩から前に少し弧を描きながら下ろし、しっかり止める⇩**「裁判」の手話**。

《語源》「司」と「裁判」で。

し

し

しほんきん【資本金】

《表現》①握った左手をひじから立て、そのひじの下に握った右手の甲をつけて右手をパッと開く⇒**「基本」の手話**、②親指と人差し指で輪をつくり小さく振る⇒**「お金」「金」の手話**。

《語源》「基本」と「お金」で。

しま【島】

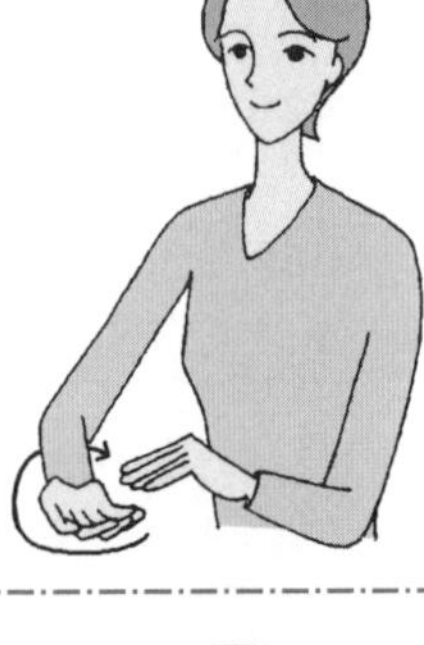

《表現》ややわん曲させて甲を上に向けた左手に沿って、ややわん曲させて手のひらを上に向けた右手を、左斜め前から手前へと回す。

《語源》左手は島を、右手はそれを囲む波を表す。島と海岸線を表現したもの。

《例文》福島＝「福（幸せ）」＋「島」。孤島＝「孤独」＋「島」。島国＝「島」＋「国」。島田さん＝「島」＋「田」＋「男」あるいは「女」。

じまく【字幕】

《表現》親指を立て4指を横に向け伸ばした左手（甲は前向き）の甲に、右手親指と人差し指の先を当てる。

《語源》左手はテレビ画面を右手2指はカギカッコを示し言葉を表現。

《別形》5指の先をつけた右手の指先を手前に向け、指をパッと開いたり閉じたりしながら胸の高さで左から右へ、あるいは右上から下へとまっすぐに動かす。文字が映し出されるようすを表し、横に動かすのは横書き、縦に動かすのは縦書きを表す。

《例文》テレビの字幕＝「テレビ」＋「字幕」。映画の字幕＝「映画」＋「字幕」。

～しました・した

《表現》手のひらを前に向けた両手を左右で構え、手首から前へ両手同時に倒す。

《語源》状態の打ち切りを示す。

《別形》手のひらを上に向けて肩あたりで構え、指をすぼめながら下へおろす（**「終わる」**参照）。

しまね【島根】

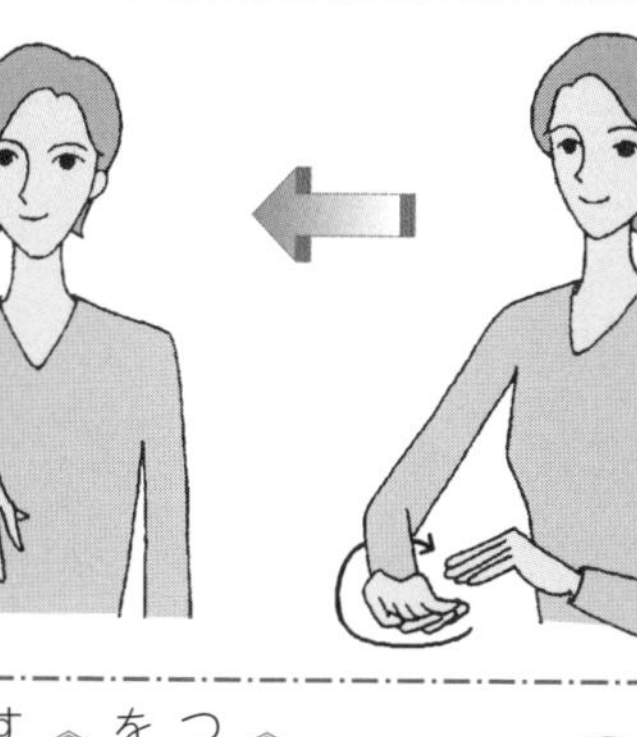

《表現》①ややわん曲させて甲を上に向けた左手に沿って、ややわん曲させて手のひらを上に向けた右手を、左斜め前から手前へと回す⇒**「島」の手話**、②右手の指先を下に向けて開いて伸ばす⇒**「根」の手話**。

《語源》「島」と「根」で。

《例文》島根でそばを食う＝「島根」＋「場所」＋「そば」。

じまん【自慢】

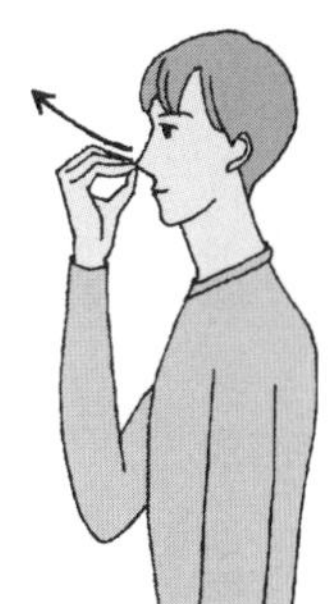

《表現》右手5指の先で鼻先をつまむ格好から、斜め前上に手を上げていく。

《語源》天狗になっているようす。しかも、自分の手で鼻を伸ばしていることから。

《例文》自慢話＝「自慢」＋「説明」。力自慢＝「力」＋「自慢」。私の自慢の車＝「私」＋「自慢」＋「車」。

じむ【事務】

《表現》甲を上に向け横に構えた左腕の前で、ペンで書くように右手を動かす。

《語源》机に左手を置いて、ものを書くようす。

《応用》右手の動きだけなら「書く」の手話になる。

《例文》事務員＝「事務」＋「男」あるいは「女」。私の仕事は事務職です＝「私」＋「仕事」＋「事務」＋「～です（ある）」。

しめきり【締め切り】

《表現》指をそろえて伸ばし甲を上に向け構えた左手の指先の横で、右手人差し指と中指をハサミに見立てて斜め上に向け切る。

《語源》ハサミで切るという表現。

《例文》申し込み締め切り＝「申し込む」＋「締め切り」。

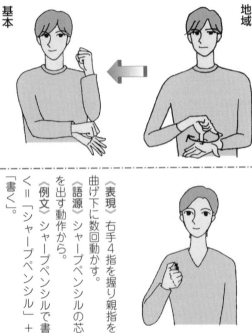

しめる【締める】

《表現》5指を開いた両手を胸の前で構え、両手を握りながら上下に並べる。
《語源》締める表現。

じもと【地元】

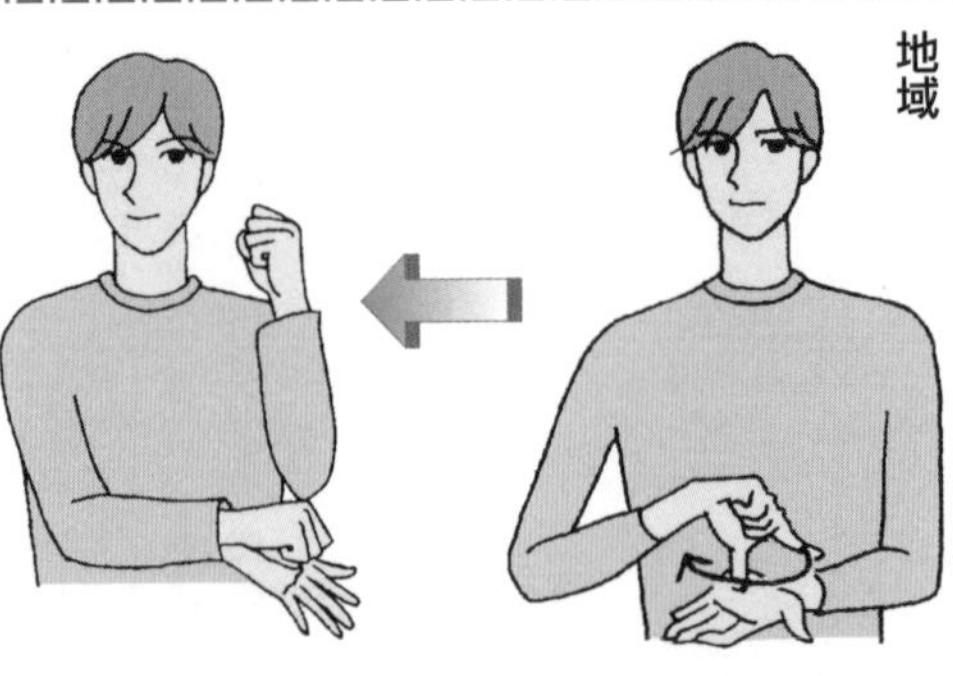

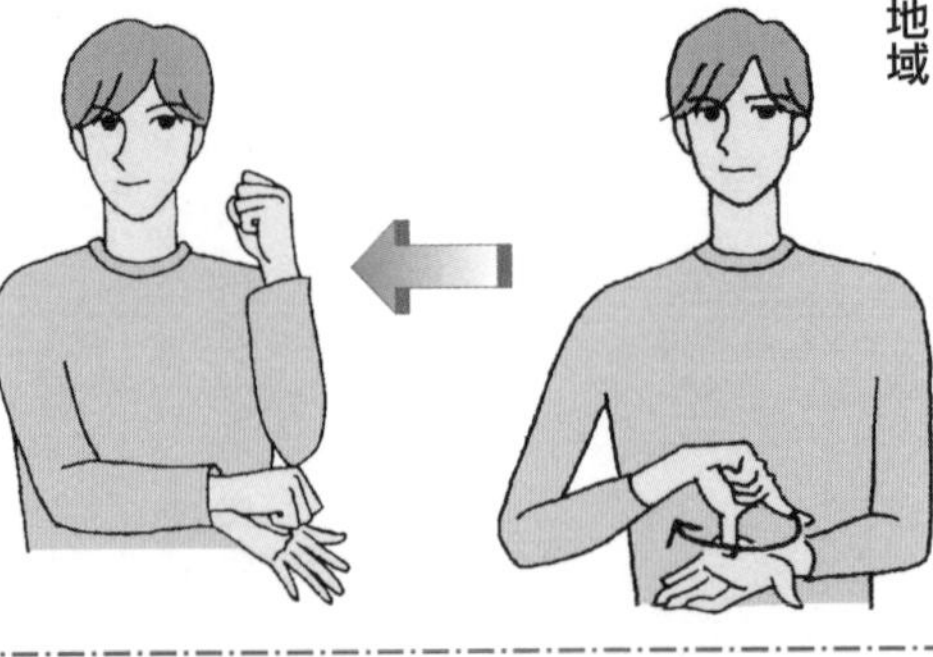

《表現》①左手のひらに右手親指の先を当て、親指を軸に伸ばした人差し指を回す⇩**「地域」の手話**、②握った左手を立て、そのひじの下に握った右手の甲をつけ右手をパッと開く⇩**「基本」の手話**。
《語源》「地域」と「基本」で。

シャープペンシル【ever-sharp pencil】

《表現》右手4指を握り親指を曲げ下に数回動かす。
《語源》シャープペンシルの芯を出す動作から。
《例文》シャープペンシルで書く＝「シャープペンシル」＋「書く」。

じゃがいも【馬鈴薯】

《表現》5指を曲げて手のひらを下に向けた左手の甲に、同じく5指を曲げた右手の指先を当てながら、左手の指先側へ動かしていく。

《語源》左手はじゃがいもの形を表し、右手の指先を当てることで芽の出るくぼみを表現。

《例文》ポテトサラダ＝「じゃがいも」＋「サラダ」。

し

しやがせまい【視野が狭い】

《表現》指をそろえて伸ばした両手を目の高さで構え（手の付け根がこめかみあたり）、視野を狭めるように指先を近づける。
《語源》視野が狭いようす。
《応用》両手の指先を左右に開くと「視野が広い」「視野が広がる」の手話になる。
《別形》「考える」＋「狭い」の手話でも表現できる。

しゃかんきょり【車間距離】

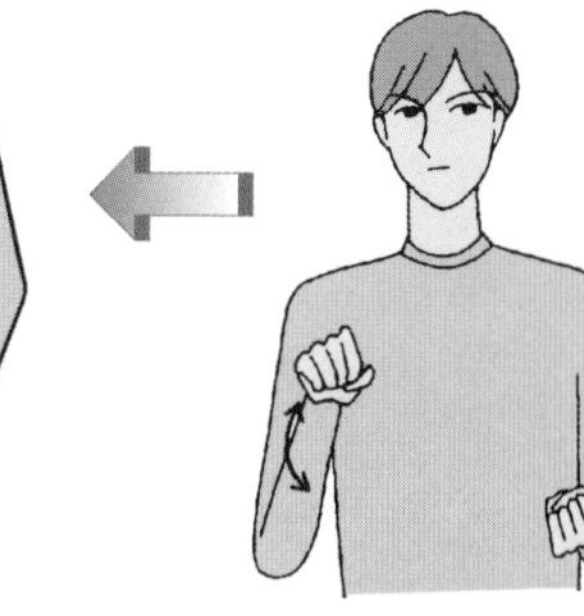

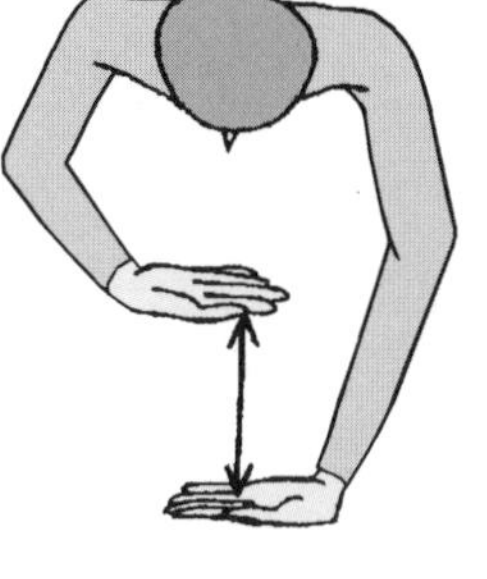

《表現》①ハンドルを握り動かす⇒**「車」の手話**、②手のひらを手前に向けた両手を前後に構え寄せたり離したりする⇒**「間隔」の手話**。
《語源》「車」とその前後の間を示す。

しゃしん【写真】

《表現》親指と4指で半円をつくった左手を構え、その前で手のひらを手前に向け指をそろえて伸ばした右手を振り下ろす。
《語源》左手はレンズ、右手はシャッターを表す。
《例文》記念写真＝「覚える」＋「写真」。卒業写真＝「卒業」＋「写真」。

ジャム【jam】

《表現》左手のひらにジャムを塗りつけるように、右手小指の先を当てて動かす。
《語源》左手はパンを示す。小指を立てた右手はジャムの頭文字で指文字「J」を流用したもの。
《例文》甘いイチゴジャム＝「甘い」＋「イチゴ」＋「ジャム」。手作りジャム＝「手」＋「料理」＋「ジャム」。

じゆう【自由】

《表現》胸の前で両手握りこぶしを交互に上下へ動かす。生き生きとした表情で。

《語源》拘束されずに好きなように動き、活動できることを自分の身体をつかって表現したもの。

《同形》勝手

《例文》自由に遊ぶ＝「自由」＋「遊ぶ」。自由時間＝「自由」＋「時間a・b」。自由主義＝「自由」＋「主義」。

しゅうがくりょこう【修学旅行】

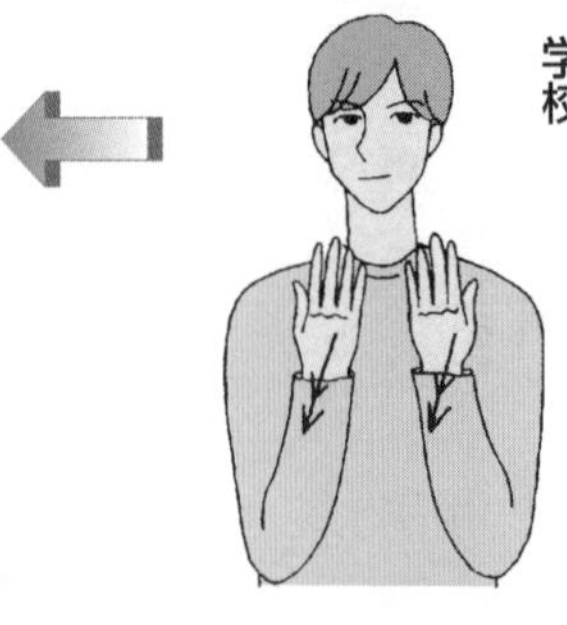

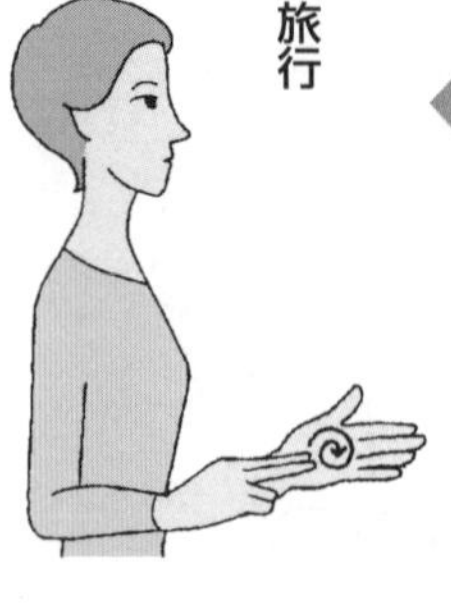

《表現》①本を読むように、手のひらを手前に向け両手を並べ、斜め前下に2回動かす⇒**「学校」の手話**。②指先を前に向けて伸ばした左手のひらに、右手人差し指と中指の腹を当て円を描くように回す⇒**「旅行」の手話**。

《語源》「学校」と「旅行」で。

～しゅうかん【～週間】

《表現》①親指、人差し指、中指を伸ばした右手⇒**数詞「7」**を、胸の位置で左から右へ動かす⇒**「1週」の手話**。②手のひらを向かい合わせた両手を、胸の前で左右に構える⇒**「間」の手話**（※①と②で「1週間」の手話）。

《語源》①は7日が過ぎることで1週を表す。②は間隔を示して「間」。

《例文》2週間＝数詞「2」＋「～週間」。3週間＝数詞「3」＋「～週間」。

しゅうかんし【週刊誌】

1週 → 雑誌

《表現》①親指、人差し指、中指を伸ばした右手⇒**数詞「7」**を、胸の位置で左から右へ動かす⇒**「1週」の手話**。②身体のやや左側で両手のひらを上下に合わせ、下の左手は残し右手を右に返す⇒**「雑誌」の手話**。

《語源》「1週」の「雑誌」で。「雑誌」は雑誌を開くようす。

しゅうぎいん【衆議院】

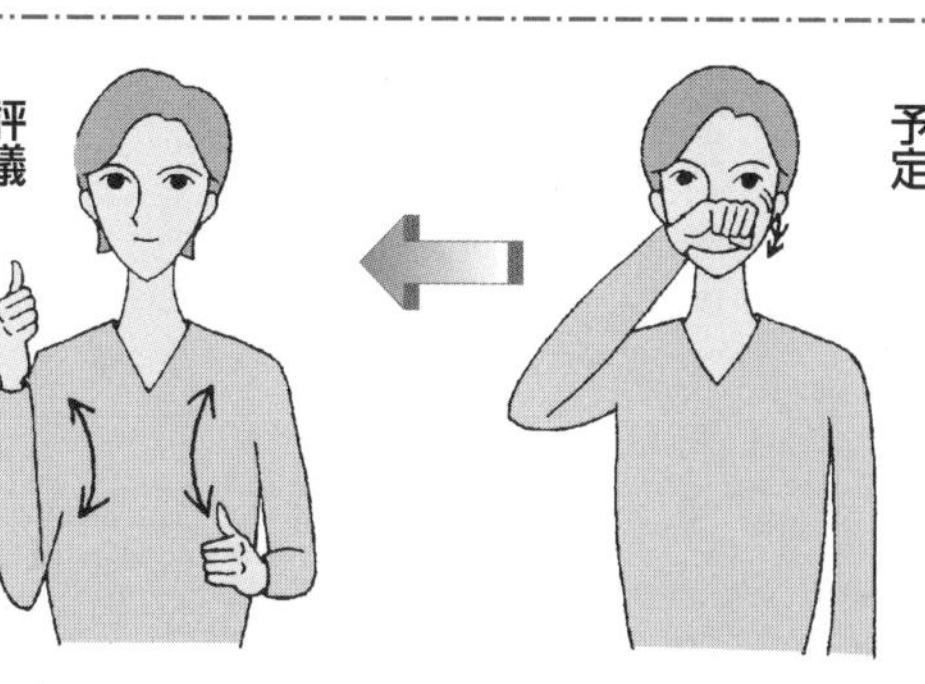

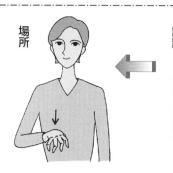

《表現》①右手握りこぶしを鼻の前で構え、手首から2回軽く振る⇩**「予定」の手話**、②立てた両手の親指の腹を向かい合わせて交互に上下へ動かす⇩**「評議」の手話**、③手のひらを下に向けわん曲させた右手を軽く下ろす⇩**「場所」の手話**。

《語源》「衆」は、「象」の字と形が似ていることから象の鼻を表す「予定」の手話で表現する。これに「評議」と「場所」で。

《例文》衆議院議員＝「衆議院」＋「委員」。衆議院選挙＝「衆議院」＋「選挙」。衆議院の定数＝「衆議院」＋「定まる（必ず）」＋「数」。

しゅうきゅうふつか【週休二日】

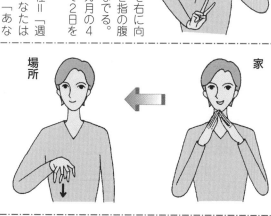

《表現》甲を前に指先を右に向けた左手4指を、右手2指の腹で左手のひら側を縦になでる。

《語源》左手4指は1カ月の4週間を表し、右手2指で2日を表したもの。

《例文》週休2日の会社＝「週休2日」＋「会社」。あなたは週休2日で羨ましい＝「あなた」＋「週休2日」＋「私」＋「羨ましい」。

《参考》この手話に続けて「休み」の手話を入れるとより伝わりやすい。

じゅうしょ【住所】

《表現》①左右から斜めに立てた両手の指先を合わせる⇩**「家」の手話**、②手のひらを下に向けわん曲させた右手を軽く下ろす⇩**「場所」の手話**。

《語源》「家」と「場所」で。

《例文》どちらにお住まい？＝「住所」＋「何？」。

ジュース【juice】

《**表現**》右手小指を立て、（手のひらは前向き）手首を軸に小指の先でJを描くように動かし、小指の先を口元に当てる。
《**語源**》指文字「J」。「J」をやや大きく表現し、最後に口元に当てたもの。
《**例文**》フルーツジュース＝「くだもの」＋「ジュース」。ジュースが欲しい＝「ジュース」＋「欲しい」。
《**参考**》最後に小指の先を口元に当てなくてもよい。

しゅうせん【終戦】

戦争

終わる

《**表現**》①開いて立てた両手の指先をぶつけ合う⇓**「戦争」の手話**、②手のひらを上に向けた両手の指をすぼめながら下へおろす⇓**「終わる」の手話**。
《**語源**》「戦争」と「終わる」で。
《**例文**》終戦記念日＝「終戦」＋「覚える」＋「～日a」。
《**参考**》「終わる」＋「戦争」でないことに注意。

じゅうたい【渋滞】

《**表現**》親指と4指でコの字型をつくった両手を前後に構え、両手同時に少しずつ少しずつ前へ出していく。
《**語源**》コの字型は自動車を表し、自動車がなかなか前に進めないようす。
《**別形**》同じ手の形で、前に構えた手を残し後ろに構えた手を手前に引く。車が連なるようすから。
《**例文**》高速道路は渋滞中＝「早い」＋「道路」＋「渋滞」＋「中（中級）」。

しゅうでん【終電】

電車

最後

《**表現**》①2指をカギ型に曲げた右手を、伸ばした左手2指に沿って2回ほど前に動かす⇓**「電車」の手話**、②左手のひらに、右手の指先を右から当てる⇓**「最後」の手話**。

《**語源**》「電車」と「最後」で。

《**参考**》「終わる」＋「電車」でないことに注意。

じゅうでん【充電】

《表現》人差し指と中指をカギ型に曲げた左手の横で、4指を付け根から折った右手⇒**指文字「こ」**を下から上げていき、4指の背を左手の指先に当てる。

《語源》蓄電器に電気がたまる表現。

《例文》充電時間＝「充電」＋「時間b」。

《参考》「電気」＋「補う」で行ってもよい。

じゅうどう【柔道】

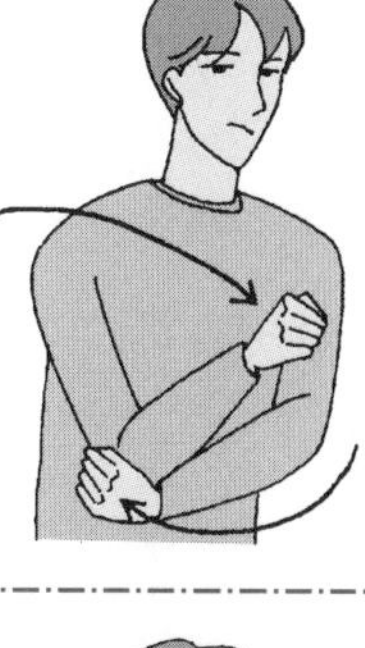

《表現》相手の襟をつかむように構えた両手（右手握りこぶしを右肩あたり、左手握りこぶしをおなかの前あたり）を投げ倒すように動かす。

《語源》相手の襟をつかみ投げ技をかける動作から。

《例文》世界一強い柔道家＝「世界」＋数詞「1」＋「強い」＋「柔道」＋「男」または「女」。

じゅうぶん【十分・充分】

《表現》右手握りこぶしの手のひらを鼻に当て、力を入れるようにして小さくふるわせる。

《語源》息ができないくらい、いっぱいという意味で。

《別形》手の形は同じで、右手親指と人差し指で鼻をつまむ。

《例文》食べ物はもう充分です＝「食べる」＋「充分」。充分に満足です＝「充分」＋「満足」。

しゅうまい【焼売】

《表現》左手5指の先をつけ焼売の形をかたどり、同じく5指の先をつけた右手の指先を左手の指先に当て右に回す。

じゅうみんひょう【住民票】

票

《**表現**》①ひじから立てて握った両手を下へおろす⇒**「居る」の手話**、②両手の人差し指で、胸の前で四角を空書する⇒**「票」の手話**。

《**語源**》「居る」＋「票」で表す。

《**別形**》「居る」＋「籍（本籍）」。

しゅうり【修理】

《**表現**》両手の握りこぶしを上下に重ねて倒しておき（右手小指側と左手親指側をつける）、そのまま胸の中央に立てる。

《**語源**》倒れた棒を立て直す表現で伝える。

《**同形**》やり直し・立て直す・回復・もう一度・再生・元に戻る・復帰・立ち直る・新しく打ち立てる・直る・治る・更正・確立・再び
《**別形**》人差し指を立てた両手を、左右から身体の前で交差させる（2~3回）。

《**例文**》壊れた自転車を直す＝「壊れる」＋「自転車」＋「直す」。経済を立て直す＝「経済（経営）」＋「立て直す」。

しゅぎ【主義】

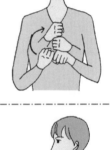

《**表現**》左手のひらに、親指を立てた右手を乗せ、左手はそのまま右手を前に出す。
《**語源**》人がまっすぐ行くという表現。
《**例文**》民主主義＝「人々」＋「敬う」＋「主義」。資本主義＝「資本」＋「主義」。主義主張＝「主義」＋「表す」。

じゅく【塾】

《**表現**》手のひらを手前に向けて立てた両手の指先の小指側を、左右から2~3回つける。
《**語源**》両手を並べて斜め前下に2回動かすと「学校」の手話。これに、両手の5指を人に見立てて左右から塾生が集まる表現を加えたもの。
《**例文**》英語塾＝「英語」＋「塾」。絵画塾＝「絵画（絵）」＋「塾」。

しゅくじつ【祝日】

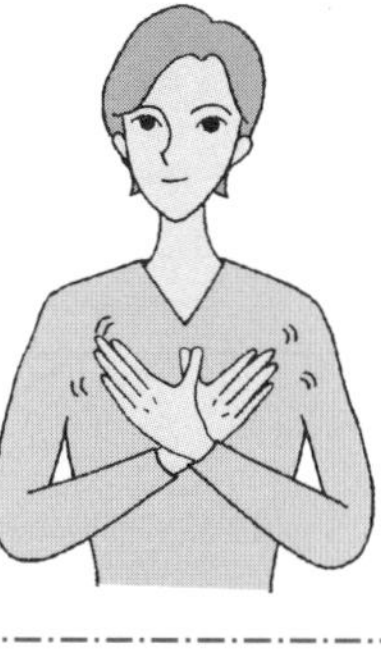

《表現》指をそろえて伸ばし手のひらを手前に向けた両手の親指をからませ、4指をそろえたままパタパタと軽く動かす。
《語源》祝日を祝い、立てた旗がはためくようすを表現。
《例文》祝日から3連休＝「祝日」＋「～から」＋数詞「3」＋「連休」。
《参考》この手話に続いて、「休み」の手話を行うことで、より明確に伝わる。

しゅくだい【宿題】

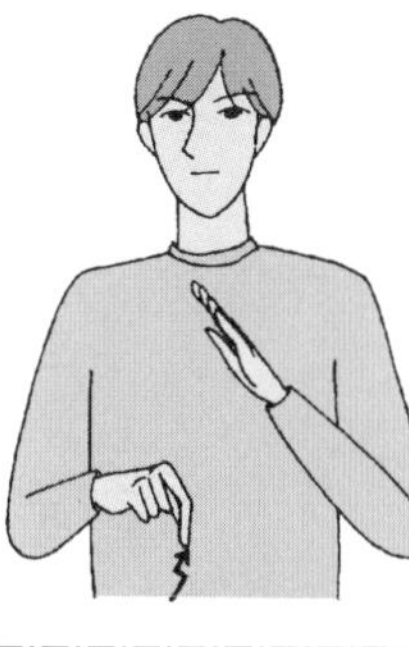

《表現》斜めに立てた左手の下で、ペンで書くように右手を動かす。
《語源》斜めに立てた左手は家を表し、右手は作業を表す。
《例文》宿題を忘れた＝「宿題」＋「忘れる」。まだ宿題していない＝「宿題」＋「まだ」。

じゅけん【受験】

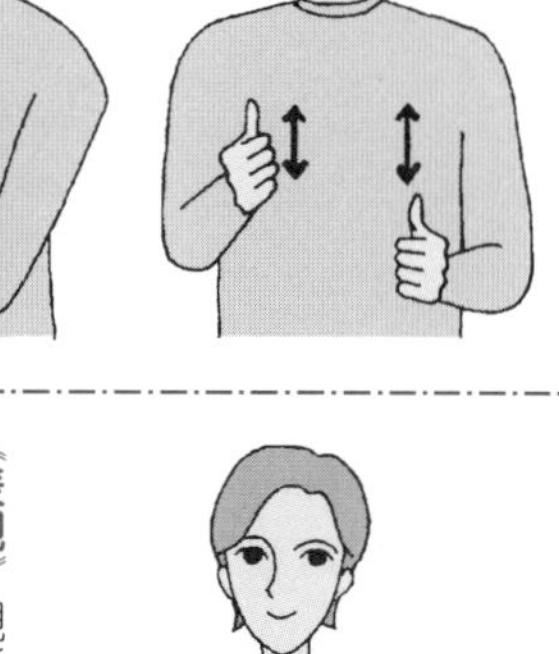

《表現》①親指を立てた両手を胸の前で交互に上下させる⇒**「試験」の手話**、②手のひらを前に向けた両手を同時に引く⇒**「受ける」の手話**。
《語源》「試験」と「受ける」で。
《例文》受験勉強＝「受験」＋「勉強（学校）」。
《参考》漢字表記と逆で、「受ける」＋「試験」でないことに注意。

しゅざい【取材】

《表現》親指と4指を開いた右手の指先を閉じながら手前に引き、左手のひらに乗せる（2回）。
《語源》情報をつかんで溜める表現。
《例文》雑誌の取材＝「雑誌」＋「取材」。取材記者＝「取材」＋「記者」。

しゅじゅつ【手術】

《表現》左手の甲に、メスに見立てた右手人差し指で線を引くように動かす。
《語源》切開手術をするようす。
《例文》手術に成功＝「手術」＋「成功」。ガンの手術＝「癌」＋「手術」。
《参考》左手人差し指側に沿って右手を動かしてもよい。

しゅだん【手段】

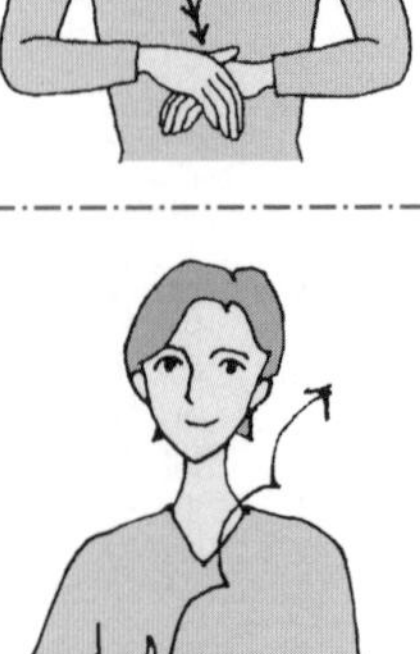

《表現》左手の甲に右手のひらを2回当てる。

《語源》手を示し、2回当てて強調することで「手段」「方法」「手法」を表す。

《同意》手立て・仕方・方法・術
《応用》1回当てると「手」の手話になる。

《例文》よい手立て＝「良い」＋「手立て」。調理法＝「料理」＋「方法」。合格の仕方＝「合格」＋「仕方」。どんな方法で?＝「方法」＋「何?」。

しゅっせ【出世】

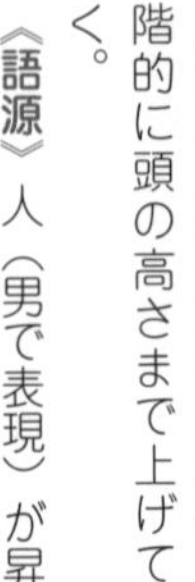

《表現》親指を立てた右手を段階的に頭の高さまで上げていく。
《語源》人（男で表現）が昇っていくようす。
《例文》会社で出世＝「会社」＋「出世」。出世コース＝「出世」＋「コース」あるいは「道（道路）」。

しゅっせき【出席】

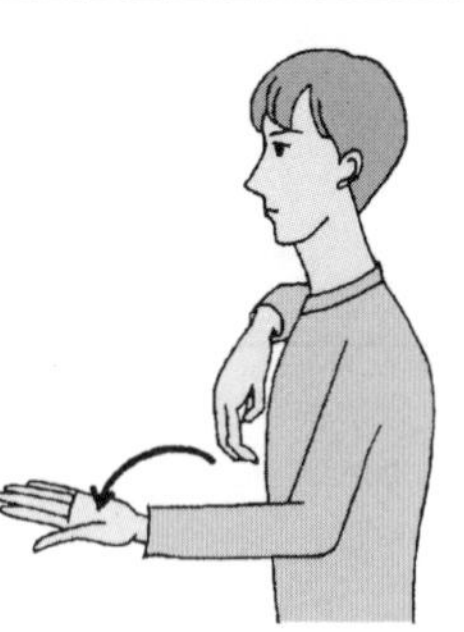

《表現》手のひらを上に向けた左手を前に出し、その手のひらに人差し指と中指をやや曲げた右手の指先を手前から乗せる。

《語源》左手のひらは集まりを示し、折り曲げた右手の指は正座した足を示す。集まりの席に座ることから。

《同形》出席する
《別形》椅子に見立てた左手人差し指と中指に、足に見立てた右手人差し指と中指をやや曲げて右上から置く。

《参考》「座る」や「椅子」の手話に似ているので注意。

しゅっぱん【出版】

《表現》指をそろえて伸ばし、手のひらを上に指先を前に向けた両手を、中央から左右に離していく。

《語源》（本を）売り出すという表現。公に出すことを、両手を左右に離して広げることで表現。

《同意》刊行

《例文》雑誌を出版する＝「雑誌」＋「出版」。出版社＝「出版」＋「会社」。試験の教材を出版する＝「試験」＋「学ぶ」＋「本」＋「出版」。

《参考》この手話の前に、「本」を加えてもよい。

しゅと【首都】

《表現》左手の甲にわん曲させた右手5指の先を乗せる。

《語源》左手は国土を、右手は中央の場所を表すもの。

《例文》日本の首都＝「日本」＋「首都」。古都京都＝「過去」＋「首都」＋「京都」。遷都＝「首都」＋「首都」の手の形のまま両手一緒に違う場所へ移す。

しゅふ【主婦】

《表現》斜めに立てた左手の下で、甲を前に向けた右手の小指を立てる⇒**「女」の手話**。

《語源》斜めに立てた左手は家を表し、家にいる女の表現。

《応用》右手を「男」の手話にすると「主夫」の手話。

《例文》主婦業＝「主婦」＋「仕事」。

しゅみ【趣味】

《表現》手のひらを前に向けた右手の人差し指側を右ほほに当て、あごに向かって下ろしながら手を握る。

《語源》好きなものにはよだれが垂れるということで、よだれをぬぐうしぐさから。

《例文》あなたの趣味は何？＝「あなた」＋「趣味」＋「何？」。私の趣味は読書＝「私」＋「趣味」＋「本」＋「読む」。

しゅやく【主役】

《**表現**》①胸の前で、親指を立てた右手を上げる⇒**「主」「〜長」の手話**、②わん曲させた右手の指先を右肩に乗せる⇒**「責任」「任される」の手話**。
《**語源**》「主」と「責任」で。
《**参考**》①は左手のひらに、親指を立てた右手を乗せた形で上げてもよい。

しゅるい【種類】

《**表現**》左手のひらの上で、指先を前に向け指を伸ばして立てた右手を左から順に前へ少し出していく。

《**語源**》生物の進化を説明する系統図の線を表現したもの。

《**例文**》人種＝「人」＋「種類」。花の種類＝「花」＋「種類」。たくさんの種類がある＝「たくさん」＋「種類」＋「ある」。

しゅわ【手話】

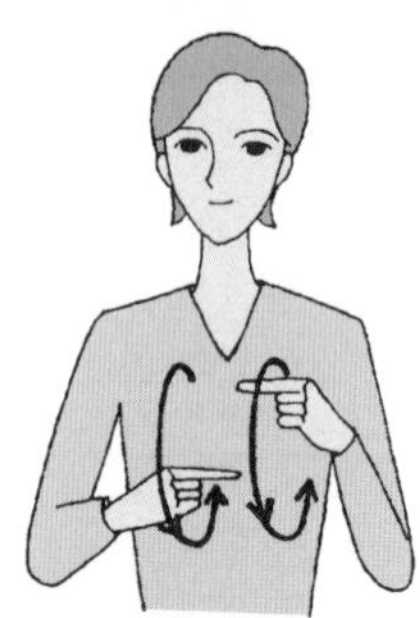
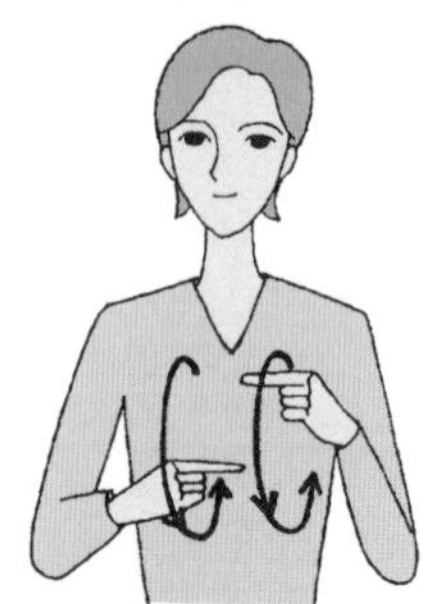

《**表現**》両手の人差し指を向かい合わせ、半回転違いに前へ回転させる。

《**語源**》手や指を動かす手話を簡単に表現し直したもの。

《**同意**》手話する
《**応用**》（自分に向けて）手前に回転させると「手話される」の手話になる。

《**例文**》手話学習＝「手話」＋「勉強（学校）」。手話通訳士＝「手話」＋「通訳」＋「士（弁護士）」。手話でコミュニケーション＝「手話」＋「コミュニケーション」。私はまだ手話はほとんど分からない＝「私」＋「まだ」＋「手話」＋「ほとんど」＋「分からない」。

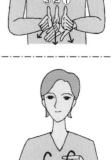

SIGN LANGUAGE

①人差し指を伸ばした両手を内側に回す→「SIGN」、②指文字「L」を揺らしながら左右に離していく→「LANGUAGE」。

しょう【省】

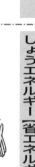

《表現》両手を顔の横で前後にずらして合わせ、手のひらを軸に前後を入れ替える。
《語源》かつて議員が被っていた帽子から。
《同形》県
《参考》横に伸ばした左手人差し指の先から、右手人差し指で下に向けて「」」を空書する⇒**「庁」の手話**。

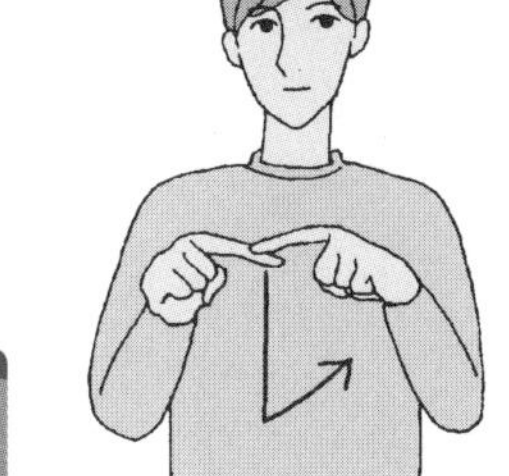

しょうエネルギー【省エネルギー】

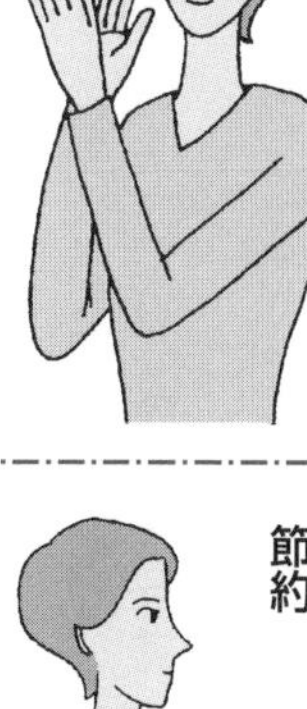

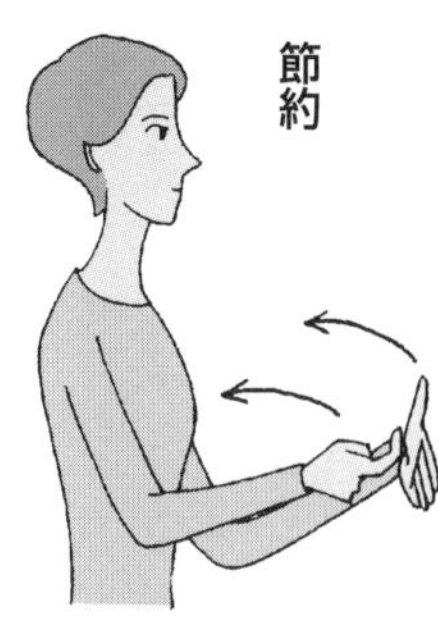

《表現》①カギ型に曲げた右手人差し指を手前に向けた左手のひらに当て、両手同時に手前に引く⇒**「節約」の手話**、②左手の指文字「え」を前方に構え、右手人差し指で左の二の腕に弧を描く⇒**「エネルギー」の手話**。
《語源》①の右手は「お金」の変形。お金を手前に押し戻すことから「節約」を表現。

しょうかい【紹介】

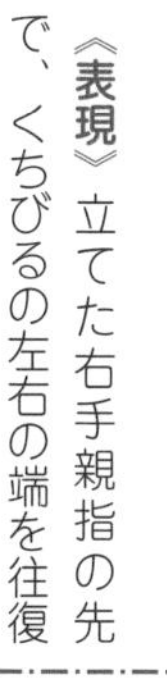

《表現》立てた右手親指の先で、くちびるの左右の端を往復する。
《語源》親指は人を示し、右から左へ、左から右へと口添えするという表現。口元で行うのは話すことを表したもの。
《同形》通訳
《例文》自己紹介＝「個人」＋「紹介」。彼を紹介する＝左手の「男」を指す＋「紹介」。手話通訳＝「手話」＋「通訳」。同時通訳＝「同時に」＋「通訳」。

しょうがい【生涯】

《表現》右に向けた左手のひらに、親指と小指を立てた右手（甲は手前向き）の親指を、右側から当てる。
《同形》一生
《語源》「最後」の手話の応用。右手は人（男女）を表し、移動させて人間の最期までを表現する。
《例文》ライフワーク＝「生涯」＋「仕事」。

しょうがいしゃ【障害者】

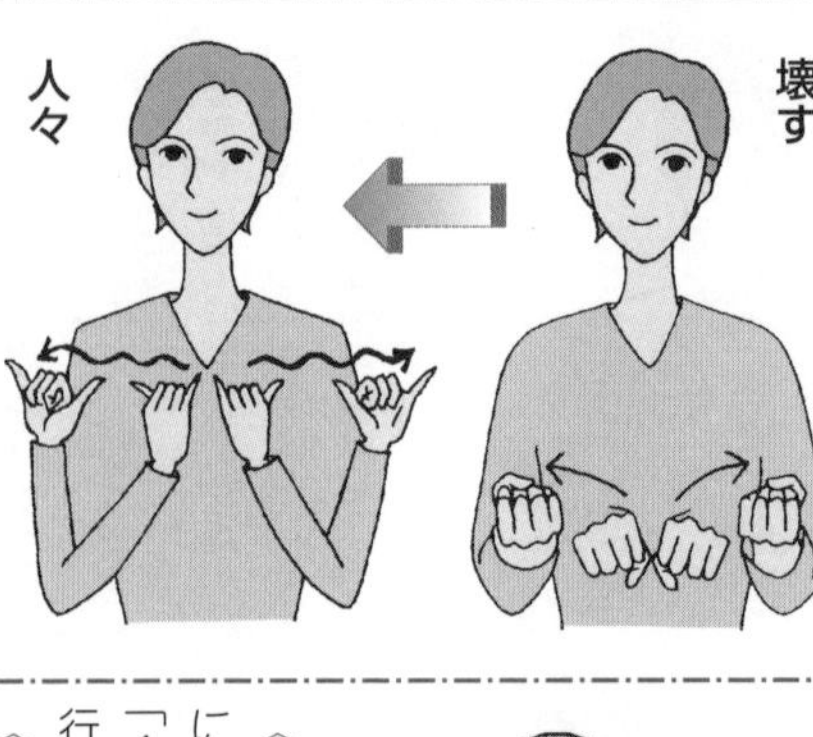

《表現》①両手握りこぶしの親指側を身体の中央で合わせ、棒を折るように手を返しながら左右に離す⇓**「壊す」の手話**、②親指と小指を立てた両手を（甲は前向き）手首をひねりながら左右に離していく⇓**「人々」の手話。**

《語源》「故障」した「人々」で表現する。

《応用》「人々」に変えて「男」あるいは「女」の手話を示すと単数形になる。

しょうがつ【正月】

《表現》指先を前に向けて上下にずらして構えた両手の数詞「1」を、同時に内側に返し平行に並べる。

《語源》1を上下に並べて1月1日を表現。

《同意》元旦

《応用》数詞「3」で行うと「ひな祭り」、数詞「7」で行うと「七夕」になる。

《例文》初詣＝「正月」＋「鳥居（広島）」＋柏手を打つ。寝正月＝「正月」＋「寝る」。

しょうがっこう【小学校】

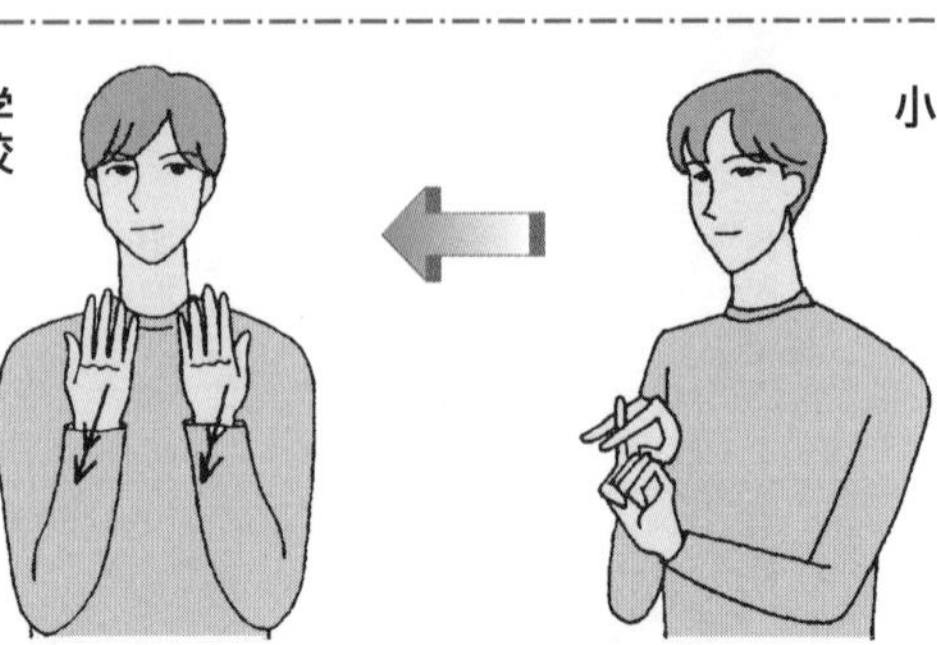

《表現》①左手人差し指を右手人差し指と中指で挟む⇓**「小」の手話**、②本を読むように、手のひらを手前に向けた両手を並べ、斜め前下に2回動かす⇓**「学校」「勉強」の手話。**

《語源》「小」と「学校」で。

《例文》小学校に入学＝「小学校」＋「入る」。

しょうきょくてき【消極的】

遠慮

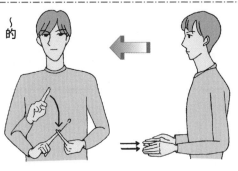

《表現》①手のひらを向かい合わせた両手を手前に引く⇓**「遠慮」の手話**、②左手人差し指の先に右手人差し指の先をつける⇓**「～的」「合う」の手話。**

《語源》「遠慮」の手話で控えめを表現。加えて「～的」の手話を行う。

じょうけん【条件】

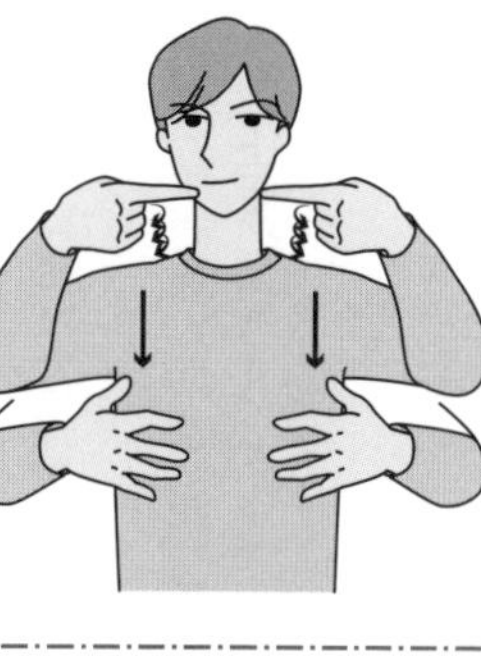

《**表現**》両手の甲を前にして向かい合わせ、両手同時に人差し指から順に1指ずつ伸ばしながら下におろす。

《**語源**》箇条書きに並んでいるようすから。

《**例文**》条件をのむ＝「条件」＋「認める」、条件をつける＝「条件」＋「加える」。

しょうこ【証拠】

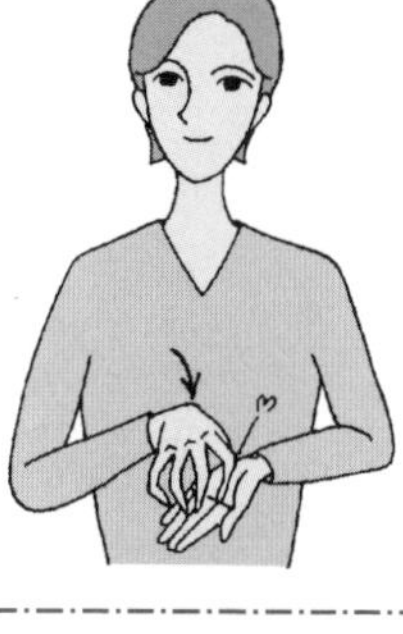

《**表現**》上に向けた左手のひらにわん曲させた右手の指先を上から当てる。

《**語源**》ここにあるという表現。

《**同形**》免許

《**例文**》確かな証拠＝「必ず」＋「証拠」。状況証拠＝「状況（雰囲気）」＋「証拠」。

しょうこう【焼香】

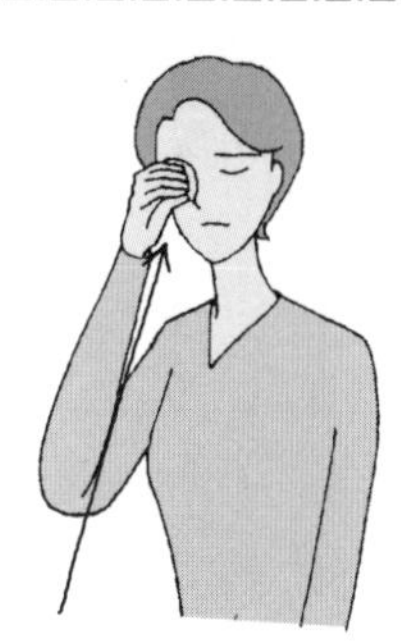

《**表現**》右手で下からつまみ上げる。

《**語源**》抹香をつまみ額におしいただく焼香の動作から。

《**例文**》ご焼香をお願いします＝「皆さん（皆）」＋「焼香」＋「頼む」。

じょうし【上司】

《**表現**》胸の前で親指を立てた右手をそのまま上げる。

《**語源**》上の人という表現。

《**別形**》漢字の表現、「上」＋「司（司会）」。続けて「男」または「女」の手話を加えてもよい。

《**例文**》女性の上司＝「上」＋「司（司会）」＋「女」あるいは「女」をそのまま上げる。上司の指示＝「上司」＋「指示する（演出）」。上司におべんちゃら＝左手で「上司」＋右手で上司の親指をなでる。いやな上司＝左手で「上司」＋左手を残し右手で左手に向け「嫌い」。

しょうじき【正直】

《**表現**》親指と人差し指で輪をつくった両手を胸の中央で上下に構え（右手が上）、同時に上下に離す。

《**語源**》心がまっすぐという表現。

《**同形**》正しい・素直・真面目
《**応用**》同じ手の形で、両手を左右に離すと反対の意味（「不正直」「不真面目」「不正」）になる。

《**例文**》正直な人＝「正直」＋「人」。正直に言う＝「正直」＋「言う」。

しょうじょ【少女】

《**表現**》左手小指を右手人差し指と中指で挟むように構え、左手はそのまま右手を左斜め下方向に払う。
《**語源**》左手人差し指を挟む「小」の手話の変形。小指で行うことで「少女」を表す。
《**応用**》左手を親指にすると「少年」の手話。
《**別形**》右手を左斜め下に払うときに、人差し指1本に変化させ、「少」のノ部分を伝えることもある。

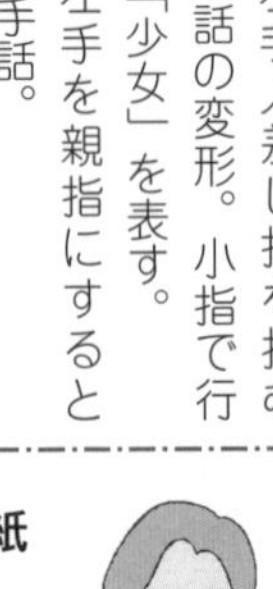

しょうじょう【賞状】

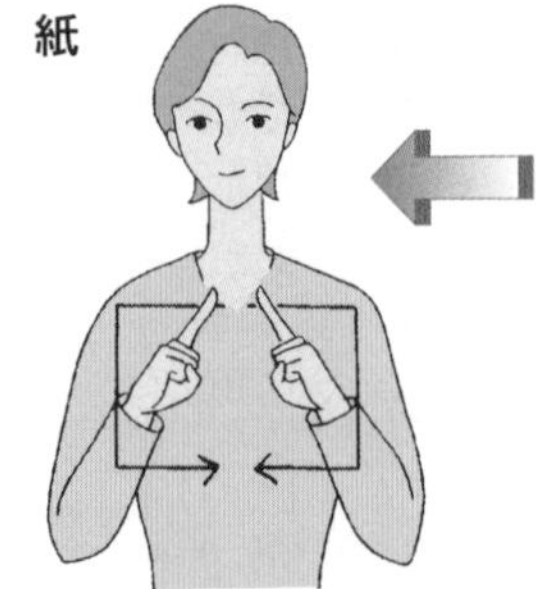

《**表現**》①手のひらを上に向け差し出した両手を手前に引く⇩**「いただく」の手話**、②両手の人差し指で胸の前に四角を空書する⇩**「紙」「四角形」の手話**。
《**語源**》「いただく」と「紙」で。

しょうしん【小心】

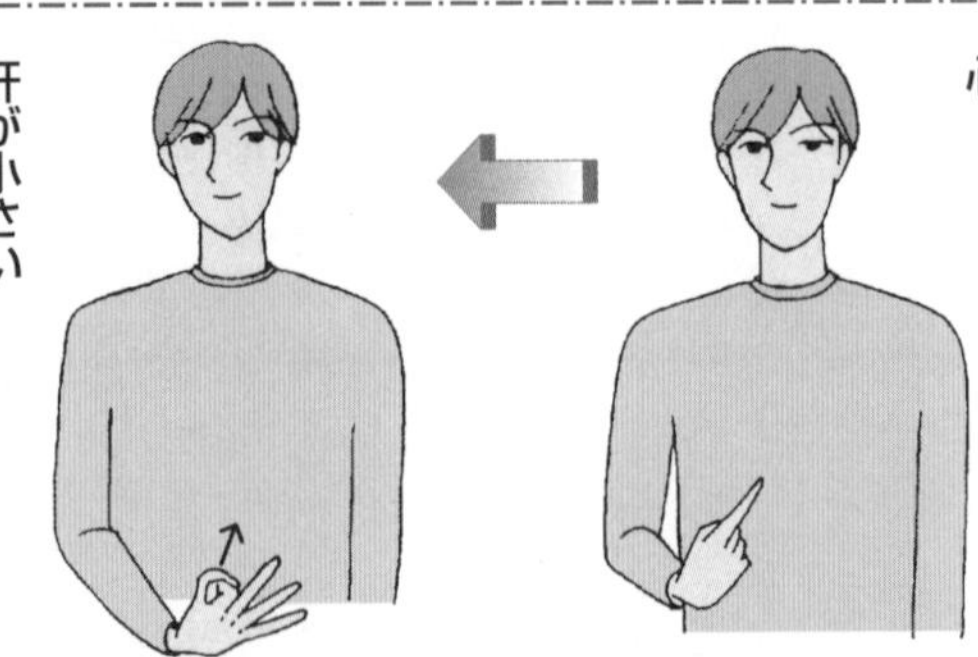

《**表現**》①胸を指す⇩**「心」の手話**、②開いた右手親指と人差し指を丸めて輪を狭めていく⇩**「肝が小さい」の手話**。
《**語源**》②はおなかの位置で示した輪が小さくなることで表現したもの。「心」と合わせて。
《**例文**》小心者＝「小心」＋「男」あるいは「女」。

じょうず【上手】

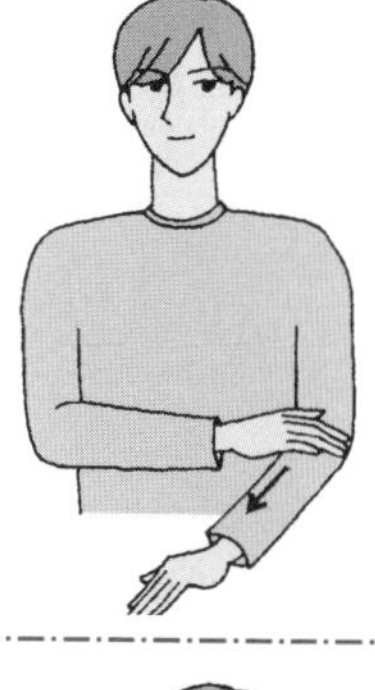

《表現》甲を上に向けて前に出した左手上腕部から甲に向けて、右手でなで下ろす。

《語源》腕前が伸びるという表現。腕前が伸びても障害物にぶつからないという意味もある。

《同形》上達・巧み・器用

《応用》左手の甲あたりから腕に向けて右手で払うように跳ね上げると「下手」の手話になる。

《例文》絵が上手＝「絵」＋「上手」。片付け上手＝「片付ける（用意）」＋「上手」。

しょうせつ【小説】

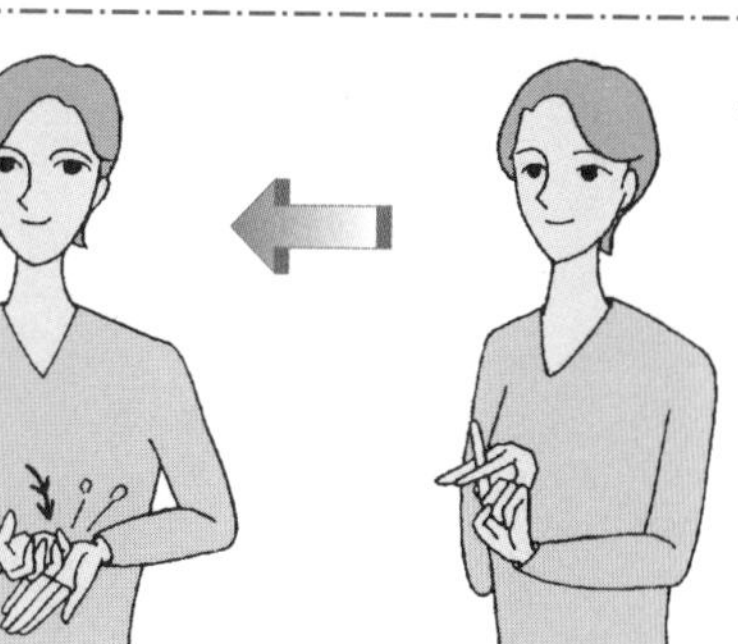

《表現》①左手人差し指を右手2指で挟む⇓**「小」の手話**、②わん曲させた右手の甲を左手のひらに2回当てる⇓**「著作」の手話**。

《語源》②はイメージの内容を原稿にまとめる表現。これに「小」で。

《例文》小説家＝「小説」＋「男」あるいは「女」。長編小説＝「長い」＋「小説」。

じょうだん【冗談】

《表現》ほほの横で指を伸ばして開いた両手を（指先はあごのあたりに向ける）前に2回ほど振る。表情を加えて。

《語源》ふざけたことを言うようすを表現。

《例文》冗談でした＝「冗談」＋「～でした（終わる）」。

しょうどく【消毒】

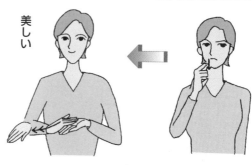

毒

美しい

《表現》①親指と人差し指の先をつけ、くちびるの端に当てて下におろす⇓**「毒」の手話**、②左手のひらを手首から指先方向へ右手でなでるように滑らせる⇓**「美しい」の手話**。2～3回行ってもよい。

《語源》「毒」と「美しい」で。

しょうにか【小児科】

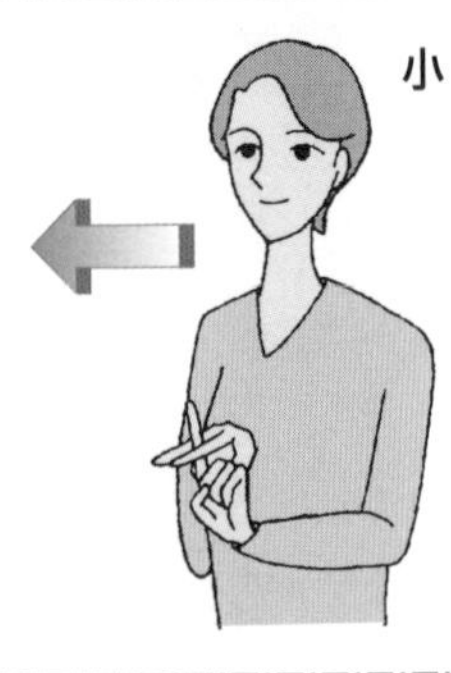

《表現》①左手人差し指を右手2指で挟む⇩「小」の手話、②両手を軽く左右に振る⇩「赤ちゃん」の手話、③指文字「か」。

しょうねん【少年】

《表現》左手親指を右手人差し指と中指で挟むように構え、左手はそのまま右手を左斜め下方向に払う。

《語源》左手人差し指を挟む「小」の手話の変形。親指で行うことで「少年」を表す。

《応用》左手を小指にすると「少女」の手話。

《別形》右手を左斜め下に払うときに、人差し指1本に変化させ、「少」のノ部分を伝えることもある。

しょうひしゃ【消費者】

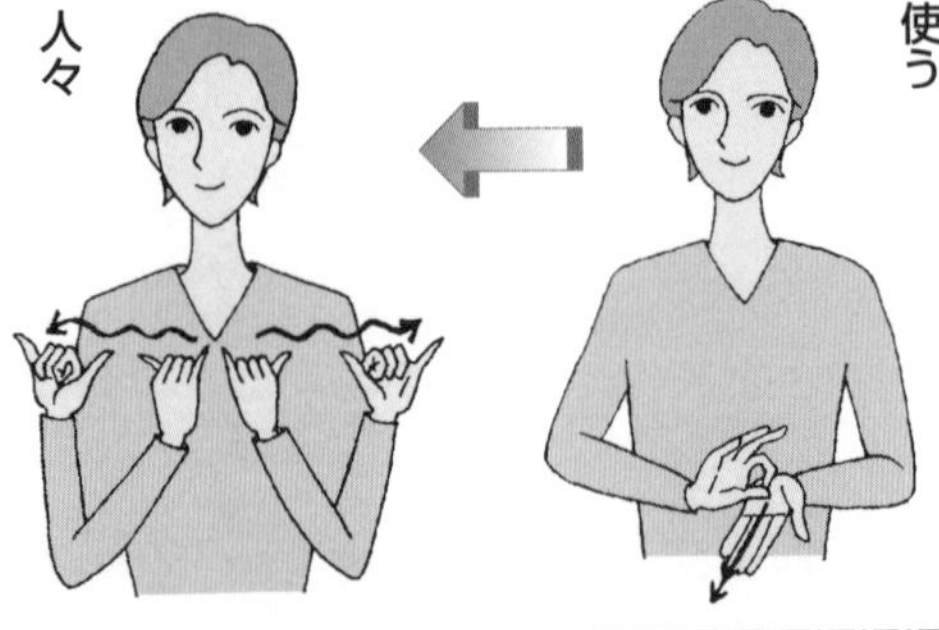

《表現》①親指と人差し指で輪をつくった右手を、左手のひらの上で指先に向け2回ほど滑らせる⇩「使う」の手話、②親指と小指を立てた両手を（甲は前向き）手首をひねりながら左右に離していく⇩「人々」の手話。

《語源》「使う」と「人々」で。

しょうひぜい【消費税】

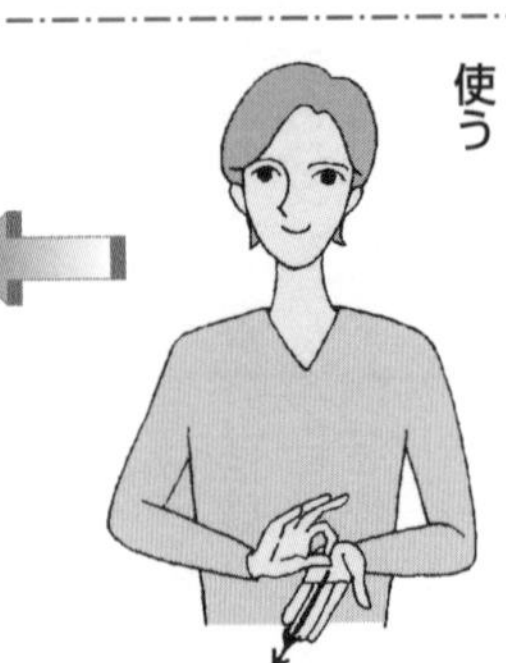

《表現》①親指と人差し指で輪をつくった右手を、左手のひらの上で指先に向け2回ほど滑らせる⇩「使う」の手話、②「お金」の手話を手前に半回転させて伸ばした指先を自分に向ける⇩「税金」の手話。

《語源》②はお金を請求されることから手を自分に向けた表現。

しょうべん【小便】

《表現》右手人差し指を、股間のあたりで指先を下に向け前に数回振る。

《語源》小便をするようすから。

《例文》立ち小便禁止＝「立つ」＋「小便」＋「禁止（駄目）」。

しょうぼう【消防】

《表現》①放水用のホースを両手で抱えるように構え、左右に動かす。

《語源》消火のようすから。

《別形》この手話の前に「火」の手話を行ってもよい。

《例文》消防署＝「消防」＋「署（建物）」。

じょうほう【情報】

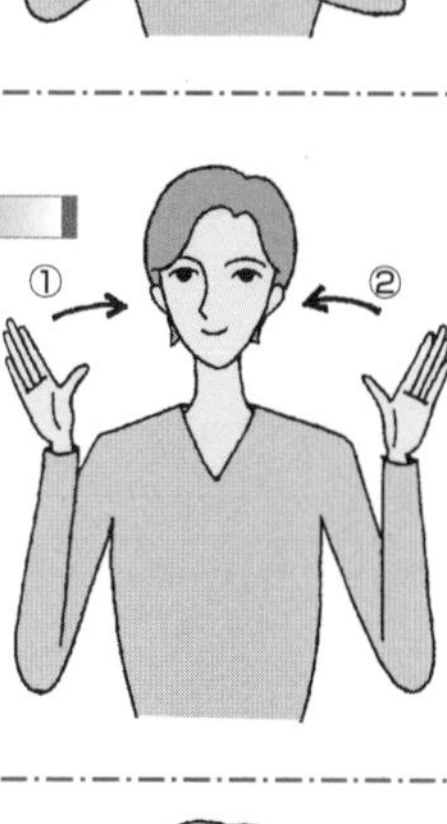

《表現》親指と4指を開いた両手のひらを前に向け左右に構え、物をつかむように指先を閉じながら耳に当てる。

《語源》話や知識が耳に入ってくるようす。

《別形》片手だけで表現することもある。

《例文》情報公開＝「情報」＋「公（公務員）」＋「開ける」。情報戦争＝「情報」＋「戦争」。

しょうゆ【醤油】

《表現》①親指と小指を立てた右手を、小指の先でくちびるをなぞるよう横に動かし、②続けて親指の先を下に向け水平に回す。

《語源》醤油差しから、かけるようすを表したもので、小指を口に当てるのは味見する表現。

《応用》指を開きわん曲させた右手を口の前で回す「辛い」の手話に続けて②を行うと「ソース」の手話になる。

しょうらい【将来】

《表現》手のひらを前に向けた右手を、顔の横あたりから前に出す。

《語源》自分の身体の位置を現在とし、前は未来、将来を表す。

《同意》未来

《同形》今度

《応用》指を折りながら前に出していくと「いつか」の手話になる。また、手のひらを手前に向け、肩越しに後ろへ倒すと「過去」の手話になる。

《例文》今度の日曜日＝「今度」＋「日曜日」。将来の夢＝「将来」＋「夢」。

《参考》「遠い将来」を伝えるときには手をずっと前に出す。

しょうわ【昭和】

《表現》親指と人差し指でU字型をつくった右手の指先を首に当て、そのまま首に沿って少し前に動かす。

《語源》カラー（襟）を表す。昭和初期に流行した上着の高襟からとも、西洋的という意味あいに使ったハイカラの、ハイ＝高い、カラー＝襟にかけたともいわれる。

《応用》先をつけていた親指と人差し指の先を開きながら、首に近づけると「新鮮」の手話。

《例文》昭和20年＝「昭和」＋数詞「20」＋「年」。

しょくちゅうどく【食中毒】

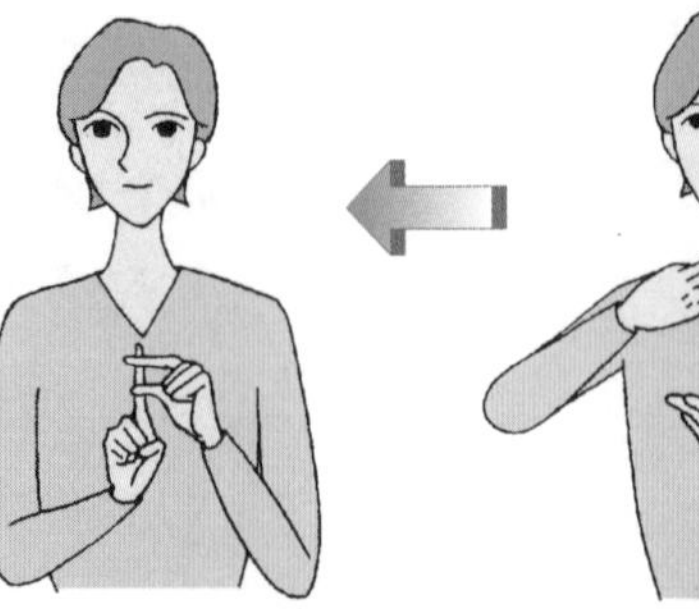

《表現》①人差し指と中指を箸に見立てた右手を、お椀のようにわん曲させた左手から食べるように口元へ数回運ぶ⇒**「食べる」の手話**、②左手親指と人差し指を平行に伸ばし、右手人差し指をその中央に手前から当てる⇒**「中」の手話**、③親指と人差し指の先をつけ唇の端に当て下におろす⇒**「毒」の手話**。

《語源》③は、毒を飲み口から血が流れるようす。

《例文》食中毒で入院＝「食中毒」＋「入院」。集団食中毒＝「グループ」＋「食中毒」。

しょくよく【食欲】

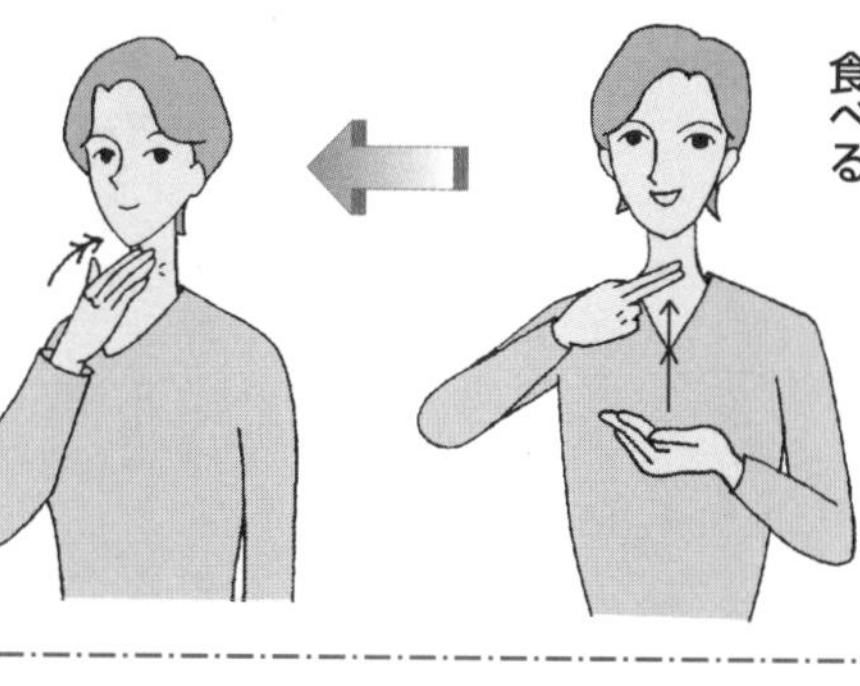

《表現》①わん曲させた左手から、右手2指（お箸）で食べる動作⇩**「食べる」の手話**、②右手の指先でのどに2回触れる⇩**「欲しい」の手話**。

《語源》「食べる」と「欲しい」で。

《例文》食欲がない＝「食欲」＋「飽きる」。

《参考》この「欲しい」の手話は「のどが渇く」の意味を持つ「欲しい」の手話で。

じょさんし【助産師】

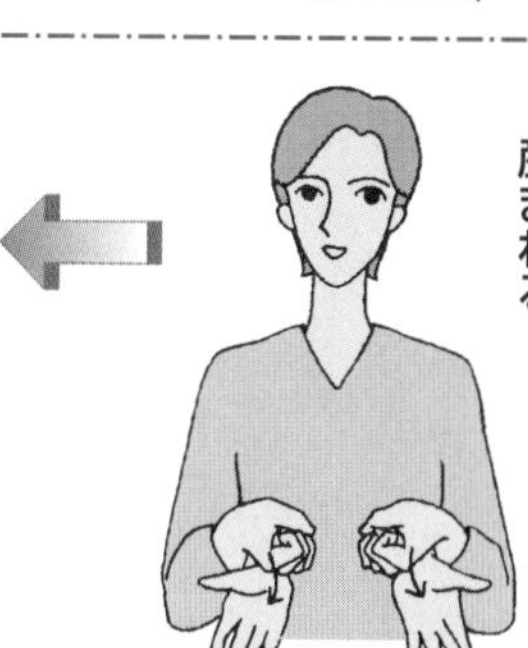

《表現》①握って指先を向かい合わせた両手をおなかの前で構え、前に出しながら指を伸ばす⇩**「産まれる」の手話**、②親指を立てた左手を右手で2回ほど前に押す⇩**「助ける」の手話**、③右手の指文字「し」を左肩に当てる⇩**「士」「師」の手話**。

《語源》「産まれる」と「助ける」と「士（師）」で。

ショック【shock】

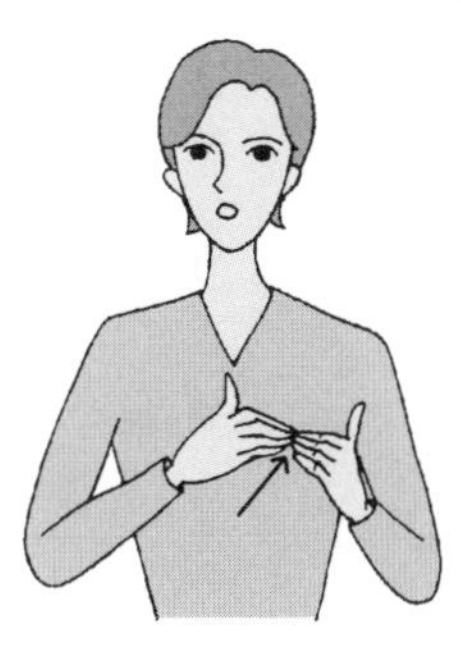

《表現》伸ばした両手の4指の先を胸に当てる。つらいという表情で。

《語源》刃物が刺さり痛いという表現から。

《例文》たいへんショック＝「とても」＋「ショック」。ショックでくらくらする＝「ショック」＋「めまい」。

じょゆう【女優】

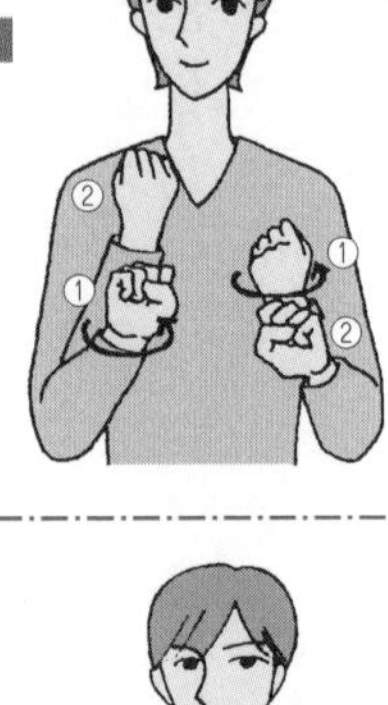

《表現》①右手握りこぶしの甲を手前に、左手握りこぶしを右手よりやや下げた位置で甲を前に向けて掲げ、両手を同時にくるっと反転させる⇓**「演劇」の手話**、②右手小指を立てる⇓**「女」の手話**。
《語源》「演劇」と「女」で。
《例文》映画女優＝「映画」＋「女優」。

しょり【処理】

《表現》手のひらを手前に向けて構えた左手に向かって、右手人差し指で大きく〆を空書する。

《語源》手のひらで示した書類に、終わりを示す〆を記した表現。

《同意》解決・処分
《例文》処理の方法＝「処理」＋「方法」。問題解決＝「問題」＋「解決」。廃棄処分＝「捨てる」＋「処分」。

《参考》「事務処理」は「事務」の手話だけで伝えることができる。

しょるい【書類】

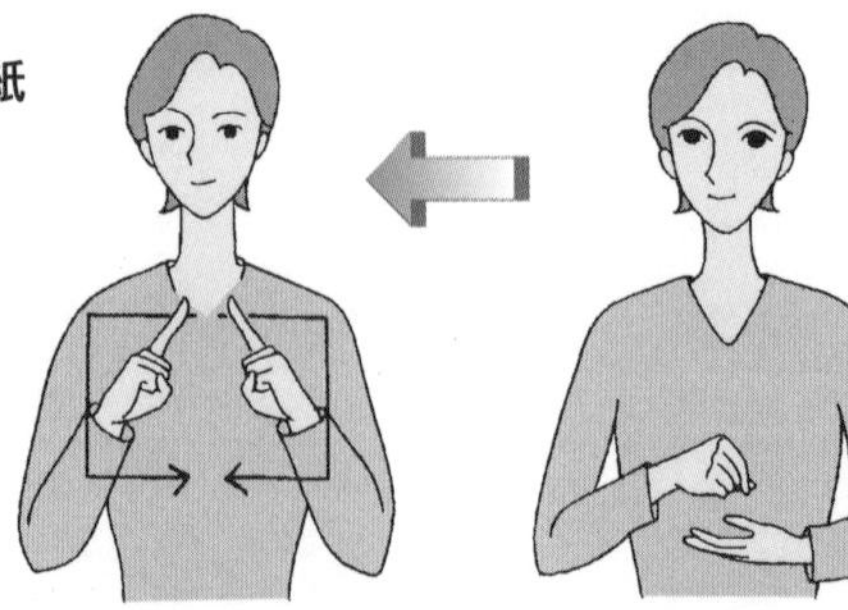

《表現》①左手のひらに、ペンで書くように右手を動かす⇓**「書く」の手話**、②両手の人差し指で、胸の前で四角を空書する⇓**「紙」の手話**。
《語源》「書く」と「紙」で。
《例文》重要書類＝「大切」＋「書類」。

しらべる【調べる】

《表現》人差し指と中指をカギ型に曲げた右手の指先を自分の目に向け、左右に動かす。
《語源》左右に動かす右手は目の動きを表し、よく見て真相を知ろうとするようす。
《同意》調査・確認・検閲
《例文》世論調査＝「世論」＋「調査」。細かな調査＝「細かい」＋「調査」。本を調べる＝「本」＋本の左手を残し「調べる」。留守番＝「留守」＋留守の左手を残し「調べる」。ガードマン＝「調べる」＋「男」。管理＝「調べる」＋指文字「り」。検察＝「調べる」＋「警察」。

し

シリーズ【series】

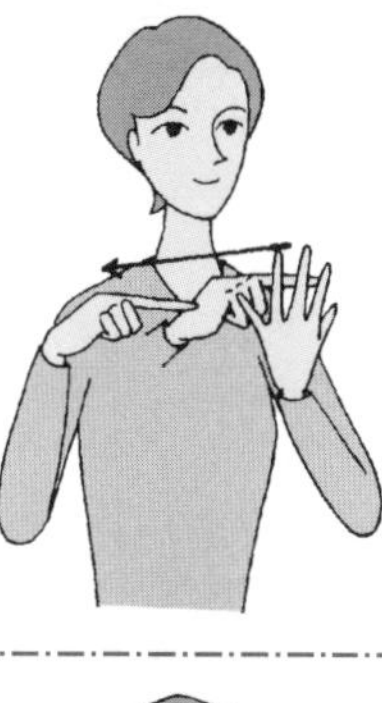

《表現》指を開いて伸ばし甲を前に向けて立てた左手5指を、右手人差し指の先で親指から横になでる。

《語源》連続ものを表現。

《例文》長編小説シリーズ＝「長い」＋「小説」＋「シリーズ」。

じりつ【自律】

《表現》指先を下に向けた両手の人差し指を、顔の両横から身体に沿って下ろしていく。

《語源》筋が身体の内部に通っていることで、外部から影響を受けない自律を表現したもの。

《例文》自律神経＝「自律」＋「神経」。

じりつ【自立】

《表現》①右手人差し指で胸の中央を指し、手首を軸に上へ跳ね上げる⇒**「自分」の手話**、②左手のひらに、足に見立てた右手人差し指と中指の先を下に向け立てて乗せる⇒**「立つ」の手話**。

《語源》「自分」と「立つ」で。

《例文》経済的に自立＝「お金（金）」＋「〜的（合う）」＋「自立」。

しりょう【資料】

《表現》親指、人差し指、中指を伸ばした右手⇒**指文字「し」**を、左手のひら（指先は前向き）に乗せ、指先に向け2回動かす。

《語源》手のひらに乗せた資料をめくるようすを、頭文字「し」で行う。

《例文》資料を読む＝「資料」＋「読む」。

しろ【白】

《表現》人差し指で歯を指し、歯に沿って右から左へ動かす。
《語源》歯が白いことから。
《応用》唇に沿って横に伸ばした人差し指を右に動かすと「赤」の手話。
《例文》白い歯＝「白」＋指を動かさず歯を指す。白い犬＝「白」＋「犬」。
《参考》指を動かさずに歯を指すだけだと「歯」の手話になる。

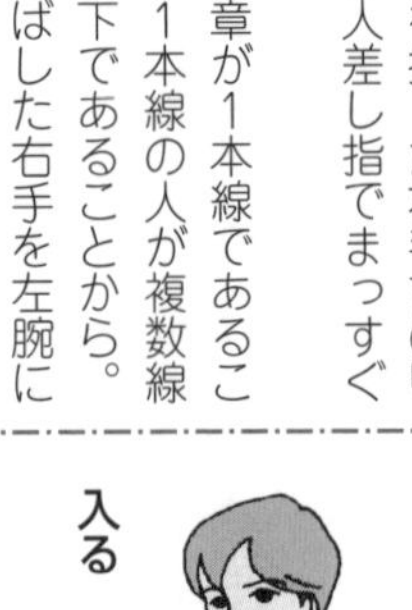

手のひらを胸に当て、前に出しながら全指を閉じていく。

しろうと【素人】

《表現》手を握った左手首の甲側に、右手人差し指でまっすぐ線を引く。
《語源》袖章が1本線であることを表す。1本線の人が複数線の人より格下であることから。
《応用》伸ばした右手を左腕に当てると「玄人」「ベテラン」の手話になる。
《例文》彼女は素人だ＝左手の「女」を指す＋「素人」。素人並み＝「素人」＋「五分五分」。

しんがく【進学】

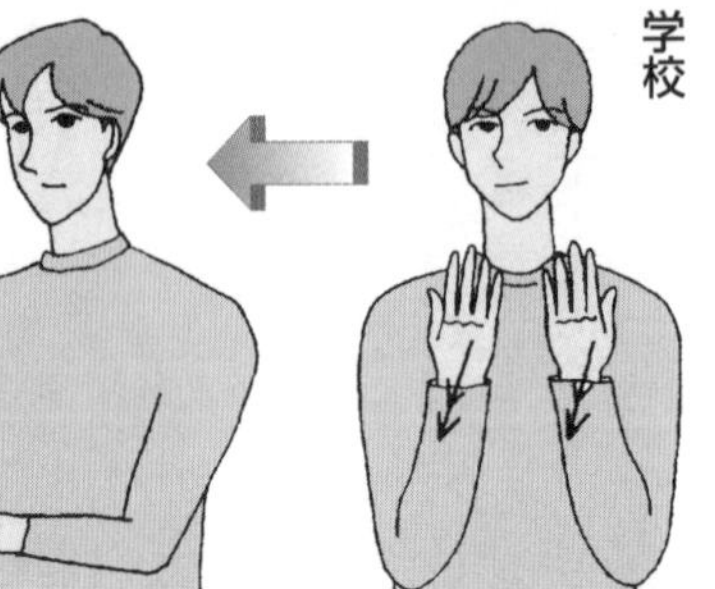

《表現》①本を読むように、手のひらを手前に向けた両手を並べ、斜め前下に2回動かす⇒**「学校」の手話**、②右手人差し指の腹側のまん中に左手人差し指の先をつけ、前に倒す⇒**「入る」の手話**。
《語源》「学校」に「入る」で。
《同形》入学

しんかんせん【新幹線】

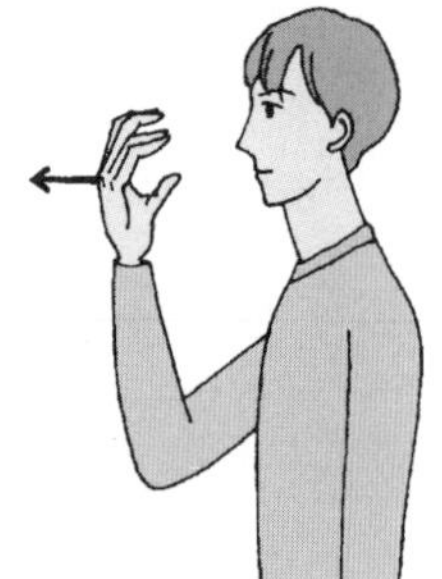

《表現》わん曲させた右手を顔の前に構え（手の甲前向き）、そのまま前に出す。
《語源》初期の頃の新幹線の先頭車両のデザインから。
《例文》東海道新幹線＝「東海道」＋「新幹線」。ひかり号＝「新幹線」＋「光る」。
《参考》この手話の前に「新しい」の手話を加えてもよい。

しんけい【神経】

《**表現**》①右手人差し指をこめかみあたりに当て、指先を当てたままねじ込むように小さく動かす⇒**「考える」の手話**、②伸ばした左手人差し指を、右手親指と人差し指で挟み左手人差し指の先に向かって指を閉じていく⇒**「鋭い」の手話**。

《**例文**》運動神経がよい＝「運動」＋「神経」＋「良い」。

じんけん【人権】

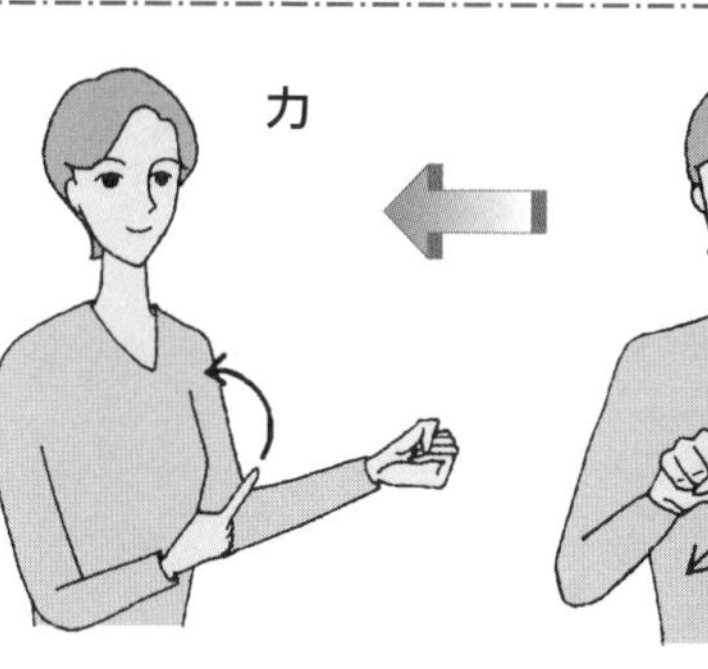

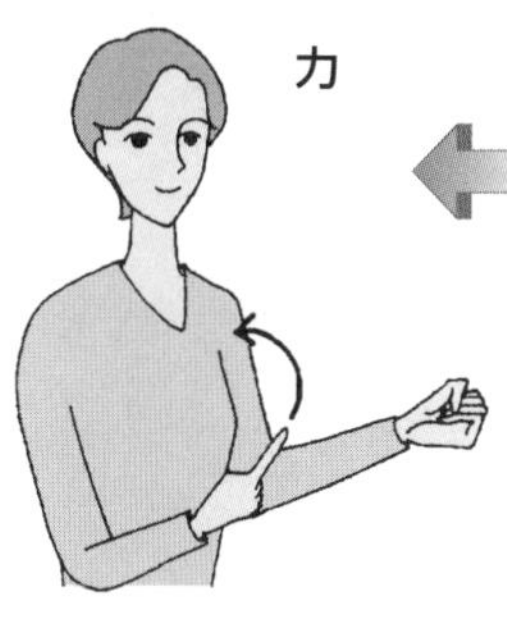
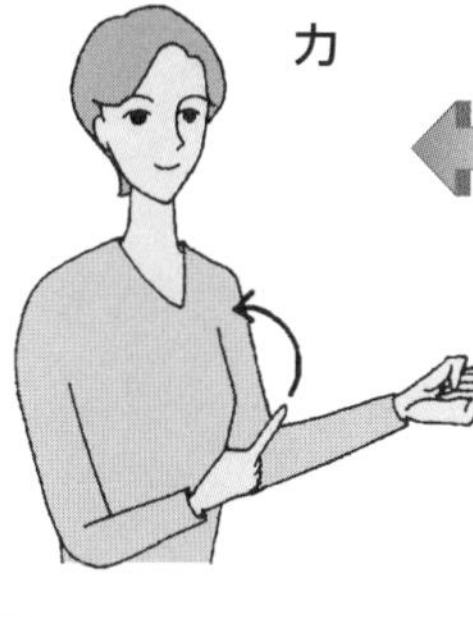

《**表現**》①右手人差し指で人の文字を空書する⇒**「人」の手話**、②握った左腕を曲げ上腕に右手人差し指で力こぶを描く⇒**「力」の手話**。

《**語源**》「人」と「力」で。

《**例文**》人権を守る＝「人権」＋「守る」。人権宣言＝「人権」＋「表す」＋「言う」。

しんごう【信号】

《**表現**》①指をすぼめ指先を手前に向けた両手を顔の前で構え、両手同時にパッと指を開く。②左手はそのまま、右手を少し右にずらしながらすぼめ、右手だけもう一度パッと指を開く。

《**語源**》信号が点滅するようす。

《**別形**》右手だけで、同様の動作を左側から順に3回行う。

《**例文**》「赤信号」＝「赤」＋「信号」。信号を見る＝「信号」＋「見る」。

じんこう【人口】

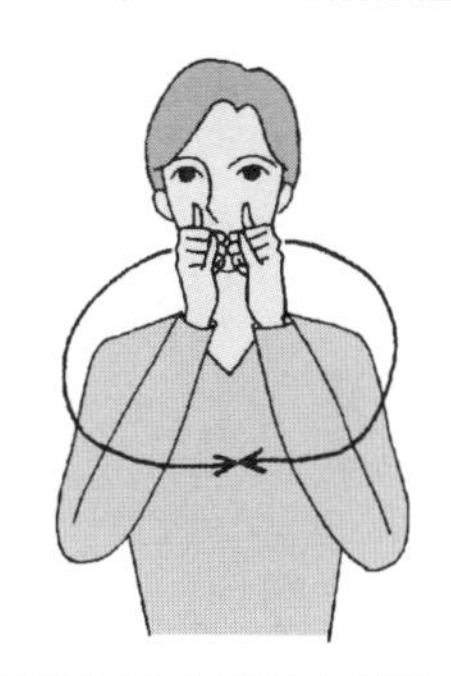

《**表現**》親指と小指を立てた両手を正面やや上方で向かい合わせ、下に大きく円を描いて再び合わせる。

《**語源**》指を伸ばした手で円を描く「全部」の手話に、人々の手話を合わせたもの。

《**例文**》日本の人口＝「日本」＋「人口」。人口減少＝「人口」＋「減る」。

しんこく【深刻】

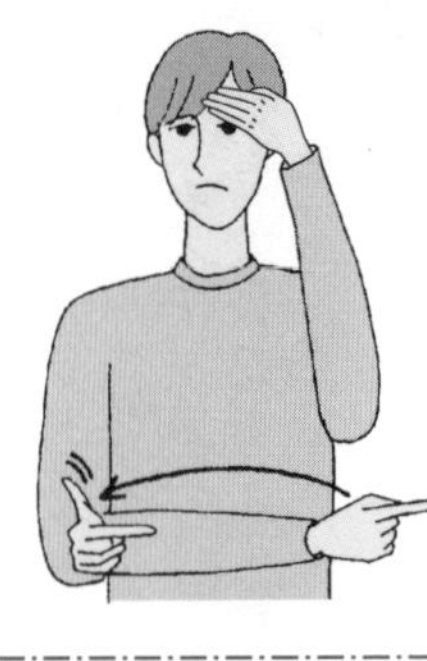

《表現》左手で頭を抱えながら、親指と人差し指の先をつけた右手を左に構え、親指を人差し指に沿って付け根に向けて動かしながら、右へ弧を描いて動かし2指を伸ばす。
《語源》頭を抱え悩むようすと「とても」の手話の組み合わせ。
《別形》「本当」＋「苦しい」でも表現できる。
《例文》深刻な状況＝「状況（雰囲気）」＋「深刻」。病状は深刻＝「病気」＋「状態（雰囲気）」＋「深刻」。

しんさい【震災】

《表現》①脇を締め、手のひらを上に向けた両手を同時に前後へ動かす⇒**「地震」の手話**、②親指と小指を立てた左手（甲は前向き）の上で、右手人差し指、中指、薬指の3指で巛を空書する⇒**「災害」の手話**。
《語源》「地震」と「災害」で。
《例文》阪神大震災＝「阪神」＋「とても」＋「震災」。

じんざい【人材】

《表現》甲を上に向けて身体の前で構えた左手握りこぶしの甲に、親指と小指を立てた右手を乗せて手首を左右に数回回転させる。
《語源》「材料」の手話の変形で、立てた親指と小指は「人」を表すもの。
《例文》優れた人材を選ぶ＝「良い」＋「人材」＋「選ぶ」。人材難＝「人材」＋「集める」＋「難しい」。

しんさつ【診察】

《表現》やや曲げた右手人差し指と中指の先で、立てた左手の甲を軽く2～3回叩く。

《語源》医者が患者の胸を打診するようす。

《同意》診断
《別形》同じ手の形で、甲を軽く叩きながら両手を身体に沿って回す。

《例文》定期検診＝「定（必ず）」＋「診察」。

《参考》手のひらを手前に向け、前から甲を叩くと「診察を受ける」の手話になり、手のひらを前に向け、手前から甲を叩くと「診察する」の手話になる。

じんじゃ【神社】

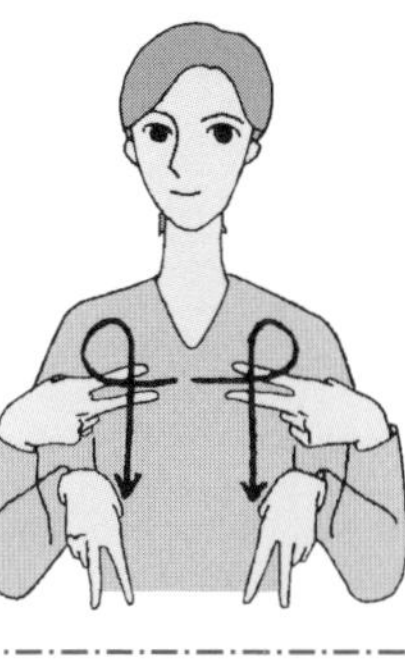

《表現》人差し指と中指を伸ばし指先を向かい合わせた両手を左右に離してから上にあげ（指先上、手のひら前向き）、さらに指先を下に向けて下ろす。

《語源》神社の鳥居の形を描いたもの。

《同形》広島・鳥居
《別形》左右から斜めに立てた5指を付け根で組み合わせる⇩**「宮」の手話**。

《参考》鳥居の形を描く手話の前に「神」の手話を行うと分かりやすい。

しんじゅ【真珠】

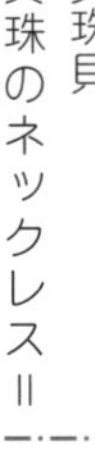

《表現》親指と人差し指で輪をつくった右手を、左手のひらに乗せ指先を軽く上下に動かす。
《語源》貝殻の形と輪は真珠を表す。
《同意》真珠貝
《例文》真珠のネックレス＝「真珠」＋「ネックレス」。

じんしゅ【人種】

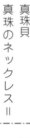

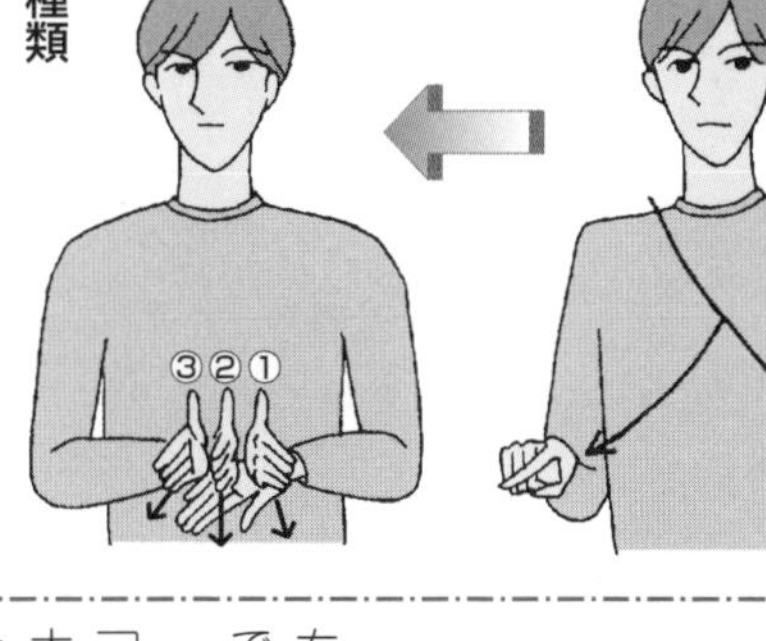

《表現》①右手人差し指で人の文字を空書する⇩**「人」の手話**、②左手のひらの上で、指先を前に向け指を伸ばして立てた右手を左から順に前へ少し出していく⇩**「種類」の手話**。
《語源》②は生物の進化を説明する系統図の線を表現したもの。
《例文》人種差別＝「人種」＋「差別」。

じんせい【人生】

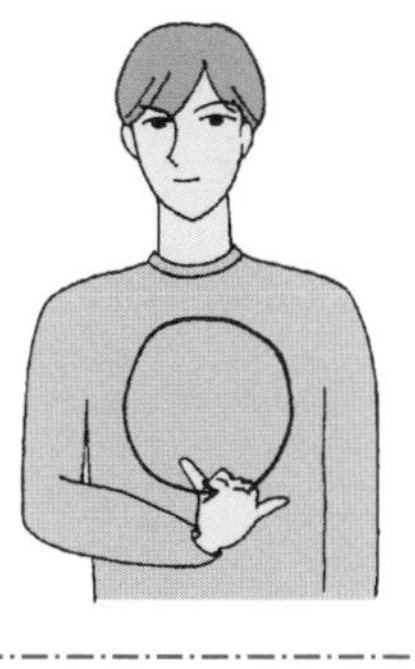

《表現》①親指と小指を立てた右手（甲は前向き）を身体の前で回す。
《語源》親指と小指で示した「人」が生まれ土に帰るまでを、太陽の昇り沈みにかけて表現したもの。
《同形》一生
《例文》人生、山あり谷あり＝「人生」＋「山」＋「ある」＋「谷」＋「ある」。

しんせき【親戚】

《表現》親指と人差し指の先をつけた両手をほほに当て、右手を前に出す。

《語源》「関係」の手話の変形でほほに触れ、肉親を表す。

《同意》親類・肉親

《例文》伯父・叔父＝「親戚」＋「男」。伯母・叔母＝「親戚」＋「女」。

しんせつ【親切】

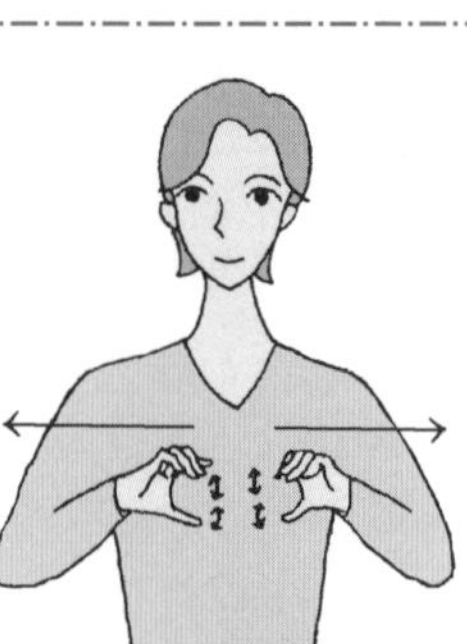

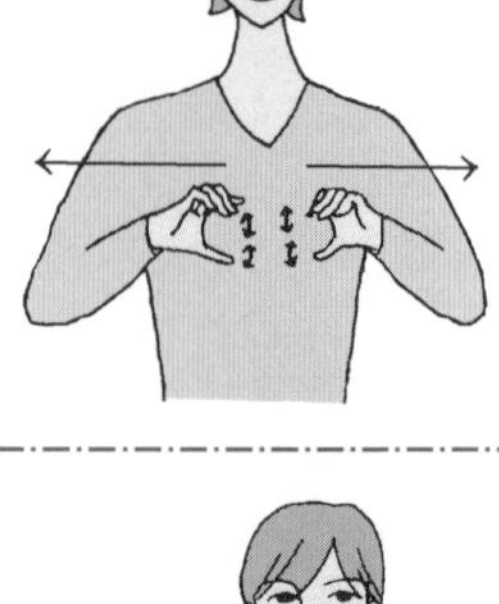

《表現》両手の親指と4指を胸の前で左右から向かい合わせ（4指側上）、やさしくもむように指を動かしながら左右へ離していく。

《語源》両手をやさしくもむように動かすのは「柔らかい」の手話。これを胸の前で行うことで心が柔らかいことを表現し、さらに、広げることで心が広いことを表現する。

《同意》優しい

《別形》親指が上側で行ってもよい。

《例文》親切な人＝「親切」＋「人」。

《参考》胸を指してからこの手話を行ってもよい。

しんせん【新鮮】

《表現》先をつけていた親指と人差し指の先を開きながら、首に近づける。

《語源》高襟（ハイカラー）から、新しい「新鮮」の手話へとなった。

《応用》親指と人差し指でU字型をつくった右手の指先を首に当て、そのまま首に沿って少し前に動かすと「昭和」の手話になる。

《例文》新鮮な野菜＝「新鮮」＋「野菜」。

しんぞう【心臓】

《表現》指を開きわん曲させた両手を、左胸の前で上下に構え、軽く近づけたり離したりする。

《語源》両手でかたどった心臓を動かし鼓動を伝える。

《例文》心臓病＝「心臓」＋「病気」。心臓がドキドキする＝「心臓」を速く動かす。

《参考》速く動かせば「ドキドキする」に、動かしていた心臓を途中で止めれば「心臓が止まる」の手話になる。

しんだんしょ【診断書】

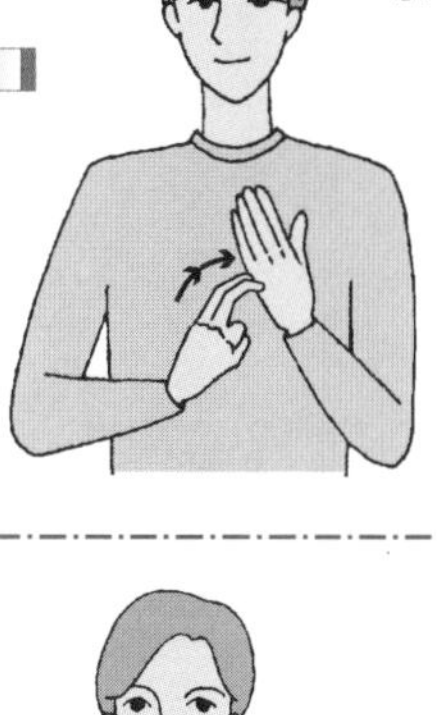

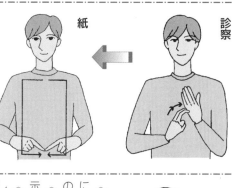

《**表現**》①やや曲げた右手人差し指と中指の先で、立てた左手の甲を軽く2〜3回叩く⇩**「診察」の手話**、②両手の人差し指で、胸の前で四角を空書する⇩**「紙」の手話**。

《**語源**》「診察」と「紙」で。

《**別形**》①「診察」と②「紙」の手話の間に「証拠」の手話を入れてもよい。

しんでんず【心電図】

《**表現**》指を開いた左手を左胸に当て、右手人差し指で心電図のグラフの線を空書する。

《**語源**》心臓の動きがグラフに示されるようすから。

《**参考**》左手は立てた握りこぶしでもよい。

しんねんかい【新年会】

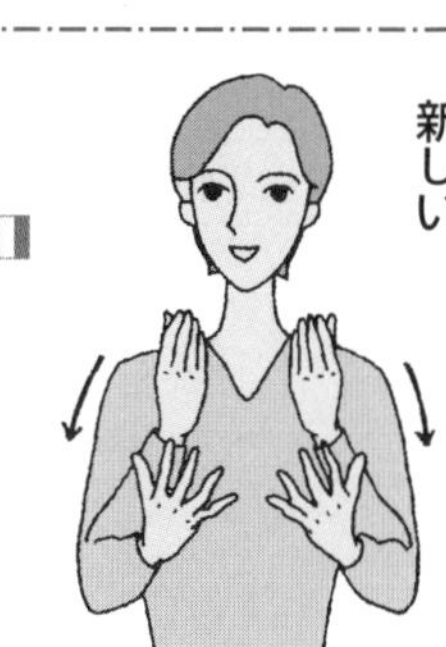

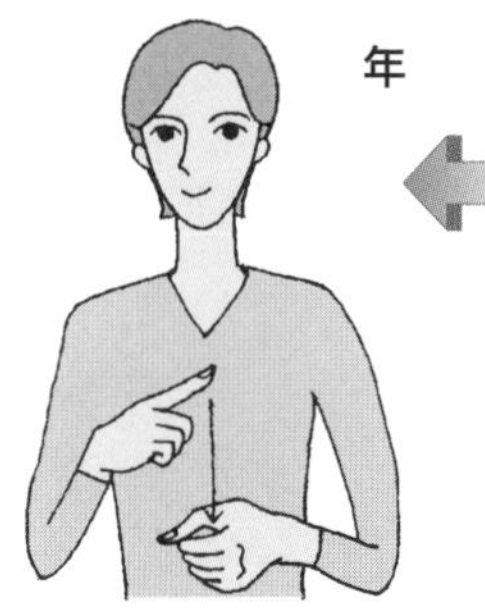

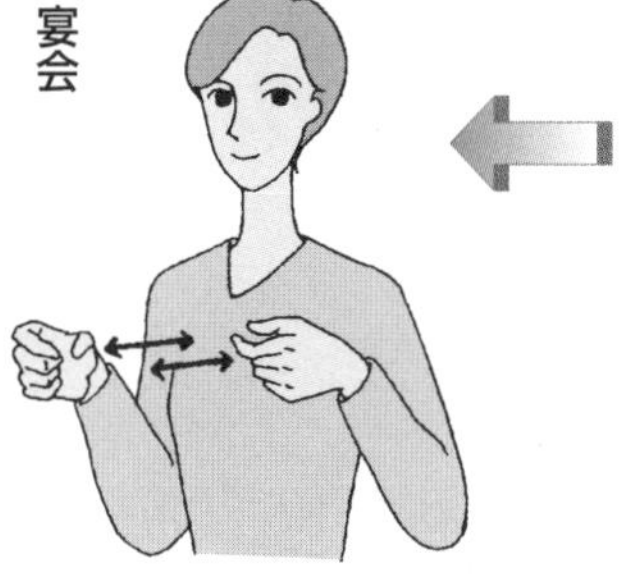

《**表現**》①両手の指先を上に向けて軽くすぼめ、指をパッと開きながら前に出す⇩**「新しい」の手話**、②おなかの前で立てた左手握りこぶしの親指側に、右手人差し指を当てる⇩**「年」の手話**③盃を持つように親指と人差し指で半円をつくった両手を交互に前後に動かす⇩**「宴会」の手話**。

《**語源**》「新しい」と「年」と「宴会」で。

《**別形**》③の「宴会」の手話に代えて「会」の手話を使ってもよい。

《**参考**》③の「宴会」の手話は、半周ずらして水平に回してもよい。

しんぱい【心配】

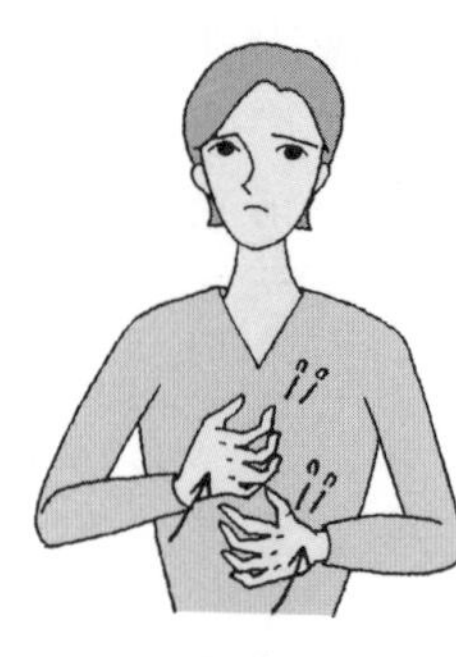

《表現》 指を開いてわん曲させた両手を上下に構え、胸に当てる。心配そうな表情で。

《語源》 心配で痛む胸を押さえるようすから。

《同形》 不安・気がかり

《例文》 心配をかけてごめんなさい＝「心配」＋「与える」＋「すみません」。母のことが心配＝左手の「母」を指す＋「心配」。

《参考》 より心配を強調するために胸を強く押さえる。また、上下の手を互い違いに左右に動かし、胸がかきむしられるようにドキドキしている気持ちを伝えることができる。

しんぶん【新聞】

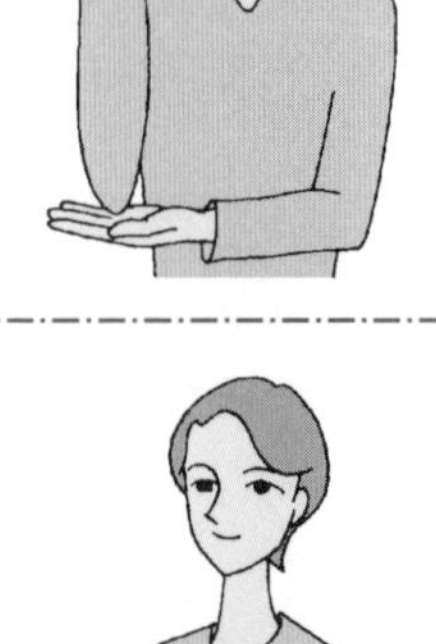

《表現》 左手のひらに、手を握った右手のひじを乗せて振る。

《語源》 かつて鈴を振りながら新聞を売ったことから。右手握りこぶしは鈴を表す。

《例文》 新聞記者＝「新聞」＋「記者」。新聞社＝「新聞」＋「会社」。朝刊を読む＝「新聞」＋「朝」＋「読む」。

シンポジウム【symposium】

《表現》 親指、人差し指、中指を伸ばした両手⇒**指文字「し」**の指先を胸のすぐ前で向かい合わせ、水平に円を描きながら前に動かし両手を再び向かい合わせる。

《語源》 頭文字「し」と、人が集まりさまざまな立場から各自意見を述べるようすを表現。

《例文》 平和を考えるシンポジウム＝「平和」＋「考える」＋「シンポジウム」。

しんよう【信用】

《表現》 手のひらを上に向け開いた右手をおなかの前で構え、身体に沿ってまっすぐ上げながら握る。

《語源》 ひとつの考えをしっかり持つという意味を込めて、胸でこぶしを握る動作を行うもの。

《同形》 信じる・信頼

《応用》 胸の前で握った右手を開きながら前に出すと「信じられない」の意味で、「まさか！」の手話。

《例文》 信じ合う＝「お互い」＋「信用」。彼の言う事は信用できない＝左手で「男」＋左手を残しその手前から「言われる」＋「内容」＋「信用」＋「～できない」。

しんり【真理】

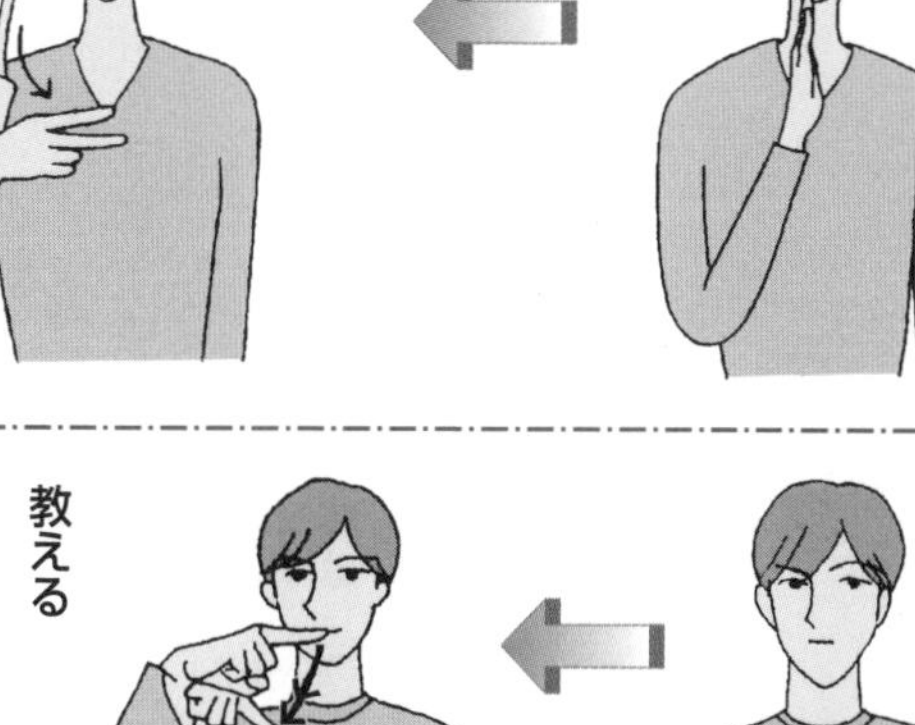

《表現》①立てた右手の人差し指側をあごに当てる⇓**「本当」の手話**、②人差し指と中指でリを空書する⇓**指文字「り」**。

《語源》「本当」と「り」で。

《例文》科学の真理＝「科学」＋「真理」。

しんろしどう【進路指導】

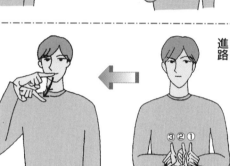

進路

③②①

《表現》①左手のひらの上で、指先を前に向け指を伸ばして立てた右手を左から順に前に滑らせる⇓**「進路」の手話**、②右手人差し指を斜め前下へ2～3回振る⇓**「教える」の手話**。

《語源》①の「進路」は、いくつもの進むべき方向を表すもの。「進路」と「教える」で。

す

親指と2指を伸ばし下に向ける。
すの形。

スイカ【西瓜】

《表現》指を曲げた両手をあごの下あたりで構え、両手同時に左右に動かす。

《語源》切ったスイカを両手で持ち、食べるようす。

《例文》スイカが食べたい＝「スイカ」＋「欲しい」。果物の中でスイカが一番好き＝「果物」＋「内容」＋「スイカ」＋数詞の「1」で「～番」＋「好き」。

スイス【Swiss】

《**表現**》平行に伸ばした親指と人差し指の先で、左胸に十字を書く。

《**語源**》スイスの十字の国旗から。

《**例文**》スイス製の時計＝「スイス」＋「作る」＋「時間b」。

すいようび【水曜日】

《**表現**》手のひらを上に向けて伸ばした右手を、波打たせながら左から右へ水平に移動させる

⇩**「水」の手話。**

《**語源**》流れる「水」のようす。

《**同形**》水・沢・流れる

《**応用**》人差し指、中指、薬指の3指で行うことで「川」を伝えることができる。

《**別形**》水道栓をひねる動作をする。

《**例文**》来週の水曜日＝「来週」＋「水曜日」。水を補う＝「水」＋「補う」。水色＝「水」＋「色」。清流＝「美しい」＋「水」。お湯を沸かす＝「水」＋「煮る」。水を飲む＝「水」＋「飲む」。沢田さん＝「沢」＋「田」＋「男」あるいは「女」。

指文字「W」を甲を前に向けてまわす。

WEDNESDAY

スウェーデン【Sweden】

《**表現**》指を伸ばし手のひらを下に向けた左手首の甲側に右手5指の先を当てて立て、やや斜め上に引きながら指をすぼめる（2回）。

《**例文**》スウェーデンは福祉国家＝「スウェーデン」＋「福祉」＋「国」。

スーパーマーケット【super-market】

《表現》左手は買い物袋を持つように握り、すぼめた右手を開きながら袋の中に物を入れる動作を数回行う。

《語源》買い物のようすから。

《例文》スーパーに買いに行く＝「買う」＋「行く」。スーパーマーケットで値下げセールが行われている＝「スーパーマーケット」＋「値下げ」＋「売る」。

スカート【skirt】

《表現》伸ばした親指と人差し指で腰を挟むように構えた両手を下へ広げながら下ろす。

《語源》スカートの形をかたどったもの。

《別形》そろえて伸ばした両手の指先を下に向け腰の横で構え、下へ広げながら下ろす。続けて、4指を付け根から折り中央へ寄せる（指先が向かい合うように）。スカートの形をなぞる動き。

《例文》赤いスカートがよく似合う＝「赤」＋「スカート」＋「似合う（合う）」。スカートどこで買ったの?＝「スカート」＋「買う」＋「場所」＋「何?」。

すき【好き】

《表現》右手親指と人差し指を開いてのど元を挟むように当て、斜め前下に動かしながら2指を閉じる。

《語源》大好きな食べ物を前にしてツバを飲み込むときに、のどが広がることを表す。

《同形》欲しい・〜したい

《応用》のど元で親指と人差し指の先をつけておき、2指を開きながら前に出すと「嫌い」の手話になる。

《例文》私は彼が好き＝「私」＋左手の「男」を指す＋「好き」。私は赤が好み＝「私」＋「色」＋「赤」＋「好き」。好きでたまらない＝「好き」＋「好き」。新しい靴が欲しい＝「新しい」＋「靴」＋「欲しい」。フランスへ行きたい＝「フランス」＋「行く」＋「〜したい」。

《参考》「好き」「欲しい」「〜したい」の区別は表情で伝えるほか、口形を加えるとよい。なお、「欲しい」「〜したい」を伝えるときには、親指と4指で同じ動作を行うことがある。

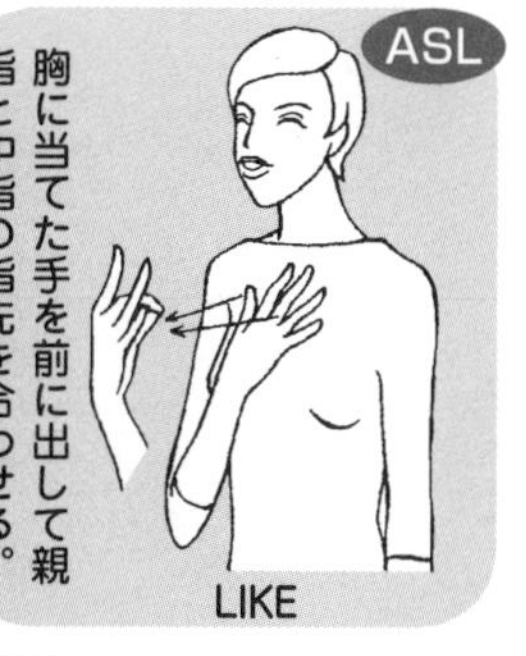

胸に当てた手を前に出して親指と中指の指先を合わせる。

スキー【ski】

《表現》人差し指をやや曲げ手のひらを上に向け両手を両脇に構え、心持ち上向きに前へ出す。

《語源》スキーの板で滑るようす。

《例文》スキーが上手＝「スキー」＋「上手」。スキーしに行く＝「スキー」＋「する」＋「行く」。山スキー＝「山」＋「スキー」。

すきやき【すき焼き】

《表現》左手のひらの上で人差し指と中指をそろえて伸ばした右手を水平に回す（浮かして）。

《語源》すき焼きの鍋に牛肉の油をひくようす。

《例文》今夜のすき焼きが楽しみ＝「今日」＋「夜」＋「すき焼き」＋「楽しみ」。

《参考》イラストの手話の前に「好き」または「牛」の手話を加えてもよい。

すぐ

《表現》右手人差し指の先に親指の先をつけ、親指で人差し指の先をはじきあげ親指の先を人差し指の上に出す。

《例文》すぐに来て＝「すぐ」＋「来る」＋「お願い」。すぐに諦めてはいけない＝「すぐ」＋「諦める」＋「駄目」。

《参考》少し手を上に動かしながらこの動作をする場合や、「早い」の手話で表す場合もある。

スケート【skate】

《表現》指をそろえて伸ばした両手を身体の横で立てて構え、左右に開きながら交互に前へ出す。

《語源》スケートでの足の動き。手のひらはスケートシューズの歯。

《例文》スケートシューズ＝「スケート」＋「靴」。スケート競技＝「スケート」＋「競争」。

すごい【凄い】

《**表現**》わん曲させた右手を顔の横で前にひねる。

《**語源**》お岩さんの額を表す。四谷怪談のお岩さんのメイクがすごかったことから。

《**例文**》すごい庭＝「すごい」＋「庭」。

すこし【少し】

《**表現**》人差し指の先で親指の先をはじく（親指がわずかに上に出る程度）。

《**語源**》指のほんの先のわずかな部分を指し示したもの。

《**同意**》少ない

《**別形**》右手親指と人差し指を平行に伸ばし、2指の幅で少しであることを示す。

《**例文**》少し先＝「少し」＋「将来」。少し小さい＝「少し」＋「小さい」。

すこしずつ【少しずつ】

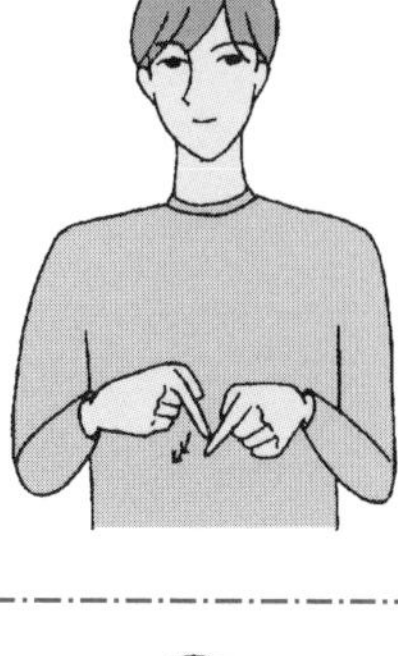

《**表現**》伸ばした左手人差し指の先を、右手人差し指の先で削るように2～3回なでる。

《**語源**》少しずつ削るようすから。

《**別形**》人差し指の先で親指の先をはじく（親指がわずかに上に出る程度）⇩**「少し」の手話**動きを右へ移動させながら2～3回繰り返す。

《**例文**》少しずつ学ぶ＝「少しずつ」＋「教わる」。少しずつ片付ける＝「少しずつ」＋「片付ける（用意）」。

すし【寿司】

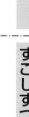

《**表現**》左手5指と右手2指ですしを握るように組んで動かす。

《**語源**》すしを握るようす

《**同意**》すしを握る

《**例文**》すし屋＝「すし」＋「店」。すし職人＝「すし」＋「男」あるいは「女」。鯛を握ってよ＝「鯛」＋「すし」＋「注文」。

すず【鈴】

《**表現**》5指の先をつけてすぼめた右手の指先を下に向けて小さく振る。
《**語源**》鈴が振られるようす。
《**例文**》鈴木（人名）さん＝「鈴」＋「木（木曜日）」＋「男」あるいは「女」。美しい鈴の音＝「美しい」＋「鈴」＋「聞く」。

すずしい【涼しい】

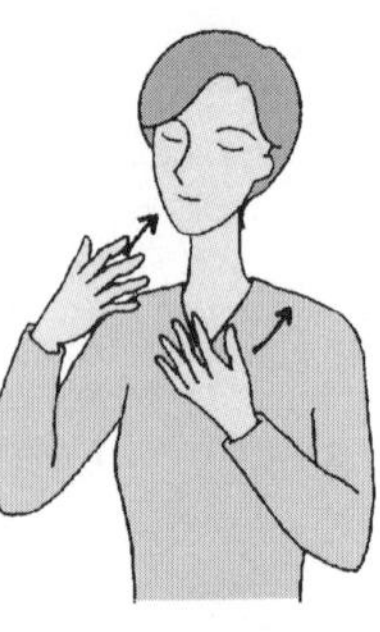

《**表現**》両手で、前方から首や顔へ風を送るように動かす。涼しげな表情で。
《**語源**》涼しい風を表す。
《**同形**》秋
《**応用**》おなかあたりから両手ですくい上げると「暖かい」「春」の手話になる。
《**例文**》涼しい部屋＝「涼しい」＋「部屋」。涼しい季節＝「涼しい」＋「季節」。

すずめ【雀】

《**表現**》両手の親指と人差し指で輪をつくり両ほほに当てる。
《**語源**》すずめのほほの模様を表現。
《**別形**》両手の人差し指で、同時に両ほほに丸を書く。
《**例文**》すずめの学校＝「すずめ」＋「学校」。舌切りすずめ＝舌を出してその前をハサミに見立てた親指と人差し指で切る動作をする＋「すずめ」。

スタッフ【staff】

《**表現**》左胸に、右手の指文字「す」を2回当てる。

《**語源**》胸につけた名札の位置に頭文字「す」を配したもの。

《**例文**》彼はスタッフです＝「彼」＋「スタッフ」。スタッフが必要です＝「スタッフ」＋「必要（～しなければならない）」。スタッフは何人ですか?＝「スタッフ」＋「いくつ」＋「～人」＋「～ですか（尋ねる）」。

すっかりわすれる【すっかり忘れる】

《表現》手の甲を顔の右側のこめかみあたりに当てた左手のひらに右手の指の腹を当て、左手はそのまま右手で左手のひらをなでながら後ろに払う。

《語源》左手を頭に当てるのは頭の中に入っていないことを表す。右手を後ろに払うのは、過去を示し、記憶になく忘れ去ったことを表現する。

《例文》彼のことはさっぱり忘れた＝「彼」＋「すっかり忘れる」。宿題をまったく忘れていた＝「宿題」＋「すっかり忘れる」。

すっぱい【酸っぱい】

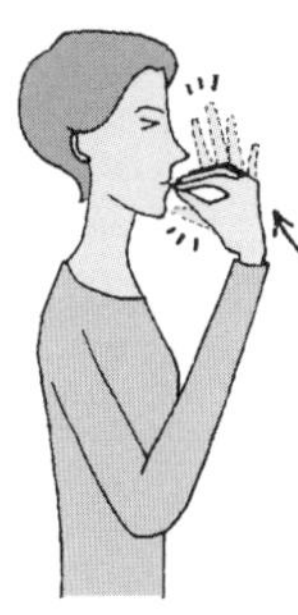

《表現》右手5指の先をつけ、すぼめた指先を、口元に近づけながらパッと開く。すっぱそうな表情で。

《語源》すっぱい感覚が口の中で広がるようすを、表情と指を広げることで表現するもの。

《同形》お酢

《別形》逆の動作で、5指を開いた手を、口元から遠ざけながら指先をつけすぼめる。同時に口もすぼめるとよい。

《例文》酢の物＝「お酢」＋「料理」。

すてる【捨てる】

《表現》軽く握った右手を、身体の脇に振り下ろしながら開く。

《語源》物を捨てる動作から。

《同形》ゴミ・取り消す

《例文》要らないから捨てる＝「要らない」＋「捨てる」。アイデアを破棄する＝「アイデア」＋「捨てる」。話はなかったことに＝「説明」＋説明の左手のひらから右手で何かを拾い上げる動作をしたあとに「捨てる」。

ストーブ【stove】

《表現》両手を前に出しストーブにあたるようす。寒そうな表情を加えてもよい。

《同意》暖炉

《例文》今度の冬はストーブが必要＝「今度（将来）」＋「冬」＋「ストーブ」＋「必要（～しなければならない）」。

ストレス【stress】

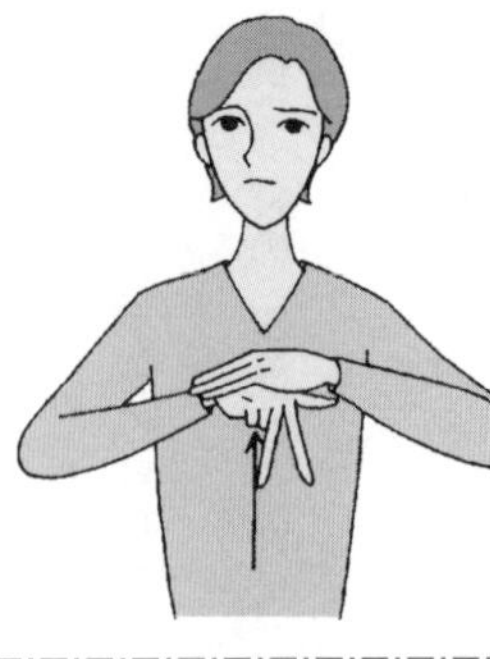

《**表現**》下に向けた左手のひらに、右手の指文字「す」を下から当てる。疲れた表情で。

《**語源**》頭文字の「す」と、発散できずに溜まる表現。

《**例文**》ストレスで毎日疲れる＝「ストレス」＋「毎日」＋「疲れる」。ストレスが病気の原因＝「ストレス」＋「病気」＋「基本」。

すねかじり【臑齧り】

《**表現**》①左手人差し指でほほに1回触れたあと、親指と小指を立てて上に掲げる⇒**「両親」の手話**、②すぼめた右手で、①で掲げた左手の手のひら側を削るように2回掻く。

《**語源**》両親を削る表現で。

《**例文**》パラサイトシングル＝「すねかじり」＋「独身」。

《**参考**》①の「両親」を左手で行うのは、②の手話を続けるため。

スノーボード【snow boarding】

《**表現**》指をそろえて伸ばした両手のひらを下に向けて前後に並べて構え、そのまま両手同時に弧を描くように動かす。

《**語源**》両手を足に見立て、スノーボードで滑るようす。

《**例文**》スノーボードは難しい？＝「スノーボード」＋疑問の表情で「難しい」。

スパイ【spy】

《**表現**》右手を顔の中央に立て、手の甲側から覗き見るように頭を2回ほど右へ小さく動かす。

《**語源**》スパイが覗き見し、伺うようすから。

《**例文**》スパイ映画＝「スパイ」＋「映画」。イギリスのスパイの007＝「イギリス」＋「スパイ」＋数詞「0」＋数詞「0」＋数詞「7」。

す

スパゲティー【spaghetti】

《**表現**》人差し指、中指、薬指の3指を伸ばした右手の指先を下に向け手首を右へ2回ひねる。

《**語源**》3指はフォークを表し、麺を巻き取るようす。

《**別形**》右手3指の下に手のひらを上に向けた左手を添え、お皿を表してもよい。

《**例文**》ミートスパゲティー＝「肉」＋「スパゲティー」。

すばらしい【素晴らしい】

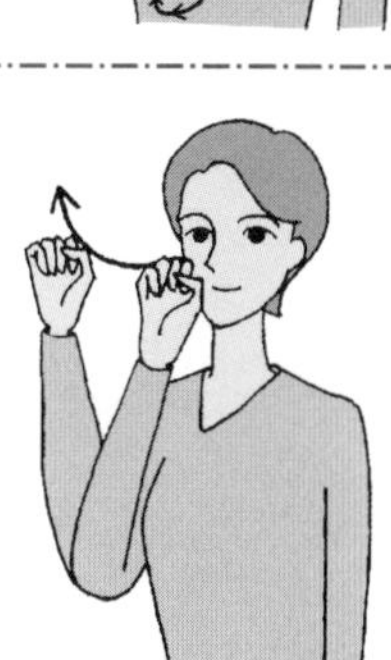

《**表現**》右手握りこぶしを鼻の前で構え、斜め前に上げる。

《**語源**》鼻高々で自慢したくなるくらい「良い」という手話を手を斜め前に上げることで強調したもの。

《**同意**》素敵

《**応用**》握りこぶしを前に出すと「良い」の手話になる。

《**別形**》両手の親指と人差し指でつくった輪をそれぞれ左右の目に当て、手を前に出しながら指をパッと開く。目をみはる表現から「すばらしい」という手話になる。または、鼻の下で手のひらを下に向け水平に構えた右手をまっすぐ右へ動かす⇒「偉い」「立派」の手話。

《**例文**》素晴らしい景色＝「素晴らしい」＋「景色」。素敵な絵＝「素敵」＋「絵」。素敵な人＝「素敵」＋「男」あるいは「女」。平和は素晴らしい＝「平和」＋「素晴らしい」。素敵な服ね＝「あなた」＋「服」＋「素敵」。

ASL

顔の前に両手を出し、上方へ押してから下方へ押す。

WONDERFUL

スペイン【Spain】

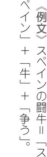

a

《**表現**》指先をつけた両手を並べ小さく前後に揺らす。

《**語源**》闘牛士のケープ（赤い布）を広げるようす。

《**別形**》指を伸ばして手のひらを上に向けた右手を左脇下から、半回転させて上げ肩に当てる（手のひらが下向きになる）b。

《**例文**》スペインの闘牛＝「スペイン」＋「牛」＋「争う」。

b

スポーツ【sports】

《表現》開いた両手を身体の左右で半周ずらして前へ回す。

《語源》走る動作から表現したもの。

《例文》スポーツ選手＝「スポーツ」＋「選手」。スポーツが得意＝「スポーツ」＋「得意」。

ズボン

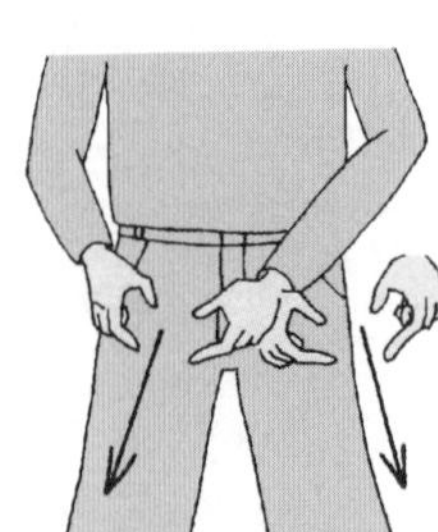

《表現》親指と人差し指でU字型をつくった両手の指先を向かい合わせ、両太ももに沿って下げる。

《語源》ズボンを示す。

《例文》Gパン＝日本式アルファベット「G」＋「ズボン」。

スマート【smart】

《表現》指をそろえて伸ばし手のひらを向かい合わせた両手を脇のあたりで構え、下へ弧を描いて下ろしていき幅を狭める。

《語源》ほっそりした身体のラインを描いたもの。

《同意》（身体が）細い

《同形》やせる・ダイエット

《例文》彼女はスマートでうらやましい＝左手の「女」を指す＋「スマート」＋「うらやましい」。夏までにやせる＝「夏」＋「～まで」＋「やせる」。

すみません【済みません】

《表現》①右手親指と人差し指で眉間をつまむ動作⇒**「迷惑」の手話**、②右手を顔の前に立てそのまま前に倒す（謝る、お願いのしぐさ）。表情をつけて、①②を続けて行う。

《語源》①は迷惑をかけられた人が眉間にしわを寄せるようすから。迷惑をかけてすみません、という意味。

《同意》ごめんなさい

スムーズ【smooth】

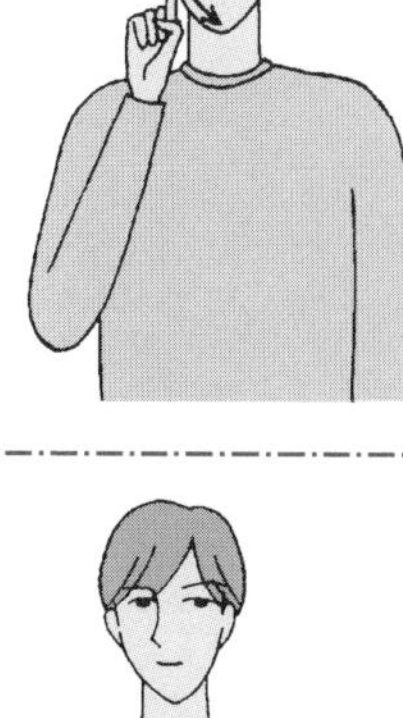

《**表現**》右手人差し指の側面で、ほほをあごの方へなで下ろす。

《**語源**》人差し指をカミソリに見立てて、スムーズにひげを剃るようすから。

《**同意**》なめらか

《**例文**》順調にいく＝「スムーズ」＋「～できる」。

すもう【相撲】

《**表現**》両手握りこぶしの小指側を腰骨のあたりに交互に2～3回当てる。

《**語源**》力士のポーズから。

《**例文**》力士＝「相撲」＋「男」。春場所＝「春」＋「相撲」＋「場所」。

～する

《**表現**》両手握りこぶしを身体の前で、左右に離して構え（手の甲上向き）、同時に前へ出す。

《**語源**》行動を起こす表現。

《**同意**》行う

《**例文**》実行する＝「本当」＋「～する」。決行する＝「決める」＋「～する」。挙式＝「結婚」＋「式」＋「～する」。

ずるい【狡い】

《**表現**》指をそろえて伸ばした右手の甲を左ほほに当て、数回上下に動かす。

《**語源**》ずるいことをして顔を隠したいことから。

《**同形**》卑怯

《**例文**》ずるい女＝「ずるい」＋「女」。

《**参考**》指をそろえて立てた右手の人差し指側を、あごに1～2回当てると「本当」の手話になる。「本当」のことでは顔を隠す必要がないため、手を顔の正面に置く。4指の背を右ほほに当てると「誰」の手話になるので注意。

するどい【鋭い】

《**表現**》伸ばした左手人差し指を、右手親指と人差し指で挟み、左手人差し指の先に向かって滑らせながら指先を閉じる。

《**語源**》左手人差し指を棒にたとえ、右手でその先がとがっていることを表現。

《**例文**》するどいナイフ＝「ナイフ」＋「鋭い」。

スローガン【slogan】

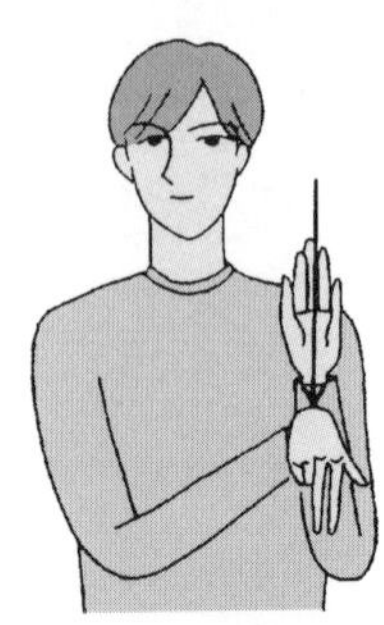

《**表現**》手のひらを前に向けて立てた左手のひらに、親指、人差し指、中指を伸ばし指先を下に向けた右手⇒**指文字「す」**を当ててそのまま下におろす。

《**語源**》「タイトル（テーマ）」の手話に指文字「す」を加えたもの。

《**例文**》平和のスローガンを掲げる＝「平和」＋「スローガン」＋「表す」。

すわる【座る】

a

b

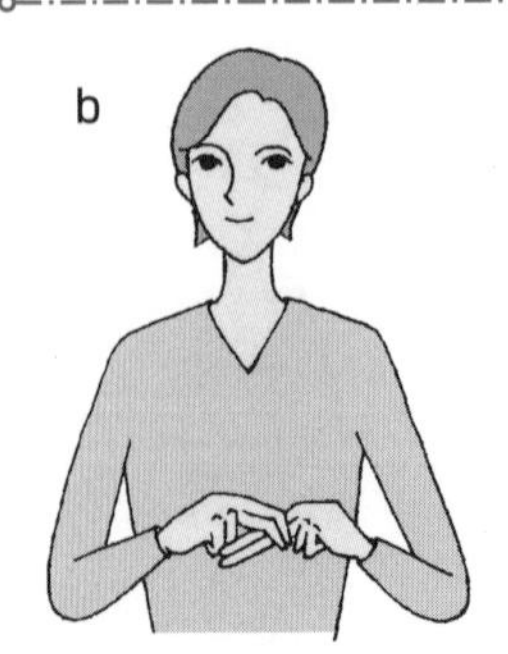

《**表現**》手のひらを上に向けた左手を前に出し、その手のひらに人差し指と中指を伸ばした右手を指を曲げながら乗せる。

《**語源**》左手は座布団を、右手2指は足を表し、座布団の上に足を折り曲げて座るようす。

《**別形**》座る場所によって「椅子」の手話で伝えることもあるb。

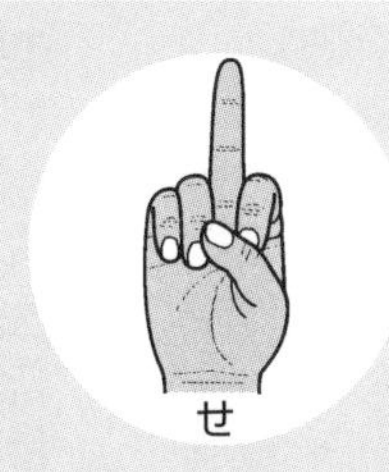

中指を立てる。
背の高い指で表現。

せい【性】

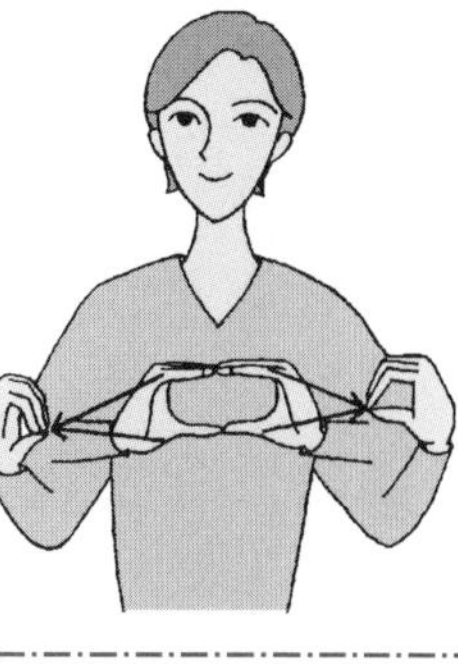

《**表現**》親指と4指でU字型をつくり指先を向かい合わせてつけた両手を、左右に離しながら指先を閉じる。

《**語源**》細胞が分裂する表現。

《**例文**》性差別＝「性」＋「差別」。性教育＝「性」＋「教育（教える）」。性生活＝「性」＋「生活（暮らす）」。

せいかつほご【生活保護】

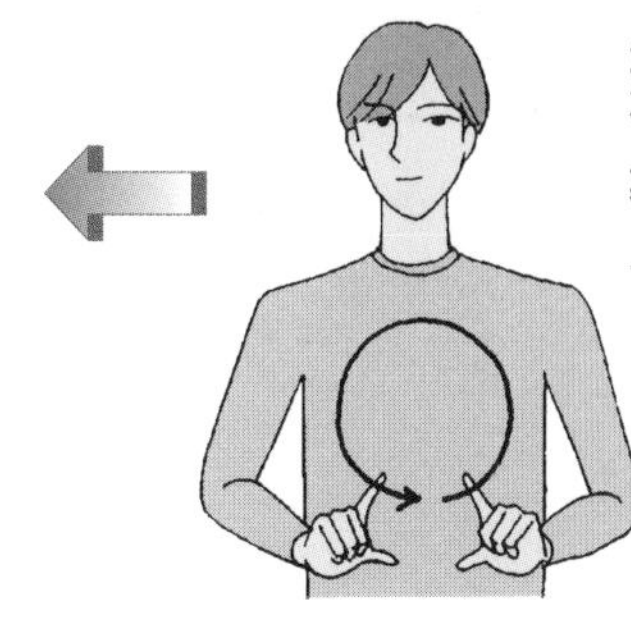

《**表現**》①親指と人差し指を伸ばした両手を身体の前で構え右回りに円を描く⇩「**生活」「暮らす」の手話**、②親指を立てた左手を、右手で手前に引き寄せる⇩「**助けられる」の手話**。

《**語源**》「生活」と「助けられる」で伝える。

せいけいげか【整形外科】

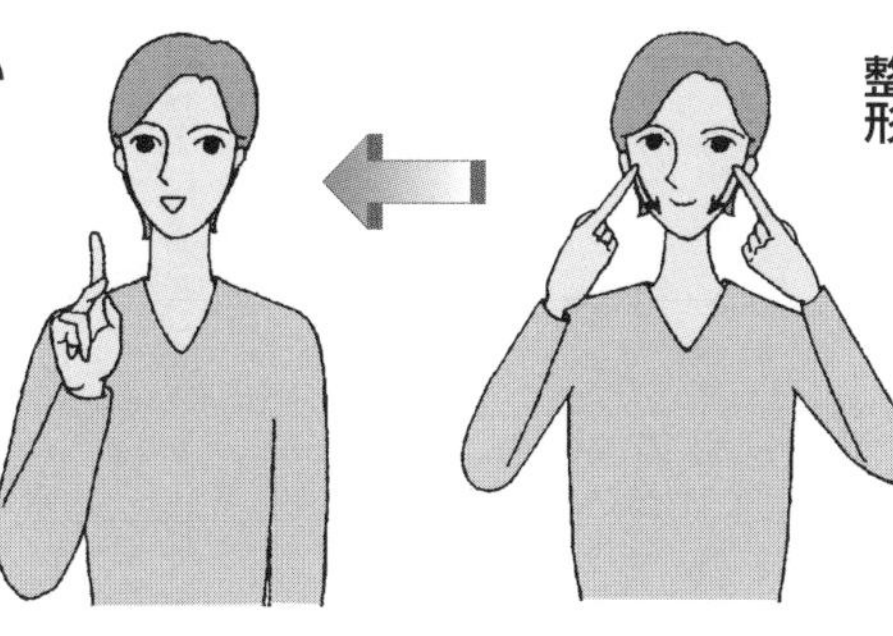

《**表現**》①両手の人差し指を顔の横で交互に斜め下におろす⇩「**整形」の手話**、②指文字「か」を示す。

《**語源**》整形は顔を手術することから。「整形」と「か」で。

《**応用**》左手の甲に右手人差し指で線を引くように動かせば「手術」の手話。

せいげん【制限】

《**表現**》身体の左に構えた左手のひらに伸ばした右手の指先を右から当て、続けて、身体の右に構えた右手のひらに伸ばした左手の指先を左から当てる。

《**語源**》範囲を制限する表現。

《**同形**》範囲

せいこう【成功】

《**表現**》右手握りこぶしを鼻の前で構え斜め前に上げ⇩**「素晴らしい」の手話**、手のひらを上に向けて構えた左手に打ちつける。ヤッター！とリズムよく、表情もハツラツと。

《**語源**》「素晴らしい」の手話に続き、左手のひらを右手握りこぶしで打つのはヤッター！の表現。

《**例文**》ロケット打ち上げに成功＝「ロケット」＋「成功」。

《**参考**》握りこぶしを前に出す「良い」の手話でもよいが、強調してやや上げる「素晴らしい」の手話で。

せいざ【星座】

《**表現**》5指の先をつけた左手を身体の中央で指先を前に向けて構えパッと指を開く、その後ろで5指を開いた右手を左から右へ弧を描くように動かす。

《**語源**》左手は星を表し、右手はそのグループを表す。

《**例文**》大熊座＝「大きい」＋「熊」＋「星座」。星占い＝「星座」＋「占い」。あなた何座？＝「あなた」＋「産まれる」＋「星座」＋「何？」。私は魚座です＝「私」＋「星座」＋「魚」。

せいじ【政治】

《**表現**》左手のひらに、指をそろえて伸ばした右手のひじを乗せ（小指側前向き）、前に2回ほど振る。

《**語源**》政治家が壇上で演説するようすから。

《**応用**》左手の甲に右手のひじを乗せ前に振ると「演説」の手話（左手のひらの向きが上下逆になる）。

《**例文**》政治家＝「政治」＋「男」あるいは「女」。政治参加＝「政治」＋「参加」。施政方針を述べる＝「政治」＋「主義」＋「広告」。政治不信＝「政治」＋「怪しい」。

せ

せいしき【正式】

《**表現**》指先をつけた両手の親指と人差し指で、胸の中央からおなかの中央へと逆三角形を描く。

《**語源**》正式な場で着用した裃（かみしも）の上の衣装を表す。

《**例文**》正式なあいさつ＝「正式」＋「あいさつ」。正式に離婚する＝「正式」＋「離婚」。

せいしつ【性質】

《**表現**》左手の甲に、伸ばした右手人差し指の先を当て、手首を返すようにして人差し指を上に跳ね上げる。

《**同形**》性格

《**例文**》氷の性質に関する研究＝「氷」＋「性質」＋「関係」＋「研究」。

せいしんびょう【精神病】

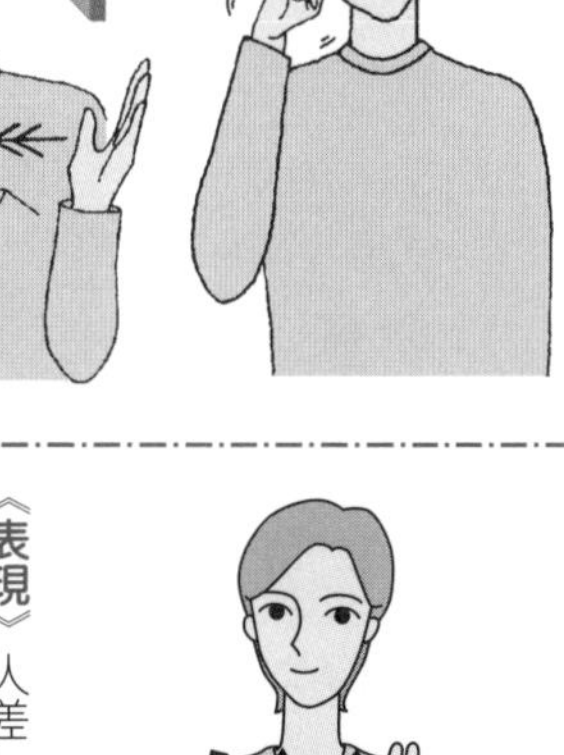

《**表現**》①右手人差し指をこめかみに当て小さく動かす⇩**「考える」の手話**、②柏手を2回打つ⇩**「神」の手話**、③右手握りこぶしを額に当てる⇩**「病気」の手話**。

せいせき【成績】

《**表現**》人差し指を立てた両手を並べて胸の前に構え、右手を上下に動かしながら左手から離していく。

《**語源**》折れ線グラフが上下するようすから。

《**例文**》成績管理システム＝「成績」＋「管理」＋「システム」。

《**参考**》右手を上下に動かしながら右斜め上へ離していくと成績が上がることを、右斜め下へ離していくと成績が下がることを表す。

せいぶつ【生物】

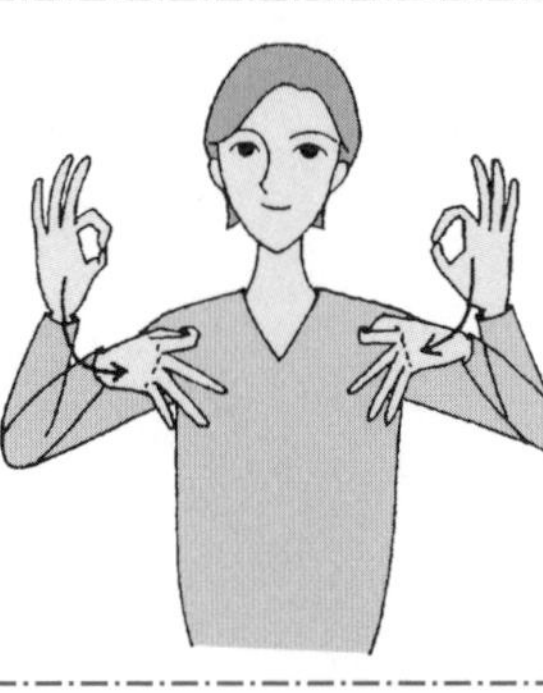

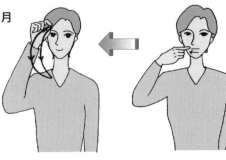

《**表現**》親指と人差し指で輪をつくった両手を肩のあたりに構え、手首を軸に両手同時に斜め下に振り、手の甲を前に向ける。
《**語源**》「物」の手話からのもので、同時に蝶々を連想したもの。
《**応用**》右手だけで行うと「物」の手話。
《**例文**》地球のすべての生き物＝「地球」＋「すべて（全部）」＋「生物」。なぞの生物＝「なぞa」＋「生物」。

せいり【生理】

赤

月

《**表現**》①右手人差し指を唇に沿って右に動かす⇩**「赤」の手話**、②親指と人差し指の先をつけた右手を上から下へおろしながら、指先を離して再びつける⇩**「月」「月曜日」の手話**。
《**同意**》月経
《**語源**》「赤」と「月」で。
《**例文**》生理休暇＝「生理」＋「休み」。

セーター【sweater】

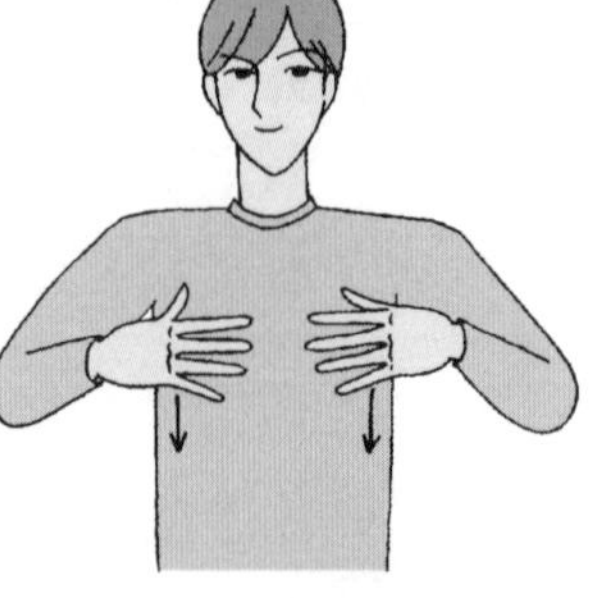

《**表現**》指をやや開いて伸ばした両手を胸に当て、そのまま下におろす。
《**語源**》開いた指は編み目を表し、身体に沿って下ろすことで着ているものを示す。
《**例文**》彼女が編んだセーター＝「この（指さす）」＋「セーター」＋左手の「女」を指す＋「編む」。
《**参考**》この手話の前に「編む」の手話を行うとより伝わりやすい。

せかい【世界】

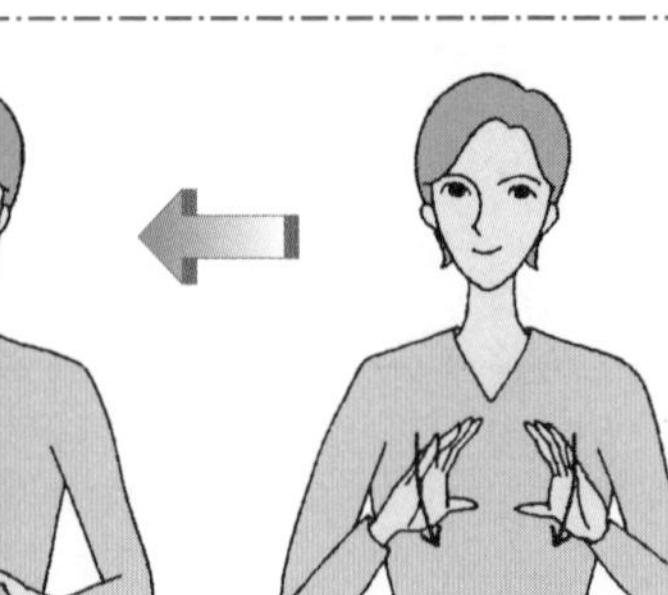

《**表現**》広げた両手の5指で大きな丸（地球）をつくり、前に回転させる。
《**語源**》丸い地球を表現。
《**同形**》国際・地球
《**例文**》世界はひとつ＝「世界」＋数詞「1」。地球環境＝「地球」＋「環境」。宇宙船地球号＝「宇宙」＋「船」＋「名前」＋「地球」。

せきじゅうじ【赤十字】

赤　十字

《表現》①右手人差し指を唇に沿って右に動かす⇓**「赤」の手話**、②両手の人差し指で十字をつくる⇓**「十字」の手話**。

《語源》「赤」と「十字」で。

《例文》日本赤十字＝「日本」＋「赤十字」。赤十字病院＝「赤十字」＋「病院」。

せきたん【石炭】

石　黒

《表現》①5指をやや曲げた左手に、親指と4指で半円（またはコの字型）をつくった右手を強めに打ちつける⇓**「石」の手話**、②右手で頭をなでる⇓**「黒」の手話**。

《語源》「石」と「黒」で。

せきゆ【石油】

石　油

《表現》①5指をやや曲げた左手に、親指と4指で半円（またはコの字型）をつくった右手を強めに打ちつける⇓**「石」の手話**、②右手4指で髪の毛に2回ほど触れたあと、頭から離しながら指先をこすり合わせる⇓**「油」の手話**。

《語源》「石」と「油」で。

せっきょく【積極】

《表現》親指と人差し指の先をつけた右手を左脇に当て、勢いよく前に出しながら2指を伸ばす。

《語源》脇に当てるのは熱を示したもので、それが前向きに表れるという表現。

《例文》積極的＝「積極」＋「～的（合う）」。

せ

セックス【sex】

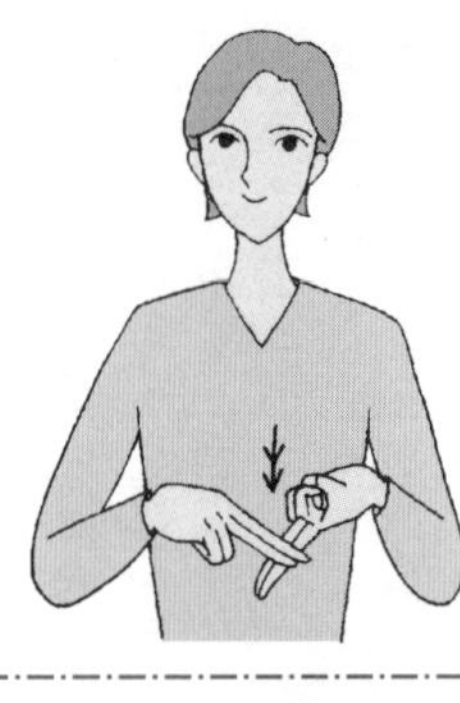

《表現》両手の人差し指と中指の腹側を上下に合わせ軽く下に動かす（右手が上）。

《語源》2指は足を示し、それがからまるようすから。

《例文》肉体関係＝「セックス」＋「関係」。セックスレス＝「セックス」＋「無い」。

せつめい【説明】

《表現》左手のひらに、指先を前に向けて伸ばした右手小指の先を2回ほど当てる（指先前向き）。

《語源》左手のひらを資料に見立て、資料を指しながら話すという表現。

《同形》説・説明する

《応用》右手の指先の向きを逆にすれば受け身形の「説明される」の手話になる。

《例文》彼に意味を説明する＝左手の「男」を指す＋「意味」＋「説明する」。おもしろい話＝「おもしろい」＋「説明」。昔話＝「過去」＋「説明」。

せつめいされる【説明される】

《表現》左手のひらに、指先を手前に向けて伸ばした右手の小指側を2回ほど当てる。

《語源》「説明する」の逆動作。

《例文》試験の説明を受ける＝「試験」＋「方法」＋「説明される」。説明してください＝「説明される」＋「頼む」。説明を聞く＝「説明される」＋「聞く」。

ぜひ【是非】

《表現》胸の前で、左右から両手の4指をしっかり組む。

《語源》両手をしっかり組むことで表現したもの。

《同形》必ず・定まる・定・指定・しっかり

《例文》きっと来てね＝「ぜひ」＋「来る」＋「願う」。必ず勝つ＝「必ず」＋「勝つ」。刺身定食＝「刺身」＋「定」＋「食べる」。定期預金＝「定」＋「貯金」。定期検診＝「定」＋「診察」。

せびろ【背広】

《表現》親指を立てた両手を首元から襟の形に沿って下げる。
《語源》背広の襟を「男」の手話で表現したもの。
《参考》ダブルのスーツは別の手話b。ボタンが2つある表現。

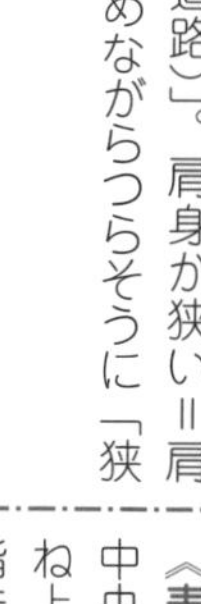

せまい【狭い】

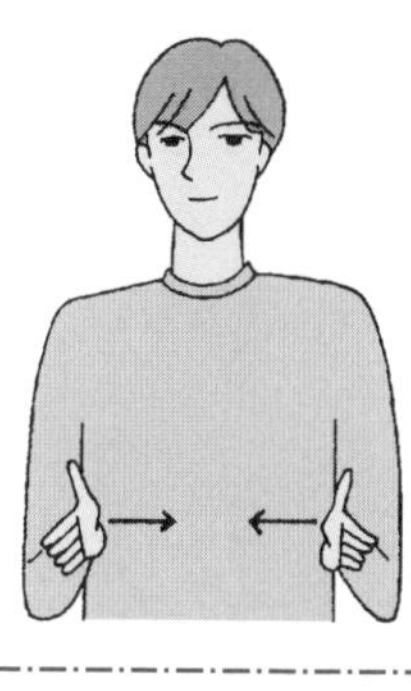

《表現》両手のひらを向かい合わせて構え、中央に寄せて幅を狭める。
《語源》手の幅で表したもの。
《例文》狭い部屋＝「狭い」＋「部屋」。狭い道＝「狭い」＋「道（道路）」。肩身が狭い＝肩をすぼめながらつらそうに「狭い」。

セルフサービス【self-service】

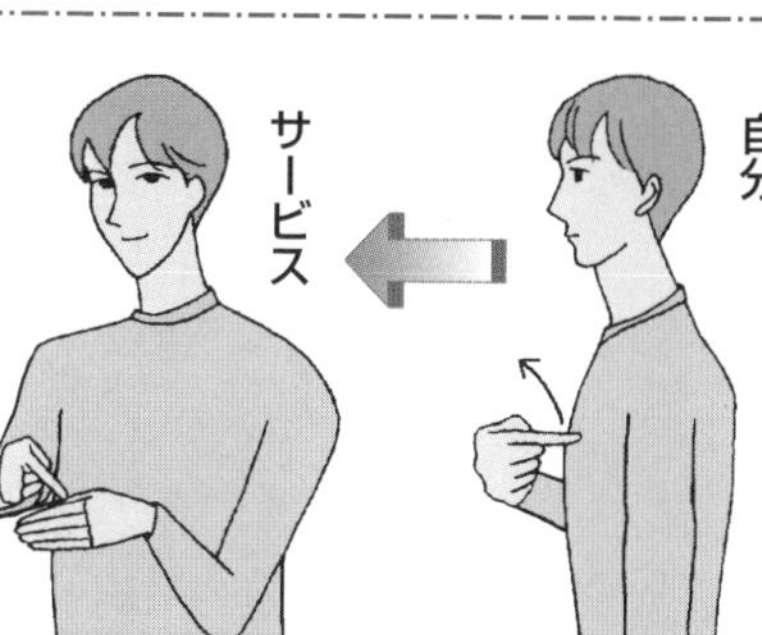
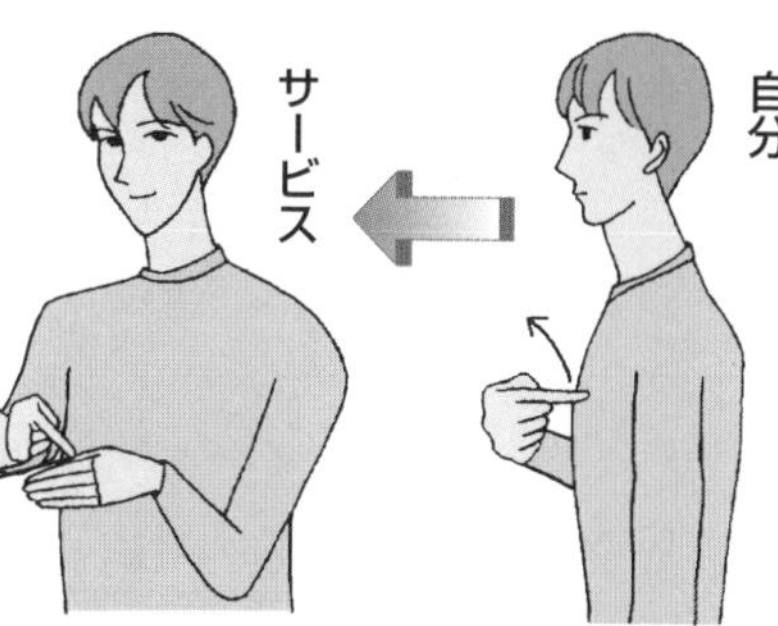

《表現》①右手人差し指で胸の中央を指し、手首を軸に上へ跳ね上げる⇒**「自分」の手話**、②指先を前に向けて4指を伸ばして立てた左手人差し指に沿って、伸ばした右手人差し指を前に2回ほど出す⇒**「サービス」の手話**。
《語源》「自分」と「サービス」で。

せんきょ【選挙】

《表現》4指をそろえた両手を身体の前で交互に下ろす。
《語源》投票用紙を投票箱に入れるようす。
《同意》投票
《例文》選挙違反＝「選挙」＋「違反」。選挙権＝「選挙」＋「権利」。選挙には行きましょう＝「選挙」＋「行く」＋「必要（～しなければならない）」。

せんこう【線香】

《表現》左手親指と4指の先で細い線香を持つように構え、その上で指先を上に向けた右手5指を動かしながら、ゆらゆらと煙が立つように上げていく。

《語源》線香を持つ手とそれが燃え煙が立っていることを表現。

《例文》線香を上げる＝「線香」＋両手で線香を持ち拝む動きをして立てる。

せんしゃ【戦車】

《表現》親指と4指でコの字型をつくった右手⇒**「車」の手話**を、小刻みに閉じかけたり開いたりしながら（4指を小さく上下させる）、手のひらを上に向けて構えた左手首あたりから手のひらに沿って前に出していく。

《語源》「車」と戦車がキャタピラを動かすようすを指を動かすことで表現。

《例文》戦車連隊＝「戦車」＋「軍（兵庫）」。

せんしゅ【選手】

《表現》親指を立てた右手を、甲を上に向けて握った左手首に当てて跳ね上げる。

《語源》立てた親指は人を表し、上に跳ね上げることでレギュラーとして選ばれたことを示す。

《例文》オリンピックの柔道選手＝「オリンピック」＋「柔道」＋「選手」。補欠選手＝「予備」＋「選手」。

《参考》左手は、握らず指を伸ばしてもよい。

せんしゅう【先週】

《表現》親指、人差し指、中指を伸ばした右手⇒**数詞「7」**を、肩越しに弧を描くように後ろへ動かす。

《語源》自分の位置を現在として、後ろは過去を示し、7日過去ということで先週の手話になる。

《応用》数詞「7」を、弧を描くように前へ動かせば「来週」の手話になる。

せんすいかん【潜水艦】

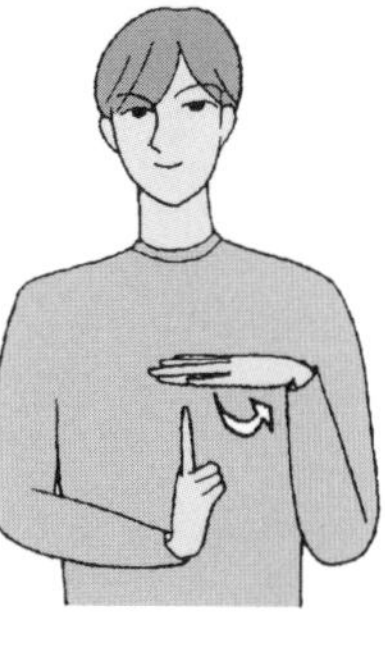

《**表現**》指先を右に向けた左手のひらの下で、人差し指を立てた右手を手前からやや下向きに弧を描きながら前に出す。

《**語源**》左手は海面を、右手は潜水艦を表し、人差し指は潜望鏡を表している。

《**例文**》原子力潜水艦＝「原子力」＋「潜水艦」。イエローサブマリン＝「黄色」＋「潜水艦」。

せんせい【先生】

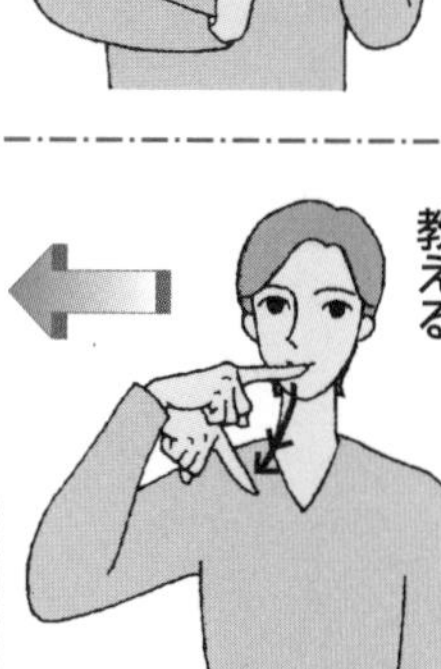

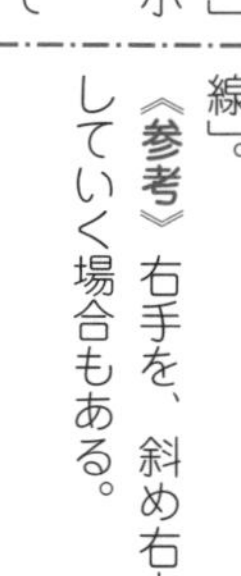

《**表現**》①右手人差し指を斜め前下へ2～3回振る⇒**「教える」の手話**、②右手の親指を立てる⇒**「男」の手話**。

《**語源**》「教える」と「男」で。

《**同意**》教師

《**例文**》手話の先生＝「手話」＋「先生」。小学校の先生＝「小学校」＋「先生」。

《**参考**》①「教える」に続けて「女」の手話を行うことで女性の教師であることを特定できる。

ぜんせん【前線】

《**表現**》両手の人差し指を伸ばし指先を向かい合わせて構え（手の甲前向き）、左手はそのまま、右手を下向きに弧を何度も描くようにして右に離していく。

《**語源**》天気予報の前線図から表現。

《**例文**》桜前線＝「桜」＋「前線」。梅雨前線＝「梅雨」＋「前線」。

《**参考**》右手を、斜め右上に離していく場合もある。

せんそう【戦争】

《**表現**》指を開いて斜めに立てた両手を前後に動かし、指先をぶつけ合う。

《**語源**》人差し指をぶつけ合う「喧嘩」の手話を、大勢の争いということで5指で行ったもの。

《**例文**》第2次世界大戦＝左手人差し指と中指を伸ばし指先を右に向けて構え、中指を右手でつまむ＋「世界」＋「戦争」。戦闘機＝「戦争」＋「飛行機」。

せんだい【仙台】

《表現》 右手親指と人差し指で額に三日月を描く。

《語源》 藩主であった伊達政宗の兜の三日月から。

《例文》 森の都の仙台＝「森」＋「国」＋「仙台」。

せんたく【洗濯】

《表現》 両手握りこぶしを上下に合わせて前後にこする。

《語源》 手洗いのようす。

《例文》 ズボンを洗濯する＝「ズボン」＋「洗濯」。

《参考》 「クリーニング」はアイロンをかける手話がある（**「クリーニング」**参照）。

センチメートル【cm】

《表現》 親指と4指でCをかたどった左手⇒**指文字「C」**を身体のやや左側に構え、その横で右手人差し指でmを空書する。

《語源》 指文字「C」とmの空書で。

《例文》 1センチ＝数詞「1」＋「センチメートル」。

《参考》 単位は数詞の後に続ける。

ぜんぶ【全部】

《表現》 指をそろえて伸ばし手のひらを下に向けた両手の親指側を合わせて構え、下に大きく円を描くように動かし小指側を合わせる。

《語源》 完全な円を描いて、すべてに漏れがないという表現。

《同形》 全て・まったく・一切・あらゆる

《応用》 弧を描いて下ろしたときに、小指側を合わせずにやや開ける（円を完成させない）と「ほとんど」の手話になる。

《例文》 全員＝「全部」＋「人々」。家全体＝「家」＋「全部」。全部でいくら？＝「全部」＋「いくら？」。

せんぷうき【扇風機】

《**表現**》ややわん曲させた右手を、手のひらを前に向けてひじから立て、ゆっくり左右に振る。

《**語源**》扇風機が首を振るようす。

《**例文**》夏は扇風機で過ごす＝「夏」＋「扇風機」＋「暮らす」。

せんもん【専門】

《**表現**》人差し指と中指を伸ばし、指先を斜め前へ向けた両手を左右に構える（手の甲上向き）。両手同時に中央へ寄せて手を返し甲を前に指先を上に向けて、上へあげる。

《**語源**》専門化して領域が狭められたことを表すために左右の手の間隔を狭めると同時に、その領域で優れていることを指を立てて表現したもの。

《**例文**》専門学校＝「専門」＋「学校」。専門家＝「専門」＋「男」あるいは「女」。女性専用＝「女」＋「専門」。

そ

人差し指でさす。
「それ」の手話と同じ。

そうじ【掃除】

《**表現**》両手を軽く握り、掃除機をかけるように前後に動かす。

《**例文**》毎日、部屋を掃除する＝「毎日」＋「部屋」＋「掃除」。

そうしき【葬式】

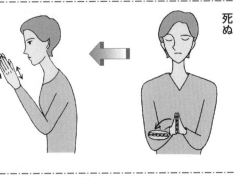

拝む

《**表現**》①指先を前に向けた両手を合わせて立て、小指側を軸に右へ倒す⇒**「死ぬ」の手話**、②手をすり合わせる⇒**「拝む」の手話**。

《**語源**》「死ぬ」と「拝む」で。

《**参考**》手を合わせるだけでもよい。また、「焼香」＋「式」でも伝わる。

そうぞう【想像】

《**表現**》指を開きややわん曲させた右手を（指先斜め上向き）、こめかみのあたりから斜め前上へ揺らしながら上げていく。

《**語源**》頭から考えが浮かぶようすを表現。

《**同形**》夢

《**例文**》未来を想像する＝「未来（将来）」＋「想像」。歴史を想像する＝「歴史」＋「想像」。戦場を想像する＝「戦争」＋「場所」＋「想像」。昨晩の夢＝「昨日」＋「夜」＋「夢」。

そうだん【相談】

《**表現**》親指の腹を向かい合わせて立てた両手のこぶしを、左右から寄せ軽く2回当てる。

《**語源**》2人が向かい合って話し合いをするようすから。

《**同形**》打ち合わせ

《**例文**》父に相談する＝掲げた左手の「父」を指す＋「相談」。相談される＝「相談」＋「受ける」。悩みの相談＝「悩み」＋「相談」。

《**参考**》同じ形で、左右から中央上へ動かし力強く1回ぶつけると「試合」の手話になるので注意。また、水平に円を描きながら行うと、大勢の人が集まって話しているようすを表した「会議」の手話になる。

そうです

《**表現**》両手を左右に構え、親指と人差し指の先を同時につけたり離したりする。片手で行ってもよい。

《**語源**》同じ動作で表現。

《**同意**》～ですね・同意する

《**同形**》同じ

《**例文**》いい眺めですね＝「景色」＋「素晴らしい」＋「～ですね」。久しぶりですね＝「久しぶり」＋「～ですね」。同じ意見＝「意見」＋「同じ」。同率首位＝「率」＋「同じ」＋数詞「1」で「～番」。

《**参考**》相手に問われて「そうです」と応えるときに使う。

そうむしょう【総務省】

要約

省

《**表現**》①手のひらを下に向け左右に構えた両手を、中央に寄せながら握り、上下に並べ上へあげる⇩**「要約」「まとめる」の手話**、②両手を顔の横で前後にずらして合わせ、手のひらを軸に前後を入れ替える⇩**「省」の手話**。

そうめん【素麺】

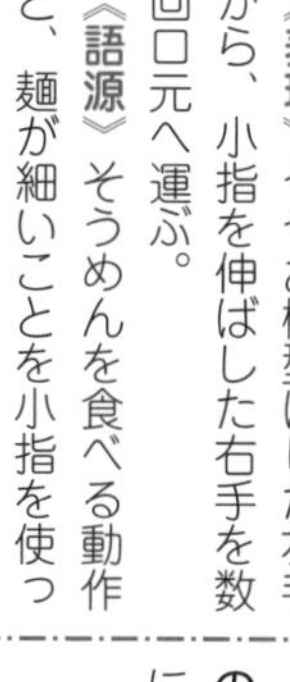

《**表現**》ややお椀型にした左手から、小指を伸ばした右手を数回口元へ運ぶ。

《**語源**》そうめんを食べる動作と、麺が細いことを小指を使って表現したもの。

《**応用**》親指で同じ動作をすると「うどん」、指文字「ら」なら「ラーメン」の手話になる。

《**例文**》夏はそうめんがうまい＝「夏」＋「そうめん」＋「おいしい」。沖縄のソウメンチャンプル＝「沖縄」＋「そうめん」＋「炒める」。

そうりだいじん【総理大臣】

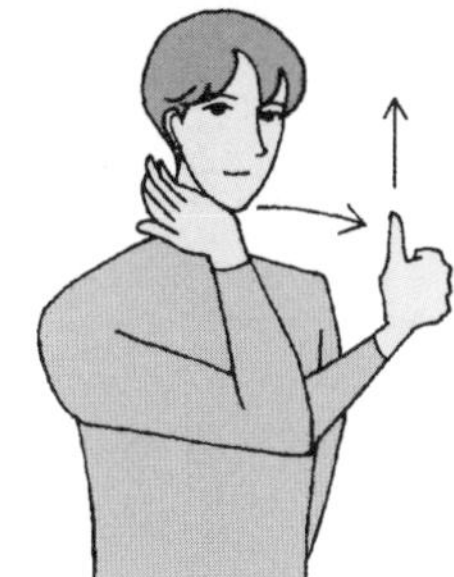

《**表現**》右手を首に当て⇩**「首」の手話**、たあと親指を立てて前に出し、そのまま上げる。

《**語源**》「首」と「～長」で。

《**同意**》首相

《**例文**》イギリス首相＝「イギリス」＋「総理大臣」。

《**参考**》この組み合わせの手話は「総理大臣」「首相」以外の意味で使われることはない。

ソウル【Seoul】

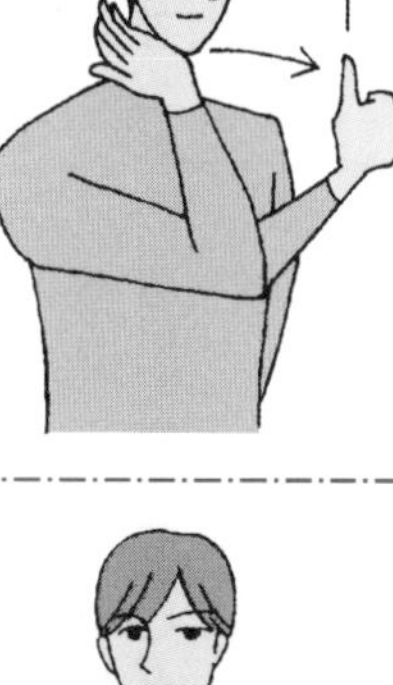

《**表現**》人差し指、中指、薬指をまっすぐ立て、中指を2回あごに当てる。

《**例文**》ソウルは韓国の首都＝「ソウル」＋「韓国」＋「首都」。

ソース【sauce】

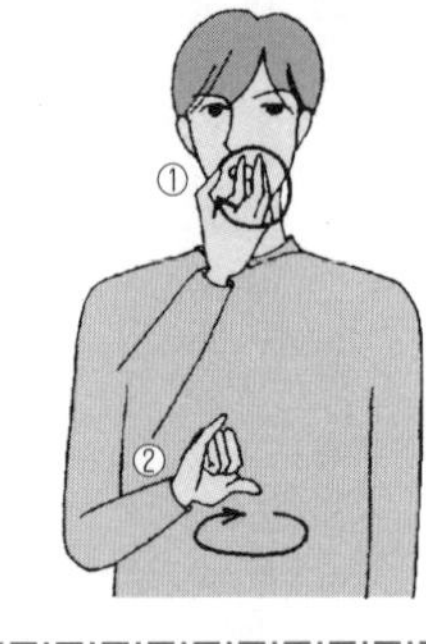

《**表現**》①指を開きわん曲させた右手を口の前で回す⇒**「辛い」の手話**、②続けて親指と小指を立てた右手親指の先を下に向け水平に回す。

《**語源**》「辛い」ものをかける表現。

《**参考**》「辛い」と容器を持って振りかける動作を行うと「コショウ」の手話。

ソーセージ【sausage】

《**表現**》左手握りこぶしを横にして左胸あたりに構え、その横から右手を握ったりやや開いたりしながら右へ動かす。

《**語源**》腸詰めソーセージをかたどったもの。

《**例文**》ドイツのソーセージ＝「ドイツ」＋「ソーセージ」。魚肉ソーセージ＝「魚」＋「ソーセージ」。

そぐわない

《**表現**》両手の人差し指の先を上下から合わせておき、勢いよく斜めに離す。

《**語源**》人差し指の先をつけるのは「合う」の手話。これを離すことで、「合わない」「そぐわない」を表現。

《**同意**》合わない・似合わない・不適当

《**別形**》付け根から折った両手の4指の背を合わせ、交互に上下にこする（**「気味が悪い」**参照）。

《**例文**》季節はずれ＝「季節」＋「そぐわない」。テーマにそぐわない＝「テーマ」＋「そぐわない」。

そせん【祖先】

《**表現**》親指と小指を立てた両手を左胸あたりで向かい合わせて構え、右手を揺らしながら右上にあげていく。

《**語源**》立てた親指と小指は男女を表し「人」を意味し、揺らすのは「人々」の手話からのもの。それがさかのぼっていくようすから。

《**応用**》逆の動作。左肩あたりで向かい合わせて構え、右手を右下におろしていくと「子孫」の手話になる。

《**例文**》日本人のルーツ＝「日本」＋「人」＋「祖先」。

《**参考**》逆の動作の「子孫」は「歴史」の手話でもある。

そだてる【育てる】

《表現》立てた左手の親指の付け根あたりに、手のひらを上に向けた右手の指先を軽く当てながら、両手を一緒に上げていく。

《語源》立てた左手の親指は人、これに向けて右手で与えるを表現。与えられることで成長していくようす。

《同意》扶養・養う・養成

《別形》立てた左手の親指の先を右手でなでるように回しながら、両手一緒にに上げていく。

そつぎょう【卒業】

《表現》卒業証書を受け取るように握って構えた両手を上げ、同時に頭を下げる。

《語源》卒業証書をうやうやしく受け取るしぐさから。

《例文》卒業式＝「卒業」＋「式」。卒業できる＝「卒業」＋「～できる（可能）」。

そっくり

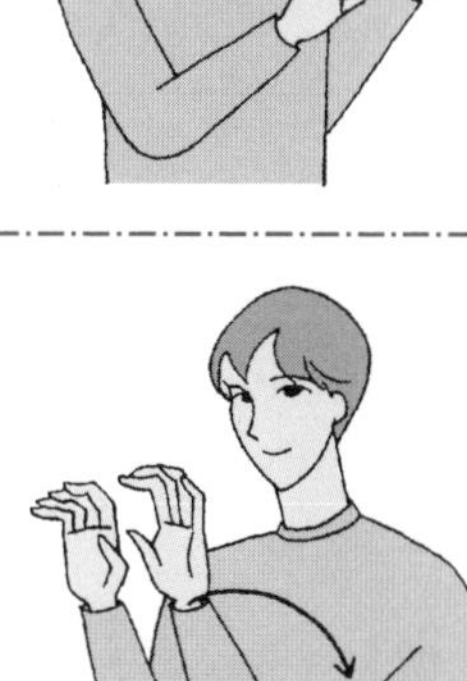

《表現》指をやや曲げた両手を右肩あたりに手のひらを前に向けて並べ、やや手前に弧を描きながら別の位置（左下またはその対象のある位置）にそのままの形で移動する。

《語源》同じものが二つある、また、同じものを持ってきたような、という表現。

《例文》瓜二つ＝「顔」＋「そっくり」。そっくり同じ絵＝「そっくり」＋「同じ」＋「絵」。

そと【外】

《表現》指先を右に手のひらを手前に向けた左手の内側から、右手人差し指を外側に出す。

《語源》外側を指し示すことで表現。

《応用》手のひらの内側に右手人差し指を入れると「内側」の手話になる。

《例文》部屋の外＝「部屋」＋「外」。外に行く＝「外」＋「行く」。

そのご【その後】

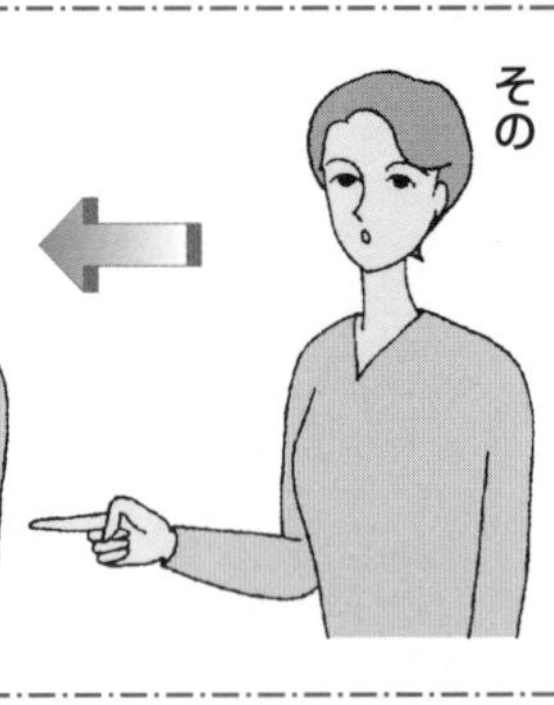
その
後

《**表現**》①人差し指でさす⇓**「その」の手話**、②手のひらを前に向け顔の横あたりから前に出す⇓**「後」の手話**。

《**語源**》「その」と「後」で。

《**参考**》②の「後」だけだと「今度」の手話になる。「今」＋「後」で「今後」。

そば【蕎麦】

《**表現**》人差し指と中指を箸に見立てた右手を、蕎麦猪口を持つように半円にして立てた左手に近づけてから、口元へ運ぶ。
《**語源**》ざるそばを食べるようす。
《**例文**》そば湯＝「そば」＋「お茶（飲む動作）」。そば菓子＝「そば」＋「お菓子」。
《**参考**》右手を左手に近づける動作をせずに、直接口元へ運ぶと「食べる」の手話と混乱するので注意。

そふ【祖父】

《**表現**》右手人差し指でほほに1回触れたあと、曲げた親指を上に掲げる。

《**語源**》「父」の手話に、老いて腰が曲がっている表現を加えたもの。

《**応用**》曲げた親指は男の「老人」の手話。

ASL
親指をいっぱいに離してまっすぐ立てた利き手親指の先を額に当て、山状に2回前に出す。
GRANDFATHER

ソフトクリーム

《**表現**》コーンを持つように軽く握った左手の上で、やや開いて指先を下に向けた右手を回しながら上に動かし、すぼめていく。
《**語源**》回すことでソフトクリームの渦を表現したもの。
《**例文**》ソフトクリームをあげる＝「ソフトクリーム」＋そのまま左手を前に出す。

ソフトボール【softball】

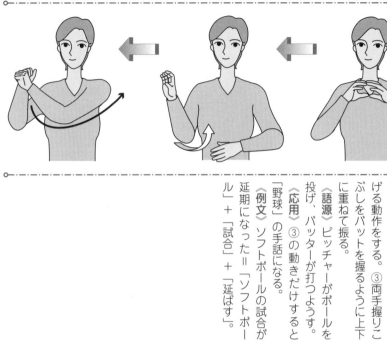

《**表現**》①広げた両手の指先で丸（ボール）をつくる。②右手を後ろに引きボールを下から投げる動作をする。③両手握りこぶしをバットを握るように上下に重ねて振る。

《**語源**》ピッチャーがボールを投げ、バッターが打つようす。

《**応用**》③の動きだけすると「野球」の手話になる。

《**例文**》ソフトボールの試合が延期になった＝「ソフトボール」＋「試合」＋「延ばす」。

そぼ【祖母】

《**表現**》右手人差し指でほほに1回触れたあと、曲げた小指を上に掲げる。

《**語源**》「母」の手話に、老いて腰が曲がっている表現を加えたもの。

《**応用**》曲げた小指は女の「老人」の手話。

親指をいっぱいに離してまっすぐ立てた利き手親指の先をあごに当て、山状に2回前に出す。

そめる【染める】

《**表現**》5指の先をつけた両手を左右に構え（指先下向き）、同時に前後、あるいは上下に振る。

《**語源**》布を液にひたして染めるようすから。

《**例文**》京染め＝「京都」＋「染める」。

そら【空】

《表現》指をそろえて伸ばした右手のひらを前に向け上方に弧を描く。

《語源》上を指し、広がりを手のひらで弧を描いて表現したもの。

《同形》天気

《例文》青い空＝「青」＋「空」。良い天気＝「天気」＋「良い」。空模様＝「空」＋「状態（雰囲気）」。

それぞれ

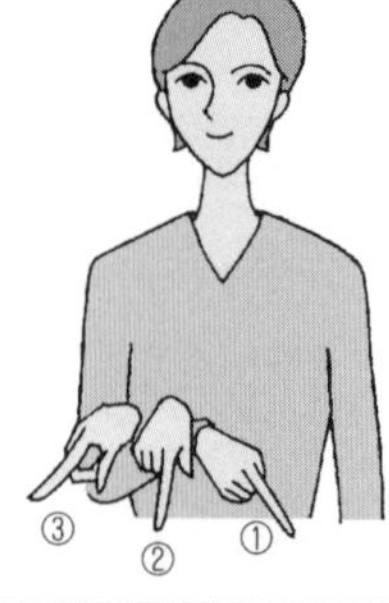

《表現》右手人差し指で各位置を指していく。

《語源》いろいろあるという表現。

《応用》1カ所だけ指せば「それ」になる。

《別形》同様に右手人差し指でさすと同時に、すくい上げるように手を返し、手のひらを上に向ける。この動作を位置を変え数回行う。

《例文》それぞれの意見＝「それぞれ」＋「意見」。

そろばん【算盤】

《表現》指をそろえて伸ばし上に向けた左手のひらに右手4指の先を当て、右に払う。

《語源》そろばんを素早く弾くようす。

《同形》計算・会計・経理

《別形》左手のひらの上でそろばんの玉を弾くように指を動かしてもよい。

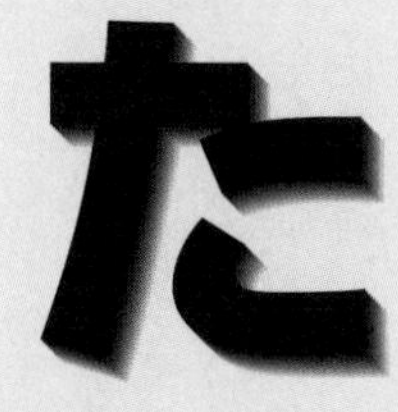

親指を立てる。
「男」の手話と同じ。

た【田】

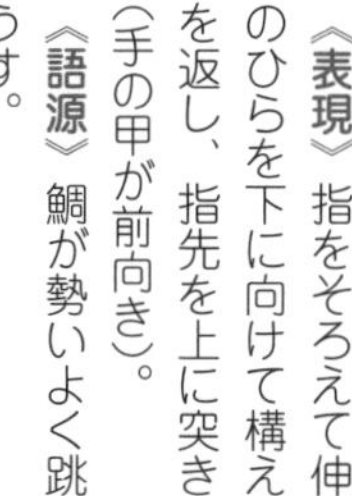

《表現》人差し指、中指、薬指を離して伸ばした両手の指を重ねて田の文字をつくる。
《語源》漢字の田から。
《同意》田圃・田（人名）
《例文》田園風景＝「田」＋「景色」。神田さん＝「神」＋「田」＋「男」あるいは「女」。
《参考》「田植え」は別の手話あり（**「田植え」参照**）。

たい【鯛】

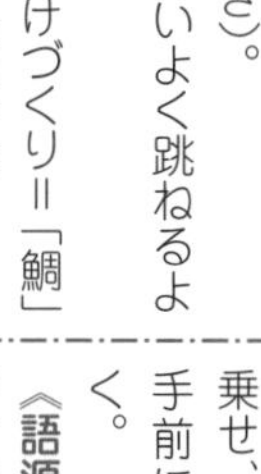

《表現》指をそろえて伸ばし手のひらを下に向けて構えた右手を返し、指先を上に突き上げる（手の甲が前向き）。
《語源》鯛が勢いよく跳ねるようす。
《例文》鯛の活けづくり＝「鯛」＋「生きる」＋「刺身」。

たいいん【退院】

《表現》指をそろえて伸ばし上に向けた左手のひらに、人差し指と中指を伸ばした右手の背を乗せ、左手はそのまま、右手を手前にやや弧を描きながら引く。
《語源》左手のひらは病院のベッド。右手2指は人を表し、ベッドから出ることで表現。
《応用》左手のひらに右手2指の背を乗せ、両手同時に前に出すと「入院」の手話になる。
《例文》来週に退院＝「来週」＋「退院」。

ダイエット【diet】

《表現》指をそろえて伸ばし手のひらを向かい合わせた両手を脇のあたりで構え、下へ弧を描いて下ろしていき幅を狭める。
《語源》ほっそりした身体のラインを描いたもの。
《同意》（身体が）細い
《同形》スマート・やせる
《例文》ダイエットしないといけない＝「ダイエット」＋「必要（～しなければならない）」。
《参考》食事制限によるダイエットだけでなく全般にやせる努力をいう。

たいおう【対応】

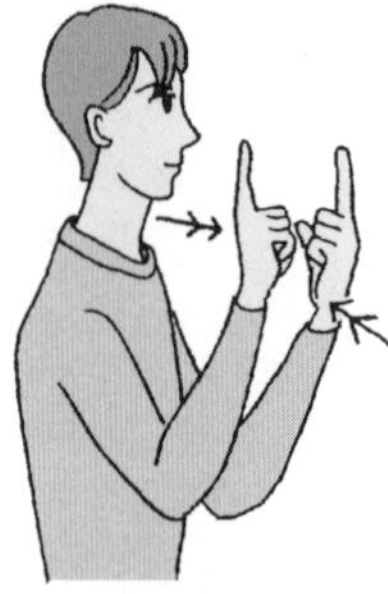

《表現》人差し指を向かい合わせて前後に並べ、数回近づける。
《語源》人差し指は人を表し、合わせることで対応を示す。
《例文》お客に対応する＝「客」＋「対応」。問題に対応する＝「問題」＋「対応」。
《参考》特に1対1の対応を表す手話。大勢同士で対応する場合には両手ともそろえて伸ばした5指で行ってもよい。

たいがく【退学】

《表現》①本を読むように、手のひらを手前に向け両手を並べ、斜め前下に2回動かす⇓**「学校」の手話**、②左手のひらに、5指の先をつけすぼめた右手の指先を乗せ手前に下ろす⇓**「辞める」の手話**。
《語源》「学校」と「辞める」で。

だいがく【大学】

《表現》両手の人差し指で額の前にひし型を描く。
《語源》大学生の角帽を表現。
《別形》両手の親指と人差し指を伸ばし右手を額の前、左手を頭の左横で構え指先を閉じる。続けて左手を額の前、右手を頭の右横に構え同じ動作をする。

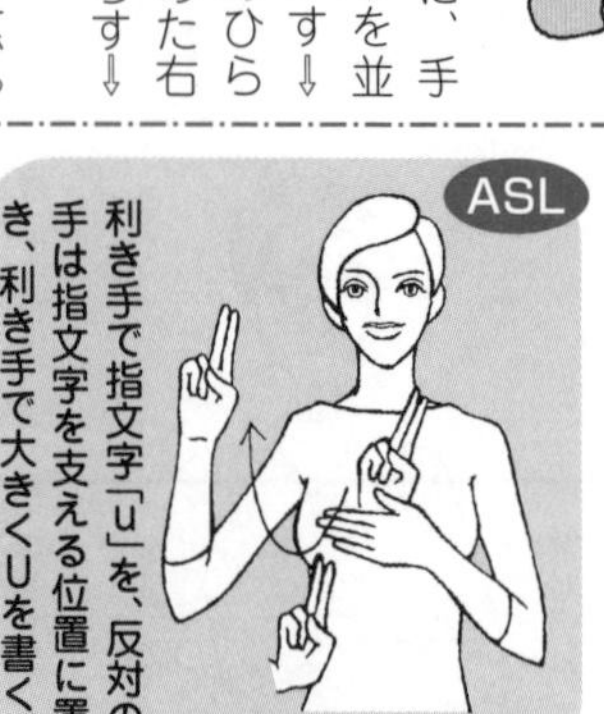

利き手で指文字「u」を、反対の手は指文字を支える位置に置き、利き手で大きくUを書く。

だいきゅう【代休】

《表現》①人差し指を立てた両手のこぶしを前後に合わせ、手首を軸にして前後を入れ替える⇩「替える」の手話、②左手のひらに親指を立てた右手を寝かせて乗せる⇩「休み」の手話。
《語源》②は人が寝るの表現。
《別形》②は門を閉じる「休み」でもよい（「休み」参照）。

だいく【大工】

《表現》ノミを持つように握った左手を左に構え、金づちを持つように握った右手を2〜3回振り下ろす。
《語源》ノミを持つ左手と、金づちを打つ右手で表現。
《例文》大工の頭領＝「大工」＋「〜長」。日曜大工＝「毎週」＋「日曜日」＋「大工」。

たいくつ【退屈】

《表現》握って左右に構えた両手をゆっくり上げる。

《語源》体がなまって、あくびをするようす。

《別形》親指と人差し指で輪をつくり、右手を立て、左手は寝かす（輪が相手に見えるように）b。また、右手中指の先をこめかみに当てる（ほかの4指は立てる）。あくびをしながら右手で口を叩く。このほか、指を開いて曲げた右手を顔の前から真下におろす⇩「つまらない」などがある。

《例文》正月は暇＝「正月」＋「退屈a」。店は暇＝「店」＋「退屈b」。

《参考》aは「待ちくたびれる」の意味を含み、bは「やることがない」の意味がある。文脈によって使い分ける。

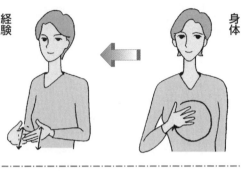

たいけん【体験】

身体 → 経験

《**表現**》①指を伸ばした右手のひらで胸の前に大きな円を描く⇓**「身体」の手話**、②両手の指先を前後にぶつけ合いながら入れ替える⇓**「経験」の手話**。

《**語源**》「身体」と「経験」で。

《**例文**》体験談＝「体験」＋「説明」。

だいこん【大根】

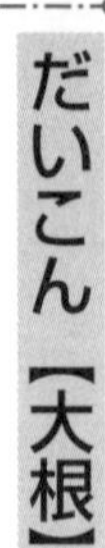
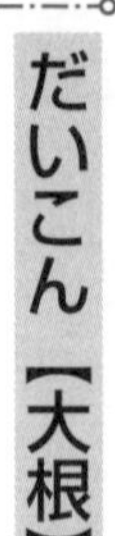
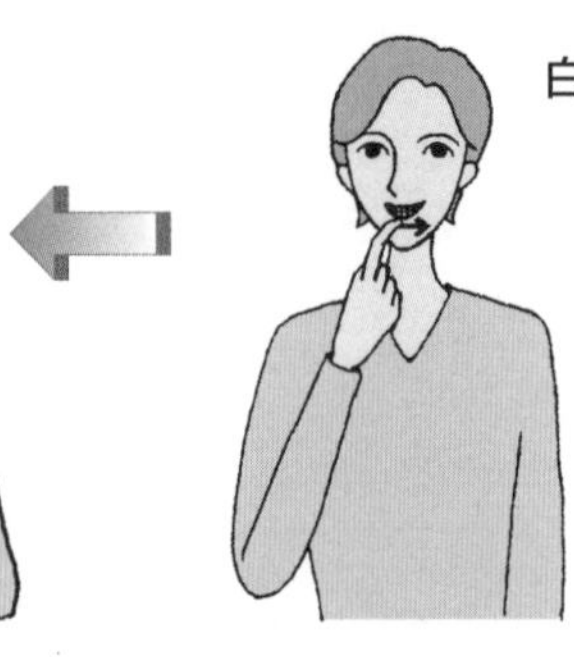

白 →

《**表現**》①人差し指で歯を指し、歯に沿って右から左へ動かす⇓**「白」の手話**、②太い物を握るように親指と4指を丸め半円にした両手を横に並べて左に構え、左手はそのまま、右手を右に離しながら握っていく。

《**語源**》大根の形状をかたどったもの。

たいしかん【大使館】

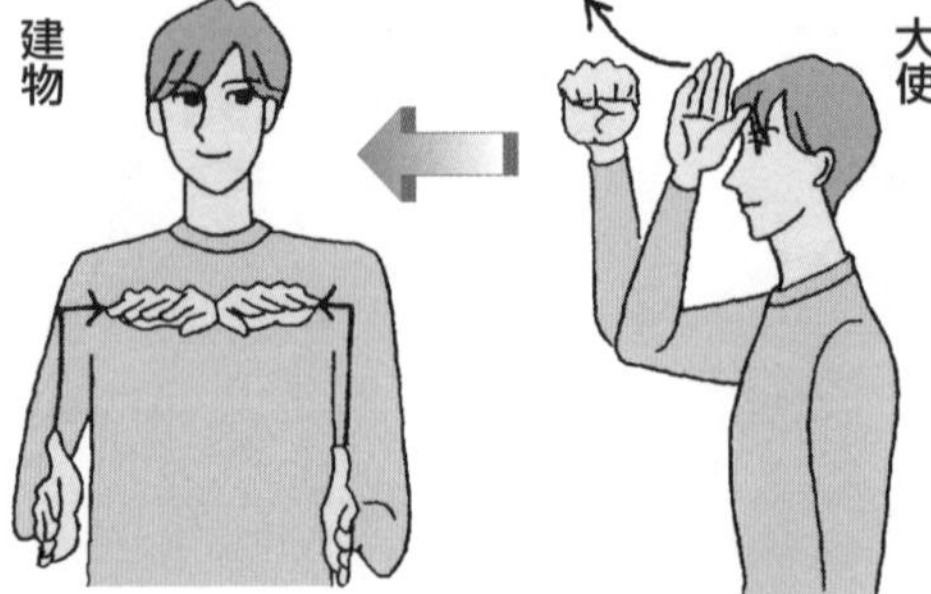
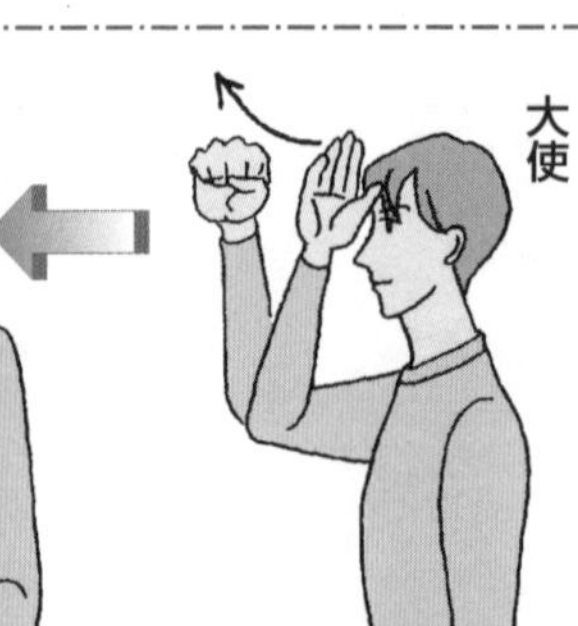
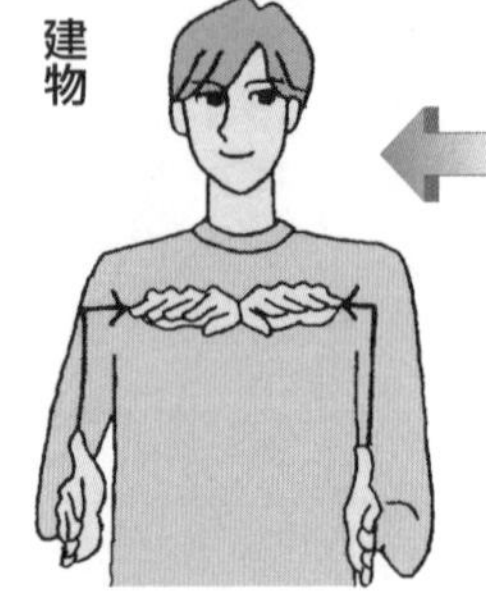
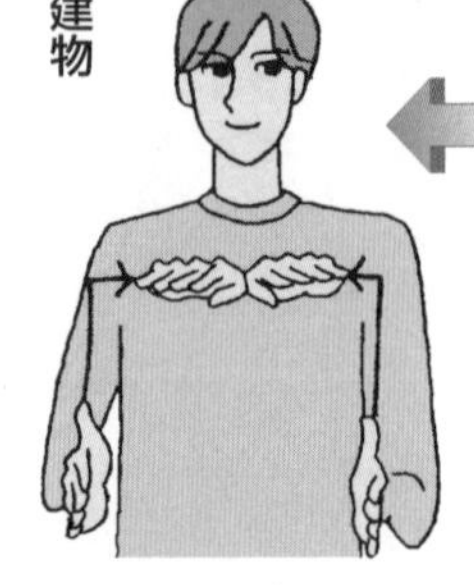

大使 → 建物

《**表現**》①軽く伸ばした右手を額に当て、前上に出しながら握る⇓**「大使」の手話**、②指先を前に向けた両手を左右に構え、平行に上げて向きを変え胸の中央で合わせる⇓**「建物」の手話**。

《**語源**》①の「大使」は、かつて大使がかぶっていた帽子の形状から。「大使」と「建物」で。

たいじゅう【体重】

身体 → 重い

《**表現**》①指を伸ばした右手のひらで胸の前に大きな円を描く⇓**「身体」の手話**、②親指と4指を伸ばし、手のひらを上に向けた両手の指先を胸の前で向かい合わせ、そのまま下げる⇓**「重い」の手話**。

《**語源**》「身体」と「重い」で。

たいしょう【大正】

《表現》右手親指と人差し指をやや離して口の右上に構え、右上に跳ね上げながら指先をつける。

《語源》指でひげをかたどったもの。大正天皇のひげから。

《別形》右手人差し指の先を口の右上に当て、右上に跳ね上げる。

《例文》大正デモクラシー＝「大正」＋「人々」＋「敬う」＋「主義」。大正14年＝「大正」＋「年」＋数詞「14」。

たいせつ【大切】

《表現》右手のひらで左ほほを回すように軽くさする。

《語源》大切、惜しいという気持ちを表現する場合に口元に手を振り上げることから。

《同形》惜しい

《例文》大切な両親＝「大切」＋「両親」。大切なネックレス＝「大切」＋「ネックレス」。

《参考》この手話に続け、「愛する」あるいは「必要（～しなければならない）」の手話を行うとより意思が明確になる。また、「愛する」の手話だけで伝える場合もある。

右手のひらを右ほほに当てると「おいしい」の手話になるので注意。

たいど【態度】

《表現》両手を握り、ひじを張って胸の前で構え、両腕を交互に上下に動かす。

《語源》身体の動きを腕で表したもの。

《同形》身振り・そぶり・しぐさ・アクション

《例文》親切な態度＝「親切」＋「態度」。態度がでかい＝「あつかましい」＋「態度」あるいは＝「態度」＋「大きい」。

《参考》伝えたいようすによって、ひじの張り方、こぶしの握り方、腕の動かし方の強弱を変える。身体の動きということで、この手話の前に「身体」（**「体重」参照**）の手話を加えることもある。

だいとうりょう【大統領】

《表現》親指と4指で半円をつくり立てた左手の上に、親指を立てた右手を手前から乗せる。

《語源》左手の半円は「国」の手話の片手、その上に立てた親指を乗せることで表現。

《例文》アメリカ大統領＝「アメリカ」＋「大統領」。

ダイビング【skin diving】

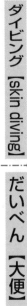

《**表現**》右手人差し指と中指を足に見立て、交互に動かしながら、左上から右下に移動させる。

《**語源**》「水泳」の手話の角度を変え、潜るようすを表現。

《**応用**》右手を左から右に水平に移動させると「水泳」の手話になる。

《**例文**》南の海でダイビングする＝「南」＋「海」＋「ダイビング」。

《**参考**》左手のひらを下に向けて胸の前で構え（指先右向き）、その手前で同じ動作を行ってもよい。左手は海面を表す。

だいべん【大便】

《**表現**》左手親指と4指でつくった半円に、すぼめた右手を上から入れ下に出す。
《**語源**》肛門から排出されるようすを表現。
《**応用**》右手を上から入れ左手の下まで出して指を開くと「下痢」、下に出さず右手を入れたままにすると「便秘」の手話になる。

たいほ【逮捕】

《**表現**》握って甲を上に向けた左手首を右手でつかむ。
《**語源**》手を押さえるようすで表現。
《**例文**》真犯人を逮捕する＝「本当」＋「犯人」＋「逮捕」。逮捕状＝「逮捕」＋「証拠」＋「紙」。
《**参考**》両手握りこぶしを上下から手首で合わせると「捕まる」「逮捕される」の手話になる。

タイムカード【time card】

《**表現**》4指をそろえ、指先を下に向けた右手を、そのまままっすぐ下におろす。
《**語源**》タイムカードを押す動作から。
《**例文**》タイムカードを押し忘れた＝「タイムカード」＋「忘れる」。

ダイヤモンド【diamond】

《表現》甲を上に向けた左手の指の付け根あたりに、指先をつけた右手の甲を置き指先をパッと開いたり閉じたりする。

《語源》ダイヤモンドが手で輝くようす。

《例文》高価なダイヤモンド＝「高い（値段が）」＋「ダイヤモンド」。

たいよう【太陽】

《表現》伸ばした親指と人差し指を向かい合わせた両手を、前方で上にあげる。

《語源》両手の2指が大きな太陽を表す。

《同意》太陽が昇る

《応用》親指と人差し指を伸ばした両手を手前から見て右回りに動かして円を描くと、太陽が巡り日々を送ることから「暮らす」の手話になる。

《例文》赤い太陽＝「赤」＋「太陽」。太陽エネルギー＝「太陽」＋「エネルギー」。

たいわん【台湾】

《表現》握った右手を口元に構え、手前に2回手首をひねる。

《例文》台湾料理＝「台湾」＋「料理」。

たうえ【田植え】

《表現》親指と4指の先をつけた両手の指先をつけて身体の前で構え、左手はそのまま、右手を前下におろす動作を数回行う。

《語源》苗を植える動作から。

《例文》春の田植え＝「春」＋「田植え」。家族で田植え＝「家族」＋「田植え」。

たか【鷹】

《**表現**》握って身体の前に構えた左手の腕を、右手親指、人差し指、中指で勢いよくつかむ。
《**語源**》右手3指は鷹の爪。鷹匠の腕に鷹がとまるようすから。
《**同意**》鷹匠
《**例文**》鷹のように鋭い目＝「鷹」＋「そっくり」＋「鋭い」＋「目」。

たかい【高い】

《**表現**》4指を付け根から折った右手を右肩あたりから上げる。

《**語源**》背が高いの表現から。

《**応用**》4指を付け根から折った右手を下げると「低い」の手話になる。また、頭の横で上げると「背が高い」の手話になる。

《**例文**》高い理想を求める＝「高い」＋「希望」＋「求める」。

《**参考**》手を上げる高さによって、高さの度合いを伝えることができる。なお、「高い」の表現は、何が高いかによって手話が変わる。「血圧が高い」⇒**「血圧」**参照、「値段が高い」⇒**「高い（値段が）」**参照など。

たかい（値段が）【高い】

《**表現**》親指と人差し指で輪をつくった右手（輪が上、小指側が下）を、右肩あたりから上げる。

《**語源**》お金が上がることから。

《**応用**》逆の動作で反対の意味「安い（値段が）」の手話になる。また、両手同時に行うと「値上げ」「値下げ」の手話になる。

《**例文**》高価なネックレス＝「高い」＋「ネックレス」。みかんが高い＝「みかん」＋「高い」。

《**参考**》右手でつくった輪の下に、手のひらを上に向けた左手を構えてもよい。

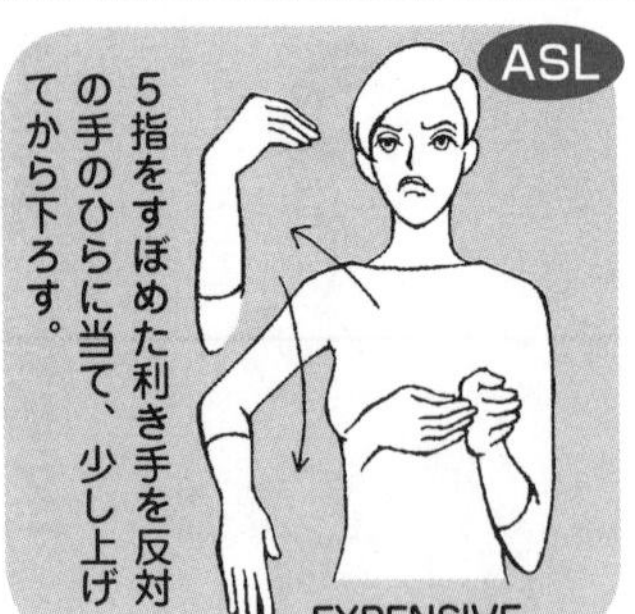

5指をすぼめた利き手を反対の手のひらに当て、少し上げてから下ろす。

たかまつ【高松】

高い

松

《表現》①4指を付け根から折った右手を右肩あたりから上げる⇒**「高い」の手話**、②横に伸ばした右手人差し指と中指の先を右ほほに当てる⇒**「松」の手話**。

《語源》「高い」と「松」で。

たき【滝】

《表現》指を伸ばし手のひらをやや下に向けた両手を顔の前あたりに構え、同時に手前に引くようにして下へ滑り下ろす。

《語源》滝の水が落ちるようす。

《同意》滝（人名）

《別形》左手のひらを下に向けて構え（指先右向き）、その甲をなでるように右手を手前から滑らせていき、左手を越えたら指先を下に向けそのまま下ろす。

《例文》滝壺＝「滝」＋滝で下ろした手の位置を指す。滝井さん＝「滝」＋「井」＋「男」あるいは「女」。

だきょう【妥協】

歩み寄る

《表現》人差し指と中指を動かしながら両手を左右から身体の中央へ寄せていく⇒**「歩み寄る」の手話**。

《語源》「歩く」の手話を両手で行い寄せたもの。

《別形》両手握りこぶしを中央へ同時に倒す⇒**「合意」の手話**。「認める」を二者同時に行う表現。

たくさん【沢山】

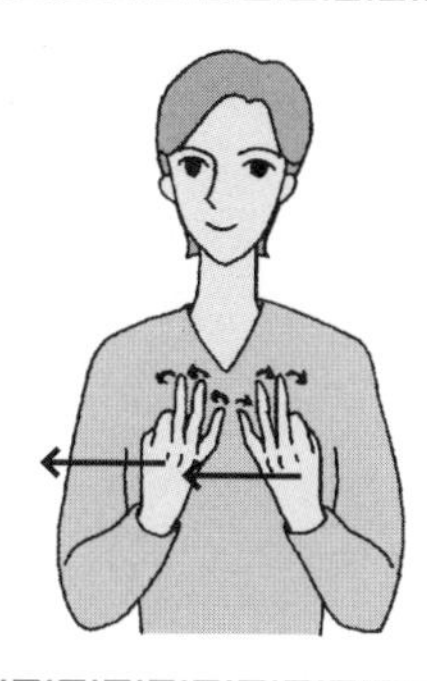

《表現》甲を前に向けた両手を身体の前で構え、指を1本1本折りながら両手同時に右へ移動させる。

《語源》たくさんあるようすを動きと指で表現。

《同形》多い・沢（人名）

《別形》同じ指の動きで、右手は右へ左手は左へ同時に移動させる。

《例文》たくさんのお金＝「たくさん」＋「お金（金）」。

タクシー【taxi】

《表現》親指、中指、薬指の先をつけた右手を前に出す。
《語源》親指と2指で「00」を表したもので「100」の変形。かつてタクシーを円(100銭)タクと呼んでいたことから。
《別形》「車b」の手話に続けて、手を上げる表現もある。タクシーを手を挙げて停めることから。この手話の場合は「タクシーを拾う」にそのまま使える。
《例文》タクシードライバー＝「タクシー」＋「車a」＋「男」あるいは「女」。

たくはいびん【宅配便】

《表現》親指と4指でコの字型をつくった左手の指先を前に向けて構え、指の間から手のひらを上に向けた右手を違う方向にやや弧を描きながら2～3回差し出す。
《語源》左手は「車」の手話で、車から配達されるようすから。
《例文》宅配便で送る＝「宅配便」＋「送る」。

たけ【竹】

《表現》4指をそろえて第2関節から曲げた左手を胸の前で構え、その手のひらに、同じ手の形の右手の指先を当て、左手はそのまま、左手の指先が右手のひらに当たるように右手を1段上げる。
《語源》竹の節を表現したもの。
《同意》竹（人名）
《例文》竹やぶ＝「竹」＋「林」。竹田さん＝「竹」＋「田」＋「男」あるいは「女」。

～だけ

《表現》手前に向けた左手のひらに、人差し指を伸ばした右手の小指側を当てる。
《語源》人差し指で示した数詞「1」を強調した表現。
《例文》少しだけ＝「少し」＋「～だけ」。あなただけ＝「あなた」＋「～だけ」。
《参考》左手のひらを上に向けて行ってもよい。

たこやき【蛸焼き】

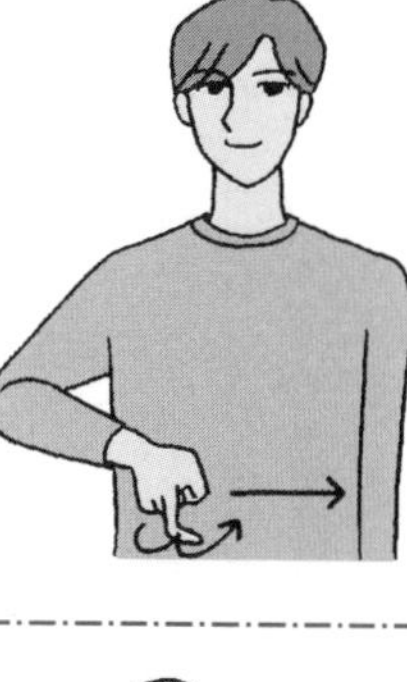

《表現》カギ型に曲げた右手人差し指を下に向け、手首を小さく回しながら右から左に動かしていく。

《語源》たこやきをひっくり返すようすから。

《例文》特大のたこやき＝「特に」＋「大きい」＋「たこやき」。

たすかる【助かる】

《表現》手のひらを下に向けた両手を左右に広げる。

《語源》野球のジャッジにおけるセーフの動作。

《同意》セーフ

《同形》間に合う・無事

《別形》親指を立てた左手を右手で手前に引き寄せる⇒**「助けられる」の手話。**

《例文》時間に間に合う＝「時間」＋「間に合う」。ぎりぎりセーフ＝「ぎりぎり」＋「セーフ」。命が助かる＝「命」＋「助かる（別形）」。

たすけあう【助け合う】

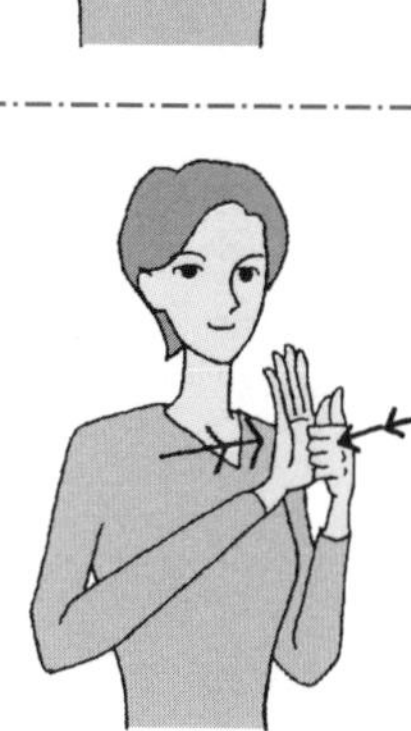

《表現》親指を立てた左手を右手のひらで2回ほど前に押し、続けて右手のひらで2回ほど手前に引き寄せる。

《語源》「助ける」と「助けられる」で。

《同意》協力

《例文》仕事を助け合う＝「仕事」＋「助け合う」。

《参考》この2つの動作の前に「お互い」の手話を加えて表現する場合もある。

たすけられる【助けられる】

《表現》親指を立てた左手を前に構え、右手のひらで2回ほど手前に引き寄せる（両手ともやや手前に動く）。

《語源》左手親指は自分、右手のひらは助けてくれる人の力。「助ける」の手話の逆の表現。

《同意》援助される

《応用》親指を立てた左手を右手のひらで2回ほど前に押すと「助ける」の手話。

《例文》助け合う＝「助ける」＋「助けられる」。助けてください＝「助けられる」＋「頼む」。

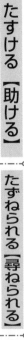

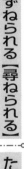

たすける【助ける】

《表現》親指を立てた左手を、右手のひらで2回ほど前に押す（両手ともやや前に動く）。

《語源》左手親指は相手。それを後押しすることから。

《同形》支持・補助・援助・手伝う

《応用》親指を立てた左手を右手のひらで2回ほど手前に引き寄せると「助けられる」の手話になる。

《例文》人命救助＝「人」＋「命」＋「助ける」。資金援助する＝「お金（金）」＋「援助」。仕事を手伝う＝「仕事」＋「手伝う」。

たずねられる【尋ねられる】

《表現》指を伸ばし手のひらを上に向けた右手の指先を手首を曲げながら手前に向けて引き寄せる（右から身体の中央に向けて寄せる）。

《応用》手のひらを上に向けて相手に差し出すと「尋ねる」の手話。

《例文》道を聞かれる＝「場所」＋「何」＋「尋ねられる」。

たずねる【尋ねる】

《表現》指を伸ばし手のひらを上に向けた右手を顔の横あたりから相手に差し出す。

《同意》〜ですか

《同形》どうぞ

《応用》指先を手前に向けて引き寄せると「尋ねられる」の手話。

《例文》何時ですか？＝「時間a」＋「いくつ」＋「〜ですか」。おいくつですか？＝「年齢」＋「いくつ」＋「〜ですか」。

《参考》敬語としての「〜ですか」の意味に使う。

ただしい【正しい】

《表現》親指と人差し指で輪をつくった両手を胸の中央で上下に構え（右手が上）、同時に上下に離す⇒**「正直」の手話。**

《語源》心がまっすぐであるという表現から。

《同形》素直・正直

《例文》正しい表現＝「正しい」＋「表現（表す）」。彼は正直ものだ＝左手の「彼」を指さす＋「正直」。

たたみ【畳】

《**表現**》指を伸ばして横にした左手の甲に、手を握ってひじから立てた右手のひじを乗せ、手首を右に2回ほどひねる。

《**語源**》職人が畳を手縫いするようす。

《**例文**》畳職人＝「畳」＋「男」あるいは「女」。畳替え＝「畳」＋「変わる」。

たちあいえんぜつ【立会演説】

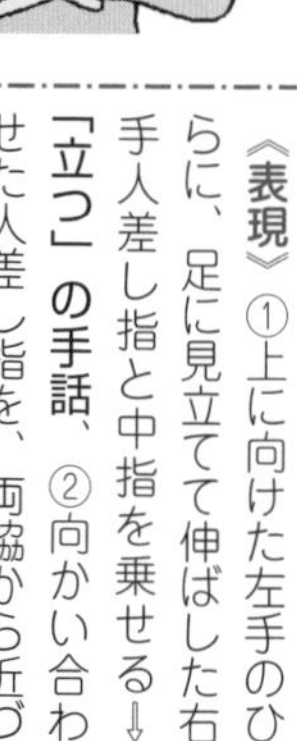

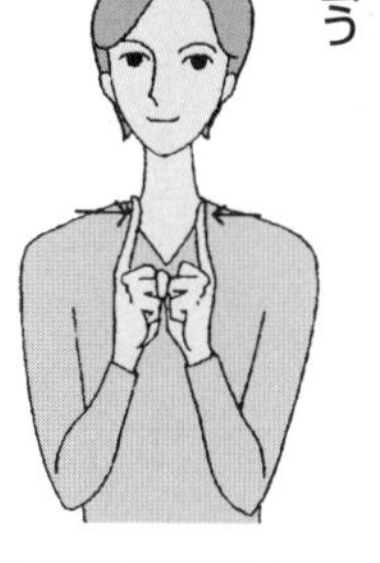

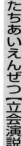

《**表現**》①上に向けた左手のひらに、足に見立てて伸ばした右手人差し指と中指を乗せる⇒**「立つ」の手話**、②向かい合わせた人差し指を、両脇から近づける⇒**「会う」の手話**、③左手の甲に、指をそろえて伸ばした右手のひじを乗せ（小指側前向き）、前に2回ほど振る⇒**「演説」の手話**。

《**語源**》③「演説」は、壇上で演者が腕を振りながら演説するようすから。「講演」と同意。「立つ」と「会う」と「演説」で。

《**例文**》立会演説会＝「立会演説」＋「会」。

《**参考**》「演説」「講演」の手話は、右ひじを左手のひらに乗せると「政治」の手話になるので注意。

たちまち

《**表現**》指をやや開き指先を下に向けた両手をすばやく振る（手首から先をぶらぶらさせるように）。

《**語源**》さっと動く表現。

《**同意**》あっと言う間・あっけない

《**例文**》たちまち売り切れ＝「たちまち」＋「売り切れ」。あっけなく終わる＝「あっけない」＋「終わる」。あっと言う間の出来事＝「あっと言う間」＋「起きる」。

たつ【立つ】

《表現》上に向けた左手のひらに、足に見立てて伸ばした右手人差し指と中指を乗せる。
《語源》立つようす。
《同形》立場・観点
《例文》教わる立場＝「教わる」＋「立場」。消費者の観点＝「消費者」＋「観点」。立会演説＝「立つ」＋「会う」＋「演説」。

たっきゅう【卓球】

《表現》左手親指と人差し指でつくった輪をボールに見立て、右手の甲で2回ほど前に打つと同時に左手も前へ動かす。
《語源》卓球をする表現。
《例文》卓球選手＝「卓球」＋「選手」。

たてもの【建物】

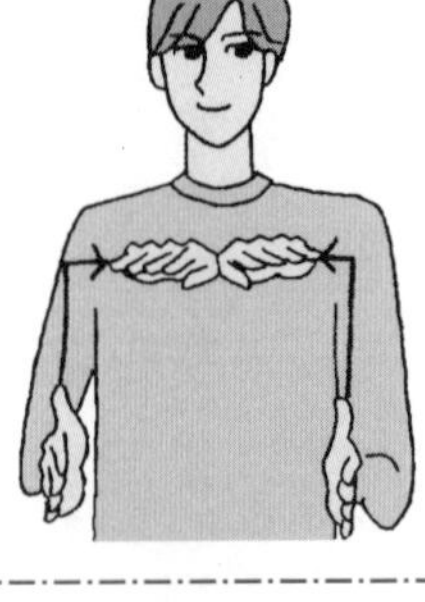

《表現》指先を前に向けた両手を向かい合わせて左右に構え、そのまま平行に上げていき、手のひらを下に向け両手を寄せて胸の中央で合わせる。
《語源》建物の四角い形から。
《同意》ビル
《同形》（警察署などの）署
《応用》親指、人差し指、中指の先をつけた⇒**数詞「100」**で建物を描くと「百貨店」。
《例文》警察署＝「警察」＋「建物」。

たとえば【例えば】

《表現》右手親指と人差し指でつくった輪を、手のひらを手前に向けた左手の甲に当てる。
《語源》フィクションということから「芝居」の手話を変形させたものといわれる。
《同意》仮に・例・臨時
《例文》一例＝数詞「1」＋「例」。例文＝「例」＋「文」。アルバイト＝「例えば」＋「仕事」。例えばの話＝「例えば」＋「手話」あるいは「説明」。

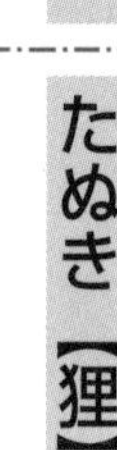

たに【谷】

《**表現**》指をそろえてややわん曲させた両手（手のひらやや下向き）を、両肩あたりから寄せていき、中央で指先から下げていく。

《**語源**》山と山の間、谷の形を表したもの。

《**同形**》谷（人名）

《**例文**》谷間＝「谷」＋谷を終えた位置の狭い間隔で「間」。谷さん＝「谷」＋「男」あるいは「女」。

たぬき【狸】

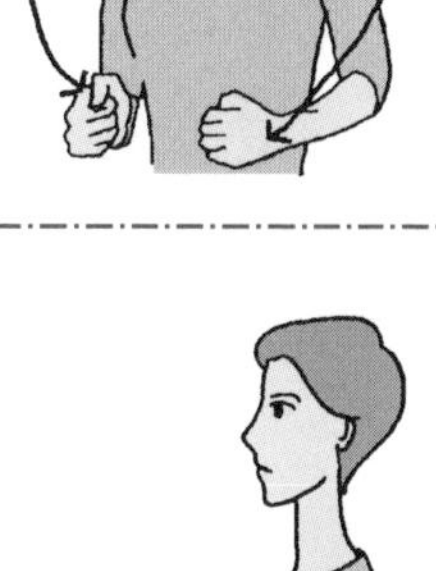

《**表現**》両手握りこぶし（手のひら側）でおなかを交互に2～3回軽く叩く。

《**語源**》たぬきの腹鼓から。

《**応用**》両手で胸を叩くと「ゴリラ」の手話になる。

《**例文**》たぬきうどん＝「たぬき」＋「うどん」。

たね【種】

《**表現**》親指と人差し指の先をつけ指先を下に向けた右手を、弧を描きながら前に出していく。

《**語源**》種を撒くようす。

《**同意**》種を撒く

《**例文**》花の種を撒く＝「花」＋「種」。

《**参考**》例えば、「希望」の手話と合わせ、希望の「種を撒く」という表現の場合にこの手話を使うこともある。

たのしみ【楽しみ】

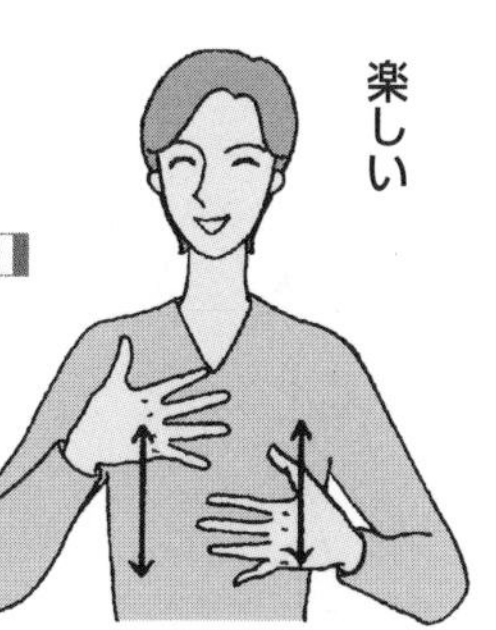

《**表現**》①両手のひらを手前に向け5指を開き、胸の前で上下に交互に動かす。②付け根から曲げた4指の背側をあごに当てる。

《**語源**》「楽しい」と「待つ」で。

《**例文**》明日の遠足が楽しみ＝「明日」＋「遠足」＋「楽しみ」。合格発表が楽しみ＝「合格」＋「発表（公表）」＋「楽しみ」。

たのまれる【頼まれる】

《表現》小指側を手前に向けて立てた右手を自分に向けて倒す。

《語源》「頼む」の手話を自分に向けて行ったもの。

《応用》右手を顔の前に立て（小指側前向き）、そのまま前へ倒せば「頼む」の手話。また、左手で「頼まれる」を行いその指先を右手のひらで押し戻せば「断る」の手話になる。

《例文》買い物を頼まれた＝「買い物（買う）」＋「頼まれる」。

たのむ【頼む】

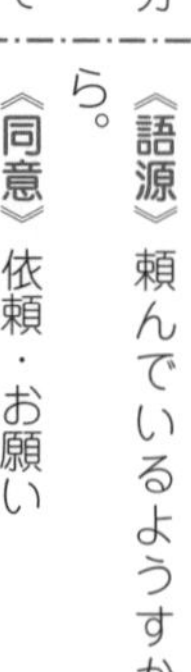

《表現》右手を顔の前に立て、そのまま前に倒す。同時に頭を下げる。

《語源》頼んでいるようすから。

《同意》依頼・お願い

《応用》小指側を手前に向けた右手を自分に向けて倒せば「頼まれる」の手話になる。また、右手で「頼む」を行いその指先を左手のひらで押し戻せば「断られる」の手話になる。

《例文》よろしくお願いします＝「良い」＋「お願い」。

《参考》両手のひらを合わせて行うこともある。

たばこ【煙草】

《表現》人差し指と中指を伸ばした右手を、口元から右斜め前に動かす。息を吸い煙を吐く動作を加える。

《語源》2指でたばこを挟みくゆらすようす。

《例文》禁煙する＝「たばこ」＋「止める」。たばこは体に悪い＝「たばこ」＋「身体（体験）」＋「悪い」。

たべる【食べる】

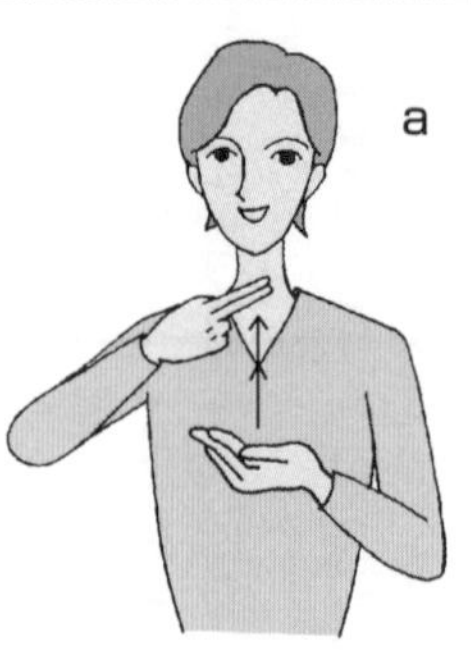

《表現》人差し指と中指を箸に見立てた右手を、お椀のようにわん曲させた左手から食べるように口元へ数回運ぶ。

《語源》食べるようす。

《同意》食事

《別形》食べ物を右手で持って口元へ運ぶようすb。

《参考》aは主に「ごはん」を、bは手で食べる「おかし」などで使うことがある。

たまご【卵】

《表現》両手の親指と4指を胸の前で左右から向かい合わせ（親指側上向き）、下向きに手首を返して指先を下に向ける。

《語源》卵を割るようすから。

《例文》魚卵＝「魚」＋「卵」。科学者の卵＝「科学」＋「男」あるいは「女」＋「卵」。

《参考》にわとりの卵など実際の卵以外に、科学者の卵・医者の卵と比喩として使う場合もある。

だまされる【騙される】

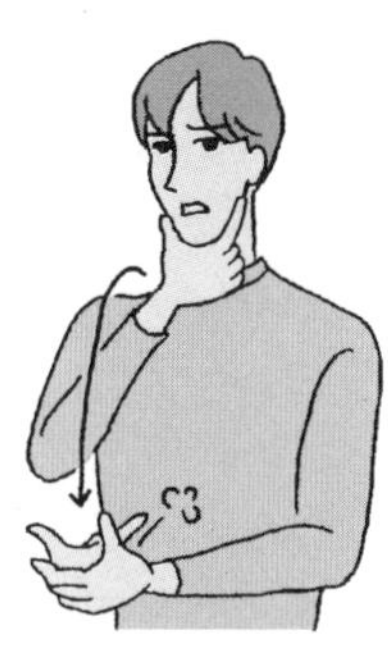

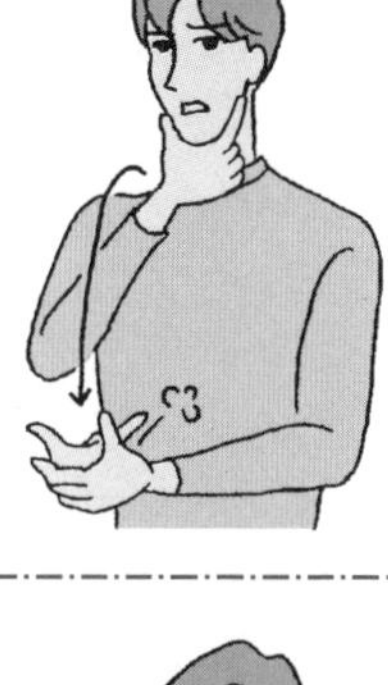

《表現》広げた親指と人差し指をあごに当て、そのまま下に構えていた左手のひらに叩きつける。同時に口を開ける。

《語源》だまされたことに気づいて、口をポカーンと開けるようすをあごに当てた手を下ろすことで表し、これに「失敗」の手話を加えた表現。

《別形》左手を省略する場合がある。また、指文字「き」の指先を自分の顔に向けて回す。

《例文》お金をだまし取られた＝「お金（金）」＋「だまされる」＋「盗まれる」。

だます【騙す】

《表現》親指、中指、薬指の先をつけた右手⇒**指文字「き」「きつね」の手話**を回す。

《語源》きつねがだますという言い伝えから。

《同形》ごまかす

《応用》指先を自分の顔に向けて回すと「だまされる」「ごまかされる」の手話になる。

《例文》彼をだます＝左手の「彼」を右手で指す＋残した左手に向けて「だます」。詐欺師＝「だます」＋「男」あるいは「女」。

たまねぎ【玉葱】

《表現》指を伸ばした右手人差し指を目元に当て、ほかの3指の指先をひらひらと動かす。

《語源》たまねぎを切ると涙が出ることから。

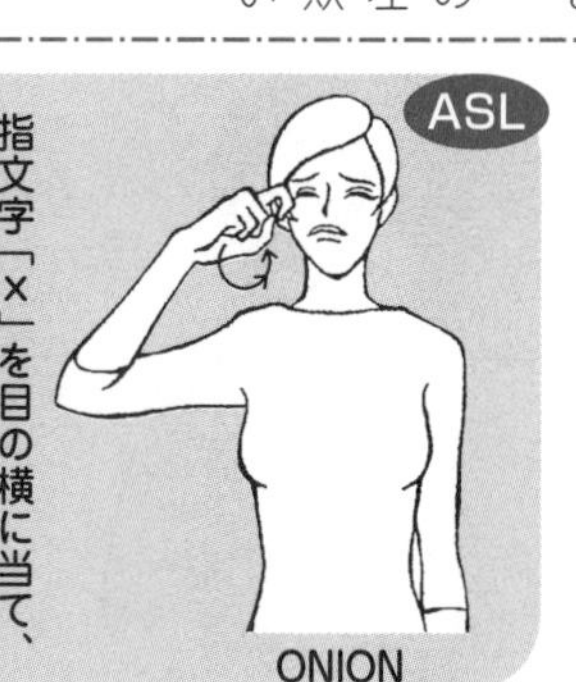

ASL
指文字「×」を目の横に当て、手首を2回まわす。
ONION

だめ【駄目】

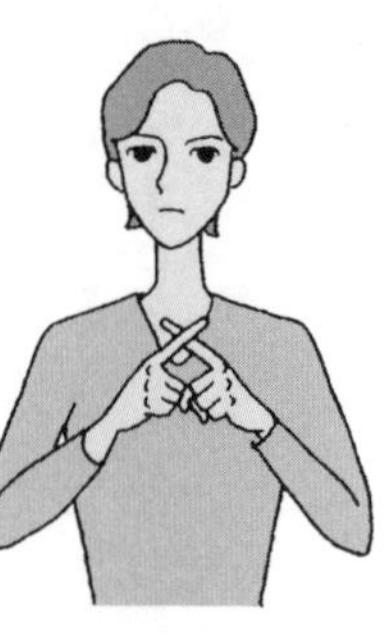

《表現》両手の人差し指で×をつくる。

《語源》×で表現。

《同意》禁止
《別形》伸ばした両手を手首でクロスさせ×をつくる。または、親指を立てた右手（親指の腹前向き）を、勢いよく斜め前下に出す。

《例文》たばこはだめ＝「たばこ」＋「だめ」。規則違反はだめ＝「違反」＋「だめ」。

《参考》「だめ!」は、その場に応じていろいろな手話で表現できる。人差し指を鼻先で倒す「悪い」、また、もうだめは「お手上げ」「諦める」、くだらないという場合は「つまらない」など。

ためす【試す】

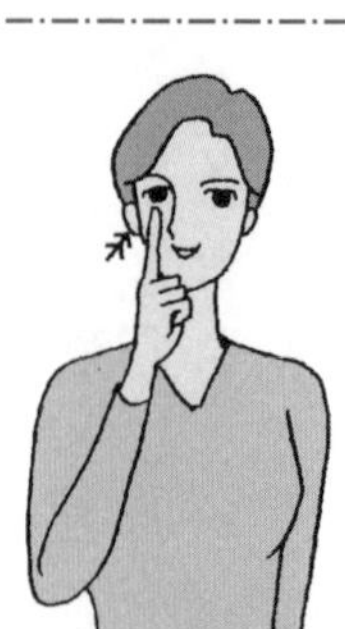

《表現》まっすぐ立てた右手人差し指（小指側前向き）の先を目の下に2回ほど軽く当てる。
《語源》試みるの「みる」を強調し、目に指を当てたもの。
《同意》試みる
《応用》目の下に親指の爪側を当て下におろすと「慣れる」の手話。
《例文》力試し＝「力」＋「試す」。試薬＝「薬」＋「試す」。

ために【為に】

《表現》軽く握って筒状にした左手の親指側に、右手人差し指を当てる。
《別形》親指と人差し指でつくった輪をつなぎ合わせ前後に振る⇒**「関係」の手話**。
《参考》「～のために」は、文脈によって単語を使い分けるとよい。例として「将来のために」など目的がある場合は「目的」、「雨のために」など何かの関係で説明する場合は「関係」、「病気のために」など理由をいう場合は「意味」、「彼の責任のため」は「責任」や「手落ち」の手話で表現できる。

たもつ【保つ】

《表現》握った右手の甲を左手の甲に乗せた両手を同時に前へ出していく。
《同意》維持
《応用》指を伸ばした左手の甲に、やや開いた右手の甲を乗せ、両手同時に前に出しながら右手を握ると「慣習」「習慣」の手話になる。
《例文》現状維持＝「今日」＋「保つ」あるいは「状態（雰囲気）」＋「保つ」。

たよる【頼る】

《表現》綱につかまるように握った両手を右肩の前あたりで上下に構える。

《語源》綱や人にすがるようす。

《例文》頼りない＝「頼る」＋「～ない」。父が頼り＝「父」＋「頼る」。頼りになる＝「頼る」＋「～できる」。

だれ【誰】

《表現》わん曲させた右手4指の背を右ほほに当て前に軽くこする。

《語源》顔を確認する意味で、顔に手を当ててこする。

《別形》ほほに当てるだけ、あるいは上下にこすってもよい。

《例文》誰の紹介？＝「紹介」＋「誰」。

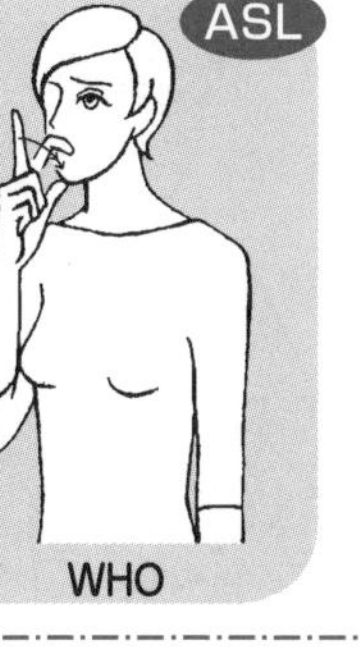

指文字「L」の親指をあごに当て、人差し指を2回曲げる。

たんい【単位】

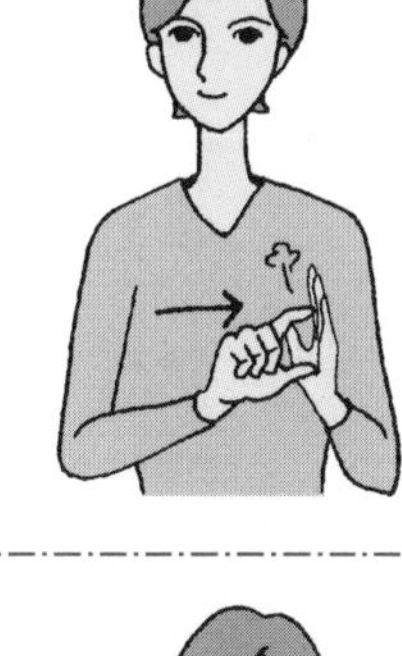
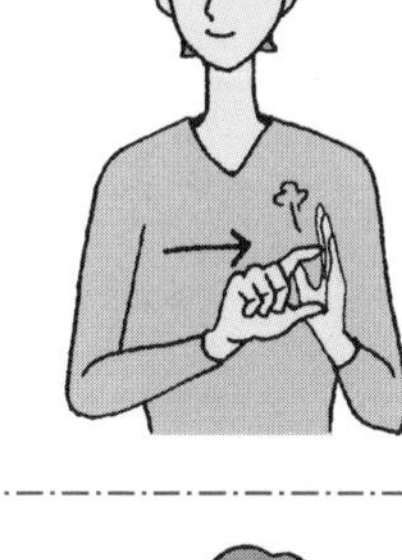

《表現》小指側を前に向けて立てた左手のひらに、親指と人差し指でコの字型をつくった右手の指先を右から当てる。

《語源》2指は割合が一定であることを示し、それが左手で止まることで固定した割合を表す。

《例文》通貨単位＝「お金(金)」＋「単位」。長さの単位＝「長い」＋「単位」。

たんご【単語】

《表現》親指と人差し指でコの字型をつくった右手を、身体の前で3回に区切りながらまっすぐ下ろす。

《語源》2指は言葉を表し、区切りながら下ろし一つひとつであることを表す。

《例文》手話単語＝「手話」＋「単語」。

たんす【箪笥】

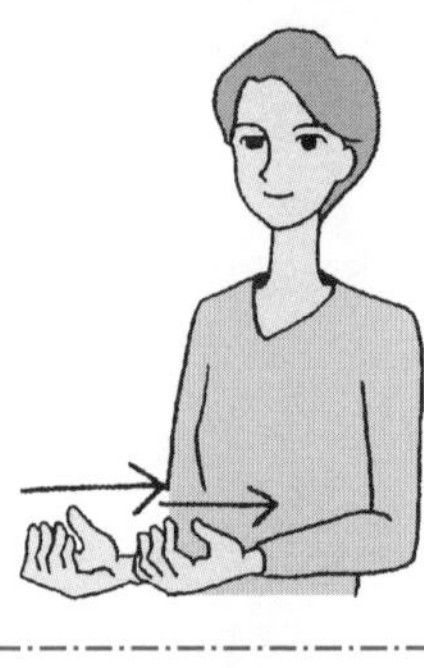

《表現》指をやや曲げ、手のひらを上に向けた両手を同時に手前に引く。
《語源》たんすの引き出しを開けるようすから。
《例文》部屋にたんすが要る＝「たんす」＋「部屋」＋「必要(～しなければならない)」。
《参考》胸の前、おなかの前と位置を変えて、2回ほど表す場合もある。

ダンス【dance】

《表現》わん曲させた右手を右上に、わん曲させた左手を左下に構え、そのまま軽く身体を揺らす。

《語源》社交ダンスの動きから。

《同意》社交ダンス・社交ダンスを踊る
《別形》上に向けた左手のひら(指先右向き)の上で、足に見立てて人差し指と中指を伸ばした右手(指先下向き)を、手首を軸に左右に振る。ダンス全般の表現。

《参考》ディスコ、ハワイアン、阿波踊りなどダンス・踊りごとに手話を変えて表現する。

たんぽ【担保】

《表現》親指と人差し指で輪をつくった左手を立て、その周りを右手で左斜め前から手前へと囲むように回す。
《語源》左手は「お金」の手話の形。それを囲むように回す右手は「守る」の手話の右手。「お金」を「守る」で。
《応用》左手を握りこぶしにすれば「守る」の手話。
《例文》借金の担保＝「お金(金)」＋「借りる」＋「担保」。

たんぽぽ【蒲公英】

《表現》左下に構えた左手人差し指の先に、わん曲させた右手の甲を乗せ、5指を動かしながら右上にあげていく。
《語源》たんぽぽの種が風で飛び散るようす。
《例文》たんぽぽが咲く＝「たんぽぽ」＋「咲く」。

ち

親指と3指で円をつくる。
小指は立てる。「1000」と同じ。

ちいき【地域】

《表現》左手のひらに右手親指の先を当て、親指を軸に伸ばした人差し指を回す。

《語源》右手はコンパスを表し、コンパスで示される範囲を示す。

《同形》地方

《例文》関東地方＝「関東」＋「地方」。地域活動＝「地域」＋「活動」。

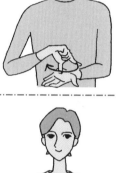

ちいさい【小さい】

《表現》両手の指を向かい合わせ、丸をつくるように左右から中央に寄せる。

《語源》小さく狭めることで表現。

《応用》反対の動作で「大きい」の手話になる。

《別形》丸は、親指と人差し指でつくってもよいし、親指と4指でつくってもよい。

《例文》小さい家＝「小さい」＋「家」。小犬＝「小さい」＋「犬」。

《参考》4指をやや開いた形で表す場合もある。

チーズ【cheese】

《表現》両手のひらの付け根あたりを上下に合わせ、ここを軸に手首をひねる。

《語源》チーズをこねるようす。

《例文》チーズケーキ＝「チーズ」＋「ケーキ」。スパゲティーにチーズを振りかける＝「スパゲティー」＋「チーズ」＋親指と4指で筒をつくり振りかける動作をする。

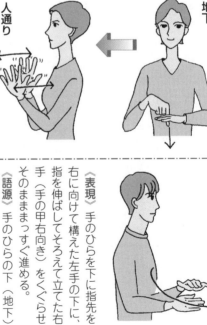

ちかい【近い】

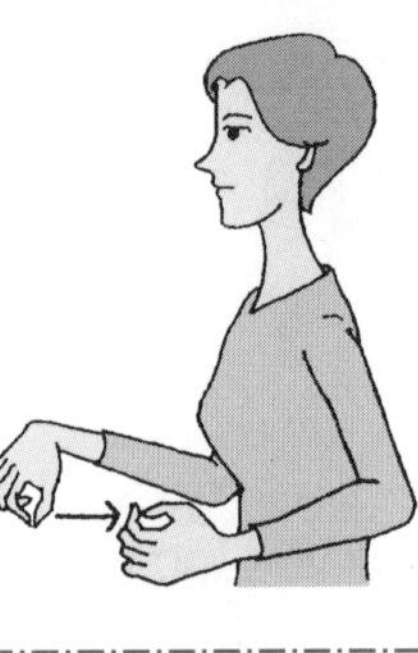

《表現》親指と人差し指の先をつけた両手を前後に離して構え、右手を手前に引き左手に近づける。両手の2指の先はつけない。
《語源》2指の先は地点や場所を示し、その2点が近づくことで表す。
《別形》手のひらを下に向け、わん曲させた両手で同じ動作を行う。「場所」の手話の変形。
《例文》駅まで近い＝「駅」＋「～まで」＋「近い」。

ちがう【違う】

《表現》親指と人差し指を離して伸ばした両手を、右手は甲を手前に、左手は甲を前に向け、両手同時に手首を返して甲の向きを逆にする。
《語源》手を互い違いに動かすことで表現。
《応用》親指と人差し指の先（指先上向き）を両手同時につけたり離したりすると「同じ」の手話。また、「普通」の手話に続けて「違う」の手話を行うと「異常」の手話になる。
《例文》手話がまちがっている＝「手話」＋「表す」＋「違う」。人違い＝「顔」＋「違う」。

ちかがい【地下街】

地下

人通り

《表現》①手のひらを下に向け構えた左手の手前で右手人差し指を下におろす⇓**「地下」の手話**、②両手のひらを向かい合わせ、開いて立てた5指を揺らしながら交互に前後に動かす⇓**「人通り」の手話**。

《語源》「地下」と「人通り」で。

《例文》駅の地下街＝「駅」＋「地下街」。

ちかてつ【地下鉄】

《表現》手のひらを下に指先を右に向けて構えた左手の下に、指を伸ばしてそろえて立てた右手（手の甲右向き）をくぐらせそのまままっすぐ進める。
《語源》手のひらの下（地下）を電車が進む表現。
《例文》都営地下鉄＝指文字「と」＋「経営」＋「地下鉄」。

ちかん【痴漢】

《表現》左手小指を立てその付け根あたりをなでるように、右手を数回動かす。
《語源》女性の体を触るという直接的な表現。
《同形》いやらしい

ちし【致死】

《表現》指先を前に向けた左手のひらに、人差し指を伸ばした右手（指先前向き）を右側から当て、左手を小指側を軸に左へ倒す。
《語源》左手は「死ぬ」の手話からのもの。その左手に当てる右手は、「至る」を表す。
《例文》致死量＝「致死」＋「増えるb」。

ちしき【知識】

《表現》親指、人差し指、中指、薬指の先をつけ小指を立てた右手⇒**指文字「ち」**を、額に沿って左から右へ動かす。
《語源》頭文字「ち」を前頭葉で示す表現。
《例文》言葉の知識＝「言葉」＋「知識」。楽しい知識＝「楽しい（嬉しい）」＋「知識」。

ちず【地図】

《表現》指先を前に向けた左手のひらに、人差し指の先を前に向けて伸ばした右手を置き、蛇行させながら前に進めていく。
《語源》手のひらで道順を示す表現。
《別形》右手を指文字「ち」にしてもよい。
《例文》日本地図＝「日本」＋「地図」。白地図＝「白」＋「地図」。地図を見て歩く＝「地図」＋地図の左手を残し、そこに向けて「見る」＋「歩く」。

ちち【父】

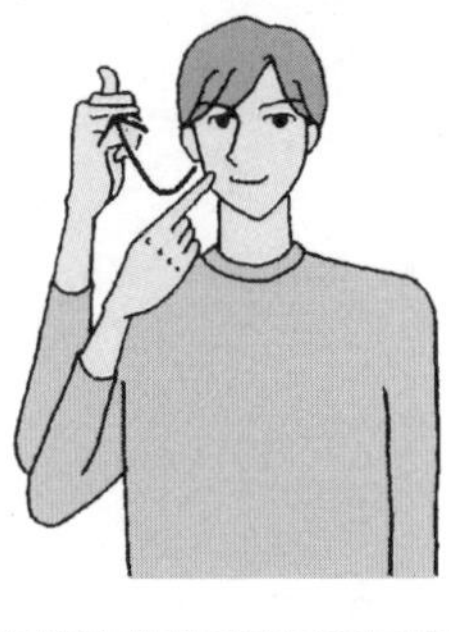

《表現》右手人差し指でほほに1回触れたあと、立てた親指を上に掲げる。
《語源》ほほに触れるのは肉親を表し、親指を上に掲げることで目上の男性を示す。

《応用》人差し指でほほに1回触れたあと、立てた小指を上に掲げれば「母」の手話になる。また、同様に人差し指でほほに触れたあと、曲げた親指を上に掲げれば「祖父」の手話になる。
《例文》父はサラリーマンです＝「父」＋「会社」＋「通う」。父は50歳です＝「父」＋「年齢」＋数詞「50」。

ASL
軽く開いた手のひらの親指を額に当て、2回トントンとする。
FATHER

ちば【千葉】

《表現》親指と人差し指で三角形の左半分をつくった左手に、人差し指を伸ばした右手を手前から当てる。
《語源》千葉の千の字型。

ちゃいろ【茶色】

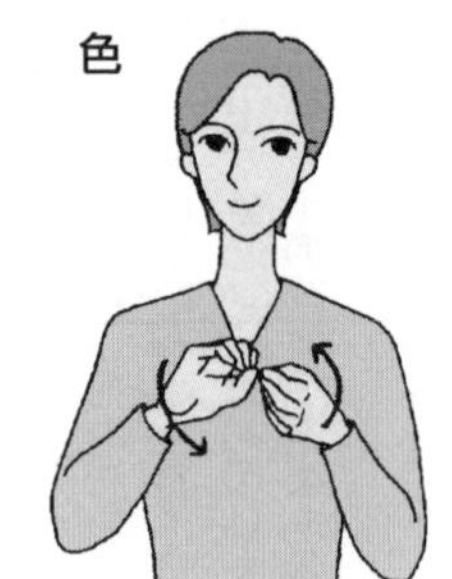

《表現》①右手握りこぶしをあごに当てこするように手首を2回曲げる⇒**「栗」の手話**、②すぼめて指先をつけた両手を、同時にねじる⇒**「色」の手話**。
《語源》「栗」と「色」で。①「栗」は栗の渋皮を歯でむくようす。
《例文》茶色の背広＝「茶色」＋「背広」。

チャンピオン【champion】

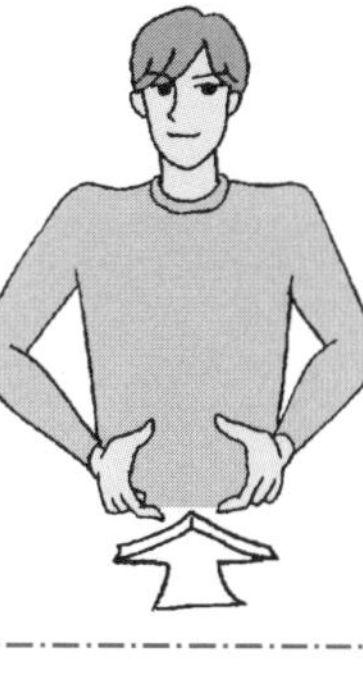

《表現》親指と人差し指を広げて大きな丸をつくりおなかに当てる。
《語源》チャンピオンベルト。
《例文》世界チャンピオン＝「世界」＋「チャンピオン」。有名なチャンピオン＝「有名」＋「チャンピオン」。

ちゅうかい【仲介】

《表現》両手握りこぶしを左右から中央上へ寄せ、親指側をつける。
《語源》つなぐ動作で表現。
《同意》つなぐ
《例文》仲人＝「仲介」＋「責任（任される）」。仕事の口利きをする＝「仕事」＋「紹介」＋「仲介」。男女の仲を取り持つ＝片手「男」と片手「女」＋「仲介」。

ちゅうがっこう【中学校】

中

学校

《表現》①左手親指と人差し指を平行に伸ばし、右手人差し指をその中央に当てる⇒**「中」の手話**、②手のひらを手前に向けた両手を並べ、斜め前下に2回動かす⇒**「学校」の手話**。

《語源》「中」と「学校」で。①は漢字の中の形を表す。

《例文》中学生＝「中学校」＋「学生」。

ちゅうきゅう【中級】

中

レベル

《表現》①左手親指と人差し指を平行に伸ばし、右手人差し指をその中央に当てる⇒**「中」の手話**、②指をそろえ手のひらを下に向けた右手を左から右に水平に動かす⇒**「レベル」の手話**。

《語源》「中」と「レベル」で。

《例文》中級試験＝「中級」＋「試験」。

ちゅうごく【中国】

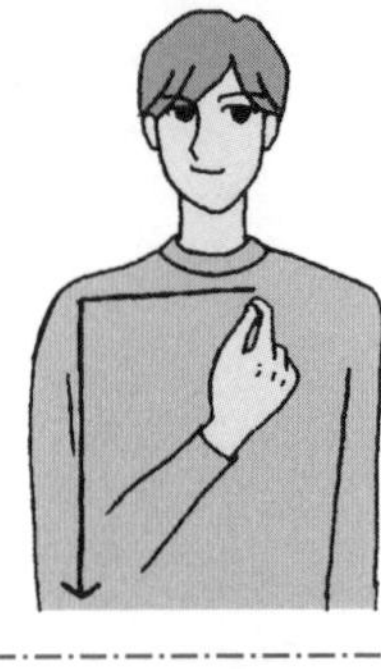

《表現》右手親指と人差し指の先をつけ左胸に当て、そのまま右へ動かし、右肩あたりで下へおろす。

《語源》チャイナドレスの襟を表現したもの。

《例文》中国人＝「中国」＋「人」。中国製＝「中国」＋「〜製（作る）」。

ちゅうしゃ【注射】

《表現》右手人差し指と中指の背を左腕に当て、続けて親指の先をつける。

《語源》注射を腕に打つ動作。

《例文》予防注射＝「防ぐ」＋「注射」。麻酔薬＝「眠い」＋「注射」。

ちゅうしゃ【駐車】

《表現》親指と4指でコの字型をつくった右手⇒**「車」の手話**を、指先を前に向けた左手のひらの手首側から指先の方に滑らせ手のひらの上で止める。

《語源》「車」が止まる表現。

《例文》駐車違反＝「駐車」＋「違反」。

ちゅうしょう【抽象】

《表現》左こめかみに左手人差し指を当て、指を伸ばした右手のひらを前に向けて1回まわす。

《語源》左手は「思う」の手話。これに、具体的でないことを伝える右手の動きを加えたもの。

《例文》抽象的＝「抽象」＋「〜的（合う）」。抽象絵画＝「抽象」＋「絵」。

《参考》反対語に当たる「具体的」は「細かい」＋「〜的（合う）」。

ちゅうしん【中心】

《表現》①平行に伸ばした左手親指と人差し指の中央に、右手人差し指を当て⇩**「中」の手話**、②左手はそのまま、右手人差し指を下に引きながら中指を伸ばし2指の先を右斜め下におろす。

《語源》「中」の手話の下に心を略して2つの点を空書したもの。

《例文》中心拠点＝「中心」＋「場所」。

《参考》②は、右手人差し指の先を左斜め下におろし「心」の左の1点を空書したあとに行うこともある。

ちゅうとしっちょう【中途失聴】

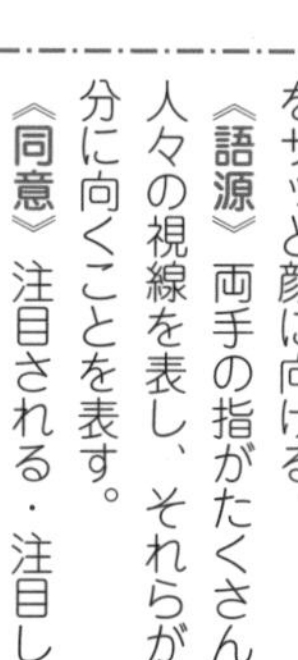

《表現》①身体の左に構えた左手のひらに、右手の指先を近づけ途中で指先を下へ向ける⇩**「中途」の手話**、②右手のひらで耳をふさぐ⇩**「失聴」の手話**。

《語源》「中途」と「失聴」で。

《別形》「大人」あるいは「中(中級)」＋「失聴」でもよい。

ちゅうもく【注目】

《表現》前に向けた両手の指先をサッと顔に向ける。

《語源》両手の指がたくさんの人々の視線を表し、それらが自分に向くことを表す。

《同意》注目される・注目して

《別形》親指を立てた左手を左上に掲げ、同様の動作を右手だけで左手に向けて行う。

《例文》彼は注目の的＝左手の「彼」を指す＋左手に向けて別形「注目」。

《参考》「注目」の手話は「注目される」「私に注目して」としても使う。

ちゅうもん【注文】

《表現》右手人差し指を口元に立て前に出し⇩**「言う」の手話**、続けて、5指を伸ばして立て前に倒す⇩**「頼む」の手話**。

《語源》言葉で頼むということから「言う」と「頼む」で。

《例文》コーヒーをください＝「コーヒー」＋「注文」。

ちゅうもんをもらう【注文をもらう】

《表現》指先を前に向けた左手のひらに右手人差し指の先を乗せて前方に構え、両手同時に手前に引く。

《語源》書類を受け付けるようす。

《同形》申し込まれる

《例文》ご注文をいただき誠にありがとうございます＝「注文をもらう」＋「本当」＋「ありがとう」。

ちゅうりつ【中立】

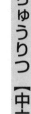

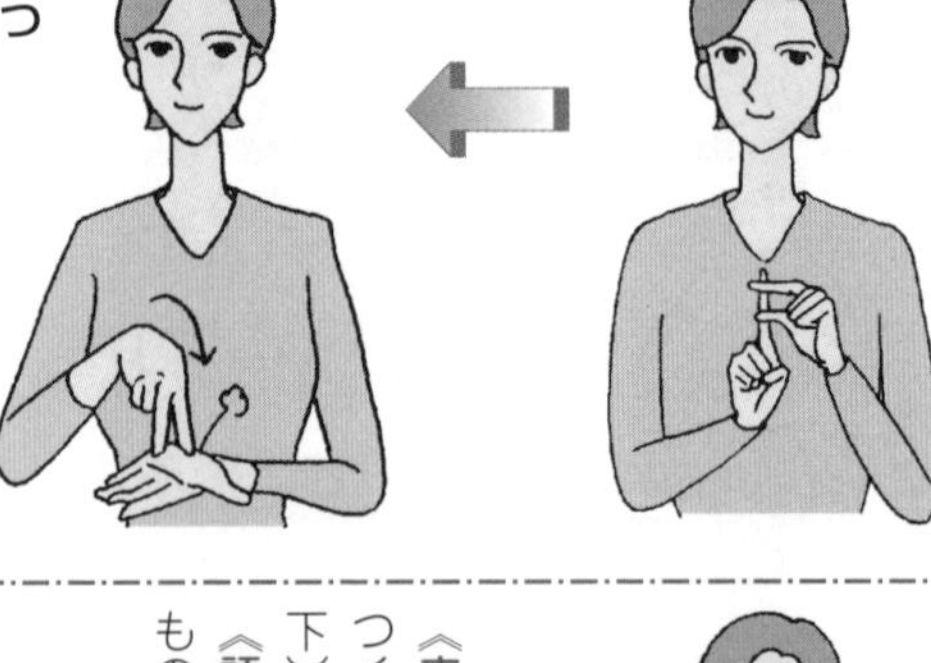

《表現》①平行に伸ばした左手親指と人差し指の中央に、右手人差し指を当てる⇒**「中」の手話**、②上に向けた左手のひらに、足に見立てて伸ばした右手人差し指と中指を乗せる⇒**「立つ」の手話**。

《語源》「中」と「立つ」。「立つ」は「立場」の意味を持つ手話。

ちょう【腸】

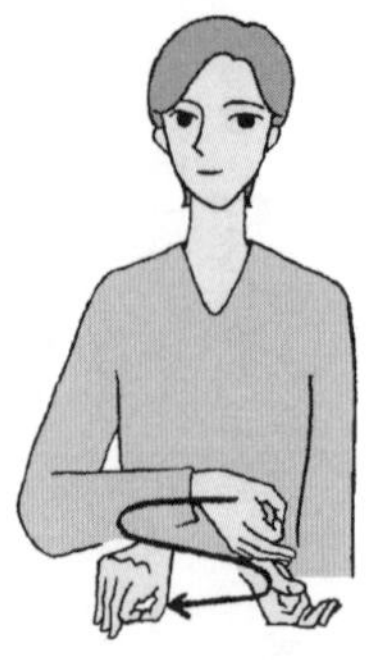

《表現》右手親指と人差し指でつくった輪をおなか（へそより下）に当て、左右に動かす。

《語源》腸の長い管を表現したもの。

ちょう【蝶】

《表現》親指の先を重ねて、4指をそろえて伸ばした両手をひらひら軽く振る。

《語源》羽ばたく蝶々のようす。

《例文》黄色い蝶＝「黄色」＋「蝶」。

~ちょう【~長】

《表現》胸の前で親指を立てた右手をそのまま上げる。
《語源》人⇓「男」の手話を上げてトップを示したもの。
《同意》主
《応用》親指を立てた右手を左手のひらに乗せ上げると「敬う」の手話になる。
《別形》左手（指先右向き）の甲に親指を立てた右手を乗せるb。
《例文》社長＝「会社」＋「~長」。

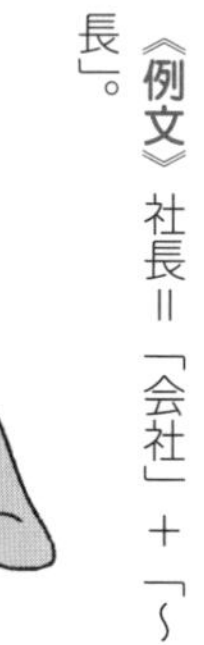

ちょうかくしょうがい【聴覚障害】

《表現》①伸ばした人差し指の先で耳を指す⇓「聞く」の手話、②両手握りこぶしを身体の中央で合わせ、手を返しながら左右に離す⇓「壊す」の手話。

《語源》「聞く」と「壊す」で。

《例文》聴覚障害者＝「聴覚障害」＋「人々」。

ちょうこく【彫刻】

《表現》親指とそろえた4指で物を持つように構えた左手に向け、握った右手をすくい上げるように数回動かす。
《語源》彫刻刀で彫り進めるようす。
《参考》右手は、彫刻刀に見立てた親指を立ててもよい。また、石像を彫る場合には、握った左手に向け握った右手を振り下ろすこともある。彫る物（彫り方）に合わせて、表現を変えるとよい。

ちょうしゃ【聴者】

《表現》立てた右手人差し指を右耳の横に、立てた左手人差し指を口元に構え、右手は右に、左手は前に両手同時に2回動かす。

《語源》「聞く」の変形と「言う」の組み合わせ。

《同意》聞こえる

ASL
利き手を1の形にして横に向け、口の前で回す。
HEARING

ちょうせん【朝鮮】

《表現》①親指と人差し指の先をつけた両手で、左胸に小さく結び目を描き、②左手はそのまま、右手親指と人差し指の幅を広げまっすぐ下ろす（指先上向き）。
《語源》民族衣装のチマチョゴリを表現。
《同意》チマチョゴリ
《参考》①②の動作を右胸あたりで行ってもよい。

ちょうなん【長男】

《表現》右に向けた左手人差し指の先に立てた右手親指の腹を当て、左手はそのまま右手を小さく下に弧を描いて斜め前下に出す。
《語源》左手は数詞「1」右手は「息子」の手話。1番目の息子の意味で「長男」。
《応用》左手2指の中指の先だと「次男」、3指の薬指の先だと「三男」。また、右手を小指を立てた「女」の手話で行うと「長女」、左手2指と「女」で「次女」、左手3指と「女」で「三女」となる。
《別形》同じ手の形で、右手をやや下に弧を描いて右に出す。

ちょうれい【朝礼】

《表現》①握った右手をこめかみに当て、すばやく下ろす⇓**「朝」の手話**、②手のひらを前に向けて立てた両手の4指を付け根から前に倒す⇓**「式」の手話**。
《語源》「朝」と「式」で。

ちょきん【貯金】

《表現》左手のひらの上で、親指と人差し指で輪をつくった右手（輪が上向き）を少しずつ上げていく。

《語源》右手は「お金」の手話。手の上でお金が貯まるようす。

《別形》上に向けた左手のひらに右手握りこぶしの小指側を2回ほど当てる。

《同意》お金を貯める(貯まる)

《例文》たんす預金＝「たんす」＋「貯金」。

《参考》郵便貯金、銀行預金、たんす預金の区別なくお金を貯めること一般を表現する。

チョコレート【chocolate】

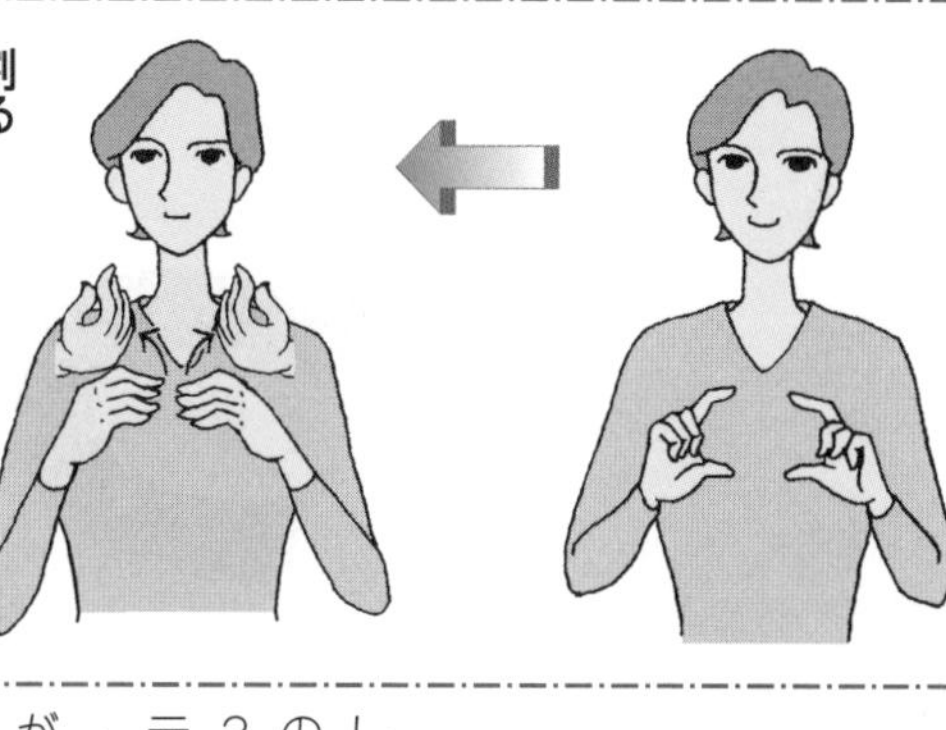

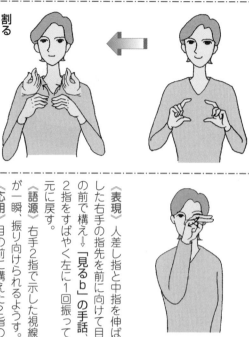

《表現》①親指と人差し指で正面に向け板チョコの形をかたどる、②両手の親指と4指で割るしぐさ⇩「割る」の手話。
《語源》板チョコを割るようすから。
《別形》「甘い」＋「割る」でもよい。
《例文》チョコレートケーキ＝「チョコレート」＋「ケーキ」。

ちらっとみる【チラっと見る】

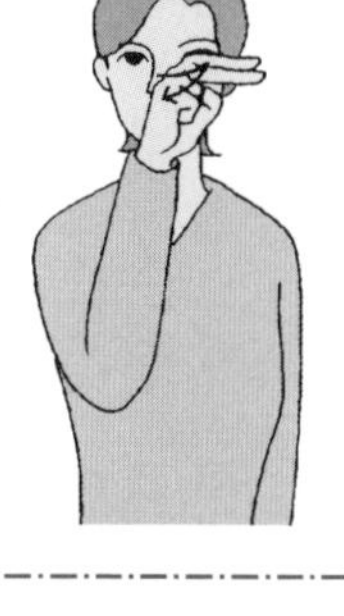

《表現》人差し指と中指を伸ばした右手の指先を前に向けて目の前で構え⇩「見るb」の手話、2指をすばやく左に1回振って元に戻す。
《語源》右手2指で示した視線が一瞬、振り向けられるようす。
《応用》目の前に構えた2指の先を左から右へ水平に回すと「見渡す」の手話になる。

ちりょうする【治療する】

《表現》手のひらを前に向けた左手の甲を、やや曲げた右手人差し指と中指の先で軽く2～3回叩く。
《語源》医者が患者の胸を打診するようす。
《同意》診察をする
《応用》手のひらを手前に向け、前から甲を叩くと「治療を受ける」「診察を受ける」の手話になる。

つ

親指と2指で円をつくる。

ほかの2指は立てる。

ついきゅう【追及】

《表現》立てた左手親指を右手人差し指で責めるように2～3回指す。

《語源》立てた親指で示した人を徹底して追及する表現。

《例文》責任を追及する＝「責任（任される）」＋「追及」。犯人を追及する＝「犯人」＋「追及」。本音を白状させる＝「本音」＋「追及」。

《参考》「追及」は追いつめる意味。追い求める「追求」とは表現が違うことに注意（「**追求（求める）**」参照）。

ついでに【序でに】

《表現》5指の先をつけすぼめた両手の指先を左右からつける。
《語源》両手の指先をつけることで、よい具合に接続されることを表し、ついでの意味を伝える。
《別形》人差し指を立てた両手を左右に構え、左手はそのまま右手を左手に寄せる。
《例文》ついでに買って来て＝「ついでに」＋「買う」＋「来る」＋「願う」。

つうがく【通学】

《表現》①手のひらを手前に向け両手を並べ、斜め前下に2回動かす⇒**「学校」の手話**、②立てた親指を前後に動かす⇒**「通う」の手話**。
《語源》「学校」と「通う」で。
《参考》通う先が学校であるため「学校」を先に伝えるもの。

つうじない【通じない】

《表現》手の甲を前に向け横に伸ばした両手の人差し指を前後に構え、右手を前に左手を手前に同時に動かす。

《語源》食い違うようす。

《別形》手の甲を前に向け指を横に伸ばして開いた両手を前後に構え、右手を前に左手を手前に同時に動かす。

《例文》話が通じない＝「説明」＋「通じない」。

つうじる【通じる】

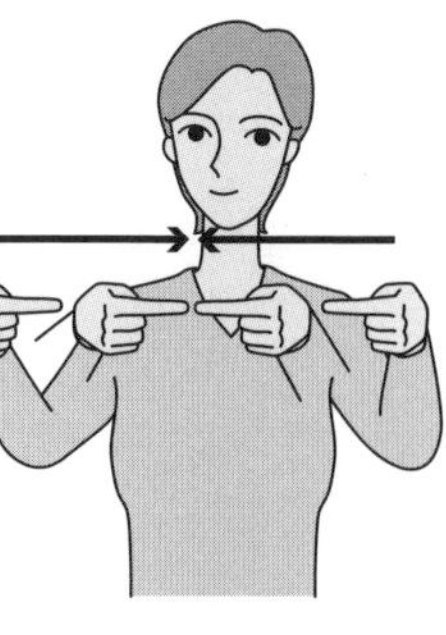

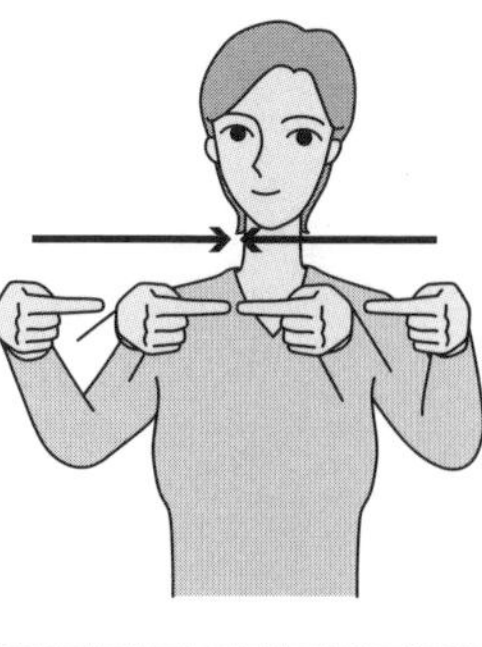

《表現》手の甲を前に向け伸ばした両手の人差し指の先が向かい合うよう離して構え、両手同時に近づける。

《語源》通じるようす。

《別形》指を伸ばして開いた両手を手のひらが向かい合うように離して構え（指先前向き）、両手同時に指先を向かい合わせる。

《例文》心が通う＝「心」＋「通じる」。

つうやく【通訳】

《表現》立てた右手親指の先で、くちびるの左右の端を往復する。

《語源》親指は人を示し、右から左へ、左から右へと口添えするという表現。口元で行うのは話すことを表したもの。

《同形》紹介

《例文》手話通訳士＝「手話」＋「通訳」＋「士（弁護士）」。同時通訳＝「同時に」＋「通訳」。自己紹介＝「個人」＋「紹介」。彼を紹介する＝左手の「彼」を指す＋「紹介」。

《参考》人差し指で行ってもよい。

ASL

両手を指文字「f」にしてくっつける。くっついた部分を軸にして利き手を指文字「f」の形のまま少し動かす。反対の手は動かさない。

INTERPRETATION

つかう【使う】

《表現》 親指と人差し指で輪をつくった右手を、指先を前に向けた左手のひらの上で、指先に向けて2回ほど動かす。

《語源》 右手の輪はお金。手の中にあるお金を相手に出して、「お金を使う」ということから。

《同形》 お金を使う

《例文》 パソコンを使う＝「パソコン」＋「使う」。

《参考》 この手話は「お金を使う」に限らず、一般に「使う」すべてに用いられる。

つかれる【疲れる】

《表現》 両手のひらを手前に向け5指を開いて肩あたりで構え（指先を向かい合わせる）、両手同時に指が下になるように下に向けて動かす。振り下ろした手はだらりと下げると、感情をより伝えることができる。

《語源》 肩から力が抜けていくようす。

《例文》 歩き疲れた＝「歩く」＋「疲れる」。仕事に疲れた＝「仕事」＋「疲れる」。

つぎ【次】

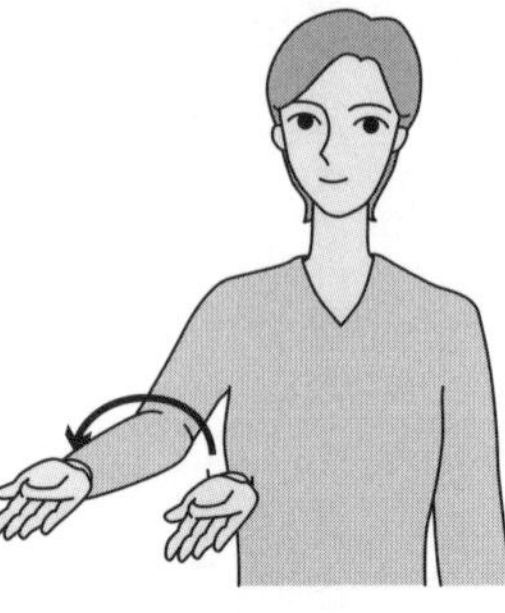

《表現》 手のひらを上に指先を前に向けた右手を、弧を描くように右に動かす。

《語源》 次に回すようす。

《別形》 右手人差し指だけで行うこともある。

《例文》 次の電車に乗ります＝「次」＋「電車」＋「乗る」。順番に＝「次」＋「次」。

《参考》 話の流れによっては、左に動かす場合もある。

つくる【作る】

《表現》 立てた左手握りこぶしの親指側を、右手握りこぶしの小指側で真上から2回ほど叩く。

《語源》 金づちで打つようす。

《同形》 作・造・製造・制作・生産・～製

《応用》 左手握りこぶしに右手握りこぶしを、右上から当て左上に跳ね上げたあと「いろいろ」の手話を行うと「産業」の手話。

《例文》 携帯電話を作る会社＝「携帯電話」＋「作る」＋「会社」。国産（メイド・イン・ジャパン）＝「日本」＋「～製」。

つづく【続く】

《表現》親指と人差し指でつくった両手の輪をつなぎ合わせ、前に出す。

《語源》両手でつないだ輪は関係を表し、前に出すことで時間が経過しても変わらないこと、つまり続いていることを示す。

《同意》続・続ける・引き続き

《同形》伝わる・伝える

《応用》つないだ両手の輪を、左右あるいは前後に振ると「関係」、前後に動かすと「〜に関して」「〜について」の手話になる。また、つないだ両手の輪を、斜め前下に出すと「〜なので」「〜だから」「〜ゆえに」「〜によって」の手話になる。

《例文》待ち続ける＝「待つ」＋「続ける」。山へ続く道＝「道（道路）」＋「山」＋「続く」。戦争が続く＝「戦争」＋「続く」。会話が続く＝「会話」＋「続く」。手続き＝「手」＋「続く」。笑いが止まらない＝「笑う」＋「続く」。心を伝える＝「心」＋「伝える」。

つばめ【燕】

《表現》薬指だけを折り4指を伸ばして開いた右手を、左から下向きに弧を描いて右に動かす。手の甲は上向きのまま。

《語源》親指と小指は翼を人差し指と中指はツバメの尾を表す。

《例文》ツバメは1番速い＝「ツバメ」＋数詞「1」で「〜番」＋「早い」。海ツバメ＝「海」＋「ツバメ」。

つま【妻】

《表現》立てた左手親指⇒**「男」の手話**に、立てた右手小指⇒**「女」の手話**をつけ、右手を前に出す。

《語源》「男」と「女」を寄り添わせることで夫婦であることを表し、前に出すことで示す。

《応用》左右の手を逆にして、親指を立てた右手を前に出すと「夫」の手話になる。いずれの場合にも、原則的には前に出し示す手は右手。

《参考》自分の妻の場合は、立てた小指を胸あたりに当てたあと、「女」の手話を行う。

つまらない

a

b

《表現》下に向けた左手のひらに、人差し指を伸ばした右手を下から強く当てる。

《語源》頭打ちの表現。

《同意》くだらない・軽蔑
《別形》5指を開いて曲げた右手の指先を顔に向けまっすぐ下ろすb。「退屈」の意味を含む表現。

《例文》つまらない物ですが＝「つまらないa」＋「お土産」。

つめたい【冷たい】

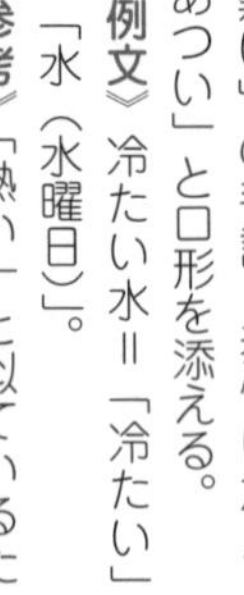

《表現》右手の指先を下に向け、サッと勢いよく引き上げる。冷たいという表情に加え、「つめたい」と口形を添える。

《語源》冷たいものに触って驚くようす。

《応用》右手をサッと勢いよく引き上げ、耳たぶをつまむと「熱い」の手話。表情に加え、「あつい」と口形を添える。

《例文》冷たい水＝「冷たい」＋「水（水曜日）」。

《参考》「熱い」と似ているため、この手話に続けて右手を細かく震わせるとより区別できる。また、「寒い」の手話を加えてもよい。

つゆ【梅雨】

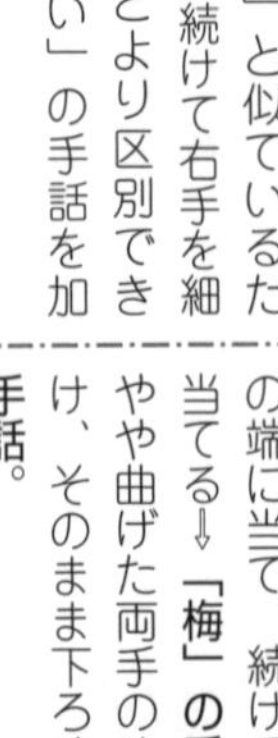

梅

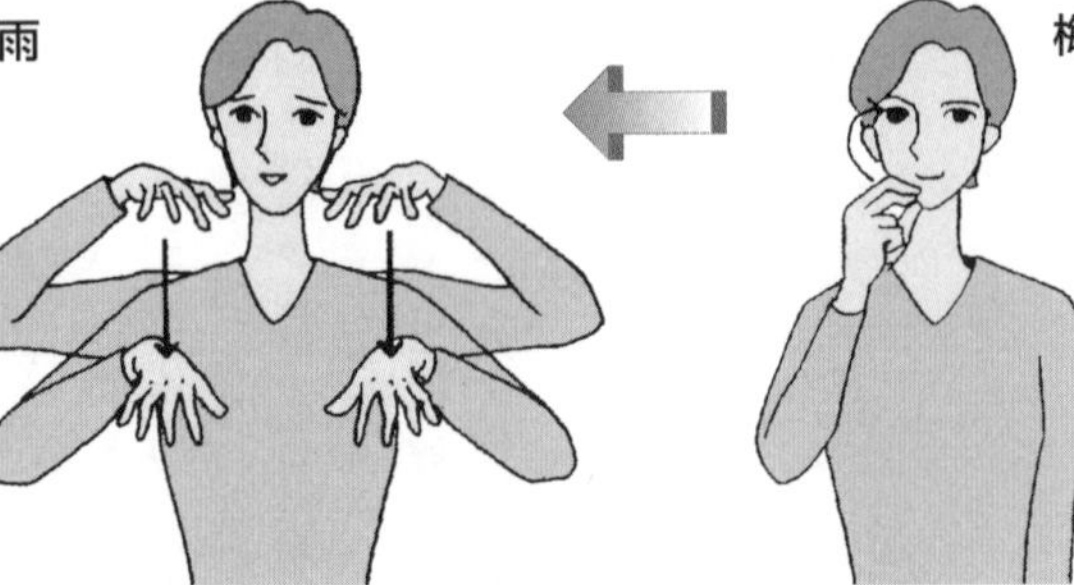

雨

《表現》①右手親指、人差し指、中指の先をつけてその指先を唇の端に当て、続けてこめかみに当てる⇒**「梅」の手話**、②指をやや曲げた両手のひらを下に向け、そのまま下ろす⇒**「雨」の手話**。

《語源》「梅」と「雨」で。

つよい【強い】

《表現》右手を握り、力強く腕を上に折り曲げる。

《語源》腕っ節の強さ、あるいは力こぶを誇示するようす。

《別形》両手で表現してもよい。

《例文》強いチャンピオン＝「強い」＋「チャンピオン」。強力なウィルス＝「強い」＋「ウィルス」。寒さに強い＝「寒い」＋「強い」。

《参考》手を握り左腕を折り曲げて、右手人差し指で、上腕に力こぶを表す弧を描いて、力こぶを強調することもできる。

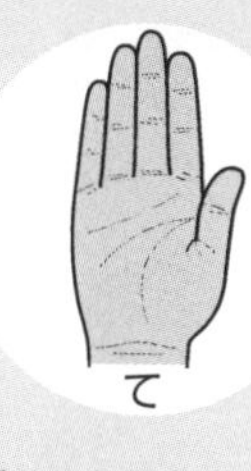

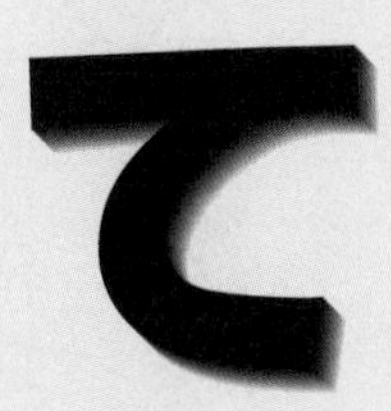

手のひらを立て、手を示す。
「手」の手話と同じ。

ていいん【定員】

《表現》下に向けた左手のひら（指先右向き）に、親指と小指を立てた右手（手の甲前向き）を下から当てる。

《語源》親指と小指を立てた右手は人々を表し、その限界を左手で示す。

《例文》定員オーバー＝「定員」＋「過ぎる（おせっかい）」。定員は10名＝「定員」＋数詞「10」＋「〜人」。

ていきけん【定期券】

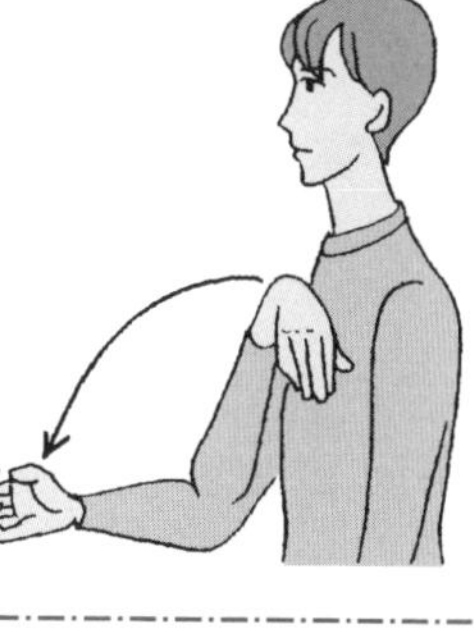

《表現》指を伸ばした右手を左胸に当て（指先下向き）、弧を描いて前に差し出しながら指先を曲げる（券を持つ形）。

《語源》胸ポケットから定期券を取り出し、差し出すようすから。

《例文》定期券売り場＝「定期券」＋「売る」＋「場所」。

《参考》この手話の前に、「定（必ず）」の手話を加えてもよい。

ていきゅうび【定休日】

《表現》①胸の前で左右から両手の4指をしっかり組む⇓**「必ず」「定」の手話**、②手のひらを下に、指先を前に向けた両手を左右から寄せ中央で並べる⇓**「休み」の手話**。

《語源》「定」と「休み」で。

《例文》明日は定休日＝「明日」＋「定休日」。

ていきよきん【定期預金】

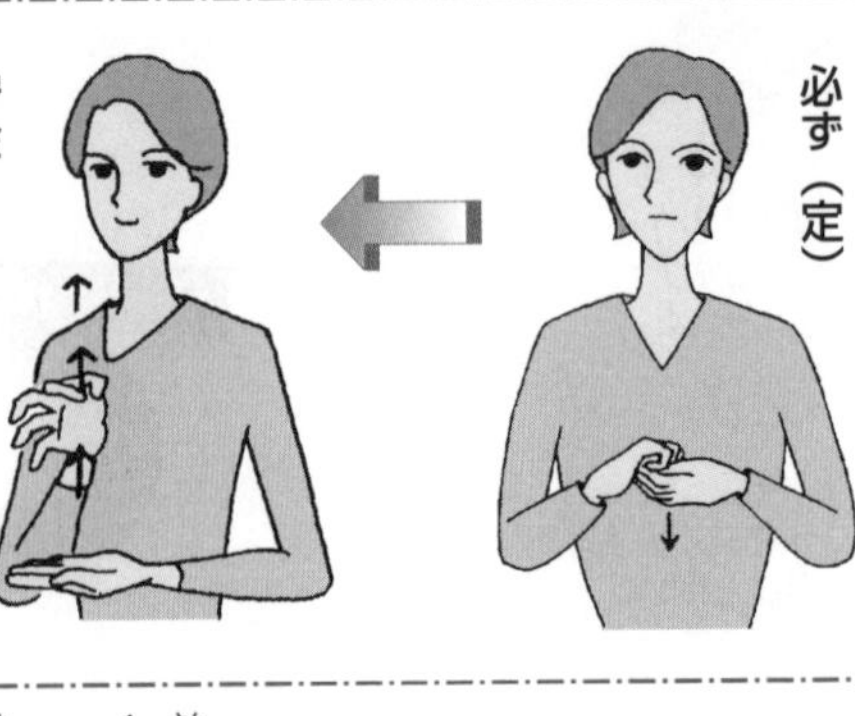

《表現》①胸の前で、左右から両手の4指をしっかり組む⇩**「必ず」「定」の手話**、②左手のひらの上で、親指と人差し指で輪をつくった右手（輪が上）を少しずつ上げていく⇩**「貯金」の手話**。

《語源》「定」と「貯金」で。

《別形》銀行預金を明確にする場合は「定」＋「銀行」＋「貯金」。

ディズニーランド【Disneyland】

《表現》頭の両側上部に両手人差し指で同時に大きく円を描く。

《語源》ミッキーマウスの耳を描いて表現。

《応用》両手とも指文字「し」で、同じ動作をすると「ディズニーシー」の手話になる。

ティッシュペーパー【tissue-paper】

《表現》コの字型にした左手を指先を右に向けてやや左に構え、その右横あたりから右手親指と人差し指でつまみ上げる。

《語源》左手のコの字型はティッシュペーパーの箱を表し、紙を箱から引き出すようす。

《例文》ティッシュペーパーをください＝「ティッシュペーパー」＋「頼む」。

ていねい【丁寧】

《表現》指をそろえて伸ばした両手を右手、左手の順に、額を指の腹でなでるように左右に動かす。

《語源》ポマードをつけた髪を整える動作で、「ていねいにする」を表したもの。

《例文》ていねいな仕事＝「ていねい」＋「作る」あるいは「仕事」。ていねいな文字＝「ていねい」＋「書く」。

ていねん【定年】

年齢

最高

《**表現**》①あごの下で右手5指を親指から順に折っていく⇩**「年齢」の手話**、②下に向けた左手のひらに、指をそろえ伸ばして立てた右手の指先を下から当てる⇩**「最高」の手話**。

《**語源**》「年齢」と「最高」で。

《**例文**》定年退職＝「定年」＋「仕事」＋「辞める」。

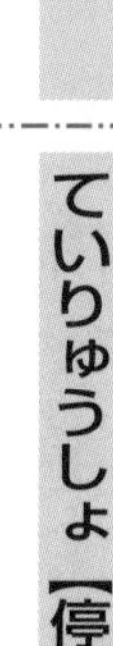

ていりゅうしょ【停留所】

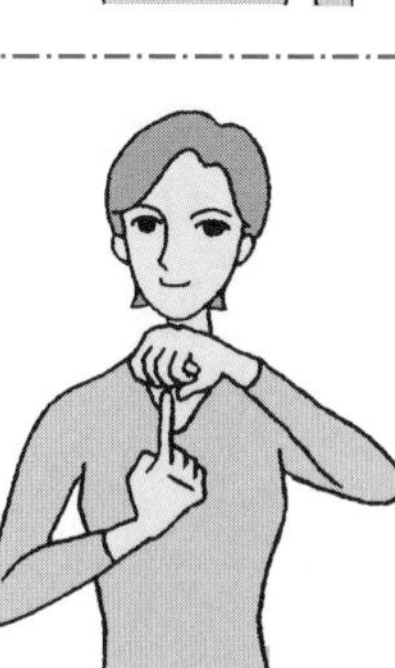

《**表現**》立てた右手人差し指の先に、親指と4指の先をつけて輪をつくった左手（手の甲上向き）を乗せる。

《**語源**》左手は丸い標識、右手はポールを表す。

《**参考**》この手話の前に、「バス」の手話を行うことで「バス停」が明確になる。

デート【date】

《**表現**》親指と小指を立てた右手を前に出す（手のひら前向き）。

《**語源**》親指は男を、小指は女を表し、前へ出すことでどこかへ行くことを表す。

《**例文**》デートの約束＝「デート」＋「約束」。明日はデート＝「明日」＋「デート」。デートが楽しみ＝「デート」＋うれしそうに「待つ」あるいは「楽しみ」。

《**参考**》小さく弾ませながら前に出してもよい。

テーマ【theme】

《**表現**》手のひらを前に向けて立てた左手のひらに、親指と人差し指でU字型をつくった右手の指先を当て、そのまま下におろす。

《**語源**》天井から垂れ幕が降りることからの表現。

《**同形**》タイトル

《**例文**》今日のテーマ＝「今日」＋「テーマ」。映画のタイトル＝「映画」＋「タイトル」。

ておち【手落ち】

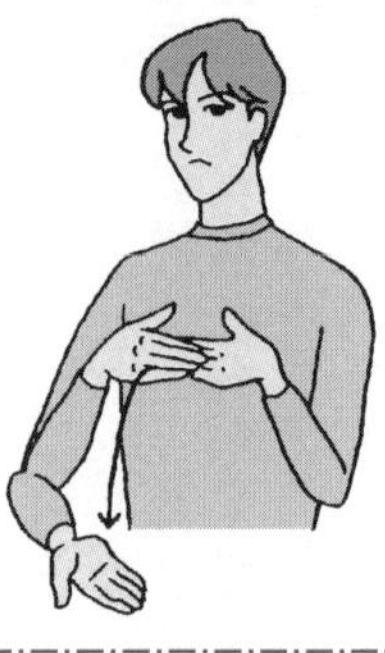

《表現》前に向けた左手の甲（指先右向き）に右手のひらを当て、右手を前に落とす。
《語源》手が落ちることで「手落ち」「欠点」に。
《同意》欠陥・過失・ミス・欠点・短所
《例文》見落とし＝「見るa」＋「手落ち」。欠陥工事＝「工事」＋「欠陥」。過失責任＝「過失」＋「責任（任される）」。万事抜かりなく＝「全部」＋「手落ち」＋「～ない」。妻の短所＝「妻」＋「短所」。

てがみ【手紙】

《表現》人差し指と中指を伸ばした左手を横にし、立てた右手人差し指の先に乗せる。
《語源》〒のマークを表す。
《同形》郵便
《例文》手紙を出す＝「手紙」を前に出す。手紙が来る＝「手紙」を前から手前に引く。手紙の返事を書く＝「手紙」＋「答える」＋「書く」。

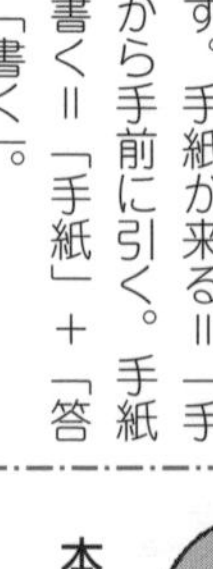

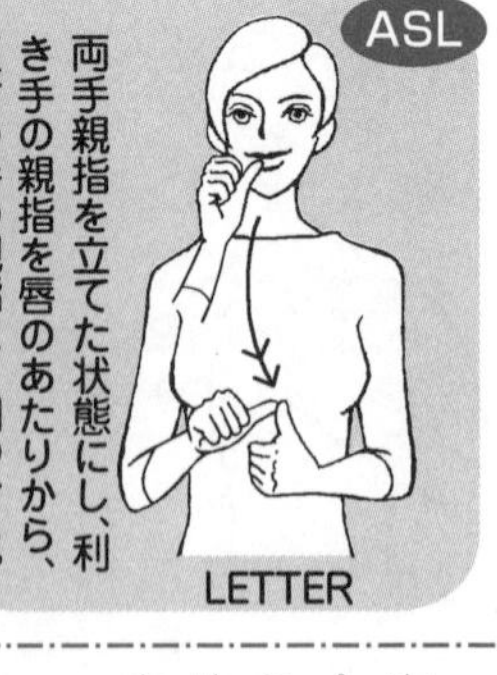

両手親指を立てた状態にし、利き手の親指を唇のあたりから、反対の手の親指に2回つける。

テキスト【text】

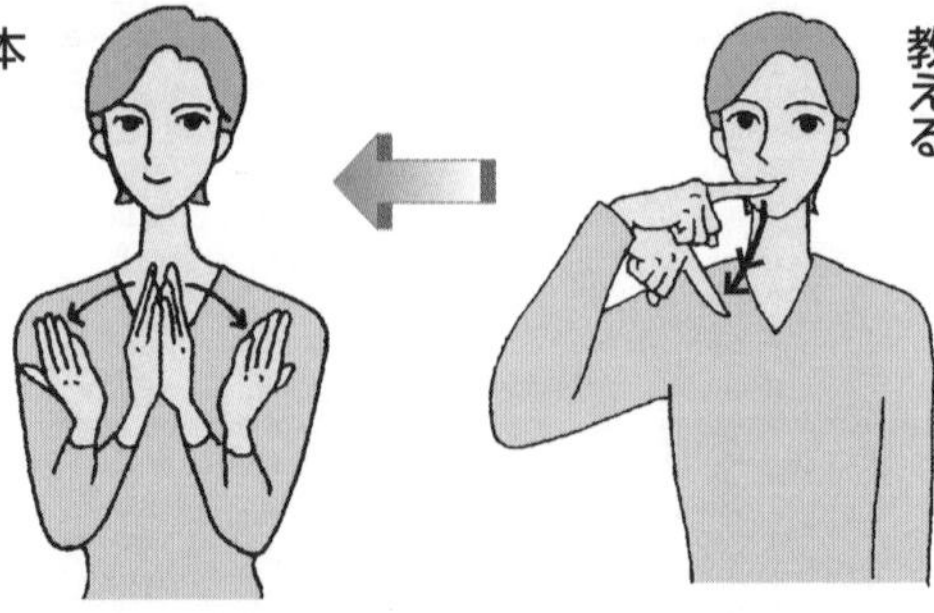

《表現》①右手人差し指を顔の高さで斜め前下へ2～3回振る⇩「教える」の手話、②手のひらを合わせた両手を胸の前でやや斜めに構えて、両手同時に左右に開く⇩「本」の手話。
《語源》「教える」と「本」で。
《同意》教科書

～できない【～出来ない】

《表現》両手握りこぶしを上下に重ね（右手の小指側と左手の親指側をつける）、両手同時に左右へ強く離す。
《同意》不可能
《別形》右手親指と人差し指で右ほほをつねるように動かす⇩「難しい」の手話。
《例文》あなたと一緒なんて耐えられない＝「あなた」＋「一緒」＋「我慢」＋「～できない」。

～できる【～出来る】

《表現》指をそろえややわん曲させた右手の指先を左胸、右胸の順に当てる。

《語源》大丈夫、と胸を張る、あるいは叩くしぐさから。

《同意》大丈夫・可能

《例文》手話ができる＝「手話」＋「～できる」。落ち着いて本が読める＝「落ち着く」＋「本」＋「読む」＋「～できる」。一人で大丈夫＝数詞「1」＋「～人」＋「大丈夫」。可能な限り努力する＝「～できる」＋「最高」＋「努力」。あなた運転大丈夫？＝「車a」＋「あなた」＋疑問の表情で「大丈夫」。

《参考》得意なのでよくできるという場合には「得意」の手話を使える。「手話」＋「得意」など。

ASL
握った両手を左右同時に下ろす。
CAN

でぐち【出口】

出る

口

《表現》①指をそろえややわん曲させて下に向けた左手のひらの下に、指をそろえた右手をくぐらせ前に出す⇒**「出る」の手話**、②右手人差し指の先で口を指し、円を描く⇒**「口」の手話**。

《語源》「出る」と「口」で。

デジタル【digital】

《表現》右手親指と4指でつくった丸を、立てた左手人差し指の横を通過させるように前に2回動かす。

《語源》左手の1と、右手の0とで0101のデジタルを表現。

《参考》右手親指と4指でつくった丸だけを示すと数詞の「0」になる。

てじな【手品】

《表現》人差し指と中指を立てた両手を上下に構え（上の手で下の2指を握る）、揺らしながら下ろしていく。

《語源》忍者が忍術を行うしぐさから。

《同形》忍者

《別形》軽く握った両手を左右に構える（左手をやや前に）。両手同時に左斜め前に出しながら、左手は開き右手は人差し指を伸ばし、左手のひらを指す。パッと何かを出したり消したりするようす。

《例文》手品師＝「手品」＋「男」あるいは「女」。ふしぎな手品＝「なぞa」＋「手品」。

てすうりょう【手数料】

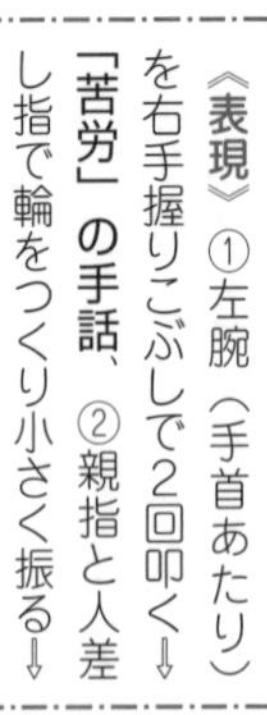

《表現》①左腕（手首あたり）を右手握りこぶしで2回叩く⇓「苦労」の手話、②親指と人差し指で輪をつくり小さく振る⇓「お金」「金」の手話。

《語源》「苦労」と「お金」で。

《例文》手数料はいくら？＝「手数料」＋「いくら?」。

でたらめ【出鱈目】

《表現》伸ばした右手人差し指と中指の先を口元に向け、指を上下に交互に動かしながら、前方に離していく。

《語源》2つも3つも口から軽々しく出てくるようす。

《同意》でたらめを言う

《応用》人差し指と中指の先を前に向け、指を上下に交互に動かしながら、前方に出していくと「二枚舌」の手話。

《例文》でたらめな男＝「でたらめ」＋「男」。でたらめを言ってごまかす＝「でたらめ」＋「騙す」。

てつづき【手続き】

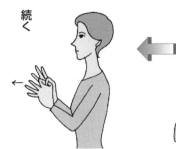

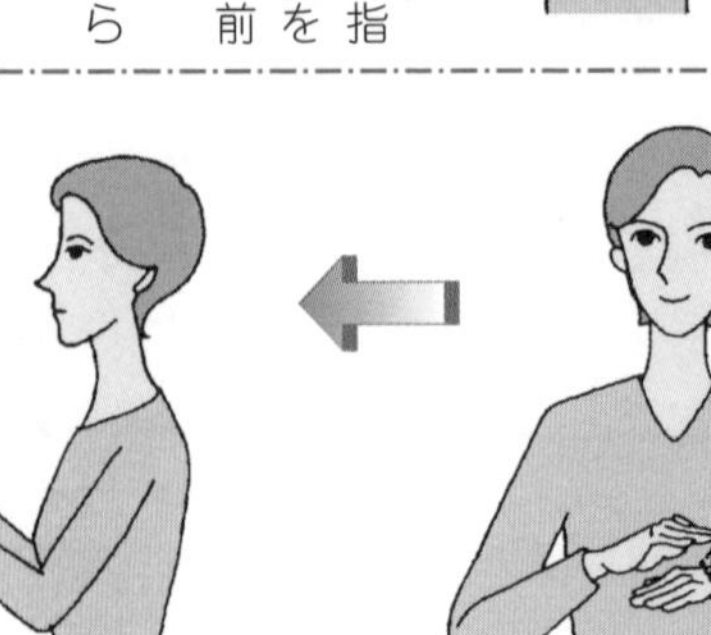

《表現》①左手の甲を軽く叩く⇓「手」の手話、②親指と人差し指でつくった両手の輪をつなぎ合わせ、前に出す⇓「続く」の手話。

《語源》「手」と「続く」で。

《例文》入学手続き＝「入る」＋「学校」＋「手続き」。

てつや【徹夜】

《表現》親指と人差し指で半円をつくった右手を、手のひらを下に向け指先を右に伸ばした左手の手前から前に向けて半周回し上げる。

《語源》右手2指でつくった半円は太陽を表し、伸ばした左手は地平を表し、太陽が沈んで昇るという表現。

《例文》徹夜で仕事＝「徹夜」＋「仕事」。昨晩は徹夜＝「昨日」＋「夜」＋「徹夜」。

テニス【tennis】

《表現》握った右手を右から左へ振り、左から右に振る。

《語源》テニスのラケットを振るしぐさ（フォア、バックの順）。

《応用》握った右手を正面に向けて振ると「バドミントン」に。ラケットの振り方を変えて種目を表現することができる。

《参考》手を振り上げるときの構えの高さは、特に決められていない。

てぶら【手ぶら】

《表現》腰のあたりで、指を開いて伸ばし指先を下に向けた両手を前後に振る。

《語源》手ぶらの表現。

《同形》持っていない

《例文》手ぶらで行く＝「手ぶら」＋「行く」。仕事がない＝「仕事」＋「手ぶら」。

デメリット【demerit】

《表現》前に向けた左手握りこぶしの小指側から、親指と人差し指の先をつけた右手の指先を開きながら前に出していく。

《語源》「メリット」の逆の手話。

《応用》前に向けた左手握りこぶしの小指側に、親指と人差し指を伸ばした右手を前から手前に引いて指先を閉じながらつけると「メリット」の手話。

《例文》デメリットが多い＝「デメリット」＋「多い」。

てら【寺】

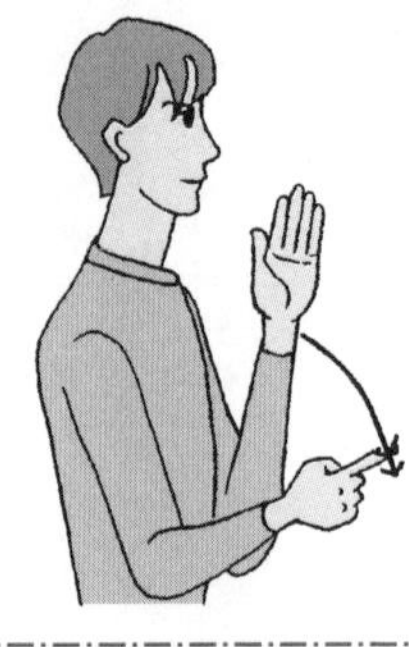

《表現》指をそろえて伸ばした左手の指先を斜め上に向けて構え、その横で右手人差し指を伸ばし斜め前下に2回ほど振る。

《語源》左手は拝むようすを、右手は僧が木魚を叩くようすを表す。

《同意》寺（人名）

《同形》仏教

《例文》寺山さん＝「寺」＋「山」＋「男」あるいは「女」。

テレビ【television】

《表現》指をやや開いて伸ばした両手を、同時に上下に動かす（手の甲前向き）。

《語源》テレビ画面上で映像が動くようす。

《例文》テレビを見続ける＝「テレビ」＋「見る」＋「続ける（続く）」。

でんき【電気】

《表現》右手5指の先をつけ頭の高さに掲げ、下に向けてパッと指を開く⇒**「明かり」の手話。**

《別形》右手親指の先に中指の爪を当てて頭の高さに掲げ（手の甲上向き、残りの3指は伸ばす）、中指で親指の先をはじくように数回動かす。

《例文》電力会社＝「電気」＋「力」＋「会社」。節電＝「電気」＋「節約」。

てんし【天使】

《表現》指をそろえて伸ばした両手を手首あたりで交差させて手首から羽ばたかせる。

《語源》天使の羽の表現。

《例文》天使のような人＝「天使」＋「同じ」＋「人」。

てんじ【点字】

《表現》左手のひらを、右手の指先でなぞる（指を小刻みに動かしながら）ように指先に向けて動かしていく。

《語源》点字を読むようす。

《例文》点字のあいうえお＝「点字」＋指文字「あ」＋「い」＋「う」＋「え」＋「お」。＋点字の絵本＝「点字」＋「絵」＋「本」。

でんしゃ【電車】

《表現》2指をカギ型に曲げた右手を、伸ばした左手2指の腹側に当て指に沿って2回ほど前に動かす。

《語源》左手2指は電線。曲げた右手の指はパンタグラフを表す。

《例文》8時の電車＝「電車」＋「時間a」＋数詞「8」。次の電車は熊本駅に停まる？＝「次」＋「電車」＋「熊本」＋「駅」＋疑問の表情で「停まる」。

でんしレンジ【電子レンジ】

《表現》4指を付け根から折った左手を左上に構え、その下で指をそろえて伸ばし手のひらを上に向けた右手を水平に回す。

《語源》左手は電子レンジの箱型を表し、右手でテーブルの回転を表す。

でんせんびょう【伝染病】

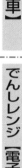

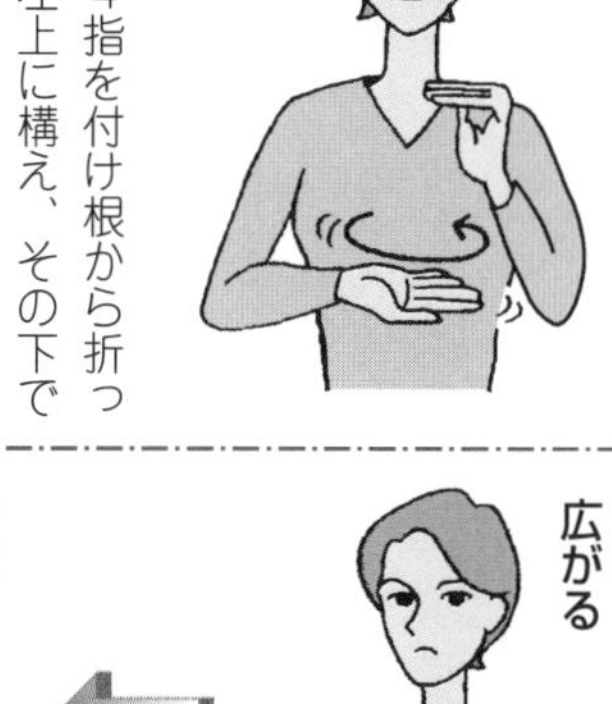

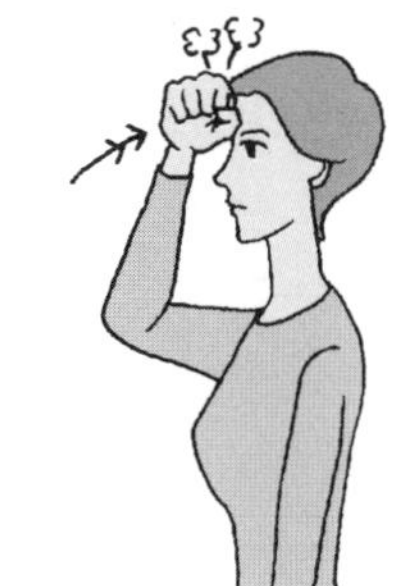

《表現》①指先をつけてすぼめた両手を、左右に広げながら開く⇒**「広がる」の手話**、②右手握りこぶしの親指側を額に当てる⇒**「病気」の手話**。

《語源》「広がる」と「病気」で。

《例文》法定伝染病＝「法律」＋「定（必ず）」＋「伝染病」。

てんてき【点滴】

《**表現**》握って甲を下に向け前に出した左腕を、斜め前から右手人差し指で刺す。
《**語源**》点滴を刺すようす。右手人差し指は針。
《**例文**》病院で点滴をうつ＝「病院」＋「点滴」。

てんのう【天皇】

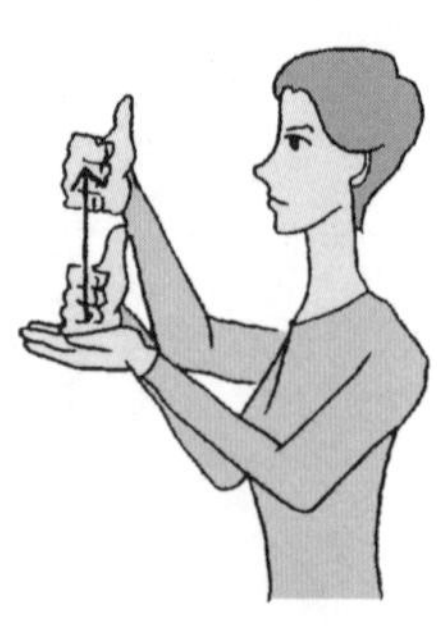

《**表現**》左手のひらに乗せた、親指を立てた右手⇒**「男」の手話**を真上にあげる。
《**語源**》手のひらに乗せるのは敬う表現。さらに右手を上げて天皇を示す。

てんぷら【天麩羅】

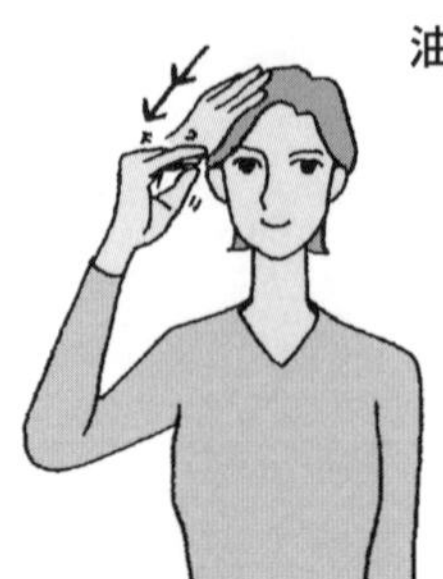

《**表現**》①伸ばした右手4指で髪の毛に2回ほど触れたあと、頭から離しながら親指と4指の先をこすり合わせる⇒**「油」の手話**、②人差し指と中指をそろえて前に伸ばした右手を回転させる。
《**語源**》②は食材を揚げるようすで、「油」と合わせて。
《**参考**》「てんぷら油」は①②の順を逆にする。

デンマーク【Denmark】

《**表現**》親指、人差し指、中指を伸ばした右手を左から右へ上下に揺らしながら動かす。
《**例文**》デンマークの福祉＝「デンマーク」＋「福祉」。

でんりょく【電力】

力

《**表現**》①右手5指の先をつけ頭の高さに掲げ、下に向けてパッと指を開く⇩**「電気」「明かり」の手話**、②握った左腕を曲げ上腕に、右手人差し指で力こぶを描く⇩**「力」の手話**。

《**語源**》「電気」と「力」で。

《**例文**》余った電力＝「残り」＋「電力」。

でんわ【電話】

《**表現**》親指と小指を立てた右手を耳に添える（親指が上向き）。

《**語源**》受話器を耳に当てるようす。

《**応用**》「電話」をやや弧を描きながら前に出すと「電話する」、前から耳元へ引き寄せると「電話がかかってくる」の手話になる。

《**例文**》電話番号＝「電話」＋「数」。電話料金＝「電話」＋「お金（金）」。

2指を立てる。
甲が前向き。

ドイツ【Germany】

《**表現**》人差し指を立てた右手を額に当て、少し上げる。

《**語源**》第2次大戦前の大統領ヒンデンブルクのかぶった鉄兜から。

《**例文**》ドイツの音楽家＝「ドイツ」＋「音楽」＋「男」あるいは「女」。ドイツ車＝「ドイツ」＋「車」。

トイレ【toilet】

《**表現**》中指、薬指、小指の3指を立てWをかたどりつつ、親指と人差し指でCをかたどる。

《**語源**》Water Closetから。

《**別形**》両手をこすり合わせ、手を洗うしぐさをする。お手洗いから。

《**例文**》トイレはどこですか＝「トイレ」＋「どこ?」。

とう【党】

《**表現**》人差し指と中指を立てた両手を、手のひらを手前に向けて前で並べ、水平に円を描きながら手前に動かし再び並べる(手のひら前向き)。

《**語源**》頭文字「と」で、グループを表す水平な円を描く。

《**応用**》指文字の「く」で行うと「クラス」「グループ」の手話になる。

《**例文**》革新政党＝「新しい」＋「変わる」＋「政治」＋「党」。労働党＝「仕事」＋「党」。

とうかいどう【東海道】

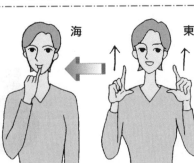

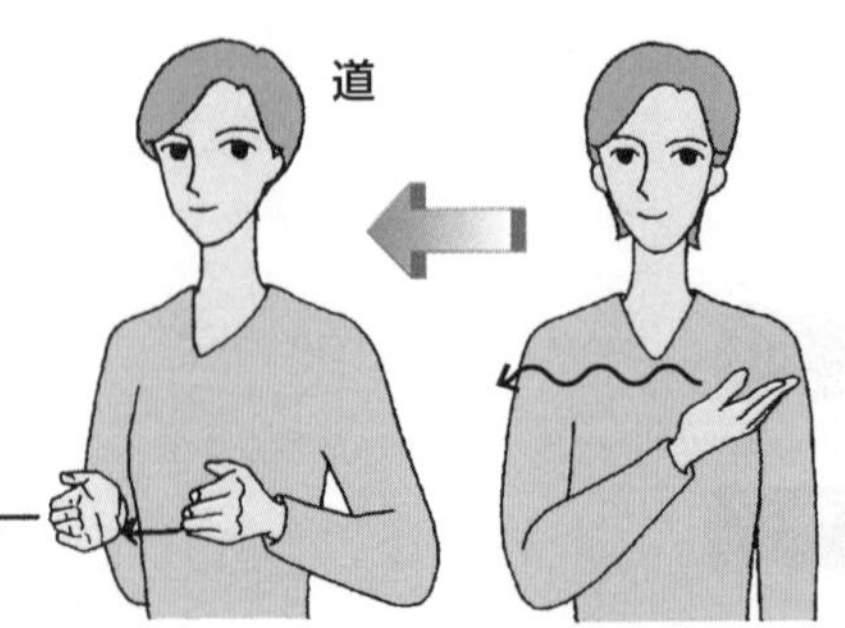

《**表現**》①親指を伸ばし、人差し指を立てた両手を身体の前に構えて1回上げる⇒「**東**」の手話、②右手小指の先を口元に当て、続けて、手のひらを上に向けて伸ばした右手を波打たせながら左から右へ水平に移動させる⇒「**海**」**の手話**、③指先を前に向け手のひらを向かい合わせた両手を左右に構え両手同時に前に出す⇒「**道**」「**道路**」**の手話**。

《**語源**》「東」と「海」と「道」で。

《**例文**》東海道新幹線＝「東海道」＋「新幹線」。

《**参考**》「東海道」は漢字の語順を並べる表現。このほか「東北」は「東」＋「北」、「中国(地方)」は「中」＋「国」で伝える。

とうきょう【東京】

《表現》親指を伸ばし、人差し指を立てた両手を身体の前に構え、2回上げる。

《語順》手の形は指文字「れ」と同じ。両手で「れ」をつくったこの形は太陽を表しており、太陽が昇ることから「東」であり、東京が東の都であることから、それを強調したもの。

《応用》同じ形で、1回上げれば「東」の手話になる。同じ形で、人差し指を下に向け下ろせば、1回で「西」、2回で「京都」の手話になる。

《例文》東京駅＝「東京」＋「駅」。

とうげ【峠】

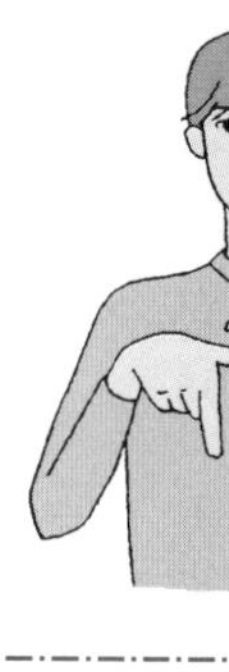

《表現》親指と人差し指を伸ばした両手を、人差し指の向きを上下逆に構える。

《語源》峠の上下を示したもの。

《例文》峠を越える＝「峠」＋「過ぎる（おせっかい）」。

とうさん【倒産】

《表現》人差し指と中指を立てた両手のひらを向かい合わせて左右に構え、そのまま両手同時に右へ倒す。

《語源》両手の2指を頭の横で交互に前後に振ると「会社」の手話で、これを変形し、2指の両手を倒したもの。

《別形》左右から斜めに立てた両手の指先を合わせ⇩**「家」の手話**、そのまま手をたたむように手のひらを合わせる。

《例文》連鎖倒産＝「倒産」＋「続く」＋「倒産」。倒産件数＝「倒産」＋「数」。

どうじに【同時に】

《表現》親指と人差し指の先をつけた両手を左右に構え、両手同時に下に弧を描きながら手首を返し人差し指の先を上に向けて立てる。

《語源》「起きる」の手話を、両手同時に行うことで表現。

《応用》片手で行うと「起きる」の手話になる。

《例文》同時多発テロ＝指文字「て」＋「ろ」＋「場所」を位置を変えながら3回ほど＋「同時に」。

とうぜん【当然】

《表現》親指と人差し指を開いて伸ばした両手の指先を前に向けて中央で構え、左右に水平に離していく動作⇓**「普通」の手話**を2回繰り返す。

《語源》「普通」を強調することで、当然であることを示す。

《同意》当たり前

《例文》当然の結果＝「当然」＋「結果」。知っていて当たり前＝「知る」＋「当たり前」。

どうそうかい【同窓会】

《表現》①親指と人差し指の先をつけた両手で冂を描く⇓**「同」「岡」「問題」の手話**、②両手の指先をつけ斜めに立てた形から、両手同時に左右斜め下に引く⇓**「会」の手話**。

《語源》「同じ」と「会」。

《別形》「同級生（幼なじみ）」＋「会」でもよい。

とうだい【灯台】

《表現》左手のひらに、指を開いてわん曲させた右手をひじから乗せ左右に振る。

《語源》灯台が海を照らすようすから。

《例文》灯台守＝「灯台」＋「守る」＋「男」。

《参考》右手は、5指の先をつけてすぼめ、パッと開きながら右へ振ってもよい。灯台の明りを表している。

とうふ【豆腐】

《表現》①手のひらを上に向けた左手（指先右向き）に、包丁に見立てて伸ばした右手の小指側を手首寄り、指先寄りと2回当て、②左手はそのまま、右手の指先を左に向け小指寄り、親指寄りと2回当てる。

《語源》豆腐を切るようす。

《別形》同じ手の形で、左手のひらに右手を十字に当てる。

《参考》この手話の前に「白」の手話を加えてもよい。

どうぶつ【動物】

《**表現**》親指、人差し指、中指を曲げた両手を前後に並べ、両手同時に前に出す。

《**語源**》曲げた3指は動物の爪を表す。動物が動くようす。

《**例文**》アフリカのさまざまな動物＝「アフリカ」＋「いろいろ」＋「動物」。

とうめん【当面】

《**表現**》甲を上に指先を右に向けた左手を身体の前で構え、人差し指をカギ型に曲げた右手の小指側を手前から左手の甲に当て、やや弧を描くように前に出す。

《**語源**》時間を置く表現。

《**同意**》当分・しばらくの間

《**例文**》当面の考え＝「当面」＋「考える」。しばらく休む＝「しばらくの間」＋「休み」。

とうもろこし【玉蜀黍】

《**表現**》とうもろこしを持つように軽く握った両手を口元左右で構え、両手同時に左右に動かす（両手同じ方向に）。

《**語源**》とうもろこしを食べるようす。

《**例文**》とうもろこし畑＝「とうもろこし」＋「畑（田舎）」。コーンサラダ＝「とうもろこし」＋「サラダ」。

どうろ【道路】

《**表現**》指先を前に向け手のひらを向かい合わせた両手を左右に構え、そのまま両手同時に前に出す。

《**語源**》道の幅を示し、道が続くことから手を前に出す。

《**同意**》道

《**応用**》曲がりくねった道路を表現する場合は、両手を平行にしたままくねらせる。

《**例文**》車道＝「車」＋「道路」。長く曲がりくねった道＝「長い」＋「道」をくねらせる。

とうろく【登録】

《表現》左手のひらに右手親指の腹を当て、指先に向けて滑らせる。

《語源》印鑑を押して名前を登録することから。指先に向けて滑らせるのは差し出す表現。

《同形》署名

《例文》住民登録＝「居る」＋「登録」。契約書に署名＝「契約」＋「紙」＋「署名」。

とおい【遠い】

《表現》親指と人差し指の先をつけた両手の指先をつけておなかの前で構え、右手を弧を描きながら前に動かす。

《語源》2指の先は地点や場所を表し、その2点が離れていくことで隔たりを表す。

《別形》親指と人差し指の先をつけた右手を右あごの横あたりで構え（手の甲右向き）、弧を描いて前に出しながら2指を開いていく。

《例文》遠いところ＝「遠い」＋「場所」。フランスは遠い＝「フランス」＋「遠い」。

《参考》同じ形で左右に離すと「長い」の手話になるので注意。

とおい（耳が～）【遠い】

《表現》親指と人差し指の先をつけた両手の指先を右の耳元でつけて構え、右手を右斜め前に弧を描きながら動かす。

《語源》「遠い」の手話を耳元で行ったもの。

とおまわし【遠回し】

《表現》立てた左手人差し指を、指先を前に向けた右手人差し指で、遠巻きに右に大きく旋回させながら指す。

《語源》ストレート（まっすぐ）に指すのではなく遠回しに旋回させて指すことで表現。

《応用》右に旋回せずに、まっすぐ左手人差し指をさせば「直接」の手話になる。

《例文》遠回しに言う＝「遠回し」＋「言う」。

とおりま【通り魔】

《表現》前方で立てた左手人差し指に、立てた右手人差し指を手前から近づけていき、近づいたところで握って刺すように手を左手に向けて動かす。

《語源》左右の人差し指はそれぞれ通る人を示し、後から来た者が刺すようす。

《例文》通り魔に注意＝「通り魔」＋「気をつける」。

ときどき【時々】

《表現》右手人差し指で、左から右へ、2～3回跳ねるように弧を描いていく。

《語源》弧を描くことで、時間の間隔があいて、時々であることを表す。

《別形》指を開いて伸ばし、手のひらを手前に向けて立てた左手の上で、同じ動作を行う。

《例文》曇りときどき雨＝「曇り」＋「ときどき」＋「雨」。ときどき酒を飲む＝「ときどき」＋「酒」。

《参考》弧の描き方や回数（大きく、あるいは小刻みになど）を変えることで、どれくらい時々なのかの頻度を表すこともできる。

とくい【得意】

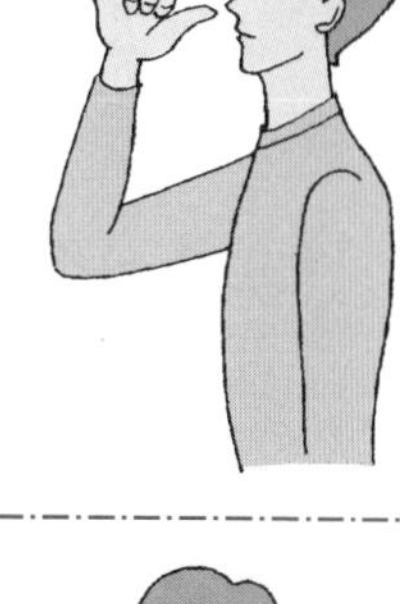

《表現》親指と小指を立てた右手の、親指の先を鼻先に当て、そのまま斜め前上にあげる。

《語源》自分を誇ることで鼻が高くなっているようす。加えて親指と小指は人々を表し、鼻にもかけないことを表す。

《同意》相手に呼びかけながら行うと「(相手が)すごいね!」。

《例文》私は泳ぎが得意＝「私」＋「泳ぐ」＋「得意」。あなたは泳ぐのがすごい上手いね＝「あなた」＋「泳ぐ」＋相手に呼びかけ「得意」。

《参考》自分が得意である場合だけでなく、相手が得意なことをほめる場合にも使う。

とくぎ【特技】

《表現》手を握って甲を上に向けた左腕に、伸ばした右手を当てる。

《語源》腕を示して表現。

《同形》腕・ベテラン・玄人

《別形》「得意」＋「技」でもよい。

《例文》私の特技は手話＝「私」＋「特技」＋「手話」。

とくしま【徳島】

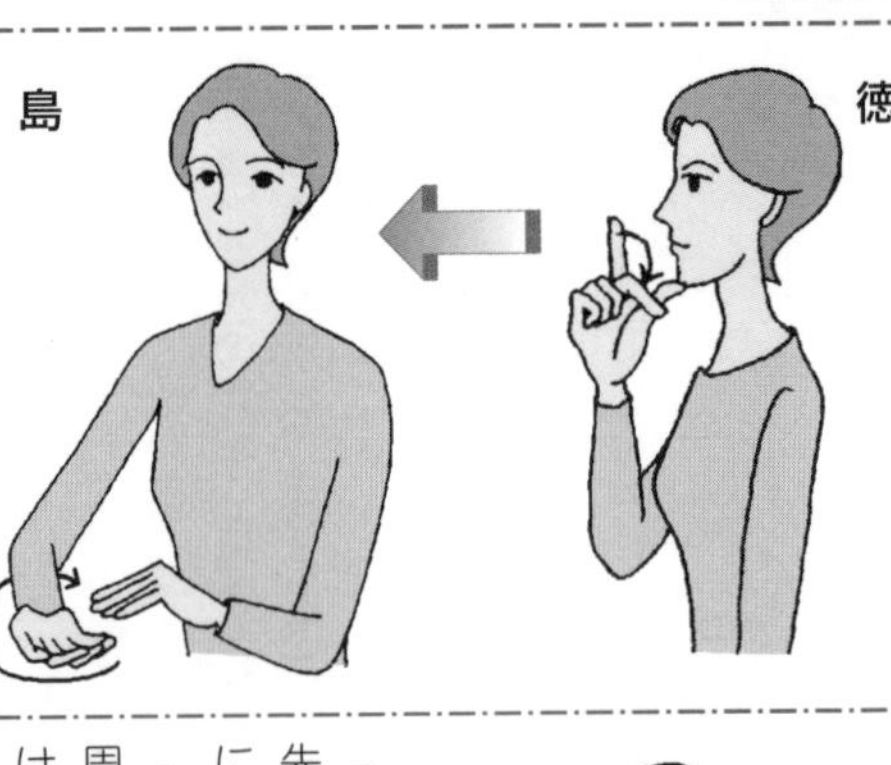

《**表現**》①伸ばした親指の先をあごに当て、立てた人差し指を倒す⇓**「徳」の手話**、②ややわん曲させて甲を上に向けた左手に沿って、ややわん曲させ手のひらを上に向けた右手を、左斜め前から手前へと回す⇓**「島」の手話**。

《**語源**》「徳」と「島」で。①は江戸幕府の徳川将軍代々のひげから「徳」を伝える。

どくしん【独身】

《**表現**》立てた左手親指を、指先を下に向けた右手で囲むように回す（外側から内側へ）。

《**語源**》立てた親指は人、その周囲にだれもいないこと、または周囲から閉ざされていることを表す。

《**同形**》孤独・囲む

《**応用**》左手小指を立てる「女」の手話で行うことで「独身女性」を伝えることもできる。

《**例文**》独身主義＝「独身」＋「主義」。

とくに【特に】

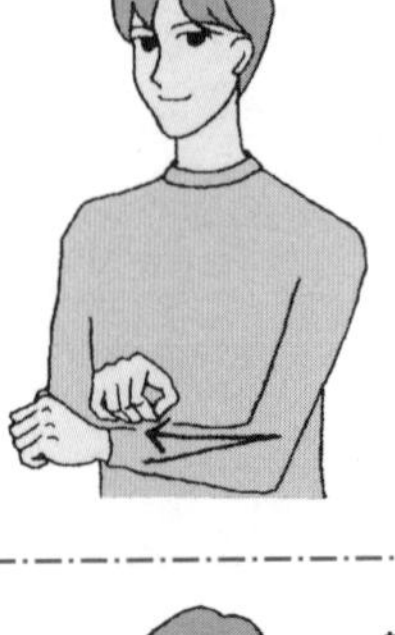

《**表現**》親指と人差し指の先をつけた右手を、手を握った左手首あたりから、腕に沿ってひじあたりまで上げ、上げたところから手首まで戻し、全体でVの文字を描く。

《**語源**》特別将校の軍服には袖口にV字型の印がついていたことから。

《**同形**》特上・特別・ことさら

《**例文**》特別製＝「特別」＋「〜製（作る）」。なかでも特に好き＝「特に」＋「好き」。

《**参考**》「特徴」の手話は、「特に」のあとに「性質」あるいは「癖」の手話を行う。

とこや【床屋】

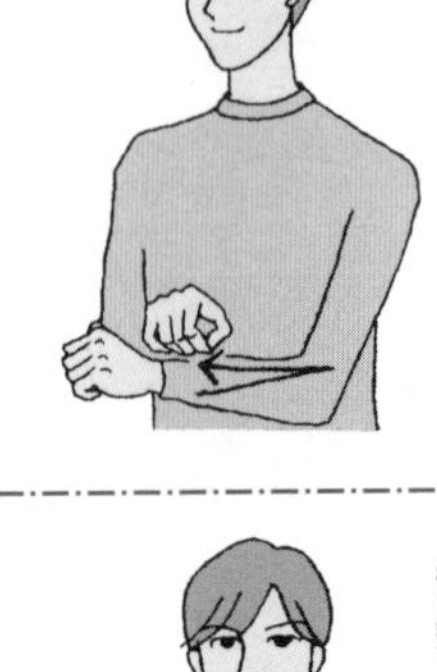

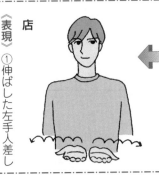

《**表現**》①伸ばした左手人差し指と中指の甲側を、右手人差し指と中指で2回ほどさする⇓**「散髪」の手話**、②手のひらを上に向けた両手を身体の中央から小さく弧を描きながら左右に離していく⇓**「店」の手話**。

《**語源**》①「散髪」はハサミを研ぐさま。「散髪」と「店」で。

とざん【登山】

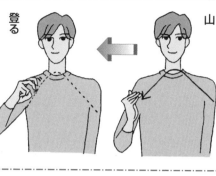

《**表現**》①手のひらを下に向けややわん曲させた右手を、山型に左から右へ動かす⇓「**山**」**の手話**、②人差し指と中指の先を下に向け、指を交互に動かしながら斜めに上げていく⇓「**登る**」**の手話**。

《**語源**》「山」と「登る」で。②は「歩く」の手話の応用。

《**例文**》冬山登山＝「冬」＋「登山」。

どじょう【泥鰌】

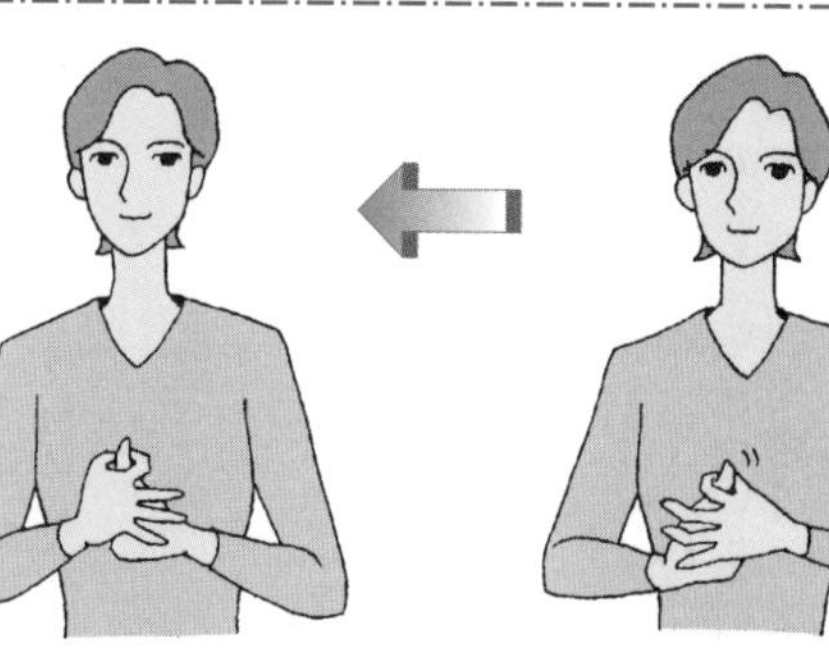

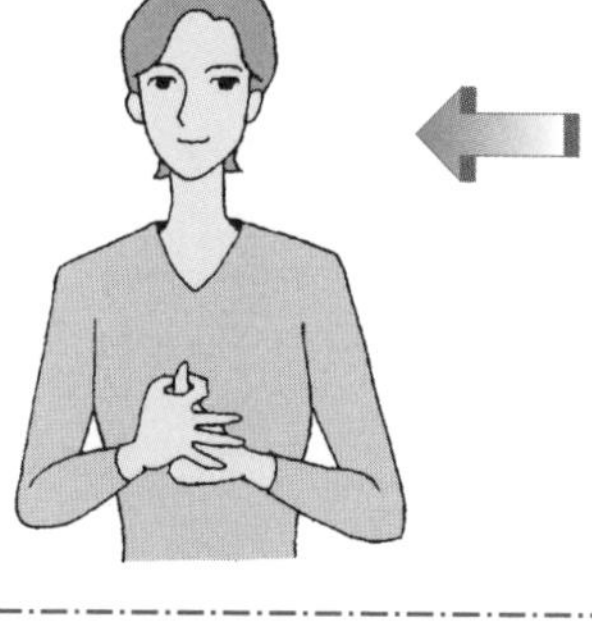

《**表現**》①左手親指と人差し指で、右手親指をつかみ、②手を替えて同じ動作を行う。

《**語源**》どじょうが頭を出すようす。

《**別形**》左手親指と4指でつくった半円（上から見て半円）の内側から、立てた右手親指の先を数回出す。

としょかん【図書館】

《**表現**》①手のひらを合わせた両手を左右に開く⇓「**本**」**の手話**、②指先を前に向けた両手で、四角いビルの形を描く⇓「**建物**」**の手話**。

《**語源**》「本」と「建物」で。

《**例文**》図書館で調べる＝「図書館」＋「調べる」。

としより【年寄り】

《**表現**》親指を曲げた右手を小さく上下に動かしながら、親指を小さく曲げ伸ばしする。

《**語源**》指を曲げるのは腰が曲がった老人を伝えるもの。

《**同意**》老人

《**別形**》「年齢」の手話のあとに、指を開きわん曲させた両手を胸の前で上下に構え（手のひらを向かい合わせる）、両手を上下に離していく。

《**例文**》老人ホーム＝「老人」＋「長屋（工場）」。敬老＝「老人」＋「敬う」。翁長さん＝「年寄り」＋「長い」。

《**参考**》この手話のあとに小指を曲げた右手を小さく上下に動かすことで、男女の老人を伝える場合がある。

とちぎ【栃木】

《表現》指を開いて手のひらを下に向けた左手の指に沿って、右手人差し指で小指側からなぞる。

《語源》栃木の栃の木の葉を描いたもの。

どちら

《表現》立てた両手の人差し指を左右に構え、交互に上下に動かす。

《語源》2つを並べて問いかける表現。

《参考》疑問の表情で問いかけることで「どちら?」の疑問詞になる。

ASL

両手親指を立てて左右に構え、交互に上下に動かす。

WHICH

とつぜん【突然】

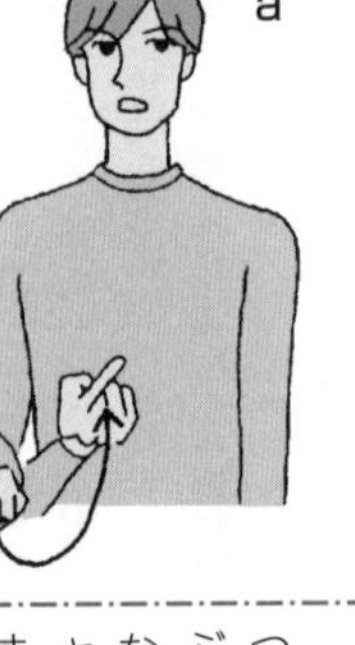

《表現》右手人差し指の先を前に向けて伸ばし、手首を返しながら勢いよく上げる（人差し指の腹が上向きになる）。

《語源》突然起こるようすを手首を返す動きと人差し指で表現したもの。

《同意》いきなり・急に

《同形》起きる・起こる

《別形》両手親指と人差し指でつくった輪を胸の前で左右からぶつけると同時に、全指を開きながら勢いよく左右に離す。シャボン玉が突然はじけるようす。

《例文》突然の地震＝「突然」＋「地震」。

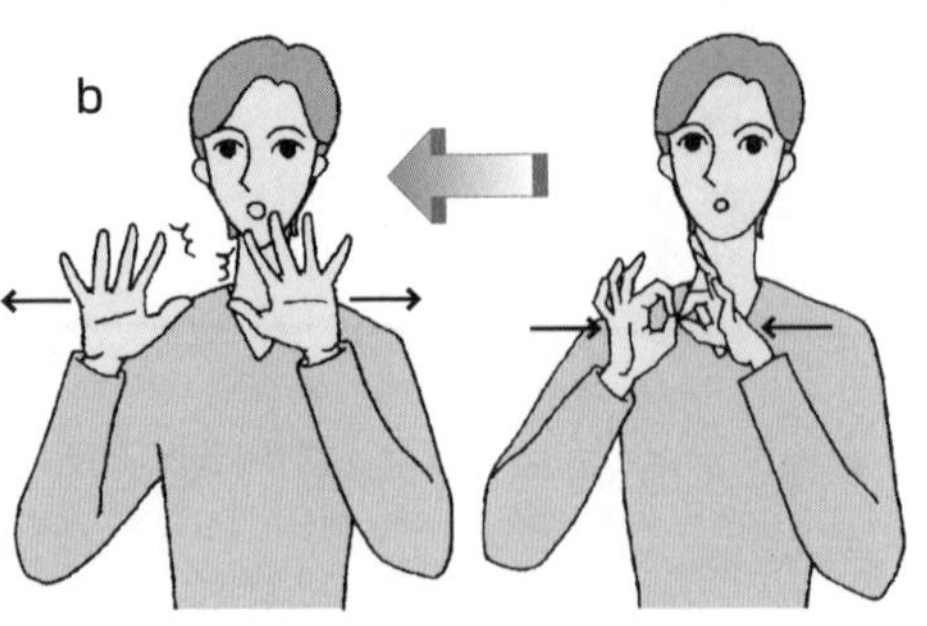

とっとり【鳥取】

鳥

取る

《**表現**》①口の前で右手親指と人差し指を前に向け、2回ほど指先をつける⇓**「鳥」の手話**、②手のひらを下に向け開いた右手を手前に引きながら握る⇓**「取る」の手話**。

《**語源**》「鳥」と「取る」で。①は鳥のくちばしを表し、②はつかみ取る表現。

とても

《**表現**》親指と人差し指の先をつけた右手を左に構え、親指を人差し指に沿って付け根に向けて動かしながら、右へ弧を描いて動かし2指を伸ばす。

《**語源**》2指の先をはじくと「少し」の手話だが（**「少し」参照**）、人差し指の端から端までを親指で示すことで、少しではないことを表現。さらに手全体を左から右へ動かすことで、間隙の大きさを表し「とても」の意味になる。

《**同意**》かなり

《**例文**》とっても元気＝「とても」＋「元気」。

《**参考**》最初から2指を伸ばしたまま行う場合もある。

となり【隣】

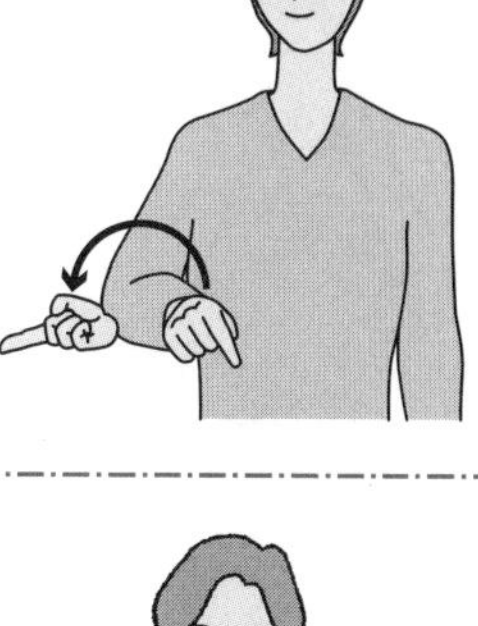

《**表現**》人差し指を伸ばした右手を指先を前に甲を上に向けて構え、手首を返し弧を描くように右へ動かす。

《**語源**》すぐ横（隣）を表す。

《**例文**》隣の家＝「隣」＋「家」。隣の男性は誰ですか？＝「あなた」＋「隣」＋「男」＋「誰？」。

トマト【tomato】

《**表現**》人差し指と中指を立てた右手⇓**指文字「と」**を胸の前で1回まわす。

《**語源**》頭文字「と」で丸いトマトの形を表現したもの。

《**例文**》赤いトマト＝「赤」＋「トマト」。

とまる【停まる】

《表現》左手のひらに、5指を伸ばして立てた右手（指先前向き）を手前から軽く乗せて止める。

《語源》進むものが停止する表現。

《同意》車が停まる・電車が停まる

《別形》左手のひらに、右手の「車b」を乗せて止める。

《参考》停止を意味する手話は停止するものによって変わる。「心臓が止まる」なら「心臓」の手話の動きを止める、など。なお、左手のひらに右手を、真上から当てると「止める」の手話になるので注意。

ともだち【友達】

《表現》胸元で両手を力強く組み合わせる。

《語源》手をつなぎ合うことから友、友情を表現したもの。

《同形》友・仲良し・友情

《応用》組み合わせた両手を左右に小さく振ると強調した意味で「親しい」「親友」の手話になる。また、組み合わせた両手を水平に回す（グループを表す）と「（親しい）仲間」の手話になる。

《例文》大切な友達＝「大切」＋「友達」。女友達＝「友達」＋「女」。メル友＝「メールする」＋「メールをもらう」＋「友達」。

《参考》この手話のあとに「人々」の手話を続ける場合もある。

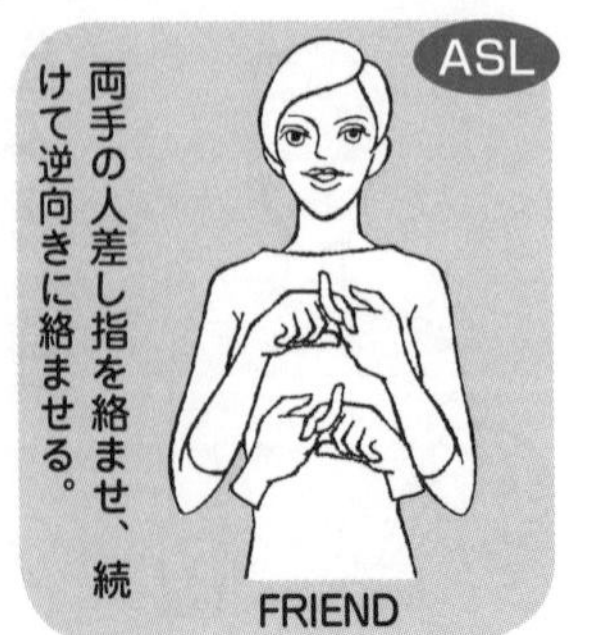

両手の人差し指を絡ませ、続けて逆向きに絡ませる。

ともばたらき【共働き】

《表現》①親指を立てた左手⇓**「男」の手話**と小指を立てた右手⇓**「女」の手話**を、同時に前後に動かす（やや斜め前に向けて行う）。

《語源》「男」と「女」で同時に「通う」を表現し、男女がともに働いていることを表す。

とやま【富山】

《**表現**》人差し指と中指を立てた右手⇒**指文字「と」**を、山型に左から右へ動かす。

《**語源**》頭文字「と」で山を描いて表現。

どようび【土曜日】

《**表現**》5指の先をこすり合わせる。

《**語源**》手にした土・砂を払うしぐさ。

《**同形**》土・砂

《**例文**》土曜日の夜＝「土曜日」＋「夜」。

ASL
指文字「S」を甲を前に向けてまわす。
SATURDAY

とら【虎】

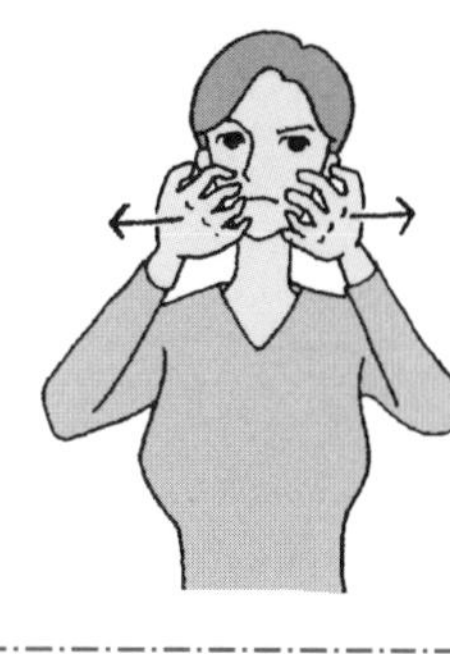

《**表現**》5指を開いて曲げた両手を、口の両端から左右に引く。

《**語源**》虎のひげを表現。

《**例文**》虎は強い＝「虎」＋「強い」。寅年生まれ＝「年」＋「虎」＋「産まれる」。

トライアスロン【triathlon】

《**表現**》左手親指と人差し指で三角形の左半分をつくって構え、その内側に沿って、人差し指と中指を立てた右手⇒**指文字「と」**で三角形を描く。

《**語源**》頭文字「と」と3競技を示すことで表現。

《**例文**》トライアスロンは遠泳とサイクリングとマラソンの競技＝「トライアスロン」＋「遠い」＋「泳ぐ」＋「自転車」＋「マラソン」＋「競争」。

ドライブ【drive】

《表現》握った両手を左右に構え、ハンドルを操作するように軽く動かす。
《語源》ハンドル操作から。
《同形》車
《別形》親指と4指でコの字型をつくり前に出すb。
《参考》この手話のあとに「遊ぶ」をつけてもよい。

トラック【track】

《表現》①荷物を持つように構えた両手を肩に上げる⇒**「担ぐ」の手話**、②握った両手を左右に構え、ハンドル操作するように軽く動かす⇒**「車」の手話**。
《語源》荷物を表す「担ぐ」と「車」で。
《参考》①は人差し指をカギ型に曲げた両手で行ってもよい。

トランプ【trump】

《表現》左手のひらに向け、トランプを切るように数回右手を動かす。
《語源》トランプを切るようす。
《例文》トランプゲーム＝「トランプ」＋「ゲーム（遊ぶ）」。
《参考》トランプを切る手つきは人さまざまなため、特に手の形にこだわらなくてよい。

とり【鳥】

《表現》口の前で右手親指と人差し指を前に向け、2回ほど指先をつける。
《語源》鳥のくちばしから。
《応用》親指と4指で行うと、平らなくちばしを表し「鴨」の手話になる。また、おなかの前あたりから、右手親指と人差し指の先をつけたり離したりしながらまっすぐ上げていくと、空を駆け昇る表現で「ひばり」の手話。
《例文》鳥取＝「鳥」＋「取る」。

どりょく【努力】

《表現》手前に向けた左手のひらに右手人差し指の先を当て、指先を当てたままねじ込むように右手を小さく動かす。同時に、右手で左手を押すように前へ動かす。

《語源》左手のひらが壁を表し、右手で切り拓くようすを表現したもの。

《同意》努める

《例文》手話を覚える努力＝「手話」＋「覚える」＋「努力」。努力の結果＝「努力」＋「結果」。

とる【取る】

《表現》手のひらを下に向け開いた右手を手前に引きながら握る。

《語源》つかみ取る表現。

《同意》得る

《例文》鳥取＝「鳥」＋「取る」。

どれ

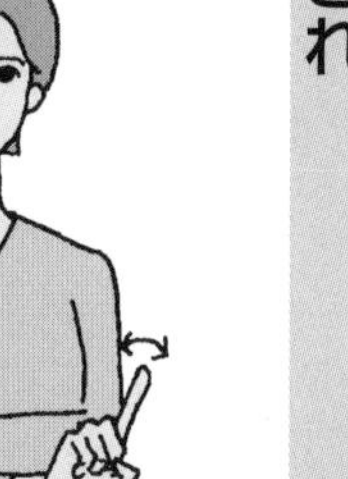

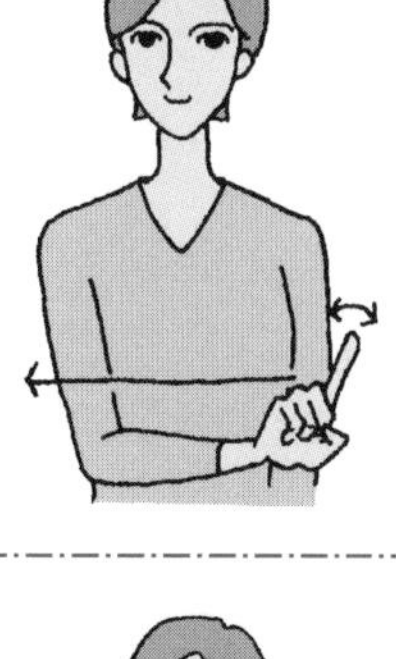

《表現》立てた右手人差し指を左右に振りながら、左から右へ動かす。

《語源》「何」の手話を、左右の空間を使い、これ、それとも、あれ、を表現。

《応用》右肩の前あたりで、立てた右手人差し指を左右に振ると「何？」の手話。

《例文》どれにする?＝「選ぶ」＋疑問の表情で「どれ」。どの服＝「服」＋「どれ」。

どんぶりもの【丼物】

《表現》手の甲を上に向けた左手人差し指と中指の背に、右手人差し指と中指を乗せる（指の腹側から）。

《語源》丼の井の字から。

《例文》親子丼＝「鶏」＋「卵」＋「丼物」。牛丼＝「牛」＋「丼物」。鰻丼＝「鰻」＋「丼物」。

《参考》両手を指の腹側で合わせて手を立て、相手に井の文字を見せると「井」の手話になるので注意。

とんぼ【蜻蛉】

《**表現**》人差し指と中指を伸ばした両手を手首あたりで交差し、伸ばした両手の2指を細かく上下に振る。
《**語源**》両手の2指でトンボの羽を表現したもの。
《**例文**》赤トンボ=「赤」+「トンボ」。銀ヤンマ=「銀」+「トンボ」。

な

な

2指をやや離して伸ばし下に向ける。

nの形。

～ない

《表現》両手のひらを前に向けて肩の前あたりに構え、同時に手を返して甲を前に向ける。

《語源》手のひらを返し否定する表現。

《別形》片手で行う。

《例文》来ない＝「来る」＋「～ない」。

《参考》「手元にない」は、腰のあたりで両手を前後に振る「手ぶら」で表す。また、否定の場合の「ない」は、手を返すことがポイント。会話の流れで片手で行う場合も多い。

ない【無い】

《表現》指を伸ばした右手を左右に振る。

《語源》無いの表現。

《別形》両手のひらを前に向けて肩の前あたりに構え、手を返して甲を前に向ける。

《応用》「家」の手話と組み合わせて「留守」に（**「留守番」**参照）。

《参考》否定の「～ない」ではなく、持ち物などの具体的なものがないことを伝える場合に多く使う。

ないか【内科】

内側

か

《表現》①指先を右に手のひらを手前に向けて構えた左手の内側に、右手人差し指を上から入れる⇒**「内側」の手話**、②親指、人差し指、中指を伸ばす⇒**指文字「か」**。

《語源》「内側」と「か」で。

ないかくふ【内閣府】

《表現》①左手を首に当てたあと親指を立てて前に出す⇩**左手で行った「首相」の手話**、②①で前に出した左手の後ろで、指を開いて立てた右手を左から右へ動かす⇩**①と合わせて「閣僚」の手話**、③左手は残したまま、親指と人差し指を伸ばした右手を下に向ける⇩**指文字「ふ」**。

《語源》①は首と男で「首相」を表現、②は親指の首相の後ろに並ぶ多くの閣僚を5指を動かすことで表現したもの。③は①と②に府を示す指文字「ふ」を加えたもの。

《参考》①~③を連続して行うために「首相」の手話はあえて左手で行う。また、「首相」のみを表現する場合は前に出した手をそのまま上げる（**「総理大臣」**参照）。①と②で表す「閣僚」は、総理大臣を含めた手話（**「閣僚」**参照）。

ないしょ【内緒】

《表現》指をそろえて伸ばした両手の小指側をつけて口を隠す。

《語源》口を隠すことから。

《例文》内緒話＝「内緒」＋「言う」あるいは「会話」。内緒事＝「内緒」＋「事」。

《応用》顔全体を隠すと「隠れる」の手話になるので注意。

ナイフ【knife】

《表現》伸ばした左手人差し指を、右手人差し指で2回ほど前方にこする。

《語源》鉛筆を削るようす。

《同意》削る

《別形》伸ばした左手人差し指を、伸ばした右手人差し指と中指（中指の側面）で2回ほど前方にこする。

《例文》鋭いナイフ＝「鋭い」＋「ナイフ」。ナイフで人を刺す＝「ナイフ」＋ナイフの右手で左手の「男」を突く。

ないよう【内容】

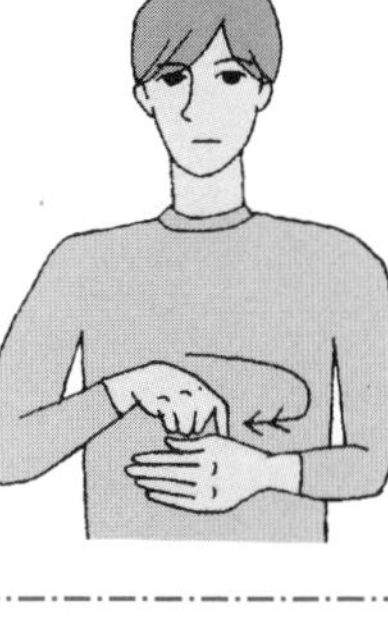

《**表現**》指先を右に手のひらを手前に向けて構えた左手の内側に、右手人差し指を入れ2〜3回まわす。
《**語源**》中を指し示すもの。
《**応用**》右手を回さずに、左手の内側に右手人差し指を上から入れるだけなら「内側」の手話。
《**例文**》話の内容＝「説明」＋「内容」。

ながい【長い】

《**表現**》親指と人差し指の先をつけた両手を胸の前で構え、両手同時に左右に離す。

《**語源**》2点を離すことで、長さを表す。

《**応用**》逆の動作、親指と人差し指の先をつけた両手を、左右から中央に寄せると「短い」の手話になる。

《**例文**》長い道＝「長い」＋「道（道路）」。長い歴史＝「長い」＋「歴史」。

《**参考**》距離が「長い」、時間が「長い」、ともに使う。「長い」は左右に離すこと。右手を前に出すと「遠い」の手話になるので注意。

ながさき【長崎】

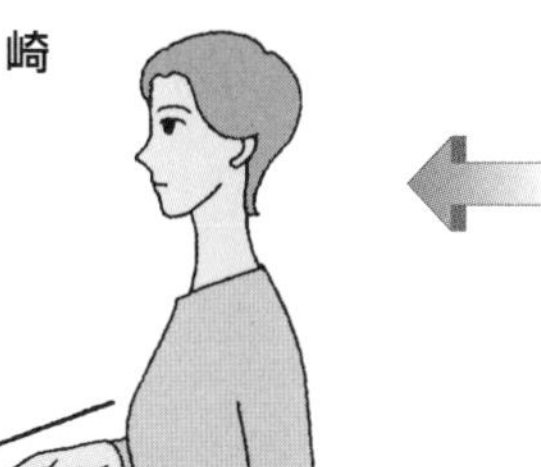

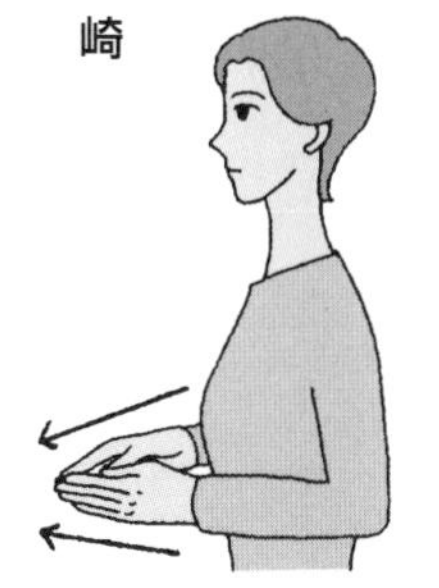

《**表現**》①親指と人差し指の先をつけた両手を同時に左右に離す⇒**「長い」の手話**、②指を伸ばした両手を左右から前に動かし、中央で両手の指先をつける⇒**「崎」の手話**。
《**語源**》「長い」と「崎」で。
《**同形**》「崎」は「岬」に同じ。

なかなか

《**表現**》指を伸ばした右手を、手首をひねるように揺らしながら上げていく。なかなかできない、という表情で。

《**語源**》なかなか上がれないよう。

《**同意**》なかなか〜ない
《**例文**》なかなか解決できない＝「解決（処理）」＋「なかなか〜ない」。

《**参考**》なかなかできない、など否定的に使う。なかなかよい、では使わない。

ながの【長野】

《表現》①親指と人差し指の先をつけた両手を胸の前で構え、両手同時に左右に離す⇒**「長い」の手話**、②右手人差し指でノを空書する⇒**指文字「の」**。
《語源》「長い」と「の」で。

なく【泣く】

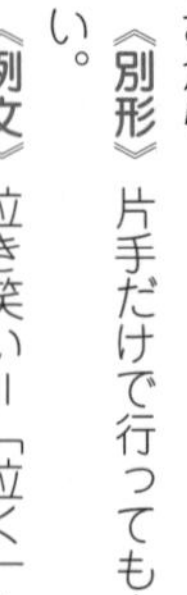

《表現》4指を付け根から折った両手を、両目の下で水平に左右へ動かす。泣いているような表情で。

《語源》泣いて目をこするしぐさから。

《別形》片手だけで行ってもよい。

《例文》泣き笑い＝「泣く」＋「笑う」。泣き言を言う＝「泣く」＋「言う」。

《参考》「悲しい」は別の手話あり。

なこうど【仲人】

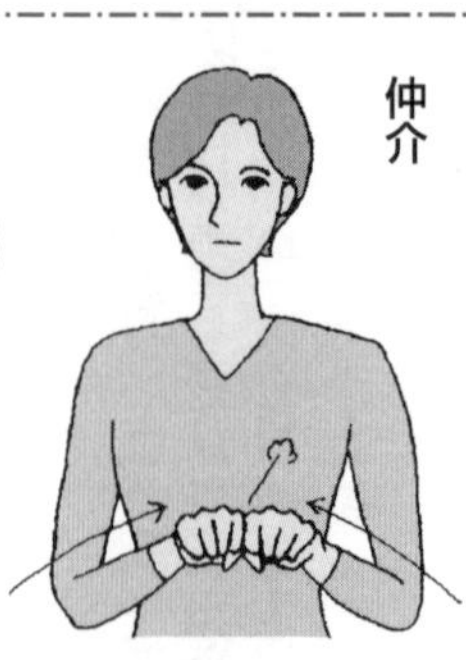

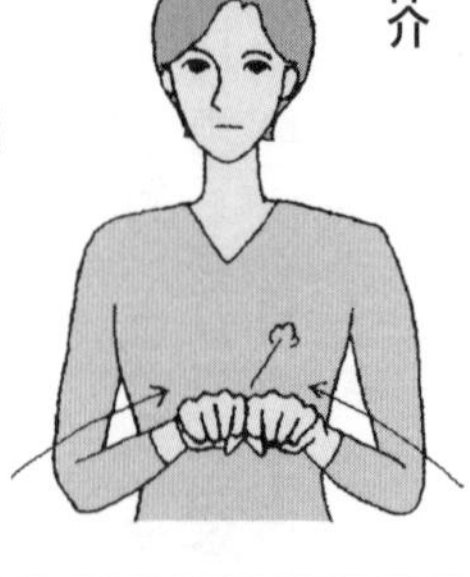

《表現》①両手握りこぶしを左右から中央上へ寄せ、親指側をつける⇒**「仲介」の手話**、②わん曲させた右手の指先を右肩に乗せる⇒**「責任」の手話**。
《語源》「仲介」と「責任」で。
《同意》媒酌人

なごや【名古屋】

《表現》カギ型に曲げた両手の人差し指を左右から向かい合わせる。
《語源》お城のしゃちほこを表した「城」の手話。
《同形》城
《例文》名古屋の喫茶店＝「名古屋」＋「喫茶店」。

なぜ【何故】

《表現》下に向けた左手のひらの下を、右手人差し指で示しながら、もぐり込ませる⇒**「意味」の手話**。疑問の表情で。

《語源》「意味」を表情で問いかけるもの。

《参考》このあとに「何?」の手話を加えてもよい。

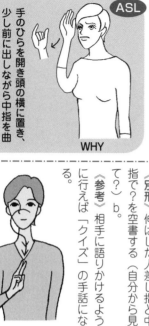

ASL

手のひらを開き頭の横に置き、少し前に出しながら中指を曲げる。

WHY

なぞ【謎】

a

《表現》カギ型に曲げた右手人差し指を、頭の上で、左から右へ3回ほどに分けて動かしていく。

《語源》カギ型の人差し指は?マークを表し、頭の上に???が浮かぶ表現。

《同意》分からない

《別形》伸ばした人差し指と中指で?を空書する（自分から見て?）b。

《参考》相手に語りかけるように行えば「クイズ」の手話になる。

b

なつ【夏】

《表現》うちわを持った形の手で手首を軸に振り、扇ぐ。暑そうな表情で。

《語源》夏にはうちわで扇ぐことから。

《同形》南・暑い・うちわ・扇ぐ

《別形》「季節」の手話に続けて左手中指を右手でつまみ、2番目の季節として伝えることもある。

《例文》今年の夏＝「年」＋「今日」＋「夏」。今度の夏休み＝小さく「今度（将来）」＋「夏」＋「休み」。明日は暑い＝「明日」＋「暑い」。暑い夏＝「汗」＋「夏」。南の島＝「南」＋「島」。

《参考》「夏」「暑い」を使い分けるには、それぞれ「なつ」「あつい」と口形で伝える。また、「暑い夏」は「暑い」＋「夏」と同じ手話が続くことは避け、例文のように違う単語で表現する。

ASL

1の形にした人差し指をまゆ部分に置き、右にずらしながら指を曲げる。

SUMMER

なつかしい【懐かしい】

《**表現**》右手を軽く開き、頭の横からやや後方へ指を揺らしながら動かしていく。懐かしそうな表情で。

《**語源**》指を揺らすのは思いを巡らす表現。やや後ろへ動かすのは過去を示すため。

《**同形**》思い出
《**応用**》表情を変え、手を斜め前上に出すと「望み」「希望」の手話。

《**例文**》懐かしい景色＝「懐かしい」＋「景色」。

《**参考**》手を動かす方向は横でもよい。この動作の前に「思う」の手話をつける場合もある。

なに？【何？】

《**表現**》立てた右手人差し指を左右に2～3回振る。

《**語源**》まだ、どれか決められないという意味で指を振る。

《**例文**》それ何？＝それを指し＋「何？」。どこ行くの？＝「行く」＋「どこ？」。どうして？（どういう方法で）＝「方法」＋「何？」。何してるの？＝「～する」＋「何？」。何ですか？＝「何？」＋「～ですか（尋ねる）」。

《**応用**》人差し指を左右に振りながら左から右へ動かすと「どれ」の手話になる。

《**参考**》表情や口形を変えることで、「どうする？」「何かあったの？」などの意味に使える。

～なので

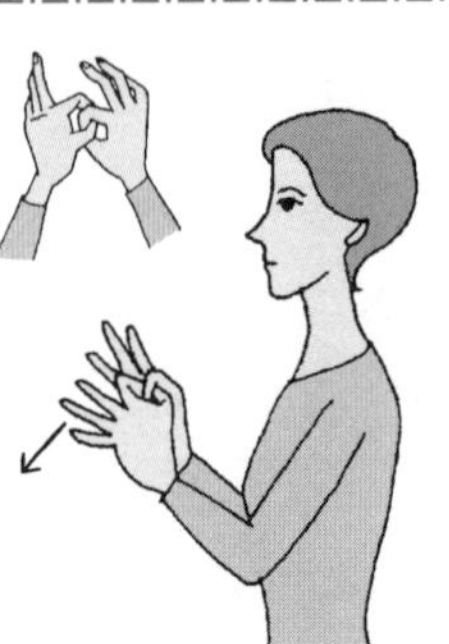

《**表現**》親指と人差し指でつくった両手の輪をつなぎ合わせ、斜め前下に出す。

《**語源**》「関係」の手話をおじぎさせたもの。

《**同意**》～だから・～ゆえに・～によって・～ですから・～のために
《**応用**》つないだ輪を左右、あるいは前後に振れば「関係」の手話。前に出せば「続く」の手話。

《**例文**》雨のため中止＝「雨」＋「～なので」＋「中（中級）」＋「止める」。

なは【那覇】

《**表現**》親指と4指で半円をつくって立てた左手の内側から、右手親指を上げていく。
《**語源**》左手は島を表し、右手は「沖縄」の手話を変形して、沖縄王朝の国王を表す。

なまえ【名前】

《表現》前に向けた左手のひらに、右手親指を当てる。

《語源》親指を当てるのは拇印を表し、個人によって違う指紋と名前をかけたもの。

《別形》関西では、右手親指と人差し指で輪をつくり、左胸に当てるb。胸の名札を表したもので、「委員」の手話と同形。

《例文》あなたの名前は何ですか？＝「あなた」＋「名前」＋「何？」。私の名前は崎長といいます＝「私」＋「名前」＋「崎」＋「長い」。

ASL

人差し指と中指を伸ばした両手を2回トントンとする。

NAME

なみだ【涙】

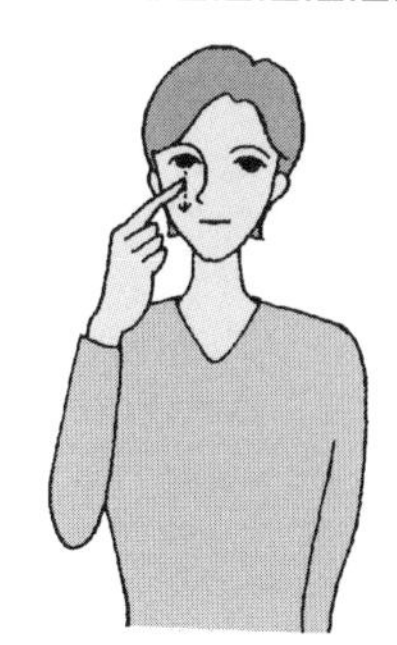

《表現》右手人差し指の先を目元からほほへまっすぐなで下ろす。

《語源》流れる涙を示す。

《同形》悲しい

《別形》親指と人差し指の先をつけて涙の形をつくり、目元からほほへ下ろす。または、人差し指の先で、目の下を点、点と小刻みに指し、涙を示す。

《参考》「泣く」は別の手話あり。

なめらか【滑らか】

《表現》右手4指の腹でほほに触れ、前に出しながら親指と人差し指の先をこすり合わせる。

《語源》ひげ剃りあとに肌がなめらかになる表現に加え、なめらかさを強調するように指をこすり合わせる。

《別形》右手人差し指の側面で、ほほをあごの方へなで下ろす⇒**「スムーズ」の手話。**

《参考》5指の先をこすり合わせてもよい。

なやみ【悩み】

《表現》付け根から曲げた右手4指の先を、右こめかみに2～3回当てる。

《語源》悩みで頭が痛いようす。

《別形》両手の人差し指と中指をカギ型に曲げ、右こめかみあたりで半周ずらして前に回転させる。

《例文》人間関係で悩む＝「人々」＋「関係」＋「悩み」。恋に悩む＝「恋」＋「悩み」。

《参考》悩んで苦しいことを「苦しい」の手話ひとつで表現してもよい。

なら【奈良】

《表現》右手は手のひらを前に向け右肩あたりに、左手は親指と人差し指で輪をつくり、手のひらを上に向けおなかあたりに構える。
《語源》大仏の腕と手の形から。
《例文》奈良は古い都＝「奈良」＋「過去」＋「首都」。

な

ならう【習う】

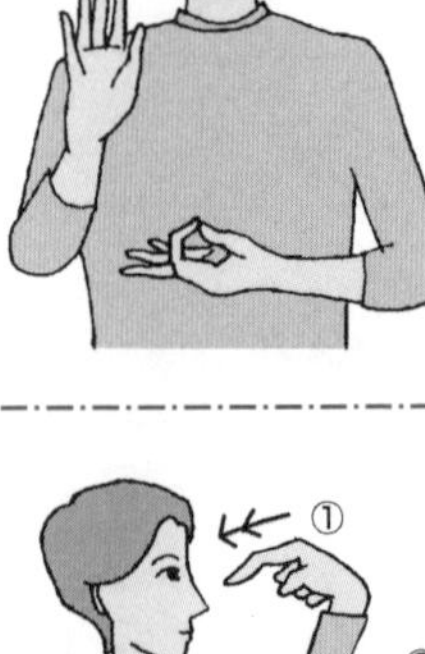

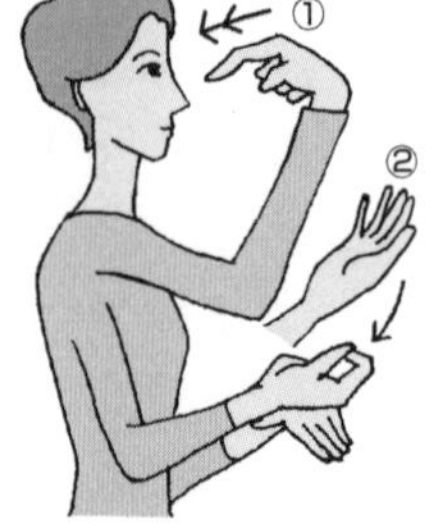

《表現》右手人差し指を顔の斜め前上から顔に向けて、2～3回近づける⇩**「教わる」の手話**、手のひらを下に向け身体の前で構えた左手の甲に、開いた右手を握りながら上から当てる⇩**「癖」の手話**。
《語源》「教わる」と身につくという意味の「癖」で。
《例文》指文字を習う＝「指文字」＋「習う」。
《参考》「教わる」の手話だけで伝える場合もある。

なるほど

《表現》伸ばした親指の先をあごの下に当て、立てた人差し指を倒す。
《語源》あいづちを打つようすといわれる。
《例文》なるほど、そうですね＝「なるほど」＋「そうです」。

なれる【慣れる】

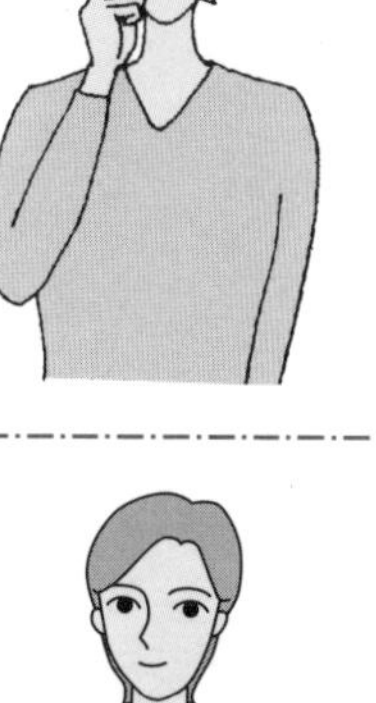

《表現》 立てた右手親指の指先（爪側）を目元からほほへ真下におろす。

《語源》 人差し指を目の下に当てる「試す」の手話から、試しているうちに指が太くなり親指になったといわれる。

《例文》 環境に慣れる＝「環境」＋「慣れる」。

なんかいか【何回か】

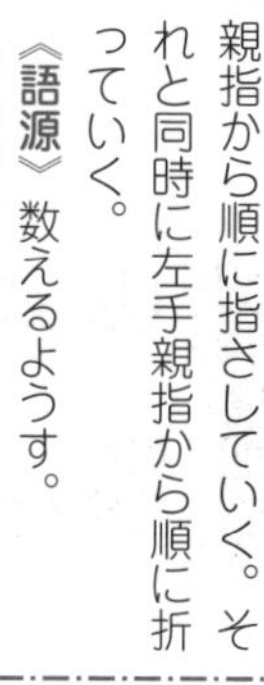

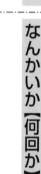

《表現》 伸ばした右手人差し指で、開いて立てた左手の指先を親指から順に指さしていく。それと同時に左手親指から順に折っていく。

《語源》 数えるようす。

《例文》 何回か行った＝「行く」＋「行く」＋「何回か」。

なんきょく【南極】

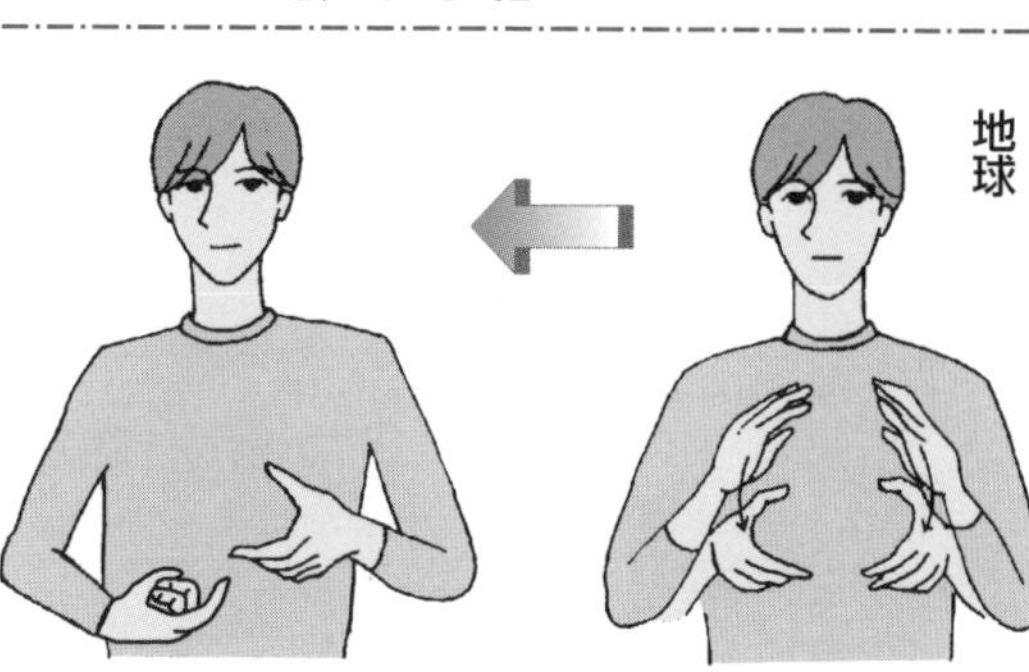
地球

《表現》 ①向かい合わせた両手を回し球を描き⇒**「地球」「国際」「世界」の手話**、②描き終わった球の真下を右手人差し指でさし示す。

《語源》 地球の下を示すことで表現。

《応用》 ①で描き終えた球の上を指すと「北極」の手話になる。

なんちょう【難聴】

《表現》 指をそろえて伸ばし、まっすぐ立てた右手を顔の中央に立て（小指側前向き）、真下におろす。

《語源》 耳は聞こえにくくなっているが、まだ聴力が半分残っていることを表す。

《例文》 難聴者＝「難聴」＋「人々」。

ASL
指文字「h」を体の前に置き、そのまま弧を描くように少し右にずらす。
HARD-OF-HEARING

な

なんでも【何でも】

《表現》左手のひらに指を伸ばして立てた右手を乗せ、手首を軸に左から右へ水平に回す。
《語源》手のひらの上の左から右まで何でもという表現。
《例文》父は何でも知っている＝「父」＋「何でも」＋「知る（分かる・解る）」。何でも来い！＝「何でも」＋「朝飯前」。
《参考》水平に回さずに左から順に前へ少し出していくと「種類」の手話になるので注意。

に

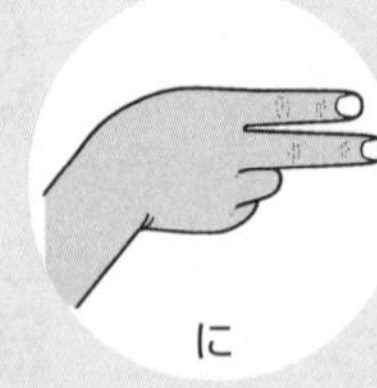

2指をやや離して伸ばし横に向ける。
「2」と同じ。

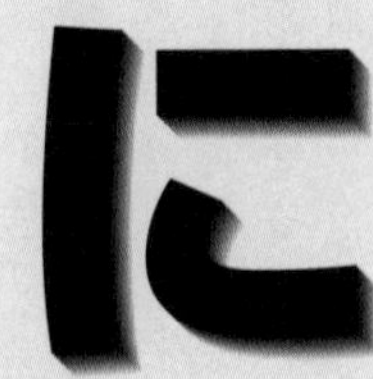

にいがた【新潟】

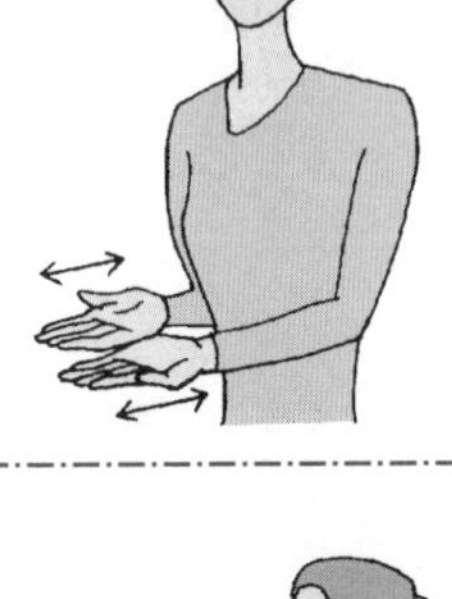

《表現》指をそろえて伸ばし手のひらを上に向けた両手（手のひらをややくぼませる）を身体の前で並べ（手は離す）、交互に前後に動かす。
《語源》新潟港に出入りする船の往来を表す。また、一説には新潟の地形を表すともいわれる。
《例文》新潟の日本海貿易＝「新潟」＋「日本」＋「海」＋「貿易」。

におい【匂い】

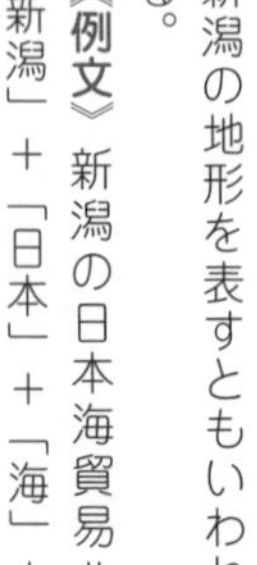

《表現》伸ばした右手人差し指と中指の先を斜め前下から鼻に向けて近づける。
《語源》香りが漂い、鼻に吸い込まれるようす。
《同意》香り・嗅ぐ・香
《同形》空気・ガス・気体一般
《別形》4指をひらひらさせながら指先を鼻に近づける。
《例文》香川＝「香」＋「川」。

↖

《参考》「匂い」「ガス」の違いは、口形や表情、その場の状況で判断。また、「ガス」を伝えるならガス栓をひねるしぐさを「匂い」の前に行うこともある。なお、「香水」や心地良い香りの場合は、別形を使い心地良い表情をつけるとよい。

ASL
利き手の手のひらを顔の前で鼻先の方へ動かす。
SMELL

にがい【苦い】

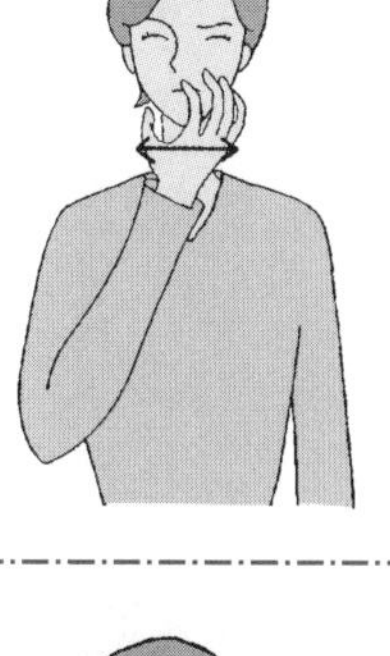

《表現》指を開きわん曲させた右手（手のひら手前向き）を口の前で左右に動かす。苦そうな表情で。
《語源》わん曲させた右手はいやな味を表し、左右に動かすことで口の中に苦味が走ることを伝える。
《応用》わん曲させた右手を口の前で回すと「辛い」の手話。
《例文》苦いお茶＝「苦い」＋「お茶」。

にがて【苦手】

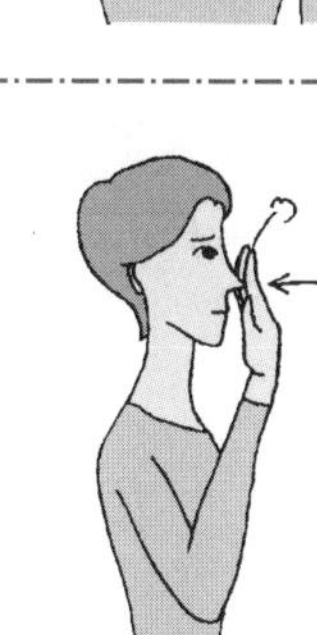

《表現》指を伸ばした右手4指の腹を、鼻先をつぶすように当てる。
《語源》「得意」「自慢」がいずれも鼻高々である表現であるのに対して、鼻をつぶす表現。
《別形》やや指を離して伸ばした右手中指の腹を鼻先に当てる。
《例文》算数は苦手＝「算数」＋「苦手」。泳ぎは苦手＝「泳ぐ」＋「苦手」。

にく【肉】

《表現》甲を上に向けた左手親指の付け根あたりを、右手親指と人差し指ではさむ。
《語源》手の肉から伝えるもの。
《例文》牛肉＝「牛」＋「肉」。

にくい【憎い】

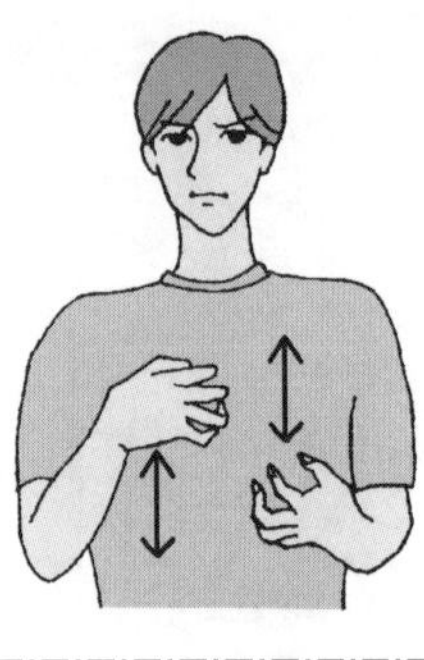

《表現》指を軽く曲げた両手を胸に当て、交互に上下に動かす。

《語源》胸をかきむしり、怒りの感情を表現。

《同形》悔しい
《別形》親指と人差し指を開いた両手を交差して構え、左右斜め下に引きながら両手の指先を合わせる⇒**「恨み」の手話**。

《例文》ヤツが憎い＝左手の「男」を指す＋「憎い」。憎しみは愛情と裏表＝「憎い」＋「愛」＋「裏」＋「表」。

にげる【逃げる】

《表現》両手握りこぶしを立て胸の前に構え、右斜め上やや後ろに同時にサッと引き上げる。
《語源》逃げる動作から。また、胸の前に構えた状態で「居る」を示しつつ、その場から退くという表現。
《応用》ひじから立てて握った両手を下へおろすと「居る」の手話になる。
《例文》逃げるが勝ち＝「逃げる」＋「勝つ」。

にし【西】

《表現》甲を前に向け、親指と人差し指を伸ばした両手（人差し指下向き）を胸の前で構え、1回下げる。
《語源》太陽が沈む表現。
《同意》西（人名）
《応用》人差し指を上に甲を手前に向け、1回上げると「東」の手話になる。

ASL

指文字「W」を甲を前にして左に動かす。

WEST

にじ【虹】

《表現》親指、人差し指、中指を伸ばした右手⇒**数詞「7」**を、顔の左前から上に弧を描いて右に動かす。
《語源》弧は虹の形。数詞で虹の七色を示す。
《例文》虹の彼方＝「虹」＋虹を超えて人差し指で遠くを指す。虹の懸け橋＝「虹」＋「橋」。

～にち【～日】

《表現》右手親指と人差し指を曲げて日の字のコをかたどる。
《別形》数詞を表した右手を左肩に当て、前にやや弧を描くように右へ動かし右肩に当てる。
《例文》敬老の日＝「老人」＋「敬う」＋「～日a」。何泊何日＝「数詞」＋「泊まる（寝る）」＋「数詞」＋「～日b」。

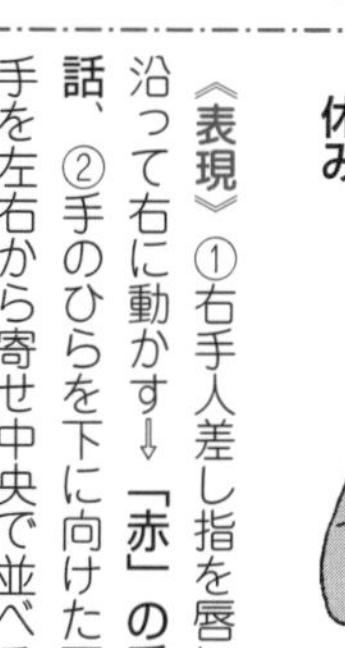

にちようび【日曜日】

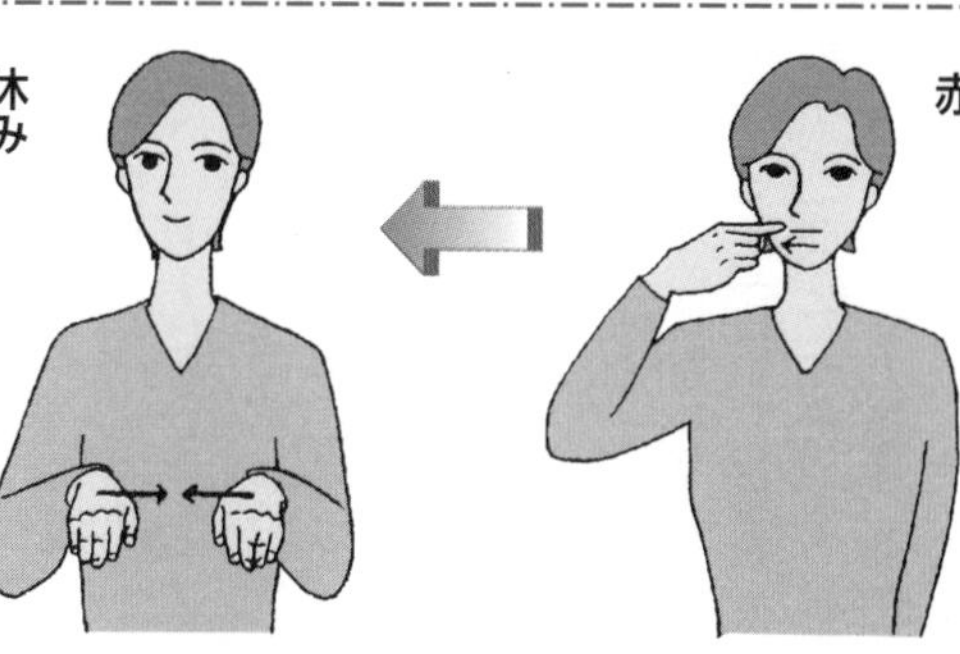

《表現》①右手人差し指を唇に沿って右に動かす⇩「赤」の手話、②手のひらを下に向けた両手を左右から寄せ中央で並べる⇩「休み」の手話。

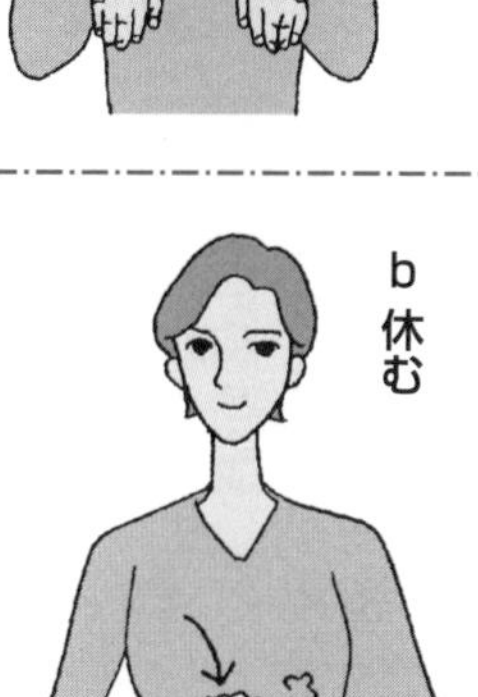

《語源》「赤」と「休み」で。
《別形》「赤」の手話のあとに親指を立てた右手を左手のひらに寝かせるb（関西での表現）。
《例文》毎週、日曜日は水泳しています＝「毎週」＋「日曜日」＋「泳ぐ」。次の日曜日＝「来週」＋「日曜日」。

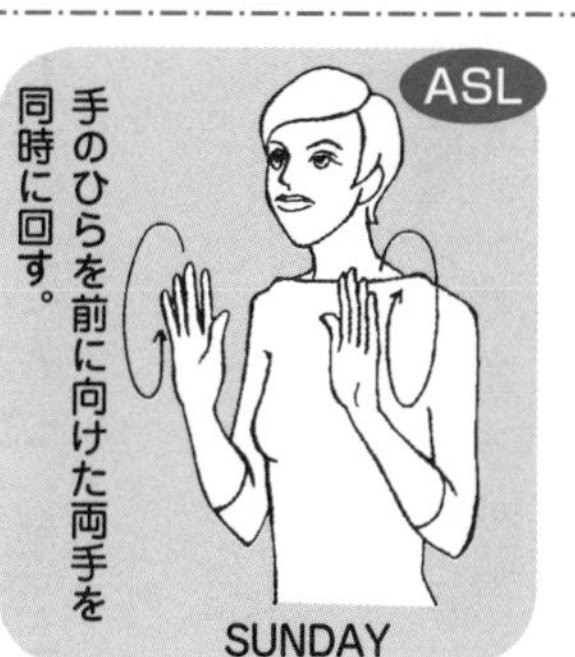

にている【似ている】

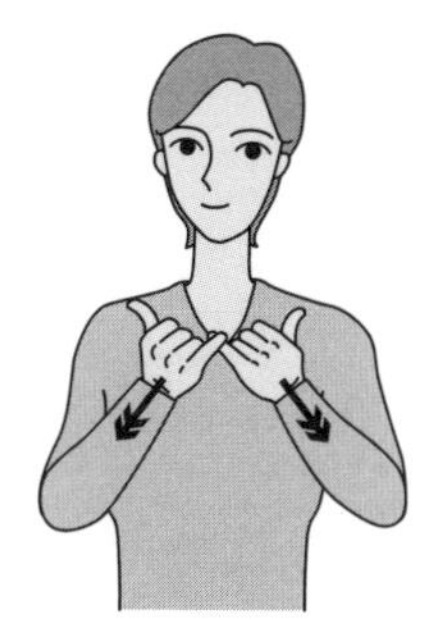

《表現》親指と小指を立てた両手（手の甲前向き）を胸の前で小指を重ね合わせて構える。両手同時に左右斜め下へ、小指を触れ合わせるように2回ほど動かす。
《別形》手の形は同じで、両手同時に左右斜め下に1回だけ動かす。
《例文》味が似ている＝「味」＋「似ている」。

にほん【日本】

《**表現**》親指と人差し指を開いた両手の指先を向かい合わせて構え、左右に離しながら指先を閉じる。このとき弓なりに曲がった形を表現するために、左手を左斜め上に右手を右斜め下に離してもよい。

《**語源**》細長く、伸びる日本列島を描く。「国」の手話から変形したもの。

《**応用**》同じ動作を、親指と4指で行うと「国」の手話になる。

《**例文**》日本経済＝「日本」＋「経済（経営）」。

にほんこくけんぽう【日本国憲法】

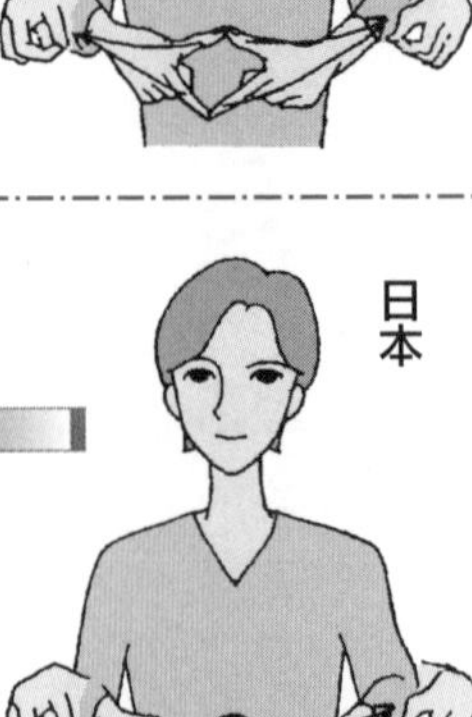

《**表現**》①親指と人差し指を開いた両手の指先を向かい合わせて構え、左右に離しながら指先を閉じる⇒**「日本」の手話**、②カギ型に曲げた左手人差し指と中指に、同じくカギ型に曲げた右手2指を2回当てる⇒**「憲法」の手話**。

《**語源**》②「憲法」は「法律」の上の法律を表現したもの。

にまいじた【二枚舌】

《**表現**》伸ばした右手人差し指と中指の先を前に向けて口元で構え、指を上下に交互に動かしながら前方に出していく。

《**語源**》2指が2枚の舌を表し、動かすことでしゃべっていることを表現。

にもつ【荷物】

《**表現**》ひじを軽く曲げ握りこぶしを下に向けた右手を、軽く上下に動かす。

《**語源**》カバンを持ち歩くようす。

《**同形**》カバン

《**例文**》重い荷物＝「重い」＋「荷物」。牛革のカバン＝「牛」＋「皮」＋「カバン」。

ニュアンス【nuance】

《表現》人差し指と中指を伸ばした⇓**指文字「に」**両手を胸の前で構え、左手はそのまま右手を2回ほど半回転させる。

《語源》頭文字「に」に、違いを示すために右手だけ動かしたもの。

《例文》話のニュアンス＝「説明」＋「ニュアンス」。

にゅういん【入院】

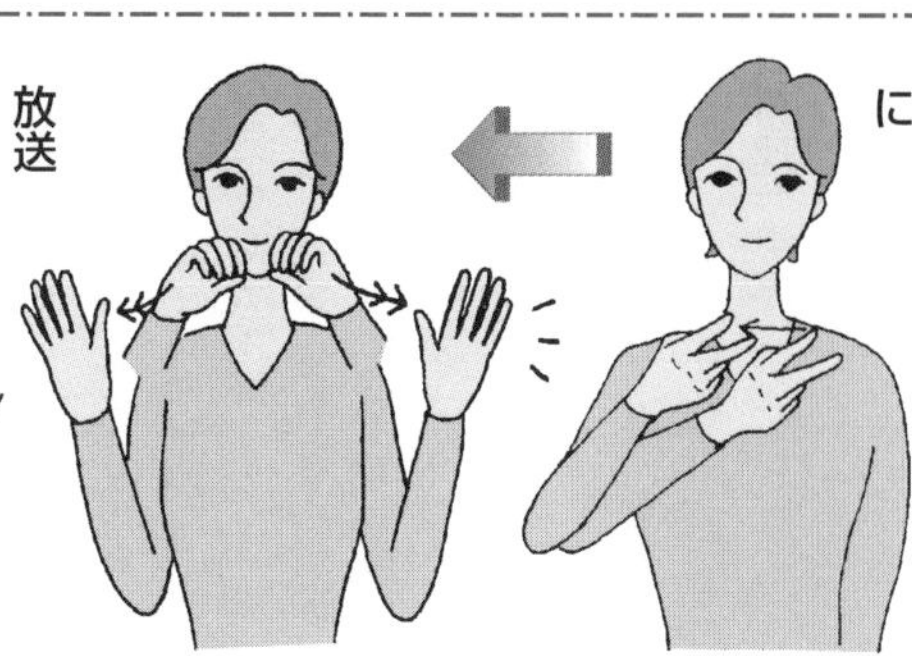

《表現》上に向けた左手のひらに、人差し指と中指を伸ばした右手を甲側から乗せ、両手同時に前に出す。

《語源》左手のひらはベッド。右手2指は人間を表し、ベッドに入ることで表現。

《応用》左手のひらに乗せた右手を、左手はそのまま、手前にやや弧を描きながら引くと「退院」の手話になる。

《例文》ガンで入院＝「がん」＋「入院」。

ニュース【news】

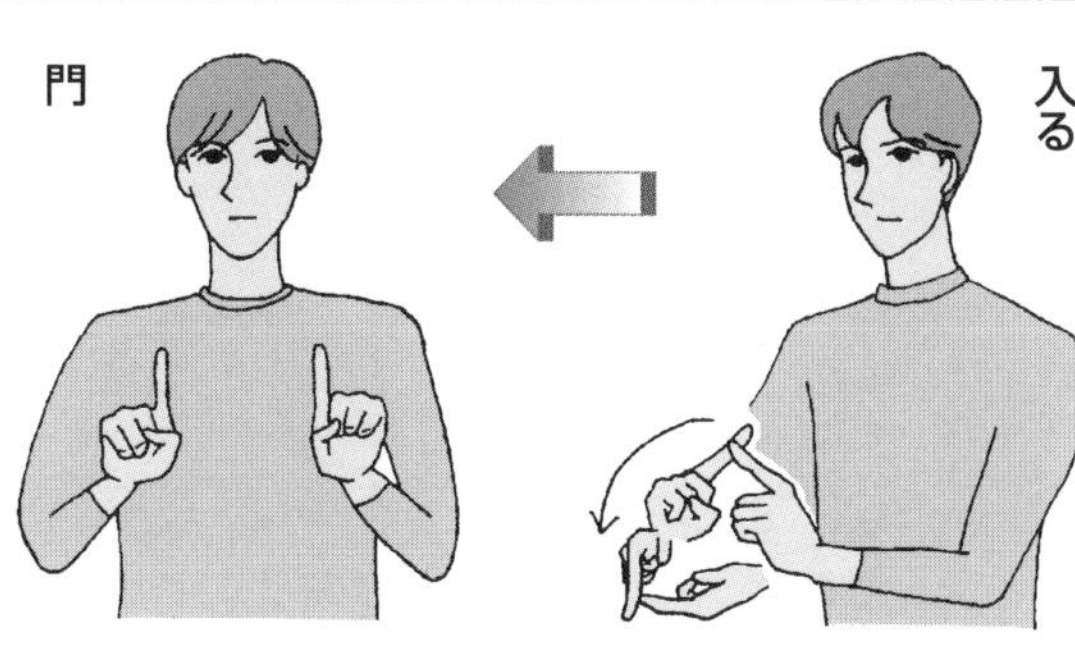

《表現》①人差し指と中指を伸ばした右手⇓**指文字「に」**を左から右に動かす、②すぼめた両手を口元で構え開きながら前に出す⇓**「放送」の手話**。

《語源》頭文字の「に」と「放送」で。

《別形》人差し指と中指を伸ばした⇓**指文字「に」**両手を口元で構え、手首を軸に指先を前に向けるように2回振る。

にゅうもん【入門】

《表現》①右手人差し指の腹側のまん中に左手人差し指の先をつけ、前に倒す⇓**「入る」の手話**、②人差し指をまっすぐ立てた両手を左右に構える⇓**「門」の手話**。

《語源》「入る」と「門」で。

《例文》手話入門＝「手話」＋「入門」。

ニューヨーク【New York】

《**表現**》人差し指を立てた両手を、上下に動かしながら中央から左右へ離していく。
《**語源**》ニューヨークの摩天楼から。
《**別形**》左手のひらの上で親指と小指を立てた右手⇩**指文字「Y」**を滑らせて往復させるb。
《**参考**》bはアメリカ手話（ASL）からのもの。

にらみあう【睨み合う】

《**表現**》人差し指と中指を伸ばした右手を目の高さに構え、同じく2指を伸ばした左手と向かい合わせる。
《**語源**》2指の先は2つの目を表し、目と目が向かい合い睨み合う表現。
《**応用**》人差し指と中指を伸ばした右手の指先を前に向けて目の前に構えれば「見る」の手話。
《**例文**》彼と睨み合う＝「彼」＋「睨み合う」。彼と彼は睨み合う＝右手で右側に「彼」＋左手で左側に「彼」＋両手の彼の位置から指を向かい合わせる形で「睨み合う」。

にる【煮る】

《**表現**》わん曲させた左手のひらを上に向けて胸の前で構え、すぼめた右手の指先（5指）を左手の甲に2～3回当てる。

《**語源**》左手は鍋や釜を表し、右手は火を表現。

《**同形**》炊く・茹でる・料理
《**例文**》ご飯を炊く＝「米」＋「炊く」。煮魚＝「魚」＋「煮る」。この料理＝料理を指す＋「料理」。

《**参考**》「料理」は、食材を刻むようすで表す別の手話あり（**「料理」**参照）。

にわ【庭】

《**表現**》斜めに立てた左手の前（高さは左手首あたり）で、5指をそろえて伸ばした右手（手のひら下向き）を1周回す。

《**語源**》斜めに立てた左手は家を表し⇩**「家」の手話**の片手、右手で原っぱを表す⇩**「原」の手話**。

《**例文**》広い庭＝「広い」＋「庭」。

《**参考**》左手の下で右手を回すと「家庭」の手話になるので注意。

にわとり【鶏】

《表現》親指と4指を離して伸ばした右手の親指の先を額につけ、4指を左に2～3回倒す。

《語源》にわとりのトサカから。

《応用》4指でなく人差し指1本で同様の動作を行えば「ひよこ」「黄色」の手話になる。

《例文》闘鶏＝「鶏」＋「争う」。鶏肉＝「鶏」＋「肉」。

にんき【人気】

《表現》立てた左手人差し指に、右手4指をひらひらさせながら近づける。

《語源》左手人差し指はアイドル的存在の人を、右手の指はたくさんの人を表し、それらが寄ってくるという表現。

《同形》もてる

《例文》彼は人気者＝左手の「男」を指す＋「人気」。

《参考》右手は、ひらひらさせずに、やや指を開き手のひらを下に向けた形のままでもよい。

にんぎょう【人形】

《表現》両手で人形を抱くように構えて揺らす。

《語源》人形を抱いて喜ぶようす。

《例文》フランス人形＝「フランス」＋「人形」。

にんげん【人間】

《表現》右手人差し指で、人の文字を空書する。自分から見て人の文字。

《同意》人

《別形》この動作のあとに、平行に伸ばした右手親指と人差し指の先を前に向け、上から下におろす（2指が上）。

《例文》アメリカ人＝「アメリカ」＋「人」。賢い人＝「賢い」＋「人」。1人＝数詞「1」＋1の下で「人」。

にんげんドック【人間ドック】

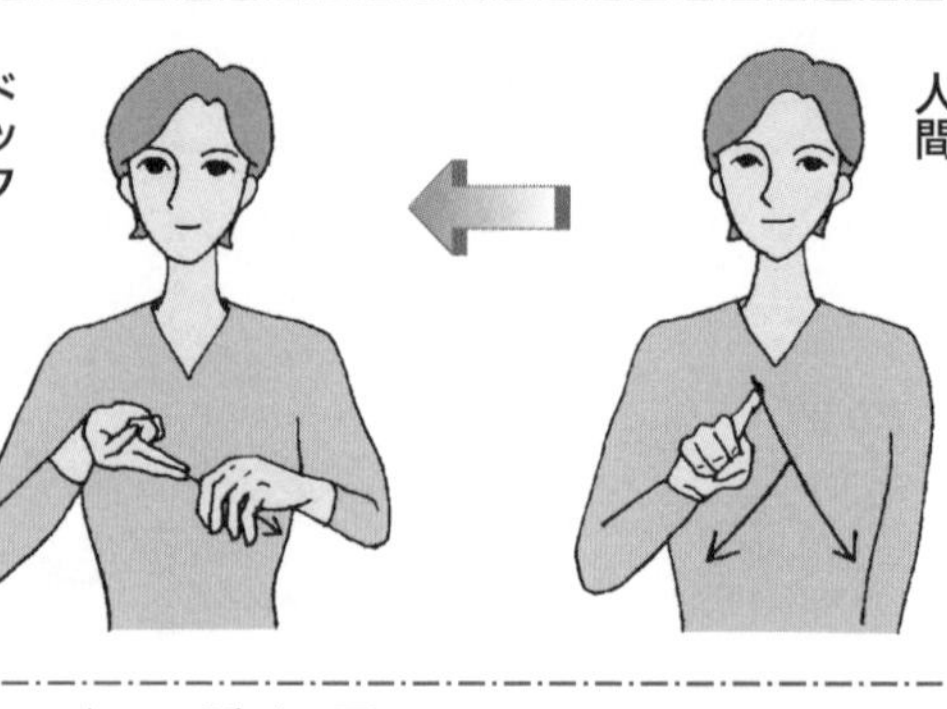

《表現》①人の文字を空書する⇩「人間」「人」の手話、②左手親指と4指の先を下に向けてつくったトンネルに右手人差し指と中指の背を下に向け、差し入れる⇩「ドック」の手話。
《語源》②の「ドック」は、レントゲン撮影用のドックをかたどったもの。これに①の人間を加えた手話。

にんしん【妊娠】

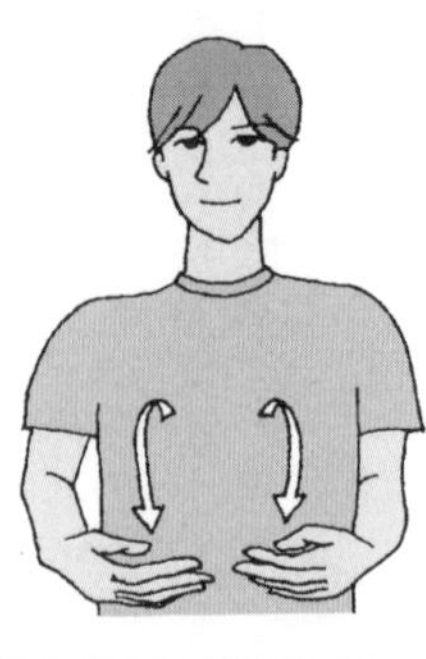

《表現》指をそろえて伸ばした両手の指先を向かい合わせ、おなかの上から下に向けて大きく弧を描くように下ろす。
《語源》おなかが大きくなった表現。
《例文》避妊＝「防ぐ」＋「妊娠」。
《参考》この手話の前に、手のひらを前に向けた両手を軽く左右に振る「赤ちゃん」の手話を加えてもよい。

にんちしょう【認知症】

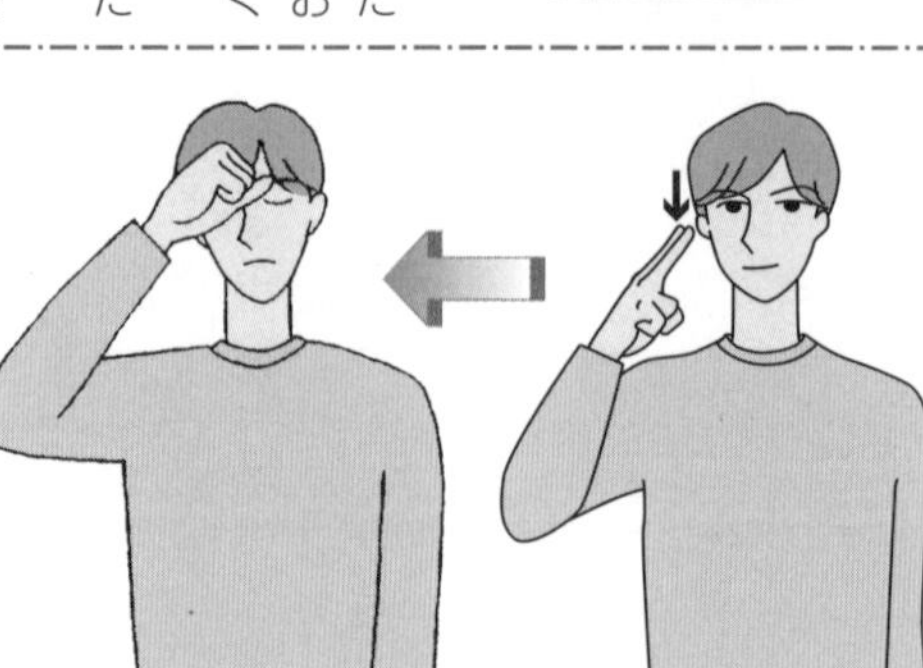

《表現》①右手人差し指と中指を伸ばし、指の腹をこめかみに当ててそのまま下に少し動かす、②右手握りこぶしの親指側を額に当てる。
《参考》以前は、指を伸ばしてそろえた両手を、手のひらを手前に向け額の前でクロスするように重ねて構え、両手同時に指を開きながら左右斜め下に動かす⇩「ぼけ」の手話で表していた。

にんてい【認定】

《表現》親指を立てた左手の横で、人差し指と中指を立てた右手を、指先が左手に向くように手首から倒す。
《別形》人差し指と中指を立てた右手首を左手で掴み、右手首から倒す。
《例文》資格認定＝「資格」＋「認定」。認定証＝「認定」＋「証拠」。

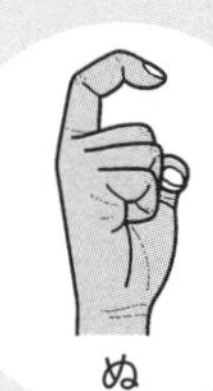
ぬ

人差し指をカギ型にする。
「盗む」の手話と同形。

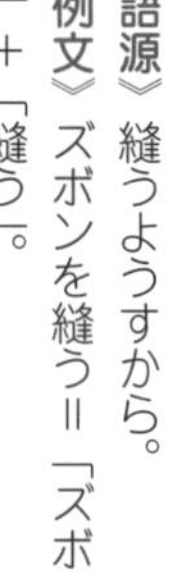

ぬう【縫う】

《**表現**》左手は布をつかむように構え、親指と人差し指の先をつけた右手で針で布を刺すように上下させながら右から左へ動かす。
《**語源**》縫うようすから。
《**例文**》ズボンを縫う＝「ズボン」＋「縫う」。
《**同形**》和裁

ぬぐ【脱ぐ】

《**表現**》すぼめた両手を胸の中央に当て、左右上方へ離すように動かす。
《**語源**》上着を脱ぐようす。
《**同意**》服を脱ぐ
《**応用**》反対の動作、左右上方から胸の中央に手を寄せると「着る」の手話になる。
《**例文**》背広を脱ぐ＝「背広」＋「脱ぐ」。
《**参考**》帽子やズボンを「脱ぐ」場合は、それぞれのものを脱ぐようすで伝えることができる。

ぬぐう【拭う】

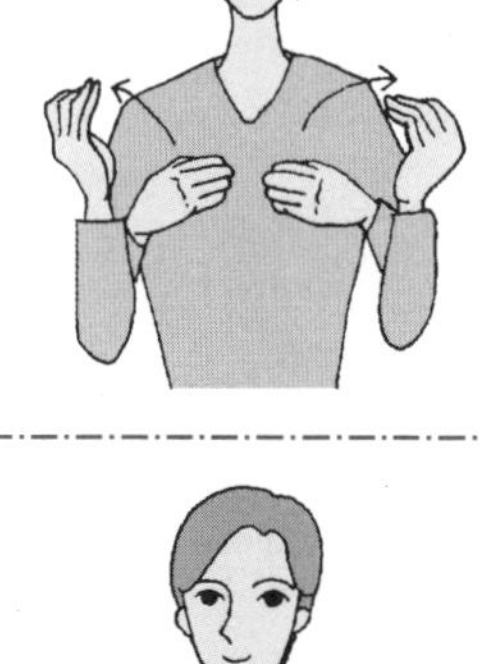

《**表現**》上に向けた左手のひらを、手首から指先方向へ右手で拭うように1～2回滑らせる。
《**語源**》拭い取るようす。
《**例文**》汚名を拭う＝「汚い」＋「名前」＋「拭う」。汚れを拭う＝「汚い」＋「拭う」。

ぬすまれる【盗まれる】

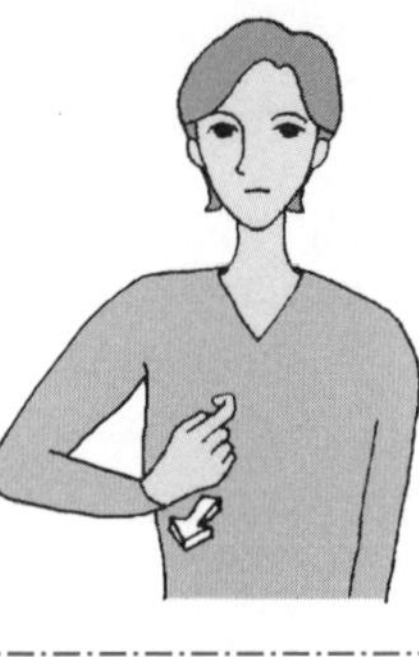

《**表現**》カギ型に曲げた右手人差し指を手前に向け前に出す。

《**語源**》スリを示すカギ型の指を手前から前に出すことから。「盗む」の反対の動作。

《**例文**》カバンが盗まれた＝「カバン（荷物）」＋「盗まれる」。

ぬすむ【盗む】

《**表現**》カギ型に曲げた右手人差し指を手前に引く（人差し指前向き）。

《**語源**》スリを示すカギ型の指から。

ASL

STEAL

利き手を指文字「v」にし、反対の手のひじの下から指文字「v」の指先を曲げながら上に動かす。

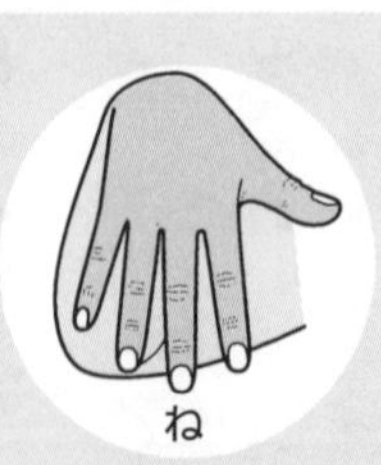

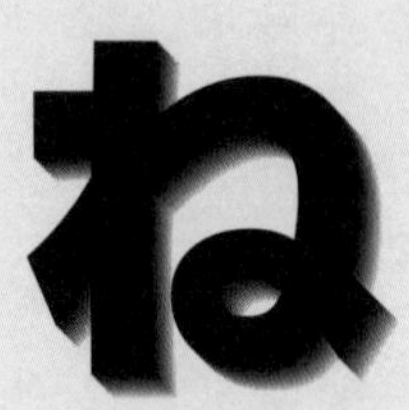

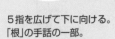

5指を広げて下に向ける。
「根」の手話の一部。

ねあげ【値上げ】

《**表現**》親指と人差し指で輪をつくった両手を左右に構え（手のひらが向かい合うように）、両手同時に上げる。

《**語源**》輪は「お金」の手話。お金が上がることから。

《**応用**》上方で左右に構えた両手の輪を下げると、逆の意味である「値下げ」の手話になる。

《**別形**》同じ手の形をやや左側に構え、両手同時に下向きに弧を描くように右上へあげる。

《**例文**》石油価格上昇＝「石油」＋「値上げ」。

ねがう【願う】

《表現》両手のひらを合わせる。
《語源》願いごとをしているようす。
《別形》両手のひらを合わせ指を組む。

ネクタイ【tie】

《表現》やや曲げた人差し指と中指をのど元あたりからまっすぐ下げながら2指を伸ばす（手の甲は前向き）。
《語源》ネクタイの形を表す。
《例文》ネクタイ、素敵ね＝「ネクタイ」＋「素晴らしい」。ネクタイを選ぶ＝「ネクタイ」＋「選ぶ」。

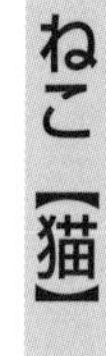

ねこ【猫】

《表現》右手握りこぶしの親指側を右ほほに当て、手首を軸に前方向に回す。
《語源》猫が顔をなでるしぐさから。
《例文》黒猫＝「黒」＋「猫」。かわいい子猫＝「かわいい（愛）」＋「赤ちゃん」＋「猫」。

ねさげ【値下げ】

《表現》親指と人差し指で輪をつくった両手を上方で左右に構え（手のひらが向かい合うように）、両手同時に下げる。

《語源》輪は「お金」の手話。お金が下がることから。

《応用》左右に構えた両手の輪を上げると、逆の意味である「値上げ」の手話になる。

《別形》同じ手の形を上方のやや左側に構え、両手同時に下向きに弧を描くように右下にさげる。

《例文》パソコンが値下げ＝「パソコン」＋「値下げ」。

ねずみ【鼠】

《表現》右手親指、人差し指、中指を曲げて口の前で上下に構え、指先を2～3回寄せる。
《語源》人差し指と中指は、ねずみの前歯。親指は下あごを表す。
《例文》ねずみ年＝「ねずみ」＋「～年」。猫とねずみ＝「猫」＋「～と～と～」＋「ねずみ」。
《参考》下あごを表す親指を省略する場合がある。

ねつがあがる【熱が上がる】

《表現》親指と人差し指の先を合わせた右手を左脇に当て、親指は動かさず人差し指を上げる。
《語源》脇に当てる体温計を表し、人差し指で水銀の上がり下がりを示す。
《同形》熱
《別形》①伸ばした右手人差し指を左脇の下に当て、②前に向けた左手のひらの中央でまっすぐ立てた右手人差し指を上げる。

ねつがさがる【熱が下がる】

《表現》親指と人差し指を離して伸ばした右手を左脇に当て、親指は動かさず、人差し指の先を親指の先につける。
《語源》脇に当てる体温計を表し、人差し指で水銀の上がり下がりを示す。
《別形》①伸ばした右手人差し指を左脇の下に当て、②前に向けた左手のひらの中央でまっすぐ立てた右手人差し指を下げる。

ネックレス【necklace】

《表現》親指と人差し指で輪をつくった右手を、首の左端からネックレスがかかる位置に沿って弧を描きながら首の右端に動かす。手のひらと甲、どちらが前向きでもよい。

《語源》ネックレスを描いたもの。

《例文》金のネックレス＝「金」＋「ネックレス」。

ねびき【値引き】

《表現》人差し指を伸ばした両手を上方のやや左側に構え、両手同時に右下に引く。

《語源》値段を下げる表現。

《例文》スーパーが値引き＝「スーパーマーケット」＋「値引き」。

ねぶそく【寝不足】

《表現》①右手親指と4指を離し指先を右目に向け、静かに指先をつけ、同時に目をつむる⇒**「眠い」の手話**、②立てた親指の先をあごの下に当て2回ほど前に出す⇒**「貧しい」「貧乏」の手話**で。

《語源》「眠い」と「貧しい」で。

《別形》①の「眠い」は両手両目で行ってもよい。

ねむい【眠い】

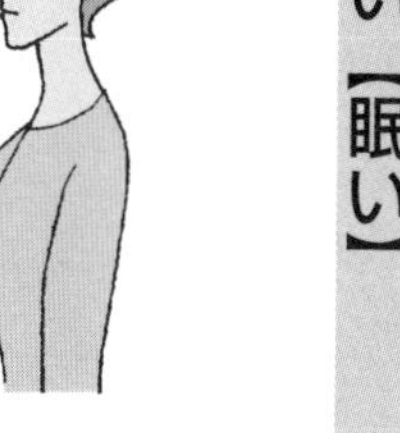

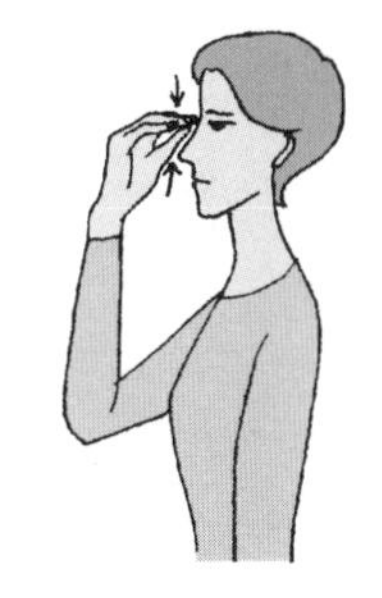

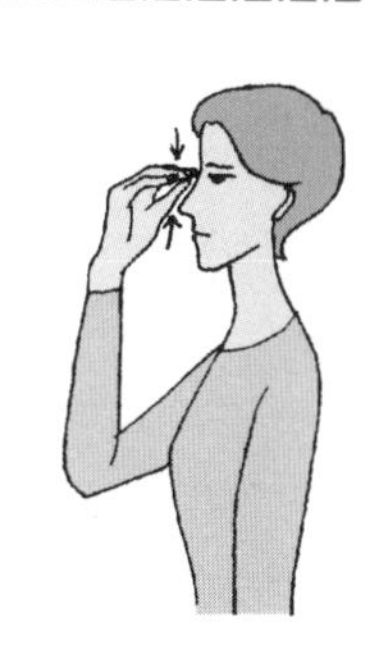

《表現》右手親指と4指を離し指先を右目に向け、静かに指先をつけ、同時に目をつむる。

《語源》眠くなって目を閉じたくなる表現。

《別形》両手で両目に向けて行ってもよい。また、親指と人差し指で行ってもよい。

《例文》寝不足＝「眠い」＋「貧しい」。昨日は徹夜で眠い＝「昨日」＋「徹夜」＋「眠い」。

ねる【寝る】

《表現》頭の横に握りこぶしをやや離して構え、こぶしに頭の横をつける。

《語源》枕を当てて横になるようす。

《同形》泊まる

《例文》夜遅いから寝る＝「夜」＋「過ぎる（おせっかい）」＋「寝る」。

～ねん【～年】

《**表現**》おなかの前で立てた左手握りこぶしの親指側に、右手人差し指を当てる。

《**語源**》左手は木の年輪を表し右手人差し指は1の数を示す。

《**応用**》左手握りこぶしに当てたあと、右手人差し指を前に倒すと「1年後（来年）」、後ろに倒すと「1年前（去年）」の手話。

《**例文**》今年＝「年」＋「今（今日）」。2年＝右手を人差し指と中指の2指で行う「年」。

《**参考**》右手の数詞「1」（人差し指）は「1年」を表すもの。右手を数詞2にすれば「2年」、7にすれば「7年」になる。「2年後」「2年前」も同じ。

～ねんかん【年間】

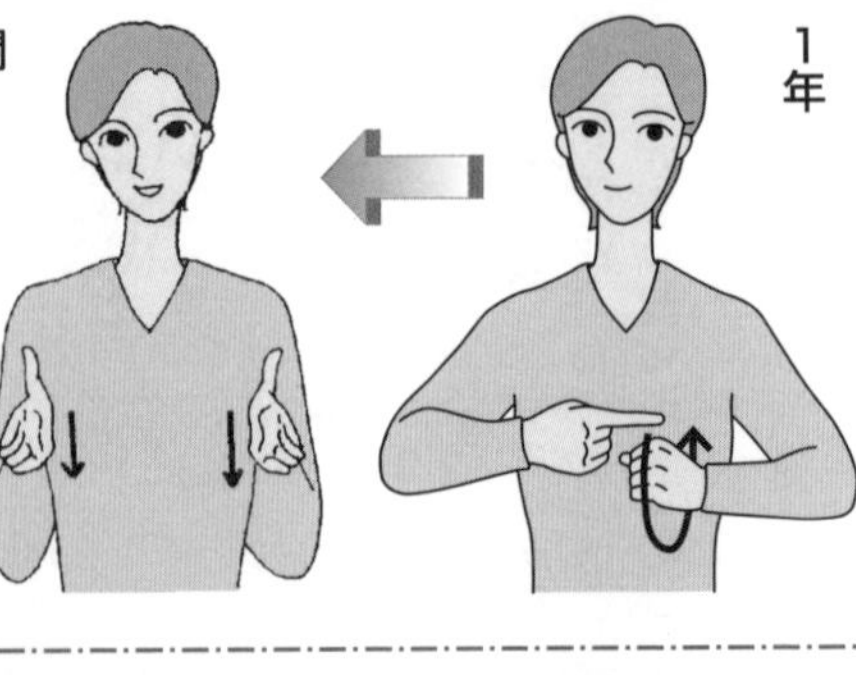

《**表現**》①立てた左手握りこぶしの上で右手で数詞「1」を構え、そのまま左手握りこぶしに沿って1周させ、親指側に右手人差し指を当てる⇩**「1年」の手話**、②手のひらを向かい合わせた両手を胸の前で左右に構える⇩**「間」の手話**。
《**参考**》①の手話は右手を数詞2にすれば「2年間」、3にすれば「3年間」になる。

ねんきん【年金】

《**表現**》①おなかの前で立てた左手握りこぶしの親指側に右手人差し指を当てる⇩**「年」の手話**、②親指と人差し指で輪をつくり、小さく振る⇩**「金」の手話**。
《**語源**》「年」と「金」で。
《**例文**》厚生年金＝「厚生」（**「厚生労働省」**参照）＋「年金」。

ねんこうじょれつ【年功序列】

《**表現**》①あごの下で右手5指を親指から順に折っていく⇩**「年齢」の手話**、②親指を立てた両手を並べ、左手はそのまま、右手を段階的に右下へさげていく⇩**「序列」の手話**。
《**語源**》②の「序列」は右手の動きで階級を表したもの。

ねんれい【年齢】

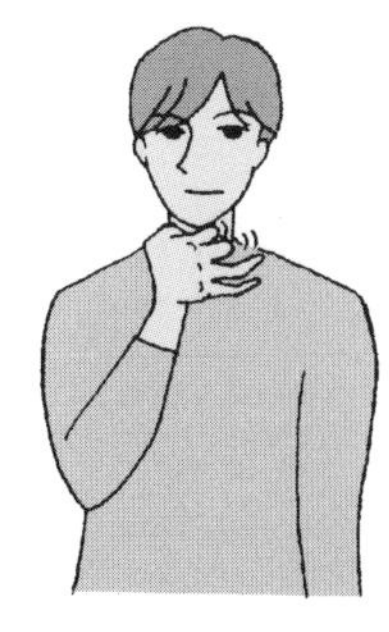

《表現》あごの下で右手5指を親指から順に折っていく。

《語源》指を折るのは「数」「(数が)いくつ」の手話で、あごの下で行うのは年齢を重ねて伸びるひげを表す。

《同意》(年齢)いくつ?

《応用》手のひらを上に向け身体の前で指を折れば「数」および「(数が)いくつ」の手話になる。

《例文》私は20歳＝「私」＋「年齢」＋数詞「20」。何歳?＝「年齢」＋「いくつ?」。

《参考》～歳と年齢を示すときは、「年齢」＋数詞の語順になる。あとに示す数字が何を伝えるかを明確にするため。

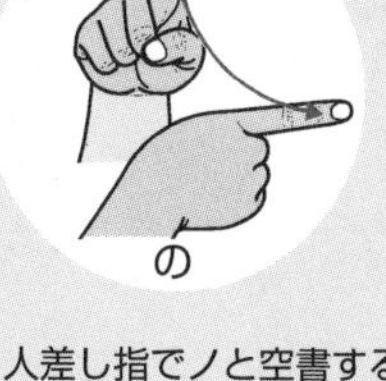

人差し指でノと空書する。
自分から見てノの形に。

ノイローゼ【nervous breakdown】

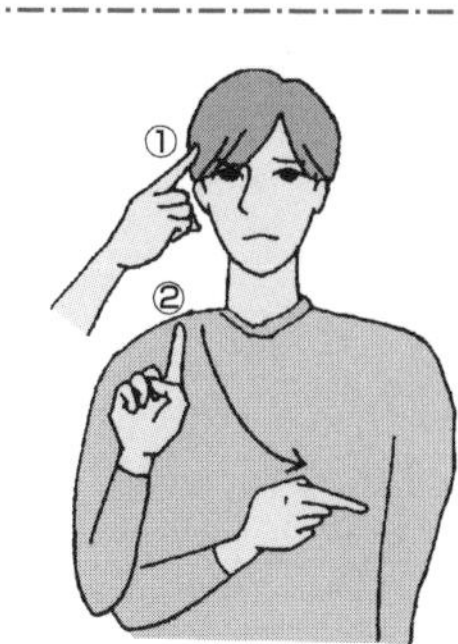

《表現》①右こめかみに右手人差し指を当てる⇒**「思う」の手話**、②ノの字を空書する⇒**指文字「の」**。

《語源》「思う」と「の」で。

《例文》育児ノイローゼ＝「育児」＋「ノイローゼ」。

のうぎょう【農業】

《表現》鍬(くわ)を持つように前後に握って構えた両手を、土を耕すように前に出したあと、後ろへ引く(2回ほど)。

《語源》畑を耕すようすから。

《同意》耕す

《例文》農協＝「農業」＋「協会」。

のうりつ【能率】

《表現》握った左手をひじから立て、そのひじの上あたりに、親指と人差し指を伸ばした右手を当て、親指は動かさず、人差し指を上下に動かす。

《語源》左腕を立てるのは力の表現。これに親指と人差し指を近づけたり離したりする率の表現を加えたもの。

《例文》能率が上がる＝「能率」＋「上がる」。

のうりんすいさんしょう【農林水産省】

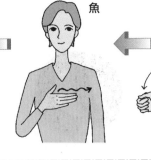

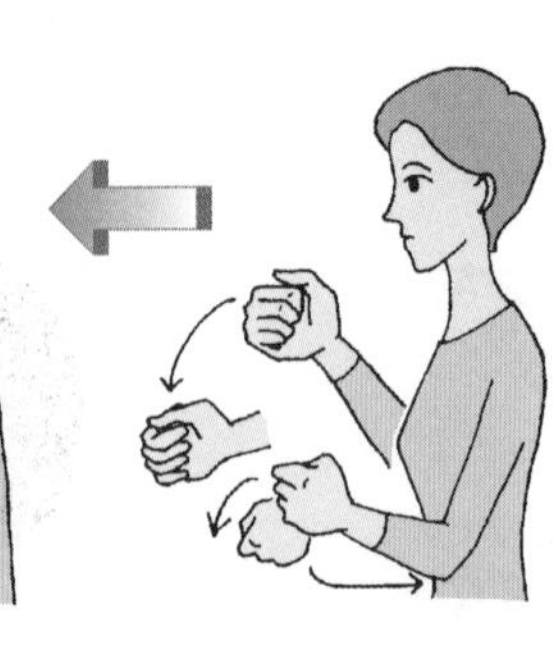

《表現》①鍬（くわ）を持つように前に握って構えた両手を、土を耕すように前に出したあと、後ろへ引く（2回ほど）⇩「農業」の手話、②甲を前に向け指をそろえて伸ばした（指先左向き）右手の指先を、前後に揺らしながら、右から左へ動かす⇩「魚」の手話、③両手を顔の横で前後にずらして合わせ、手のひらを軸に前後を入れ替える⇩「省」の手話。

《語源》「農業」で農林、「魚」で水産を示す。これに「省」で。

ノーマライゼーション【normalization】

《表現》指をそろえて伸ばし手のひらを下に向けた両手を身体の前で並べ（指先前向き）、左手はそのまま右手を水平に1回まわして元の位置に戻す。

《語源》水平に回す右手は皆（「皆さん」の手話から）を表し、左右の手が並ぶことで一緒を表す。なお、「一緒」の手話は、人差し指1本で行うが、この場合は多くの人が一緒になるために両手の5指を使い表現する。

《参考》ノーマライゼーションとは、老人や子供、男女、障害者らがともに豊かに暮らす正常な社会のあり方。

の

のこり【残り】

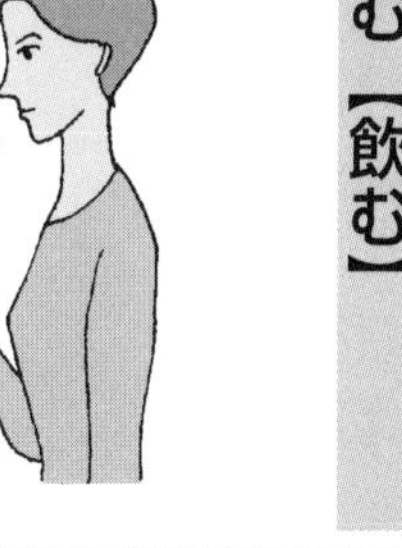

《表現》左手のひらに、わん曲させた右手の小指側を乗せ、すくい取るように右手を手前に引き寄せる。
《語源》手の上に残っているものを、自分の方へ寄せて表す。
《同形》残す
《例文》食事を残す＝「食事（食べる）」＋「残す」。

のばす【延ばす】

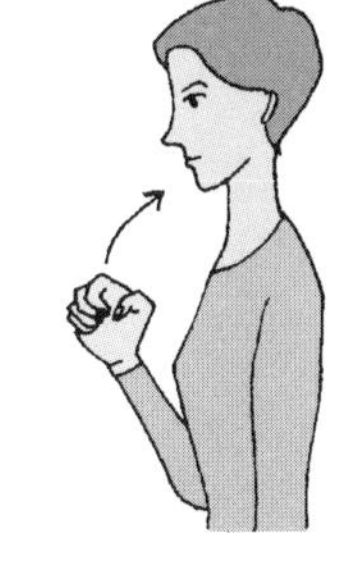

《表現》親指と人差し指の先をつけて下に向けた両手を、右脇から左脇へ同時に弧を描き動かす。
《語源》間を延ばす表現。
《同意》延期・延長
《例文》試合は延期＝「試合」＋「延期」。

のむ【飲む】

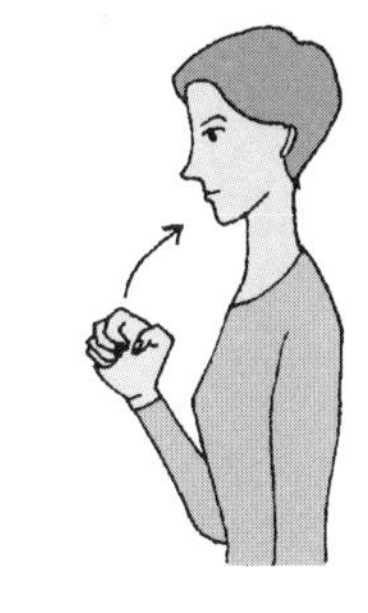

《表現》コップを持つように親指と4指で半円をつくった右手を、口元に持ってくる。
《語源》飲むしぐさ。
《同形》コップ
《応用》右手の下に左手のひらを添えて行うと「お茶」「お茶を飲む」の手話になる。
《例文》ジュースを飲む＝「ジュース」＋「飲む」。

のりかえ【乗り換え】

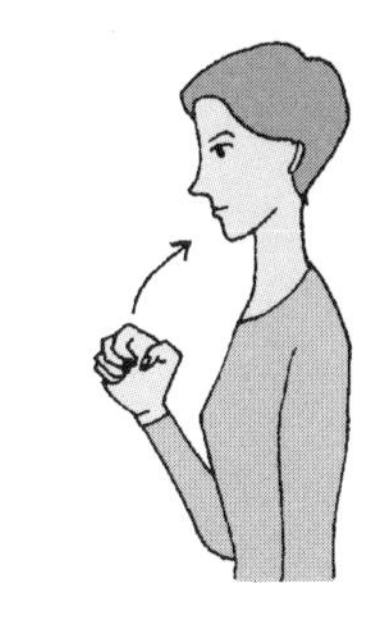

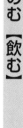

《表現》左手のひらに、人差し指と中指を伸ばした右手を乗せ、左手はそのまま、右手首を返して右横に下ろす。
《語源》左手のひらに2指を伸ばした右手を乗せて「乗る」を、手首を返して右手を下ろすことで換えることを表現。
《例文》名古屋駅で乗り換え＝「名古屋」＋「駅」＋「乗り換え」。

のる【乗る】

《**表現**》左手のひらに伸ばした右手人差し指と中指を立てて乗せる。

《**語源**》右手を足に見立てて、左手で表した床に乗せることから。

《**別形**》椅子に見立てた左手人差し指と中指に、足に見立てた右手人差し指と中指をやや曲げて右上から置く⇩**「出席」の手話**。

《**例文**》電車に乗る＝「電車」＋「乗る」。エレベーターに乗る＝「乗る」＋「エレベーター」。

《**参考**》主に電車やバスに乗ることで使う。

ノルウェー【Norway】

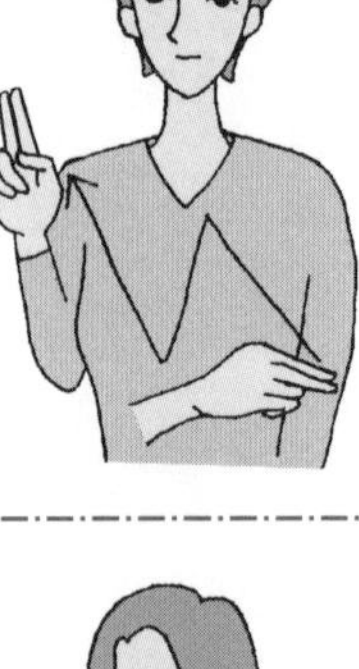

《**表現**》人差し指と中指でNを描く。

《**例文**》ノルウェーの森＝「ノルウェー」＋「森」。ノルウェー国王＝「ノルウェー」＋「国」＋「敬う」。

ノルマ【norm】

《**表現**》親指と4指でコの字型をつくった右手を、親指を下にして左肩に乗せる。

《**語源**》肩にかかる責任と仕事の量を、指で幅をつくって乗せることで表現。

《**例文**》営業ノルマ＝「営業」＋「ノルマ」。

は

そろえた2指で斜め下を指す。
「h」と同じ。

ばあい【場合】

《表現》右に向けた左手のひら（指は伸ばす）に、親指を伸ばし人差し指を立てた右手親指の先を当て、親指を軸に人差し指を前に倒す。

《語源》左手は状態を表し、右手人差し指は時計の針を表す。右針を動かすことで、状態が始まった「場合」、あるいは「とき」を表す。

《同意》～ならば・～なとき・～したら

《同形》時・時間・時代

《例文》3億円が当たったなら＝数詞「3」＋「億」＋「円」＋「当たる」＋「～ならば」。雨の場合は延期＝「雨」＋「場合」＋「延ばす」。

パーセント【%】

《表現》①右手人差し指で右上から左下に向け斜めに線を引き、②右手親指と人差し指でつくった輪を左上に示し、③続けて右下に示す。

《語源》%を描いたもの。

《例文》90％＝数詞「90」＋「%」。2割増し＝数詞「20」＋「%」＋「増える」。

《参考》①を指をそろえて伸ばした右手の指先で、②③を親指と4指でつくった輪で行ってもよい。

バーベキュー【barbecue】

《表現》伸ばした両手の人差し指の先を前に向け身体の前で並べ、手首を回転させ両手同時に左右に動かす。

《語源》人差し指は串を表し、串に刺した肉を焼くようす。

《例文》バーベキューパーティー＝「バーベキュー」＋「宴会」。

パーマ【permanent】

《**表現**》指をやや開いた両手を頭の左右で構え、手首をクルクル回しながら肩まで下ろす。

《**語源**》頭にカラーが巻かれている、あるいは髪がカールしているようすから。

《**例文**》美容院＝「パーマ」＋「建物」あるいは「場所」。

ばいきん【バイ菌】

《**表現**》親指と4指でつくった左手の筒を目の前に置き、その下で手の甲を上に向けた右手人差し指を伸ばしたり曲げたりしながら前に動かす⇒**「虫」の手話**。

《**語源**》左手の筒は顕微鏡を表し、顕微鏡でのぞく小さい虫という表現。

《**応用**》左手は同じ形で、右手を指文字「う」の形にして伏せ水平に回すと「ウィルス」の手話になる。

ハイキング【hiking】

《**表現**》指を伸ばし軽く開いた両手の指を上に向け前後に構え、両手同時に小さく上下に動かしながら前に出していく。

《**語源**》立てた両手の10指は人々を表し、人々が列になって進んでいくようすから。

《**同形**》遠足・行進

《**例文**》山へハイキングに行く＝「山」＋「ハイキング」。行進曲＝「行進」＋「音楽」。開会式の行進＝「会」＋「開く（開ける）」＋「式」＋「行進」。

《**参考**》同じ形で、前に構えた手を残し後ろに構えた手を左右に揺らしながら手前に引いていくと「行列」の手話になる。

ハイジャック【hijack】

《**表現**》親指と小指を伸ばした左手⇒**「飛行機」の手話**を前に構え、後ろで親指と人差し指を伸ばした右手を構える（人差し指の先を左手に向ける）。

《**語源**》飛行機をピストルで打つ表現。

《**例文**》ハイジャック犯＝「ハイジャック」＋「犯人」。

は

ばいてん【売店】

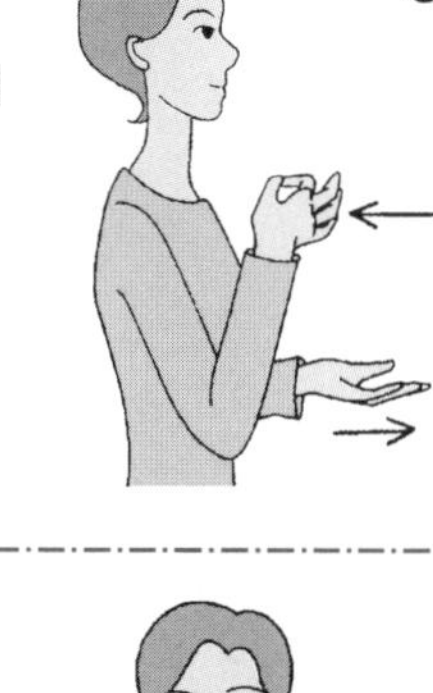

《表現》①親指と人差し指で輪をつくった右手を手前に引くと同時に、左手のひらを上に向け前に出す⇒**「売る」の手話**、②手のひらを上に向けた両手を身体の前で構え、上に弧を描きながら左右に離していく⇒**「店」の手話**。

《語源》「売る」＋「店」で。

はいゆう【俳優】

《表現》①親指と小指を立てた右手の甲を手前に向けて構え、同じく2指を立てた左手を右手よりやや下げた位置で甲を前に向けて構える、②両手を同時にくるっと反転させる（右手は甲が前に、左手は甲が手前に）。

《語源》歌舞伎で見得を切る動作を元にした「演劇」の手話の応用。親指と小指を立てることで俳優全般の人々を表す。

《同意》役者

《応用》同じ動作で、手を開いてわん曲させた両手で行うと「歌舞伎」の手話、握った両手で行うと「演劇」「演技」「芝居」の手話になる。

《例文》映画俳優＝「映画」＋「俳優」。声優＝「声」＋「俳優」。CMタレント＝「コマーシャル」＋「俳優」。有名な俳優＝「有名」＋「俳優」。

《参考》「演技者」全般を伝える手話。「男優」を特定する場合は「演劇」＋「男」。「女優」の場合も「演劇」＋「女」で表現する。また、「歌舞伎役者」は「歌舞伎」＋「人々」でもよい。

はいる【入る】

《表現》右手人差し指の腹側のまん中に、左手人差し指の先をつけ前に倒す。

《語源》「入」の字を前に倒すことで表現。

《例文》手話入門＝「手話」＋「入る」＋「門」。入学＝「学校」＋「入る」。家に入る＝「家」＋「入る」。

はか【墓】

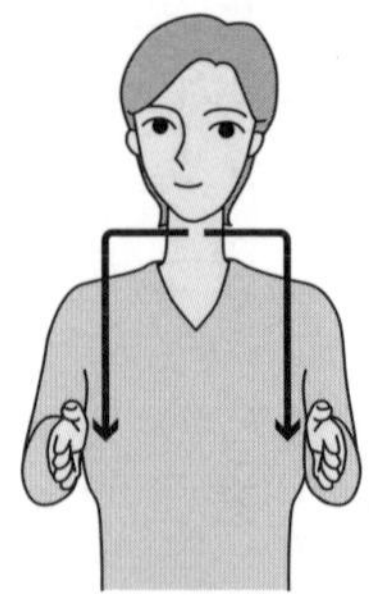

《**表現**》指をそろえて伸ばした両手のひらを下に向けて胸の中央で構え、そのまま両手同時に左右へ離し、手のひらの向きを変え向かい合うようにして下へ動かす。
《**語源**》墓石の四角い形から。
《**例文**》墓前で手を合わせる＝「墓」＋「拝む」。
《**参考**》逆の動きをすると「建物」の手話になる。

はがき【葉書】

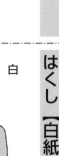

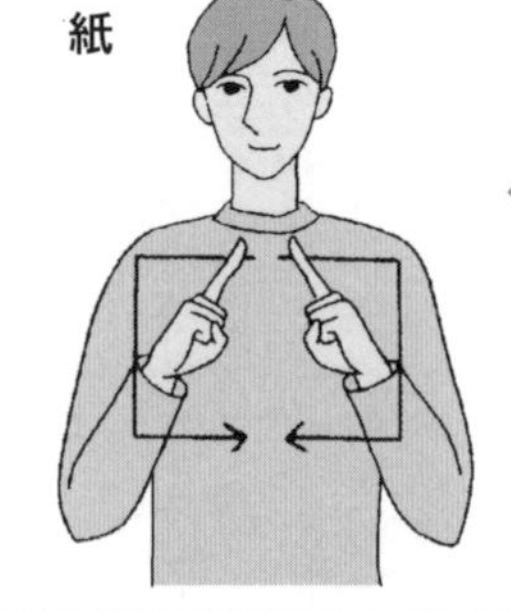

《**表現**》①人差し指と中指を伸ばした左手を横にし、立てた右手人差し指の先に乗せる⇒**「手紙」「郵便」の手話**、②両手の人差し指で、胸の前で四角を空書する⇒**「紙」「四角形」の手話**。
《**語源**》「手紙」と「紙」で。

はくし【白紙】

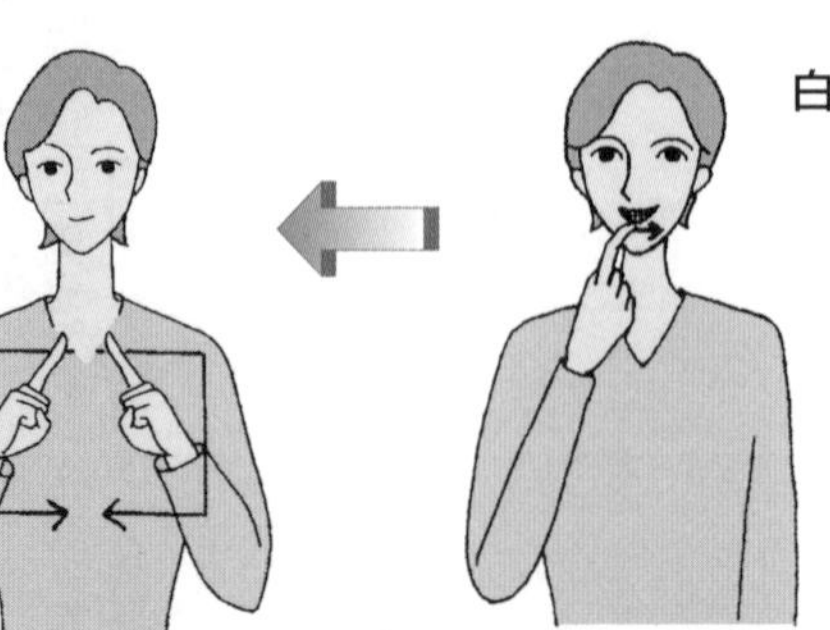

《**表現**》①人差し指で歯を指し、歯に沿って右から左へ動かす⇒**「白」の手話**、②両手の人差し指で、胸の前で四角を空書する⇒**「紙」「四角形」の手話**。
《**語源**》「白」と「紙」で。
《**参考**》考えなどがない状態を伝える場合は「白」＋「美しい」で行う場合がある。

はくし【博士】

《**表現**》すぼめた右手の指先を下に向け頭の右横で構え、パッと開きながら下ろす。

《**語源**》角帽の垂れ下がった房を表したもの。

《**同形**》学者
《**例文**》医学博士＝「医」＋「博士」。科学博士＝「科学」＋「博士」。法学博士＝「法律」＋「博士」。博士号＝「博士」＋「肩書」。

《**参考**》「佐賀」の手話で表すこともある。

はくぶつかん【博物館】

《**表現**》①指をそろえて伸ばした両手を目の高さで構え（手の付け根がこめかみあたり）、手を返すように両手同時に左右に開いていく。②指先を前に向けた両手で、四角いビルの形を描く⇒**「建物」の手話**。

《**語源**》①は視野を広げたくさんのものが見えることを表現。

はげ【禿げ】

《**表現**》手のひらで頭を軽く叩き跳ね上げる。

《**語源**》髪の毛がなく頭が光ることを表現したもの。

《**例文**》禿げ山＝「禿げ」＋「山」。

はけん【派遣】

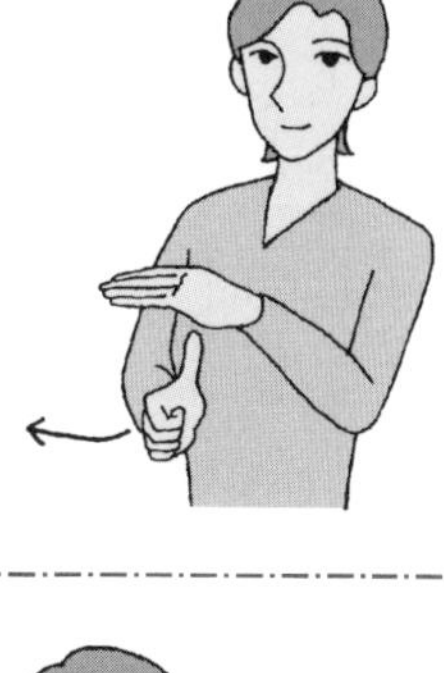

《**表現**》指をそろえて伸ばし指先を右に手のひらを下に向けて構えた左手のひらの下から、親指を立てた右手を前に出していく。

《**語源**》立てた右手親指は人を示し、左手で表した建物から出すという表現。

《**例文**》派遣会社＝「派遣」＋「会社」。通訳を派遣する＝「通訳」＋「派遣」。

はし【橋】

《**表現**》人差し指と中指をそろえて伸ばした両手の指先を前に向けて構え、上に弧を描きながら両手同時に手前に引く。

《**語源**》橋の形を表す。人差し指と中指を伸ばす形は指文字の「は」で橋の頭文字。

《**同形**》橋（人名）

《**例文**》石橋を渡る＝「石」＋「橋」＋橋を示した方向に沿って「歩く」。虹の橋＝「虹」＋「橋」。橋本さん＝「橋」＋「本」＋「男」あるいは「女」。

は

はしか【麻疹】

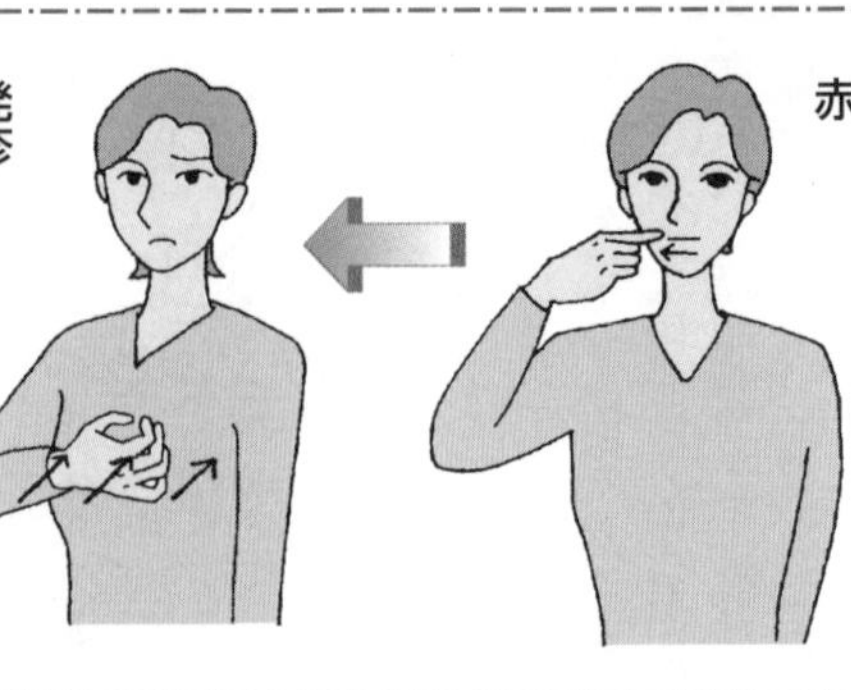

《表現》①右手人差し指を唇に沿って右に動かす⇒「赤」の手話、②指を開いてわん曲させた右手の指先を胸に数回当てる（場所を変えながら）⇒「発疹」の手話。

《語源》「赤」と「発疹」で。赤いブツブツが身体にできていることを表現。

はじまる【始まる】

《表現》指をそろえて伸ばし手のひらを下に向けた両手（指先前向き）を身体の前で並べ、両手同時に手を返しながら左右に開く（指先前向きのまま）。

《語源》開くようすから、始まるの意味に。

《同意》始める

《同形》開ける・開く

《別形》指を伸ばし手のひらを前に向けた両手を身体の前で立てて並べ、両手同時に左右へ離す。

《例文》試験が始まる＝「試験」＋「始まる」。仕事を始める＝「仕事」＋「始まる」。

はじめて【初めて】

《表現》指を伸ばして指先を左に手のひらを下に向けた右手を、上げると同時に人差し指を伸ばす（ほかはすぼめる）。

《語源》初めてを示す、一を強調したもの。

《同意》最初・初

《別形》指をそろえて伸ばし指先を右に手のひらを下に向けて構えた左手の上で、同じ動作を行う。

《例文》はじめまして＝「初めて」＋「会う」。初体験＝「初めて」＋「体験」。

ばしょ【場所】

《表現》手のひらを下に向けわん曲させた右手を軽く下ろす。

《語源》わん曲させた右手は空間を表し、地上を示すことで場所を表現する。

《同意》所

《例文》どこ？＝「場所」＋「何？」。住所は？＝「家」＋「場所」＋「何？」。遊園地＝「遊ぶ」＋「場所」。駅＝「切符」＋

正面の図

は

「場所」。郵便局＝「郵便」＋「場所」あるいは「局」。待ち合わせ場所＝「待つ」＋「会う」あるいは「約束」＋「場所」。仕事場＝「仕事」＋「場所」。良い所ね＝「良い」＋「場所」＋「～ですね（そうです）」。どんな場所＝「何?」＋疑問の表情で「場所」。故郷＝「産まれる」＋「場所」。

ASL

両手を指文字「p」にし中指の先をつける。手前に近づけるように両手で円を描き、再び中指をつける。

PLACE

はしる【走る】

《表現》握った両手を体の横で交互に前後に動かす。

《語源》走っているようす。

《例文》彼は走るのが速い＝「彼」＋「走る」＋「早い」。

バス【bus】

《表現》親指を立て、伸ばした人差し指を向かい合わせた両手を胸の前で構え、そのまま前に出す。

《語源》バスの車体正面、あるいはバンパーを表している。

《例文》バスを待つ＝「バス」＋「待つ」。観光バス＝「観光」＋「バス」。

バスケットボール【basket-ball】

《表現》左手親指と4指でつくった半円を前方で構え、それに向けてすぼめた右手を手前から弧を描きながら動かし5指の先を入れる。
《語源》バスケットゴールにボールを入れる表現。
《例文》バスケットのゲーム＝「バスケットボール」＋「試合」。
《参考》ドリブルをしてから、シュートを打つ動作で表す場合もある。

は

パスポート【passport】

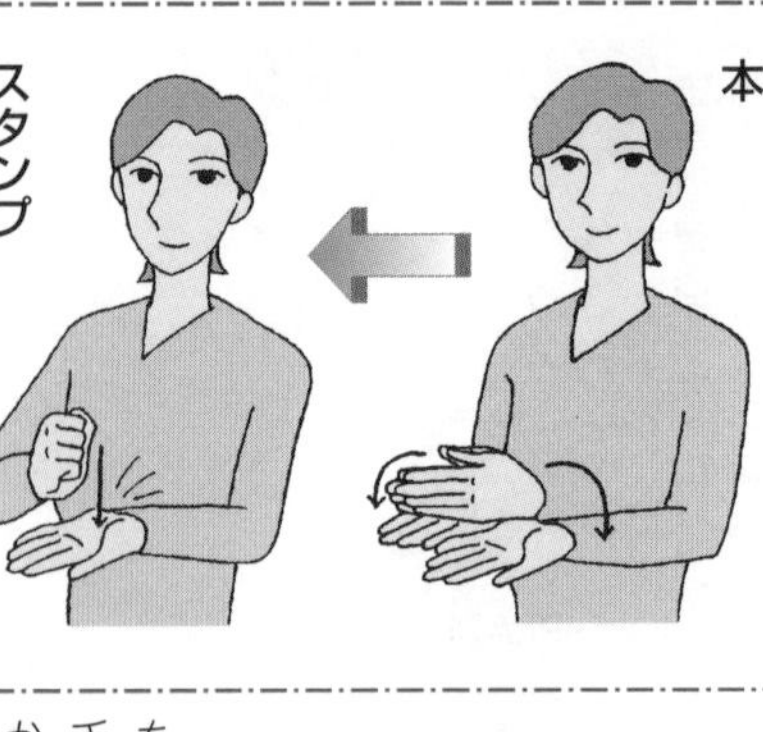

《表現》①手のひらを合わせた両手を開き⇓**「本」の手話**、②左手はそのまま、握った右手の小指側を左手のひらに当てる⇓**「スタンプ」の手話**。

《語源》「本」でパスポートの形を表し、これに「スタンプ」で。

《参考》「本」の手話は、両手をやや斜めに構えるが、「パスポート」ではスタンプを押す動作をするため、手のひらを上に向けて「本」の手話を行う。

はずれる【外れる】

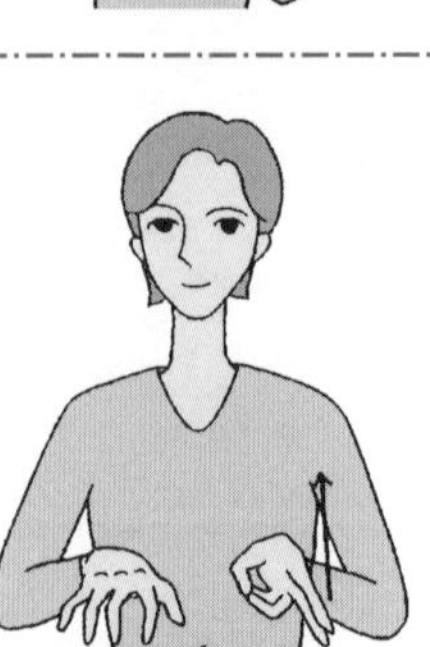

《表現》伸ばした右手人差し指を、軽く握り胸の前で構えた左手の親指側をかすめるように右から左へ動かす。

《語源》握った左手は的を表し、右手人差し指が的を射ずにそれる表現。

《同意》的を外す

《応用》握った左手の親指側に、右手人差し指を当てると「当たる」の手話。

《例文》タイミングを外す＝「機会」＋「外れる」。見込み違い＝「考える」＋「外れる」。

パソコン【personal-computer】

《表現》人差し指と中指を伸ばし指先を前に向けた左手を上にあげ⇓**指文字「ぱ」**、その横で右手をキーボードを打つように動かす。

《語源》キーボード操作の動きと頭文字「パ」で表現。

《応用》左手を指文字「わ」にすれば「ワードプロセッサー」の手話。

《例文》パソコンを習う＝「パソコン」＋「習う」。パソコンを使う＝「パソコン」＋「使う」あるいは両手でキーボードを打つ動作をする。

バター【butter】

《表現》上に向けた左手のひらを、伸ばした右手人差し指と中指の腹で指先から付け根に向けてなで、右手を返して2指の背側で付け根から指先に向けてなでる。

《語源》パンに見立てた左手にバターを塗るようす。2指を伸ばした右手は指文字「は」で頭文字を示している。

はだし【裸足】

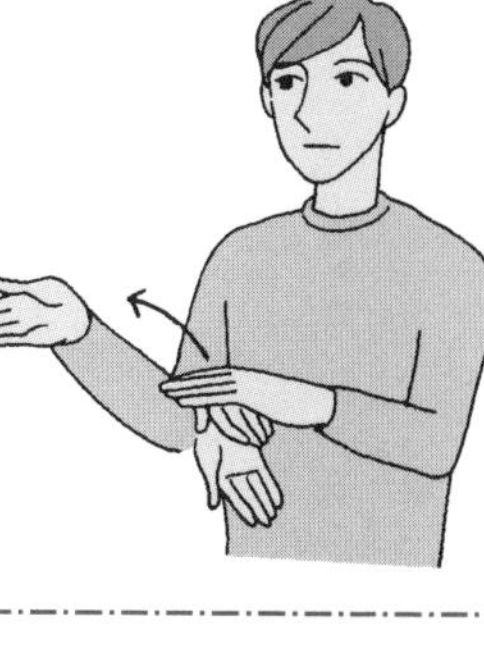

《表現》指をそろえて伸ばし下に向けた左手のひらの付け根に、同じく伸ばした右手のひらを当て、指先に向け滑らせて前に出す。

《語源》左手は足を表し、何もはいていないことを滑らせて表現したもの。

《例文》裸足で歩く＝「裸足」＋「歩く」。

パチンコ

《表現》指を開いてわん曲させた右手の指先を前に向けて身体の右側で構え、手首をひねるように数回動かす。

《語源》台に向かいパチンコをするようす。右手はハンドルを操作するようす。

《例文》パチンコで負ける＝「パチンコ」＋「負ける」。

はっきり

《表現》指をそろえて伸ばし手のひらを手前に向けた両手を身体の前で立てて並べ、右手を前に、左手を手前に同時に素早く動かし離す。

《語源》前後に明確に離すことで、区別がはっきりしているという表現。

《同意》明確

《例文》はっきり言う＝「はっきり」＋「言う」。はっきり見える＝「はっきり」＋「見る」＋「〜できる」。はっきり分かる＝「はっきり」＋「分かる」。

ばっきん【罰金】

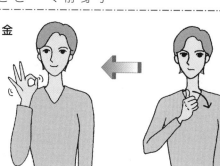

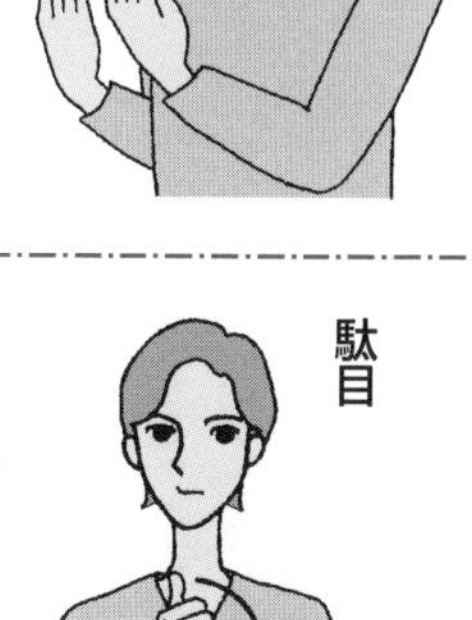

《表現》①立てた親指を勢いよく斜め前下に出す⇓**「駄目」**の手話、②親指と人差し指で輪をつくり、小さく振る⇓**「金」**の手話。

《語源》「駄目」と「金」で。

《例文》罰金10万円＝「罰金」＋数詞「10」＋「〜万」＋「円」。

はつげんなし【発言なし】

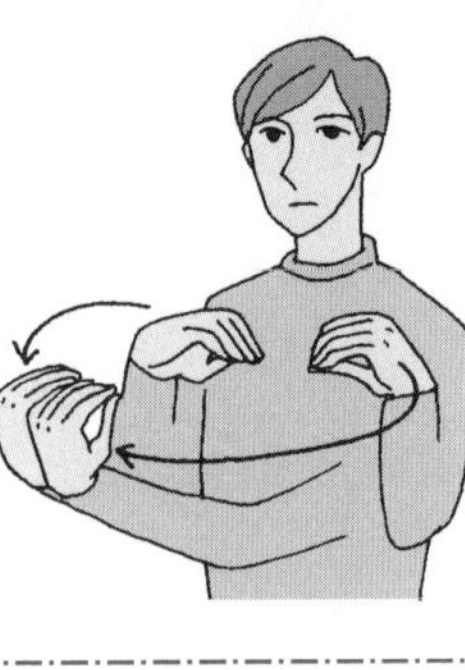

《表現》すぼめた両手の指先を胸のすぐ前で向かい合わせ、水平に円を描きながら前に動かし、小指側をそろえて並べる。

《語源》水平に描く円は円卓でたくさんの人が向かい合っていることを表現したもの。すぼめた指をパッパッと開けば「話す」の手話だが、すぼめた状態のまで動かすことにより誰も話さないことを伝える。

はっぽうふさがり【八方塞がり】

《表現》指をそろえて伸ばし（指先は前、手のひらは左向き）前方に動かした右手を、左手のひらで阻む動作を、3方向に向けて行う。

《語源》どの方向にも進めない表現。

《同意》手も足も出ない・四面楚歌

はで【派手】

《表現》指をそろえて伸ばし手のひらを手前に向けた両手を前方で立てて並べ、両手同時に素早く手前に引き目の前に近づける。

《語源》目立つということで両手のひらを目に近づける。

《例文》派手な服＝「派手」＋「服」。派手な色＝「派手」＋「色」。

はと【鳩】

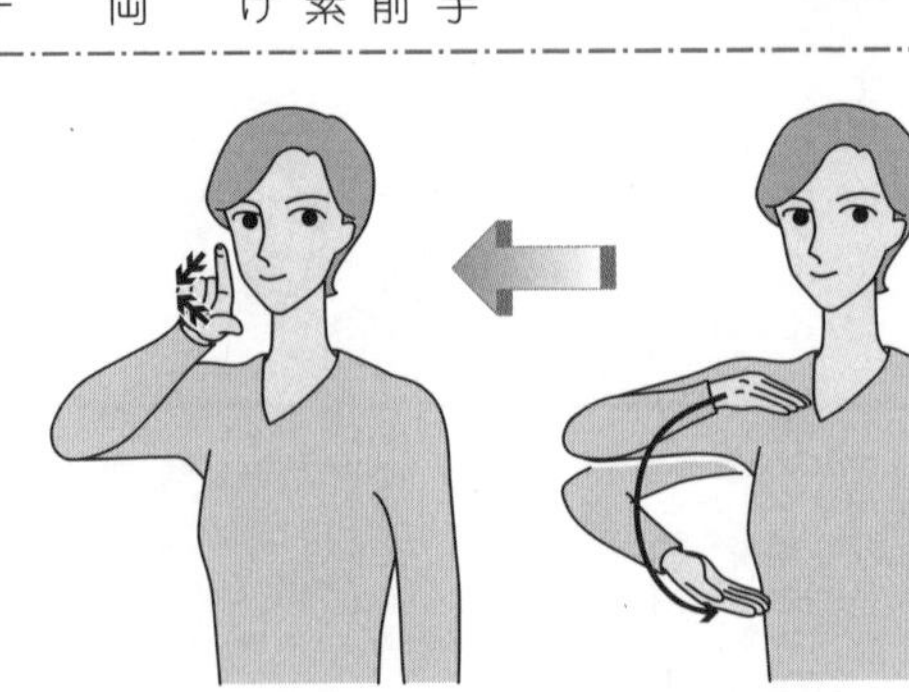

《表現》①手のひらを下に向けた右手の親指側を胸の上部につけ、胸の下部に向け弧を描きながら動かし小指側をつける、②口の前で右手親指と人差し指を前に向け、2回ほど指先をつける⇒**「鳥」の手話**。

《語源》ハトのむねの形状と「鳥」の手話で表現。

パトカー【patrol-car】

警察

救急車

《表現》①親指と人差し指でつくった半円を額に当てる⇩**「警察」の手話**、②右手をひじから立て、手首あたりを左手でつかみ右手首を回転しながら、両手を前に出していく⇩**「救急車」の手話**。

《語源》②の「救急車」は点滅する赤ランプを表すことから、「警察」と「救急車」で。

はな【花】

《表現》指先をつけすぼめた両手をひじから立て（左手の甲前向き）、手首を軸にくるりと半回転させながら全指を開く。

《語源》つぼみから、花びらが開くようすを表現。

《同意》咲く・花が咲く

《例文》青い花＝「青」＋「花」。梅の花＝「梅」＋「花」。花咲かじいさん＝「花」＋「老人」。お花畑＝「花」＋「原」。

バナナ【banana】

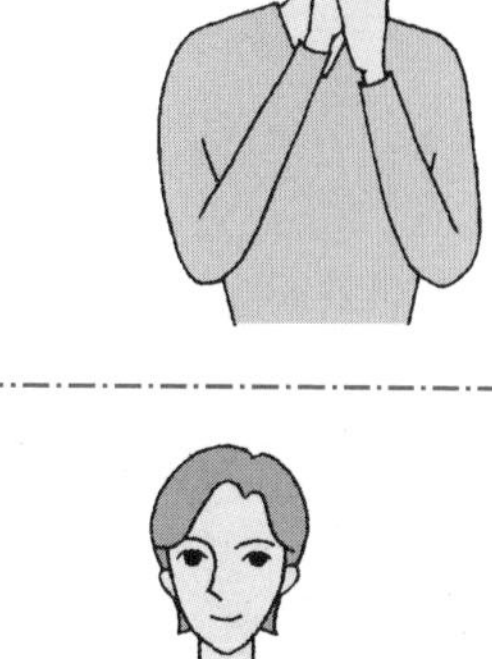

《表現》左手はバナナを持つように構え、右手でバナナの皮をむくように、上から下へ動かす。

《語源》バナナの皮をむくようす。

《例文》南の国のバナナ＝「南」＋「国」＋「バナナ」。

はなび【花火】

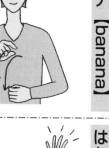

《表現》すぼめた両手の指先を上に向けて構え、上にあげながら手を開く。

《語源》花火が打ち上がるようす。

《例文》ねずみ花火＝「ねずみ」＋「花火」。花火を見に行こうよ＝「花火」＋「見る」＋「一緒に行く」。

パネルディスカッション【panel discussion】

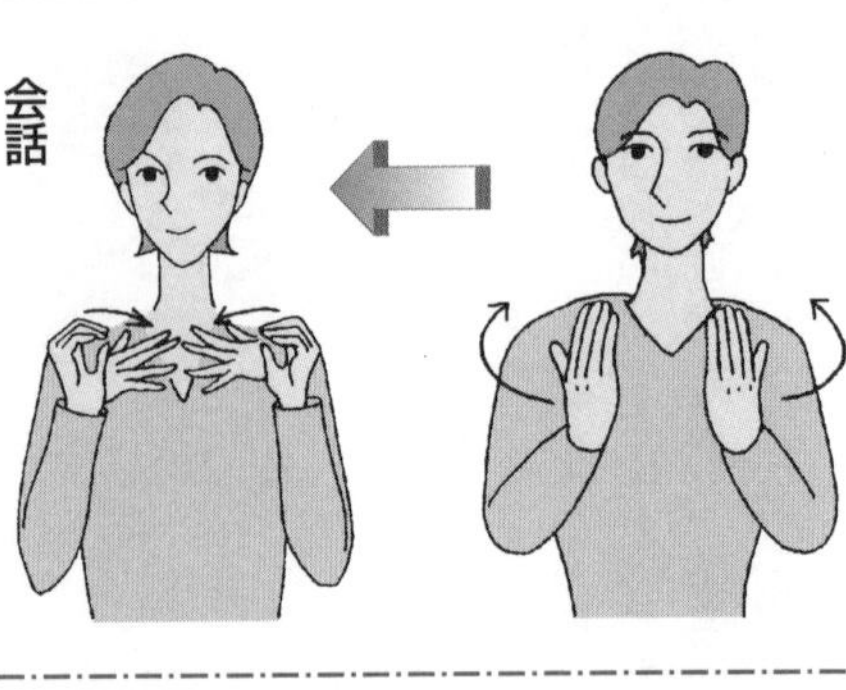

《表現》①手のひらを手前に向けた両手を前方に立て、水平に弧を描くように動かし（手のひらが向かい合う程度まで）、②5指の先をつけた両手を向かい合わせ、交互にパッ、パッと開く⇒**「会話」の手話**。

《語源》①の10指はたくさんの人を表し、半円に並んでいるようすを表現、これに「会話」の手話を加えたもの。

はは【母】

《表現》右手人差し指でほほに1回触れたあと、立てた小指を上に掲げる。

《語源》ほほに触れるのは肉親を表し、小指を上に掲げることで目上の女性を示す。

《応用》人差し指でほほに触れたあと、上に掲げる手を立てた親指にすれば「父」の手話に、曲げた小指にすれば「祖母」の手話になる。

《例文》母は元気です＝「母」＋「元気」。日本のお母さん＝「日本」＋「母」。義母＝指文字「ぎ」＋「母」。母の愛＝「母」＋「愛」。

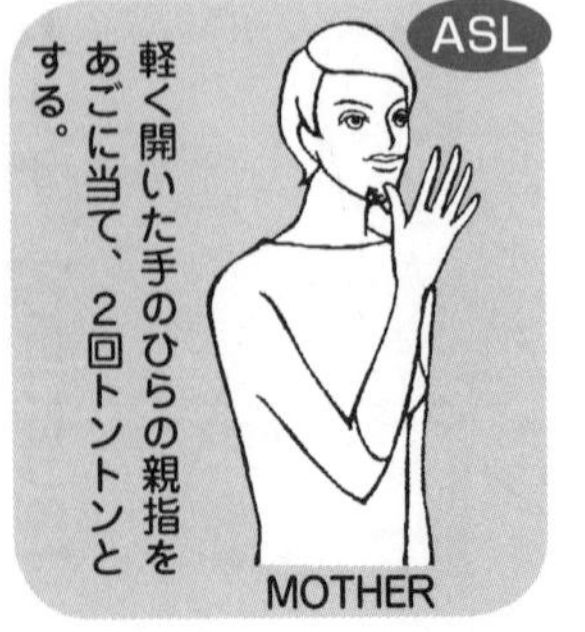

ASL
軽く開いた手のひらの親指をあごに当て、2回トントンとする。
MOTHER

はばつ【派閥】

《表現》立てた左手親指の下で、指を下に向けすぼめた右手を構え、斜め前下に出しながら指を開く。

《語源》立てた左手親指は派閥の長を、下に向けて開く5指は組織図を表すもので、1人を頂点にした人々を示す。

《例文》政治派閥＝「政治」＋「派閥」。会社の派閥＝「会社」＋「派閥」。

は

はみがき【歯磨き】

《表現》歯ブラシを持つように握った右手を口の横で左右に動かす。

《語源》歯磨きをするようす。

《例文》朝の歯磨き＝「朝」＋「歯磨き」。

《参考》歯磨きの仕方は人によって違うため、特に右手の角度はこだわらない。

ハム【ham】

《表現》親指と4指で大きめの半円をつくった両手を中央で並べ、左右に離しながら握る。

《語源》ハムの形状を表現したもの。

《例文》ハムサラダ＝「ハム」＋「サラダ」。

はやい【早い】

《表現》親指と人差し指の先をつけた右手を右肩あたりで構え、左斜め下へ素早く動かしながら2指を開く（手の甲前向き）。

《語源》光を表すといわれる。

《同意》速い

《応用》この手話のあとに「停まる」の手話をし、両手を前に進めてもう一度「停まる」の手話をすると電車の「急行」の手話になる。

《例文》本を読むのが速い＝「本」＋「読む」＋「早い」。朝早く＝「朝」＋「早い」。飛行機は速い＝「飛行機」＋「早い」。

はやし【林】

《表現》指を伸ばした両手の小指側を前に向けて身体の前で立て、交互に大きく上下に動かす。

《語源》手は木を表し、上下させてたくさんの木があることを示す。

《同意》林（人名）

《応用》指を伸ばして軽く開いた両手を甲を前に向けて身体の前で立て、交互に大きく上下に動かしながら左右に離していくと「森」の手話になる。

《例文》松林＝「松」＋「林」。森林＝「森」＋「林」。林さん＝「林」＋「男」あるいは「女」。

はら【原】

《**表現**》指を伸ばしてやや開いた左手の甲を前に向けて身体の前で立て、その前で手のひらを下に向けた右手を水平に回す。

《**語源**》左手は草を、右手は広場を意味する。

《**同意**》平原・原（人名）

《**例文**》北海道の平原＝「北海道」＋大きく「原」。原さん＝「原」＋「男」あるいは「女」。

《**参考**》右手のみで行う場合もある。

パラシュート【parachute】

《**表現**》指を開きわん曲させた右手のひらの下で、左手人差し指を立て（右肩あたり）、そのまま両手同時に左斜め下におろす。
《**語源**》傘型のパラシュートが空から降りるようす。
《**同意**》落下傘
《**例文**》落下傘部隊＝「パラシュート」＋「兵（兵庫）」＋「グループ（劇団）」。

パラリンピック【paralympic】

《**表現**》①両手を腰の位置に構え、車椅子の車輪を回すように前に動かす⇒**「車椅子」の手話**、②親指と人差し指でつくった輪をつなぎ合わせ、手首を返しながら3回組み替える⇒**「オリンピック」の手話**。
《**語源**》「車椅子」と「オリンピック」で。

バランス【balance】

《**表現**》手のひらを上に向けた両手を左右に構え、交互に小さく上下に動かす。
《**語源**》バランスをとるようす。
《**別形**》手のひらを下に向けてもよい。
《**例文**》体のバランス＝「身体（体験）」＋「バランス」。

はり【針】

《**表現**》細い針を持つように握った左手を身体の前に構え、糸をつまむように親指と人差し指の先をつけ握った右手を小さく数回前に動かす。

《**語源**》針に糸を通すようす。

《**応用**》左手に布を、右手に針を持って針を動かす動作を行う「縫う」の手話でも伝えることができる。

《**例文**》針の山＝「針」＋「山」。針供養＝「針」＋「葬式」。畳針＝「畳」＋「針」。

パリ【Paris】

《**表現**》人差し指と中指を伸ばし左右に構えた両手を、中央に寄せながら上にあげ指先をつける。

《**語源**》パリのエッフェル塔を表したもの。

《**同意**》エッフェル塔

《**例文**》パリジェンヌ＝「パリ」＋「女」。パリに行きたい＝「パリ」＋「行く」＋「〜したい」あるいは「希望」。

バリアフリー【barrier-free】

《**表現**》指をそろえて伸ばした両手の指先を胸の前で向かい合わせ（手の甲前向き）、そのまま下におろし、下ろしたところで左右に両手の指先を開くように動かす（手のひら前向き）。

《**語源**》バリア（壁）がない、また、取り払うという表現。

《**例文**》バリアフリーな社会＝「バリアフリー」＋「社会（世の中）」。バリアフリー住宅＝「バリアフリー」＋「家」。

はる【春】

《**表現**》おなかあたりから、両手ですくい上げるように、胸からのど元へ数回風を送るように動かす。

《**語源**》春になって、暖かい空気が立ちのぼるようす。

《**同形**》暖かい
《**応用**》前方から顔や首のあたりに風を送るように動かすと「秋」「涼しい」の手話になる。

《**別形**》「四季」の手話に続けて左手人差し指を右手でつまみ、1番目の季節として伝えることもある。

《**例文**》春を待つ＝「春」＋「待つ」。春風＝「春」＋「風」。今日は暖かい＝「今日」＋「暖かい」。暖かい部屋＝「暖かい」＋「部屋」。

《**参考**》「春」と「秋」では、手の動かし方に注意。

ASL
利き手と反対の手をcの形にして横向きにする。その下から、すぼめた利き手を上に動かしながら広げる動作を2回行う。
SPRING

はれ【晴れ】

《**表現**》手のひらを前に向け顔の前で交差させた両手を左右に開く。
《**語源**》目の前が明るくなるようす。
《**同形**》明るい・昼間
《**例文**》明日は晴れ＝「明日」＋「晴れ」。晴れのち雨＝「晴れ」＋小さめに「今度（将来）」＋「雨」。

バレーボール【volleyball】

《**表現**》ややわん曲させた両手を頭の上で構え、両手同時に2回ほど上へあげる。
《**語源**》トスをあげるようす。
《**同意**》トス
《**例文**》バレーボールの練習＝「バレーボール」＋「練習」。日本女子バレー＝「日本」＋「女性（女たち）」＋「バレーボール」。

は

ばれる

《表現》指をやや開いて伸ばした左手のひらをおなかに向け、左手の指の間に右手人差し指を前から差し込む。

《語源》隠しているものを見透かされた表現。

《別形》指をやや開いて伸ばした右手5指で行ってもよい。

《例文》うそがばれる＝「うそ」＋「ばれる」。浮気がばれる＝「浮気」＋「ばれる」。

ハローワーク

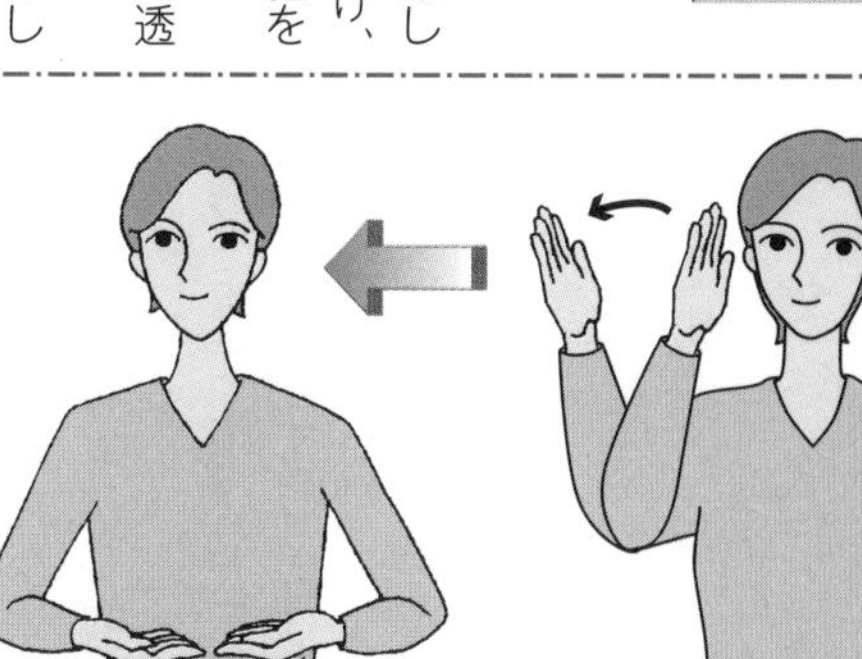

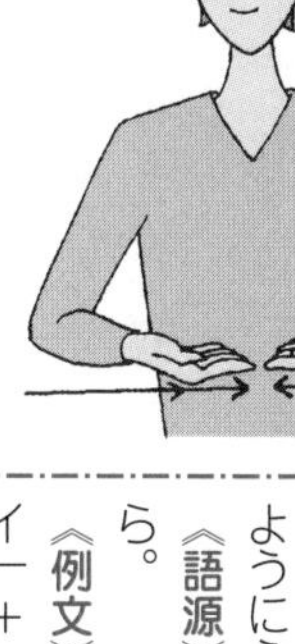

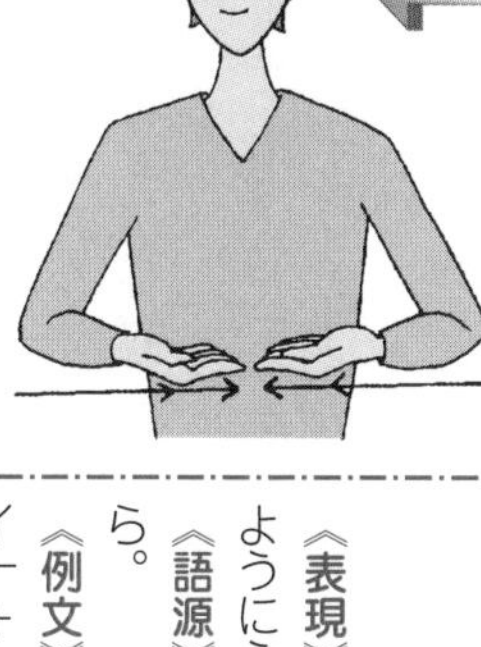

《表現》①こめかみの横に指を伸ばしてそろえた右手を立て前に出す、②手のひらを上に向けた両手の指先を、左右から中央へ2回寄せる⇒**「仕事」の手話**。

《語源》「ＨＥＬＬＯ」の手話から。

《参考》職業安定所は「仕事」＋「紹介」＋「場所」で表現。

ハワイ【Hawaii】

《表現》身体の横で両手を波のようにうねらせる。

《語源》ハワイアンダンスから。

《例文》ハワイに行く＝「ハワイ」＋「飛行機」。ハワイで泳ぐ＝「ハワイ」＋「泳ぐ」。

パン【bread】

《表現》両手の親指と4指の先を向かい合わせだ円をつくり、幅をせばめるように指を小さく上下に動かす。

《語源》丸いパンの形と柔らかさを表現したもの。

《別形》親指と人差し指の先をつけた右手を口元の右側に構え、前に出しながらパッと2指を開く。

《例文》フランスパン＝「フランス」＋「パン」。メロンパン＝「メロン」＋「パン」。

～ばん【～番】

《表現》数詞を示した右手を、甲を前に向け左肩に当てる。

《語源》数字が肩に乗る表現。

《応用》数詞を二の腕に当てると、腕前を表すことから剣道・柔道などの「～段」の手話になる。

《別形》数詞を示した右手を、小指側を前に向け左肩に当て、そのまま前に出す。

《例文》1番＝数詞「1」を肩に当てる。2番＝数詞「2」を肩に当てる。

はんい【範囲】

《表現》指をそろえて伸ばし指先を前に向け、手のひらを向かい合わせた両手を平行に構え、両手同時に下ろす。
《語源》両手で限られた広さを示す。下に動かすのは範囲を強調するため。
《別形》「制限」「部屋」の手話で表してもよい。
《例文》試験範囲＝「試験」＋「範囲」。行動範囲＝「行動（活動）」＋「範囲」。

ハンカチ【handkerchief】

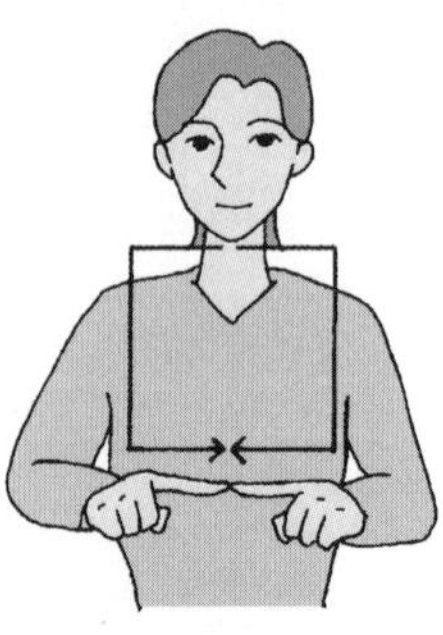

《表現》両手の人差し指で、胸の前で四角を空書する。
《語源》ハンカチの形から。
《別形》手を拭うしぐさをしてから同様の動作を行う。
《例文》黄色いハンカチ＝「黄色」＋「ハンカチ」。ハンカチを贈る＝「ハンカチ」＋「贈る（プレゼント）」。

ばんぐみ【番組】

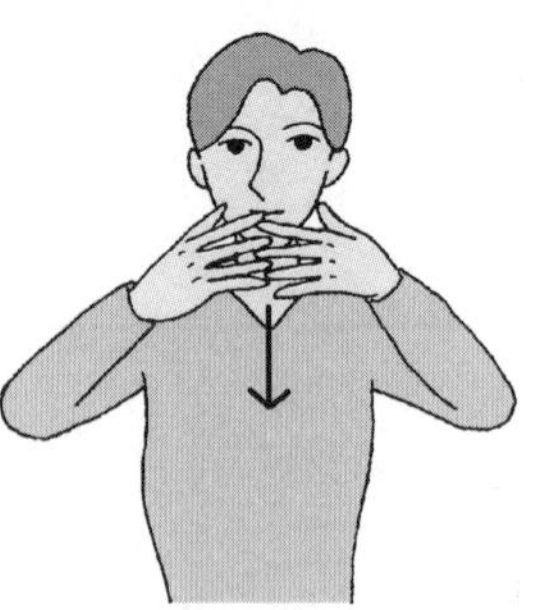

《表現》指を軽く開き伸ばした両手の4指の先を交互に挟み込みそのまま下におろす。
《語源》新聞のテレビ番組欄を表現したもの。
《例文》テレビ番組＝「テレビ」＋「番組」。
《参考》4指の先を挟み込まずに、近づけて向かい合わせて行ってもよい。

は

はんこうする【反抗する】

《表現》握った右手のひじを張るように右へ動かす。
《同形》振る
《応用》両手のひじを1～2回張ると「生きるa」の手話になる。
《例文》親に反抗する＝「両親」＋「反抗する」。

はんしん【阪神】

《表現》伸ばした両手の人差し指と中指で、左右対称に雷型を描く（手のひら前向き）。
《語源》人差し指と中指の2指は指文字「は」を示し、かつての阪神電車のマークを描いたもの。
《例文》阪神大震災＝「阪神」＋激しく「地震」。阪神電車＝「阪神」＋「電車」。

はんせい【反省】

《表現》右こめかみに右手人差し指を当て⇒**「思う」の手話**、手首を返して5指を伸ばした右手の指先を胸に当てる（手のひら上向き）。
《語源》「思う」の手話のあとに、自分の心の内を探る・探すように手のひらで胸を指す。
《例文》ミスを反省する＝「手落ち」あるいは「失敗」＋「反省」。

パンダ【panda】

《表現》親指と人差し指で半円をつくった両手を、両目にやや斜めに当てる（左右にたれ下がるように）。
《語源》パンダの黒い目の縁取りを表したもの。
《例文》中国からパンダがやって来た＝「中国」＋「～から」＋「パンダ」＋「来る」。パンダに赤ちゃんが産まれる＝「パンダ」＋「赤ちゃん」＋「産まれる」。
《参考》親指と4指で半円をつくる場合もある。

はんたい【反対】

《表現》付け根から折った両手の4指の背を左右からぶつける。

《語源》2つのものが背を向けてぶつかり合う表現。

《例文》反対意見＝「反対」＋「意見」。異議を申し込む＝「反対」＋「申し込む」。

《参考》付け根から折った4指の背を合わせた両手を、左右に素早く離すと「別れる」の手話になるので注意。

はんだん【判断】

《表現》上に向けた左手のひらに、指先を前に向け伸ばして立てた右手を乗せ左右に振る。

《語源》右と左を振り分けることで、「割り切る」「判断」を伝えるもの。

《同形》割り切る

《別形》上に向けた左手のひらに、指先を前に向け伸ばして立てた右手を右上から当て（小指側）左上に跳ね上げ、続けて左上から当て右上に跳ね上げる。または、「考える」＋「決める」でもよい。

《例文》私の判断＝「私」＋「判断」。判断を誤る＝「判断」＋「間違い」。正しい判断＝「正しい」＋「判断」。

はんとう【半島】

《表現》甲を上に向けた左腕に沿って、手のひらを上に向けややくぼませた右手を、細長い円を描くように回す（左腕の小指側から親指側に向けて）。

《語源》左腕は突き出した陸地。右手のひらは海を表す。

《例文》朝鮮半島＝「朝鮮」＋「半島」。

はんにん【犯人】

《表現》①右手人差し指を鼻先で倒す⇒**「悪い」の手話**、②右手人差し指で人の文字を空書する⇒**「人」の手話**。

《語源》「悪い」と「人」で。

《例文》真犯人＝「本当」＋「犯人」。殺人犯＝「殺す」＋「犯人」。窃盗犯＝「盗む」＋「犯人」。

ハンバーガー【hamburger】

《表現》親指と4指でハンバーガーを持つようにそろえた両手を口元へ運ぶ。

《語源》ハンバーガーを食べるようす。

《例文》アメリカのハンバーガー＝「アメリカ」＋「ハンバーガー」。

はんぶん【半分】

《表現》小指側を前に向け垂直に立てた右手を身体の前で構え、そのまま下におろす。指先を前に向けてもよい。

《語源》半分に分ける表現。

《別形》上に向けた左手のひらに、指先を前に向け伸ばして立てた右手を乗せ（小指側から）、手前に引く。半分に切るようす。

《例文》半分はうそ＝「半分」＋「うそ」。

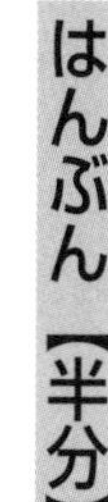

ひ

人差し指を立てる。
「1」と同じ。

ピアノ【piano】

《表現》ピアノを弾くように、身体の前で構えた両手の指を動かす。

《語源》ピアノを弾くようす。

《同形》音楽（特にピアノ演奏）

《例文》白いピアノ＝「白」＋「ピアノ」。ピアニスト＝「ピアノ」＋「男」あるいは「女」。

《参考》指を動かしながら、両手を左右に離したり中央に寄せたりしてもよい。

ピーマン【piment】

《表現》親指と4指でCをかたどった両手の指先をつける。

《語源》中が空なピーマンを表現したもの。

《別形》両手握りこぶしの小指側を前に向けて立て、両手を合わせる。

《例文》赤ピーマン＝「赤」＋「ピーマン」。

ビール【beer】

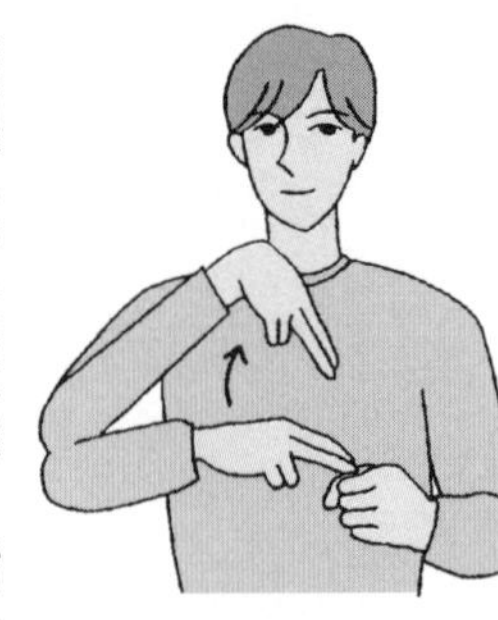

《表現》立てた左手握りこぶしの親指側に、伸ばした右手人差し指と中指の腹を当て、手首を折るようにして上へあげる。

《語源》ビールの栓を抜くようす。

《別形》親指と小指を伸ばした右手を、親指を上にし手の甲を前に向けて立てジョッキの取っ手に見立てて、そのままジョッキを傾け、飲むようすでも伝えることができる。

《例文》ドイツビール＝「ドイツ」＋「ビール」。生ビール＝「生きるa」＋「ビール（別形）」。

ひがし【東】

《表現》親指を伸ばし人差し指を立てた両手を身体の前に構えて、1回上げる。

《語源》親指と人差し指を伸ばした両手は太陽を示し、太陽が昇る（上がる）ことで東を表したもの。

《応用》同じ形で2回上げると「東京」の手話になる。また、同じ形で人差し指の先を下に向けて1回下ろすと「西」の手話。「東」と逆に太陽が沈むことで表したもの。

《例文》東の空＝「東」＋「空」。東海道＝「東」＋「海」＋「道（道路）」。東北地方＝「東」＋「北」＋「地方（地域）」。東海地方＝「東」＋「海」＋「地方（地域）」。東さん＝「東」＋「男」あるいは「女」。

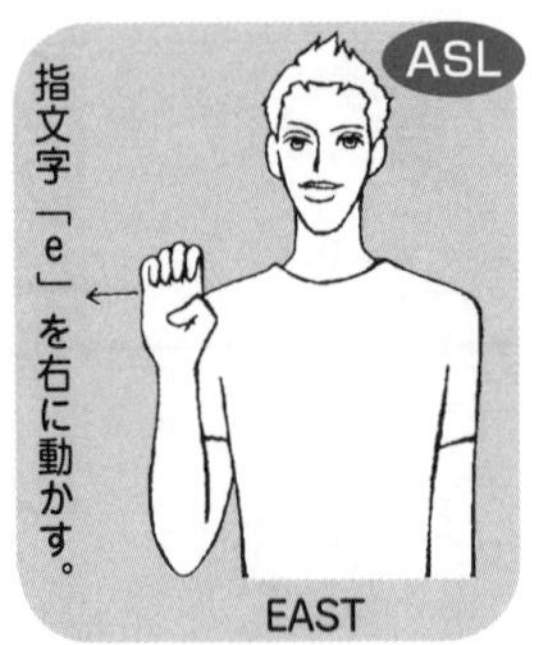

ひかる【光る】

《表現》右上（頭の高さ）で5指の先をつけた右手を、左下へおろしながらパッと指を開く。
《語源》上方から光が差し込むようすを表す。
《同形》光・ライト
《応用》下ろさずに下に向けてパッと開くと「明かり」の手話になる。
《例文》月の光＝「月（月曜日）」＋「光」。

ひくい【低い】

《表現》4指を付け根から折った右手を、右肩あたりから下げる。

《語源》背が低いの表現から。

《応用》頭の横で下げると「背が低い」の手話になる。

《別形》指先を前に手のひらを下に向けた右手を、右肩あたりから下ろす。

《例文》低地＝「低い」＋手を下げた位置で「場所」。

《参考》手を下げる幅によって、低さの度合いを伝えることができる。

ひこうき【飛行機】

《表現》親指と小指を伸ばした右手を斜めに上げていく（手の甲上向き）。

《語源》親指と小指を翼にたとえた表現。

《応用》同じ形の右手を左手のひらに置き、斜めに上げていくと「離陸」、斜め上から左手のひらに置けば「着陸」の手話になる。

《別形》親指と小指に加え、人差し指を伸ばして行う。

《例文》ハワイ行きの飛行機＝「ハワイ」＋「～まで」＋「飛行機」。海外旅行＝「世界」＋「飛行機」＋「遊ぶ」。

ひこくにん【被告人】

《表現》①右手の指先を手前に向け、手招きするように指を折りながら前に出す⇒**「呼ばれる」「誘われる」の手話**、②続けて右手親指を立てる⇒**「男」の手話**。
《語源》「呼ばれる」と「男」で。

ひ

ひさしぶり【久しぶり】

《表現》付け根から折った4指の背を合わせた両手を、左右にやや弧を描きながらゆっくり離していく。

《語源》背中合わせにした両手を左右に離すのは「別れる」の表現で、ゆっくり弧を描くことで別れている期間が長かったことを伝える。

《同形》離れる

《応用》同じ形で左右に素早く離すと「別れる」の手話。

《例文》お久しぶり、元気？＝「久しぶり」＋問いかけるように「元気」。別れがつらい＝悲しい表情で「別れる」＋「悲しい」。

ひじょうぐち【非常口】

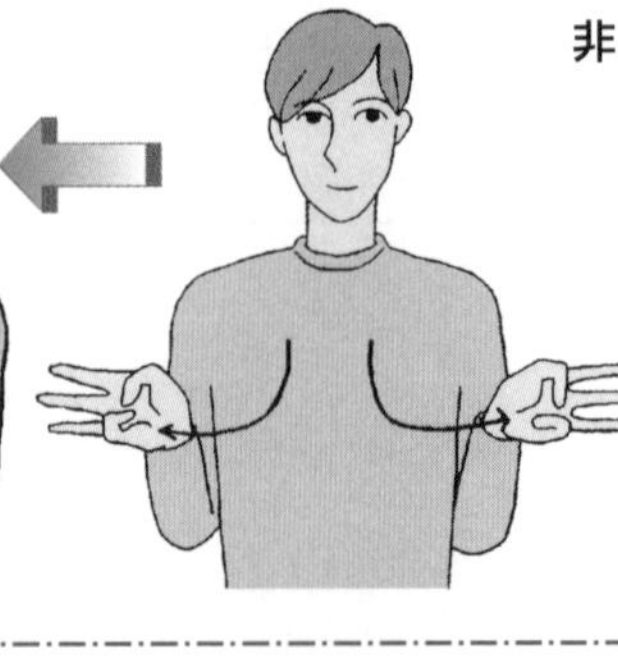

《表現》両手の人差し指、中指、薬指の先を前に向けて伸ばし、下におろして、さらに左右に開く⇒**「非」の手話**、②右手人差し指で口を指し、円を描く⇒**「口」の手話**。

《語源》①は漢字の非を書いたもの。「非」と「口」で。

ビジョン【vision】

《表現》人差し指と中指を離して立てた⇒**指文字「V」**両手を目元に構え、両手同時に前へ出しながら左右に開いていく。

《語源》頭文字Vを、未来を表す前方に動かすことで表現。

《例文》5年後のビジョン＝数詞5で「〜年」＋「将来」＋「ビジョン」／数詞5で「〜年」＋年の左手を残したまま数詞5を前に出す＋「ビジョン」。日本の将来の展望＝「日本」＋「ビジョン」。

ひだり【左】

《表現》握った左手のひじを、左に1回張り出す。

《語源》左の方向を強調して示すもの。

《応用》右手のひじを右に張り出せば「右」の手話になる。

《例文》交差点の左＝「交差点」＋「左」。

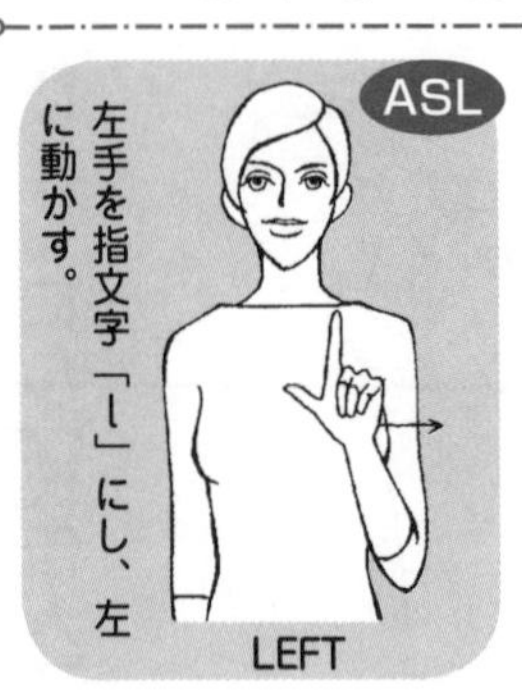

ASL
左手を指文字「L」にし、左に動かす。
LEFT

ひっこす【引っ越す】

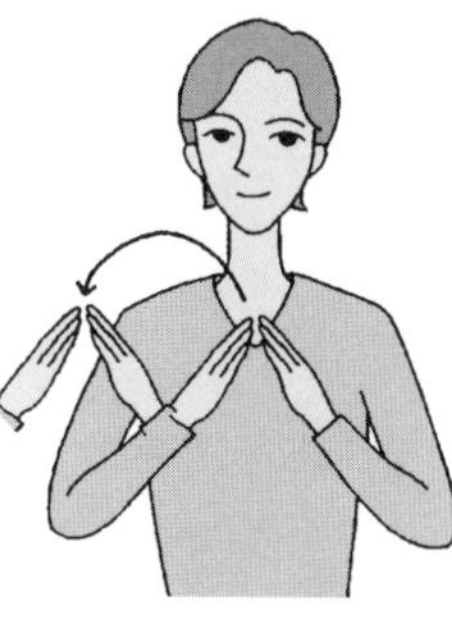

《表現》左右から斜めに立てた両手の指先を合わせる⇒**「家」の手話**、そのままの形で、両手同時に上に弧を描きながら右へ動かす。
《語源》「家」を移ることから。
《例文》東京から神奈川へ引っ越す＝身体の右寄りで「東京」＋「～から」＋身体の左寄りで「神奈川」＋右から左へ「引っ越す」。引っ越しの準備＝「引っ越す」＋「準備（用意）」。
《参考》両手を動かす方向は、左や前など状況に合わせて変えてもよい。

ひつじ【羊】

《表現》頭の両横で伸ばした人差し指を後ろから前方へグルグルと回す。
《語源》羊の角を人差し指で表したもの。
《例文》おひつじ座＝「男」＋「羊」＋「星座」。

ひつだん【筆談】

《表現》紙に見立てた左手のひらに、ペンで書くように右手を動かし、続けて、左手を前に差し出してから手前に引く。
《語源》紙（左手のひら）に文字を書くようす。左手を前後に動かすのは、自分と相手で紙をやりとりすることの表現。
《例文》筆談しましょう＝同意を求める表情で「筆談」。

ビデオカメラ【video-camera】

《表現》手のひらを上に向け顔の前に構えた左手のひらに、親指を立て人差し指と中指を伸ばした右手を乗せる。

《語源》ビデオカメラを表す右手と、そのレンズをのぞくようす。

《例文》運動会をビデオで撮影する＝「運動」＋「会」＋「ビデオカメラ」。

《参考》撮影していることを伝えるために両手を軽く左右に振ってもよい。

ひと【人】

《表現》右手人差し指で、人の文字を空書する。自分から見て人の文字。

《同意》人間

《例文》大切な人＝「大切」＋「人」。韓国人＝「韓国」＋「人」。3人＝左手で数詞「3」＋3の下で「人」。

ひとびと【人々】

《表現》親指と小指を立てた両手（手の甲前向き）を胸の前に構え、手首をひねりながら左右に離していく。

《語源》親指と小指は男と女。両手で男と女を示し、左右に広げていくことでたくさんの人を表す。

《同意》民

《応用》同じ手の形で手のひらを手前に向けた両手を前で並べ、水平に円を描きながら手前に動かし、手のひらを前に向けて再び並べると「社会」「世の中」の手話。正面やや上方で両手を向かい合わせ、下に大きく円を描いて再び合わせると「人口」の手話。斜めに立てた左手の下で、親指と小指を立てた右手を手首から軽く振ると「家族」の手話になる。

《例文》貧しき人々＝「貧しい(貧乏)」＋「人々」。国民＝「国」＋「人々」。一般大衆＝「一般(普通)」＋「人々」。子どもたち＝「子供」＋「人々」。青年層＝「若い」＋「人々」。民間企業＝「人々」＋「会社」。民法＝「民」＋「法律」。民生委員＝「民」＋「暮らす」＋「委員」。

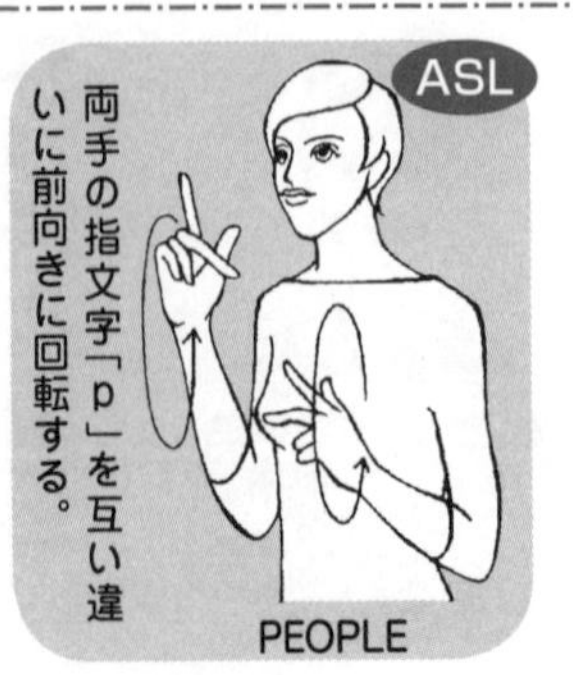

ASL
両手の指文字「p」を互い違いに前向きに回転する。
PEOPLE

ひま【暇】

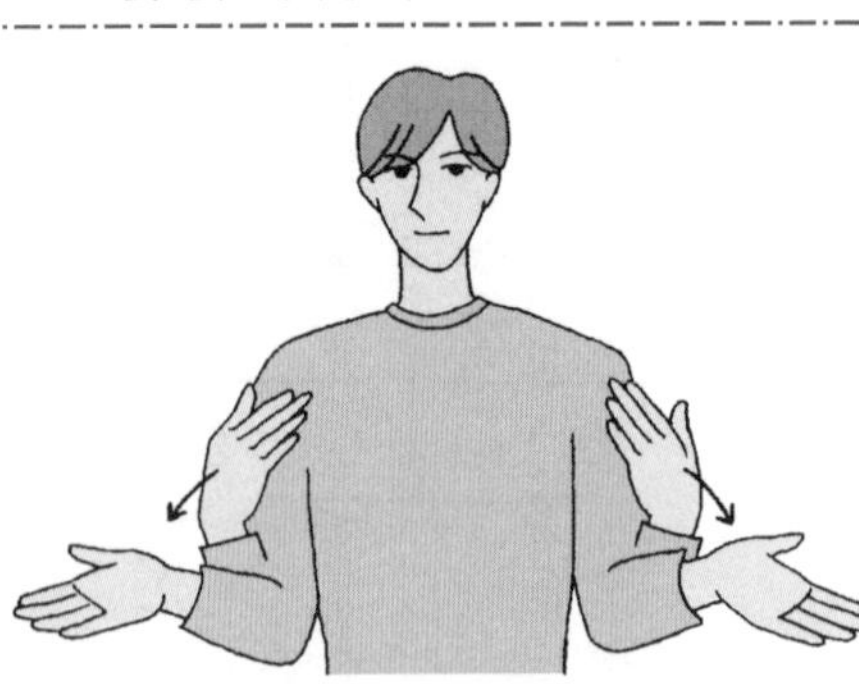

《表現》両手のひらを手前に向けて両肩あたりに構え、手首を返して下ろし、手のひらを上に向ける。

《語源》何もすることがなくて、手が空いているという表現。

《同形》のんびり

《例文》暇な時間＝「暇」＋「時間b」。ハワイでのんびり過ごす＝「ハワイ」＋「のんびり」＋「暮らす」。

ひみつ【秘密】

《表現》伸ばした右手人差し指を口の前に立てる。

《語源》口を閉じるしぐさ。

《同形》静かに・黙る
《応用》立てた人差し指を唇の左端から右端へ動かすと「プライバシー」の手話になる。

《例文》秘密裏に行う＝「秘密」＋「～する」。静かにする＝「静かに」＋「安定」。口が堅い＝「秘密」＋「堅い」。密輸入＝「秘密」＋「輸入」。黙秘権＝「黙る」＋「権利」。

ひゃっかてん【百貨店】

営業　建物

《表現》①親指と人差し指で輪をつくった両手（輪は地面と水平）を交互に前後に動かす⇓**「営業」「商売」の手話**、②指先を前に向けた両手を向かい合わせて左右に構え、そのまま平行に上げていき、手のひらを下に向け両手を寄せて胸の中央で合わせる⇓**「建物」の手話**。
《語源》「営業」と「建物」で。

～びょう【～秒】

《表現》左手で数詞を示し、その右上で右手人差し指と中指で〃を描く。
《語源》～秒を示す〃を描くもの。
《応用》右手人差し指1本で行うと、′を表す「～分」の手話になる。
《参考》イラストの例は「1秒」を表したもの。左手の数詞を「2」にすれば「2秒」、「3」にすれば「3秒」になる。

びよういん【美容院】

パーマ　建物

《表現》①指をやや開いた両手を頭の左右で構え、手首をクルクル回しながら肩まで下ろす⇓**「パーマ」の手話**、②指先を前に向けた両手を向かい合わせて左右に構え、そのまま平行に上げていき、手のひらを下に向け両手を寄せて胸の中央で合わせる⇓**「建物」の手話**。
《参考》②は「場所」でもよい。

びょういん【病院】

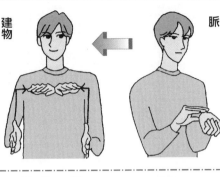

脈

建物

《表現》①上に向けた左手首を右手4指で押さえる⇓**「脈」「医」の手話**、②指先を前に向けた両手を向かい合わせて左右に構え、そのまま平行に上げていき、手のひらを下に向け両手を寄せて胸の中央で合わせる⇓**「建物」の手話**。

《語源》「脈」と「建物」で。

《例文》通院＝「病院」＋「通う」。

びょうき【病気】

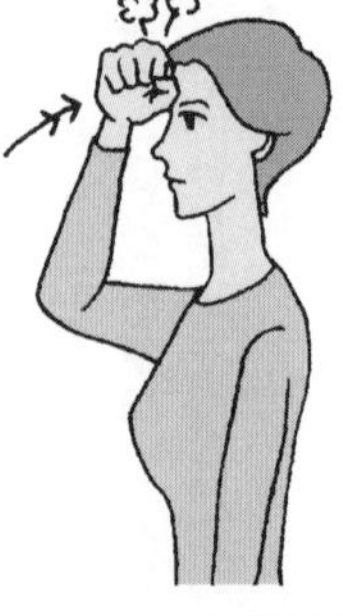

《表現》右手握りこぶしの親指側を額に2回ほど当てる。

《語源》頭が痛くて額を叩くしぐさ。あるいは、熱があることで頭に手をやるしぐさから。

《同形》〜症

《応用》指文字「え」の甲側を額に当てると「エイズ」の手話。

《例文》病気で寝込む＝「病気」＋「寝る」。花粉症＝「花粉」＋「〜症」。病状＝「病気」＋「状態（雰囲気）」。心臓病＝「心臓」＋「病気」。

《参考》病名のときなど、1回当てるだけで表すこともある。

ひょうご【兵庫】

《表現》両手握りこぶしを上下に重ね（右手が上）、右胸に当てるように構える。

《語源》兵庫の兵の文字から。兵士が鉄砲を持った姿を表現。

《同形》兵・兵士・軍

《例文》アメリカ海軍＝「アメリカ」＋「海」＋「軍」。軍艦＝「軍」＋「船」。兵力＝「兵」＋「力」。

ひょうじょう【表情】

a

《表現》顔をおおうように両手を上下に構え、交互に左右に動かす。

《語源》顔が動き、表情が変わることを表現したもの。

《別形》半円をつくった両手を顔の両横で交互に上下に動かすb。

《例文》明るい表情＝「明るい」＋「表情」。表情が冷たい＝「表情」＋「冷たい」。

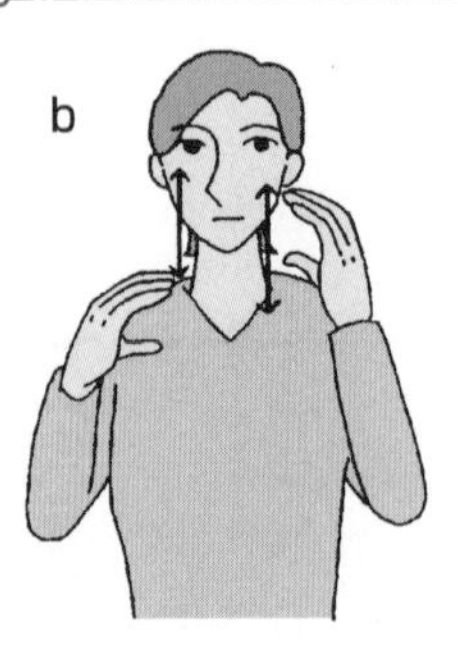

びょうじょう【病状】

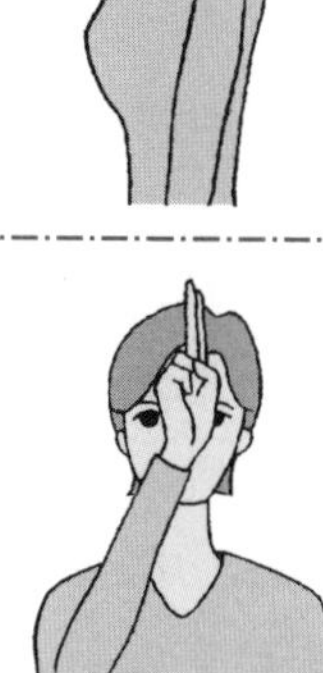

《表現》①右手握りこぶしの親指側を額に2回ほど当てる⇩**「病気」の手話**、②手のひらを前に向けた両手を交互に上下する⇩**「状態」「雰囲気」の手話**。

《語源》「病気」と「状態」で。

《例文》病状が良くなる＝「病状」＋「良い」＋「変わる」。

ひる【昼】

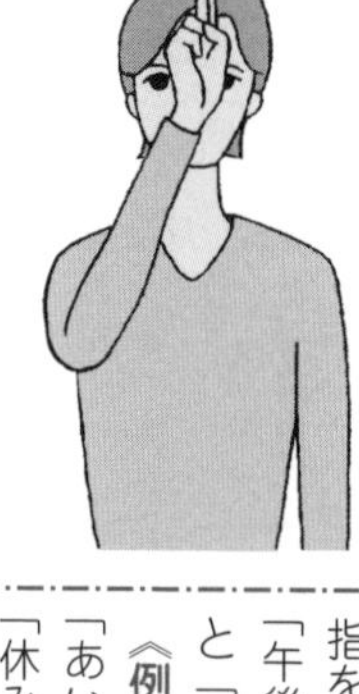

《表現》人差し指と中指をそろえて立てた右手を、額のまん中に立てる。

《語源》顔は時計の文字盤、人差し指と中指は2本の針で、12時を指している。

《同形》正午

《応用》この手話の形から、2指を左（手のひら側）へ倒すと「午後」、右（手の甲側）へ倒すと「午前」の手話になる。

《例文》こんにちは＝「昼」＋「あいさつ」。昼休み＝「昼」＋「休み」。昼食＝「昼」＋「食べる」。深夜0時＝「夜」＋「正午」。

《参考》「明るい」の手話で「（晴れた）昼間」を伝えることもできる。

横に構えた左手の甲に、立てた右腕のひじを置く。

ひろい【広い】

《表現》手を握りひじを張った両手を、左右に広げる。

《語源》スペースが広くてひじを左右に広げられるという表現。

《例文》広い部屋＝「広い」＋「部屋」。

《参考》「広い土地」あるいは「広い国」という場合は「大きい」の手話で伝えることもできる。また、「道が広い」は「道」「道路」の手話の両手の幅を広げる、「家が広い」は指先を合わせたまま両ひじを上げる、などで表現できる。

ひろしま【広島】

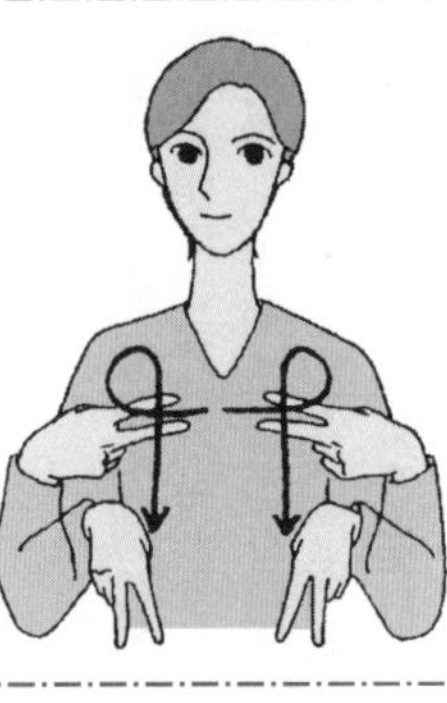

《表現》人差し指と中指を伸ばし指先を向かい合わせた両手を左右に離してから上にあげ（指先上、手のひら前向き）、さらに指先を下に向けて下ろす。

《語源》宮島の厳島神社の鳥居から。

《同形》神社・鳥居

《例文》広島の平和公園＝「広島」＋「平和」＋「公」＋「場所」。

びんぼう【貧乏】

《表現》立てた右手親指の先をあごの下に当て、あごを押し上げるように2回ほど前に出す。

《語源》貧しくて、あごが干上がる（食べ物がない）という表現。

《同意》貧しい

《同形》不足

《別形》左右から斜めに立てた両手の指先を合わせ⇩**「家」の手話**、そのまま両手を横に倒し、貧乏で家が傾くことを表現する。

《例文》貧乏人＝「貧乏」＋「人」。貧乏な生まれ＝「産まれる」＋「貧乏」。

ふ

親指と人差し指を伸ばし下に向ける。
フの形にする。

ファックス【facsimile】

《表現》親指と小指を立てた左手を耳に添え（親指が上）⇩**「電話」の手話**、左手はそのまま、手のひらを下に指先を前に向けて伸ばした右手を前に出す。

《語源》左手は電話を、右手はファックスの紙が流れるようすを表現したもの。

《同意》ファックスを送る

《例文》ファックス番号＝「ファックス」＋「数」。

ふあん【不安】

《**表現**》親指と人差し指の先をつけた右手を、胸に当て上下させる。
《**語源**》親指と人差し指は肝を表し、肝が縮み上がるという表現。
《**別形**》指を開いてわん曲させた両手を上下に構え、指先を胸に当てる⇒**「心配」の手話**。
《**例文**》明日が不安＝「明日」＋「不安」。あなたの運転が不安＝「あなた」＋「車a」＋「不安」。

フィリピン【Philippines】

《**表現**》甲を上に向けわん曲させ身体の前で構えた左手の上で、右手の指文字「P」（親指、人差し指、中指を伸ばし、親指の先を中指のまん中につけて、中指を下に向ける）を水平に1回まわしたあと、中指の先を左手の甲に当てる。
《**語源**》左手は島を示し、これに頭文字「P」を水平に回すことで表現。
《**参考**》左手はわん曲させなくてもよい。

フィルム【film】

《**表現**》左手握りこぶしを立てて構え、親指と人差し指を伸ばした右手2指の先を左手握りこぶしに向け、前方向に半円を描くように動かす。
《**語源**》フィルムが巻かれたリールを表現したもの。伸ばした2指の幅はフィルムを示す。
《**例文**》映画フィルム＝「映画」＋「フィルム」。秘密のフィルム＝「秘密」＋「フィルム」。

フィンランド【Finland】

《**表現**》やや曲げた右手人差し指の先をあごに2回当てる。
《**例文**》フィンランドの国歌＝「フィンランド」＋「国」＋「歌」。フィンランドからサンタクロースがやって来る＝「フィンランド」＋「～から」＋「サンタクロース」＋「来る」。

ふうとう【封筒】

《**表現**》左手親指と伸ばしてそろえた4指の間に、上から指を伸ばしてそろえた右手を差し込む。

《**語源**》右手は手紙、左手は封筒を表し、封筒に手紙を入れるようす。

《**例文**》茶封筒＝「茶色」＋「封筒」。おしゃれな封筒＝「おしゃれ」＋「封筒」。

ふえる【増える】

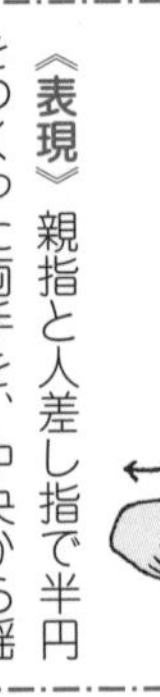

《**表現**》親指と人差し指で半円をつくった両手を、中央から揺らしながら左右へ離していく。

《**語源**》増えるようすを左右に離しながら表現。

《**別形**》指先をつけた親指と人差し指を上下に離すb。

《**例文**》仲間が増える＝「友達」＋「増えるa」。

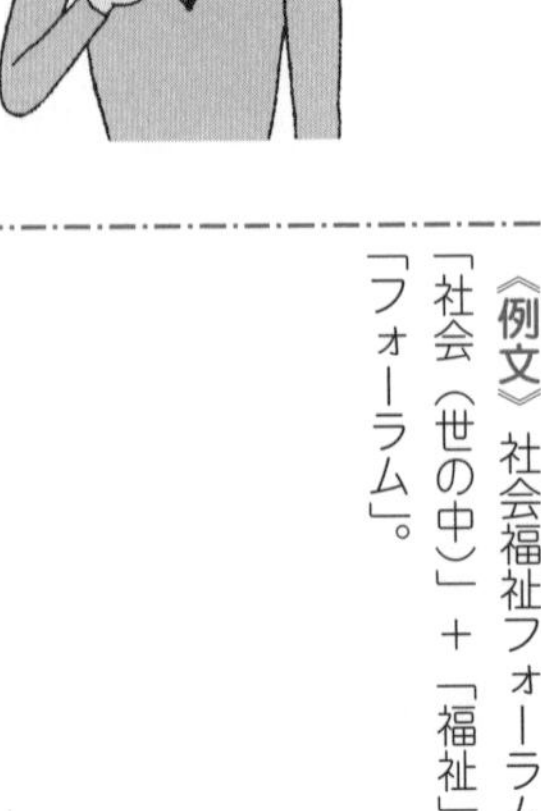

フォーラム【forum】

《**表現**》親指と人差し指を伸ばし人差し指の先を下に向けた⇩**指文字「ふ」**両手を手前から前へ水平に円を描きながら動かす。

《**語源**》水平に描く円は出席者が向かい合って討論するようす。これに頭文字「ふ」をあてたもの。

《**例文**》社会福祉フォーラム＝「社会（世の中）」＋「福祉」＋「フォーラム」。

ぶか【部下】

《**表現**》指をそろえた両手の指先を、両足の付け根に2回当てる。

《**語源**》部下がかしずくようす。

《**同意**》アシスタント・家来

《**例文**》会社の部下＝「会社」＋「部下」。司会のアシスタント＝「司会」＋「アシスタント」。

ふかい【深い】

《**表現**》指をそろえて伸ばし甲を前に向けて構えた左手（指先右向き）の手前で、伸ばした右手人差し指を下におろす。

《**語源**》下を深く指す表現。

《**別形**》手のひらを下に向け構えた左手（指先右向き）の手前で、伸ばした右手人差し指を下におろす。あるいは、両手のひらを上下に重ね身体の前で構え（左手が上、右手が下）、左手はそのまま右手を下におろす。

《**例文**》深い池＝「深い」＋「池」。思慮深い＝「考える」＋「深い」。

ふく【服】

《**表現**》両手で自分の服をつまみ、2回ほど軽くひっぱる。
《**語源**》服そのものを指し示す表現。
《**例文**》黒い服＝「黒」＋「服」。正装＝「正式」＋「服」。

ふぐ【河豚】

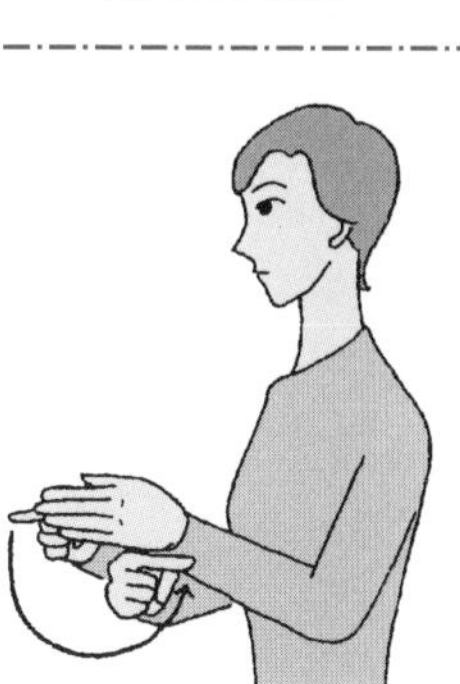

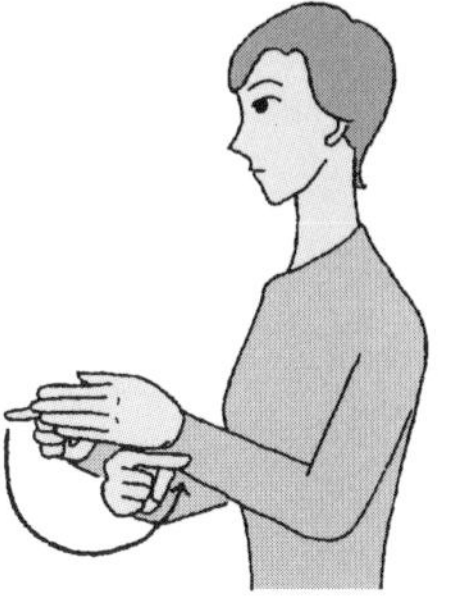

《**表現**》指先を前に向けて伸ばした左手の下に、右手人差し指で指先から手首に向け弧を描く。
《**語源**》伸ばした左手は魚を示し、右手人差し指の先でふぐの膨れたおなかを伝えるもの。
《**例文**》ふぐの刺身＝「ふぐ」＋「刺身」。ふぐ料理＝「ふぐ」＋「料理」。

ふくい【福井】

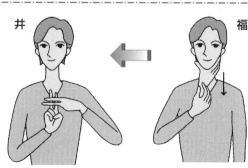

福　井

《**表現**》①親指と4指を開いて伸ばした右手をあごに当て、あごに沿って指を閉じながら下ろす⇒**「福」「幸せ」の手話**、②人差し指と中指を離して伸ばした両手の指を重ねて井の文字をつくる⇒**「井」の手話**。

《**語源**》「福」と「井」で。

ふくおか【福岡】

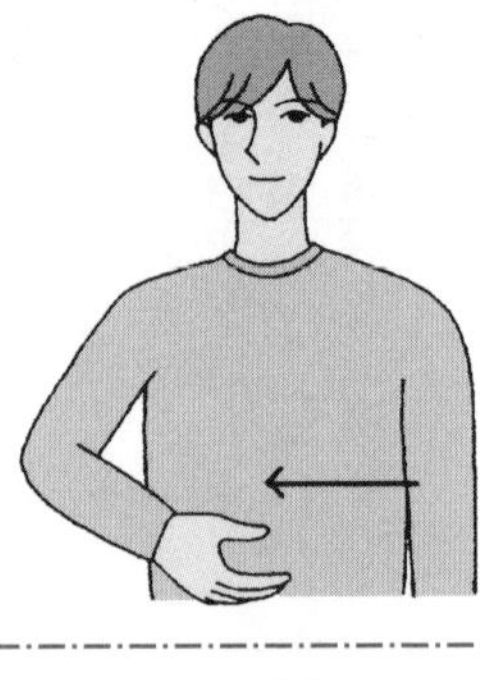

《表現》親指と4指を開いて伸ばした右手（甲は前向き）を、おなかの左から右へ動かす。
《語源》指の幅と手の動きで帯を表現したもので、博多帯から。
《同形》博多・帯
《別形》指文字「ふ」で同じ動作をする。

ふくし【福祉】

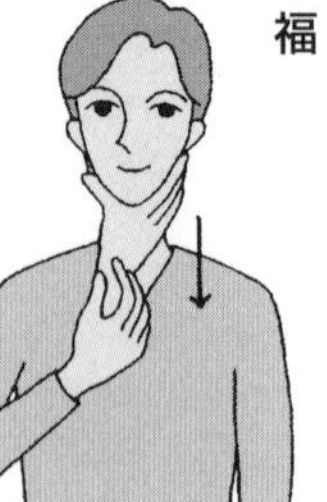

《表現》①親指と4指を開いて伸ばした右手をあごに当て、あごに沿って指を閉じながら下ろす⇒**「福」「幸せ」の手話**、②親指、人差し指、中指を伸ばす⇒**指文字「し」**。
《語源》「福」と「し」で。
《例文》福祉活動＝「福祉」＋「活動」。福祉の仕事＝「福祉」＋「仕事」。福祉施設＝「福祉」＋「施設」。高福祉国家＝「福祉」＋「高い」＋「国」。
《参考》文脈のなかで指文字「し」を省略し「福」だけで伝えてもよい。

ふくしま【福島】

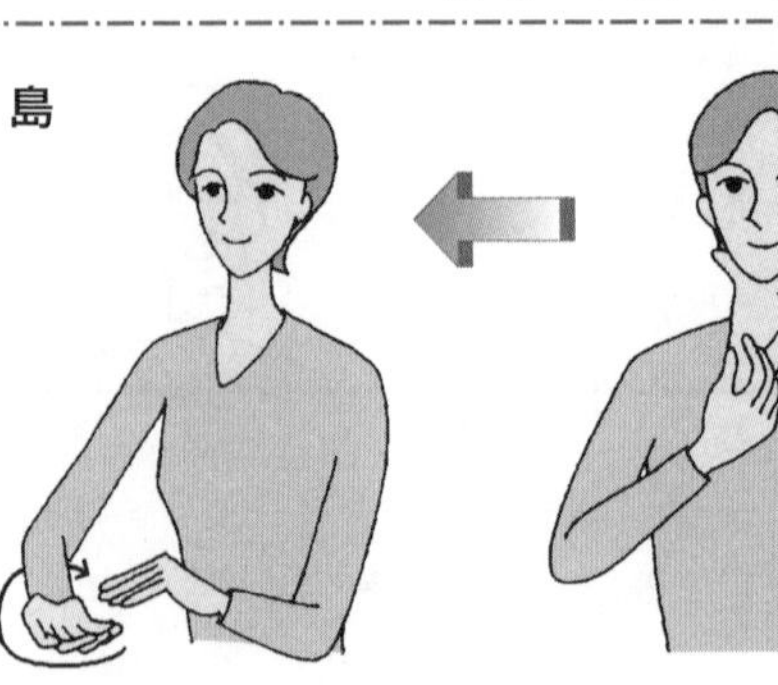

《表現》①親指と4指を開いて伸ばした右手をあごに当て、あごに沿って指を閉じながら下ろす⇒**「福」「幸せ」の手話**、②ややわん曲させて甲を上に向けた左手に沿って、ややわん曲させて手のひらを上に向けた右手を、左斜め前から手前へと回す⇒**「島」の手話**。
《語源》「福」と「島」で。

ふ

ふくろ【袋】

《表現》親指と人差し指の先をつけた両手を左右から向かい合わせ、同時に手前に向けて小さく回す。
《語源》物を入れた袋の両端をつかみ、クルクル回して閉じる動作から。
《例文》紙袋＝「紙」＋「袋」。手提げ袋＝「荷物」＋「袋」。

ふけいき【不景気】

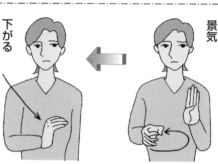

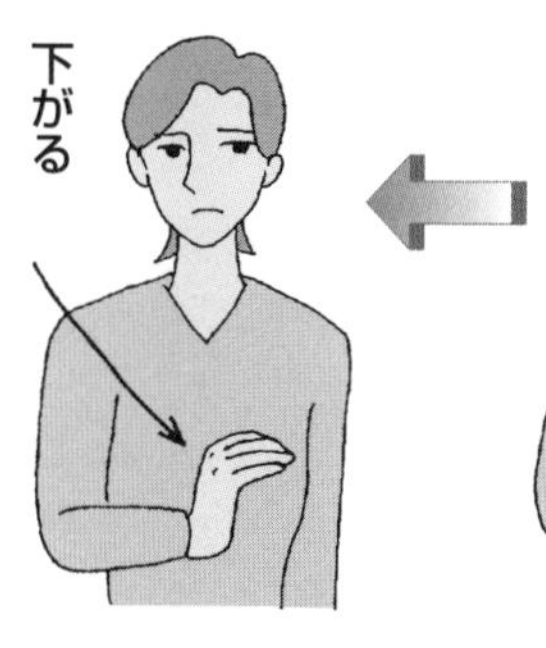

《表現》①4指を立てて親指を折った左手⇒**指文字「け」**の横で、親指と人差し指で輪をつくった右手を水平に回す（輪は地面と水平）⇒**「景気」**の手話、②「型にした右手を右肩あたりから左斜め下におろす⇒**「下がる」**の手話。

《語源》①は頭文字「け」と、経済や商売を表すお金の動きで「景気」。これに②「下がる」を加えたもの。

《同意》景気後退
《応用》①「景気」に続けて、「型の右手を右下から左斜め上にあげていけば「好景気」の手話。

《例文》世界同時不況＝「世界」＋「同時に」＋「不景気」。景気回復＝「景気」＋「回復（やり直し）」。景気予測が外れる＝「景気」＋「想像」＋「外れる」。

ふさわしい【相応しい】

《表現》斜め上に向けた左手人差し指の先に、右手人差し指の先をつける。
《語源》2つの物がピタリと合うことから。
《同意》合う・ぴったりする・一致・似合う・（性格が）合う
《同形》～的
《応用》逆の動作、指先を合わせた状態から離すと「ふさわしくない」「合わない」の手話になる。
《例文》あなたにふさわしい職業＝「あなた」＋「ふさわしい」＋「仕事」。お似合いのカップル＝「似合う」＋「カップル」。

ふじ【藤】

《表現》下に向けた左手のひらに、親指と4指を開いて伸ばした右手の指先をつけ、左手はそのまま、右手をねじりながら下げて指を閉じる。
《語源》藤の枝と垂れた花を表現したもの。
《同形》藤（人名）・ぶどう
《例文》藤森さん＝「藤」＋「森」＋「男」あるいは「女」。

ぶし【武士】

《表現》左腰に置いた左手握りこぶしに、右手握りこぶしを近づけ、親指側どうしを合わせる。
《語源》刀を腰の鞘に収める動作。
《例文》武士道＝「武士」＋「道（道路）」。

ぶじ【無事】

《表現》手のひらを下に向けた両手を左右に広げる。
《語源》野球のセーフのジャッジの動作。
《同形》セーフ・間に合う・助かる
《例文》無事終わる＝「無事」＋「終わる」。時間に間に合う＝「時間」＋「間に合う」。
《参考》「身体が無事」という場合には「元気」の手話で伝えてもよい。

ふしぎ【不思議】

《表現》右手人差し指の先をあごのまん中に当てる。軽く手を揺らしてもよい。

《語源》あごに手を当て考え込む表現。

《同形》おかしい・あやしい・へん
《例文》ふしぎな話＝「ふしぎ」＋「説明」。あやしい話だ＝「あやしい」＋「説明される」あるいは「情報」。

《参考》立てた小指の先であごに2回ほど軽く触れると「かまわない」の手話になる。

ふそく【不足】

《表現》左手のひらに右手人差し指の先を乗せて、右手だけ2回ほど手前に引く。

《同意》足りない

《別形》立てた右手親指の先をあごの下に当て、あごを押し上げるように2回ほど前に出す⇒**「貧乏」の手話。**

ぶた【豚】

《表現》親指と4指でだ円をつくった左手を鼻の前に構え、その中に右手人差し指と中指の先を差し込む。

《語源》2つの穴が強調された豚の鼻を表したもの。

《例文》豚舎＝「豚」＋「長屋（工場）」。豚肉＝「豚」＋「肉」。

《参考》「豚」の手話だけで「豚肉」を伝える場合もある。

ふたたび【再び】

《表現》握った右手を立てて構え、左にやや動かしながら、人差し指と中指を伸ばし⇒**数詞「2」**を示す。

《語源》2を示し伝える。

《同形》また・または・またね

《別形》両手握りこぶしを上下に重ねて倒しておき（右手の小指側と左手の親指側をつける）、そのまま胸の中央に立てる⇒**「もう一度」「やり直し」の手話。**あるいは立てた左手人差し指に、伸ばした右手人差し指と中指の腹側まん中を前から当てる。「ま」の文字の形を表す。

《例文》また会いましょう＝「また」＋呼びかけるように「会う」。

ふたん【負担】

《表現》手のひらを上に向けてわん曲させ、前に差し出した右手の指先を右肩に乗せる。苦しい表情で。

《語源》責任が肩にかかり、苦しいという表現。

《同形》責任・任される

《例文》仕事が負担＝「仕事」＋「負担」。

《参考》「責任」「任される」の手話と同じ形だが、表情で区別する。

ふつう【普通】

《表現》親指と人差し指を開いて伸ばした両手の指先を前に向けて中央で構え、左右に水平に離していく。
《語源》親指と人差し指で示した幅のまま続くことから、変わりない、「普通である」の意味になる。
《同意》通常・一般・平凡
《同形》正常・平等・公平
《応用》同じ動作を2回繰り返すことで「当然」「当たり前」の手話になる。
《例文》普通の家＝「普通」＋「家」。一般市民＝「一般」＋「市」＋「人々」。普通預金＝「普通」＋「預金」。公共団体＝「公」＋「普通」＋「グループ（劇団）」。正常に戻る＝「正常」＋「回復（やり直し）」。男女平等＝右手「男」と左手「女」＋「平等」。平凡な生活＝「平凡」＋「生活（暮らす）」。普通の暮らし＝「普通」＋「暮らし（暮らす）」。

ふとる【太る】

《表現》手のひらを身体に向けて指を広げ、ややわん曲させた両手を、左右に弧を描くように広げていく。
《語源》肉がついて身体が大きくなる表現。
《応用》手のひらを顔に向けた両手を広げていくと「顔が太る」「顔に肉がつく」（このとき同時にほほをふくらませるとよい）、また、手のひらをおなかに向けた両手を広げていくと「おなかが太る」「おなかに肉がつく」など身体の部分ごとに表現できる。
《例文》最近太った＝「最近」＋「太る」。

ふとん【布団】

《表現》親指と4指をやや開いて指先を前に向けた両手を、同時に手前に引き寄せる。引き寄せながら指を閉じてもよい。
《語源》布団を掛ける動作から。
《例文》布団を敷いて寝る＝「布団」＋「寝る」。布団を乾かす＝「布団」＋「乾く」。

ふ

ふね【船】

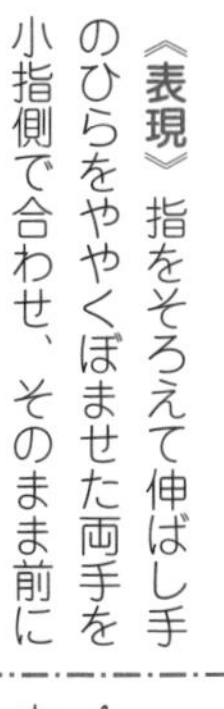

《**表現**》指をそろえて伸ばし手のひらをややくぼませた両手を小指側で合わせ、そのまま前に出す。

《**語源**》両手は船の形を表す。船が動くようす。

《**例文**》客船＝「客」＋「船」。フランス船籍の船＝「フランス」＋「籍」＋「船」。

ふべん【不便】

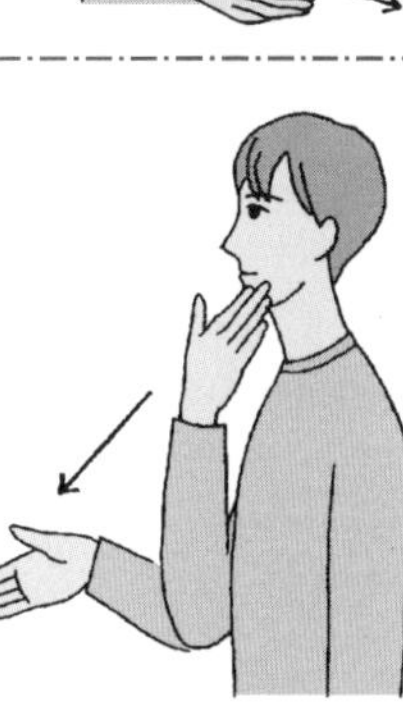

《**表現**》そろえて伸ばした右手4指の腹をあごに当て、そのまま斜め前下に、勢いよく手を下ろす。

《**語源**》あごをさする「便利」の手話を払いのける表現。また、あごに手を当てる「幸せ」の手話に対して、幸福に縁がなく「不幸」を表す。

《**同形**》不幸・不自由

《**例文**》不便な場所＝「不便」＋「場所」。使いづらいパソコン＝「不便」＋「パソコン」。

《**参考**》「不便」と「不幸」は表情や文脈で区別する。「幸せ」の手話の逆の形でないことに注意。

ふまん【不満】

《**表現**》右手のひらを胸に当て、そのまま前に勢いよく跳ね返す。

《**語源**》胸にためていたものが、我慢の限界を超え外に出ていくようす。

《**同意**》不服

《**例文**》給料に不満＝「給料」＋「不満」。政治に不満＝「政治」＋「不満」。不服を申し立てる＝「不服」＋「申し込む」。苦情を言う＝「不満」＋「言う」。

ふみきり【踏切】

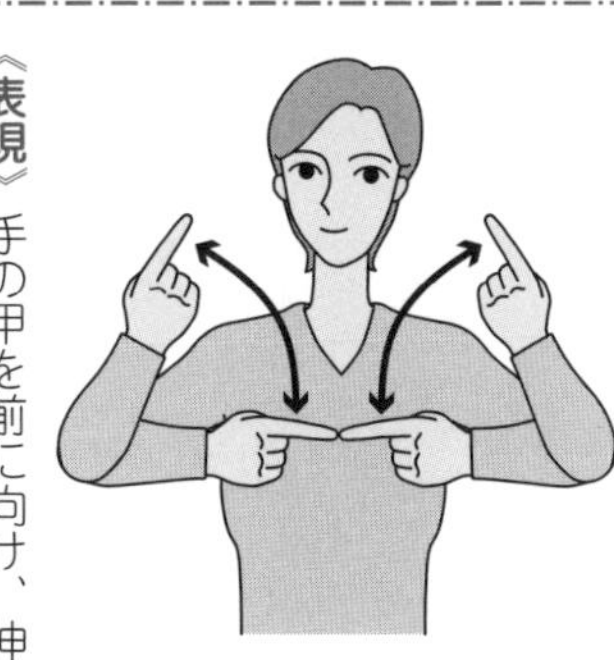

《**表現**》手の甲を前に向け、伸ばした両手の人差し指の先を向かい合わせて胸の前で構える。そのまま、ひじを軸にして両手同時に跳ね上げ元に戻す。

《**語源**》遮断桿を表現。

《**例文**》狭い踏切＝「狭い」＋「踏切」。

ふゆ【冬】

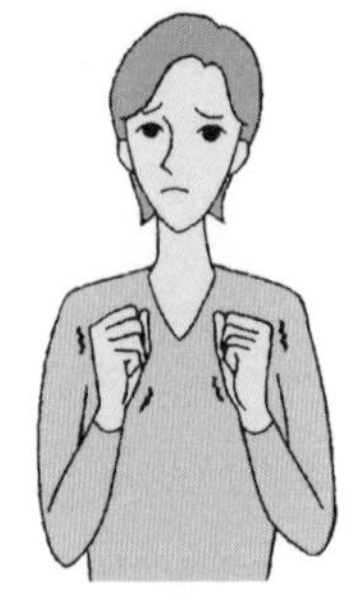

《**表現**》握った両手を脇を締めて左右で立て、こきざみに振る。
《**語源**》寒くて震えるようす。
《**同形**》寒い
《**別形**》「季節」の手話に続けて左手小指を右手でつまみ、4番目の季節として伝えることもある。

ASL
WINTER
握った両手を脇を締めて左右で立て、こきざみに振る。

ふよう【扶養】

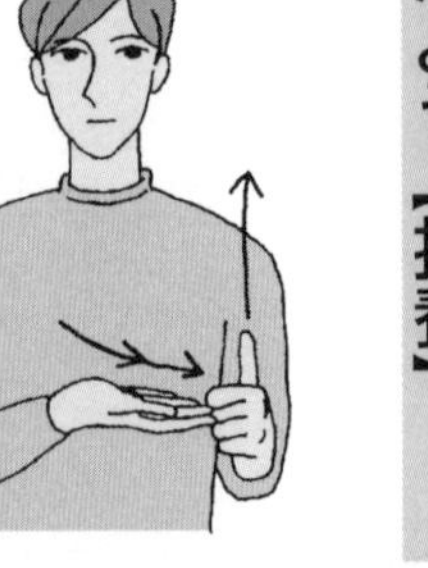

《**表現**》立てた左手親指の付け根あたりに、手のひらを上に向けた右手の指先を軽く当てながら両手を一緒に上げていく。
《**語源**》立てた左手親指は人。これに向けて右手で手助けを表現したもの。
《**同形**》養う・育てる・養成
《**例文**》祖父を養う＝「祖父」＋「養う」。扶養家族＝「扶養」＋「家族」。

プライバシー【privacy】

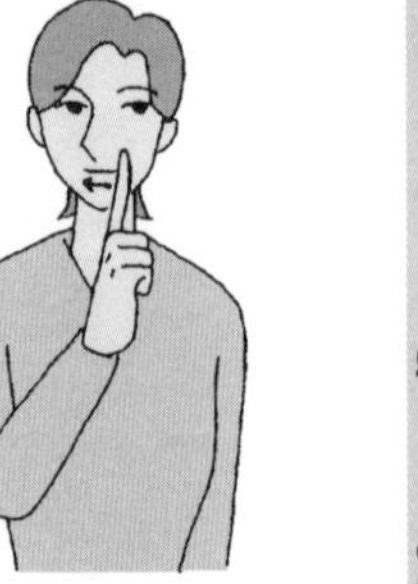

《**表現**》立てた右手人差し指を、唇の左端から右端へ動かす。
《**語源**》口の前に人差し指を立てる「秘密」の手話の指を動かし口を閉じることで伝えたもの。他人には明かさないことを表す。
《**例文**》私のプライバシー＝「私」＋「プライバシー」。プライバシーを守る＝「プライバシー」＋「守る」。

ブラジル【Brazil】

《**語源**》親指と4指で半円をつくった左手の中に、親指と人差し指を伸ばし人差し指の先を下に向けた右手⇒**指文字「ふ」**の人差し指の先を入れて水平に回す。
《**語源**》ブラジルから「ふ」と、主要産業であるコーヒーをイメージした手話。
《**例文**》ブラジルのサッカー＝「ブラジル」＋「サッカー」。

ふ

プラスティック【plastic】

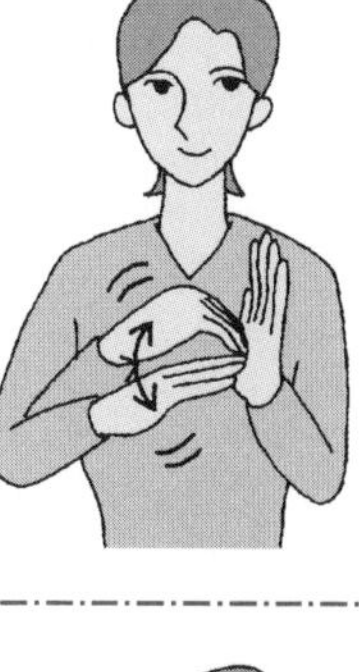

《表現》小指側を前に向けて立てた左手のひらに、右手4指の先を当てて上下に揺らす（指先を軸に）。
《語源》プラスティックのたわむようすを表現したもの。
《例文》プラスティックの人形＝「プラスティック」＋「人形」。

ふられる【振られる】

《表現》上に向けた左手のひらに右手の指先を乗せ手前に払う。
《語源》払いのける表現。
《同意》追い払われる
《応用》反対の動作、左手のひらの上で、右手を前に払えば「振る」の手話。
《参考》「振る」は握った右手のひじを張るように右へ動かす表現もある。

振る

フランス【France】

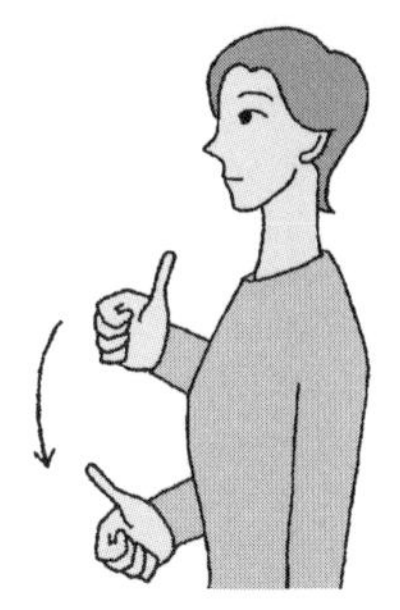

《表現》親指を立てた右手を、肩から前に少し弧を描きながら下ろす。
《語源》ナポレオンの服の形を表したもの。
《別形》指文字「f」を軽く振る。国際手話。
《例文》フランス人形＝「フランス」＋「人形」。フランスパン＝「フランス」＋「パン」。

ブランド【brand】

《表現》手のひらを前に向けて立てた左手のひらに、親指と人差し指を伸ばし人差し指の先を下に向けた右手⇒**指文字「ふ」**を当て右へ動かす。
《語源》左手のひらに右手親指を当てる「名前」の手話の変形。指文字「ふ」を横に動かす、頭文字「ぶ」に変えたもの。
《例文》有名ブランド＝「有名」＋「ブランド」。ブランドのバッグ＝「ブランド」＋「鞄（荷物）」。

ふ

ふりこみ【振込】

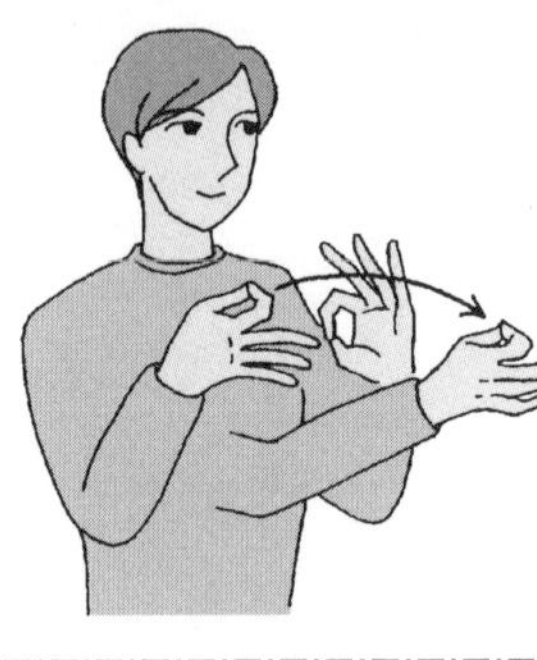

《**表現**》親指と人差し指で輪をつくった左手を立て、同じく輪をつくった右手（輪は地面と水平）を手前から前に弧を描きながら動かす（左手はそのまま）。
《**語源**》右手のお金を、左手のより向こうにある相手側に振り込むという表現。
《**例文**》あなたの口座へ振り込みます＝「私」＋「あなた」＋「振込」。

ふるい【古い】

《**表現**》曲げた右手人差し指を鼻先で倒す。あるいはそのまま下におろす。
《**語源**》古くなって臭いがすることを指で鼻を折り表現。
《**例文**》古い話＝「古い」＋「説明」。考えが古い＝「考える」＋「古い」。古城＝「古い」＋「城」。

ふれあい【触れ合い】

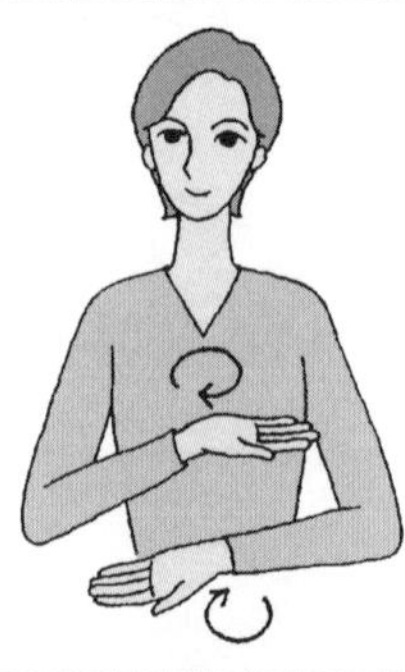

《**表現**》手のひらを上に向けた両手を上下に構え、半周ずらして水平に円を描いて回す。
《**語源**》手のひらに乗せたプレゼントを交換する表現。
《**同形**》交流・交際
《**例文**》家族のふれあい＝「家族」＋「ふれあい」。世界の人々とふれあう＝「世界」＋「人々」あるいは「皆」＋「ふれあい」。交流会＝「交流」＋「会」。

プレゼント【present】

《**表現**》おなかあたりに構えた左手のひらの上方で、ひもをつまむように親指と人差し指をつけた右手を構え、やや弧を描きながら両手同時に前に出す。
《**語源**》プレゼントを下げて差し出すようす。
《**同形**》贈る・お土産
《**例文**》入学祝いを贈る＝「学校」＋「入る」＋「お祝い（おめでとう）」＋「贈る」。

フレックスタイム【flextime】

《表現》親指と人差し指で半円をつくった両手を上下に構え（指先前向き）、両手同時に数回左右に離し中央に寄せる。
《語源》時間を置き換える動きで伝える。
《例文》フレックスタイムの会社＝「フレックスタイム」＋「会社」。

ふろ【風呂】

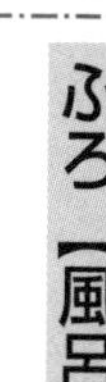

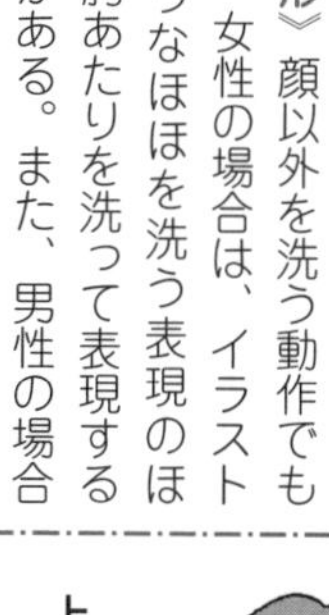

《表現》右手握りこぶしをほほに当て、上下に動かす。
《語源》顔を洗うしぐさから。
《別形》顔以外を洗う動作でもよい。女性の場合は、イラストのようなほほを洗う表現のほか、胸あたりを洗って表現することがある。また、男性の場合は、両手でタオルを持ち背中を洗う動作で表現することがある。

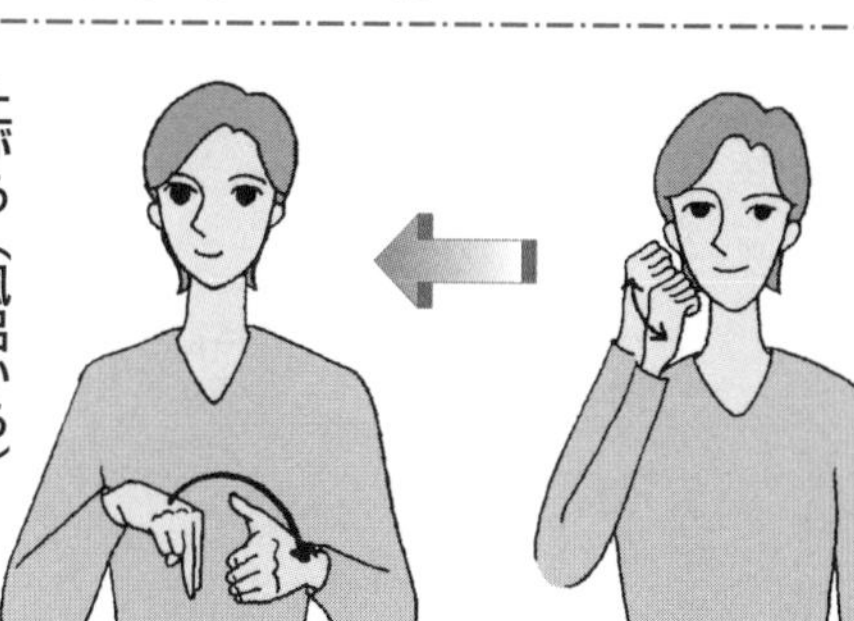

《応用》この動作に続けて、横に向けた左手のひらから甲側へ、人差し指と中指を伸ばした右手を出すと「風呂から上がる」の手話になる（2指を伸ばした右手で表した人が左手の湯船から出る表現、「風呂」は文脈によって省略してもよい）。
《例文》大きなお風呂＝「大きい」＋「風呂」。

～ふん【～分】

《表現》左手で数詞を示し、その右上で右手人差し指で〝′〟を空書する。

《語源》〝～分を示す′〟を書くもの。

《応用》右手人差し指と中指の2指で行うと〝″〟を表す「～秒」の手話になる。

《参考》イラストの例は「1分」を表したもの。左手の数詞を「2」にすれば「2分」、「3」にすれば「3分」になる。

ぶん【文】

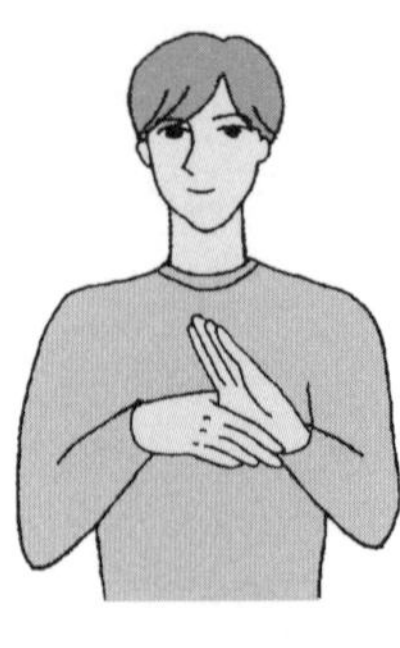

《表現》親指と4指を伸ばした両手の親指と人差し指の付け根を組み合わせる。

《語源》片手は手紙を、もう一方は封筒を表し、文を書いて封筒に入れるようすから生まれたもの。

《応用》そのまま両手を下におろすと「文章」、左右の手を組み替えて計2回行うと「文化」の手話になる。

《例文》例文を読む＝「例（例えば）」＋「文」＋「読む」。

ふんいき【雰囲気】

《表現》手のひらを前に向けた両手を交互に上下する。

《語源》目の前のようすを手でさぐる表現で、「雰囲気」「状態」を表す。

《同形》状態・状況

《例文》よい雰囲気＝「楽しい（うれしい）」＋「雰囲気」。経営状態＝「経営」＋「状態」。病状＝「病気」＋「状態」。

《参考》「雰囲気」と「状態」は表情や文脈で区別。また、この動作の前に「匂い」の手話を加えることもある。

ぶんか【文化】

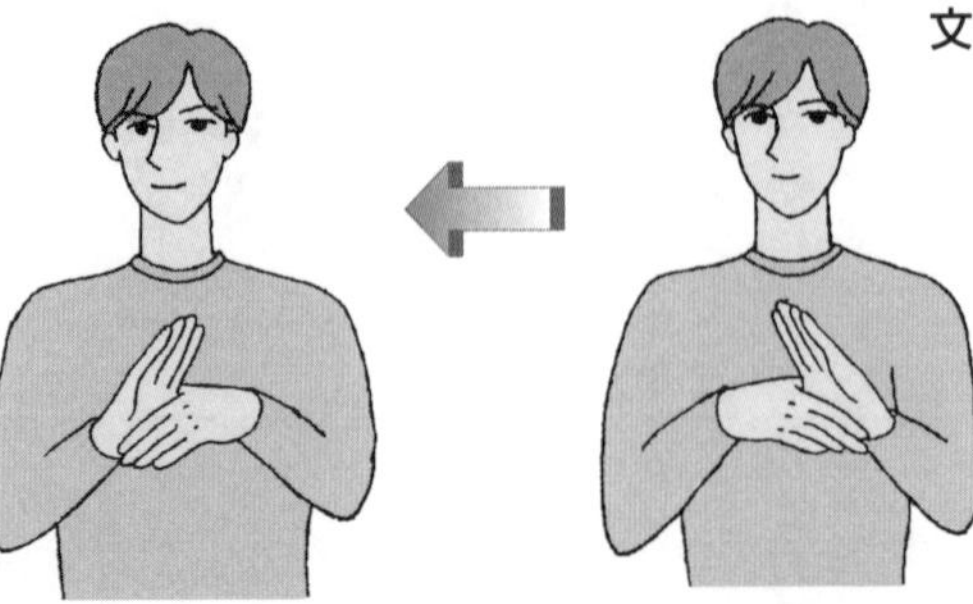

《表現》①親指と4指を伸ばした両手の親指と人差し指の付け根を組み合わせる⇒**「文」の手話**、②左右の手を組み替えて同じ動作をする。

《語源》「文」を2回繰り返すことで表現。

《例文》日本文化＝「日本」＋「文化」。文化財＝「文化」＋「財産」。

ぶんぽう【文法】

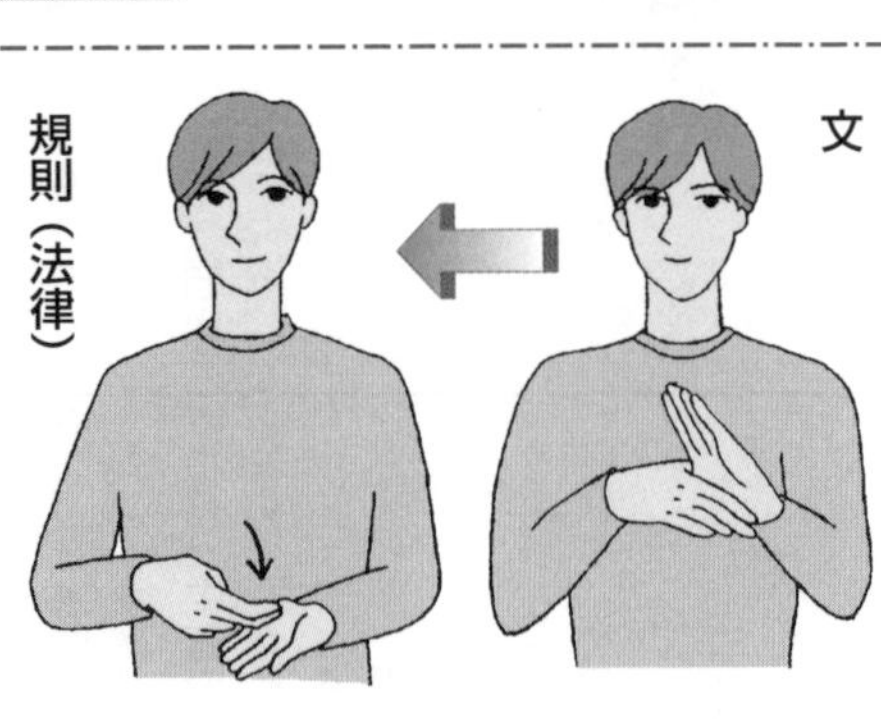

《表現》①親指と4指を伸ばした両手の親指と人差し指の付け根を組み合わせる⇒**「文」の手話**、②左手のひらに、カギ型に曲げた右手人差し指と中指を当てる⇒**「規則」「法律」の手話**。

《語源》「文」と「規則」で。

《例文》手話の文法＝「手話」＋「文法」。

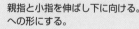

親指と小指を伸ばし下に向ける。
への形にする。

へいき【平気】

《**表現**》指をそろえて伸ばした右手の指先を手前に向け右目の前あたりから左下に払う。

《**語源**》鼻にもかけないで平然としている表現。

《**例文**》噂など平気＝「噂」＋「平気」。試験に落ちても平気＝「落ちる（試験に）」＋「平気」。徹夜もへっちゃら＝「徹夜」＋「平気」。

へいきん【平均】

《**表現**》左手の親指と人差し指でコの字型をつくり（指先前向き）、その横の2指間のちょうどまん中に右手人差し指を置き（指先前向き）、左手はそのまま右手を右へ動かしていく。

《**語源**》「確率」の手話からの応用で、左手のコの字型は0〜100の全体を表し、その平均を右手人差し指で示したもの。横に線を引くことで明確に表す。

《**例文**》平均年齢＝「平均」＋「年齢」。

へいせい【平成】

《**表現**》指をそろえて伸ばし指先を前に向けた右手（手のひら下向き）を身体の中央で構え、右へ水平に動かす。

《**語源**》平成の平から、平らなこと。

《**例文**》平成2年＝「平成」＋数詞「2」＋「年」。

《**参考**》「平ら」の手話の場合は、同じ形の両手を中央から左右へ離す。

へいわ【平和】

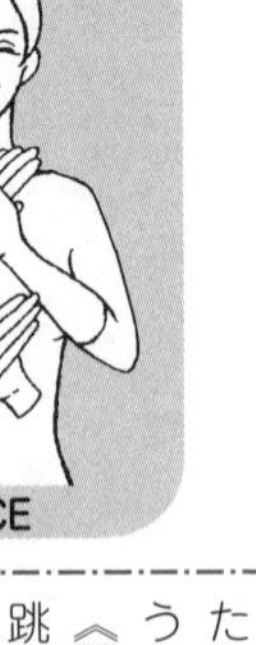

《表現》①親指と人差し指を開いて伸ばした両手の指先を前に向けて中央で構え、左右に水平に離していく⇓**「普通」**の手話、②胸元で組み合わせた両手を水平に回す⇓**「仲間」**の手話。

《語源》「普通」と「仲間」で。

《例文》戦争と平和＝「戦争」＋「平和」。平和に暮らす＝「平和」＋「暮らす」。世界の平和＝「世界」＋「平和」。平和憲法＝「平和」＋「憲法」。平和を願う＝「平和」＋「願う」。

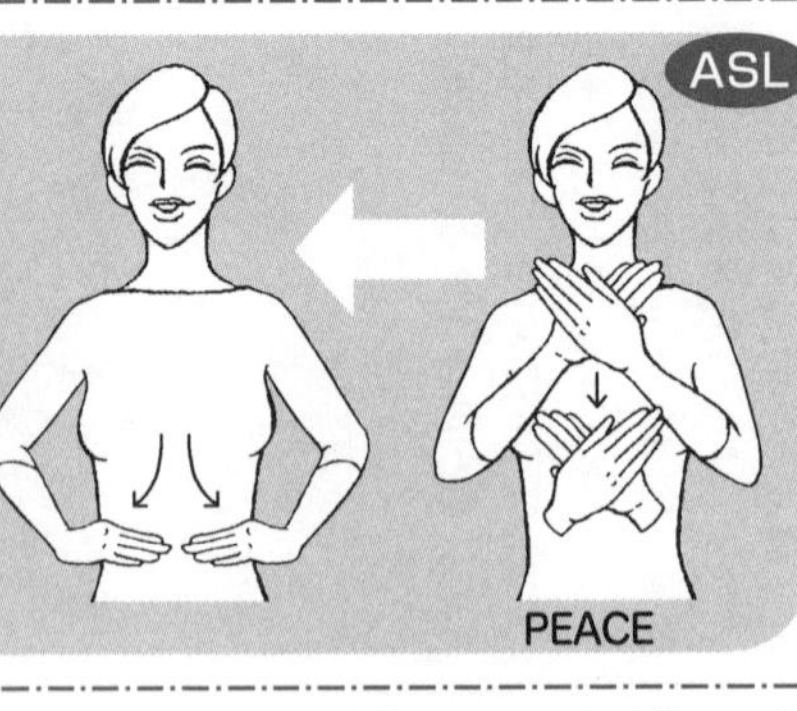

両手のひらを交差させながら合わせ、水平に広げるように下ろす。

へた【下手】

《表現》上に向けた左手の甲あたりから腕に向けて、右手で払うように跳ね上げる。

《語源》「上手」の反対。また、跳ね上げた右手は障害物にぶつかることから。

《同形》未熟

《応用》上腕部あたりから手の甲に向けて、なで下ろすと「上手」の手話になる。

《例文》手話が下手＝「手話」＋「下手」。

べつ【別】

《表現》指を伸ばして立てた左手の甲（前向き）に指を伸ばして横にした右手の甲を当て右手を前に出す。

《語源》自分側と相手側を区別するようす。両手の甲（指の背側）を合わせて離すことで背反していることを伝えている。

《同形》以外

《例文》別な意見＝「別」＋「意見」。別件＝「別」＋「事」。消費税別＝「消費税」＋「別」。

ペット【pet】

《表現》親指、人差し指、中指を曲げた左手（3指離す）を前に置き、その甲を右手でなでるように2〜3回まわす。

《語源》3指を曲げた左手は「動物」を表す手話。これに愛でてなでる「愛する（愛）」の手話を組み合わせたもの。かわいがる動物という表現。

《応用》親指、人差し指、中指を曲げた両手を前後に並べ、両手同時に前に出すと「動物」の手話。

《例文》私のペットは猫＝「私」＋「ペット」＋「猫」。ペットのしつけ＝「ペット」＋「しつけ（エチケット）」。

ベッド【bed】

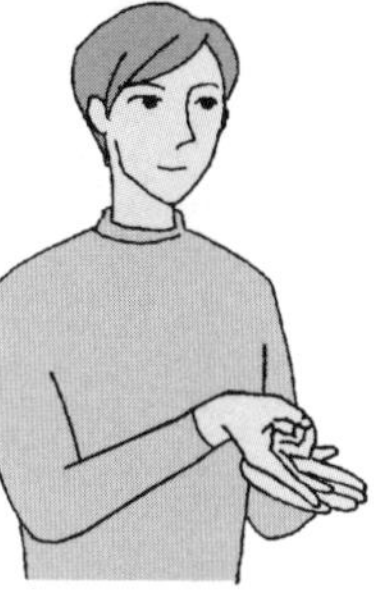

《表現》上に向けた左手のひらに、人差し指と中指を伸ばした右手を甲側から乗せる。

《語源》左手のベッドで人が寝るようす。右手2指が人を表す。

《同意》横になる・寝る

《例文》フランスベッド＝「フランス」＋「ベッド」。ベッドルーム＝「ベッド」＋「部屋」。

ベテラン【veteran】

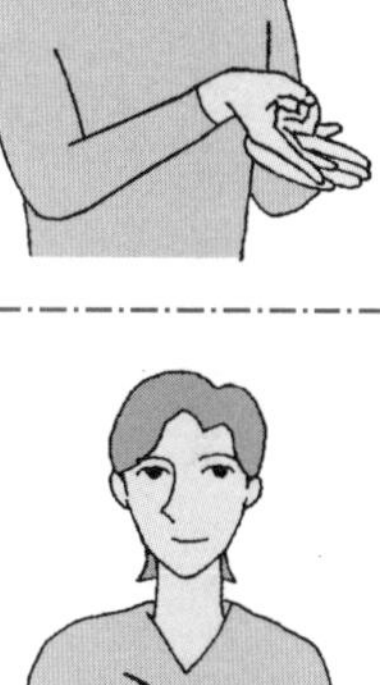

《表現》手を握って甲を上に向けた左腕に、伸ばした右手を当てる。

《語源》右手の指がパイロットなどの制服の袖についた線の数を表し、その線が多いことでベテランを伝える。

《同形》玄人・腕・特技

《応用》左腕に右手人差し指で線を引くと、線が少ないことから「素人」の手話になる。

《別形》「経験」の手話で伝えることもある。

ベトナム【Viet-Nam】

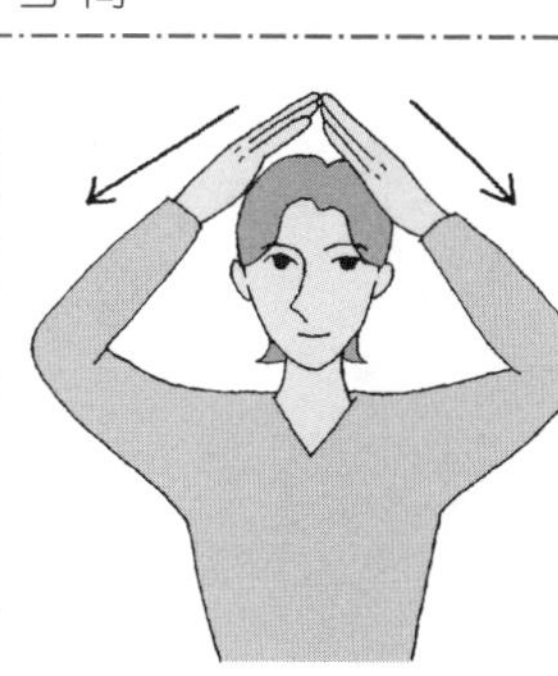

《表現》頭の上で、指を伸ばした両手の指先をつけ斜めに立てた形から、両手同時に左右斜め下に引く。

《語源》ベトナムの農民がかぶる傘を表現。

《例文》ベトナム料理＝「ベトナム」＋「料理」。

へび【蛇】

《**表現**》親指を伸ばした右手（ほか4指は握る）を、くねらせながら前に出していく（蛇行させる）。

《**語源**》親指は蛇の頭を示し、蛇行する蛇を表現。

《**例文**》白蛇＝「白」＋「蛇」。毒蛇＝「毒」＋「蛇」。私は巳年の生まれです＝「私」＋「年」＋「蛇」＋「産まれる」。

へや【部屋】

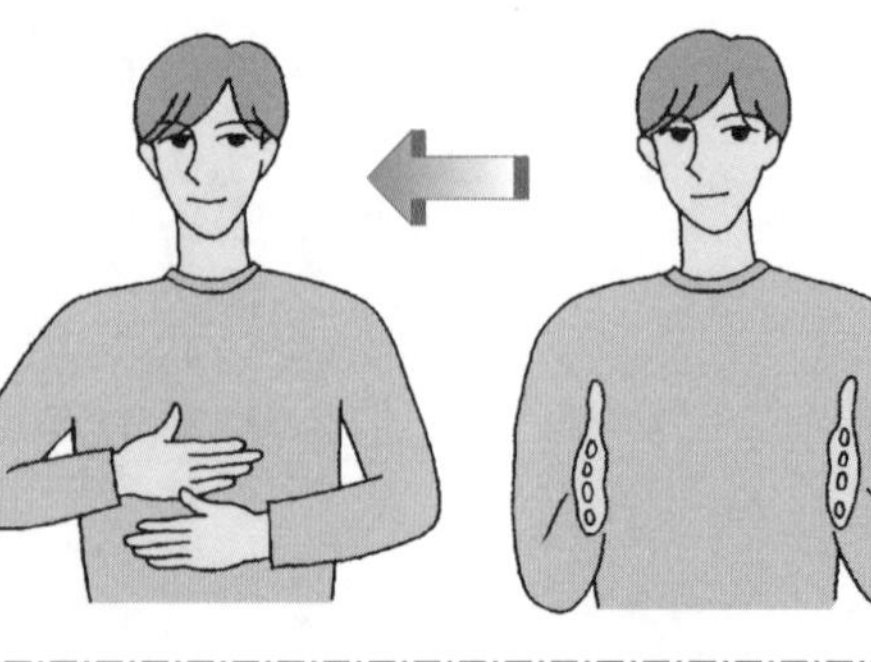

《**表現**》手のひらを向かい合わせて平行に両手を置き、続けて、両手のひらを手前に向けて前後に平行に置く。

《**語源**》空間の区切りを表す。また、手を壁にたとえ部屋の区切りを表す。

《**同意**》～室

《**同形**》範囲

《**例文**》子ども部屋＝「子供」＋「部屋」。

ヘリコプター【helicopter】

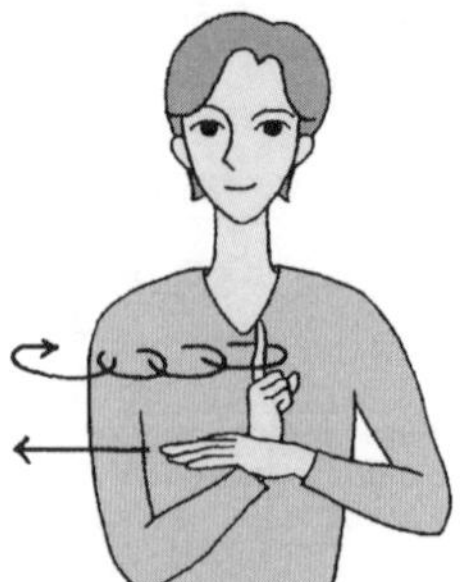

《**表現**》手のひらを下に向けた左手（指先右向き）の親指側に、人差し指を立てた右手首あたりを当て、右手首を回転させながら両手を右へ動かす。

《**語源**》左手の甲が機体、右手人差し指でプロペラが回るようすを表現。

《**別形**》立てた左手親指の先に、指を伸ばした右手のひらを乗せ、右手をひらひらさせながら両手を右へ動かす。

《**例文**》新聞社のヘリコプター＝「新聞」＋「会社」＋「ヘリコプター」。軍用ヘリ＝「軍（兵庫）」＋「ヘリコプター」。

へる【減る】

a

《**表現**》親指と人差し指で半円をつくった両手を、左右から揺らしながら中央へ寄せていく。

《**語源**》減るようすを中央に寄せながら表現。

《**別形**》開いた右手親指と人差し指の幅を狭めるb。

《**例文**》労働時間が減る＝「仕事」＋「時間b」＋「減る」。

b

へ

べんごし【弁護士】

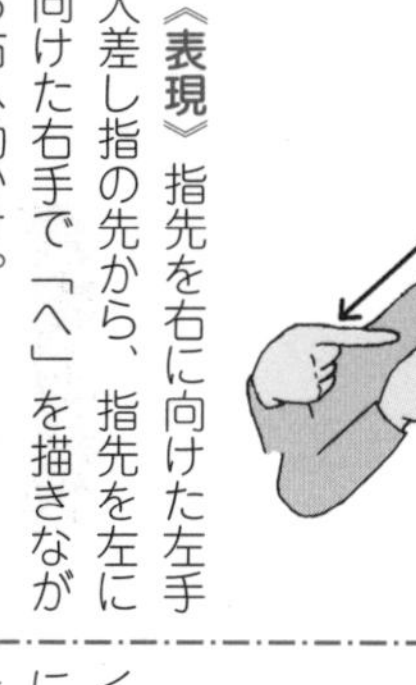
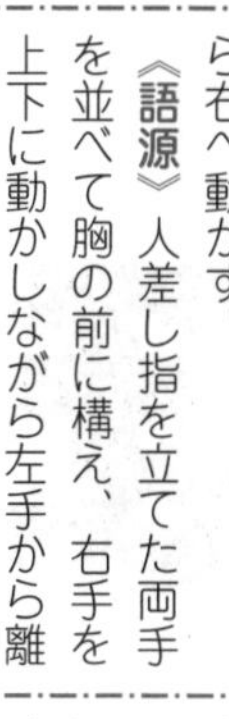

《**表現**》①手のひらを手前に向け斜めに立てた左手の横で、指を伸ばした右手を下に振る⇩**「弁護」の手話**、②指文字「し」を左肩に当てる⇩**「士」の手話**。

《**語源**》①「弁護」は、弁護士が書類を見ながら陳述するようすから。「弁護」と「士」で。

へんさち【偏差値】

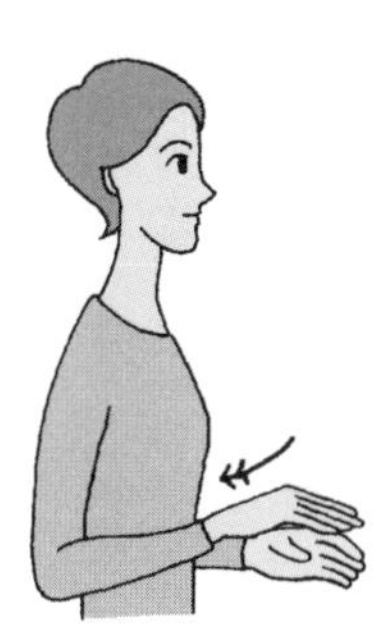

《**表現**》指先を右に向けた左手人差し指の先から、指先を左に向けた右手で「へ」を描きながら右へ動かす。

《**語源**》人差し指を立てた両手を並べて胸の前に構え、右手を上下に動かしながら左手から離していく「成績」の手話からの応用で、動かし方を頭文字「へ」にしたもの。右手の上げ下げは成績の上がり下がりを表す。

べんとう【弁当】

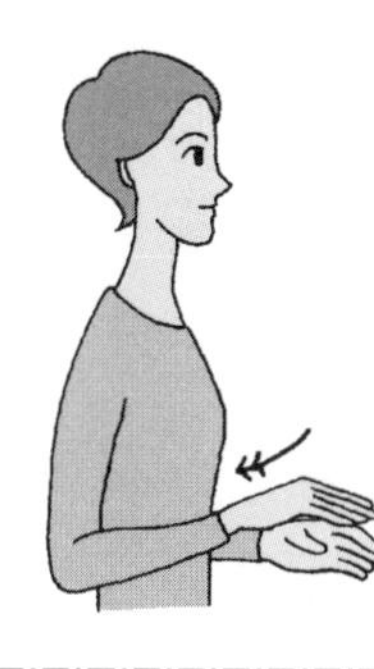

《**表現**》親指と4指で半円をつくった左手（上から見て半円）に、右手のひらを手前にこするように2～3回当てる。

《**語源**》左手で表した弁当箱に、右手でごはんをつめるようす。

《**例文**》駅弁＝「駅」＋「弁当」。愛妻弁当＝「女を愛する（愛媛）」＋「弁当」。

べんぴ【便秘】

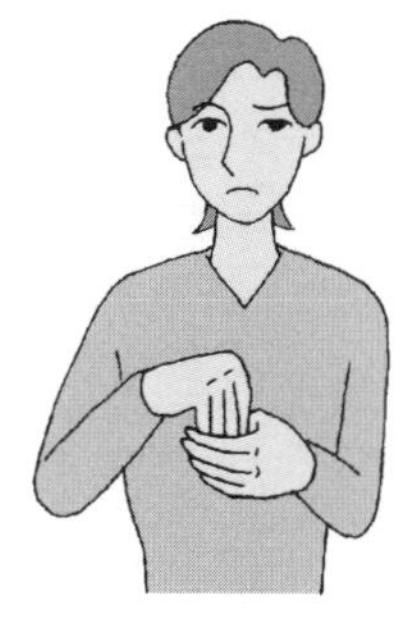

《**表現**》左手親指と4指でつくった筒にすぼめた右手の指先を上から入れる。右手は入れたまま下に出さない。

《**語源**》肛門から便が出ないようす。

《**応用**》右手を左手の下まで出すと「大便」、右手を左手の下まで出して指を開くと「下痢」の手話。

《**例文**》便秘で悩む＝「私」＋「便秘」＋「悩み」。

べんり【便利】

《表現》そろえて伸ばした右手4指の腹側で軽く2～3回あごをさする。

《語源》便利でうれしくて、おいしいという表現。

《応用》あごに当てた同じ形の右手を斜め前下に勢いよく下ろすと「不便」の手話になる。

《例文》携帯電話は便利です＝「携帯電話」＋「便利」。交通の便がよい＝「交通」＋「便利」。

《参考》「不便」が「不幸」の手話と同じなのに対し、「便利」は「幸せ」の手話と同じではないことに注意。

ほ

甲を前に向けくぼませる。
帆船の帆をかたどる。

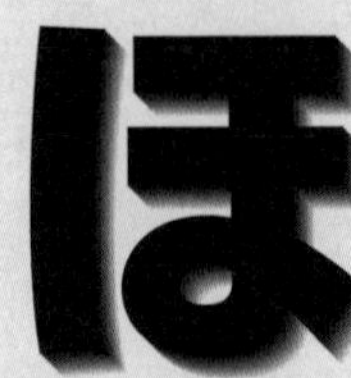

へ・ほ

ほいくえん【保育園】

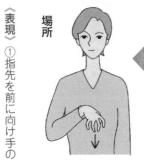

《表現》①指先を前に向け手のひらを向かい合わせた両手を交互に上下に動かす⇒**「世話（育児）」の手話**、②手のひらを下に向けわん曲させた右手を軽く下ろす⇒**「場所」の手話**。
《語源》「世話」と「場所」で。「世話」は子供の世話を表現した手話。

ほいくし【保育士】

《表現》①指先を前に向け手のひらを向かい合わせた両手を交互に上下に動かす⇒**「世話（育児）」の手話**、②右手の指文字「し」を左肩に当てる⇒**「士」の手話**。
《語源》「世話」と「士」で。

ぼうえいしょう【防衛省】

防ぐ

省

《**表現**》①両手のひらを前に向けて、右左の順に押す⇒**「防ぐ」**の手話、②両手を顔の横で前後にずらして合わせ、手のひらを軸に前後を入れ替える⇒**「省」**の手話。

《**語源**》「防ぐ」と「省」で。

ぼうえき【貿易】

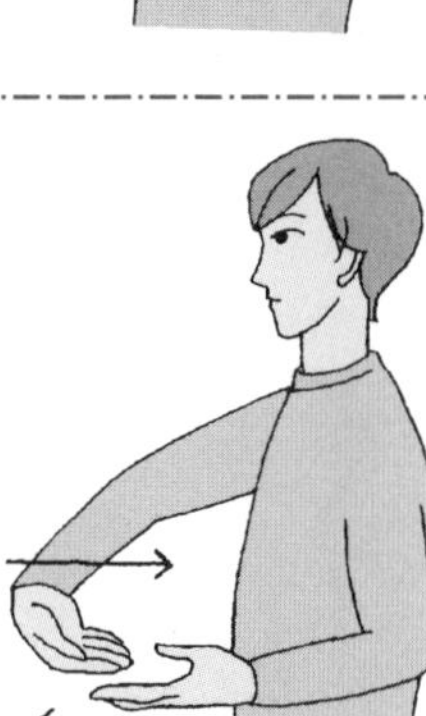

《**表現**》指先を手前に向けた右手を手前に引き寄せると同時に、指先を前に向けた左手を前に出す（両手とも手のひらをややくぼませる）。

《**語源**》船が行き来するようす。

《**応用**》左手は動かさずに、指先を手前に向けた右手を手前に寄せれば「輸入」。また、左手は同じで、指先を前に向けた右手を前に出せば「輸出」の手話になる。

《**例文**》貿易赤字＝「貿易」＋「赤字」。貿易立国＝「貿易」＋「立つ」＋「国」。密輸＝「秘密」＋「貿易」。

～ほうが【～方が】

《**表現**》手の甲を上に向け指先を前に向けた右手をそのまま上に動かす。

《**例文**》私の方が上手です＝「私」＋「～方が」＋「上手」＋「～です（ある）」。

《**参考**》文脈上、省略されるか、あるいは視覚的に表現（指でさす）される場合もある（**《例文2》**参照）。

《**例文2**》テレビより本の方が好き＝身体の左で「テレビ」＋身体の右で「本」＋「比べる」＋本を表した場所を右手人差し指でさす＋「好き」。私の方が上手＝「私」＋「上手」。

ぼうさい【防災】

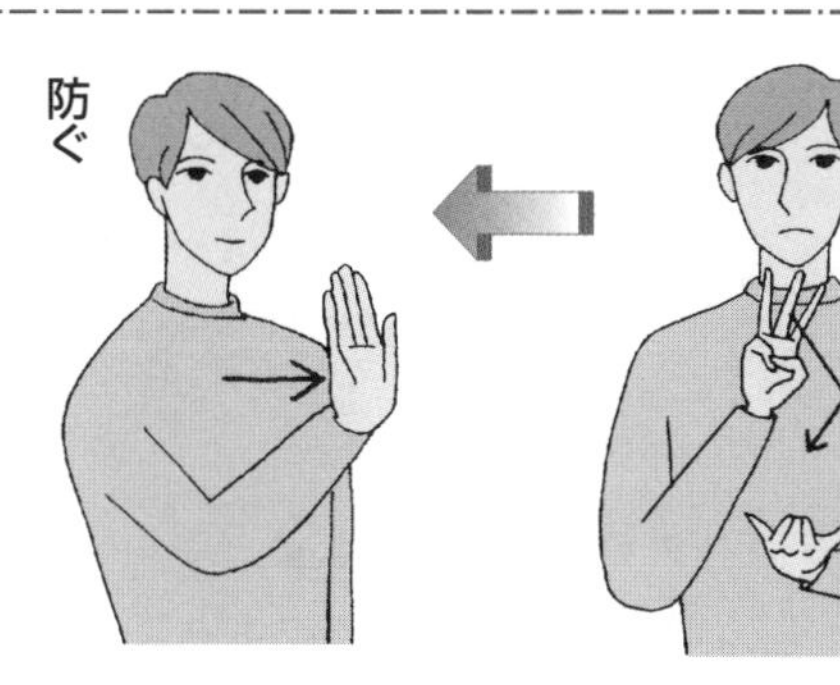

《**表現**》①親指と小指を立てた左手（甲は前向き）の上で、右手人差し指、中指、薬指の3指で巛を描く⇒**「災害」**の手話、②手のひらを前に向けた右手を前に出す⇒**「防ぐ」**の手話。

《**語源**》「災害」と「防ぐ」で。①「災害」は、左手で火の文字を、右手で巛を示すもの。

ほ

ほうし【奉仕】

捧げる

《表現》①左腕（手首あたり）を右手握りこぶしの小指側で2回叩く⇒**「苦労」の手話**、②手のひらを上に向けた両手を上方に差し出す⇒**「捧げる」の手話**。
《語源》「苦労」と「捧げる」で。

ほうしゃのう【放射能】

《表現》左手握りこぶしを立て、その小指側にすぼめた右手の甲をつけ斜め前下に出しながら指を開く。
《語源》握りこぶしは「核」の手話。核からの放射を右手で表現したもの。
《応用》身体の正面で右手握りこぶしを立てると「核」の手話になる。

ほうしん【方針】

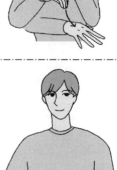

《表現》指先を前に向けた左手のひらに、人差し指の先を前に向けて伸ばした右手を置き、手首を軸に左右に動かす。
《語源》羅針盤を表現したもの。人差し指を針にたとえ目指す方向を示す。
《例文》方針を変更する＝「方針」＋「変更（変わる）」。基本方針を決める＝「基本」＋「方針」＋「決める」。

ほうそう【包装】

《表現》手のひらを上に向けた両手を左右に構え、右左と順に中央へ向けて包むように動かし重ね合わせる（両手の甲上向き）。
《語源》たたみかぶせるようす。
《同形》たたむ
《例文》プレゼントを包装する＝「プレゼント」＋「包装」。服をたたむ＝「服」＋「たたむ」。

ほ

ほうほう【方法】

《**表現**》左手の甲に右手のひらを2回当てる。

《**語源**》手を示し、2回当て強調することで、「方法」「手段」「手法」を表す。

《**同意**》手段・術・手立て・仕方

《**応用**》1回当てると「手」の手話になる。

《**例文**》計算方法＝「計算」＋「方法」。解決法＝「解決（処理）」＋「方法」。良い方法＝「良い」＋「方法」。どういうやり方で？＝「方法」＋「何？」。

ほうむしょう【法務省】

省

《**表現**》①親指を立てた両手を肩から前に少し弧を描きながら下ろし、しっかり止める⇒**「裁判」の手話**、②両手を顔の横で前後にずらして合わせ、手のひらを軸に前後を入れ替える⇒**「省」の手話**。

《**語源**》「裁判」と「省」で。

ほうもん【訪問】

《**表現**》前方で斜めに立てた左手の下に、人差し指を立てた右手を、手前から入れる。右手の甲は前向きでもよい。

《**語源**》斜めに立てた左手は「家」の手話からのもの。そこへ人を示した右手が入るという表現。

《**別形**》甲を前に向けた右手握りこぶしを、ドアをノックするように動かす。

《**例文**》家庭訪問＝「家庭」＋「訪問」。明日、伺う＝「明日」＋「訪問」。

《**参考**》この手話は、手前から前に手を動かすことで自分が訪問する意味。「訪問を受ける」場合は「家」＋「客」で表現できる。

ほうりつ【法律】

《**表現**》指をそろえて伸ばし甲を前に向け手のひらをくぼませた左手⇒**指文字「ほ」**の横で、カギ型に曲げた右手人差し指と中指を下に打ちつけるように下ろす。

《**語源**》指文字「ほ」と「規則」の手話で。

《**応用**》カギ型に曲げた左手人差し指と中指に、同じくカギ型に曲げた右手2指を2回当てると「憲法」の手話になる。

《**別形**》左手のひらに、カギ型に曲げた右手人差し指と中指を当てる⇒**「規則」の手話**。

ぼうりょく【暴力】

《表現》親指を立てた左手を、右手握りこぶしで左右から殴るように動かす。

《語源》親指を立てた左手が示す人を、右手で殴る表現。

《別形》両手で殴るしぐさ。

《例文》暴力団＝「暴力」＋「グループ（劇団）」。非暴力主義＝「非（非常口）」＋「暴力」＋「主義」。

ボウリング【bowling】

《表現》親指、中指、薬指をやや曲げた右手を、ボウリングのボールを投げるように腕を後ろへ下に引き、前に出す。

《語源》ボウリングのボールを投げるようす。

ほうれんそう【ほうれん草】

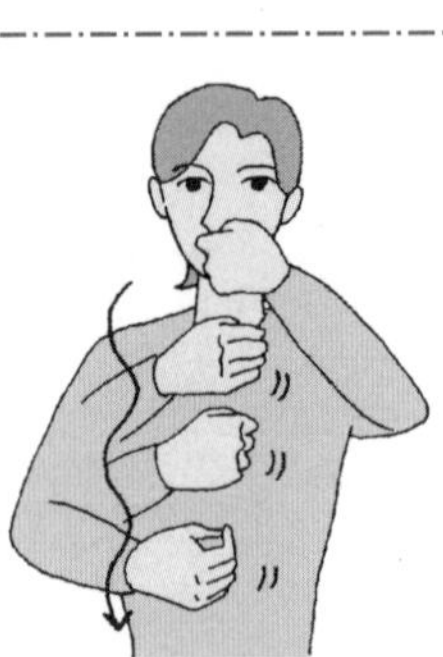

《表現》立てて構えた左手握りこぶしの下で、右手を握ったり緩めたりしながら下ろしていく。

《語源》茹でたほうれん草の水気を切るようす。

《例文》冬のほうれん草＝「冬」＋「ほうれん草」。

ボーナス【bonus】

《表現》甲を前に向け、人差し指と中指を伸ばした両手で、身体の前に水引の形を描く。

《語源》祝儀袋の水引から。

《例文》夏のボーナス＝「夏」＋「ボーナス」。

《参考》「結果」「結ぶ」との区別に注意。「結果」「結ぶ」の手話は親指と人差し指の先をつけた両手でひもを結ぶように動かす。

ホームページ【home page】

《表現》親指の腹を前に向けて立てた両手で、上下の順に両手同時に前に少し押す。

《語源》親指でポスターを貼るようすから。

《同形》ポスター・国語
《例文》手話のホームページ＝「手話」＋「ホームページ」。映画のポスター＝「映画」＋「ポスター」。

《参考》「ホームページ」「ポスター」「国語」は、文脈や口形で区別する。

ホームラン【home run】

《表現》人差し指を伸ばした右手を上げて数回まわす。
《語源》野球の審判がホームランで示すジャッジのアクション。
《例文》さよならホームラン＝「さようなら」あるいは日本式指文字「×」＋「ホームラン」。

ボールペン【ball-point pen】

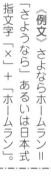

《表現》①人差し指を丸めて小さな丸をつくる⇒**「玉（小さな）」の手話**、②ペンを持つように指を合わせた右手を、文字を書くように動かす⇒**「書く」の手話**。
《語源》「玉（小さな）」と「書く」で。
《例文》青のボールペン＝「青」＋「ボールペン」。

ほがらか【朗らか】

《表現》親指と人差し指で眉間をつまむように構えた右手を、前に出しながら2指を開く。

《語源》眉間を指でつまむことで眉間にしわを寄せることを表現し、それが無くなる、または無いことを示すために指を開いて前に出す。

《同形》性格が明るい
《応用》親指と人差し指で眉間をつまむ動作をすると「迷惑」の手話。

《例文》朗らかな男＝「朗らか」＋「男」。

ぼけ【呆け】

《**表現**》指をそろえた両手を額の前で重ねて構え、両手同時に指を開きながら左右斜め下におろす。
《**語源**》脳の機能がゆるんでいくようすを表現。
《**同形**》認知症
《**例文**》頭がぼける＝頭を指さし＋「ぼけ」。目の焦点がぼける＝「目」＋「ぼけ」。

ほけん【保健】

《**表現**》胸の前で構えた左手の甲を、右手で2～3回まわしてなでる。

《**語源**》左手で身体をかばい、右手で大切さを表現したもの。

《**同形**》身体を大切に（あいさつ）・ご自愛を（あいさつ）

《**別形**》指を開いて伸ばした右手を、指先を左に向けて左胸に当て（手の甲前向き）右へ動かす。

《**例文**》保健所＝「保健」＋「場所」。おだいじに＝相手に向かって「保健」。

ほけんしょう【保険証】

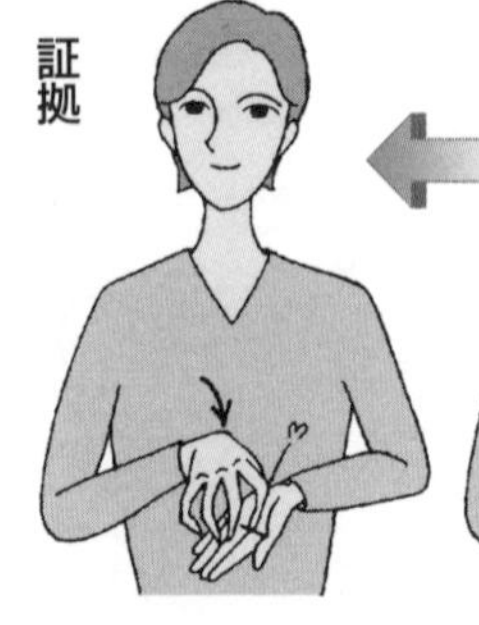

《**表現**》①甲を前に向け手のひらをくぼませた左手の甲に、親指と人差し指で輪をつくった右手を当てて前に出し⇒**「保険」の手話**、②上に向けた左手のひらにわん曲させた右手の指先を上から当てる⇒**「証拠」の手話**。
《**語源**》指文字「ほ」とお金を払う表現の「保険」に「証拠」で。
《**例文**》生命保険＝「命」＋「保険」。介護保険＝「介護」＋「保険」。

ほごしゃ【保護者】

《**表現**》①指先を前に向け手のひらを向かい合わせた両手を交互に上下に動かす⇒**「世話（育児）」の手話**、②右手人差し指でほほに1回触れたあと、親指と小指を立てて掲げる⇒**「両親」の手話**。
《**語源**》「世話」と「両親」で。

ほこり【埃】

汚い　払う

《表現》①上に向けた左手のひらに、指を開きわん曲させた右手の指先を2～3回当てる⇒**「汚い」の手話**、②ほこりを払うように左手のひらに息を吹きかける。

《語源》「汚い」とほこりを吹き払う動作で。

ほし【星】

《表現》すぼめて指先を手前に向けた右手を頭より高い位置で、開いたり閉じたりする。

《語源》星が光るようすを表現。

《応用》「星」の手話を身体の中央で左手で行い（指先前向き）、その後ろで開いた右手を左から右へ弧を描くように動かすと「星座」の手話。

《例文》火星＝「火（火曜日）」＋「星」。水星＝「水（水曜日）」＋「星」。金星＝「金（金曜日）」＋「星」。木星＝「木（木曜日）」＋「星」。土星＝「土（土曜日）」＋「星」。

《参考》上げた手を左から右に動かしながら表現する方法もある。

ほしい【欲しい】

《表現》右手の指先でのどに2回触れる。

《語源》のどが渇いたという表現。

《同意》のどが渇く

《別形》右手親指と人差し指を開いてのど元を挟むように当て、斜め前下に動かしながら2指を閉じる「好き」「～したい」の手話で伝えることもある。

《例文》ジュースが欲しい＝「ジュース」＋「欲しい」。手話のテキストが欲しい＝「手話」＋「テキスト」＋「欲しい」。

《参考》要求として欲する場合は「求める」の手話を使う。字幕が欲しい＝「字幕」＋「求める」など。

ポスト【post】

郵便

《表現》①人差し指と中指を伸ばした左手を横にし、立てた右手人差し指の先に乗せ〒マークをかたどる⇒**「郵便」「手紙」の手話**、②左手親指と伸ばしてそろえた4指（甲が上向き）の間に、手前から指を伸ばしてそろえた右手を指先から差し込む。

《語源》「郵便」とポストに入れる動作で。

ほぞん【保存】

《表現》身体の前で指をそろえて下に向けた左手のひらの下に、指をそろえて手のひらを下に向けた右手をもぐり込ませる。

《語源》しまうようす。

《例文》冷凍保存のテクニック＝「凍る」＋「保存」＋「技」。

ほたる【蛍】

《表現》人差し指を曲げた左手首の甲側にすぼめた右手の甲を置き、右手を開いたり閉じたりしながら両手同時に右へ動かす。

《語源》人差し指を曲げた左手は「虫」。開いたり閉じたりする右手は蛍の光を表す。蛍が飛ぶようす。

《同意》蛍の光

《例文》蛍の住む川＝「蛍」＋「居る（住民票）」＋「川」。

《参考》両手を右へ動かさずに行う場合もある。

ほちょうき【補聴器】

《表現》曲げた右手人差し指を右耳にかける。

《語源》補聴器が耳にかかっているようす。

《例文》祖父は補聴器を使って会話する＝「祖父」＋「補聴器」＋「使う」＋「会話」。

ほっかいどう【北海道】

《表現》人差し指と中指を伸ばした両手（手のひら前向き）で、顔のあたりから胸のあたりに、ひし形を描く。

《語源》北海道の形を表すもの。

《例文》北海道の大自然＝「北海道」＋「大きい」＋「自然」。北海道の鮭＝「北海道」＋「鮭」。

《参考》手の甲が前向きでもよい。

ほっきょく【北極】

地球

《**表現**》①向かい合わせた両手を回し球を描き⇒「**地球**」「**世界**」「**国際**」の手話、②描き終わった球の真上を右手人差し指でさし示す。

《**語源**》地球の上を指すことで表現。

《**応用**》①で描き終えた球の下を指すと「南極」の手話になる。

ほっとする

《**表現**》伸ばした人差し指と中指の指先を鼻に向けた右手を、斜め前下におろす。肩から力を抜き、安心して息を漏らしながら。

《**語源**》安心してため息が漏れるようすから。

《**同意**》ひと安心

《**別形**》指文字「ほ」の手のひらを口元に向けて構え、そのまま前に倒す。

《**例文**》うまくできて、ほっとした＝「成功」＋「ほっとする」。無事でほっとした＝「無事」＋「ほっとする」。

ホテル【hotel】

《**表現**》手のひらを前に向けて立てた左手のひらに、人差し指と中指を伸ばした右手（手のひら上向き）を当てながら下げていく。

《**語源**》2指を伸ばした右手は人を表し、ホテルの各階に人が寝泊まりしている表現。

《**例文**》高級ホテル＝「立派（偉い）」あるいは「金持ち」＋「ホテル」。ビジネスホテル＝「仕事」＋「ホテル」。ラブホテル＝「セックス」あるいは「恋」＋「ホテル」。

《**参考**》右手は、下から上げていってもよい。

ほどう【歩道】

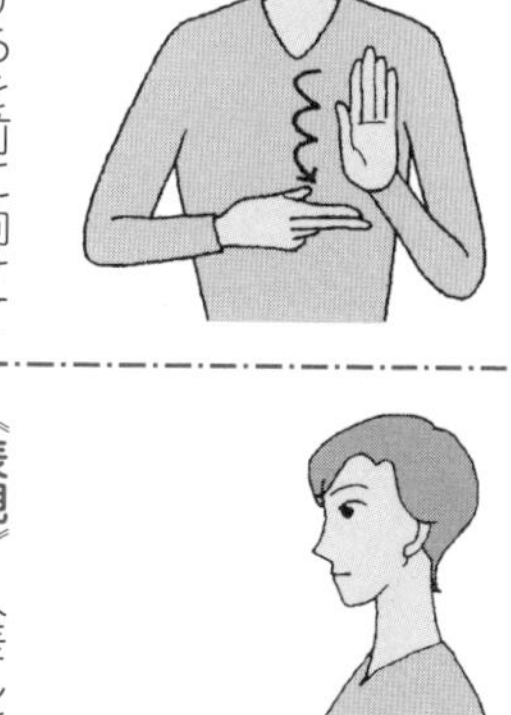

《**表現**》人差し指と中指の先を下に向け指を交互に動かしながら前へ出す⇒「**歩く**」の手話を、両手同時に並行に行う。

《**語源**》2指で表した歩行者が歩くようすから。また、道幅を示すために両手は左右に離している。

《**同形**》歩行者

《**応用**》同じ動作を行いながら、両手を交互に前後させると「横断歩道」の手話になる。

ほとんど【殆ど】

《表現》指をそろえて伸ばし手のひらを下に向けた両手の親指側を合わせて構え、下に大きく弧を描くように動かし、小指側を合わせずにやや開けて止める（手の甲下向き）。

《語源》両手で完全な円を描くと「全部」「全て」の手話になるが、途中で止めることから、全部でない「ほとんど」の意味になる。

《同形》だいたい・おおかた・ほぼ

《例文》ほとんどの人が反対＝「ほとんど」＋「人々」＋「反対」。ほぼ終わる＝「ほぼ」＋「終わる」。

ほね【骨】

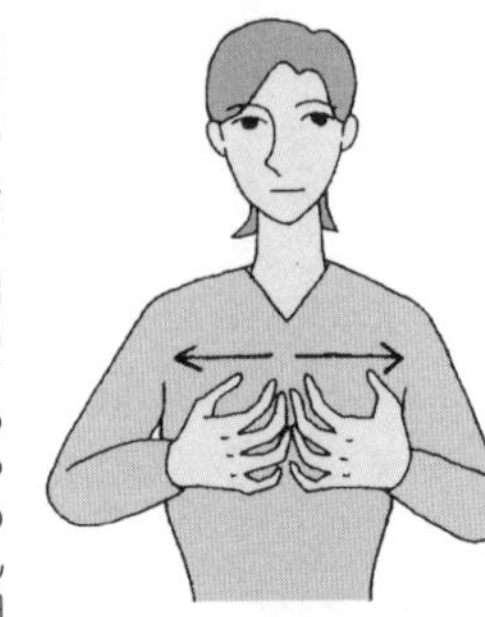

《表現》指を開いてややわん曲させた両手の指先を胸に向け、中央から左右に離す。

《語源》肋骨を指で示したもの。

《同意》肋骨

《同形》理科

《例文》軟骨＝「柔らかい」＋「骨」。理科室＝「理科」＋「室（部屋）」。

《参考》「理科」は、理科室にある骨の標本から。

ボランティア【volunteer】

《表現》人差し指と中指の先を下に向け指を交互に動かしながら、両手を左右手前から前方中央へ寄せていく。

《語源》人差し指と中指を交互に動かした両手は、人の動き。人が歩み寄る、または、集まることから。

《同形》歩み寄る

《例文》ボランティアグループ＝「ボランティア」＋「グループ（劇団）」。手話のボランティア＝「手話」＋「ボランティア」。ボランティアに参加する＝「ボランティア」＋「参加」。

ほれる【惚れる】

《表現》指先を顔に向けややすぼめた右手を、前方に立てて構えた左手親指（あるいは小指）に向け、近づけながら指先をつける。

《語源》左手の立てた指がその恋する相手を示し、それに視線が吸い込まれていく表現。

《別形》前方に構えた左手を見つめながら右手で「好き」の手話を行う。

《参考》前方に構えた手を親指⇒**「男」の手話**にすると相手が男性、小指⇒**「女」の手話**にすると相手が女性であることを示す。

ほん【本】

《表現》手のひらを合わせた両手を胸の前でやや斜めに構えて、両手同時に左右に開く。

《語源》本を開く表現。

《応用》2〜3回閉じたり、開いたりすると「ノート」の手話になる。

《別形》同様に両手を構え、小指側を軸に左右に開く。小指側はつけたまま。

《例文》古本＝「古い」＋「本」。どんな本を読むの?＝「何?」＋「本」＋「読む」＋「〜ですか（尋ねる）」。本に載っている＝「本」＋左手をそのまま残して、手のひらを下に向けわん曲させた（「場所」の形）右手の指先を左手のひらに2回ほど当てる。

ほんかくてき【本格的】

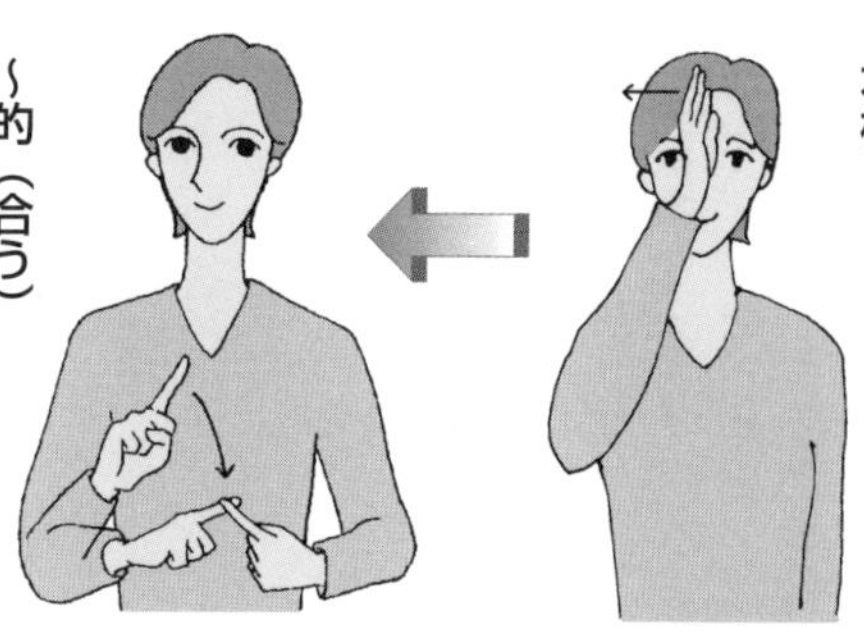

《表現》①顔の前で立てた右手を勢いよく右（甲側）へ動かし顔の中央に立てる⇩**「本格」の手話**、②斜め上に向けた左手人差し指の先に、右手人差し指の先をつける⇩**「〜的（合う）」の手話**。
《語源》「本格」と「〜的（合う）」。

ほ

ほんこん【香港】

《表現》指先を鼻へ向けすぼめた右手を、パッパッと2回開く。
《語源》花の香りからの表現。
《別形》伸ばした人差し指と中指の先を鼻に向けて近づけるb⇩**「匂い」の手話**。
《参考》aは現地手話で国際共通。bは日本の手話。

ほんしゃ【本社】

《表現》①指をそろえて立てた右手の人差し指側をあごに1〜2回当てる⇩**「本当」の手話**、②人差し指と中指をそろえて伸ばした両手を、頭の横で交互に前後に振る⇩**「会社」の手話**。
《語源》「本当」と「会社」で。
《別形》「基本」＋「会社」でもよい。

ほんしん【本心】

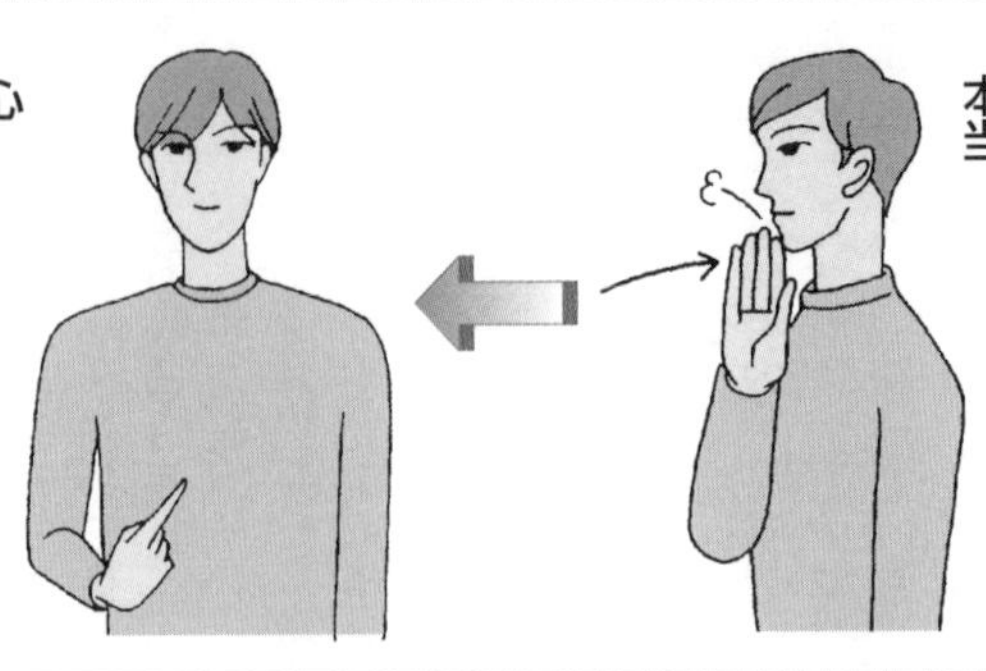

《表現》①指をそろえて立てた右手の人差し指側をあごに1～2回当てる⇩**「本当」の手話**、②右手人差し指で胸を指す⇩**「心」の手話**。
《語源》「本当」と「心」で。
《例文》本音を隠す＝「本心」＋「内緒」。

ほんせき【本籍】

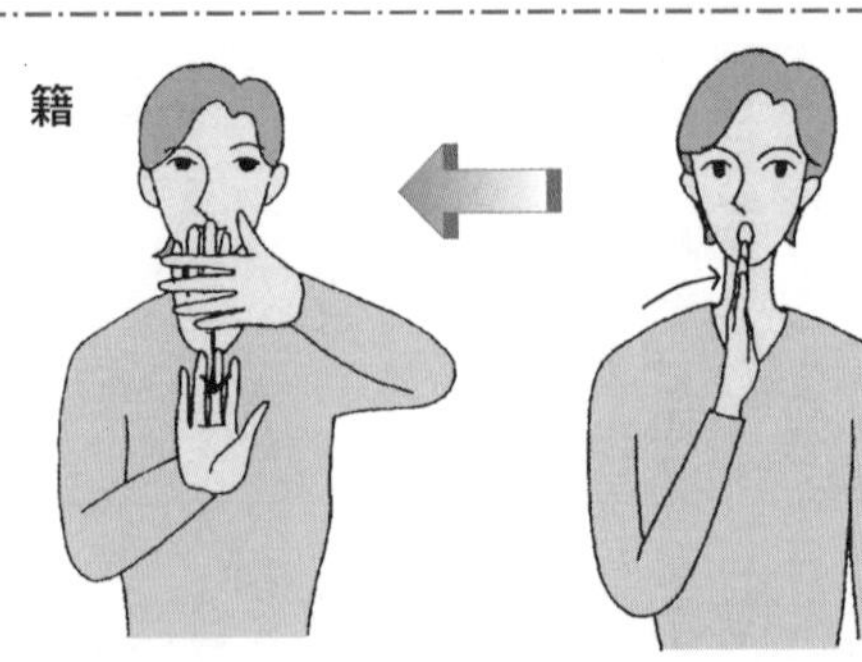

《表現》①指をそろえて立てた右手の人差し指側をあごに1～2回当てる⇩**「本当」の手話**、②指を開いて横にした左手に、指を開いた右手を立てて当てて下におろす⇩**「籍」の手話**。
《語源》「本当」と「籍」で。
《例文》本籍は大阪＝「本籍」＋「大阪」。
《参考》「戸籍」は「家」＋「籍」で表現する。

ほんてん【本店】

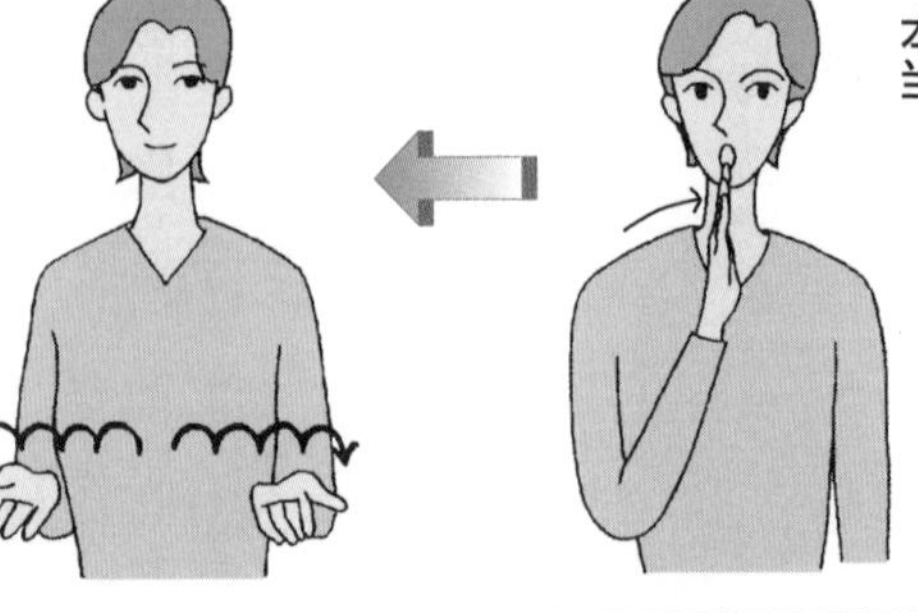

《表現》①指をそろえて立てた右手の人差し指側をあごに1～2回当てる⇩**「本当」の手話**、②手のひらを上に向けた両手を身体の前で構え、上に弧を描きながら左右に離していく⇩**「店」の手話**。
《語源》「本当」と「店」で。
《別形》「基本」＋「店」でもよい。

ほんとう【本当】

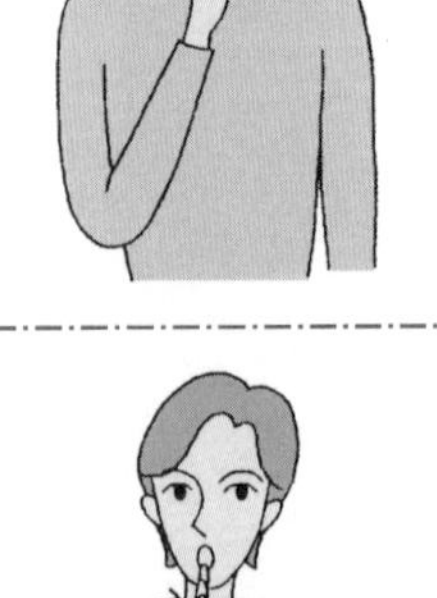

《表現》指をそろえて立てた右手の人差し指側をあごに1～2回当てる。
《語源》うそをつくときは、後ろめたさから顔を隠すが、本当のことを言う場合は、顔を隠す必要がないため、手を顔の正面に置く。
《同形》真実・事実
《応用》問いかける表情をつければ「本当？」のあいづちや問いかけの手話になる。

《**例文**》ホント?=疑問の表情で「本当」。本当にびっくり=「本当」+「驚く」。本人=「本当」+「人」。本社=「本当」+「会社」。本店=「本当」+「店」。本心=「本当」+「心」。本籍=「本当」+「籍」。実印=「本当」+「印鑑」。

《**参考**》右手の甲を左ほほに当て数回上下に動かすと、「ずるい」の手話になる。

ASL

1の形の手をあごに当て、弧を描くように少し前に出す。

TRUE

ほんにん【本人】

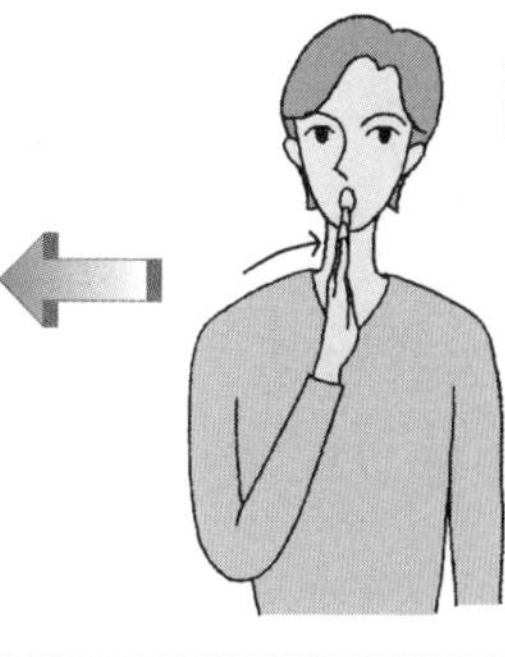

《**表現**》①指をそろえて立てた右手の人差し指側をあごに1～2回当てる⇒**「本当」の手話**、②右手人差し指で人の文字を空書する⇒**「人」の手話**。

《**語源**》「本当」と「人」で。

ほんね【本音】

《**表現**》左手のひらを手前に向け胸の前で構え、指先を口元へ向けすぼめた右手を開きながら（左手を越えて）前に出す。

《**語源**》すぼめた手を開くことで「言う」・「話す」を示し、左手で囲った内側から手を出すことで隠された裏側から出すことを表現。

《**同形**》（秘密などを）漏らす

《**例文**》本音は怒ってます=「本音」+「怒る」。秘密を漏らす=「秘密」+「漏らす」。

ほんばん【本番】

《**表現**》指をそろえて伸ばした右手を顔の前でやや左に傾けて構え、右（甲側）へ動かし顔の中央にまっすぐ立てる。

《**語源**》本番前から本番スタートの瞬間をたとえたもので、顔を時計の文字盤にたとえながら、右手でスタートを切る表現。

《**例文**》次は本番=「次」+「本番」。

《**参考**》「本格」の手話との酷似に注意。「本格」は右手を平行に右へ動かす。また、人差し指と中指を額のまん中に立てると「昼」「正午」になるので注意。

ほんぶ【本部】

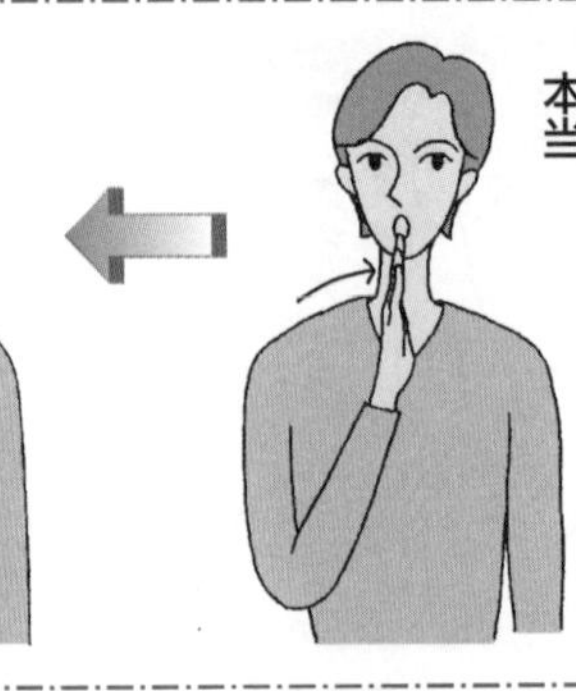

《表現》①指をそろえて立てた右手の人差し指側をあごに1〜2回当てる⇒**「本当」の手話**、②手のひらを下に向けわん曲させた右手を軽く下ろす⇒**「場所」の手話**。

《語源》「本当」と「場所」で。

《別形》「基本」の手話と「場所」で伝えてもよい。

ほんもの【本物】

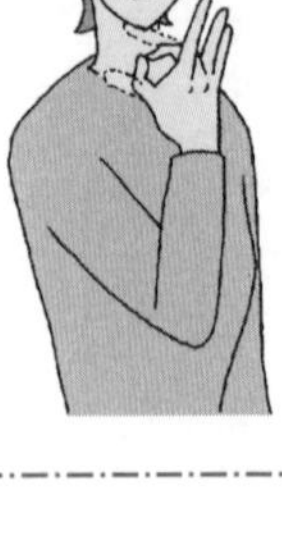

《表現》左手握りこぶしを右手中指で2〜3回はじく。

《語源》おいしいスイカを見分けるためにはじいて音を聞くことから、指ではじく。

《同形》実物

《別形》あごを右手中指で2〜3回はじくb。

《例文》本物のダイヤ＝「本物」＋「ダイヤモンド」。

ほんやく【翻訳】

《表現》左手のひらに右手人差し指と中指を乗せ（手の甲上向き）、手首から右へ返す（手の甲下向き）。

《語源》左手は本を表し、右手を返すことで言い換えを伝える。

《例文》英語の翻訳＝「英語」＋「翻訳」。

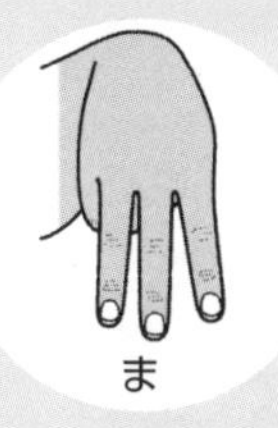

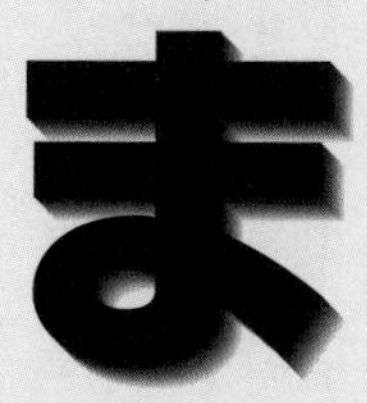

3指をやや離して伸ばし下に向ける。
mの形。

マージャン【麻雀】

《表現》親指と人差し指を開いて伸ばした両手の指先を向かい合わせて左右に構え、両手同時に前に倒す（手の甲前向き）。
《語源》並べたマージャンパイを前にひっくり返すようす。
《例文》中国のマージャン＝「中国」＋「マージャン」。

まあまあ

《表現》指先をつけた親指と人差し指の先を1〜2回鼻の頭に当てる。
《語源》握りこぶしを鼻の前で構え前に出す「良い」の手話の変形。
《同意》まし・まあ良いだろう
《例文》病状はましになる＝「病気」＋「状態（雰囲気）」＋「まし」。商売の状況はぼちぼち＝「商売（営業）」＋「まあまあ」。

マイク【micro-phone】

《表現》握りこぶしを口元に向けて構える。
《語源》マイクを持つ手から。
《応用》マイクを持った手を左右に振り歌うように口を動かすと「カラオケ」の手話。
《例文》マイクのテスト＝「マイク」＋「試す」。

まいご【迷子】

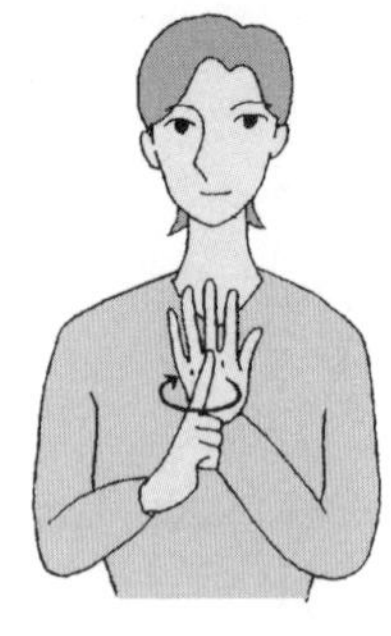

《**表現**》指をやや開いて伸ばし、手の甲を前に向けて立てた左手の前で、人差し指を立てた右手を水平に回す。

《**語源**》右手人差し指で示した人が、左手5指で示した人たちとはぐれているようす。左手が背（甲側）を向けていることで見つからないようすを伝えている。

《**例文**》迷子の子猫＝「迷子」＋「赤ちゃん」＋「猫」。

まいしゅう【毎週】

《**表現**》親指、人差し指、中指を伸ばした⇓**数詞「7」**両手を左右に構え、手前から前方へグルッと2回まわす。

《**語源**》回すことで繰り返しを表し、1週間の日数「7」を回し毎週を表現したもの。

《**応用**》親指と人差し指を伸ばした両手を回すと「毎日」の手話になる。

《**別形**》手の甲を前に指先を右に向けて伸ばした左手4指を、右手人差し指の腹で縦になでる。

《**例文**》毎週の土曜日＝「土曜日」＋「毎週」。

まいつき【毎月】

《**表現**》①親指と人差し指を伸ばした両手を左右に構え、手前から前方へグルッと2回まわす⇓**「毎日」「いつも」の手話**、②親指と人差し指の先をつけた右手を上から下へおろしながら指先を離す⇓**「月」「月曜日」の手話**。

《**語源**》「毎日」と「月」で。

《**例文**》毎月発行＝「毎月」＋「出版」。

まいとし【毎年】

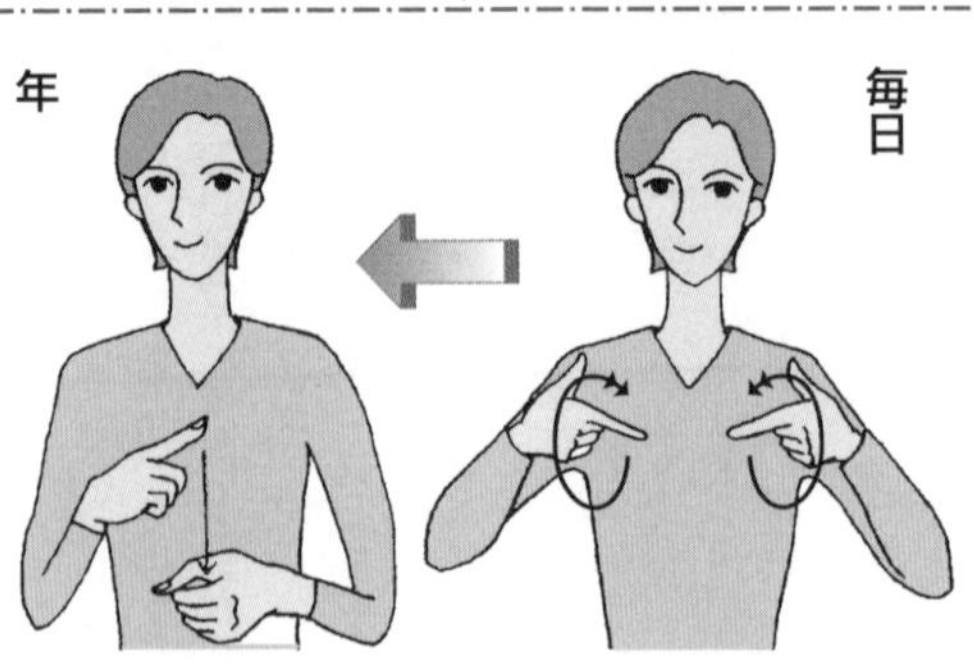

《**表現**》①親指と人差し指を伸ばした両手を左右に構え、手前から前方へグルッと2回まわす⇓**「毎日」「いつも」の手話**、②おなかの前で立てた左手握りこぶしの親指側に、右手人差し指を当てる⇓**「年」の手話**。

《**語源**》「毎日」と「年」で。

まいにち【毎日】

《表現》甲を前に向け、親指と人差し指を伸ばした両手を左右に構え、手前から前方へグルッと2回まわす。

《語源》2指を伸ばした両手は太陽を示し、それを回すことで日の昇り・沈みの連続を表したもの。

《同形》いつも
《応用》親指と人差し指を伸ばした両手を、手のひらを前に向け回せば「暮らす」の手話。

《例文》毎日、仕事ご苦労さま＝「毎日」＋「仕事」＋「ご苦労さま」。毎日、本を読む＝「毎日」＋「本」＋「読む」。

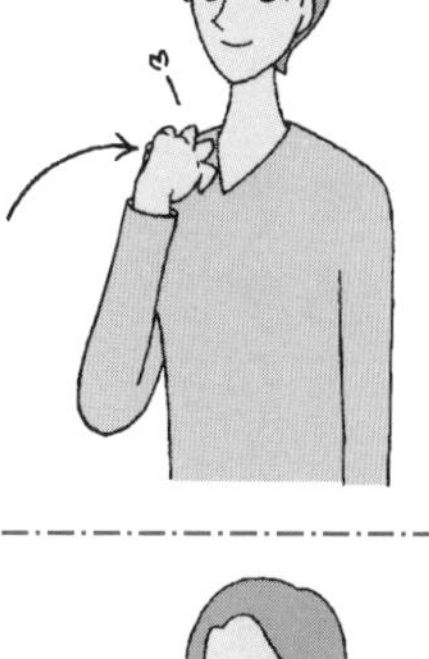

まかされる【任される】

《表現》手のひらを上に向けてわん曲させ、前に差し出した右手の指先を右肩に乗せる。

《語源》肩に手を乗せることで責任を背負うことを表現したもの。

《同形》責任・負担
《応用》右肩に乗せた右手を前に差し出すと「任せる」の手話になる。

《例文》仕事を任される＝「仕事」＋「任される」。責任重大＝「責任」＋「重い」。

《参考》苦しい表情で行うと「負担」「(重すぎる）責任」の意味になる（**「負担」**参照）。

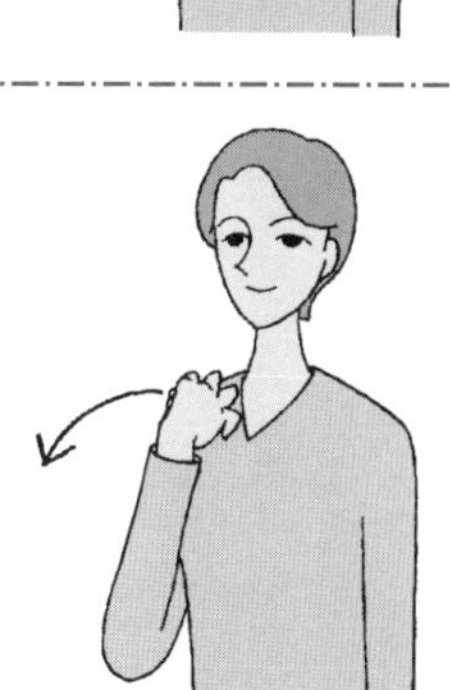

まかせる【任せる】

《表現》わん曲させた右手の指先を右肩に乗せ⇒**「責任」「任される」の手話**、前に差し出す（手のひら上向き）。

《語源》肩に手を乗せるのは「責任」「任される」の手話で、これを相手に渡す表現。

《同意》委嘱（いしょく）

《応用》逆の動作、前に差し出した右手を指先から右肩に乗せると「任される」の手話になる。

《別形》親指を立てた左手に向け、右肩に乗せた右手を差し出し甲側を当てるbと「(彼に）任せる」の手話になる。

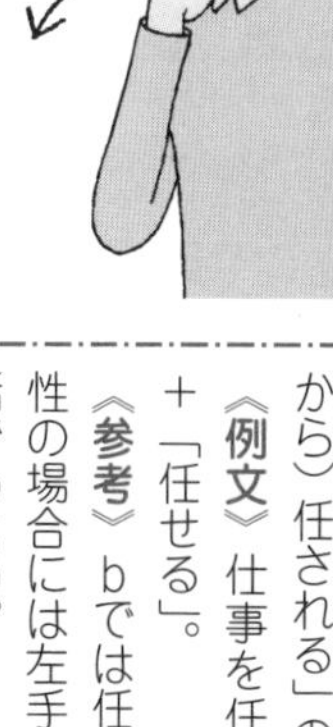

《応用》bの逆の動作、左手から右肩に右手を乗せれば「(彼から）任される」の手話になる。
《例文》仕事を任す＝「仕事」＋「任せる」。
《参考》bでは任せる相手が女性の場合には左手は「女」の手話でもよい。

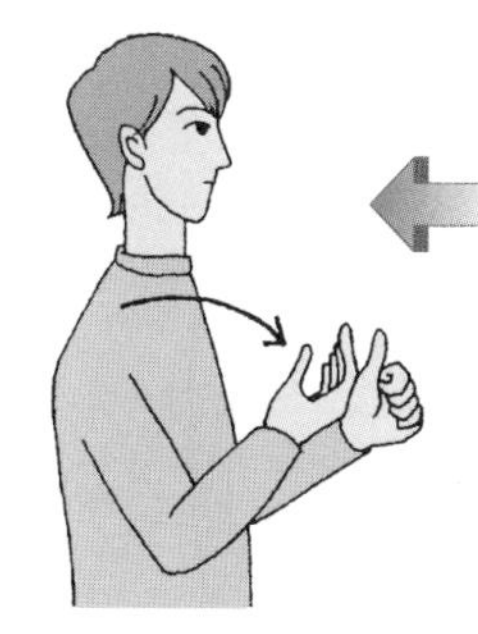

ま

まぎらわしい【紛らわしい】

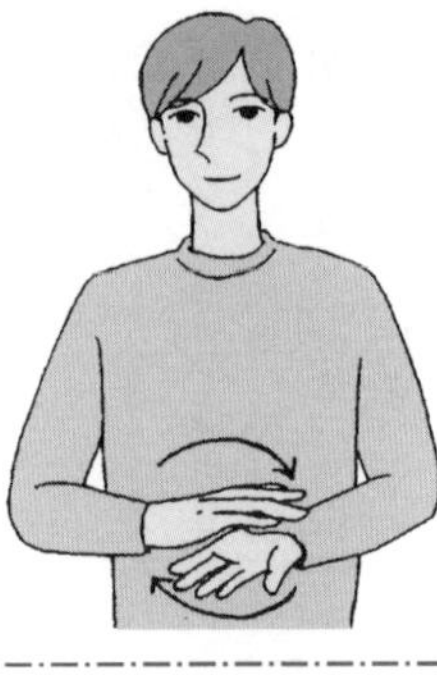

《表現》指を開いた両手のひらを上下に向かい合わせて、半周ずらして水平に回す。

《語源》まじり合って、見分けがつかなくなる表現。

《同意》紛れる

《例文》紛らわしい手話＝「紛らわしい」＋「手話」。

《参考》両手をややわん曲させて行う場合もある。また、文脈によって「曖昧」の手話を使ってもよい。

まぐろ【鮪】

黒

《表現》①右手で頭をなでる⇓**「黒」の手話**、②指先を左に向けた右手を前後に揺らしながら右から左へ動かす⇓**「魚」の手話**。

《語源》「黒」と「魚」で。

《例文》全長3メートルのマグロ＝「長い」＋数詞「3」＋「メートル」＋「まぐろ」。マグロの握り＝「まぐろ」＋「寿司」。

まける【負ける】

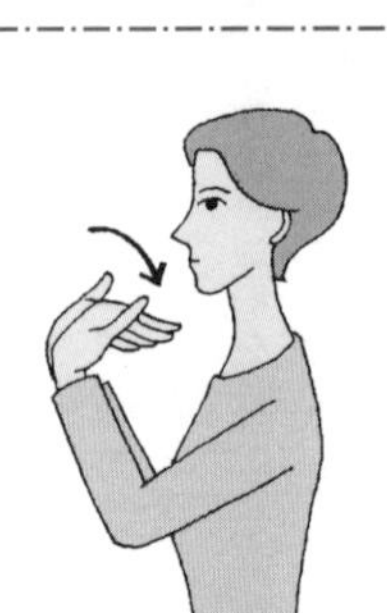

《表現》手のひらを手前に向けた両手を顔の前で並べて立て、親指を除く4指を付け根から手前に折る。

《語源》顔の前あたりで行う動作で、面目まるつぶれという表現。

《別形》親指を立てて握った両手を前後に構え、前に位置した左手で右手を手前に倒す。「勝つ」の反対の動作。

《例文》試合に負ける＝「試合」＋「負ける」。敗戦＝「戦争」＋「負ける」。負けるが勝ち＝「負ける」＋「けれども」＋「勝つ」。

まご【孫】

《表現》指を伸ばし手のひらを下に向けた右手を、胸の位置から2段下ろす。

《語源》手を下ろすことで「子供」を表し、2回下ろすことで3代目の「孫」を伝える。

《別形》親指と小指を立てた左手を身体のやや左側に構え、左手の付け根あたりから右手で同様の動作を行う。

《例文》孫の顔＝「孫」＋「顔」。

まじめ【真面目】

《**表現**》親指と人差し指で輪をつくった両手を胸の中央で上下に構え（右手が上）、同時に上下に離す。

《**語源**》心がまっすぐという表現。

《**同形**》素直・正直・正しい

《**応用**》同じ手の形で、両手を左右に離すと反対の意味（「不正直」「不真面目」「不正」）になる。

《**例文**》まじめな男＝「まじめ」＋「男」。まじめに勉強する＝「まじめ」＋「勉強（学校）」。

《**参考**》からかって「まじめすぎ」という場合は表情を皮肉っぽくして行うとよい。

まずい【不味い】

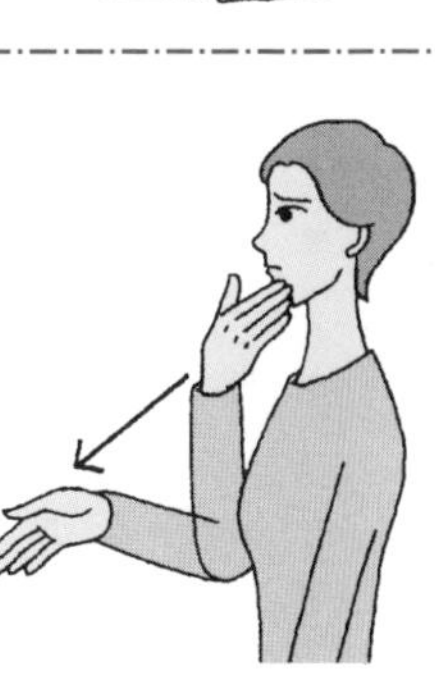

《**表現**》そろえて伸ばした右手4指の腹をあごに当て、そのまま斜め前下に、勢いよく投げ出すように手を下ろす。

《**語源**》右手を右ほほに当てるのは、ほっぺたが落ちそうになるという「おいしい」の手話で、それを否定するように払いのけることから。

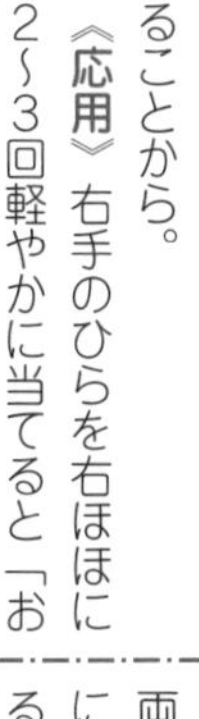

《**応用**》右手のひらを右ほほに2～3回軽やかに当てると「おいしい」の手話になる。

《**例文**》まずい刺身＝「まずい」＋「刺身」。まずいおにぎり＝「まずい」＋「おにぎり」。

ますいやく【麻酔薬】

《**表現**》①親指と4指を離した両手の指先を両目に向け、静かに指先をつけ、同時に目をつむる⇩**「眠い」の手話**、②右手人差し指と中指の背を左腕に当て、続けて親指の先をつける⇩**「注射」の手話**。

《**語源**》「眠い」と「注射」。

《**別形**》「眠い」＋「薬」でもよい。

マスコミ【mass-communication】

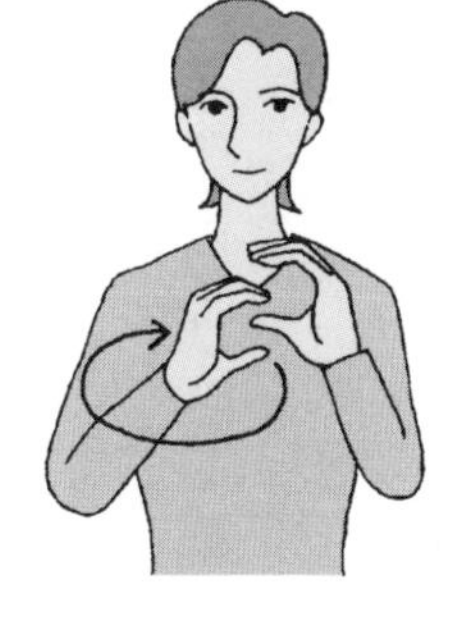

《**表現**》親指と4指でCをかたどった⇩**指文字「C」**両手を上下に噛み合わせて構え（左手が上）、左手はそのまま右手を水平に前に円を描き元の位置に戻す。

《**語源**》同じ構えから左右交互に前後に動かすと「コミュニケーション」の手話だが、広く行き渡らせることで水平に円を描くもの。

ますます【益々】

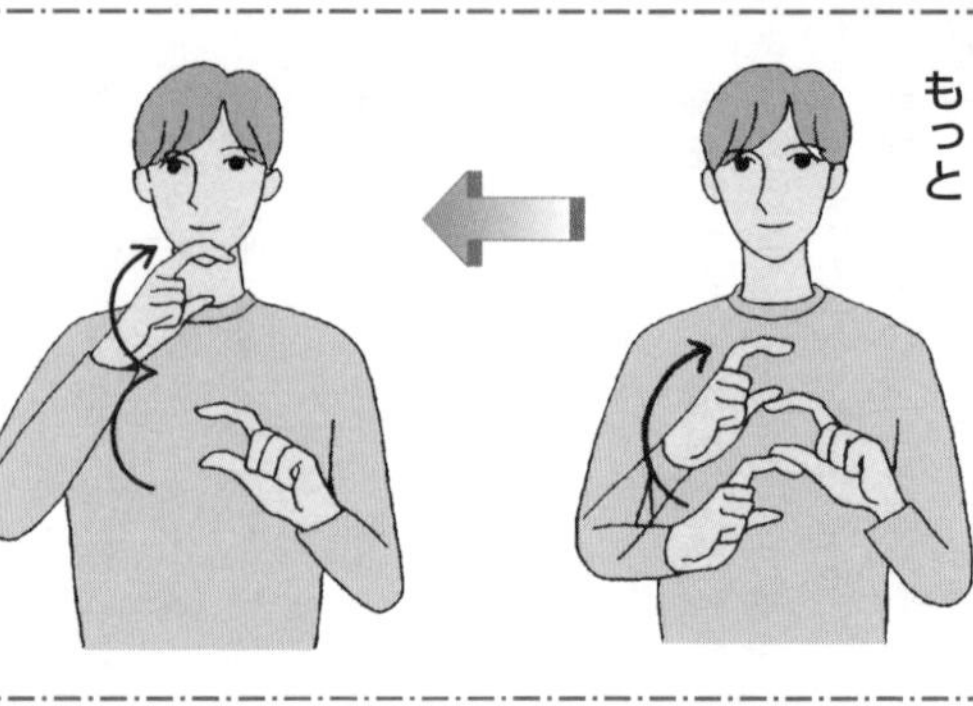

《表現》①親指と人差し指でコの字型をつくった両手を上下に重ね（左手が上）、左手はそのまま右手を右に弧を描きながら上に動かし左手の上に乗せ⇓**「もっと」の手話**、②さらに右手を上に動かす。
《語源》「もっと」の手話をさらに強調したもの。

また【又】

《表現》握った右手を立てて構え、左にやや動かしながら、人差し指と中指を伸ばし⇓**数詞「2」**、示す。
《語源》2指を伸ばす数詞「2」からの表現。
《同意》再び・または・またね
《例文》また会いましょう＝「また」＋呼びかけるように「会う」。またキャンプに行く＝「また」＋「キャンプ」＋「行く」。

まだ【未だ】

《表現》指先を前に向けた左手を身体の左に構え、その左手のひらに指先を向けて伸ばした右手（手の甲前向き）を上下に2回ほど軽く振る。
《語源》左手が到達点を示し、右手はまだ到達点に達していない宙ぶらりんな状態を表す。
《応用》左に構えた左手のひらに右手の指先を右から当てれば「最後」「〜まで」の手話。
《例文》未定＝「定（必ず）」あるいは「決める」＋「まだ」。結果はまだ＝「結果」＋「まだ」。私はまだ手話がほとんど分からない＝「私」＋「まだ」＋「手話」＋「ほとんど」＋「分からない」。

まち【町】

《表現》甲を前に向け人差し指、中指、薬指を伸ばした左手の指先から、右手人差し指で丁の字を一筆書きする。

《語源》左手3指で漢字の田部分を示し、右手で丁を空書したもの。

《別形》指をそろえて伸ばし斜めに立てた両手の指先を身体の左で合わせ、指先を3回ほど前後に組み替えながら右へ動かす。家が並んでいるようす。

《例文》町役場＝「町」＋「役所」。小舟町＝「小」＋「船」＋「町」。谷町筋＝「谷」＋「町」＋「道路」。

ま

まちあわせ【待ち合わせ】

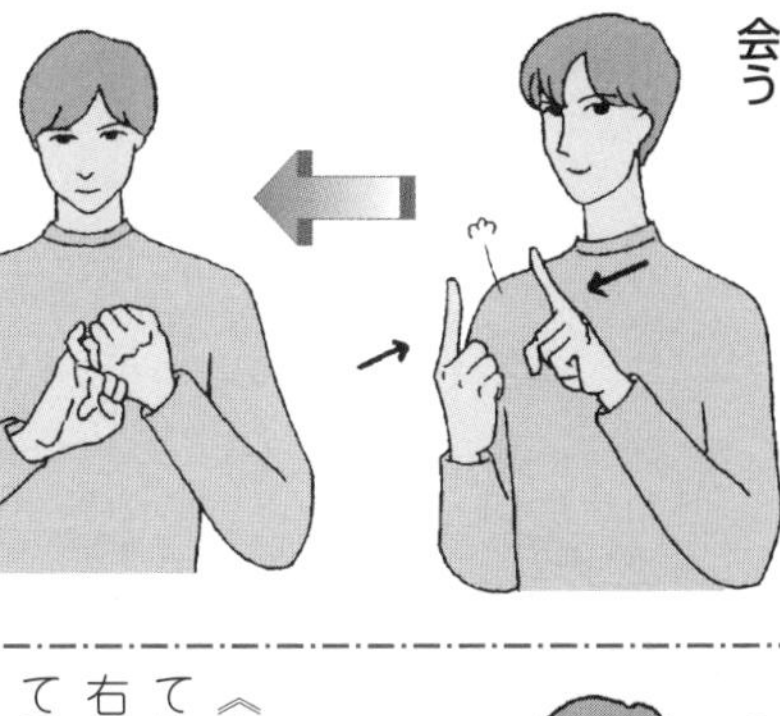

《表現》①向かい合わせた両手の人差し指を近づける⇓「会う」の手話、②両手の小指を絡ませる⇓「約束」の手話。
《語源》「会う」と「約束」で。
《別形》「待つ」＋「会う」あるいは「待つ」＋「約束」でもよい。
《例文》彼女と待ち合わせ＝「女」＋「待ち合わせ」。喫茶店で待ち合わせ＝「喫茶店」＋「待ち合わせ」。

まちがい【間違い】

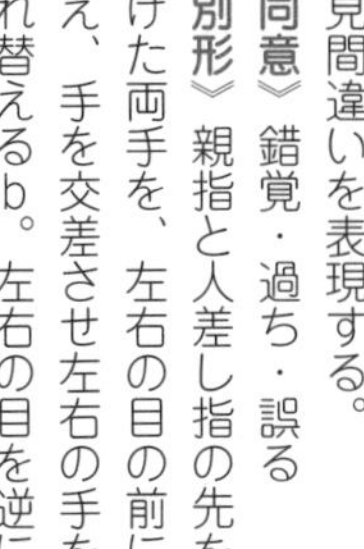

《表現》人差し指と中指を開いて伸ばし手のひらを前に向け、右目の前で構えた右手首を返して甲を前に向ける。

《語源》目をひっくり返すことで見間違いを表現する。

《同意》錯覚・過ち・誤る
《別形》親指と人差し指の先をつけた両手を、左右の目の前に構え、手を交差させ左右の手を入れ替えるb。左右の目を逆にすることで見間違いを表現したもの。

《例文》見間違え＝「見るa」＋「間違い」。判断を誤る＝「判断」＋「誤る」。間違った考え＝「考える」＋「間違い」。誤りを認める＝「誤る」＋「認める」。

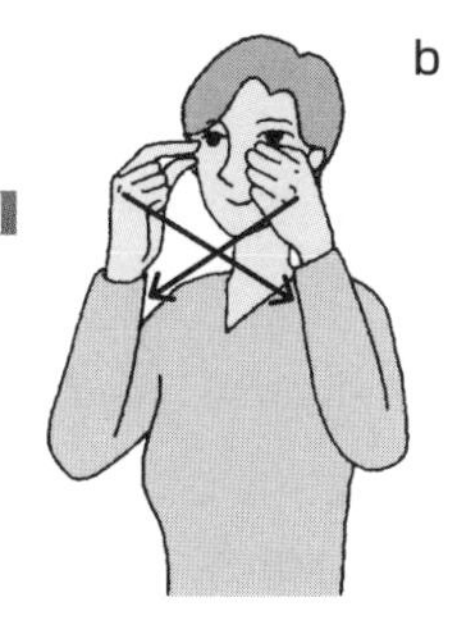

まちぼうけ【待ちぼうけ】

《表現》腕をひじから立て、付け根から曲げた右手4指の背側をあごに当て⇓「待つ」の手話、揺らす。

《語源》「待つ」の手話を揺らし、ずっと待たされていることを表現。

《例文》1時間待っている＝数詞「1」＋「〜時間」＋「待ちぼうけ」。

まちまち【区々】

《**表現**》両手の親指と人差し指の先を、交互につけたり離したりする（手のひら前向き）。両手を左右に離しながら行ってもよい。

《**語源**》「同じ」の手話が同時に指を動かすのに対し、交互に動かし強調したもの。

《**別形**》親指と人差し指を離して伸ばした両手を、手首を返して互い違いに上下させながら左右に離していく⇒**「ばらばら」の手話**b。

《**例文**》意見がまちまち＝「意見」＋「まちまち」。意見がばらばら＝「意見」＋「ばらばら」。服装がまちまち＝「服」＋「まちまち」。

《**参考**》「まちまち」も「ばらばら」も基本的には同じ意味だが、「まちまち」が違いを伝える手話であるのに対し、「ばらばら」は混乱した状態を強調した手話。「ばらばら」は「違う」の手話に上下の動きを加えて強調したもの。

まつ【末】

《**表現**》身体の左に構えた左手のひらに、伸ばした右手の指先を右から当てる。

《**語源**》左手は到達点を、右手はそこへの到達を表し、「末」を伝える。

《**同形**》終わり・～まで・最後

《**例文**》年末＝「年」＋「末」。月末＝「月（月曜日）」＋「末」。宇宙の終わり＝「宇宙」＋「末」。

まつ【松】

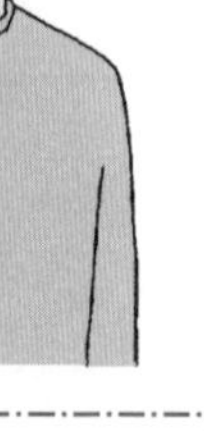

《**表現**》伸ばした右手人差し指と中指の先を、右横から右ほほに当てる（手の甲前向き）。

《**語源**》右手2指が松の葉を表す。

《**同形**》松（人名）

《**例文**》松の木＝「松」＋「木（木曜日）」。松林＝「松」＋「林」。赤松＝「赤」＋「松」。松山＝「松」＋「山」。高松＝「高い」＋「松」。松島さん＝「松」＋「島」＋「男」あるいは「女」。

まつ【待つ】

《**表現**》付け根から曲げた右手4指の背側をあごに当てる。腕はあごの下でまっすぐに立てる。

《**語源**》手にあごを乗せているようすと、あごの下で腕を伸ばしていることで、「首を長くして待つ」の意味を伝える。

《**応用**》「待つ」の手話をしながら右手を揺らせば「待ちぼうけ」の手話になる。右手を指文字「き」にして「待つ」を行えば「期待」の手話になる。

《**例文**》妹が来るのを待つ＝「妹」＋「来る」＋「待つ」。待ち合わせ場所＝「待つ」＋「会う」＋「場所」。待合室＝「待つ」＋「部屋」。

ASL

両手のひらを上に向け、腕は動かさずに親指以外の指を動かす。

WAIT

ま

マッサージ【massage】

《**表現**》下に向けた両手の親指と4指の先を近づけたり離したりする。

《**語源**》両手でマッサージするようす。

《**例文**》全身マッサージ＝「身体（体験）」＋「マッサージ」。

《**参考**》「指圧」は両手の親指で押す別の手話あり。

まつやま【松山】

松

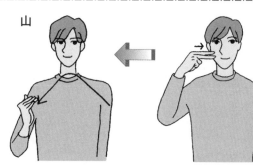

山

《**表現**》①伸ばした右手人差し指と中指の先を、右横から右ほほに当てる⇒**「松」の手話**、②手のひらを下に向けややわん曲させた右手を、山型に左から右へ動かす⇒**「山」の手話**。

《**語源**》「松」と「山」で。

～まで【～迄】

《表現》身体の左に構えた左手のひらに、伸ばした右手の指先を右から当てる。
《語源》左手は到達点を、右手はそこへの到達を表し、「～まで」を伝える。
《同形》最後・終わり・末
《例文》京都まで行く＝「京都」＋「～まで」＋「行く」。会社までの距離＝「会社」＋「～まで」＋「間（～時間）」。仕事は午後5時まで＝「仕事」＋「午後」＋「時間a」＋数詞「5」＋「～まで」。

まど【窓】

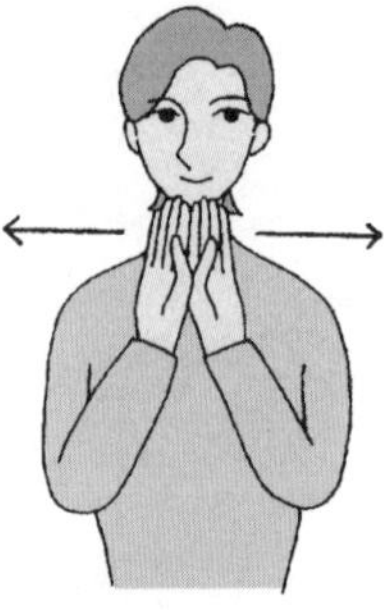

《表現》手のひらを前に向けた両手を中央でそろえて並べ、左右に開く。

《語源》窓ガラスを両手で表したもの。

《別形》逆の動作で、左右から両手を寄せ並べてもよい。

《例文》窓辺＝「窓」＋「あたり」。窓から見える海＝「窓」＋「見る」あるいは「景色」＋「海」。

《参考》手の動かし方を変えることで、いろいろな形状の窓を表現できる。

まどぐち【窓口】

《表現》①手の甲を上にし指先を右向きに構えた左手の甲の上に、右手を置く⇓**「受付」の手話**、②右手人差し指で口を指し、円を描く⇓**「口」の手話**。
《語源》「受付」と「口」で。
《参考》「口」を省いてもよい。

まなびとる【学び取る】

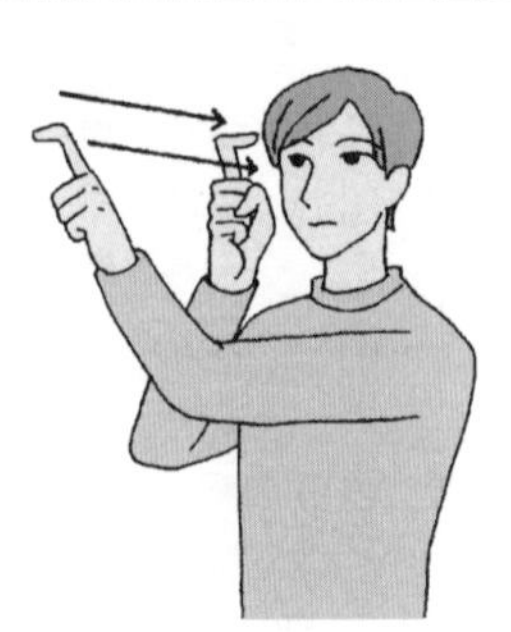

《表現》カギ型に曲げた両手の人差し指を、前から目に向け2回ほど交互に引き寄せる。
《語源》カギ型に曲げた人差し指は「盗む」の手話のもの。さまざまな事柄を目を通して自分の中に入れるという表現。ろう者が学ぶことを目で盗み取ると表現したもの。
《例文》手話を学び取る＝「手話」＋「学び取る」。技術を学び取る＝「技術（技）」＋「学び取る」。
《参考》直接教わらなくても、自分で見て「学び取る」という意味。目で見て学び取る、ろう者独特の方法から生まれたもの。

まなぶ【学ぶ】

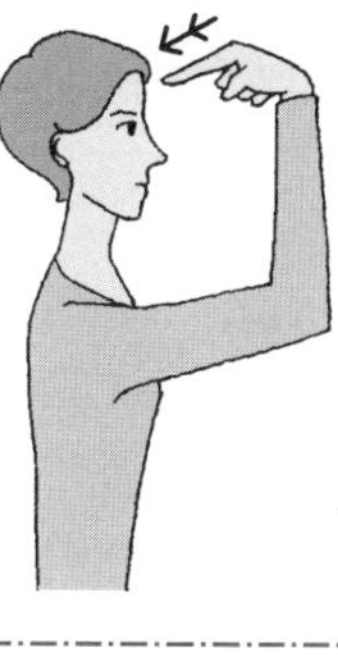

《表現》右手人差し指を顔の斜め前上から顔に向けて、2～3回近づける。
《同形》教わる
《別形》右手人差し指を曲げ、指先を自分に向けて顔の斜め上から顔に2回ほど近づける。このとき右手の下に手のひらを上に向けた左手を添えてもよい。
《例文》手話を学ぶ＝「手話」＋「学ぶ」。パソコンを教わる＝「パソコン」＋「教わる」。

まにあわない【間に合わない】

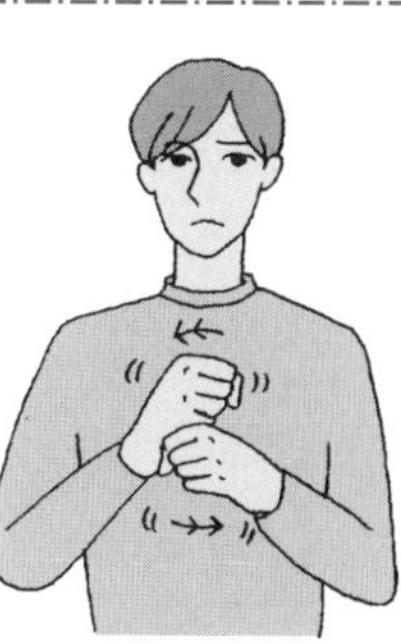
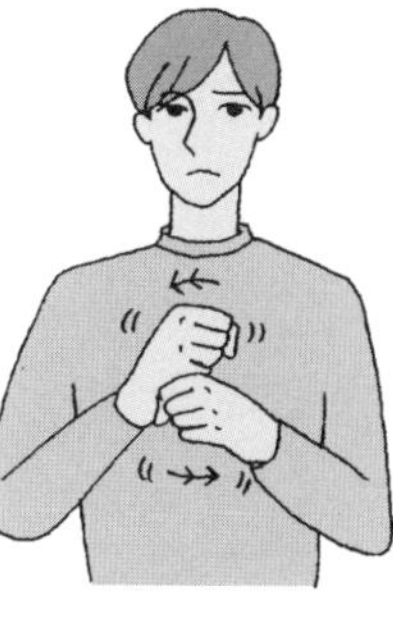

《表現》両手握りこぶしを上下に重ね、ややずらすように小さく動かす。
《語源》せっぱ詰まって、刀が抜けないようす。
《同意》せっぱ詰まる
《例文》時間に間に合わないので早く行こう＝「時間a」＋「間に合わない」＋「歩く」を早く動かす。生活に逼迫（ひっぱく）＝「生活（暮らす）」＋「せっぱ詰まる」。

マニュアル【manual】

《表現》甲を上にした左手首あたりに、伸ばした右手人差し指、中指、薬指の薬指側を2回当てる。

《語源》3指を伸ばした右手は指文字「ま」。甲に手のひらを当てる「方法」の手話に頭文字「ま」を加えたもの。

《同形》手引書
《応用》左手の甲に、右手のひらを2回当てると「方法」「手段」の手話。

《例文》パソコンのマニュアル＝「パソコン」＋「マニュアル」。

マニラ【Manila】

《表現》伸ばした人差し指、中指、薬指の先を下に向けた右手⇩**指文字「ま」**を、左から右に動かし、続けて下におろす。
《語源》頭文字「ま」で、フィリピンの手話を簡略化して表したもの。
《例文》フィリピンの首都マニラ＝「フィリピン」＋「首都」＋「マニラ」。

まぶしい【眩しい】

《**表現**》手のひらを前に向けた右手で目をかばう。まぶしそうな表情で。

《**語源**》光を遮るようす。

《**別形**》すぼめた右手を顔に向けて開きながら近づける。まぶしそうな表情で。光が目に差し込む表現b。

《**例文**》太陽がまぶしい＝「太陽」＋「まぶしいa」。

まめ【豆】

《**表現**》親指と人差し指で小さい輪をつくった両手を交互に上下に動かす。

《**語源**》小さい粒を強調したもの。

《**例文**》小豆＝「赤」＋「豆」。黒豆＝「黒」＋「豆」。

まもる【守る】

《**表現**》立てた左手握りこぶしを胸の前で構え、その周りを右手で左斜め前から手前へと囲むように回す。

《**語源**》左手で示した大切なものを囲んで守る表現。

《**同形**》囲む

《**例文**》家族を守る＝「家族」＋「守る」。平和を守る＝「平和」＋「守る」。森を守る＝「森」＋「守る」。野球の守備＝「野球」＋「守る」。保証＝「守る」＋「証拠」。

《**参考**》左手は親指を立てて行う場合もある。

まやく【麻薬】

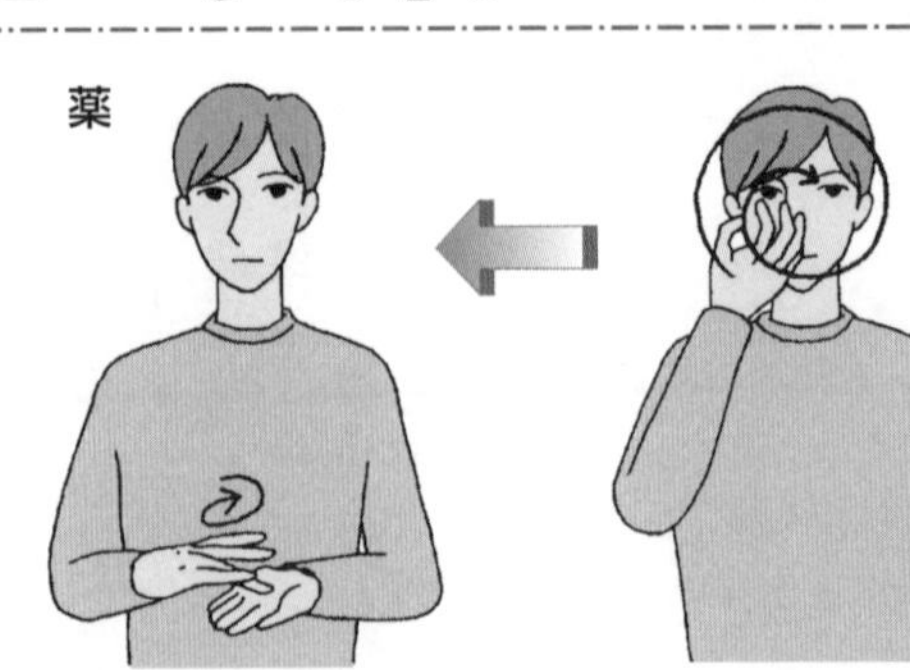

《**表現**》①わん曲させた右手の指先を顔に向けて回す⇩**「複雑」の手話**、②上に向けた左手のひらを右手薬指で小さな円を描くようになでる⇩**「薬」の手話**。

《**語源**》「複雑」と「薬」で。「複雑」は目の前の混乱を表す。

《**例文**》麻薬密売＝「麻薬」＋「秘密」＋「売る」。

まよう【迷う】

《表現》手のひらを上に向け指先を向かい合わせた両手をおなかの前に構え、そのまま両手同時に左右に揺らすように動かす。

《語源》心が揺れ動くようす。

《例文》赤い服と黒い服どちらにするか迷う＝「赤」＋「服」＋「黒」＋「服」＋「どちら」＋「迷う」。

マヨネーズ【mayonnaise】

《表現》親指と4指を筒状にした両手を上下に重ね、そのまま両手同時に握りながら水平に回す。

《語源》チューブを両手で絞るさま。

《例文》サラダにマヨネーズをかける＝「サラダ」＋「マヨネーズ」。

マラソン【marathon】

《表現》握った両手を両脇に構え、両手同時に軽く上下させる。

《語源》走るようす。

《応用》同じ形で、両手を交互に前後に動かすと「走る」の手話になる。

《例文》マラソンランナー＝「マラソン」＋「選手」。

《参考》この手話の前に「遠い」の手話を加えてもよい。

マルチメディア【multi-media】

何でも

メディア

《表現》①左手のひらに指を伸ばして立てた右手を乗せ、手首を軸に左から右へ水平に回す⇒**「何でも」の手話**、②横に伸ばした左手の甲の上で、指文字「め」を示した右手を左右に動かす⇒**「メディア」の手話**。

《語源》①「メディア」は左手の甲に右手のひらを当てる「方法」の手話を変形し頭文字「め」を加えたもの。「何でも」と「メディア」で。

マレーシア【Malaysia】

《表現》指をそろえて伸ばした両手を、頭の上で向かい合わせて立て、交互に上下に動かす。

《語源》マレーシア人のかぶる帽子から。

《例文》マレー半島＝「マレーシア」＋「半島」。

まんいち【万一】

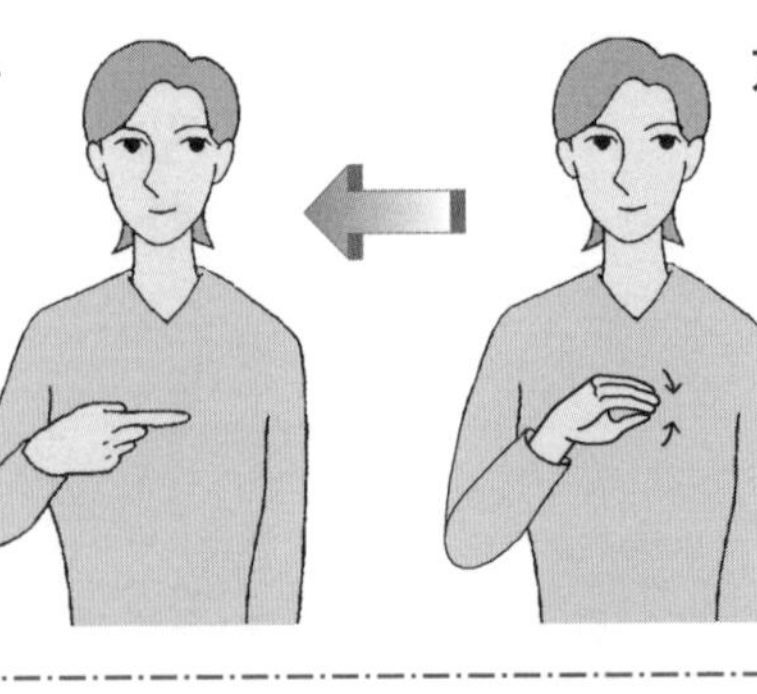

《表現》右手親指と4指の先をつけ⇒**数詞「万」**、続けて手首を返し甲を前へ向けながら人差し指を伸ばす⇒**数詞「1」**。

《語源》数詞の「万」と「1」の連続動作で。

《例文》万が一の事故に備える＝「万一」＋「事故」＋「用意」。

まんいん【満員】

《表現》付け根から折った両手の4指の背を左右から合わせて、水平に回す。

《語源》両手の4指はたくさんの人を表し、それらが背を押し合っているようす。

《同意》混む・混雑

《例文》満員電車＝「電車」＋「満員」。満席＝「席（椅子）」＋「満員」。

まんが【漫画】

おもしろい

本

《表現》①両手握りこぶしの小指側で横腹を交互に2～3回軽く叩く⇒**「おもしろい」の手話**、②手のひらを合わせた両手を左右に開く⇒**「本」の手話**。

《語源》「おもしろい」と「本」で。

《例文》まんがみたい＝「まんが」＋「～的（合う）」。

マンション【mansion】

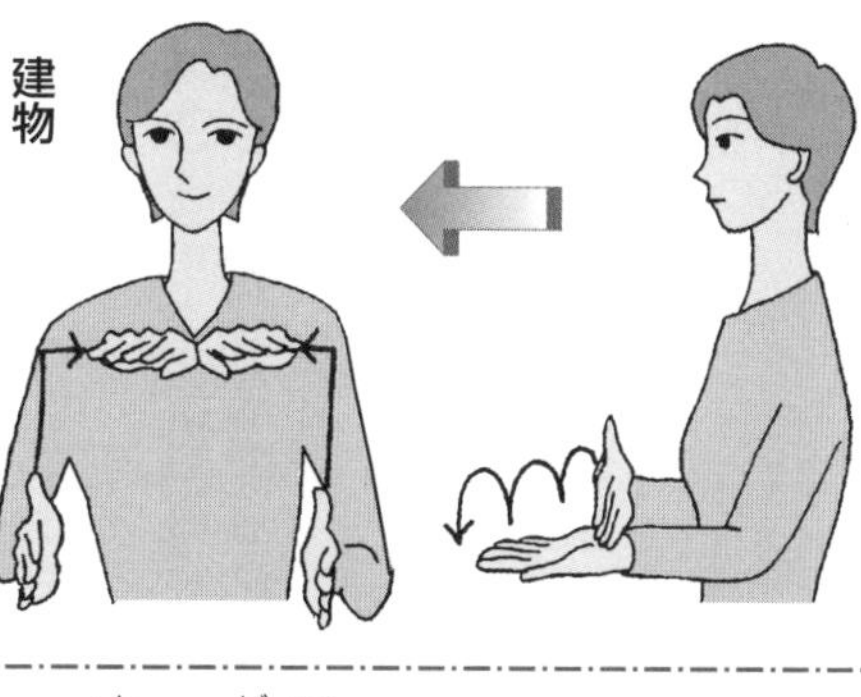

《表現》①手のひらを上に向けた左手を水平に構え（指先右斜め前向き）、手首の位置から指先に向かって手刀にした右手を区切るように動かす⇩**「アパート」の手話**、②指先を前に向けた両手で、四角いビルの形を描く⇩**「建物」の手話**。

《語源》①「アパート」は部屋が区切られている表現。「アパート」と「建物」で。

まんぞく【満足】

《表現》右手のひらを胸に当て、2～3回上下に動かす。すがすがしい表情で。

《語源》胸がさっぱりし、すがすがしいようす。

《同形》さわやか

《応用》胸に当てた手を、前に勢いよく跳ね返すと「不満」の手話になる。

《例文》結果に満足する＝「結果」＋「満足」。生活に満足＝「生活（暮らす）」＋「満足」。

《参考》この手話に「成功」の手話を続けることもある。

み

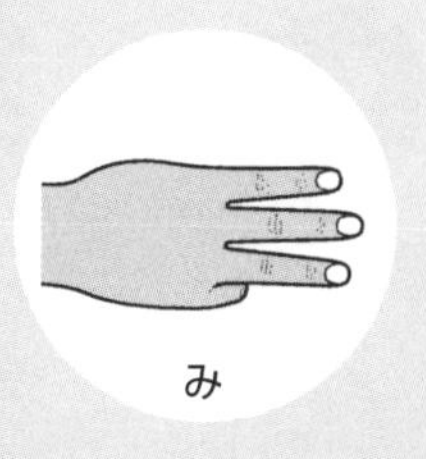

3指をやや離して伸ばし横に向ける。
「3」と同じ。

みあい【見合い】

《表現》①右手人差し指で自分の顔の輪郭に沿って大きく円を描く⇩**「顔」の手話**、②両手握りこぶしを左右から中央上へ寄せ、親指側をつける⇩**「仲介」「つなぐ」の手話**。

《語源》「顔」と「仲介」で。

《例文》見合い結婚＝「見合い」＋「結婚」。

みあきる【見飽きる】

《表現》両手の人差し指で両目を指し、両手同時に人差し指の先を前に向けて下におろす（下を指す）。
《語源》目に入るものが嫌になることを人差し指を下におろすことで表現したもの。
《例文》この映画は見飽きた＝「この」（指さす）＋「映画」＋「見飽きる」。

みえ【三重】

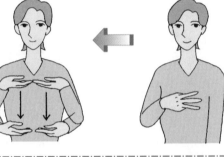

《表現》①人差し指、中指、薬指を伸ばして指先を左に向ける（手の甲前向き）⇓**数詞「3」**、②手のひらを上に向けた両手の指先を胸の前で向かい合わせ、そのまま下げる⇓**「重い」の手話**。
《語源》数詞「3」と「重い」で。

みえない【見えない】

《表現》目の前に、指を伸ばしやや開いた右手を手のひらを手前に向けてかざし、左右に振る。
《語源》目の前に何かがあっても気がつかないようすを表す。
《例文》小さくて見えない＝「（小さな）玉（ボールペン）」＋「見えない」。先が見えない＝「将来」＋「見えない」。

みおとし【見落とし】

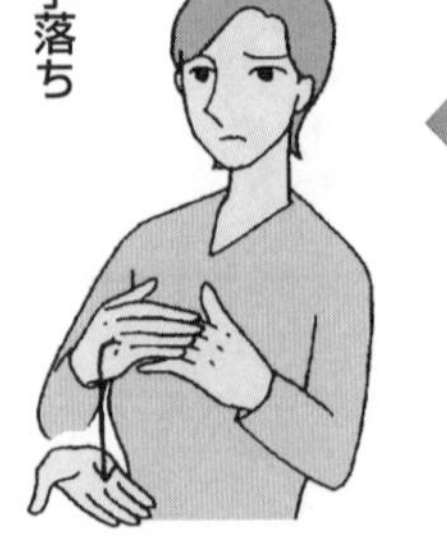

《表現》①まっすぐ立てた右手人差し指を目元から前に出す⇓**「見るa」の手話**、②前に向けた左手の甲に右手のひらを当て、右手を前に落とす⇓**「手落ち」の手話**。
《語源》「見る」と「手落ち」で。

みかん【蜜柑】

《表現》左手はすぼめて指先を上に向けみかんの形をかたどり、みかんの皮をむくようにすぼめた右手を動かしていく。

《語源》みかんの皮をむくようす。

《例文》夏みかん＝「夏」＋「みかん」。ミカンジュース＝「みかん」＋「ジュース」。

みぎ【右】

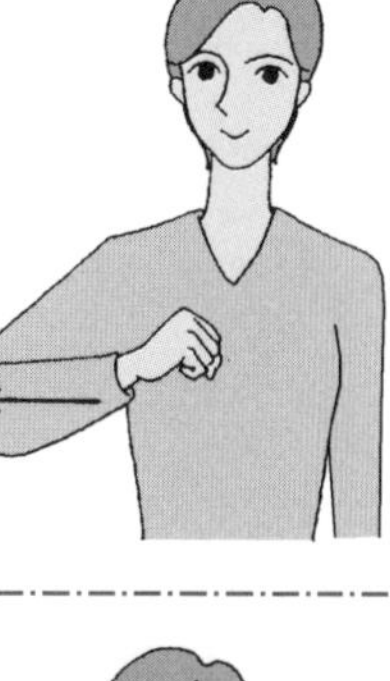

《表現》握った右手のひじを、右に1回張り出す。

《語源》右の方向を強調して示すもの。

《応用》左手のひじを左に張り出せば「左」の手話になる。

《例文》信号を右＝「信号」＋「右」。

ASL
右手を指文字「r」にし、右に動かす。
RIGHT

ミサイル【missile】

《表現》上に向けた左手のひらから、人差し指を立てた右手を揺らしながら上げていく。

《語源》人差し指で表したミサイルを上空に向け発射するようす。

《例文》核ミサイル＝「核」＋「ミサイル」。長距離ミサイル＝「遠い」＋「ミサイル」。

みじかい【短い】

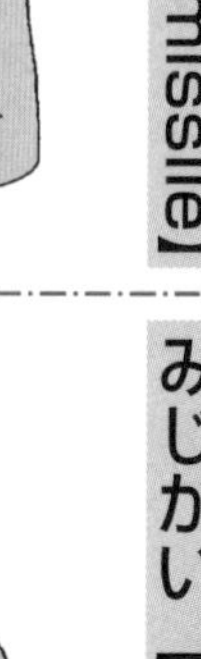

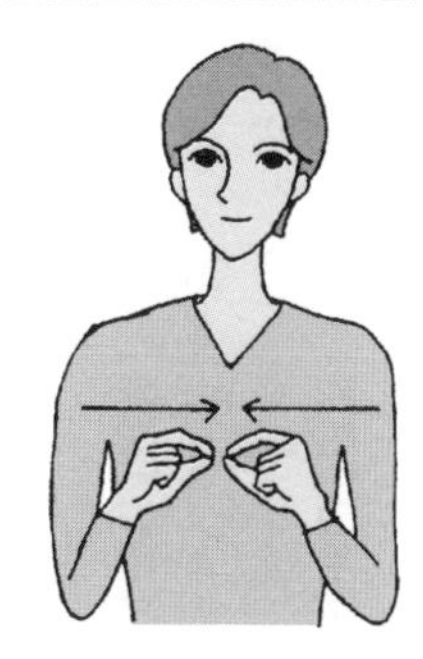

《表現》親指と人差し指の先をつけた両手を左右に構え、両手同時に中央へ寄せる。両手の指先はつけない。

《語源》2点を近づけることで、短さを表す。

《応用》逆の動作、親指と人差し指の先をつけた両手を中央から左右に離すと「長い」の手話。

《例文》短期間＝「短い」＋「間(〜時間)」。短気＝「心」＋「短い」。

《参考》距離が「短い」、時間が「短い」ともに使う。「短い」は左右から近づけること。前後に構えて前の手を手前に引くと「近い」の手話になるので注意。

み

ミシン【sewing machine】

《表現》指先を前に向けて並べた両手（手のひら下向き）をゆっくり前に出していく。

《語源》生地を押さえてミシンをかけるようす。

《別形》指先を下に向け人差し指を伸ばした右手を、身体の前で小きざみに下へ動かす。同時にその横で指先を前に向けた左手（手のひら下向き）をゆっくり前に出していく。右手はミシンの針を表す。

《例文》ミシンで服を縫う＝「服」＋「ミシン」。

みずうみ【湖】

《表現》左腕全体で半円をつくり（上から見て半円）身体の前で構え、手のひらを上に向けた右手を左腕の内側に沿って向こう側から手前に半円を描くように動かす。

《語源》左手の半円は湖の周囲を、右手は水面を表す。

《例文》日曜日に湖へ行った＝「日曜日」＋「湖」＋「場所」＋「行く（「場所」に向かって）」＋「～しました」。

みせ【店】

《表現》①親指と人差し指で輪をつくった両手を、身体の前で交互に前後に動かす⇒**「営業」「商売」の手話**、②手のひらを上に向けた両手を身体の前で構え、上に弧を描きながら左右に離していく⇒**「店」の手話**。

《参考》②のみで表す場合もある。

みそしる【味噌汁】

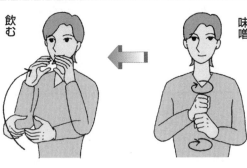

《表現》①右手を上に両手握りこぶしを上下に重ね、両手同時に水平に回す⇒**「味噌」の手話**、②親指と4指で半円をつくり指先を向かい合わせた両手を口元に持ってくる⇒**「飲む」の手話**。

《語源》①の「味噌」は、かつてすり鉢で味噌を擦りつぶしたことから。②はお椀で「飲む」ようす。

みちびく【導く】

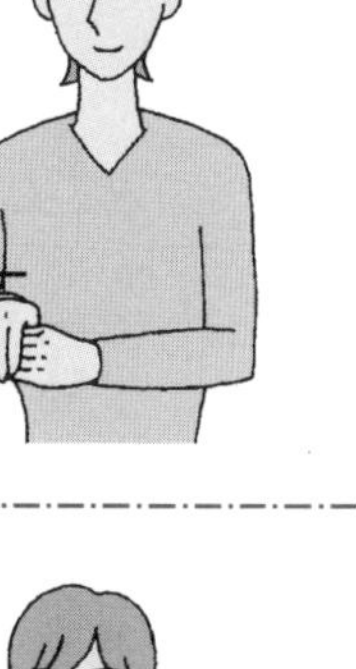

《表現》甲を前に向け指をそろえて伸ばした左手4指（指先右向き）を右手でつかみ、両手同時に右へ動かす。

《語源》手引きをするという表現から。

《同意》案内

《例文》道案内＝「道（道路）」＋「案内」。聴導犬＝「ろう者」＋「導く」＋「犬」。

みつかる【見つかる】

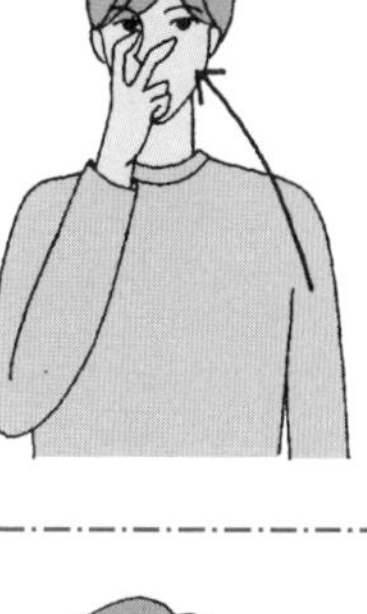

《表現》人差し指と中指の2指をカギ型に曲げた右手（手の甲前）を、顔の左下から自分の目に向けて引き上げる。

《語源》2指をカギ型に曲げた右手は「調べる」の手話と共通。なかったものが目の前に現れる表現。

《同形》発見

《応用》曲げた2指の先を自分の目に向け左右に動かすと「調べる」の手話になる。

《別形》まっすぐ立てた右手人差し指の先を目の下に当て、素早く前に出す。見つけたものに視線が向くようす。

みつける【見つける】

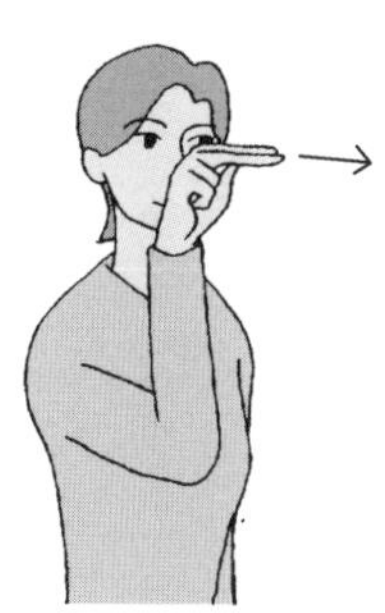

《表現》人差し指と中指を伸ばした右手の指先を前に向けて目の前で構え⇒**「見るb」の手話**、前方向に素早く動かす。

《語源》「見るb」の手話に、見つかった先を示すようすを2指を出して表す。

《同意》発見

《例文》新しい星を発見＝「新しい」＋「星」＋「発見」。探していた本を見つけた＝「本」＋「探す」＋「見つける」。

《参考》見つけた方向に指先を向けて動かしてもよい。

みつめあう【見つめ合う】

《表現》人差し指と中指を伸ばした両手を左右で向かい合わせて寄せていく。

《語源》2指の先は2つの目を表し、目と目が向かい合い見つめ合う表現。

《別形》両手を前後に構えてもよい。どちらかの手を自分の目として使う。

《例文》見つめ合う男女＝右手で「男」＋左手で「女」＋それぞれの位置から「見つめ合う」。

《参考》厳しい表情で行うと「睨み合う」になるので注意。

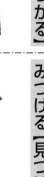

みとおし【見通し】

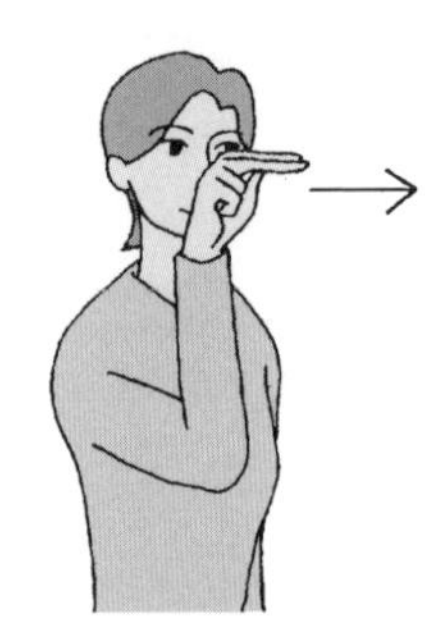

《表現》人差し指と中指を伸ばした右手の指先を前に向けて目の前で構え⇓「見るｂ」の手話、そのまま前に出していく。
《語源》「見るｂ」の手話に先まで見る表現を加えたもの。
《応用》目の前に構えた2指の先を左から右へ水平に動かすと「見渡す」の手話になる。
《例文》遠くを見通す＝「遠い」＋「見通し」。将来の見通し＝「将来」＋「見通し」。株価の見通し＝「株」＋「価値」＋「見通し」。

みとめない【認めない】

《表現》倒した右手握りこぶしをひじから立てる。
《語源》「認める」の逆の動作。
《例文》アメリカ旅行は認められない＝「アメリカ」＋「旅行」＋「飛行機」＋「遊ぶ」＋「認めない」。認められない恋＝力なく「認めない」＋「恋」。すみませんが認められません＝「すみません」＋ていねいに「認めない」。
《参考》「絶対に認めない」を伝えるためには力を込めて勢いよく行う。

みとめる【認める】

《表現》ひじから立てた右手握りこぶしを左に倒す。

《語源》握ったこぶしを人の頭にたとえ、うなずく動作。

《同形》許す
《応用》逆の動作、倒した右手をひじから立てると「認めない」の手話になる。ひじから立てた両手握りこぶしを中央に倒すと「認め合う」の意味を持つ「合意」の手話になる。

《例文》事実を認める＝「本当」＋「認める」。結婚を認める＝「結婚」＋「認める」。

みどり【緑】

草

《表現》指先を右に向けた左手の親指側に沿って、甲を前に向け、5指をやや広げた右手を右に動かす。

《語源》右手は草を、左手は地面を表す。草の色から。

《別形》①右手4指の腹をほほに当て斜め上へなで上げる⇓「青」の手話、②甲を前に向け指を軽く開いた両手を並べて、交互に小さく上下しながら左右へ離していく⇓「草」の手話。

み

みなと【港】

《表現》人差し指をカギ型に曲げた両手を向かい合わせおなかの前で構える。
《語源》曲げた人差し指は防波堤を表し、防波堤で囲まれていることで「港」を表現したもの。
《例文》大阪港＝「大阪」＋「港」。出航する＝「港」＋左手の港を残し、右手の「船」を手前から前に出す。

みなみ【南】

《表現》うちわを持った形の手で手首を軸に振り、扇ぐ。
《語源》「暑い」や「夏」と同じ表現。
《同形》夏・暑い
《例文》南国高知＝「南」＋「場所」＋「高知」。南アフリカ＝「南」＋「アフリカ」。

SOUTH（南）

みならう【見習う】

《表現》指をやや曲げた右手を額の前に構え（手のひら前向き）、手前に2回引く。
《語源》曲げた手を引くことは取るを意味し、顔の前で行うことで見て学ぶことを表す。
《同形》見習い生
《例文》母を見習う＝「母」＋「見習う」。通訳士見習い＝「通訳」＋「士」＋「見習う」。
《参考》見て学ぶの意味で、「見習う」という動詞と「見習い生」という名詞でも使う手話。

みぬく【見抜く】

《表現》手のひらを手前に向け指をやや開いた左手（指先右向き）の指の間に、手前からまっすぐ右手5指を刺し通す。

《語源》左手は相手の心を示し、右手の指を通すことで見透かすことを表現。

《例文》何でも見抜く＝「何でも」＋「見抜く」。悪事を見抜く＝「悪い」＋「見抜く」。

《参考》右手は、人差し指1本だけでもよい。

みぶんしょうめい【身分証明】

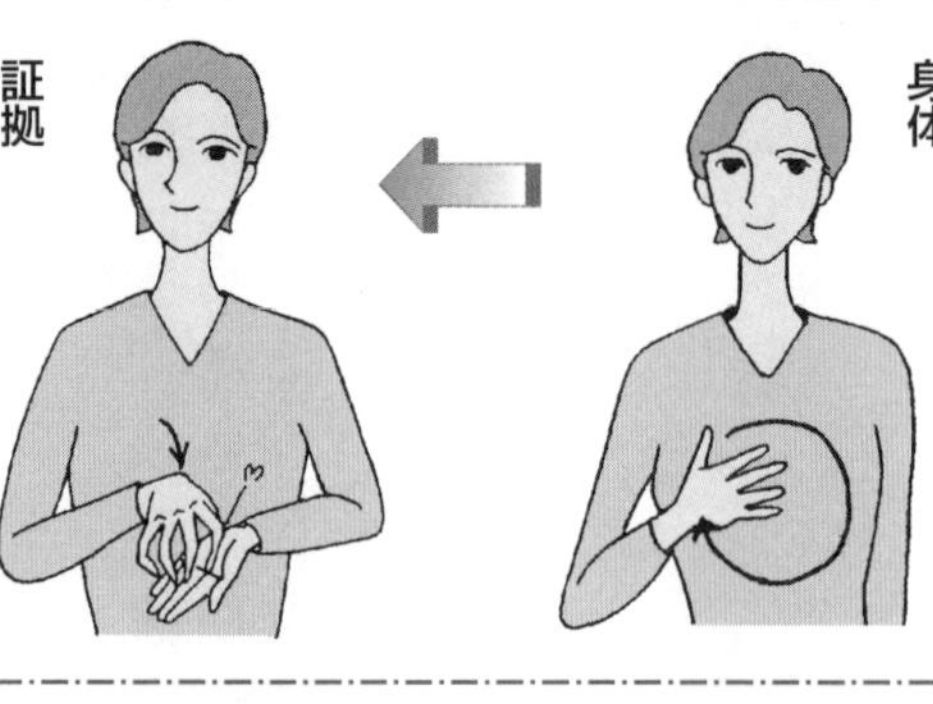

《表現》①指を伸ばした右手のひらで胸の前に大きな円を描く⇩「身体」の手話、②上に向けた左手のひらに、わん曲させた右手の指先を上から当てる⇩「証拠」の手話。
《語源》「身体」と「証拠」で。
《例文》身分証明書＝「身分証明」＋「紙」。

みほん【見本】

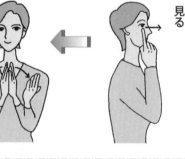

《表現》①まっすぐ立てた右手人差し指を目元から前に出す⇩「見るa」の手話、②手のひらを合わせた両手を胸の前でやや斜めに構えて、両手同時に左右に開く⇩「本」の手話。
《語源》「見る」と「本」で。
《同意》サンプル
《例文》見本市＝「見本」＋「営業」。口紅のサンプル＝「口紅」＋「サンプル」。

みやぎ【宮城】

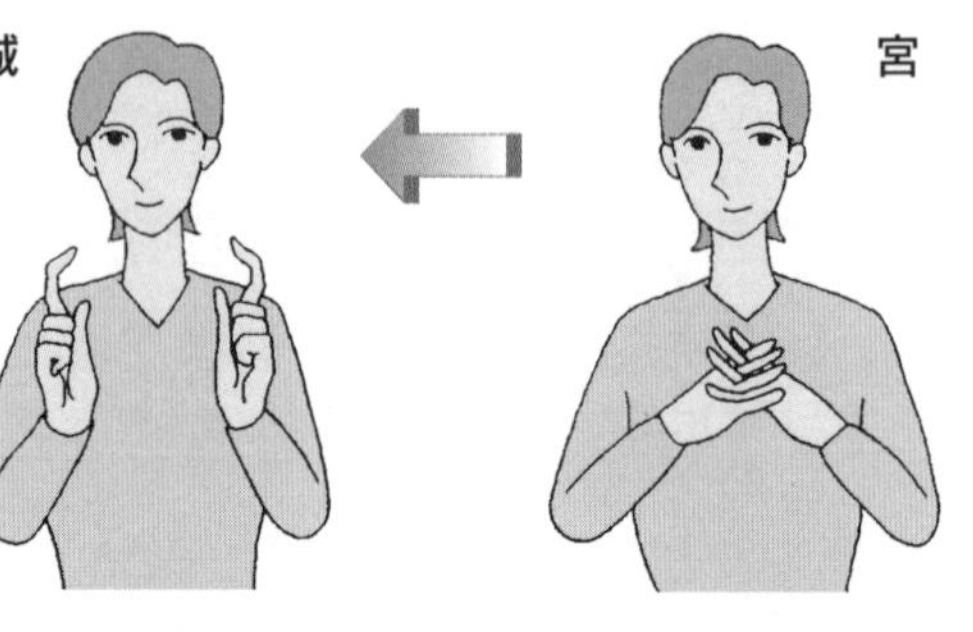

《表現》①左右から斜めに立てた5指を付け根で組み合わせる⇩「宮」の手話、②カギ型に曲げた両手の人差し指を左右から向かい合わせる⇩「城」「名古屋」の手話。
《語源》①は神社の屋根の形。②は城のシャチホコを表す。「宮」と「城」で。

みやざき【宮崎】

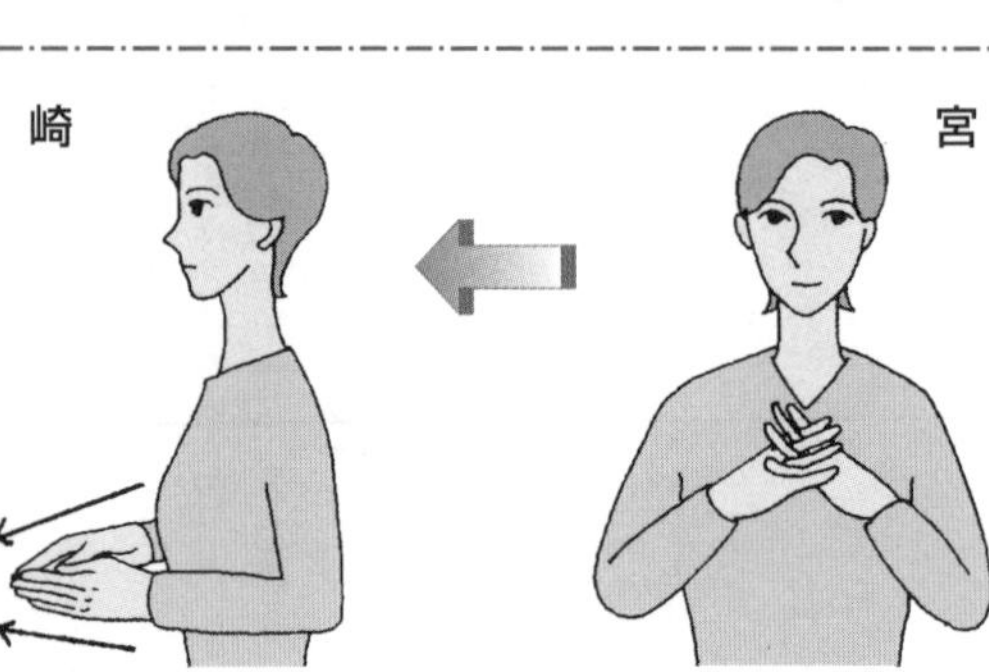

《表現》①左右から斜めに立てた5指を付け根で組み合わせる⇩「宮」の手話、②4指の先を前に向けて伸ばして立てた両手を、左右から前に動かし、中央で両手の指先をつける⇩「崎」の手話。
《語源》①は神社の屋根の形。②は突き出した岬を表す。「宮」と「崎」で。

み

みられる【見られる】

《表現》人差し指と中指を伸ばした右手の指先を顔に向けて前方に構え、顔に近づける。

《語源》指で視線を表したもの。

《応用》2指の先を前に向けて目の前に構えると「見るb」の手話。前に向けていた指先をサッと顔に向けると「(自分が)見つかる」の手話になる(しまったという表情で)。

《例文》皆に見られる＝「皆」＋「見られる」。父親に見られる＝「父」＋父で掲げた親指の位置から「見られる」。

みりょく【魅力】

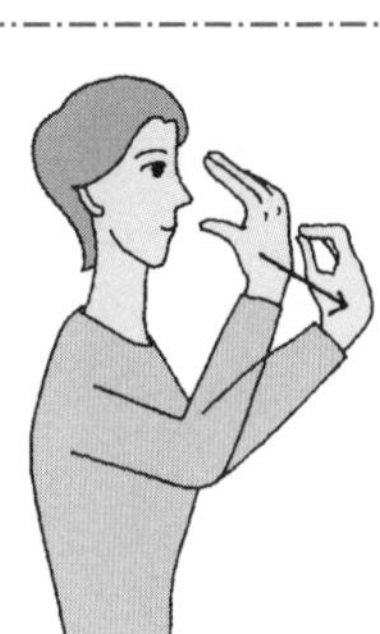

《表現》指先を顔に向けややすぼめた右手を、前に出しながら指先をつける。

《語源》自分の目や神経が相手にひかれ、集中する表現。

《同意》心がひかれる・心を奪われる・心が動く

《応用》左手の「男」あるいは「女」に向かって、「魅力」の右手の甲側を近づけていくことで「惚れる」の手話になる(**「惚れる」**参照)。

《例文》私の魅力は何?＝「私」＋「魅力」＋「何?」。手話に魅了される＝「手話」＋「魅力」。彼女に心ひかれる＝左手で「女」＋女に向かって「心がひかれる」。

広げた手を顔にかぶせ、4指を閉じながら下げ親指の先をあごに当てる。このほか、「CUTE(かわいい)」として、伸ばした人差し指と中指(親指も立てる)の先であごを指したあと、手を前に出して親指だけ立てる。

みる【見る】

《**表現**》まっすぐ立てた右手人差し指を目元から前に出す。指先は目の下の高さで。

《**語源**》指で視線を表したもの。

《**応用**》口元に立てた人差し指を前に出せば「言う」の手話。

《**別形**》人差し指と中指を伸ばした右手の指先を前に向けて目の前で構えるb。右手親指と人差し指でつくった輪を右目の前に構えるc。

《**応用1**》bの2指をゆっくり前に出すことで「見つめる」を伝えることができる。この場合、視線を一定にして見つめていることを表現する。また、2指を前方向に素早く動かすことで探していた物を「見つける」の手話になる。この場合、見つけた方向に動かすこと。床に落ちていた物を見つけたなら下方向に、天体の星を見つけたなら上方向に2指を動かす。

《**応用2**》bの動きとは逆に、指先を顔に向けた2指を前方から顔に近づけると「見られる」の手話になる。また、bの前に向けた2指を素早く左に振り、すぐ戻せば「チラっと見る」。cは、回しながら右目の横あたりから左目の横あたりまで動かすと「観光」「探す」の手話になる。

《**例文**》テレビを見る＝「テレビ」＋「見るc」。ようすを見る＝「状態（雰囲気）」＋「見るa」。絵画をじっと見つめる＝「絵」＋「見るb」。

《**参考**》bはじっと「見つめる」の意味でも使う。

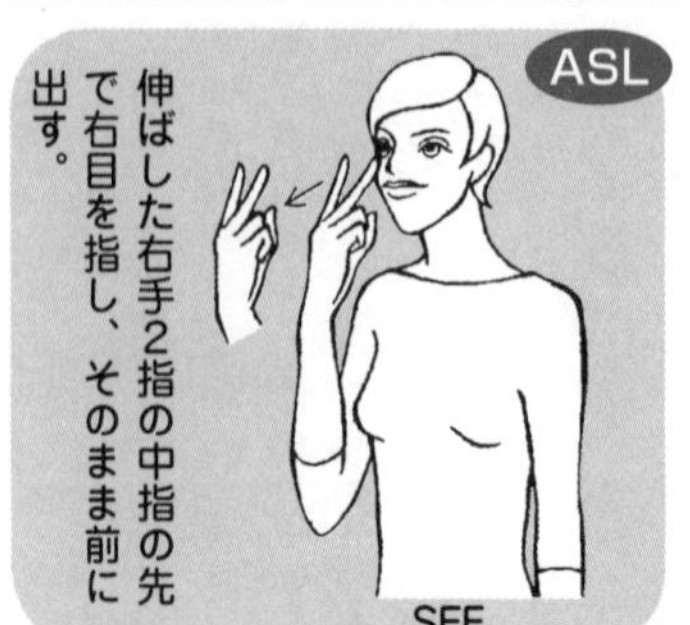

伸ばした右手2指の中指の先で右目を指し、そのまま前に出す。

ミルク【milk】

《**表現**》カギ型に曲げた右手人差し指の曲げた部分が口元にくるように構える。

《**語源**》赤ちゃんがくわえる哺乳瓶の乳首を表す。

《**別形**》右手4指を握り、立てた親指の爪側が口元にくるように構える。

《**例文**》いちごミルク＝「いちご」＋「ミルク」。ミルクコーヒー＝「ミルク」＋「コーヒー」。

みわたす【見渡す】

《表現》人差し指と中指を伸ばした右手の指先を前に向けて目の前に構え⇩**「見るb」の手話**、指先を左から右へ水平に動かす。

《語源》「見る」の手話を動かすことで表現。

《応用》伸ばした2指を素早く左に振り、すぐ戻すと「チラっと見る」の手話になる。

《例文》皆を見渡す＝「皆」＋「見渡す」。

《参考》「見渡す」「チラっと見る」も「見るb」の応用。

みんせいいいん【民生委員】

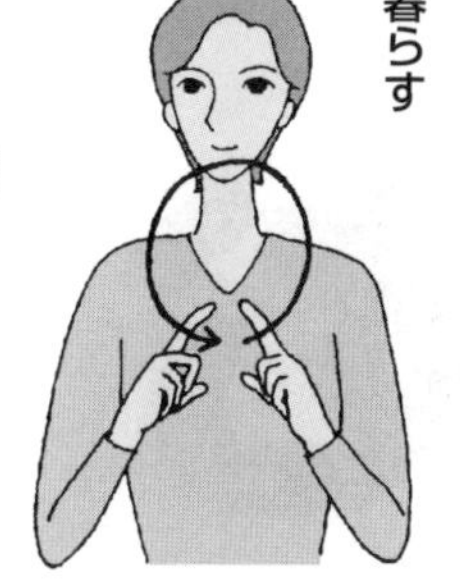
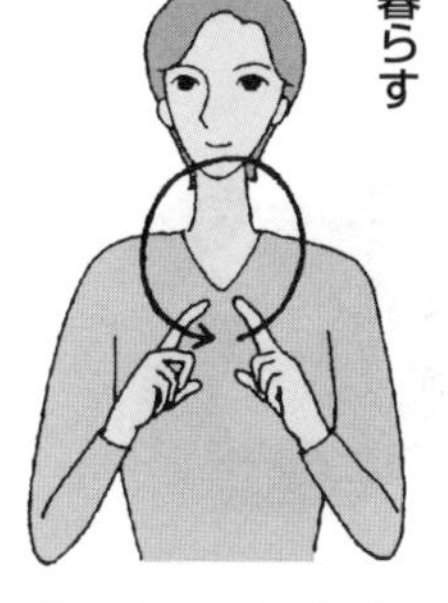

《表現》①親指と小指を立てた両手（手の甲前向き）を胸の前に構え、手首をひねりながら左右に離していく⇩**「人々」の手話**、②親指と人差し指を伸ばした両手を身体の前で構え、手前から見て右回りに、両手同時に動かして円を描く⇩**「暮らす」の手話**、③すぼめた右手の指先を左胸に当てる⇩**「委員b」の手話**。

《語源》「人々」と「暮らす」と「委員」で。

《参考》③は「委員a」でもよい。

みんな【皆】

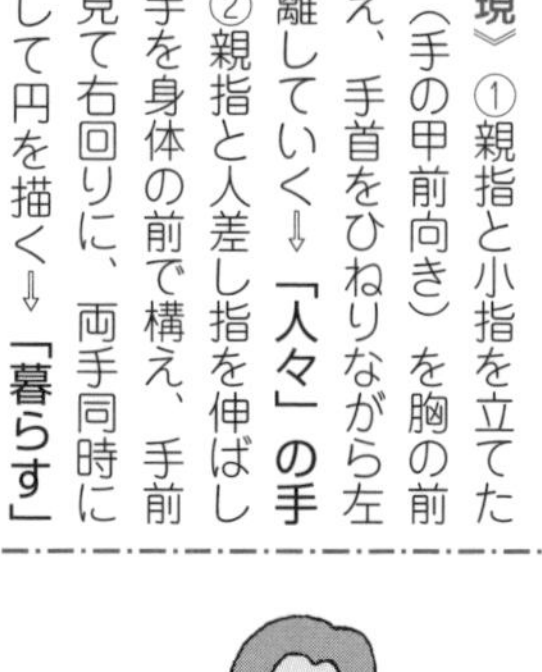

《表現》手のひらを下に向け指を伸ばした右手を、胸元左から右胸元まで水平に円を描く。

《語源》あたりいったいの全てのものを表す。

《同形》〜たち

《例文》皆怒っている＝「皆」＋「怒る」。皆でボランティアする＝「皆」＋「ボランティア」＋「〜する」。子供たち＝「子供」＋「〜たち」。

み

みんぽう【民法】

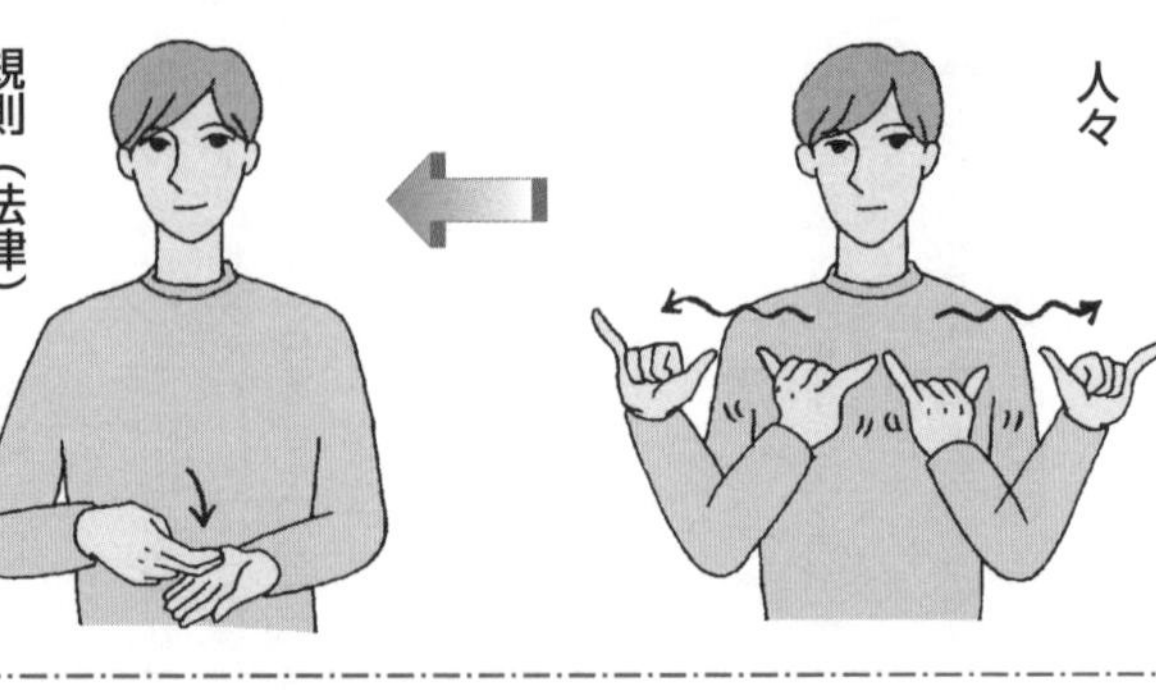

《表現》①親指と小指を立てた両手首をひねりながら左右に離していく⇓「人々」の手話、②左手のひらにカギ型に曲げた右手人差し指と中指を当てる⇓**「規則」「法律」の手話。**

《語源》「人々」と「規則」で。

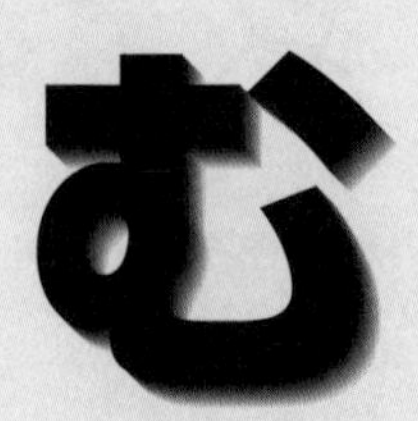

親指を立て人差し指を伸ばす。
「6」と同じ。

むいしき【無意識】

思う　空っぽ

《表現》①右こめかみに右手人差し指を当てる⇓**「思う」の手話**、②半円をつくった左手人差し指から親指の内側に沿って右手人差し指を2回動かす⇓**「空っぽ」の手話。**

《語源》「思う」と「空っぽ」で。

《例文》意識せずに話す＝「無意識」＋「話す（言う）」。無意識の行為＝「無意識」＋「〜する」。

むぎ【麦】

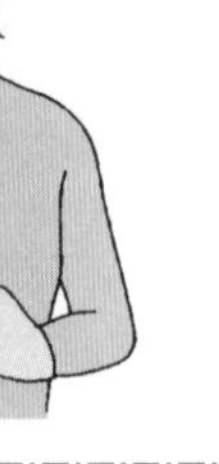

《表現》左手親指と人差し指でつくった輪を前に向けその中央に、右手人差し指を重ねる。左手の残りの3指は伸ばしてもよい。

《語源》麦粒の形を表すもの。

《例文》小麦畑＝「小」＋「麦」＋「畑（田舎）」。

むし【虫】

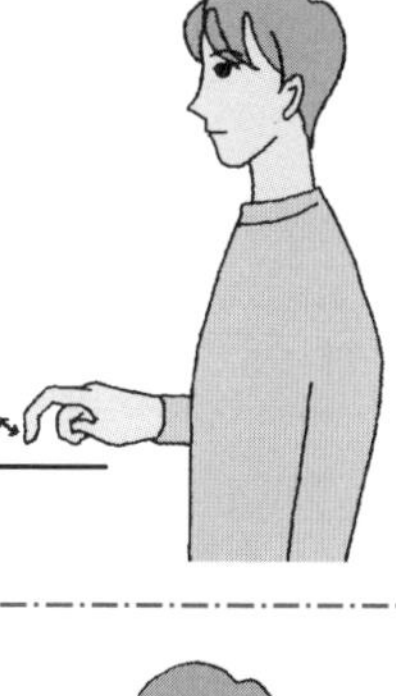

《**表現**》手の甲を上に向けた右手人差し指を、伸ばしたり曲げたりしながら前に動かす。

《**語源**》虫が這うようすから、虫一般を表す。

《**応用**》筒状にした左手を目の前に置きその下で行うと「バイ菌」の手話になる。また、曲げた右手人差し指の先を前に向け口元で回すと蚕の作る「絹」の手話。人差し指を曲げた左手首の甲側にすぼめた右手の甲を置き、右手を開いたり閉じたりしながら両手同時に右へ動かすと「蛍」の手話になる。

《**例文**》虫が嫌い＝「虫」＋「嫌い」。美しい昆虫＝「美しい」＋「虫」。

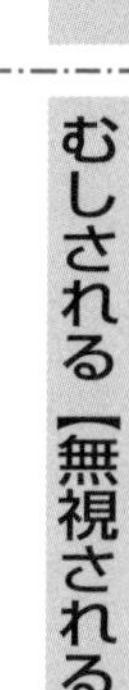

むしされる【無視される】

《**表現**》人差し指と中指を伸ばした右手の指先を顔に向け⇓**「見られる」の手話**、素早く手首をひねり指先を顔からそらす。

《**語源**》右手2指は相手の視線を表し、その視線がそらされる表現。

《**例文**》意見が無視された＝「私」＋「意見」＋「無視される」。

むしする【無視する】

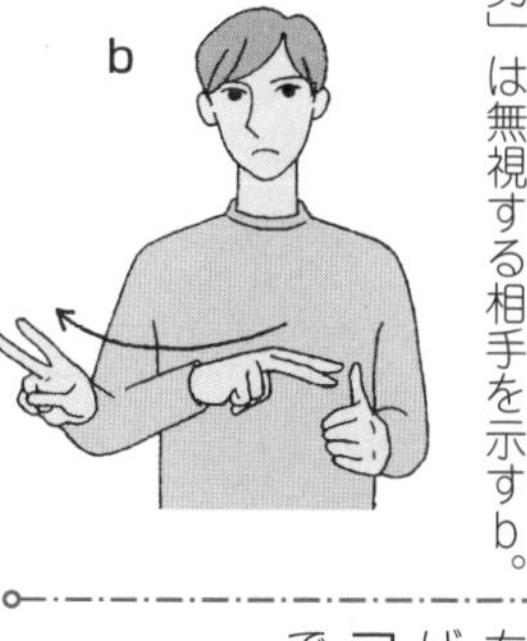

《**表現**》人差し指と中指を伸ばした右手の指先を前に向けて目の前で構え⇓**「見るb」の手話**、素早く手首をひねり指先を右へそらす。同時に顔を左に振る。

《**語源**》視線をそらす表現。

《**別形**》左手の「男」の手話に右手2指の先を向け、素早く右へそらす。2指は自分の視線。「男」は無視する相手を示すb。

むしば【虫歯】

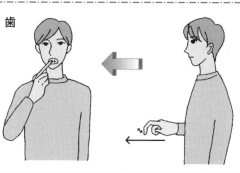

《**表現**》①手の甲を上に向けた右手人差し指を、伸ばしたり曲げたりしながら前に動かす⇓**「虫」の手話**、②右手人差し指で歯を指す⇓**「歯」の手話**。

《**語源**》「虫」と「歯」で。

む

むじゅん【矛盾】

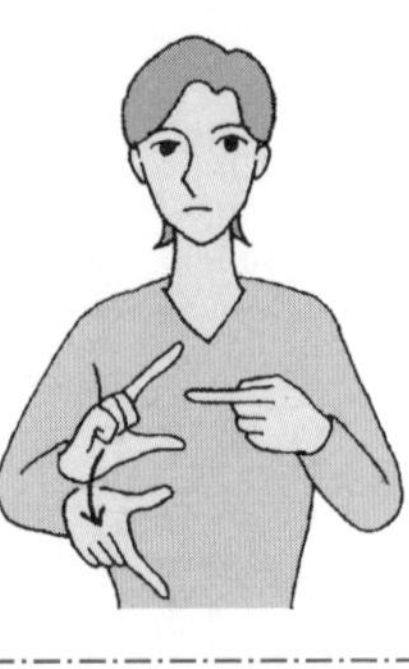

《表現》伸ばした左手人差し指の先を右に向けて構え、その横で親指と人差し指を離して伸ばした右手を甲を手前に向けて構え、手首を返して甲を前に向ける。

《語源》左手人差し指の先は矛先、右手はそれに対する盾を表現したもの。矛と盾で。

《例文》矛盾した説明＝「説明」＋「矛盾」。社会の矛盾＝「社会（世の中）」＋「矛盾」。

むずかしい【難しい】

《表現》右手親指と人差し指で右ほほをつねるように動かす。

《語源》困ったようすを表現するためにつねる動作で表す。

《同形》困難・できない・無理

《例文》難問＝「難しい」＋「問題」。対応が難しい＝「対応」＋「難しい」。困難な登山＝「困難」＋「登山」。

むすこ【息子】

《表現》親指を立てた右手⇓「男」の手話を、おなかあたりから斜め前下に弧を描くように出す。

《語源》産まれた者を示すためにおなかの位置から前に出す。

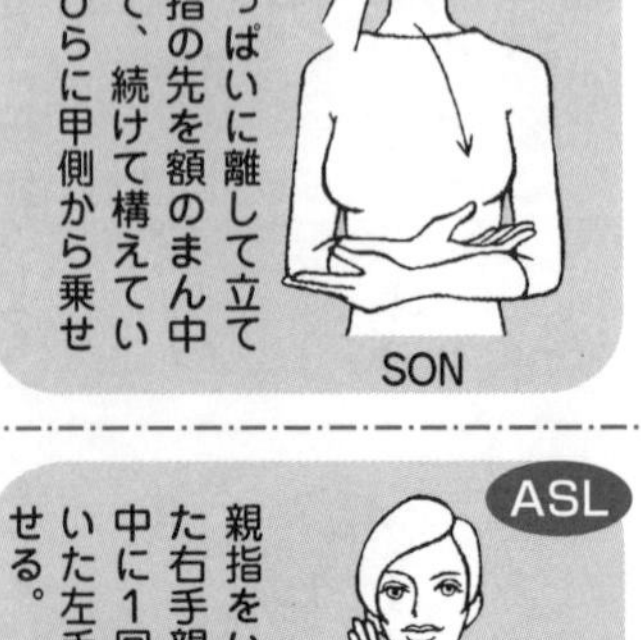

親指をいっぱいに離して立てた右手親指の先を額のまん中に1回当て、続けて構えていた左手のひらに甲側から乗せる。

むすめ【娘】

《表現》小指を立てた右手⇓「女」の手話を、おなかあたりから斜め前下に弧を描くように出す。

《語源》産まれた者を示すためにおなかの位置から前に出す。

ASL

DAUGHTER

親指をいっぱいに離して立てた右手親指の先をあごのまん中に1回当て、続けて構えていた左手のひらに甲側から乗せる。

む

むだ【無駄】

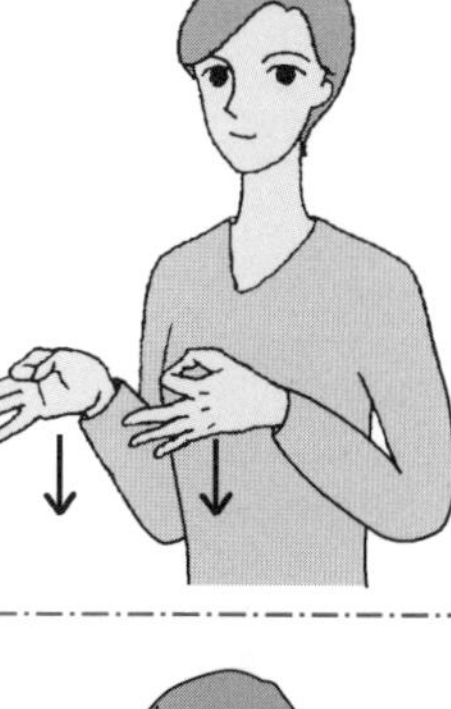

《表現》親指と人差し指で輪をつくった両手を胸の前で左右に構え（手のひらが向かい合うように）、両手同時に下へおろしながら輪を開く。

《語源》お金を下に捨てて無駄にすることから。

《同形》損

《例文》無駄遣い＝「使う」＋「無駄」。

むちゅう【夢中】

《表現》開いた両手を顔の前で構え、両手の幅を狭めながら斜め前下に出すと同時に両手を握っていく。最後は両手を上下に重ねる（右手小指側と左手親指側をつける）。

《語源》何かに熱中していくようす。

《参考》「一所懸命」の手話で表す場合もある。

むらさき【紫】

《表現》親指を立て、人差し指を伸ばした右手⇒**指文字「む」**を唇に沿って右に動かす。

《語源》「赤」の手話を頭文字「む」で表現したもの。また、唇が紫になることから。

《応用》人差し指1本で行うと「赤」の手話。

《例文》紫の花＝「紫」＋「花」。紫の帯＝「紫」＋「帯（福岡）」。

むり【無理】

《表現》右手親指を立て、人差し指を伸ばした⇩**指文字「む」**に続けて、人差し指と中指を伸ばしりの字を空書する⇩**指文字「り」**を示す。

《語源》指文字「む」と「り」で。

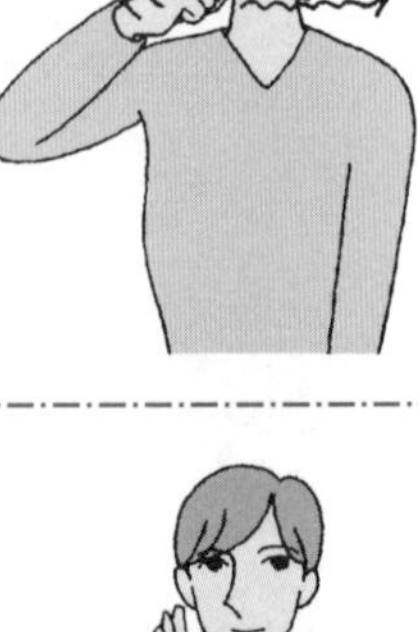

《別形》右手人差し指を口元に構え、力強く手首をねじりながら左へ動かすb。力を込めた表情で。あるいは右手親指と人差し指で右ほほをつねるように動かすc⇩**「難しい」の手話**。

《例文》参加は無理＝「参加」＋「無理a」。無理な話＝「頼まれる」＋「無理a」。無理を承知で頼む＝「無理b」＋「分かる」＋「頼む」。無理して働く＝「仕事」＋「無理b」＋「〜する」。

《参考》aは「できない」という表現、bは「無理を押し通す（通される）」の表現。

むりょう【無料】

《表現》親指と人差し指で輪をつくった右手⇩**「お金」「金」の手話**を口元で構え、左に動かしながら輪を開く。

《語源》お金を左に投げ捨てることでお金が不要なことを表す。

《同意》ただ

《同形》ゼロ

《例文》入会金無料＝「入る」＋「会」＋「無料」。病気もなく元気＝「病気」＋「ゼロ」＋「元気」。

《参考》「ゼロ」は、何も無いという意味で数詞以外にも使われる。この場合は、右に動かしながら同様の動作を行うことが多い。

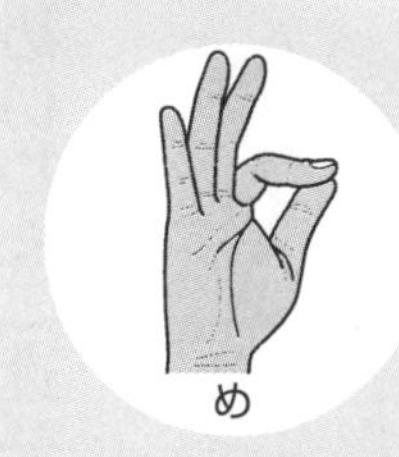

親指と人差し指で目をかたどる。

～め【～目】

《**表現**》伸ばした右手人差し指の先を右目の目元に当てる。

《**例文**》2つ目＝数詞「2」＋「～目」。早目に来て＝「早い」＋「～目」＋「来る」＋「お願い（頼む）」。

めいし【名刺】

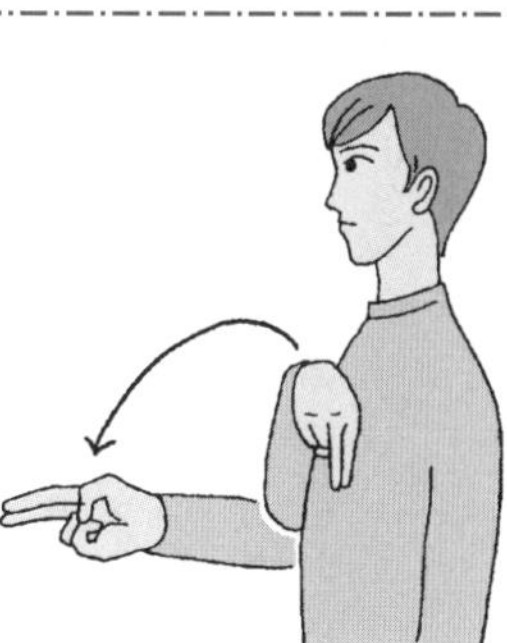

《**表現**》右手人差し指と中指の2指を伸ばし、左胸ポケットに入れるように構え、続けて手のひらを上に向け前に差し出す。

《**語源**》名刺を左胸ポケットから取り出して差し出すようす。

《**例文**》会社の名刺＝「会社」＋「名刺」。個人の名刺＝「個人」＋「名刺」。名刺の肩書＝「名刺」＋「肩書」。

めいじ【明治】

《**表現**》親指と4指で半円をつくった右手をあごに当て、下ろしながら握る。

《**語源**》明治天皇のひげから。

《**例文**》明治維新＝「明治」＋「革命」あるいは「新しい」＋「変わる」。

めいわく【迷惑】

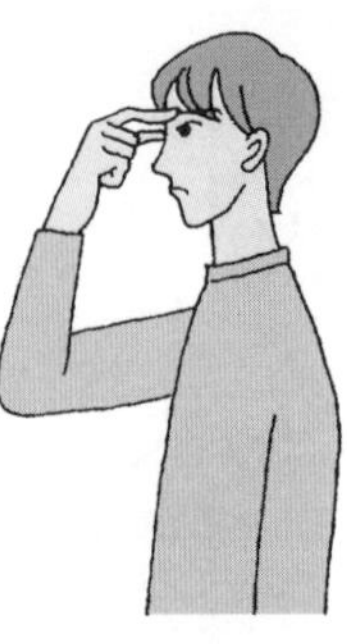

《表現》右手親指と人差し指で眉間をつまむ動作。残りの3指は伸ばしてもよい。

《語源》迷惑で眉間にしわがよるようすを2指を寄せて表す。

《同形》困る

《応用》眉間をつまむように構えた2指を開きながら前に出すと「朗らか」の手話になる。

《例文》困った事が起こる＝「困る」＋「事」あるいは「問題」＋「起きる（事が）」。困った人＝「困る」＋「人」。

メーカー【maker】

《表現》手のひらを前に向けて立てた左手のひらに、親指と人差し指で目をかたどった右手⇩**指文字「め」**を当て、左手はそのまま右手を下ろす。

《語源》前に向けた左手のひらに右手親指を当てる「名前」の手話を変形し、頭文字「め」を当てたもの。

《例文》携帯電話のメーカー＝「携帯電話」＋「メーカー」。パソコンメーカー＝「パソコン」＋「メーカー」。

メールする

《表現》右手親指と人差し指で目をかたどり⇩**指文字「め」**、そのまま前に出す。

《語源》指文字「め」を前に出して表現。

《同意》メールを送信する・メールを送る

《例文》日にちが決まったらメールするね＝「いつ」＋「決める」＋「時間c」＋「メールする」。

《参考》逆の動作、前から手前に引くと「メールをもらう」の手話になる。

めがたかい【目が高い】

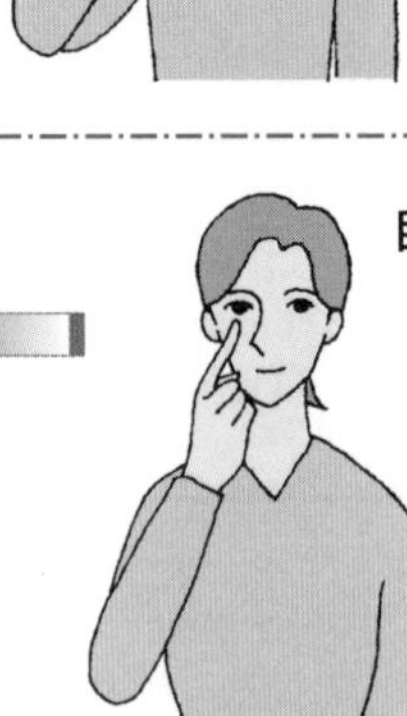

《表現》①右手人差し指で右目を指す⇩**「目」の手話**、②親指と人差し指で輪をつくった右手を右肩あたりから上げる⇩**「高い（値段が）」の手話**。

《語源》「目」と価値を見る力が優れているということから「高い（値段が）」で。

《例文》お目が高い＝相手をほめる表情で「目が高い」。

めがね【眼鏡】

《表現》親指と人差し指で半円をつくった両手を、それぞれ左右の目にめがねのふちのように当てる。

《語源》めがねの形から。

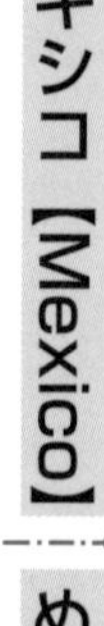

メキシコ【Mexico】

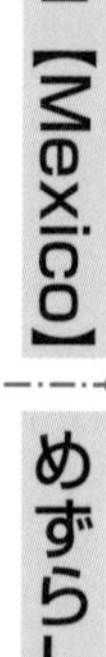

《表現》伸ばして立てた両手を頭の横に構え、左右に離しながら握る。

《語源》メキシコ人がかぶる帽子を表したもの。

《例文》メキシコシティー＝「メキシコ」＋「市」。メキシコの革命戦争＝「メキシコ」＋「革命」＋「戦争」。

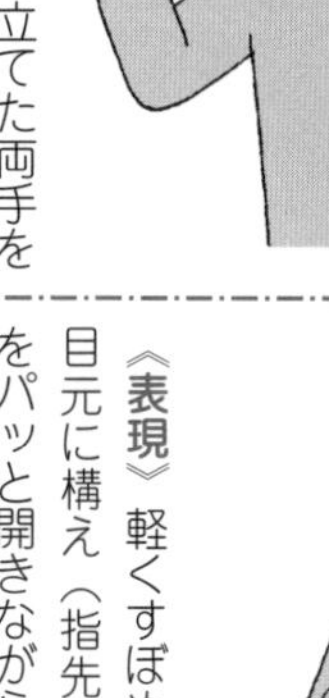

めずらしい【珍しい】

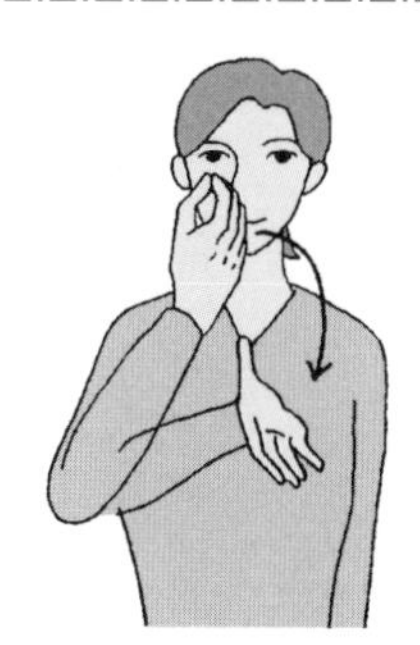

《表現》軽くすぼめた右手を右目元に構え（指先上向き）、指をパッと開きながら前に出す。

《語源》目をむく、目玉が飛び出すほどに珍しいという意味から。

《例文》珍しい景色＝「珍しい」＋「景色」。珍味＝「珍しい」＋「味」。珍客＝「珍しい」＋「客」。

メディア【media】

《表現》甲を上に指先を右に向けた左手を身体の前で構え、親指と人差し指で輪をつくった右手⇒**指文字「め」**を、左手の甲をかすめ弧を描くように左右に動かす。

《語源》左手の甲に右手のひらを当てる「方法」の手話を変形し、頭文字「め」を加えたもの。

《例文》マルチメディア＝「何でも」＋「メディア」。メディアミックス＝「メディア」＋「合わせる」。

メニュー【menu】

《表現》指を伸ばして開いた左手のひらを手前に向け、4指を伸ばして開いた右手の甲を当て右に引く。
《語源》レストランのメニュー、品書きを表現したもの。
《例文》食事のメニュー＝「食べる」＋「メニュー」。本日のメニュー＝「今日」＋「メニュー」。仕事のメニュー＝「仕事」＋「メニュー」。
《参考》食事のメニュー以外にも、メニューを伝えるときは使える手話。

めまい【目眩】

《表現》両手の人差し指の先を両目に向けて半周ずらして回す。

《語源》目が回る表現。

《同形》酔う
《例文》朝起きるとめまいがした＝「朝」＋「起きる（覚める）」＋「めまい」。船酔い＝「船」を揺らし＋「酔う」。酒に酔う＝「酒」＋「酔う」。

《参考》「めまい」や「酔う」など目が回る状態一般に使う。

メリット【merit】

《表現》前に向けた左手握りこぶしの小指側に、親指と人差し指を離して伸ばした右手を、指先を閉じながら前から手前に引きつける。
《語源》伸ばした2指の先を閉じながら前から手前に引く「利用」の手話と、前に向けた左手のひらに、右手握りこぶしの親指側を当て、そのまま右手を前に出す「効果」の手話を合成したもの。
《応用》逆の動作、左手の小指側から、右手2指の先を開きながら、前に出していくと「デメリット」の手話になる。

メロン【melon】

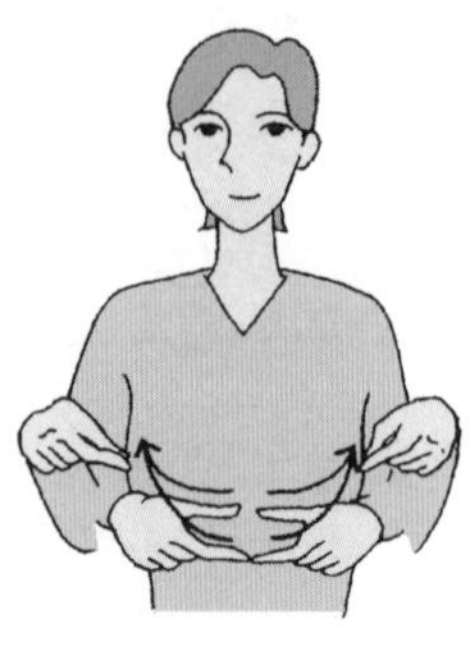

《表現》親指と人差し指でU字型をつくった両手の指先を向かい合わせて構え、左右やや斜め上に弧を描くように離しながら指先を閉じる。
《語源》切られたメロンの形を表現したもの。
《例文》メロンパン＝「メロン」＋「パン」。食後のメロン＝「食べる」＋小さく「将来」＋「メロン」。

め

めんきょ【免許】

《表現》上に向けた左手のひらに、わん曲させた右手の指先を上から当てる。
《語源》ここにあるという表現。
《同形》証拠
《例文》運転免許＝「車a」＋「免許」。免許停止＝「免許」＋「止める」。確かな証拠＝「定まる（必ず）」＋「証拠」。

めんせつ【面接】

顔

向かい合う

《表現》①右手人差し指で自分の顔の輪郭に沿って大きく円を描く⇓**「顔」の手話**、②両手握りこぶしを左右から向かい合わせる⇓**「向かい合う」の手話**。握りこぶしを前後に向かい合わせてもよい。

《語源》「顔」と「向かい合う」で。

《参考》「顔」＋「仲介」の「見合い」との違いに注意。

めんどう【面倒】

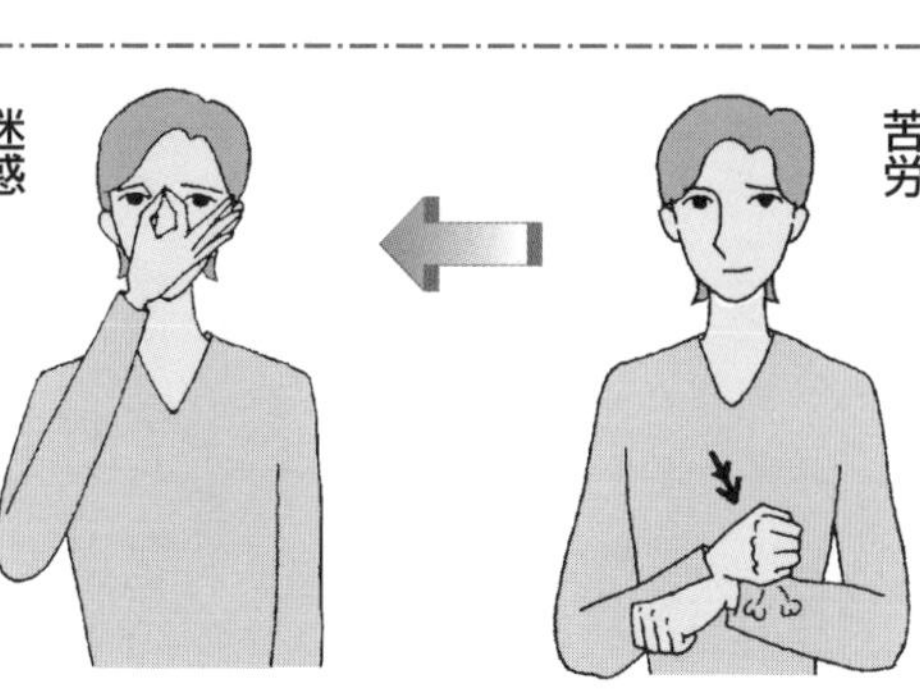

《表現》①左腕（手首あたり）を右手握りこぶしの小指側で2回叩く⇓**「苦労」の手話**、②右手親指と人差し指で眉間をつまむ動作⇓**「迷惑」の手話**。
《語源》「苦労」と「迷惑」で。
《例文》めんどうな状況＝「めんどう」＋「状況（雰囲気）」。

メンバー【member】

b

《表現》右手親指と人差し指で輪をつくり左胸に当てる⇓**「委員」「名前」の手話**。
《語源》胸につけるバッジ、あるいは名札を表す。
《別形》左手のひらに右手親指の腹を当て、指先方向に滑らせる⇓**「署名」「登録」の手話b**。

め

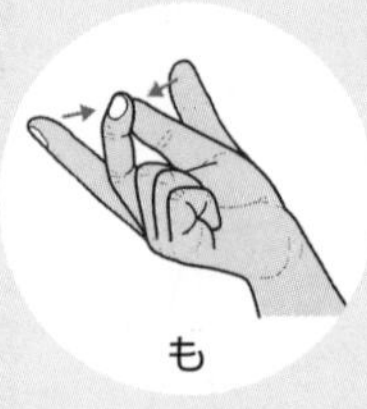

親指と人差し指の先を１回つける。
（横から見た図）

もうかる【儲かる】

《**表現**》指を伸ばした両手のひらを上下に向かい合わせて身体の前で構え、そのまま両手同時に手前に引く。

《**語源**》ガッポリ自分のものになるという表現。

《**同意**》利益を得る・得する

《**同形**》得る

《**例文**》商売で儲ける＝「商売（営業）」＋「儲かる」。株で儲ける＝「株」＋「儲かる」。正当な利益＝「正しい」＋「利益を得る」。お買い得＝「買う」＋「得する」。

《**参考**》お金を儲けるを伝える場合は、この手話の前に「お金」「金」の手話を加えてもよい。

もうしこむ【申し込む】

《**表現**》指先を前に向けた左手のひらに右手人差し指の先を乗せて両手同時に前に出す。

《**語源**》書類を表した左手のひらを右手で差し出す表現。

《**同意**》申し出る

《**応用**》同じ形で手前に引くと受け身形の「申し込まれる」「注文をもらう」の手話になる。また、同じ形から、ひじを曲げ手前に引き上げると申し込みを断念することから「あきらめる」の手話になる。

《**例文**》プロポーズ＝「結婚」＋「申し込む」。プロポーズされる＝「結婚」＋「申し込まれる」。試合を申し込む＝「試合」＋「申し込む」。

もうじん【盲人】

盲（もう）

人

《**表現**》①人差し指と中指の先で両目の上まぶたを閉じさせるように指を下ろす。同時に目を閉じるとよい⇒**「盲」の手話**、②右手人差し指で人の文字を空書する⇒**「人」の手話**。

《**語源**》目を閉じることで、見えないことを示す。

《**例文**》盲導犬＝「盲」＋「導く」＋「犬」。

もうどうけん【盲導犬】

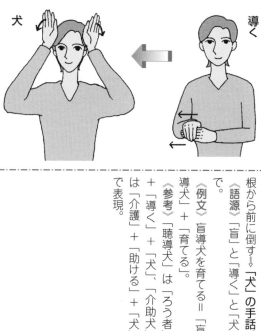

盲（もう）

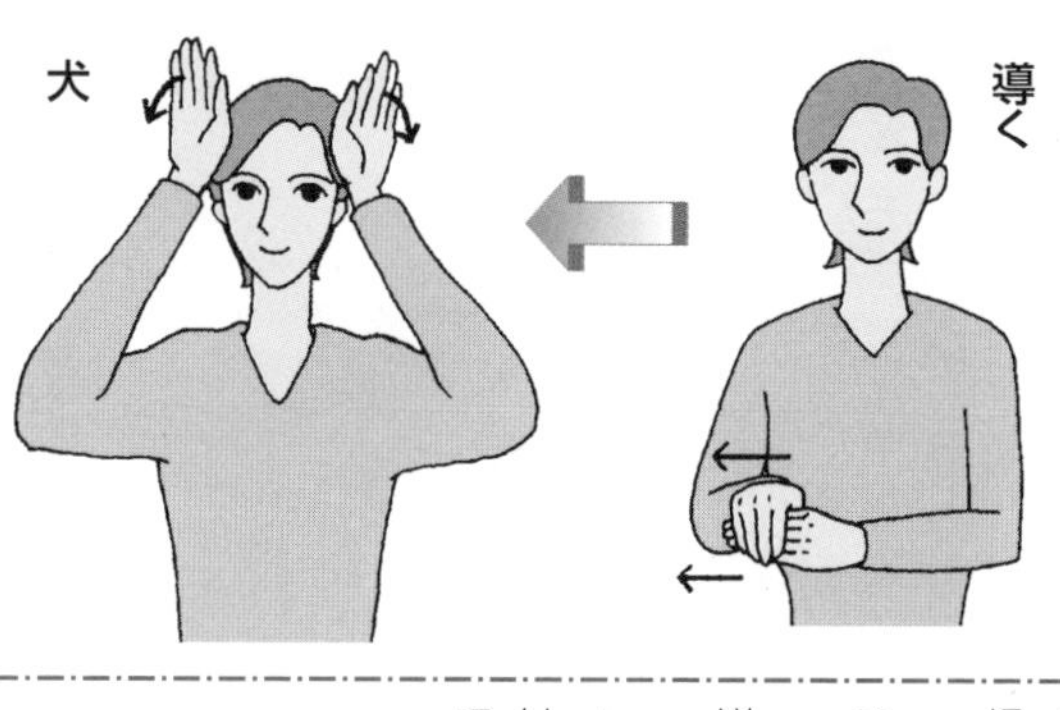

《**表現**》①人差し指と中指の先で両目の上まぶたを閉じさせるように指を下ろす。同時に目を閉じるとよい⇒**「盲」の手話**、②甲を前に向け指をそろえて伸ばした左手4指（指先右向き）を右手でつかみ、両手同時に右へ動かす⇒**「導く」の手話**、③手のひらを前に向けた両手を頭の横につけ、両手の4指を付け根から前に倒す⇒**「犬」の手話**。

《**語源**》「盲」と「導く」と「犬」で。

《**例文**》盲導犬を育てる＝「盲導犬」＋「育てる」。

《**参考**》「聴導犬」は「ろう者」＋「導く」＋「犬」、「介助犬」は「介護」＋「助ける」＋「犬」で表現。

もうふ【毛布】

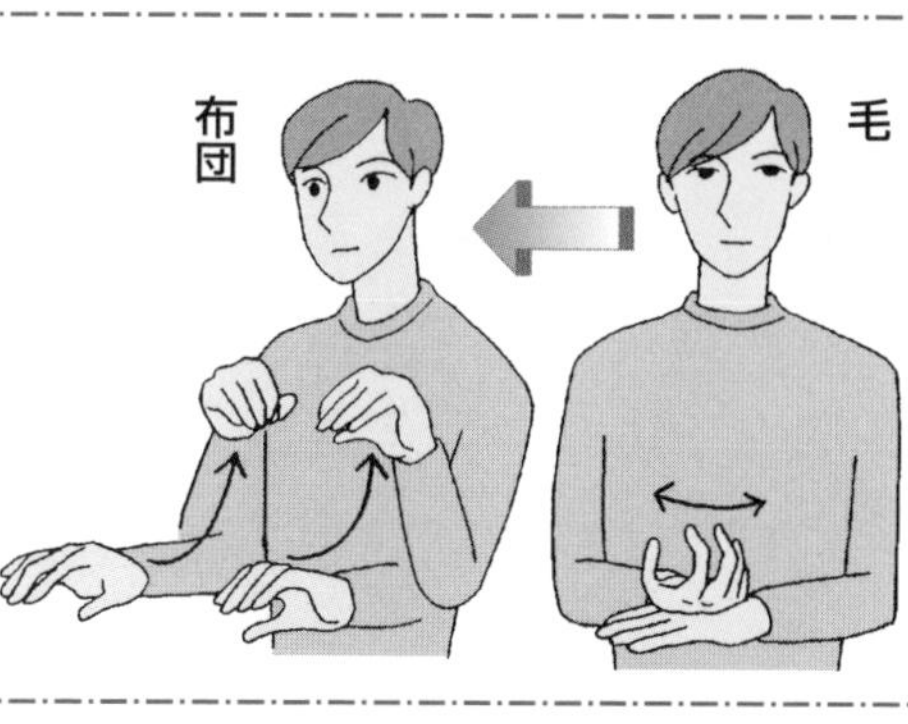

《**表現**》①手のひらを上に向けて5指を曲げた右手の甲で、左手の甲を2回ほどこする⇒**「毛」の手話**、②親指と4指をやや開いて指先を前に向けた両手を同時に手前に引き寄せる⇒**「布団」の手話**。

《**語源**》①「毛」は右手5指が毛を表す。「毛」と「布団」で。

《**応用**》右手を右へ動かしていくと「カーペット」の手話。

モーターボート【motor-boat】

《**表現**》指をそろえて伸ばし手のひらを上に向け、船型にややくぼませた左手首あたりで、指先を前に向けた右手人差し指を右に回す。

《**語源**》左手は船、右手人差し指はモーターの回転を表す。

《**例文**》モーターボートレース＝「モーターボート」＋「競争」。

もくてき【目的】

《**表現**》軽く握って筒状にした左手の親指側に、右手人差し指を当てる。

《**語源**》左手は的を示し、矢に見立てた右手人差し指で射る表現。

《**同形**》当たる

《**応用**》右手人差し指が左手をかすめるように動かすと「的を外す」の手話。

《**例文**》手話を学ぶ目的＝「手話」＋「学ぶ」＋「目的」。

もくひけん【黙秘権】

秘密

力

《**表現**》①伸ばした右手人差し指を口の前に立てる⇩**「秘密」の手話**、②手を握った左腕を曲げ上腕に右手人差し指で力こぶを描く⇩**「力」の手話**。

《**語源**》「秘密」と「力」で。「力」は権利の意味を含む。

もくようび【木曜日】

《**表現**》親指と人差し指を伸ばした両手をおなかの前で向かい合わせ、やや左右に開きながら上げていく。

《**語源**》木曜日の「木」から。2指を伸ばした両手で木の幹を表し、左右に広げることで幹や枝が伸びるようすを表現。

《**同形**》木

《**例文**》木曜日の午後＝「木曜日」＋「午後」。木曜日に会う＝「木曜日」＋「会う」。桜の木＝「桜」＋「木」。大きな栗の木の下＝「高い」＋「栗」＋「木」＋「下」。木星＝「木」＋「星」。木造住宅＝「木」＋「作る」あるいは「大工」＋「家」。木村さん＝「木」＋「村」＋「男」あるいは「女」。

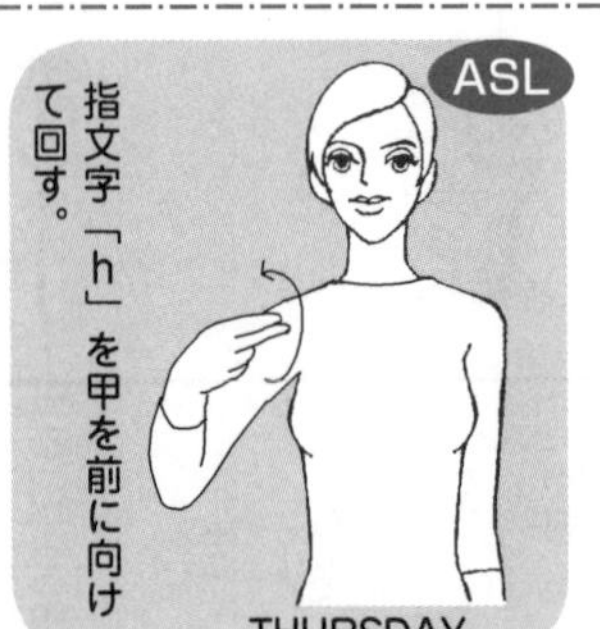

指文字「h」を甲を前に向けて回す。

もし【若し】

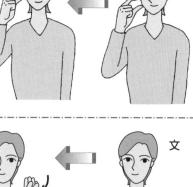

《**表現**》右手親指と人差し指の先をやや離して右ほほに軽く当て指を閉じる。
《**語源**》もしかしたら夢かもしれないと、ほほをつねるようすから。
《**同意**》もしも
《**別形**》左手の甲に右手親指と人差し指でつくった輪を当てる
⇒「**例えば**」**の手話**で「もし仮に」を伝えることもある。
《**例文**》もし失敗したら＝「もし」＋「失敗」。

もじ【文字】

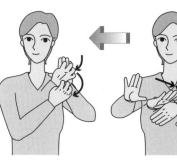

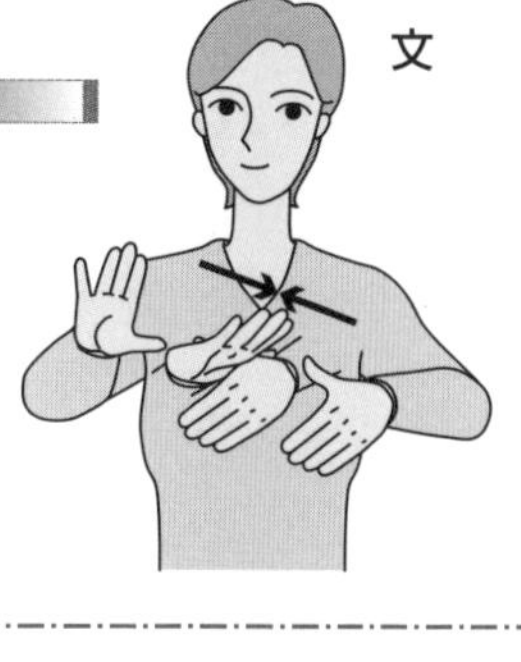

《**表現**》①親指と4指を伸ばした両手の親指と人差し指の付け根を組み合わせる⇒「**文**」**の手話**、②前に向けた左手のひらに、わん曲させた右手の指先を当てながら下げていく（2回）。
《**例文**》文字（字幕）放送＝「字幕」＋「放送（ニュース）」。汚い文字＝「文字」＋「汚い」。

もち【餅】

《**表現**》そろえて伸ばした右手人差し指と中指の先を口元に構え（手の甲前向き）、手首を返して前に出す。
《**語源**》2本の箸でもちを食べるようす。手を前に出すのはもちが伸びる表現。
《**例文**》もち米＝「もち」＋「米」。鏡餅＝「正月」＋「もち」。

もちまわり【持ち回り】

《**表現**》おなかあたりに構えた左手のひらの上で、親指と人差し指の先をつけた右手を構え、両手同時に水平に回す。水平に回すときには、左・前・右など数か所で区切りをつけ、1拍置くようにやや止める。

《**語源**》両手は持ち物を表現。これが1周しながら各自が受け持つことを表現する。

《**例文**》仕事は持ち回り＝「仕事」＋「持ち回り」。

《**参考**》左手のひらの上で、親指と人差し指の先をつけた右手を構えるのは「お土産」と共通。なお、「持て余す」と似ているが、水平に回すときに数か所で1拍置くことで区別する。

もつ【持つ】

《**表現**》身体の右側で、手のひらを上に向け開いた右手を握りながら上げる。

《**語源**》手で持つようす。

《**同意**》所有する

《**例文**》お金を持って行く＝「お金（金）」＋「持つ」＋「行く」。クルマを持っている＝「車」＋「持つ」。

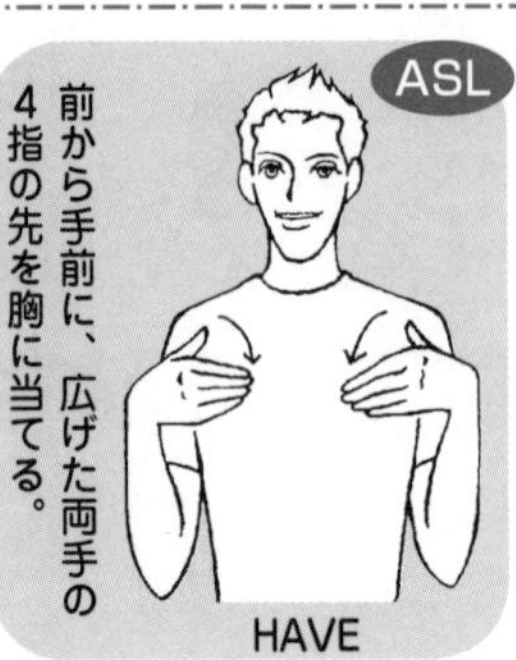

前から手前に、広げた両手の4指の先を胸に当てる。

もったいない【勿体ない】

《**表現**》右手のひらを左ほほに2回ほど当てる。

《**語源**》右手のひらで左ほほを回すように軽くさする「大切」の手話に対して、当てることで表現。

《**同意**》惜しい

《**別形**》親指と人差し指で輪をつくった両手を胸の前で左右に構え（手のひらが向かい合うように）、両手同時に下へおろしながら輪を開く動作を2回行う。

もっと

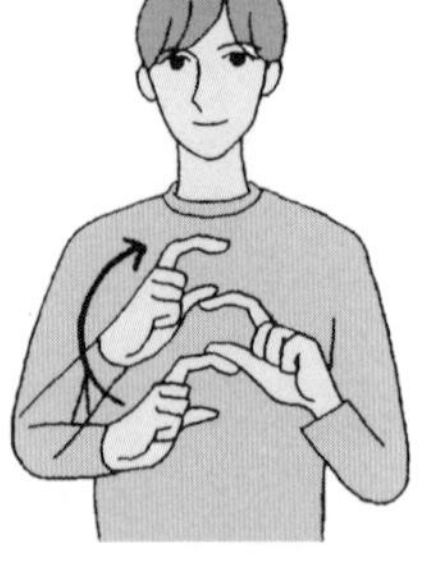

《**表現**》親指と人差し指でコの字型をつくった両手を上下に重ね（左手が上）、左手はそのまま右手を右に弧を描きながら上に動かし左手の上に乗せる。

《**語源**》コの字型はある量や状態を示し、上に重ねることでより上の状態・量を示す。

《**応用**》さらに右手を上に動かすと「ますます」「もっと、もっと」の手話になる（**「ますます」**参照）。

もてあます【持て余す】

《**表現**》おなかあたりに構えた左手のひらの上で、親指と人差し指の先をつけた右手を構え、両手同時に水平に数回まわす。

《**語源**》両手は持ち物を示す（「お土産」の手話と共通）。これをどうしたらよいか分からないようすを水平に回すことで伝える。

《**例文**》パソコンを持て余す＝「パソコン」＋「持て余す」。

《**参考**》「持ち回り」の手話に似ているが、両手を水平に回しながら持って行き場のないことを表情で伝え、数か所で1拍置かずに回すことで区別する。また、「時間を持て余す」場合は「退屈」の手話で表現できる。

もとめる【求める】

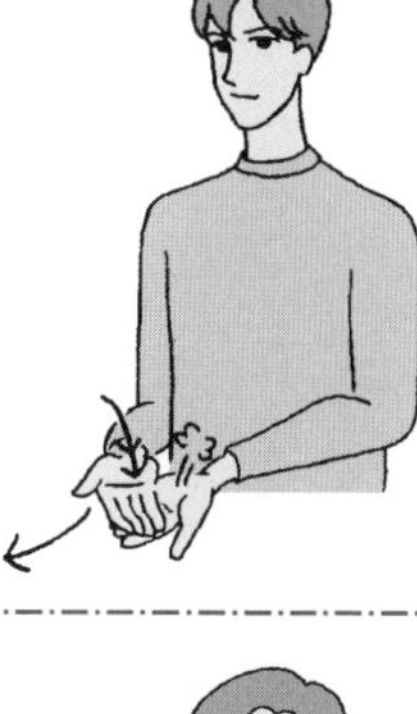

《**表現**》上に向けた左手のひらに、右手の甲（指部分）を打ちつけながら両手同時に前に出していく。

《**語源**》左手のひらに右手を打ちつけるのは手の中に入れたい、ちょうだいの意味で「要求」の手話。これを前に出すことで表現。

《**同意**》追求

《**応用**》左手のひらに右手の甲（指部分）を打ちつけながら、両手を前に出さなければ「要求」の手話。

《**例文**》真理を追求＝「真理」＋「追求」。恒久平和の追求＝「永久」＋「平和」＋「追求」。

《**参考**》「追求」は求めていくという意味。

ものがたり【物語】

《**表現**》左手のひらに、親指と人差し指で輪をつくった右手小指の先を2回ほど当てる。

《**語源**》5指を伸ばした右手を当てる「説明」の手話に、2指で輪をつくる「物」の手話を加えたもの。

《**応用**》左手のひらに5指を伸ばした右手小指の先を2回ほど当てると「説明」の手話。

《**例文**》悲しい物語＝「悲しい」＋「物語」。夢物語＝「夢」＋「物語」。昔話＝「過去」＋「物語」。

モノレール【monorail】

《**表現**》指を伸ばし指先を前に向けて立てた左手を、そろえて伸ばした右手親指と4指ではさむようにし、右手だけ前に出していく。

《**語源**》1本のレール（左手）の上を走行する表現。

《**例文**》モノレールに乗って行く＝「モノレール」＋「乗る」＋「行く」。

もみじ【紅葉】

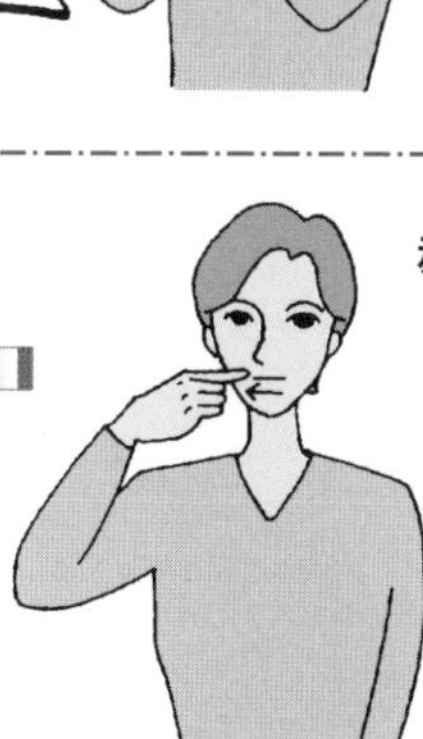

《**表現**》①横にした右手人差し指を唇に沿って右に動かす⇒**「赤」の手話**、②甲を上に向け指を伸ばして開いた左手の各指の先に沿って、右手親指と人差し指でつまんでいく（小指側から順に）。

《**語源**》②は葉の形を表現したもの。「赤」と葉の形で。

《**参考**》②で行う右手の動きは、2～3回でもよい。

もも【桃】

《表現》指をそろえて伸ばしわん曲させた両手を合わせ左右に軽く揺らす。

《語源》実った桃の実を表す。

《例文》桃の花＝「桃」＋「花」。桃色＝「桃」＋「色」。

もらう【貰う】

《表現》指先を前斜め上方向に向けた両手をそろえ、そのまま前方から手前に引く。

《語源》物をもらうようす。

《例文》小鳥をもらう＝「小（小学校）」＋「鳥」＋「もらう」。コーヒーをいただけますか＝「コーヒー」＋「もらう」＋「〜できる」＋「〜ですか（尋ねる）」。兄からもらう＝「兄」＋兄を示した位置から「もらう」。

《参考》両手のひらを上に向けて行ってもよい。

もり【森】

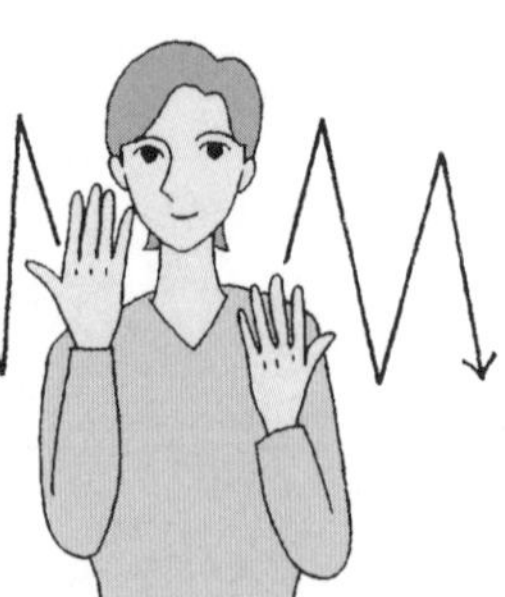

《表現》指を伸ばして軽く開いた両手を甲を前に向けて身体の前で立て、交互に大きく上下に動かしながら左右に離していく。

《語源》10指がたくさんの木を表し、さらに森の広がりを左右に離して表現したもの。

《同形》森（人名）

《応用》5指を伸ばした両手を小指側を前に向けて上下に動かすと「林」の手話になる。

《例文》自然の森＝「自然」＋「森」。森で迷う＝「森」＋「迷子」。

もんだい【問題】

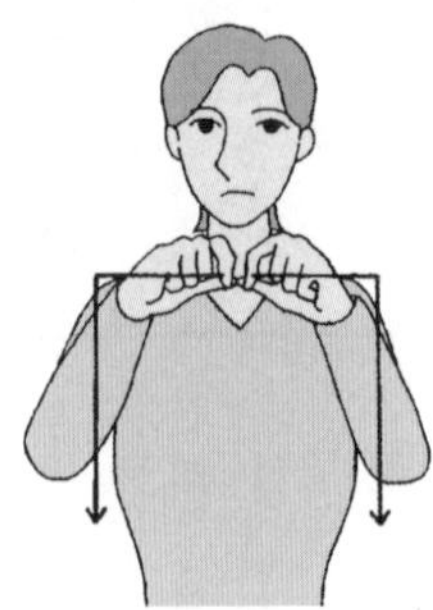

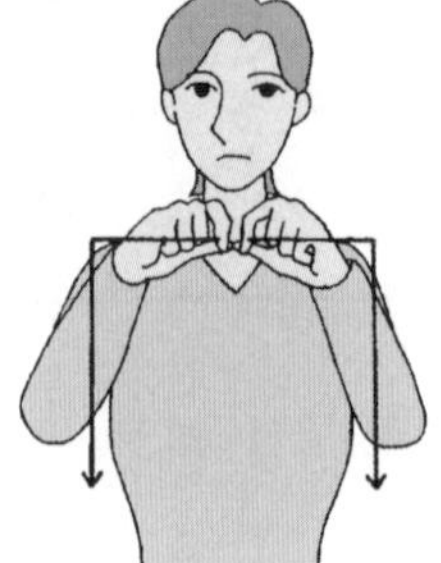

《表現》指先をつけた両手の親指と人差し指の先で冂を描く。中央で両手の指先を合わせ左右に離してから下ろす。

《語源》漢字の問の門構えを描いたもの。

《同形》岡

《例文》試験問題＝「試験」＋「問題」。政治問題＝「政治」＋「問題」。問題人物＝「問題」＋「人」。大問題＝「とても」＋「問題」。

もんぶかがくしょう【文部科学省】

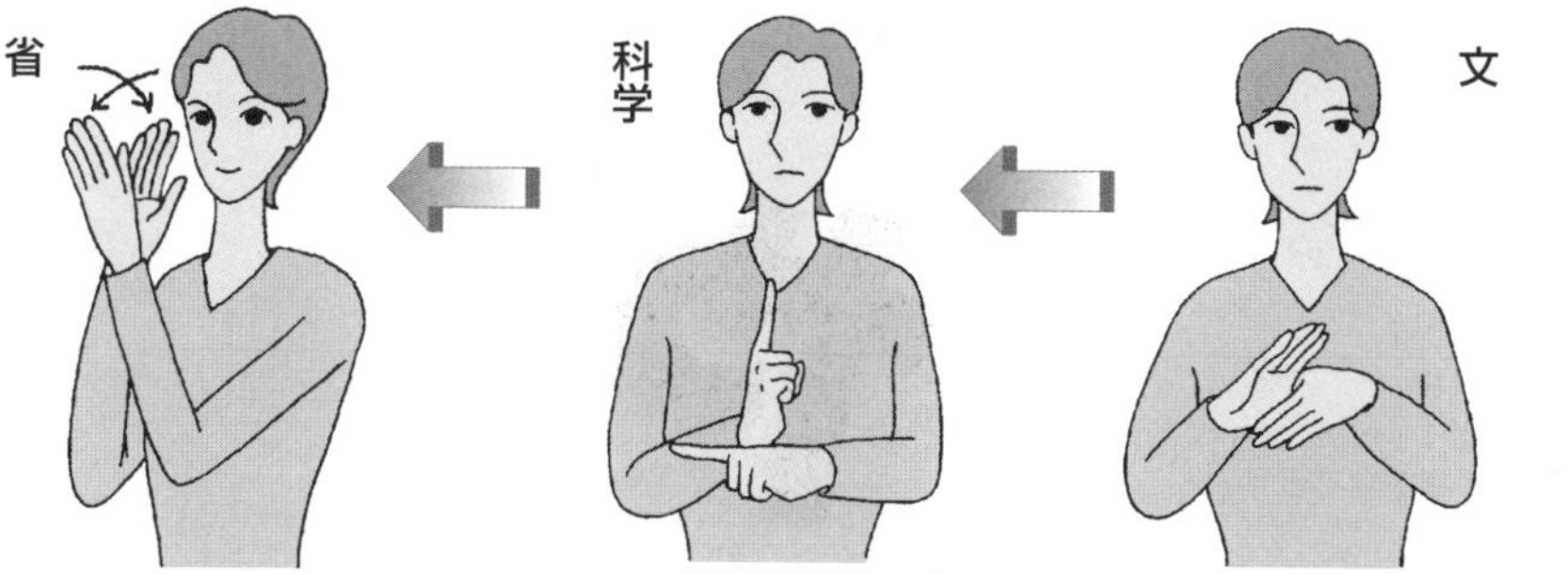

文 科学 省

《**表現**》①親指と4指を伸ばした両手の親指と人差し指の付け根を組み合わせる⇓**「文」の手話**、②人差し指を右に向けて伸ばした左手の甲の上に、人差し指を立てた右手を乗せる⇓**「科学」の手話**、③両手を顔の横で前後にずらして合わせ、手のひらを軸に前後を入れ替える⇓**「省」の手話**。

《**語源**》「文」と「科学」と「省」で。②「科学」はロケットの立った形を表すもの。

親指と小指を立てる。
「y」と同じ。

やかましい【喧しい】

《表現》両耳に両手の人差し指を近づけ、ねじるように動かす。いやそうな表情で。

《語源》人差し指で耳を指すのは「聞くb」の手話で、ねじるように動かすのは、わずらわしい音を意味する。また、耳に栓をする動作。

《同意》うるさい・うるさい音・騒音
《別形》甲を前に向けた右手握りこぶしの小指側で、右こめかみを2回叩く。

《例文》父はやかましい＝「父」＋「やかましい」。

《参考》片手で行ってもよい。

やきゅう【野球】

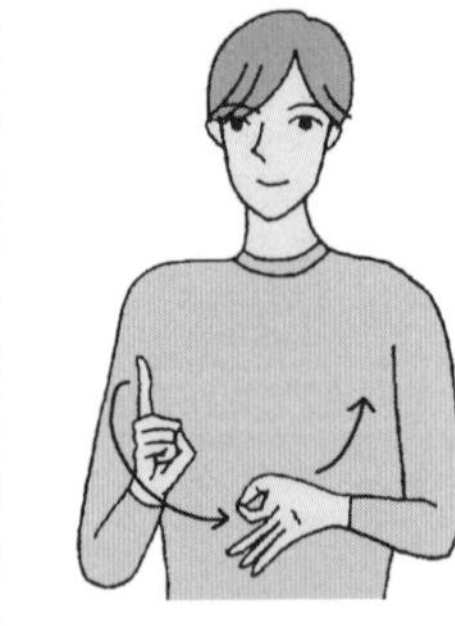

《表現》親指と人差し指で輪をつくった左手を、伸ばした右手人差し指で打ち、左手の輪を飛ばすように左斜め上へ動かす。
《語源》左手の輪はボール。右手人差し指はバット。バッティングから。
《別形》両手握りこぶしをバットを握るように上下に重ねて振る。バッティングフォーム。
《例文》野球のルール＝「野球」＋「ルール」。高校野球＝「高等学校」＋「野球」。父は野球を見るのが好き＝「父」＋「野球」＋「見るc」＋「好き」。

やくがい【薬害】

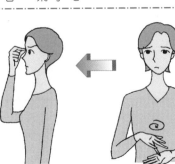

薬　迷惑

《表現》①上に向けた左手のひらを、右手薬指で小さな円を描くようになでる⇒**「薬」の手話**、②右手親指と人差し指で眉間をつまむ動作⇒**「迷惑」の手話**。

《語源》「薬」と「迷惑」で。

《例文》薬害訴訟＝「薬害」＋「訴える」。

《参考》「迷惑」は「被害」の意味の手話としても使う。

やくざ

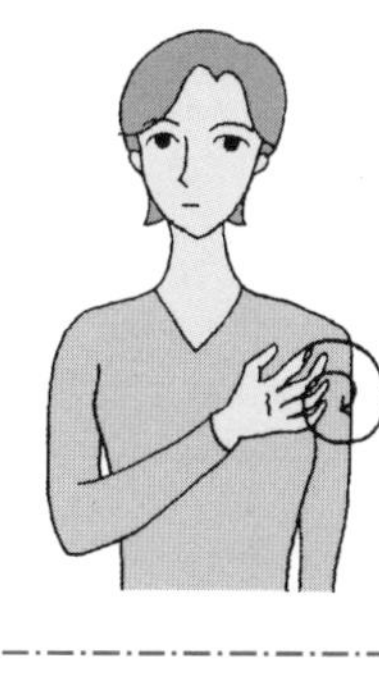

《表現》指を開いてわん曲させた右手の指先を左肩あたりに当て、回す。
《語源》肩の入れ墨を表す。
《同意》極道
《例文》やくざ映画＝「やくざ」＋「映画」。やくざの抗争＝「やくざ」＋「争う」。

やくざいし【薬剤師】

《表現》①上に向けた左手のひらを、右手薬指で小さく円を描くようになでる⇩**「薬」**の手話、②右手の指文字「し」を左肩に当てる⇩**「師」**の手話。
《語源》「薬」と「士（師）」で。

やくしょ【役所】

《表現》①左手のひらに指をそろえて伸ばした右手のひじを乗せ、前に2回ほど振る⇩**「政治」**の手話、②手のひらを下に向けわん曲させた右手を軽く下ろす⇩**「場所」**の手話。
《語源》「政治」と「場所」で。
《例文》町役場＝「町」＋「役所」。

やくそく【約束】

《表現》両手の小指を絡ませ、上下に軽く振る。
《語源》指切りのしぐさ。
《応用》「約束」の手話から、両手を勢いよく離すと「約束を破る」の手話になる。
《例文》婚約＝「結婚」＋「約束」。

やくだつ【役立つ】

《表現》親指と小指を立てた右手⇩**指文字「や」**の手のひら側を左肩に当てる。

《語源》頭文字「や」を肩に当てることで表現。

《応用》肩に当てた指文字「や」を斜め前下におろせば「役立たない」になる。

《例文》役に立つ手話の勉強＝「役立つ」＋「手話」＋「勉強（学校）」。役に立つ男＝「役立つ」＋「男」。

やけど【火傷】

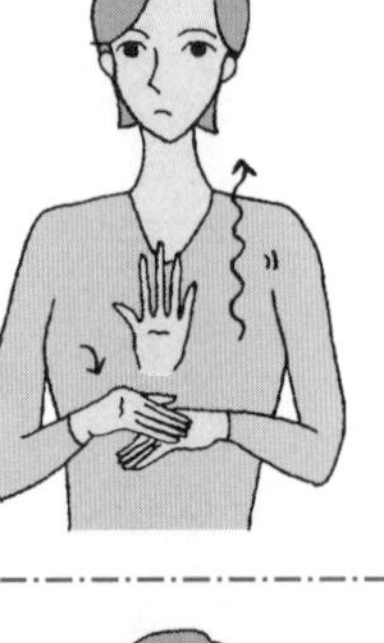

《表現》上に向けた左手の甲に右手のひらで触れたあと、左手はそのまま、右手の甲を前に向けて揺らしながら上げていく。手首を半回転させながら上げてもよい。

《語源》揺らしながら上げていく右手は火を表現したもの。身体の皮膚（左手）が燃える表現。

《例文》鼻をやけどする＝「鼻」＋「やけど」。全身やけど＝「身体」＋「やけど」。

《参考》身体のどの部分をやけどしても、左手の甲を使うのは同じ。

やさい【野菜】

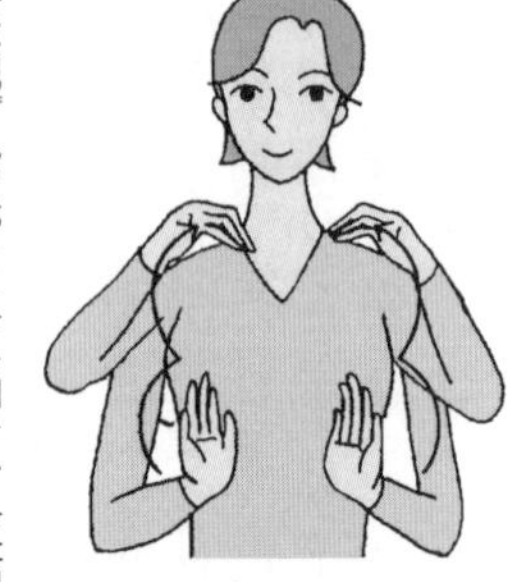

《表現》指先を上に向け、左右で向かい合わせた両手を身体の前で構える。両手同時に2段に弧を描いて上げていき、指先を向かい合わせる。

《語源》キャベツや白菜の形状からの表現。

《例文》緑黄色野菜＝「緑」＋「黄色」＋「色」＋「野菜」。菜食主義＝「食べる」＋「野菜」＋「～だけ」＋「主義」。

やさしい【優しい】

《表現》両手の親指と4指を胸の前で左右から向かい合わせ（4指側上）、やさしくもむように指を動かしながら左右へ離していく。

《語源》両手をやさしくもむように動かすのは「柔らかい」の手話。これを胸の前で行うことで心が柔らかいことを表現し、さらに、広げることで心が広いことを表現する。

《同意》親切

《別形》親指が上側で行ってもよい。

《例文》優しい母＝「優しい」＋「母」。親切な人＝「親切」＋「人」。不親切＝「親切」＋「ない」。

やすい（値段が）【安い】

《表現》左手のひらの上方で親指と人差し指で輪をつくった右手（輪が上、小指側が下）を構え、左手はそのまま右手を下げる。

《語源》2指でつくった輪は「お金」の手話。これが下がり、手に入りやすいことを表現したもの。

《応用》逆の動作、左手のひらから右手を上げると「高い（値段が）」の手話になる。

《例文》安い買い物＝「安い」＋「買い物（買う）」。安い本＝「安い」＋「本」。家賃が安い＝「家賃」＋「安い」。安いですね（そうです）＝「安い」＋「～ですね（そうです）」。安月給＝「月」＋「給料」＋「安い」。

《参考》右手だけで行ってもよい。輪をつくった両手を同時に上げれば「値上げ」、同時に下げれば「値下げ」の手話になる。なお、「安井さん」「安川さん」など人名を示すときは、この「安い」ではなく「安全な」を使うとよい。

ASL

伸ばした左手の指先を前に向け、4指を伸ばした右手で左手のひらに一度当てて下ろす。

CHEAP

やすみ【休み】

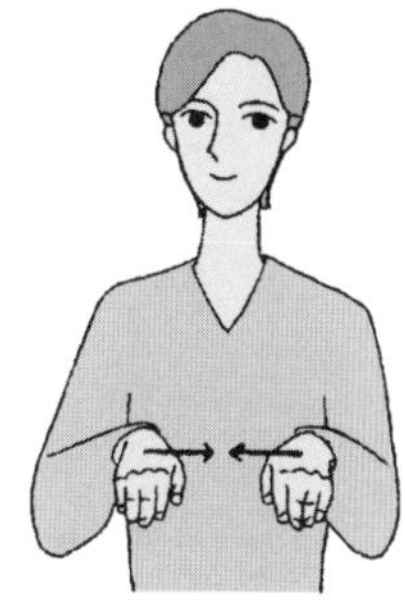
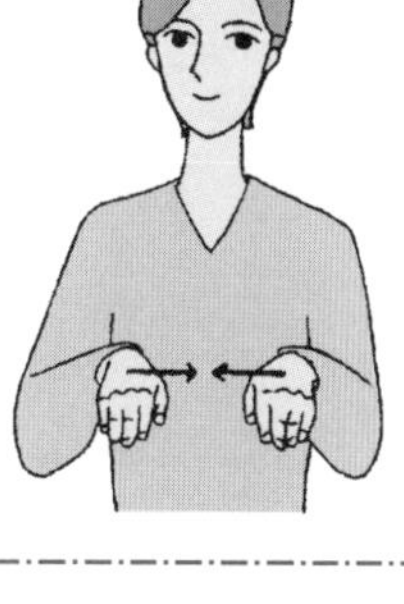

《表現》手のひらを下に向けた両手を左右から寄せ、中央で並べる。

《語源》門が閉まる表現を基本にしたもので、休んで横になることから手をふせて表す。

《同意》休日・休憩

《例文》夏休み＝「夏」＋「休み」。昨日なぜ休んだの？＝「あなた」＋「昨日」＋「休み」＋「なぜ」。

《参考》「寝て休んでいる」表現は、親指を立てた右手を左手のひらに寝かせる「休む」の手話あり（**「日曜日」**参照）。また、「休憩」は別の表現もあり（**「休憩」**参照）。

やせる【痩せる】

《表現》両ほほに当てた両手の甲で、ほほの肉をえぐる感じで内側に弧を描く。

《語源》やせて、ほほがこける表現。

《別形》手のひらを向かい合わせた両手を脇のあたりで構え、ほっそりした身体のラインを描くように下へ弧を描いて下ろしていき幅を狭める⇒**「スマート」「ダイエット」の手話。**

《例文》病気でやせる＝「病気」＋「やせる」。運動してやせる＝「運動」＋「やせる」。

やちん【家賃】

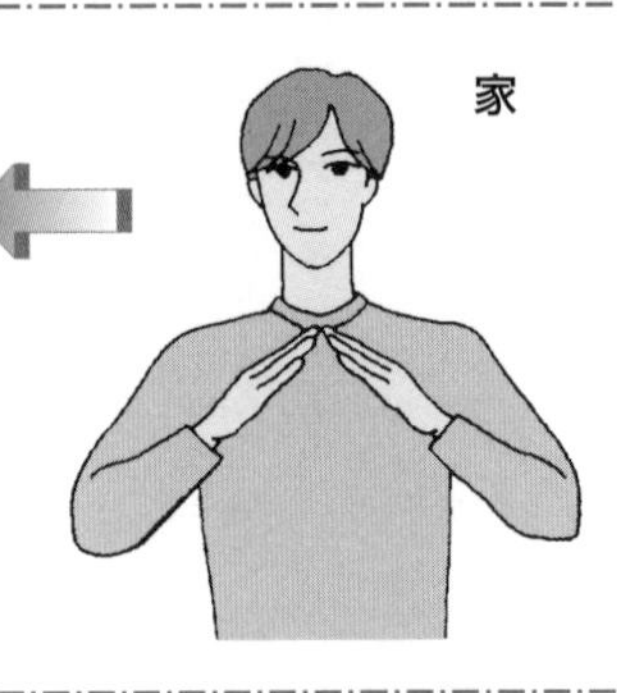

《表現》①左右から斜めに立てた両手の指先を合わせる⇓「家」の手話、②親指と人差し指で輪をつくり小さく振る⇓「金」の手話。
《語源》「家」と「お金で」。
《例文》家賃10万円＝「家賃」＋数詞「10」＋「万」＋「円」。家賃が安い＝「家賃」＋「安い」。

やっと

《表現》右手4指の腹で額をぬぐい、ぬぐい終わった手を下に払う。表情を加えるとよい。
《語源》汗をふいて「やっと」を表現したもの。
《同意》ようやく
《例文》やっとできた＝「やっと」＋「〜できる」あるいは「成功」。

やっぱり【矢っ張り】

《表現》親指と人差し指を伸ばした両手をひじから立て、腕を下げながら、親指と人差し指の先をつける。軽くうなずき、思った通りだという表情をつけるとよい。

《語源》同意するという意味で、「同じ」の手話の変形。

《同形》しっかり
《応用》腕を下げないで、親指と人差し指の先を2回つけると「同じ」の手話になる。

《別形》「本当」＋「同じ」でも伝わる。

《参考》「しっかり」は硬めの表情で、手の動きは最後にきちんと止めるとよい。

やど【宿】

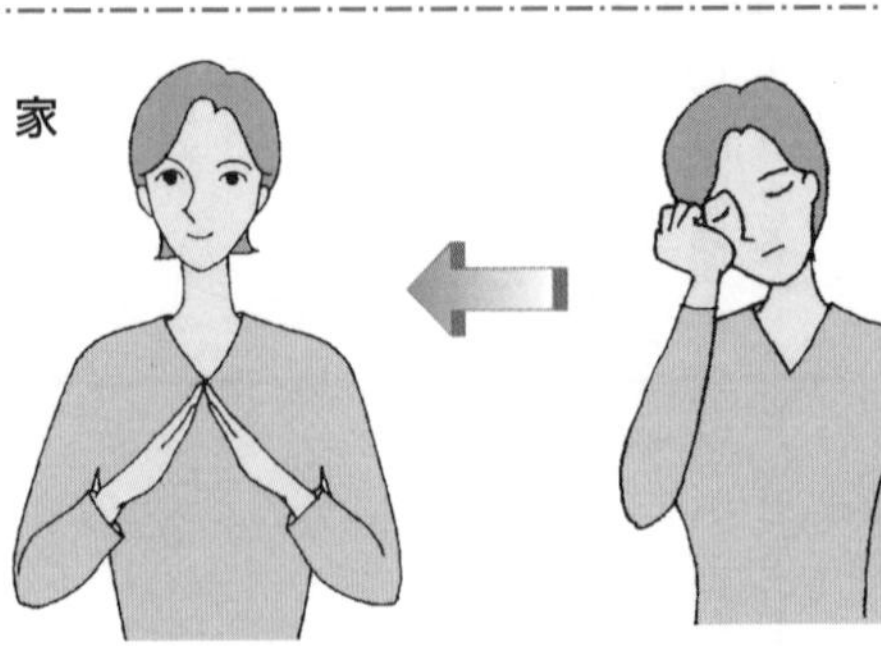

《表現》①頭の横に右手握りこぶしをやや離して構え、こぶしに頭の横をつける⇓「寝る」の手話、②左右から斜めに立てた両手の指先を合わせる⇓「家」の手話。
《語源》「寝る」と「家」で。
《参考》②は「家」の手話をそのまま前に出す⇓「長屋」の手話でもよい。

やぶる（約束を）【破る】

《表現》 絡ませた両手の小指⇩**「約束」の手話**を勢いよく離す。

《語源》「約束」の手話を切り離す動作で表現したもの。

《例文》 約束を破って来ない＝「来る」＋「約束」＋「破る」。婚約破棄＝「結婚」＋「約束」＋「破る」。

《参考》「紙を破る」場合は、両手で紙の端を持ち破る動作。

やま【山】

《表現》 手のひらを下に向けややわん曲させた右手を、山型に左から右へ動かす。

《語源》 山の形状を表したもの。

《例文》 山の頂上＝「山」＋山を描いた頂点を指さす。

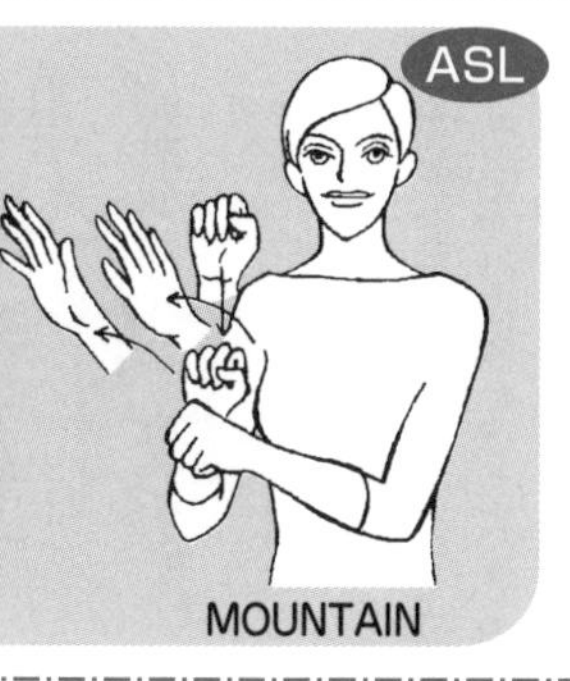

両手を握り、利き手を反対の手に一度当ててから、両手を同時に上げながら指先を伸ばして山を描く。

やまがた【山形】

《表現》 左手親指と人差し指でつくった輪の先に、右手人差し指の先をつける⇩**「さくらんぼ」の手話**。

《語源》 山形の名産はサクランボであることから、「さくらんぼ」の手話で表す。左手の輪はサクランボの実。右手は実をつなぐ枝。

《参考》 左手は、親指と4指で輪をつくってもよい。

やまぐち【山口】

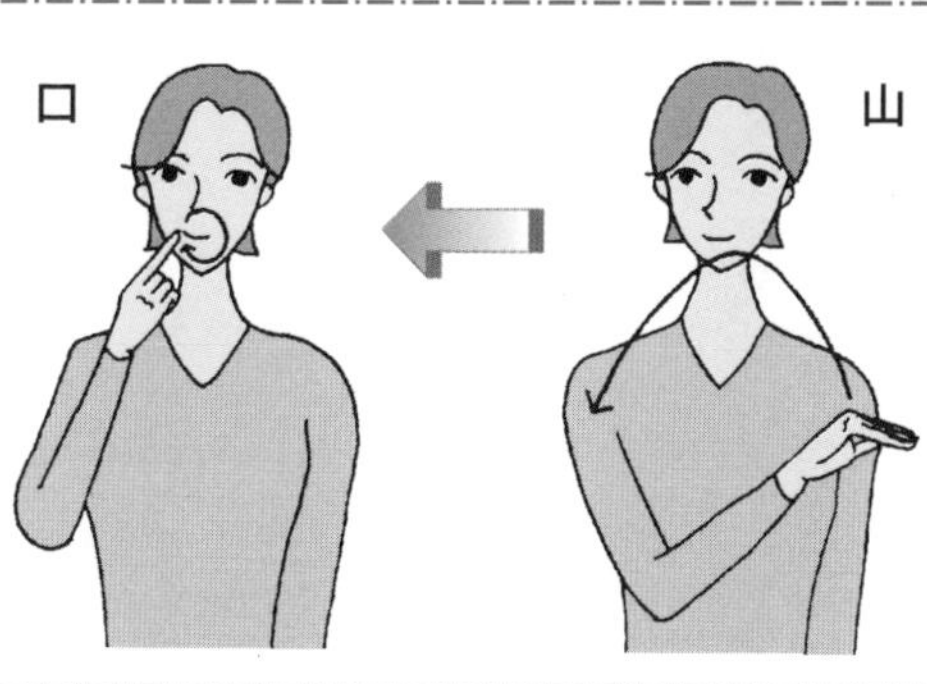

《表現》 ①手のひらを下に向けややわん曲させた右手を、山型に左から右へ動かす⇩**「山」の手話**、②右手人差し指で口を指し、円を描く⇩**「口」の手話**。

《語源》「山」と「口」で。

《例文》 山口さん＝「山口」＋「男」あるいは「女」。

やまなし【山梨】

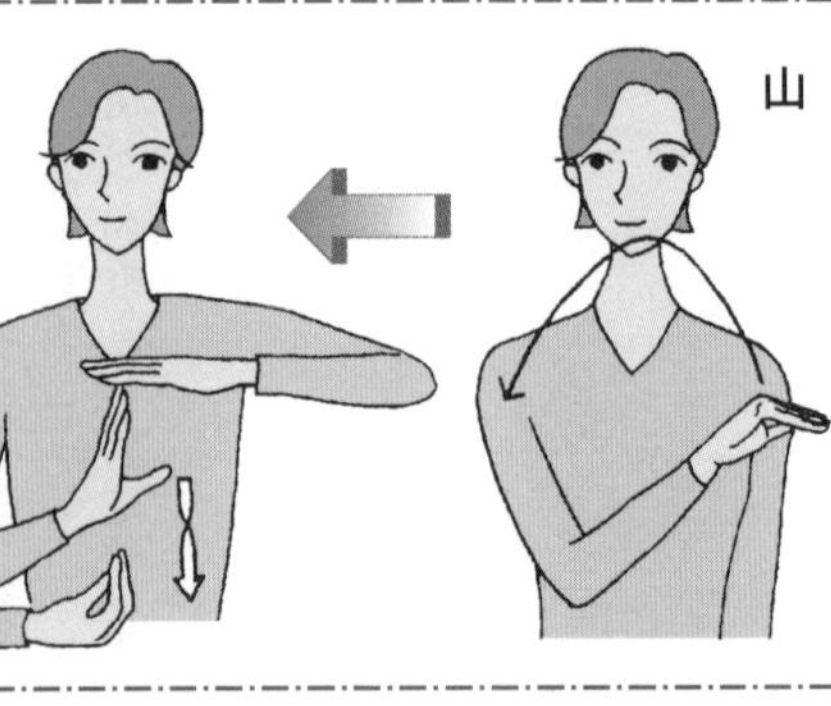

《表現》①手のひらを下に向けややわん曲させた右手を、山型に左から右へ動かす⇓「山」の手話、②下に向けた左手のひらに、親指と4指を開いて伸ばした右手の指先をつけ、右手をねじりながら下げて指を閉じる⇓「ぶどう」の手話。

《語源》「山」と山梨県名産の「ぶどう」で表す。

やめる【止める】

《表現》上に向けた左手のひらに、指先を前に向け伸ばして立てた右手の小指側を真上から当てる。

《語源》手のひらを切るしぐさで、打ち切りを表す。

《同意》とめる・中止・停止・ストップ

《例文》埋め立て工事を止める＝「埋め立て」＋「止める」。禁煙＝「たばこ」＋「止める」。急いで食べないで＝早い動作で「食べる」＋「止める」。悪事はやめろ！＝「悪い」＋怒り表情で「止める」。交際を断つ＝「関係」＋「止める」。外交を断つ＝「外交」＋「止める」。痛み止め＝「痛い」＋「とめる」。水がとまる＝「水」＋「とめる」。

やめる【辞める】

《表現》左手のひらに、5指の先をつけすぼめた右手の指先を乗せ手前に下ろす。

《語源》手のひらにいた者が外に抜けるようす。

《例文》学校を辞める＝「学校」＋「辞める」。

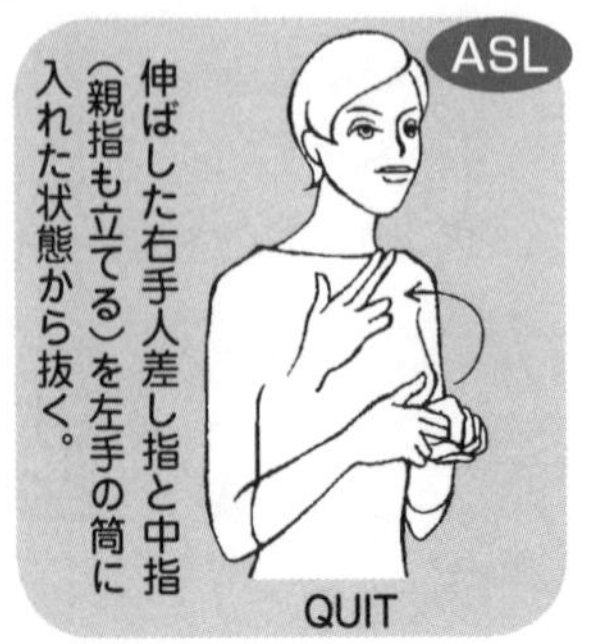

伸ばした右手人差し指と中指（親指も立てる）を左手の筒に入れた状態から抜く。

ややこしい

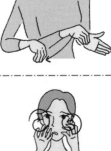

《表現》わん曲させた両手の指先を手前に向け、目の前で半周ずらして回す。

《語源》目が回って混乱するようす。

《同意》わずらわしい

《応用》両手を上下に向かい合わせ、水平に混ぜるように半周ずらして回すと「混乱」の手話。なお、「頭が混乱している」という場合は「ややこしい」でもよい。

《例文》ややこしい話＝「ややこしい」＋「説明」。ややこしい道＝「ややこしい」＋「道（道路）」。

やりなおし【やり直し】

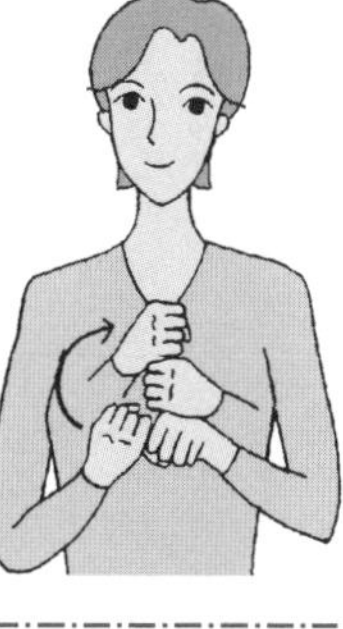

《**表現**》両手握りこぶしを上下に重ねて倒しておき（右手の小指側と左手の親指側をつける）、そのまま胸の中央に立てる。
《**語源**》倒れた棒を立て直す表現で伝える。
《**同形**》回復・もう一度・再生・修理・元に戻る・確立・新しく打ち立てる・更生・立ち直る・復帰・直る・治る・再び
《**例文**》リハビリ＝指文字「リ」＋「やり直し」。一からやり直し＝「初めて」＋「～から」＋「やり直し」。もう一度受験する＝「もう一度」＋「試験」＋「受ける」。パソコンを修理する＝「パソコン」＋「修理」。

やわらかい【柔らかい】

《**表現**》両手の親指と4指の先を左右から向かい合わせ（4指側上）、もむように指を近づけたり離したりする。

《**語源**》指の動きからフワフワする感じを表現したもの。

《**同形**》ソフト
《**別形**》親指と4指でU字型をつくった両手の指先を向かい合わせて体の前で構え、もむように指を動かしながら左右へ離していく。

《**例文**》やわらかいお菓子＝「やわらかい」＋「お菓子」。柔軟な思考＝「考える」＋「やわらかい」。

《**参考**》両手の指先を交互に開いたり閉じたりすると「ねばねばした」の手話になるので注意。

ゆ

甲を前に向け３指を伸ばす。

「温泉」の手話の一部

ゆうえんち【遊園地】

遊ぶ　場所

《**表現**》①両手の人差し指を顔の横で交互に前後に動かす⇒**「遊ぶ」の手話**、②手のひらを下に向けわん曲させた右手を軽く下ろす⇒**「場所」の手話**。

《**語源**》「遊び」＋「場」で。

や・ゆ

ゆうがた【夕方】

《**表現**》甲を上に向け伸ばした左手の手前で、親指と人差し指で円をつくった右手（ほかの3指は握る）を下ろしていく。

《**語源**》左手は地平線、右手は太陽を表し、太陽が沈む時を伝える。

《**同意**》太陽が沈む・夕日

《**応用**》左手の小指側で右手を上げていくと「早朝」「明け方」「太陽が昇る」「朝日」の手話になる。

《**別形**》「夜」の手話を両手を交差する寸前で止める。夜になりきらないが、暗くなってくるようす。または、軽くすぼめた右手の指先を上に向け顔の右横で構え（甲右向き）、手を前に倒しながら指を伸ばして開く。

ゆうき【勇気】

《**表現**》親指と人差し指を離して伸ばした両手をおなかの中央で向かい合わせて、左右に開く。

《**語源**》両手を左右に広げるのは「大きい」の表現。これをおなかで行うことで、腹が太い、勇気があることを伝える。

《**同形**》太っ腹・度胸・寛大

《**例文**》勇気ある行動＝「勇気」＋「行動（活動）」。勇敢な人＝「勇気」＋「人」。男は度胸＝「男」＋「度胸」。

ゆうびん【郵便】

《**表現**》甲を前に向け人差し指と中指を伸ばした左手を横にし、立てた右手人差し指の先に乗せる。

《**語源**》〒マークを表したもの。

《**同意**》手紙

《**応用**》「郵便」の手話をそのまま前に出すと「郵便（手紙）を出す」の手話になる。

《**例文**》郵便番号＝「郵便」＋「数」。はがき＝「郵便」＋「紙」。速達＝「早い」＋「郵便」を前に出す、あるいは「赤」＋横に伸ばした右手の小指側を、横に伸ばした左手のひらに当てる動作をする（赤い判を押すようす）。

ゆうびんきょく【郵便局】

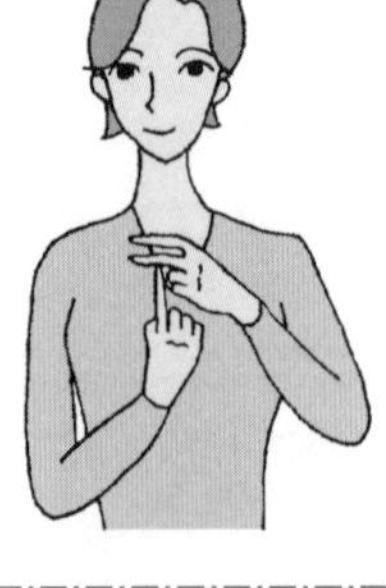

郵便

局

《**表現**》①人差し指と中指を伸ばした左手を横にし、立てた右手人差し指の先に乗せる⇒**「郵便」の手話**、②左手親指と4指でつくった輪の横に右手人差し指で亅を空書する⇒**「局」の手話**。

《**語源**》「郵便」と「局」で。

《**参考**》②は「場所」でもよい。

ゆうびんばんごう【郵便番号】

《表現》①人差し指と中指を伸ばした左手を横にし、立てた右手人差し指の先に乗せる⇩**「郵便」の手話**、②右手の指を親指から順に折っていく⇩**「いくつ（数）」の手話**。

《語源》「郵便」と「いくつ（数）」で。

《参考》②は「数」の手話でもよい。

ゆうめい【有名】

《表現》前に向けた左手のひらに右手人差し指の先を当て、そのまま両手を上げていく。

《語源》前に向けた左手のひらに親指を当てると「名前」の変形。上にあげることで「名が上がる」ことを表す。

《応用》前に出すと「表す」の手話になる。

《例文》有名人＝「有名」＋「人」。有名な画家＝「有名」＋「絵」＋「男」あるいは「女」。有名店＝「有名」＋「店」。

ゆき【雪】

《表現》親指と人差し指で輪をつくった両手を左右で構え、揺らしながら交互に下ろしていく。

《語源》雪が舞うようすから。

《例文》初雪＝「初めて」＋「雪」。雪景色＝「雪」＋「景色」。雪山＝「雪」＋「山」。

《別形》右手人差し指で歯を指し歯に沿って右から左へ動かす⇩**「白」の手話**に続けて同様の動作を行う。

ゆけつ【輸血】

《表現》握って甲を下に向け前に出した左腕に沿って、右手小指の先で刺すように上げていく。

《語源》右手小指が注射針を表し、身体に入れていくを表現したもの。

《参考》「献血」は「血液」＋「与える」で伝える。

ゆしゅつ【輸出】

《表現》指先を前に向け手のひらをややくぼませた両手を並べ、左手はそのまま、右手を前へ出す。

《語源》船が出港するようす。

《応用》左手はそのまま右手の指先を手前に向け、前から手前に寄せると「輸入」の手話になる。

《例文》精密機械の輸出＝「細かい」＋「機械」＋「輸出」。

《参考》左手を岸に見立て、手のひらをくぼませずに行う場合もある。

ユニバーサル・スタジオ・ジャパン【U・S・J】

《表現》左手握りこぶしの周りで、人差し指と中指を立てた右手を左斜め前から手前へと回す。
《語源》左手握りこぶしは指文字「s」。2指を立てた右手は指文字「u」。スタジオの頭文字「s」に、ユニバーサルの頭文字「u」を回して表現。
《例文》ユニバーサル・スタジオ・ジャパンに行きたい＝「ユニバーサル・スタジオ・ジャパン」＋「行く」＋「～したい」。

ゆびもじ【指文字】

《表現》右手のひらを前に向け、5指を軽く曲げたり伸ばしたりしながら下げていく。
《語源》指文字を示すときの指の動きを、おおまかに表現したもの。
《例文》指文字を勉強＝「指文字」＋「勉強（学校）」。

ゆみや【弓矢】

《表現》両手で弓を射る動作をする。
《語源》弓を射るようすから。
《同意》弓・矢・弓道
《例文》弓道の試合＝「弓道」＋「試合」。

ゆめ【夢】

《**表現**》指を開きややわん曲させた右手を（指先斜め上向き）、こめかみのあたりから斜め前上へ揺らしながら上げていく。

《**語源**》頭からさまざまな想像が浮かぶようすを表現。

《**同形**》想像
《**例文**》昨晩の夢＝「昨日」＋「夜」＋「夢」。将来の夢＝「将来」＋「夢」。

《**参考**》「夢」の手話は、「眠って見る夢」のほか、実現できていない「将来の夢」の意味でも使う。

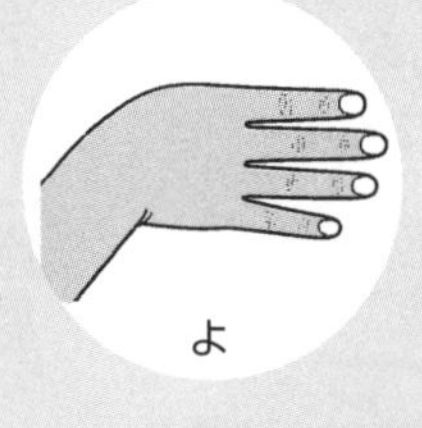

4指をやや離して伸ばし横に向ける。
「4」と同じ。

よい【良い】

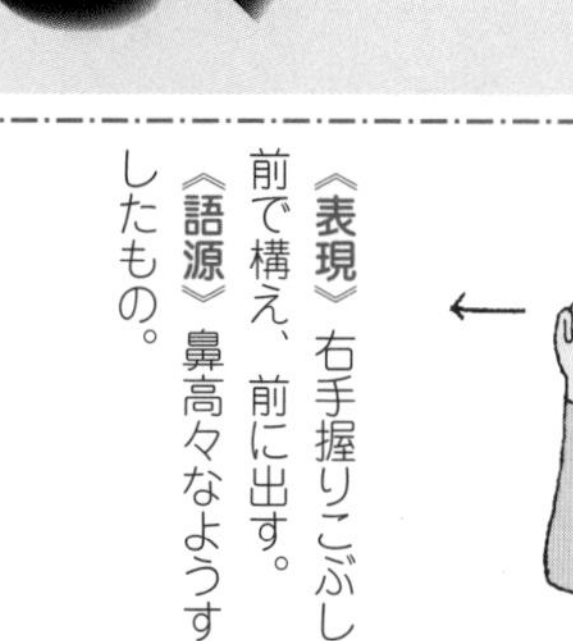

《**表現**》右手握りこぶしを鼻の前で構え、前に出す。
《**語源**》鼻高々なようすを表現したもの。

広げた手をあごにあて、少し前に出す。

《**応用**》握りこぶしを鼻の前から斜め前に上げると「素晴らしい」の手話になる。

《**例文**》善悪の判断＝「良い」＋「悪い」＋「判断」。改善＝「良い」＋「変わる」。良いアイデア＝「アイデア」＋「良い」。よろしくお願いします＝「良い」＋「お願い（頼む）」。良いマナー＝「エチケット」＋「良い」。好機到来＝「良い」＋「機会」＋「来る」。

《**参考**》「良いね」「よろしい」を相手に直接伝える場合には、親指と人差し指で輪をつくりそのほか3指を立てた「ＯＫ」でもよい。なお、「悪い」の手話は人差し指を鼻先で倒す。

ゆ・よ

よう【酔う】

《**表現**》両手の人差し指の先を両目に向けて半周ずらして回す。

《**語源**》目が回る表現。

《**同形**》めまい
《**例文**》酒に酔う＝「酒」＋「酔う」。船酔い＝左右、あるいは前後に揺らしながら「船」＋「酔う」。

《**参考**》この手話は、悪い意味の「酔う」であり、美しさに酔うなどの良い意味で使うことはない。

ようい【用意】

《**表現**》人差し指と中指を伸ばした両手を平行に構え、左から右にそのまま移動させる。
《**語源**》物を片付けたり、運んだりするようすを表し、用意していることを示す。
《**同形**》準備・片付ける・整理
《**別形**》5指を伸ばして立てた両手で同じ動作をしてもよい。また、左から右へ区切るように山型に動かしてもよいb。

ようが（映画）【洋画】

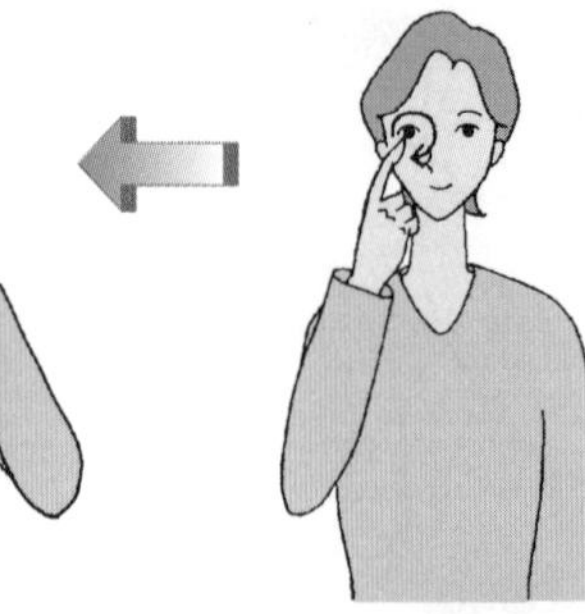

《**表現**》①右手人差し指の先を目に向けて回す⇩**「外国」の手話**、②手のひらを手前に向けて指をやや開いて伸ばした両手を交互に上下に動かす⇩**「映画」の手話**。
《**語源**》「外国」と「映画」で。
《**参考**》絵画の洋画の場合は「外国」＋「絵」で表す。

ようぎしゃ【容疑者】

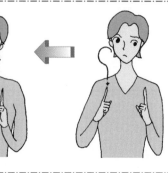

《**表現**》①立てた左手人差し指を見ながら右手人差し指で？マークを空書し、②右手人差し指で左手人差し指をさす。
《**語源**》左手人差し指は人。？で疑いを示し、その人を指す。
《**例文**》盗みの容疑者＝「盗む」＋「容疑者」。

よ

ようし【養子】

《表現》斜めに立てた左手の下に向けて、親指を立てた右手を前から引き寄せて入れる。

《語源》斜めに立てた左手は「家」の手話の左手、立てた親指で家に迎え入れることを表す。

《例文》子供を養子にもらう＝「子供」＋「養子」。

《参考》養女の場合、小指を立てた「女」の手話で行うこともある。

ようじ【用事】

《表現》指をそろえた両手を前から手前に引き寄せ、両手の指先を胸に当てる。

《語源》自分に必要なものとして引き寄せる動作で表す。

《同形》必要・～しなければならない
《例文》会社の用事＝「会社」＋「用事」。急用＝「用事」＋「突然b」あるいは「突然b」＋「用事」あるいは「すぐ」＋「用事」。やぼ用＝「つまらない」＋「用事」。東京に用があって行く＝「東京」＋「行く」＋「用事」。勉強しなければならない＝「勉強（学校）」＋「～しなければならない」。

《参考》指先を胸に当てずに引き寄せるだけでもよい。

ようせい【養成】

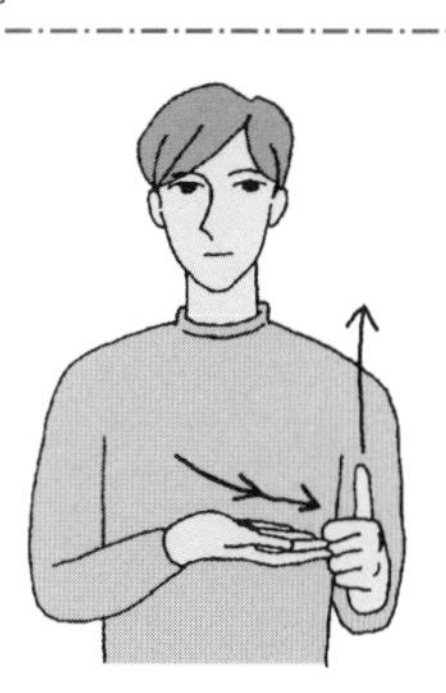

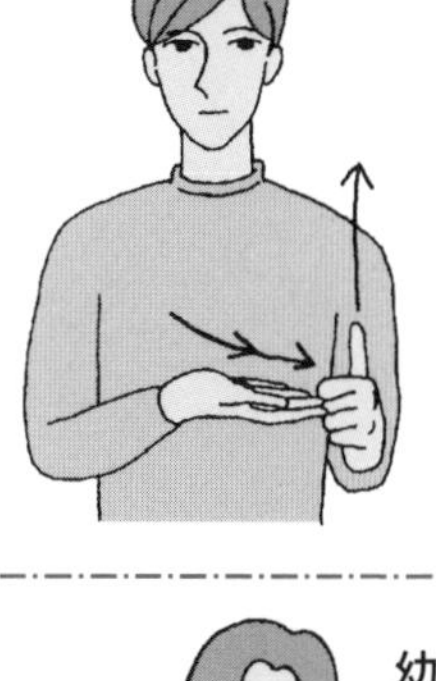

《表現》立てた左手親指の付け根あたりに、手のひらを上に向けた右手の指先を軽く当てながら、両手を一緒に上げていく。

《語源》立てた左手親指は人。これに右手で与えることで成長していくようす。

《同形》養う・育てる・扶養
《例文》選手を養成＝「選手」＋「養成」。子供を養う＝「子供」＋「養う」。扶養家族＝「家族」＋「扶養」。

《参考》親指を立てた左手の小指側を右手で叩きながら左手を上げていくと「煽（おだ）てる」の手話になるので注意。

ようちえん【幼稚園】

幼稚園

場所

《表現》①両手のひらを、身体の左右で上下入れ替えながら合わせる⇒**「幼稚園」の手話**、②手のひらを下に向けわん曲させた右手を軽く下ろす⇒**「場所」の手話**。

《語源》①は幼児たちのお遊戯を表す動作。

《応用》握りこぶしで行うと「おもちゃ」の手話。

《参考》②の「場所」は省略する場合もある。

よ

ようび【曜日】

《表現》親指、人差し指、中指を伸ばした右手⇩**数詞「7」**を、手首をひねるように振りながら、左から右へ移動させる。

《語源》1週間の日数「7」と、それが過ぎ行く表現。

《参考》親指と人差し指を伸ばした右手で行うと「いろいろ」の手話になるので注意。

ようやく【要約】

《表現》手のひらを下に向け左右に構えた両手を、中央に寄せながら握り、上下に並べて上へあげる。

《語源》左右にあるいくつかのものが、中心で1つにまとまる表現。

《同意》まとまる・まとめる

《例文》話を要約する＝「説明」＋「要約」。考えがまとまる＝「考える」＋「まとまる」。意見をまとめる＝「意見」＋「まとめる」。総務省＝「要約」＋「省」。

ヨーグルト【yoghurt】

《表現》中指だけやや出して握った右手を口に沿って小さく回す。

《応用》カギ型に曲げた人差し指（ほかの4指は握る）の曲げた部分が口元にくるように構えると「ミルク」の手話になる。

《例文》フルーツヨーグルト＝「果物」＋「ヨーグルト」。

ヨーロッパ【Europe】

《表現》親指と4指をカギ型に曲げた右手⇩**指文字「e」**を右へ回す。

《語源》頭文字「E」を示して表現。東西に広がるアジアに対して、一定の周囲にあることから円を描く。

《例文》ヨーロッパ文化＝「ヨーロッパ」＋「文化」。

よきん【預金】

銀行

貯金

《**表現**》①親指と人差し指で輪をつくった両手を左右に構え、同時に2回ほど上下に動かす⇒**「銀行」の手話**、②上に向けた左手のひらに右手握りこぶしの小指側を2回ほど当てる⇒**「貯金」の手話**。

《**語源**》「銀行」と「貯金」で。

《**参考**》「貯金」は別の表現あり（**「貯金」参照**）。

よこづな【横綱】

《**表現**》おなかの前で、指先を伸ばしややわん曲させた両手を向かい合わせて構え、両手同時にねじりながら左右に離していく（ねじる方向は逆に）。

《**語源**》横綱のつける太い横綱を表したもの。

《**例文**》強い横綱＝「強い」＋「横綱」。東の横綱＝「東」＋「横綱」。横綱相撲＝「横綱」＋「相撲」。

よこはま【横浜】

《**表現**》立てた右手人差し指と中指の、人差し指の側面で、ほほをなでるようにあごに向けて2回動かす。
《**語源**》ナイフでひげを剃るようすで、横浜に日本で初めて西洋式の理髪店ができたことからと言う説がある。
《**例文**》横浜港＝「横浜」＋「港」。

よそう【予想】

《**表現**》指を軽く開き伸ばした右手（手のひらは下向き）をこめかみから揺らしながら斜め前上に出していく。

《**語源**》前に出すことで将来を、頭から出していくことで考えを表現する。

《**同形**》希望・望み
《**応用**》右あるいはやや後方に動かすと過去を伝える「なつかしい」の手話になる。

《**例文**》景気を予想＝「景気」＋「予想」。競馬の予想＝「競馬」＋「予想」。私の予想＝「私」＋「予想」。

《**参考**》指をひらひらと動かしてもよい。

ヨット【yacht】

《**表現**》指をそろえて伸ばし手のひらを上に向けた左手の小指側に、指先を上に向けそろえて伸ばした右手首あたりをつけ、両手を前に出していく。

《**語源**》右手をマストに左手を艇体に見立てヨットの形を表したもの。

《**例文**》ヨットレース＝「ヨット」＋「競争」。

よてい【予定】

《**表現**》右手握りこぶしを鼻の前で構え、手首から先を2回軽く振る。
《**語源**》予の旧漢字の豫(よ)からの表現で、旁(つくり)の象の鼻を表現して伝えるもの。
《**同意**》予
《**同形**》衆議院などの「衆」
《**参考**》同形の「衆」は、衆の字が象の字に似ていることからのもの。

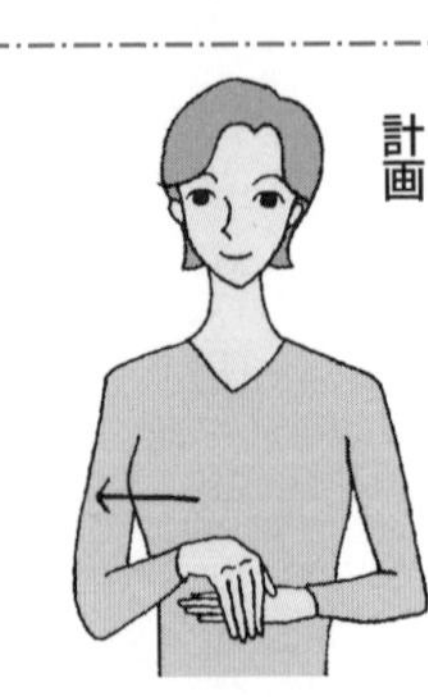

計画

《**別形**》指先を右に手のひらを下に向けた左手の小指側に沿って、伸ばした右手の指先で線を引くように動かす。計画表を作成するようす。右手は、5指でも人差し指1本だけでもよい⇓
「計画」の手話。
《**例文**》明日の予定＝「明日」＋「予定」あるいは「計画」。国家予算＝「国」＋「予定」＋「計算」。衆議院＝「予定」＋「評議」＋「場所」。

よのなか【世の中】

《**表現**》手のひらを手前に向け親指と小指を立てた両手を前で並べ、水平に円を描きながら手前に動かし手のひらを前に向けて再び並べる。
《**語源**》親指と小指を立てた手は「人々」を示し、円を描くことで「集団」を表す。
《**同意**》社会・世間
《**例文**》厳しい世の中＝「厳しい」＋「世の中」。社会常識＝「社会」＋「モラル（エチケット）」。社会人＝「社会」＋「人」。社会貢献＝「社会」＋「捧げる」。世間一般＝「社会」＋「普通」。社会変革＝「社会」＋「変わる」。バリアフリーの社会＝「バリアフリー」＋「社会」。

よび【予備】

《表現》親指を立てた両手を並べ、右手を右に小さく弧を描きながら下げ、左手の付け根あたりに右手親指の先をつける。

《語源》右手が左手に対して第2の位置・地位を示す表現。

《同意》付属・ナンバー2・スペア
《例文》予備費＝「予備」＋「お金（金）」。二次志望＝「予備」＋「希望」。

《参考》「予備」に限らず、時と場所によってさまざまな場面で使われる。例えば、社長に対する「副社長」、校長に対する「教頭」、酒の「つまみ」など、第2およびナンバー2を伝える。文脈によって判断する表現。

よびひ【予備費】

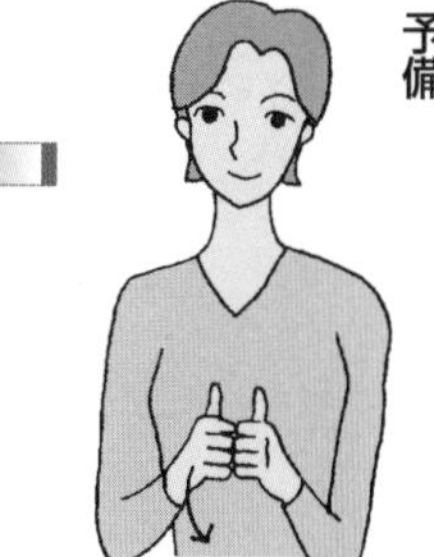

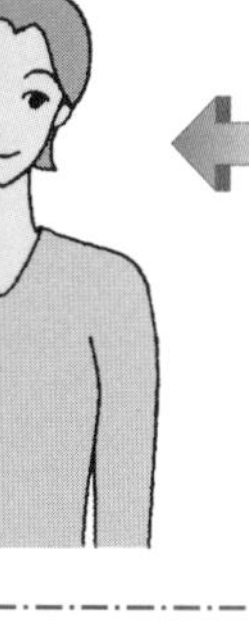

《表現》①親指を立てた両手を並べ、右手を右に小さく弧を描きながら下げ、左手の付け根あたりに右手親指の先をつける⇓**「予備」の手話**、②右手親指と人差し指で輪をつくり小さく振る⇓**「お金」「金」の手話。**
《語源》「予備」と「お金」で。

よぶ【呼ぶ】

《表現》親指を立てて前に出した左手を、右手で手招きしながら両手同時に手前へ引く。

《語源》手招きをして人を呼び寄せるようす。

《同形》誘う
《別形》頭の高さで、右手で手招きする。

《例文》家に呼ぶ＝「自宅」＋「呼ぶ」。弟を呼ぶ＝「弟」＋「呼ぶ」。

《参考》特に限定して「女性を呼ぶ」場合には、左手を小指を立てた「女」の手話で行ってもよい。また、「名前を呼ぶ」場合は「名前」＋「言う」で表現。

よみとる【読み取る】

《表現》指先を前に向けて親指と4指を離して伸ばした右手を、前から目に向けて引きながらすぼめて指先をつける（2～3回）。

《語源》離した手を目に向けてすぼめることで、得たものを目に入れていくという表現。

《例文》指文字を読み取る＝「指文字」＋「読み取る」。

《参考》指をやや曲げた右手を同じように引くと「見習う」の手話になるので注意。

よむ【読む】

《表現》本を読むように手前に向けた左手のひらに、伸ばした右手人差し指と中指の先を向け上から下に数回動かす。
《語源》左手は本を、右手人差し指と中指は視線を表し、本に目を走らせているようす。
《応用》2指を左右に動かすと、英文など横書きの本を読んでいることを伝えることができる。
《例文》新聞を読む＝「新聞」＋「読む」。

よる【夜】

《表現》手のひらを前に向けた両手を、左右から中央へ動かし顔の前で交差させる（顔を隠すように）。
《語源》暗くなって見えなくなることから。

利き手を指文字「こ」にし、反対の手の甲に利き手の手首を2回当てる。

《同形》暗い
《応用》逆の動作、顔の前で交差させた両手を左右に開くと「明るい」「昼間」の手話になる。
《例文》夜8時＝「夜」＋「時間」＋数詞「8」。こんばんは＝「夜」＋「あいさつ」。月夜＝「月」＋「夜」。部屋が暗い＝「部屋」＋「暗い」。暗くて見えない＝「暗い」＋「見えない」。暗い顔＝「顔」＋「暗い」。暗い色＝「暗い」＋「色」。
《参考》「こんばんは」とあいさつする場合は、この手話のあとに、おじぎしてもよい。

よろん【世論】

《表現》両手の人差し指の先をこめかみに当て、手前から前へ円を描きながら動かす（指先上向き）。
《語源》人差し指をこめかみに当てるのは「思う」の手話、指先を当てたままねじ込むように小さく動かすと「考える」の手話になる。それを両手で示し、円を描くことで世の中を表し、世の中の考えを示すもの。
《例文》世論調査＝「世論」＋「調べる」。世論の力＝「世論」＋「力」。

ら

2指を伸ばし重ねる。人差し指は中指の腹側につく。「r」と同じ。

ラーメン【老麺】

《表現》人差し指と中指を伸ばし重ねた右手（人差し指が中指の腹側）⇒**指文字の「ら」**を口元へ数回運ぶ。

《語源》「食べる」を頭文字の「ら」で表現したもの。

《応用》親指を伸ばした右手で行うと「うどん」の手話になる。

《例文》博多ラーメン＝「博多（福岡）」＋「ラーメン」。みそラーメン＝「みそ」＋「ラーメン」。

《参考》お椀を持つように構えた左手から、同様の動作を行ってもよい。

ライオン【lion】

《表現》5指を開いて曲げた両手を頭の横に構え、左右に揺らしながら下ろしていく。

《語源》雄ライオンのたてがみを表現したもの。

《例文》アフリカライオン＝「アフリカ」＋「ライオン」。

らいしゅう【来週】

《表現》親指、人差し指、中指を伸ばした右手⇒**数詞「7」**を、顔の横から弧を描くように前へ出す。

《語源》自分の位置を現在として、前は未来を示し、7日未来ということで「来週」の手話になる。

《応用》数詞「7」を肩越しに弧を描くように後ろへ動かすと「先週」の手話になる。

《例文》来週の土曜日＝「来週」＋「土曜日」。

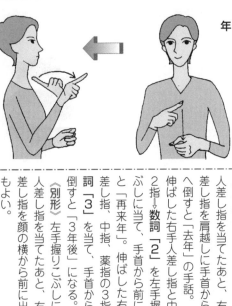

らいねん【来年】

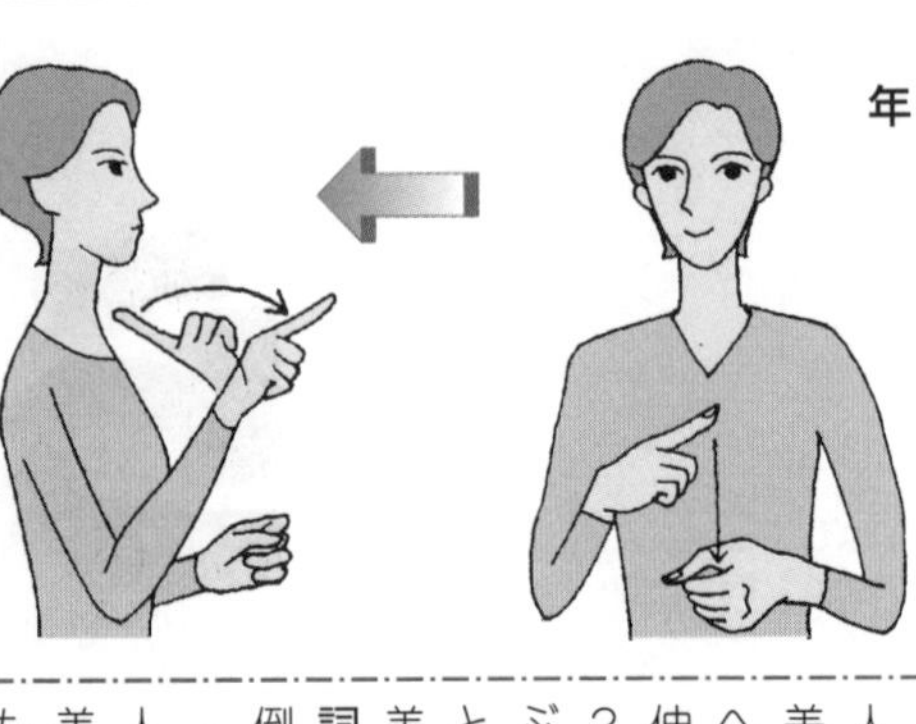

《**表現**》①おなかの前で立てた左手握りこぶしの親指側に、右手人差し指を当て⇓**「年」の手話**、②左手はそのまま、立てた右手人差し指を手首から前に倒す。

《**語源**》「年」の手話に、「明日b」の手話の人差し指を組み合わせた表現。

《**応用**》左手握りこぶしに右手人差し指を当てたあと、右手人差し指を肩越しに手首から後ろへ倒すと「去年」の手話。また、伸ばした右手人差し指と中指の2指⇓**数詞「2」**を左手握りこぶしに当て、手首から前に倒すと「再来年」。伸ばした右手人差し指、中指、薬指の3指⇓**数詞「3」**を当て、手首から前に倒すと「3年後」になる。

《**別形**》左手握りこぶしに右手人差し指を当てたあと、右手人差し指を顔の横から前に出してもよい。

《**例文**》来年の予想＝「来年」＋「予想」。来年で20歳＝「来年」＋「年齢」＋数詞「20」。来年度＝「来年」＋左手握りこぶしを残したまま、右手で指文字「ど」。

《**参考**》右手の数詞を変えることで「○○年後」を伝えることができる。

ライバル【rival】

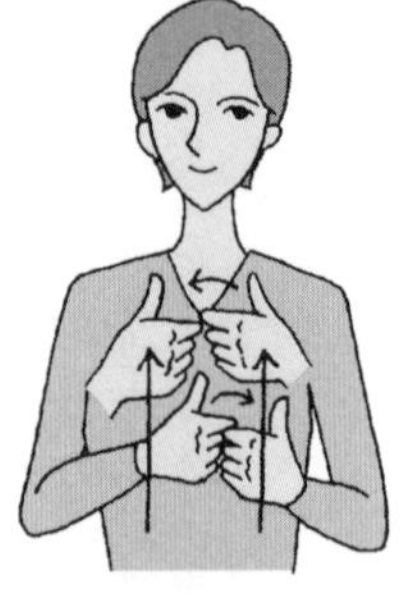

《**表現**》親指を立てた両手を指の背側で合わせ、左右の手を交互に押し倒しながら上げていく(2～3回)。

《**語源**》親指は人の力を表し、それがぶつかり合いながら、お互い上昇していくことを表現したもの。

《**別形**》同じ手の形で親指の腹を向かい合わせた両手を身体の右で構え、交互に上下に動かしながら上げていく。競い合って成長していくことを表現。

《**例文**》ライバル意識を出す＝「思う」＋「ライバル」＋「表す」。

らくがき【落書き】

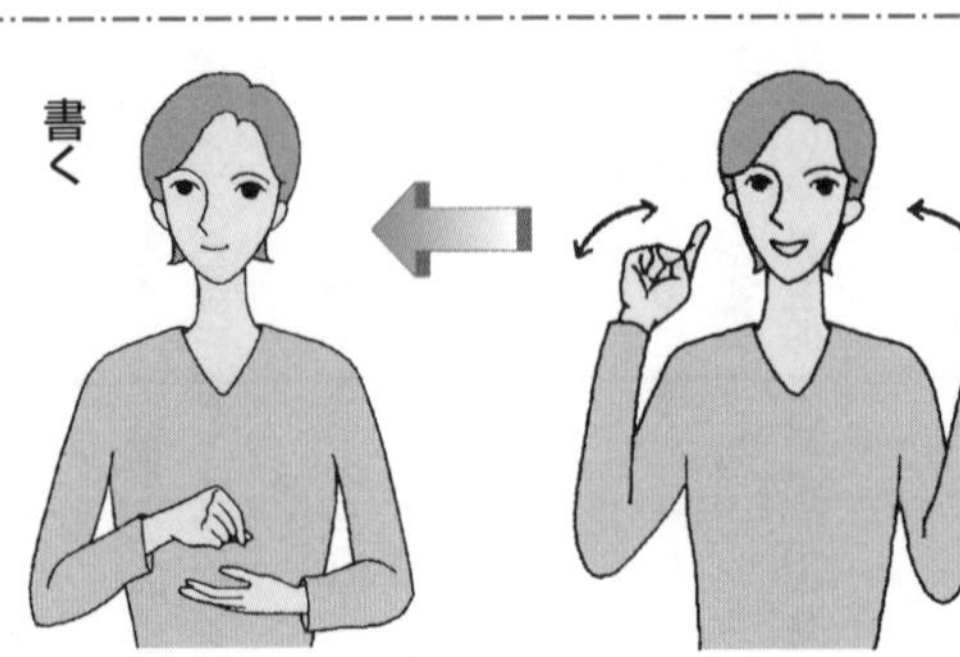

《**表現**》①両手の人差し指を顔の横で前後に動かす⇓**「遊ぶ」の手話**、②紙に見立てた左手のひらに、ペンで書くように右手を動かす⇓**「書く」の手話**。

《**語源**》「遊ぶ」と「書く」で。

《**参考**》②は右手の指先を前に向け、空中に書いてもよい。壁に書くようす。

ら

らくご【落語】

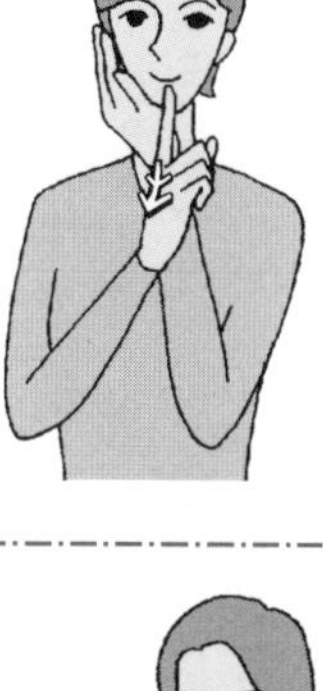

《表現》指をそろえて伸ばし手のひらをややくぼませた左手のひらを右ほほに向け構え、右手人差し指を口元に立て前に2回出す。

《語源》人差し指を口元から前に出すのは「言う」「話す」の手話。これに左手で「笑う」の手話の変形を加えて伝えるもの。

《別形》左手は同じ形で、人差し指と中指を伸ばした右手を、胸の前で斜め前下に2回振る（指先前向き）。扇子を振るようす。

《例文》落語家＝「落語」＋「男」あるいは「女」。おもしろい落語＝「おもしろい」＋「落語」。

らくだ【駱駝】

《表現》握って前に出した左腕に、すぼめた右手を2回当てる。

《語源》握った左手はらくだの顔で、右手で2つの瘤を描いたもの。

《例文》らくだが砂漠を進む＝「らくだ」＋「砂漠」＋「行く」。

ラグビー【Rugby football】

《表現》①両手の親指と4指を向かい合わせて、だ円をつくり左右に離しながら指先を閉じていく⇒**「ラグビーボール」の手話**、②両手で右脇にラグビーボールを抱えるしぐさ⇒**「抱える」の手話**。

《参考》②の「抱える」は、両手を軽く上下に揺らし、走っているようすを伝えてもよい。

～らしい

《表現》人差し指と中指を伸ばした右手を上下に位置を変え、斜め下に振る。

《語源》確かでないという意味で「？」を空書していたのが単純化されたもの。2指を使うのは忍者の使う忍術を真似たもの（立てた両手の2指を上下に並べる形）といわれる。

《同形》～のように・～のようだ・～でしょう・だろう

《例文》兄も来るらしい＝「兄」＋「来る」＋「～らしい」。明日は晴れだろう＝「明日」＋「晴れ」＋「だろう」。できるでしょう＝「できる」＋「～でしょう」。

ラジオ【radio】

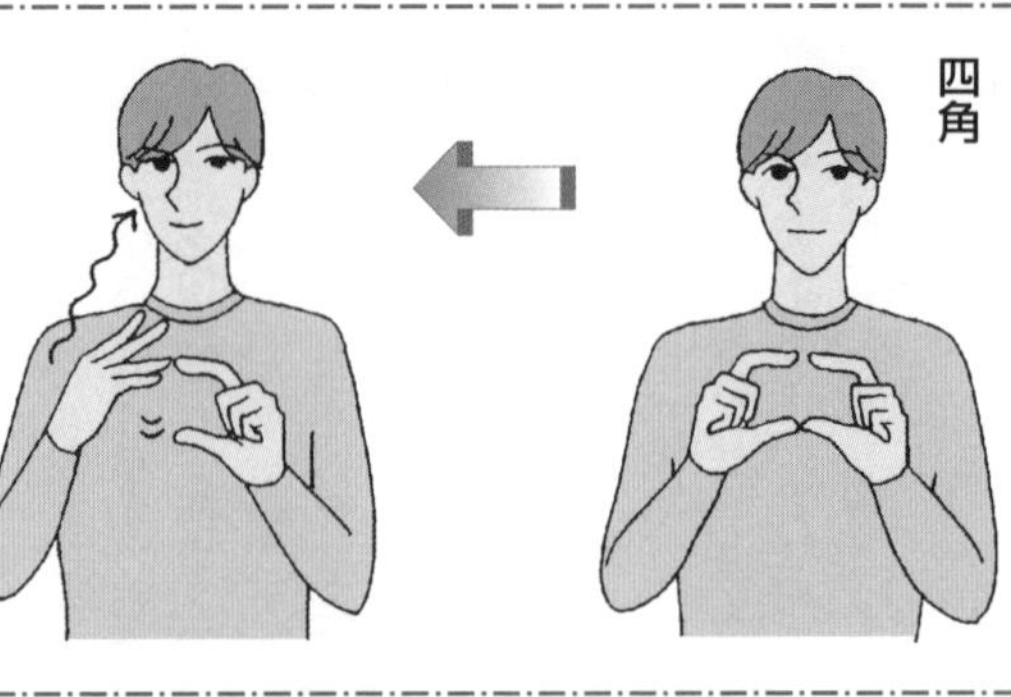

《表現》①親指と人差し指でコの字型をつくった両手を向かい合わせる⇓「**四角**」**の手話**、②左手はそのまま、右手5指を揺らしながら指先を耳の方向へ寄せていく。

《**語源**》四角いラジオの形から音が流れる表現。

《**参考**》①は親指と4指で行ってもよい。

ラッシュアワー【rush-hours】

《**表現**》①付け根から折った両手の4指の背を左右から合わせて水平に回す⇓「**満員**」**の手話**、②右に向けた左手のひらに、親指を伸ばし人差し指を立てた右手親指の先を当て、親指を軸に人差し指を前に倒す⇓「**時間c**」**の手話**。

《**別形**》②の「時間」は「時間a」あるいは「時間b」でもよい。

《**語源**》「満員」と「時間」で。

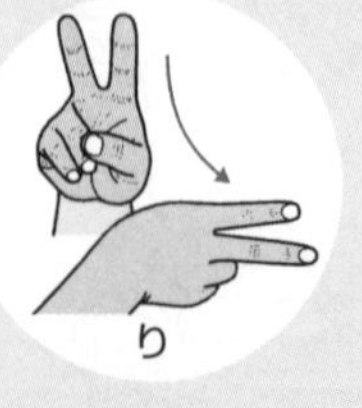

2指の先を斜め下に動かし、リを空書する。

りこん【離婚】

《**表現**》立てて並べた右手親指と左手小指を左右に離す。

《**語源**》「結婚」の逆動作。親指で示した「男」と小指で示した「女」が離れる表現。

《**応用**》立てた親指と小指を左右から中央へ寄せて、寄り添わせると「結婚」の手話。

《**例文**》離婚経験＝「離婚」＋「経験」。

両手の指文字「d」を向かい合わせ、開くように前に向ける。

リサイクル【recycle】

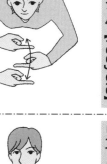

《**表現**》右に伸ばした左手人差し指の手前から、左に伸ばした右手人差し指を弧を描きながら前に出し、再び戻す。
《**語源**》外に出したものを再び元に戻して利用する表現。
《**例文**》新聞紙のリサイクル＝「新聞」＋「紙」＋「リサイクル」。リサイクル運動＝「リサイクル」＋「活動」。

リストラ【restructuring】

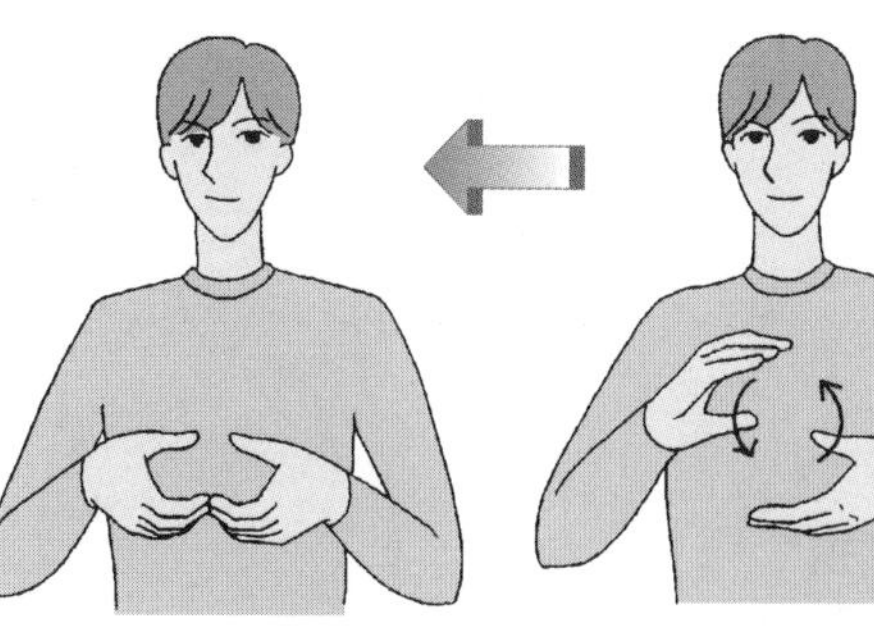
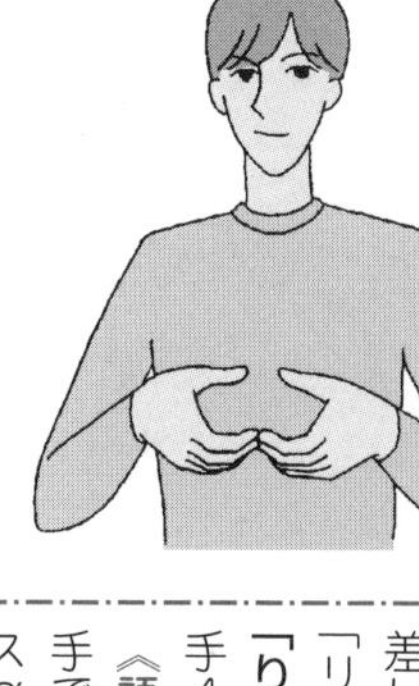

《**表現**》親指と4指で半円をつくった両手を、親指の先で向かい合わせ上下から半回転させて全指を向かい合わせる。
《**語源**》全体を絞り込んで再構築するという表現。
《**参考**》リストラとは、人員削減や組織再編を含む、事業内容の見直し（企業再構築）をいう。

りそく【利息】

《**表現**》親指と4指でコの字型をつくった左手4指の上に、人差し指と中指を伸ばした右手で「リ」の字を空書する⇒**指文字【り】**。書き終わりの2指が、左手4指の背に乗るように行う。
《**語源**》左手で分量を示し、右手で頭文字の「り」を表しプラスαを示したもの。
《**例文**》利率＝「利息」＋「率」。金利5％＝「利息」＋数詞「5」＋「％」。

りつ【率】

《**表現**》左手親指と人差し指でコの字型をつくり、その2指の間で右手人差し指を上下に動かす（両手の親指の先はつける。あるいは向かい合わせる）。

《**語源**》右手人差し指が左手2指で示した全体のうちの割合を表す。

《**同意**》確率・比率
《**応用**》指先を前に向けた左手2指のまん中から右手人差し指を右へ動かすと「平均」の手話。

《**例文**》合格率50％＝「合格」＋「率」＋数詞「50」＋「％」。高い成功率＝「成功」＋「率」＋「高い」。

リハーサル【rehearsal】

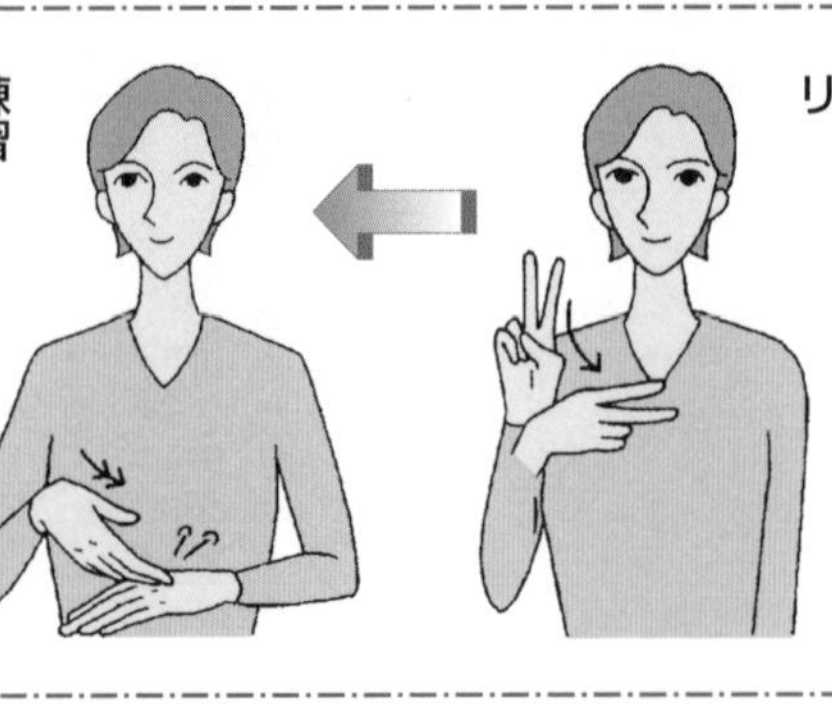

《**表現**》①人差し指と中指を伸ばした右手で「リ」の字を空書する⇒**指文字「り」**、②左手の甲に、指をそろえて伸ばした右手4指の先を2〜3回当てる⇒**「練習」の手話**。

《**語源**》「リ」と「練習」で。

《**同意**》予行演習

《**例文**》演劇のリハーサル＝「演劇」＋「リハーサル」。

リハビリ【rehabilitation】

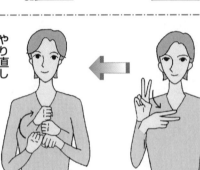

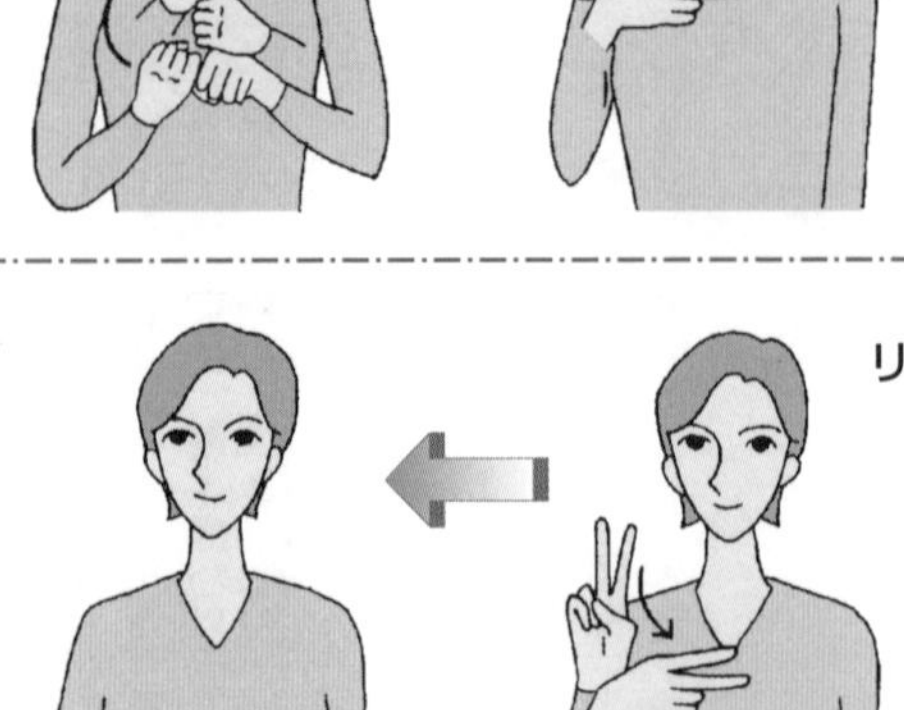

《**表現**》①人差し指と中指を伸ばした右手で「リ」の字を空書する⇒**指文字「り」**、②倒した両手握りこぶし（右手の小指側と左手の親指側をつける）を、胸の中央に立てる⇒**「やり直し」「もう一度」の手話**。

《**語源**》「リ」と「やり直し」で。

《**例文**》毎日、リハビリに励む＝「毎日」＋「リハビリ」＋「かんばる（元気）」。

リモコン【remotecontrol】

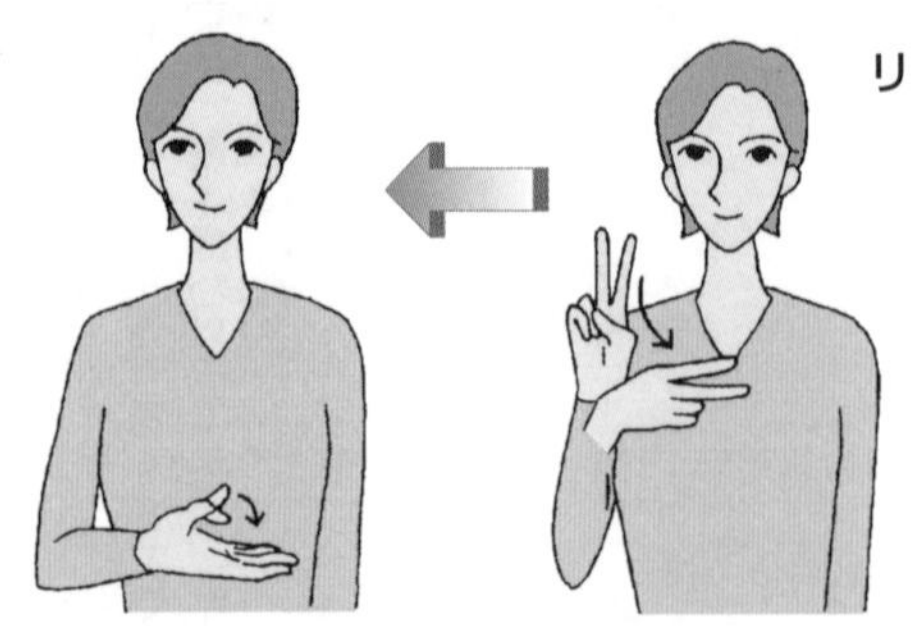

《**表現**》①人差し指と中指を伸ばした右手で「リ」の字を空書する⇒**指文字「り」**、②腹側を上に向けた右手4指に向けて、親指を上下させる。

《**語源**》頭文字「リ」と電化製品のリモコン操作の動作で。

《**例文**》テレビのリモコンが壊れる＝「テレビ」＋「リモコン」＋「壊れる」。

りゅうがく【留学】

《**表現**》指をそろえて伸ばした左手の甲に親指を立てた右手を乗せ、左手はそのまま右手を右前に出す。

《**語源**》左手の甲で国を表し、親指を立て示した人が出て行くことで表現。

《**例文**》アメリカに留学する＝「アメリカ」＋「留学」。留学生＝「留学」＋「学生」。

り

りゅうこう【流行】

《表現》指先をつけてすぼめた両手を、左右に広げながら開く。

《語源》広がっていくようすを動きと指を開くことで表現。

《同意》普及・広がる

《例文》流行の服＝「流行」＋「服」。流行語＝「流行」＋「言葉」。噂が広がる＝「噂」＋「広がる」。

りゅうつう【流通】

《表現》指先を右に向け開いて伸ばした左手人差し指、中指、薬指の周りを、手のひらを上に向けた右手で手前から前へ2回ほど回す。

《語源》左手3指は、それぞれ生産者・問屋・小売店を表し、その周りを右手で持った商品が回ることで表現したもの。

《例文》流通の構造改革＝「流通」＋「リストラ」。流通産業＝「流通」＋「産業」。

りよう【利用】

《表現》手のひらを前に向け、親指と人差し指を離して伸ばした右手を、手前に引きながら指先を閉じる。

《語源》都合のよい一部分だけを取ってくる表現。

《応用》前に向けた左手握りこぶしの小指側に、引きながら2指を閉じた右手を当てると「メリット」の手話になる。

《別形》指文字「り」に続けて「使う」の手話をする。頭文字「り」と「使う」で表現。

《例文》図書館を利用する＝「図書館」＋「利用」。悪用＝「悪い」＋「利用」。政治家を利用する＝「政治」＋「男」あるいは「女」＋「利用」。

りょうしゅうしょ【領収書】

《表現》指をそろえて伸ばし手のひらをややくぼませた両手を、甲を前に向け身体の前で立てて並べ、左手はそのまま右手を前に倒す。

《語源》領収書を切るようす。

《例文》接待費の領収書＝「客」＋「世話（育児）」＋「お金（金）」＋「領収書」。

りょうしょう【了承】

《表現》右手のひらを胸の中央に当て、真下になで下ろす⇓**「わかるa」「知る」**の手話。

《別形》右手のひらを2～3回胸の中央に当てる⇓**「わかるb」「知る」**の別形。

《参考》立場が上位の人が了承する場合は、ひじから立てた右手握りこぶしを左に倒す「認める」の手話で行うこともある。

りょうしん【両親】

《表現》右手人差し指でほほに1回触れたあと、親指と小指を立てて掲げる。

《語源》ほほに触れるのは肉親を示す表現。立てた親指と小指は父と母で、上に掲げるのは目上であることを示す。

《応用》ほほに1回触れたあと、立てた親指を掲げると「父」の手話、立てた小指を掲げると「母」の手話。

《例文》両親の趣味はゴルフ＝「両親」＋「趣味」＋「何（かというと）」＋「ゴルフ」。

りょうり【料理】

《表現》材料を押さえるように曲げた左手の横で、包丁に見立てた右手刀を数回下ろす。

《語源》食材を刻むようす。

《別形》わん曲させた左手のひらを上に向け、すぼめた右手の指先を左手の甲に2～3回当てる「煮る」の手話で伝える場合もある。

《例文》エビ料理＝「えび」＋「料理」。料理が得意＝「料理」＋「得意」。

りょこう【旅行】

《表現》指先を前に向けて伸ばした左手のひらに、右手人差し指と中指の腹を当て、円を描くように回す。

《語源》汽車を表したもの。車輪が回って汽車が進むようす。

《同形》汽車

《例文》修学旅行＝「学校」＋「旅行」。家族旅行＝「家族」＋「旅行」。新婚旅行＝「結婚」＋「旅行」。沖縄旅行＝「沖縄」＋「旅行」。一人旅＝数詞「1」＋1の下で「人」＋「旅行」。

《参考》この手話の後に「遊ぶ」を加える場合もある。また海外旅行の場合は「飛行機」の手話で伝えることが多い。

りれき【履歴】

《**表現**》手の甲を上に向けた左上腕から指先に向け、手の甲を下に向けた右手の指先でなで下ろす。

《**語源**》腕をなで下ろすことで流れを表し、それを腕で行うことで履歴・キャリアを伝える。

《**同意**》キャリア・経歴

《**同形**》経過(時間の経過など)

《**例文**》履歴書＝「履歴」＋「紙」。

《**参考**》この手話の前に指文字「り」を加える場合もある。

りんご【林檎】

《**表現**》口元で、指をやや離してわん曲させた右手の指先を手前に向けて構え、手首を手前に折るように2回動かす。

《**語源**》りんごをかじるさま。

《**別形**》①右手人差し指を唇に沿って右に動かす⇒**「赤」の手話**、②胸の前で立てた左手握りこぶしを指先を左に向けた右手で手前から前になでる。りんごの形を示す。

ASL

指文字「a」をほほに当てて小さく回す。

APPLE

る

親指を伸ばし人差し指と中指を立てる。ルの形。

ルール【rule】

《**表現**》親指を伸ばし、人差し指と中指を立てた⇒**指文字「る」**両手を上下に並べる。

《**語源**》指文字「る」を並べて伝える。

《**例文**》野球のルール＝「野球」＋「ルール」。社会のルール＝「社会（世の中）」＋「ルール」。ルールを守る＝「ルール」＋「守る」。

るす【留守】

《表現》斜めに立てた左手の下で、4指の先を前に向けて立てた右手を左右に振る。
《語源》斜めに立てた左手は家の屋根を示し、右手を振ることで誰もいないようすを表す。
《例文》居留守＝「留守」＋「うそ」。

るすばん【留守番】

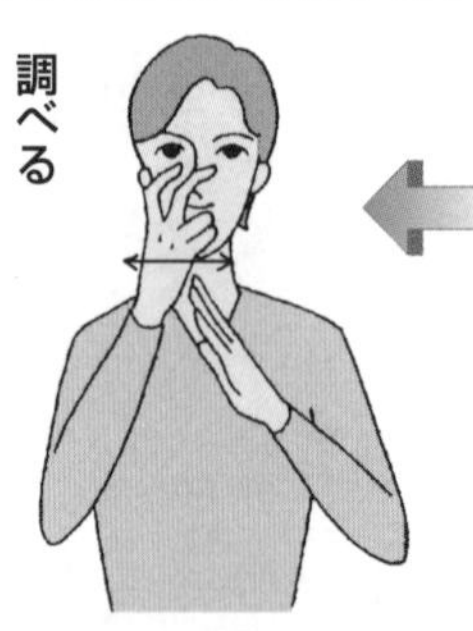

《表現》①斜めに立てた左手の下で、4指の先を前に向けて立てた右手を左右に振る⇓**「留守」の手話**、②左手はそのまま、2指をカギ型に曲げた右手の指先を自分の目に向け左右に動かす⇓**「調べる」の手話**。
《参考》①の左手を残さずに、②「調べる」を行ってもよい。
《例文》留守番電話＝「留守番」＋「電話」。

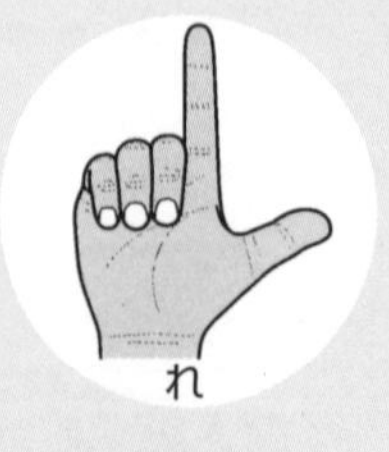

親指を伸ばし人差し指を立てる。
レの形。「I」と同じ。

れいぞうこ【冷蔵庫】

《表現》①握った両手を脇を締めて左右で立て、こきざみに振る⇓**「寒い」の手話**、②軽く握って立てた右手を手前に引く。ドアを開ける動作⇓**「扉」の手話**。

《語源》「寒い」と冷蔵庫を開けるしぐさで。

《例文》省エネの冷蔵庫＝「省エネルギー」＋「冷蔵庫」。

れいわ【令和】

《**表現**》すぼめて指先をつけた右手を、指先を上に向けて右脇に構え、前に出しながら指先を開く（指先上向きのまま）。

《**語源**》未来に向かってつぼみが花開くようす。

《**例文**》令和元年＝「令和」＋数詞「1」＋「～年」。

れきし【歴史】

《**表現**》親指と小指を立てた両手を左肩あたりで合わせて構え、左手はそのまま、右手を揺らしながら右下におろしていく。

《**語源**》立てた親指と小指は男女を表し、それを揺らすのは「人々」の手話からのもの。それが連続していくようすから。

《**例文**》世界の歴史＝「世界」＋「歴史」。平和の歴史＝「平和」＋「歴史」。歴史が変わる＝「歴史」＋「変わる」。

レクリエーション【recreation】

《**表現**》親指を伸ばし人差し指を立てた⇒**指文字「れ」**両手を、頭の横で交互に前後に動かす。

《**語源**》頭の横で交互に前後に動かすのは「遊び」の手話の動作。頭文字「れ」と「遊び」を組み合わせたもの。

レスリング【wrestling】

《**表現**》両手の人差し指と中指を絡め（指を挟み合う）、手首をひねり合う。

《**語源**》両手の2指は足を表し、両サイドから足技をかけ合うようす。

《**例文**》オリンピックのレスリング＝「オリンピック」＋「レスリング」。

レタス【lettuce】

《**表現**》指をそろえて伸ばし手のひらをややくぼませて、前に向けた左手の甲に、同じく伸ばした右手のひらを当て、左手はそのまま右手を前に倒す。同じ動作を場所を変えてもう一度行う。

《**語源**》両手のひらでレタスの重なった葉を表現。

れっとうかん【劣等感】

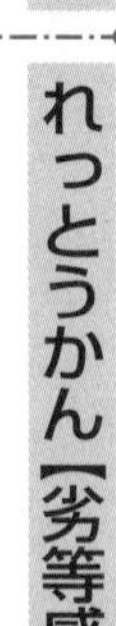

《**表現**》①4指を付け根から折った両手の指先を顔の右横で向かい合わせ、左手だけを真下にさげる⇒**「劣る」の手話**、②右こめかみに右手人差し指を当て、同時に顔をやや上にあげる⇒**「感じる」の手話**。

《**語源**》「劣る」と「感じる」で。

レベル【level】

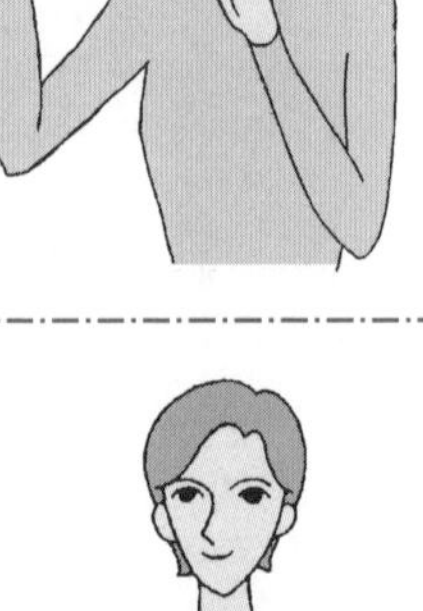

《**表現**》指をそろえて伸ばし指先を前に向けた右手（手のひら下向き）を左に構え、右へ水平に動かす。

《**語源**》水平な動きで表現。

《**同形**》基準・等級・一定

《**例文**》基準＝「基本」＋「レベル」。レベルが低い＝「レベル」＋「低い」。知識レベル＝「知識」＋「レベル」。手話の上級者＝「手話」＋「上」＋「レベル」＋「男」あるいは「女」。レベルが違う＝「レベル」＋「差」。一定に保つ＝「一定」＋「保つ」。

レモン【檸檬】

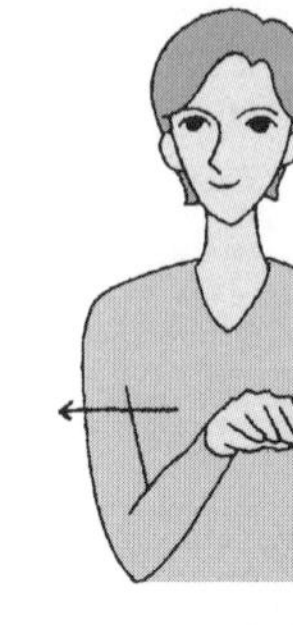

《**表現**》①離して伸ばし、指先を下に向けた右手親指と人差し指を閉じながら、②水平に回す。

《**語源**》切られたレモンを絞ってかけるようす。

《**例文**》紅茶にレモンを入れる＝「紅茶」＋「レモン」。レモンの香り＝「レモン」＋「香り（匂い）」。

れ

れんきゅう【連休】

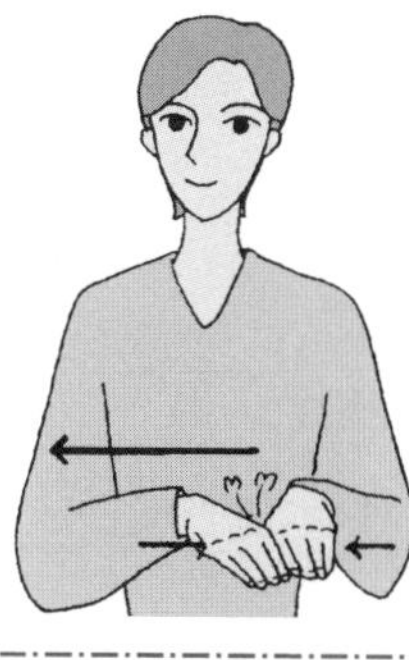

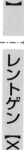

《表現》手のひらを下に向けた両手を左右から寄せて並べる動作を繰り返しながら、両手を身体の左から右へ動かしていく。

《語源》手のひらを下に向けた両手を左右から寄せるのは「休み」の手話。これを繰り返し続けることで「連休」を表す。

《応用》手のひらを下に向けた両手を左右から寄せ、中央で並べると「休み」の手話になる。

《例文》9連休＝数詞「9」＋「連休」。

れんごう【連合】

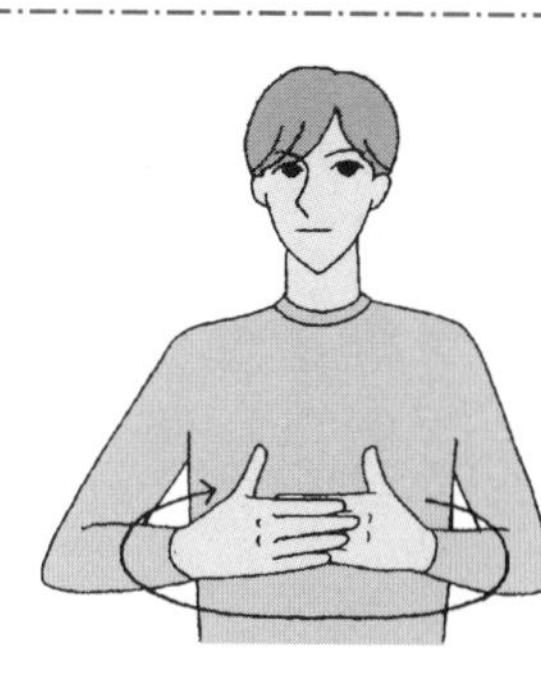

《表現》右手を前に、伸ばした両手の4指を重ね合わせ、そのまま水平に1周回す。

《語源》水平に回す両手はグループを表し、指を重ねることで連帯を表現したもの。

《例文》国際連合＝「国際」＋「連合」。

《参考》左手4指の先を右手親指と4指で挟んで回してもよい。

レントゲン【X-rays】

《表現》指を開いた右手の指先を胸に当て、前に出しながら手をすぼめて指先をつける。

《語源》指を開いた手をすぼめることで取る、写し撮ることを表し、これを身体に対して行うことで伝える。

《参考》両手の人差し指で「X」の文字をかたどった⇒**指文字「X」**あとに、この動作を行う場合もある。X線の頭文字から。

れんらく【連絡】

《表現》親指と人差し指でつくった両手の輪をつなぎ合わせ、前後に動かす。

《語源》つないだ輪は関係を表し、前後に動かすことでやりとりを表現する。

《同形》関係・〜について

《応用》つなげた両手の輪を前に出すだけなら「連絡する」、前から手前に引けば「連絡を受ける」の手話になる。つなげた輪を左右あるいは前後に動かすと「関係」の手話。

《例文》明日連絡を取り合う＝「明日」＋「連絡」。仕事の連絡＝「仕事」＋「連絡」。

れ

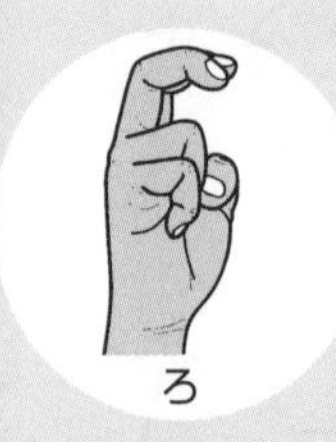

ろ

2指をカギ型に曲げる。
口の部分をかたどる。

ろうがん【老眼】

《表現》①親指を曲げた右手を小さく上下に動かしながら、親指を小さく曲げ伸ばしする⇓**「老人」の手話**、②右手人差し指で右目を指す⇓**「目」の手話**。

《語源》「老人」と「目」で。

《例文》老眼鏡＝「老眼」＋「めがね」。

ろうしゃ【聾者】

《表現》両手のひらで、それぞれ耳と口をふさぐ。

《語源》音声が耳に入らないことと、音声を出せないことを表現したもの。

《応用》両手の人差し指をそれぞれ耳の横と口元に立てて構え、口元に立てた指は前に、耳の横に立てた指は横に両手同時に2回動かすと「聴者」の手話になる。

《別形》片手で行ってもよい。右手で右耳をふさぎ、続けて口をふさぐ。あるいは両手で両耳をふさぐ。

《例文》産まれたときから耳が聞こえない＝「生まれつき」＋「ろう者」。ろう者の生活＝「ろう者」＋「生活（暮らす）」。あなたは健聴者ですか、ろう者ですか?＝「あなた」＋「聴者」＋「ろう者」＋疑問の表情で「どちら?」。

《参考》この手話のあとに、「人々」「男」「女」の手話を加える場合もある。

ろうじんほーむ【老人ホーム】

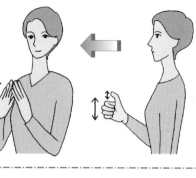

老人

長屋

《表現》①親指を曲げた右手を小さく上下に動かしながら、親指を小さく曲げ伸ばしする⇩**「老人」の手話**、②左右から斜めに立て両手の指先を合わせた「家」の手話をそのまま前に出していく⇩**「長屋」の手話**。
《語源》「老人」と「長屋」で。

ろうどうきじゅんほう【労働基準法】

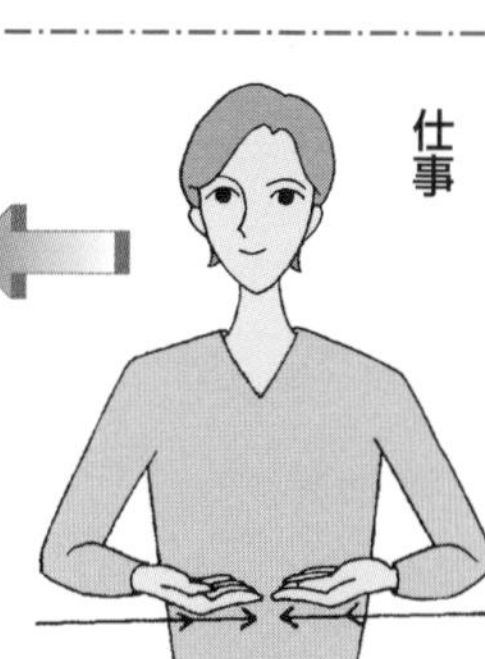
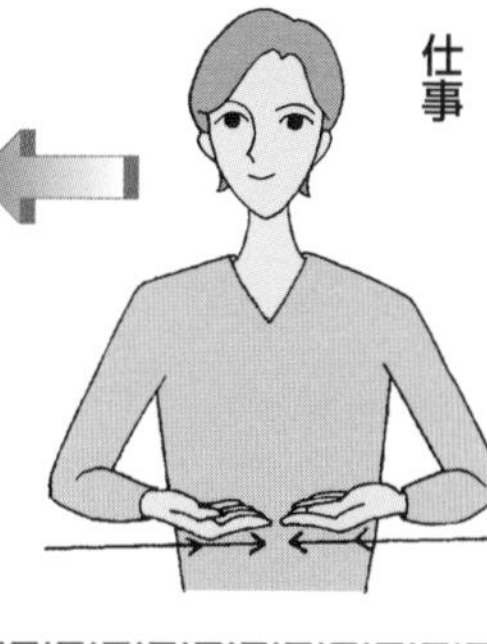
仕事

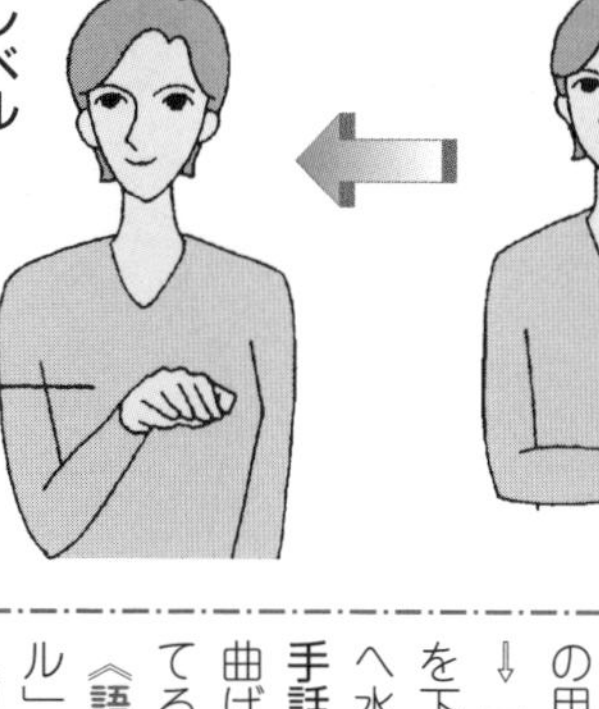
基本

レベル

規則（法律）

《表現》①手のひらを上に向けた両手の指先を、左右から中央へ2回寄せる⇩**「仕事」の手話**、②握った左手をひじから立て、そのひじの下に握った右手の甲をつけて右手をパッと開く⇩**「基本」の手話**、③手のひらを下に向けた右手を、左から右へ水平に動かす⇩**「レベル」の手話**、④左手のひらにカギ型に曲げた右手人差し指と中指を当てる⇩**「規則（法律）」の手話**。
《語源》「仕事」「基本」「レベル」「規則（法律）」で。
《例文》労基法違反＝「労働基準法」＋「違反」。

ろうにん【浪人】

《表現》足に見立てた右手人差し指と中指の先を下に向け、指を交互に動かしながら水平に回す。
《語源》ぶらぶら歩くようすで表現。
《応用》足に見立てた右手人差し指と中指を交互に動かすのは「歩く」の手話。
《例文》大学浪人＝「大学」＋「浪人」。浪人侍＝「武士」＋「浪人」。

ろ

ロケット【rocket】

《表現》甲を前に、指先を上に向けた左手首の下で、右手の指先を下に向け、すぼめたり開いたりしながら、両手を上げていく。

《語源》ロケットが発射されるようす。すぼめたり開いたりする右手は炎を表す。

《例文》Ｈ２ロケット＝「ロケット」＋指文字「Ｈ」＋数詞「２」。ロケットエンジン＝「ロケット」＋「エンジン」。

《参考》「ミサイル」の手話は、左手のひらから人差し指を立てた右手を揺らしながら上げていく（**「ミサイル」参照**）。

ロシア【Russia】

《表現》指先を左に向け伸ばした右手人差し指を、唇の下で右から左に動かす。

《例文》ロシア革命＝「ロシア」＋「革命」。ロシアの音楽家＝「ロシア」＋「音楽」＋「男」あるいは「女」。

ロボット【robot】

《表現》カギ型に曲げた両手の人差し指と中指の先を上下に向かい合わせて、両手を半回転させて上下の位置を入れ替える動作を数回行う。

《語源》カギ型に曲げた2指は指文字「ろ」。頭文字「ろ」を機械の歯車が回転するように回すことで表現。

《別形》カギ型に曲げた両手の人差し指と中指の先を左右で向かい合わせて、ひじを軸に交互に上下に動かす。

《例文》ペット型ロボット＝「ペット」＋「ロボット」。作業ロボット＝「作る」あるいは「仕事」＋「ロボット」。

ロマンチック【romantic】

《表現》人差し指と中指をカギ型に曲げた右手⇒**指文字「ろ」**を、頭の右横で右回転に円を描く。

《語源》頭文字「ろ」を頭の横で回すことで表現。

《応用》指文字「い」で行うと「イメージ」の手話、指文字「ろ」を頭の横から上に弧を描きながら前に出していくと「ロマン（浪漫）」の手話になる。

《例文》ロマンチックな恋＝「ロマンチック」＋「恋」。ロマンチックな夜＝「ロマンチック」＋「夜」。

ろ

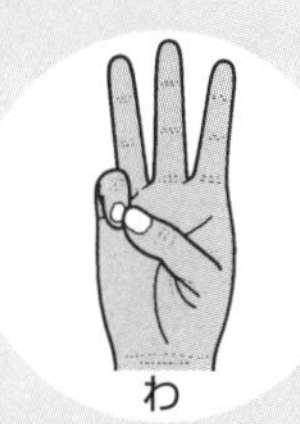

わ

3指を立てる。
「W」と同じ。

ワークショップ【workshop】

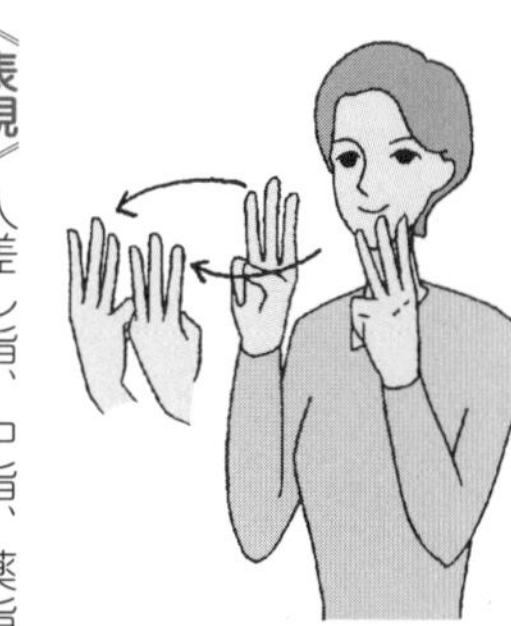

《表現》人差し指、中指、薬指の3指を立てた⇩**指文字「わ」**両手を手前で並べ（手のひら前向き）、水平に円を描きながら前に出し再び並べる（手のひら手前向き）。

《語源》頭文字「わ」を、「グループ」を表す水平な円で行うもの。

《参考》ワークショップとは本来、職場や工場の意味だが、自由な意見交換や技術交換を行う討論会・集会をいう。またそういった意味から、美術や演劇などで、参加者全員による共同作業も指す。

ワードプロセッサー【word processor】

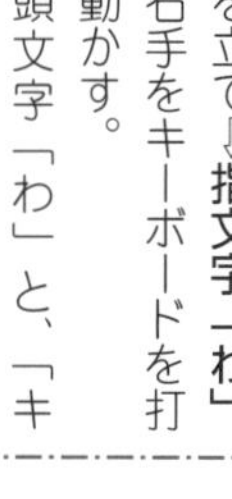

《表現》左手人差し指、中指、薬指の3指を立て⇩**指文字「わ」**、その横で右手をキーボードを打つように動かす。

《語源》頭文字「わ」と、「キーボード」を打つ動作で。

《応用》左手を指文字「ぱ」にすれば「パソコン」の手話になる。

ワールドカップ【World Cup】

《表現》①広げた両手の5指で大きな丸（地球）をつくり前に回転させる⇩**「世界」の手話**、②両手握りこぶしを左右へ弧を描きながら下ろす⇩**「(優勝)カップ」の手話**。

《語源》「世界」と「カップ」で。「カップ」は優勝カップの取っ手を描いたもの。

わ

ワイシャツ【white shirt】

《表現》離して伸ばした両手の親指と人差し指の先を上に向け襟元に構え、両手同時に指を閉じながら下げる。

《語源》ワイシャツの襟の形を描いたもの。

《例文》新しいワイシャツ＝「新しい」＋「ワイシャツ」。カラーシャツ＝「色」＋「ワイシャツ」。

ワイパー【wiper】

《表現》人差し指を立てた右手を扇状に左右に振る。

《語源》車のワイパーの動きから。

《例文》ワイパーが故障＝「ワイパー」＋「壊す」。

《参考》両手の人差し指で行ってもよい。

ワイン【wine】

《表現》右手人差し指、中指、薬指の3指を立て⇒**指文字「わ」**、軽く右に回す。

《語源》指文字「わ」（「W」）を示すことで伝える。

《応用》指文字「わ」の人差し指の先を口の端に2回当てると「ウィスキー」の手話になる。

《別形》甲を前に向け3指を立てた右手を、左へ軽く回す。

《例文》赤ワイン＝「赤」＋「ワイン」。ワインに酔う＝「ワイン」＋「酔う」。

わかい【若い】

《表現》指先を左に向け伸ばした右手を、額の左から右に動かす。

《語源》額にしわがなくつるりと張っている表現。

《例文》若年層＝「若い」＋「人々」。若い女性＝「若い」＋「女性（女たち）」。私の若い頃＝「私」＋「若い」＋「時（時間c）」。

わがし【和菓子】

日本

おかし

《表現》①親指と人差し指を開いた両手の指先を向かい合わせて構え、左右に離しながら指先を閉じる⇩**「日本」の手話**、②右手親指と人差し指でお菓子をつまむ形をつくり、そのまま口元に近づける⇩**「お菓子」の手話**。

《語源》「日本」と「お菓子」で。

わがまま【我がまま】

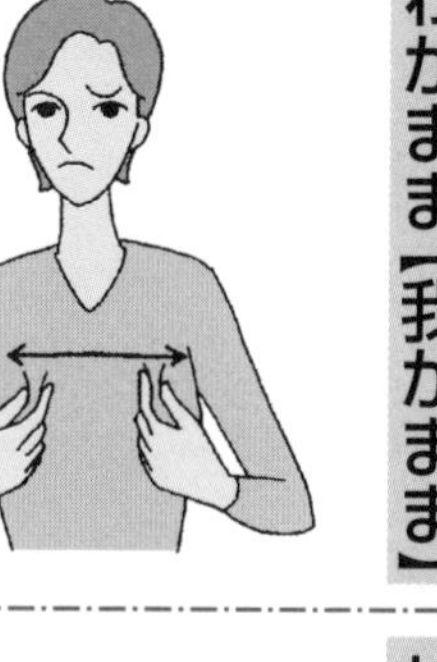

《表現》両手の親指と人差し指で服の左右をつまみ、ひじを張って左右に振る。

《語源》ダダをこね、わがままをいうようす。

《例文》わがままな女＝「わがまま」＋「女」。わがままを叱る＝「わがまま」＋「叱る」。

わかやま【和歌山】

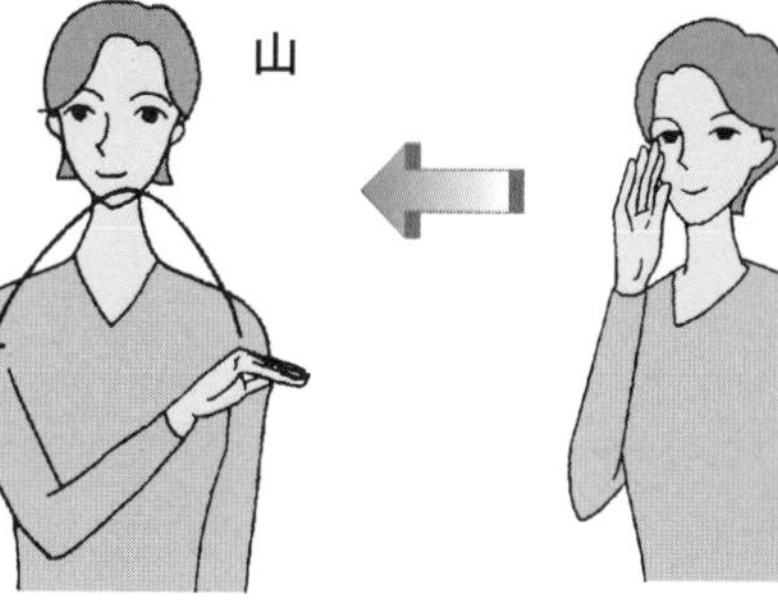

《表現》①5指をやや曲げた右手を口元に当てる⇩**「和歌」の手話**、②手のひらを下に向けややわん曲させた右手を、山型に左から右へ動かす。

《語源》「和歌」と「山」で。

《例文》和歌山城＝「和歌山」＋「城（名古屋）」。

わからない【分からない】

《表現》甲を前に向けた右手の指先で、右肩あたりを数回払う。

《語源》手で払うことで表現。

《同形》知らない

《別形》4指の先を胸の中央につけ、2回かき上げる。

《例文》手話はほとんど分からない＝「手話」＋「ほとんど」＋「分からない」。世間を知らない＝「世の中」＋「知らない」。名前を知らない＝「名前」＋「知らない」。

《参考》「さっぱり分からない」は別の手話あり（**「さっぱり分からない」**参照）。

わ

わかる【分かる】

《表現》右手のひらを胸の中央に当て真下になで下ろす。
《語源》胸に手を当て「承知」したという表現。また、飲み込んだことを表現。
《同形》知る・了承
《別形》右手のひらを2～3回胸の中央に当てるb。

b

《例文》分かりました（承知しました）＝相手にうなずきながら「分かる」。彼の話が分かる＝「彼」を指す＋「説明される」＋「分かる」。解決手段が解る＝「解決（処理）」＋「方法」＋「分かる」。母の気持ちが分かる＝「母」＋「気持ち」＋「分かる」。知っています＝自信があるようすで「知る」。知っていますか＝「知る」＋「～ですか（尋ねる）」。私はあなたの名前を知っている＝「私」＋「あなた」＋「名前」＋「知る」。
《参考》舌でほほをふくらまし（うその表現）ながら「分かる」を行うことで「知ったかぶり」を伝えることができる。

ワクチン【vaccine】

《表現》右手人差し指、中指、薬指の3指の先を、左手のひらに当てなでるように回す。
《語源》3指を伸ばした右手は指文字「わ」。頭文字「わ」で、「薬」の手話を行ったもの。
《応用》左手のひらに右手薬指の先を当てなでるように回すと「薬」の手話。
《例文》新しいワクチンの開発＝「新しい」＋「ワクチン」＋「開発」。

ワゴンしゃ【ワゴン車】

《表現》指先を左に、手のひらを手前に向けた右手を、正面から大きく弧を描きながら頭を越えるまで上げていく。
《語源》ワゴン車のフロント部分を示したもの。

わざ【技】

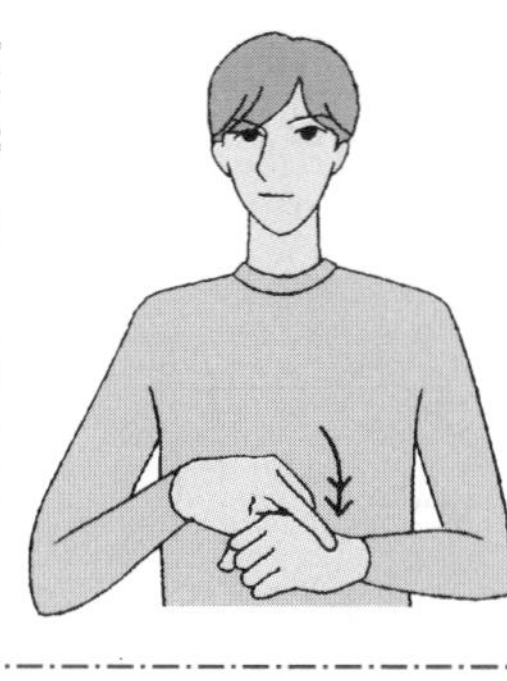

《**表現**》握った左手首の甲側に右手人差し指を2回当てる。

《**語源**》腕を指し示し誇る表現。

《**同意**》技術

《**応用**》左腕に伸ばした右手を当てると「玄人」「ベテラン」の手話。パイロットなどの制服の袖にたくさんの線があることで階級を表すことから、5指で5本の線を示すもの。また、1本線で示すと階級が低いことから、右手人差し指で線を引くと「素人」の手話になる。

《**例文**》科学技術者＝「科学」＋「技術」＋「男」あるいは「女」。柔道の技＝「柔道」＋「技」。

わざと【態と】

《**表現**》人差し指と中指を立てた右手を手のひらを前に向け、あごの下で構える。そのまま手首を回転させ手の甲を前に向ける。

《**別形**》ほほを内側から舌でふくらませて、右手握りこぶしの甲を手前にして掲げ、左手握りこぶしを右手よりやや下げた位置で甲を前に向け掲げ、両手同時にくるっと反転させる。

《**参考**》舌でほほをふくらませるのは嘘という意味（**「うそ」参照**）。

わしつ【和室】

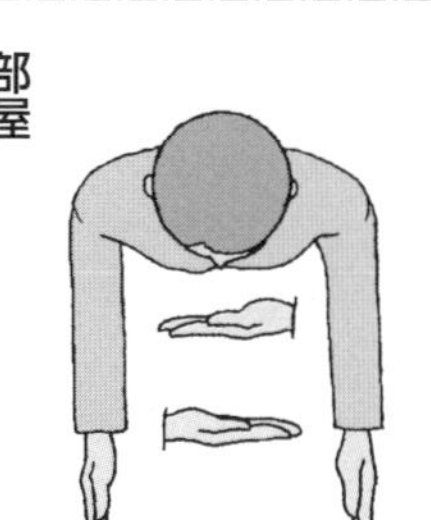

《**表現**》①横にした左手の甲に、握った右手のひじを乗せ、手首を右に2回ほどひねる⇒**「畳」の手話**、②手のひらを向かい合わせて平行に両手を置き、続けて、両手のひらを手前に向けて前後に平行に置く⇒**「部屋」の手話**。

《**語源**》「畳」と「部屋」で。

わすれる【忘れる】

《**表現**》頭の横で握った右手を開きながら上げる。

《**語源**》頭の中にあったものが飛んで無くなったようす。

《**例文**》携帯電話を忘れた＝「携帯電話」＋「忘れる」。約束を忘れた＝「約束」＋「忘れる」。忘れっぽい人＝「いつも」＋「忘れる」＋「人」。過去の悲しみは忘れた＝「悲しい」＋「過去」＋「忘れる」。

わたし【私】

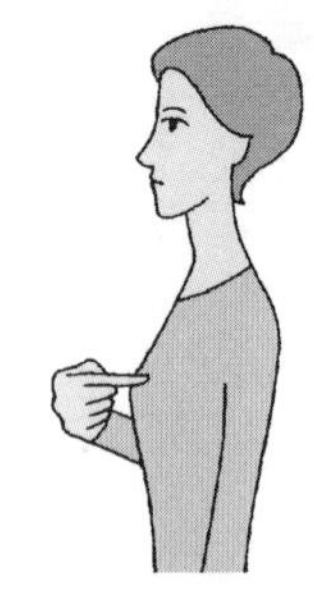

《**表現**》右手人差し指で胸あたりを指さす。

《**応用**》相手を指せば「あなた」の手話。

《**例文**》私はろう者＝「私」＋「ろう者」。私が話します＝「私」＋「言う」。

《**参考**》胸、顔のどちらを指してもかまわない。私を強調するときに顔を指す場合があるが、手話を話す人の癖による。

ASL

右手人差し指で胸のあたりを指す。

I

わらう【笑う】

《**表現**》指をそろえて伸ばし手のひらをややくぼませた右手5指の先を口元に繰り返し近づける。笑いの表情で。

《**参考**》「笑われる」の手話も同じ。笑われて恥をかいたという場合は暗い表情で伝える。

《**別形**》親指と4指を離して伸ばした両手の指先を両ほほに向けて構え、両手同時に親指と4指の間を狭めたり広げたりする。

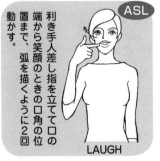

ASL

利き手人差し指を立てて口の端から笑顔のときの口角の位置まで、弧を描くように2回動かす。

LAUGH

わりかん【割り勘】

①②③

《**表現**》伸ばした右手の親指側を、左から右へ額を3回区切るように当てる。

《**語源**》頭を割る表現で、「頭割り」を伝えるもの。

《**例文**》食事代は割り勘＝「食べる」＋「お金（金）」＋「割り勘」。

わるい【悪い】

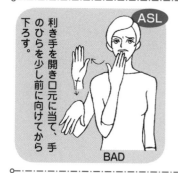

《表現》 右手人差し指を鼻先で倒す。

《語源》 鼻を折ることで伝える。「良い」の手話が握りこぶしを鼻の前で構え前に出し、鼻高々なようすを伝えるのに対する表現。

《同意》 悪事・犯罪

《別形》 親指を立てた右手を鼻先で倒す（指の腹下向き）。

《例文》 改悪＝「悪い」＋「変わる」。犯人＝「悪い」＋「人」あるいは「男」あるいは「女」。悪名＝「悪い」＋「有名」。たばこは身体に悪い＝「たばこ」＋「身体」＋「悪い」。なお悪い＝「もっと」＋「悪い」。

ASL

利き手を開き口元に当て、手のひらを少し前に向けてから下ろす。

BAD

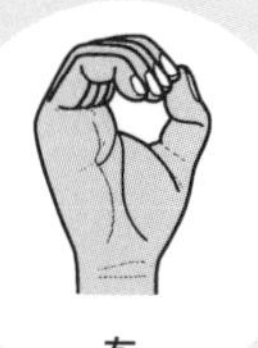

を

5指でつくった輪を後ろに引く。
「お」を動かしたもの。

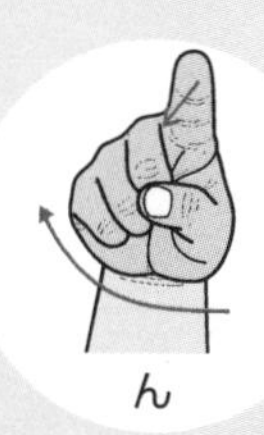

ん

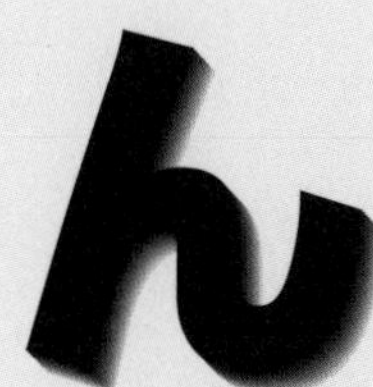

人差し指でンを空書する。
自分から見てンの形に。

★ＡＳＬは手話技能検定試験の出題範囲ではありません。
★出題範囲となる指文字と数詞はＰ28以降をご覧ください。

AMERICAN SIGN LANGUAGE

（アメリカ手話）

る

れ

ろ

わ

ゆ

よ

ら

り

み

ほ

ま

ふ

へ

ひ

ぬ

ね

の

は

な

に

と

つ

て

ち

そ

た

す

せ

し

さ

こ

く

け

き

か

う

い

したものがあります。

手 索引 話

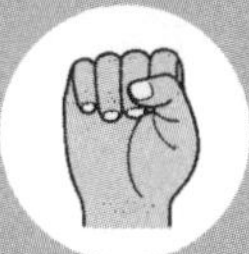

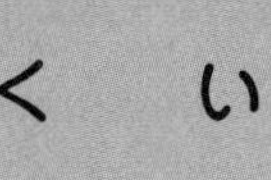

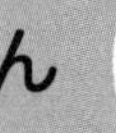

さ く い ん

※ASL（アメリカ手話）の索引は、P.571にあります。

あい【愛】…… 38
項目名に続く6～2の数字は手話技能検定試験の各級出題レベルを表します。
あいしている【愛している】5 … 【愛】 38
同じ形の手話であることを示します。
りりく【離陸】……【空港】190
その手話に含まれているか、関連単語としてイラストで紹介しています。
ちょうじょ【長女】……【長男】360
《応用》や《例文》などで紹介しています。
～にん【～人】……【4人】13,【4人】 15
手話のパターンが複数あるものは各ページをあげました。
せんもんがっこう【専門学校】4
……【専門】323＋【学校】146
項目として紹介しなかったもので、手話技能検定試験の出題範囲のものを表現方法で紹介しています。

※人名については漢字から引いて下さい。
例：鈴木＝【鈴】＋【木】

あ

※索引でのページ項目の表記は、引きやすさを考慮し、本編の表記と異なり、漢字とひらがなを混合

■監修（アメリカ手話、アメリカ指文字を除く）

NPO手話技能検定協会
理事長　神田 和幸（中京大学名誉教授）
手話の普及を目的として設立した特定非営利活動法人(NPO)。全国共通の基準で技能レベルを認定する手話技能検定試験（１～７級）を実施。その他、手話教材の販売、手話検定インストラクターの養成など手話の普及活動を幅広く推進している。

東京都中央区日本橋小舟町6-13　日本橋小舟町ビル５Ｆ　〒103-0024
FAX. 03-5642-3270
E-mail：office@shuwaken.org

●本書の内容（アメリカ手話、アメリカ指文字を除く）および
手話技能検定試験に関するお問い合わせはホームページへアクセスしてください。
http://www.shuwaken.org/

■アメリカ手話、アメリカ指文字の監修

NPO日本ASL協会

ひと目でわかる　実用手話辞典［第２版］

2020年３月15日　初版発行
2024年３月15日　第５刷発行

監修者　NPO手話技能検定協会
発行者　富　永　靖　弘
印刷所　株式会社新藤慶昌堂

発行所　東京都台東区 台東２丁目24　株式会社　新星出版社
〒110-0016　☎03(3831)0743

ISBN978-4-405-05103-4